新编21世纪史学系列教材

中国史学史

第2版

History of Chinese Historiography

乔治忠　著

中国人民大学出版社
·北京·

内容简介

本书对中国自上古至1949年的史学发展作系统的反思和评论，在清理史学遗产的基础上予以概括综合，阐述中国史学的发展进程，并且向揭示史学运行机制和发展规律的目标前进。全书的认识体系、内容结构和对史学发展阶段的划分，均有新的构思，在重要的内容上多有独到的学术创新，对史学发展中的许多史实，立足于求真考证，立论分析，以实事求是为旨归。例如，中国史学诞生于西周共和元年（前841），古人将孔子与《春秋》联结起来的史学意义，《国语》和《左传》被刘歆所窜乱，司马迁的《史记》离开了先秦史学的经世传统，官方史学与私家史学的矛盾互动关系，刘知幾撰著宗旨的前后改变，宋代史学建设的烦琐与扭曲，明代史学发展的普及性潮流，张居正在官方史学建设上的贡献，清高宗的史学思想，章学诚史学理论的三项根基，清代史学整体的发展结构，王国维“二重证据法”的谬误及其不良影响，等等，皆为发前人所未发、道他人所未言，足资历史学学子思考和史学史专业教师研讨。

作者简介

乔治忠，1949年7月生，天津市人。历史学博士，南开大学历史学院教授、博士生导师，廊坊师范学院特聘教授。曾多次到日本早稻田大学、日本立教大学等任客座研究员，进行学术交流和专题研究。长期进行史学理论与史学史学科的学术研究及教学实践，兼及历史文献学研究和古籍整理。撰有《清朝官方史学研究》、《众家编年体晋史》（校注）、《清文前编》、《中国官方史学与私家史学》、《中国史学史》、《清代官方史学与私家史学相互关系研究》、《增编清朝官方史学之研究》等多种学术著述，发表学术论文180多篇。

第2版前言

2011年，我在中国人民大学出版社出版了《中国史学史》一书，这是承蒙出版社的郑重约稿，为该社策划的“21世纪史学系列教材”所撰写，即计划作为大学历史学科的教科书。忆当年初得约稿信息，颇生一丝犹豫，但随即消除，慨然应允合作。为什么会闪过一丝犹豫呢？这要从“教科书”的名声起落说起。教科书面对着广大的受众，且其中多为年轻一辈学子，传播知识与弘扬学术的作用不可小觑。近代史学史上，梁启超《新史学》发表之后，首先在教科书编纂方面得到响应并获得成功，尤其是夏曾佑的《最新中学中国历史教科书》成为中国近代新史学建立的代表作，学术意义重大，更哺育了不计其数的史学新秀，在史学史上名誉高扬。但近些年来，教科书居然成了学术界鄙视的对象，连官办的各种学术著述评奖活动，也大多明文规定将教科书排斥在外。有的学者甚至将无新见的论述讥为“教科书水平”，大有对教科书不屑一顾的神气。这些偏见的产生，实际其来有自，若干年间，许多历史教科书确实平庸泛泛，抄袭拼凑，不仅缺乏创新，甚至回避任何可能有争议的问题，满是馊水泡冷饭，如何不令人生厌？而我应允撰写此部《中国史学史》教材，则决心将几十年来专业研究的独得之见，倾注其中，使之首先成为一部富于观点创新的学术著述，相信越有学术水平就会更具优异的教学效果，广大读者和莘莘学子一定会具备鉴定的眼光。

本书初版的内容提要择要列举了几项发前人所未发的创新见解，如：孔子可能未曾修订《春秋》，但古人将孔子与《春秋》联结起来具有重大的史学意义；司马迁所撰《史记》离开了先秦史学的经世传统，走以“成一家之言”为宗旨的个性路线；中国古代官方史学与私家史学的双轨发展，以及二者互动互补又互有排抑的关系；刘知幾撰著宗旨的前后改变；宋代官方史学建设的烦琐与扭曲；明代史学发展的普及性潮流；清高宗的史学思想；章学诚史学理论的三项根基；清代史学整体的发展结构；王国维“二重证据法”的谬误及其不良影响；等等，均与时贤所论和流行观点不同，甚或直接抵牾。我自信学理上理据充分，因而毅然写入，迄今已经九年，皆无人提出值得注意的诘难。九年来，公开发表的佳评颇多，此且不计，而各大学历史学科以本书用作教材者不可胜计，甚至某史学史学科重镇，在历史系大学生群体的强烈要求下，也采用本书作为教材，此乃足慰吾心者，亦可证教材当以学理深切、学术创新为灵魂焉。

是书出版后九年间，我不时翻阅，每次都留意文字是否仍有讹误，表述是否尚有疏失，见解是否还应修订，未敢自以为圆满也。一二后辈学生，也曾提出一些建议，均记录在案。而九年来我继续研究中国史学史，又有新的心得，其中不乏重要见解。适逢中国人民大学出版社来函，提议本书修订再版，遂欣然响应，着手进行。此次修订再版，保持了原书的体系与框架，但绝不敢故步自封、一切照旧，除查到的讹字必当改正外，在极个别问题的表述上也有所调整，使之更为妥善。修订中最需注意之处，是添补了一些崭新的研究成果，凡补充者，以内容重要、文字简要为准则。谨列举数项事例如下：

1. 补充写入中国史学起源自西周共和元年即公元前841年，此年官方开始按时间顺序连续地记录史事，即是史学的产生。本书初版思考了中国史学何时产生的问题，但并未得出结论，于今则作出研究成果，这是史学史研究的重大问题。中国史学史专著或教科书若不探讨中国史学何时起源，是其学术体系的很大缺失，而我们看到大多数的相关论著，处于此种状态。

2.《国语》和《左传》是战国时期产生的两种重要史籍，二书是否遭到后世篡改或伪造，是一个长久争议的问题，笔者已有学术论文，提出此二书被西汉末刘歆窜乱的铁证，此项内容亦简略补写于本书。

3. 中国史学自产生起，奉行“君举必书”的求实原则，但这只是当时人记录当时的史事，而向更远古史事的追溯，只能以神话传说为素材，别无选择，于是形成“神的人化”与“层累地造成的中国古史”的状态。因此，史学产生之后，记录今事和追溯古事，乃分途而行，这也是中国早期史学发展的一大问题。今补写于书，征求讨论。

4.《越绝书》是争议颇大的史籍，其成书时代与作者问题，自唐代就众说纷纭。笔者发长文考订，明代学者杨慎通过解析隐语指出作者为袁康、吴平，具有合理性，实际乃是在会稽乡曲绅士挟制下纂成，袁康早逝，其书基本成于吴平之手，成书于汉安帝延光元年（122）。这一准确度为具体年份的考证，结束了一千多年来的论辩，其书也是东汉时期私家史学的一个样本，值得补入本书。

5. 中国史学史的研究，应该涉及传统史学对朝鲜半岛与日本的影响。本次修订再版，补充了关于朝鲜半岛早期受内地传统史学影响的问题，将之置于与十六国、北朝政权相类似的历史地位。

6. 李东阳主持纂修《历代通鉴纂要》一书，影响及于清朝，其书卓有特色，且包含抨击宦官干政的内容，值得注意。该书在清朝极受乾隆帝推崇，爱不释手，但因《御批通鉴辑览》大量抄录《历代通鉴纂要》，使后者在《四库全书》和《四库全书总目》

中居然被隐没。这应当是研究官方史学时特别要注意和深入评析的问题。明朝万历年间，官、私史学皆相当兴盛，这与万历初期张居正在史学上的作为有关。他设置的起居注记录和保存的官方体制，不仅施行于明代后期，更为清朝所基本采纳，影响不可谓不大。此二人在史学史上的贡献，是笔者近年的发现，今补入本书，以彰其事。

学术研究没有止境，学术前沿的成果应当让莘莘学子尽快了解，任何人无权强令使平庸泛泛的知识和空疏苍白的认识充斥大学讲堂，要坚信历史研究和历史教学的进步是不可阻挡的潮流。因此，我十分希望广大学人对本书的新见多多关注，踊跃讨论，推动中国史学史学科的健康发展。

中国人民大学出版社十年前的约稿和本书出版九年后的提议再版，是对我治学的极大鞭策，谨此致以深深的谢忱！在修订本书的过程中，感慨万千，难以尽言，谨以七言律诗一首抄录于下，以略表其意：

修订再版《中国史学史》抒怀

治史无忧两鬓皤，肯将金笔细研磨。
临文但恐开新少，展卷难消怀旧多。
一部精编史之史，九年详审正中讹。
须当倾诉心间识，奋步登高再放歌！

2020 年 2 月 29 日　于南开园上思斋

目 录

插图目录

第一章

绪　论

> 治一学而不深观其历史演进之迹，是全然蔑视时间关系，而兹学系统终未由明了。
>
> ——梁启超《中国历史研究法》第三章“史之改造”

中国史学史作为一门学术专史，自近代梁启超等学者倡导以来，起伏而扎实地发展起来。自 20 世纪 60 年代初，特别是 70 年代末开始，在老一辈史学家白寿彝、尹达、吴泽、杨翼骧等先生的教学、研究及宣传、推动下，学术成果日益丰硕，逐步形成了一支比较稳定的专业队伍，学科重要性显现出来，因而受到国家教育与社会科学管理部门的重视，将史学史与史学理论结合起来，规定为历史学学科体系中 8 个二级学科之一①。这为中国史学史的学科建设，提供了良好的条件。但是应当看到：中国史学史专业研究，一定程度上还处于“冷门”状态，史学界仍有很多人对中国史学史专业的基本性质认识不清。因此，继续探讨中国史学史学术体系的理论问题，对于本学科的发展仍然很有必要。

---

① 中国教学与研究的学科体系，国家教育管理部门于 2011 年作出较大改动，中国历史与世界历史分为两个一级学科，中、外史学史仍分别为二级学科，基本格局未变。

第一节　史学史在认识论上的层次和特点

人们的社会活动，在某种意义上可以分为实践活动和认识活动，二者是有机地联系在一起的。如果单从认识论角度而言，人类在实践中不仅需要对自然界的客观事物加以认识，而且需要对自身社会加以认识。人们对自然界的认识，逐步形成各门类的自然科学；而对社会问题的认识，则形成各种社会科学。其中历史学是对人类既往一切活动的认识，而且已经形成为系统的知识体系。

历史学在认识上的特点，除了范围极广而且统摄于一体的综合性之外，最明显的是动态回顾性与写实性。所谓“动态回顾性”，是指历史学的研究对象是既往的人类活动，而不是现实的和未来的事物。所谓“写实性”，是指历史学不仅要对研究对象予以概括和总结，还必须记述其客观的真情实景，而有条理、有体系地记述真实的历史场景，应当是历史学的基本和主要内容。从历史学的综合性、动态回顾性、写实性三个认识特点可以看出：历史学是人类对自身社会的一种特殊的反思，其最终目标不是将既往的一切用肢解的方式剖析，而是将之有序地活化起来，从而能够比实际的社会生活更清晰地展现其发展的本质。

人类理性思维总是具有两个相辅相成的认识方向，一是对客观对象的认识，二是对“自身”的反思。反思实际上是将“自身”的历程当作一个客观的对象来认识，历史学是一种反思的学科，而它本身也有其发生、发展的历史，同样会向内作自身的反思，史学史、史学理论就是历史学作出自我反思的系统性学问。历史学为了发展和日益完善化，进行史学史的反思是极其必要的。

史学史对于历史学发展的反思，需要回顾、写实与综合总结。这种写实，是要描述历代史学活动的真情实景；综合总结，乃是经过删繁择要，构成史学发展的一个前承后继的系统。而史学理论对于历史学的反思①，具有概括性、抽象性的特征。不言而喻，史学理论的正确与否，决定于它对历史学发展历程的理解程度，即以可信度充分的史学史系统知识为基础。如果学术界还缺乏这种知识，理论研究者就必须自行总结史学的发展历程，如唐代的史学家刘知幾那样。史学史研究要形成系统性认识，不能缺少理论思维，二者互动推进，联系密切。

古代伟大的史学家司马迁在撰史的过程中，对于以往的史学状况有深入的反思，在《十二诸侯年表》中，他分析了孔子作《春秋》的背景、用意和作用，叙述了承《春秋》之意而撰写的《左氏春秋》《铎氏微》《虞氏微》等史籍，以及战国时期诸子“各往往捃摭《春秋》之文以著书”的现象，指出了“儒者断其义，驰说者骋其辞，不务综其终

① 这里所言的史学理论，是指与历史理论有别的、专以历史学为研究对象的理论。

始"[①]的遗憾；《六国年表》又指出了"学者牵于所闻，见秦在帝位日浅，不察其终始"[②]的遗憾。司马迁之所以立意撰写一部"原始察终""通古今之变"的通史，盖得之于反思以往史学状况而发现了其中的"不务综其终始"的问题，于是起而弥补之。唐代史学家刘知幾著《史通》一书，对既往史学发展作出理论性的反思和总结，其中《史官建置》《古今正史》是带有史学史含义的专篇。刘知幾的论述，有力地推动了中国古代史学的发展。

外国的史学，也是在总结前人成果和得失的基础上而有所发展，典型者如英国史学家 R.G. 柯林武德，其名著《历史的观念》除"导论"外共有五编，而前四编乃是评述自古希腊到西方当代的史学。因此，史学理论与史学史的研究，对于整个历史学的进步是必不可少的。如果历史学是对于人类社会的一种反思，那么史学理论、史学史则是对于历史学的一种反思，是一种新的、更深一层次的反思，是人类系统的思维活动不断深化、学术探讨不断进展的结果，是整个历史学蓬勃发展的产物。

就史学史而言，中国与其他任何国家相比，学科建设具有更大的必要性和重要性。中国自古以来史学就极其发达兴盛，表现为：第一，历史记载和历史著述在时间上连续不断，从上古直至晚近，各个时期都有相应的史书；第二，史籍不但内容丰富，而且形式多样，形成同一时段内多种形式、多种内容范围的史籍；第三，史学与政治联系紧密，史学的社会功能明显，史学直接成为社会政治、文化和生活机制的一个组成部分；第四，史家群体成员广泛、队伍庞大，从皇帝、官员到平民，从文人、学者到武将，撰史者都不乏其人；第五，史学活动主体的非单一性，即官方和私家皆热衷修史；第六，中国古代官方、私家都对史书义例、史学方法、修史制度等问题进行了长期的探讨，积累了丰富的思想资料。诚如梁启超所言："中国于各种学问中，惟史学为最发达；史学在世界各国中，惟中国为最发达。"[③]这对中国史学史学科的建立和发展，提供了发掘不尽的素材、永不局促的天地。其他单一的民族和国家缺乏成熟的史学史学科体系，中国若不重视史学史研究，则为学术结构的一大残缺。

史学史是历史学发展的后续的学问，是又一层次的反思。但是，史学史与历史学具有同样的综合性、动态回顾性、写实性等认识特点。认识特点的相同，决定了研究方法的近似，这使一般历史学者感到可以方便地作一些史学史性质的研究，如研究断代史的学者能够研究该朝代的史家、史书和史学现象，促使史学史的学术成果不断增多。然而，史学史与整个历史学的认识特点相同，也造成一些问题和误解。自从梁启超提出研究中国史学史的建议，在学术上有所发展的同时，史学界也出现各种异议，有人认为史学史算不上专门学问，历史学者人人皆可撰述；有人认为中国史学史已经出版著述，特别是金毓黻的《中国史学史》面世之后，再无继续研究的必要了[④]。如此等等，皆源自对史学史的学科性质认识不清，而深层的原因，盖由于认识特点和研究方法的类同，而觉得史学史不必成为相对独立的学术门类。不少史学家在大声疾呼重视中国史学史专业

---

① 史记：卷一四：十二诸侯年表. 北京：中华书局，1974：511.
② 史记：卷一五：六国年表. 北京：中华书局，1974：686.
③ 梁启超. 中国历史研究法：第二章：过去之中国史学界. 上海：上海古籍出版社，1987：10.
④ 杨翼骧. 谈治学与做人//学忍堂文集. 北京：中华书局，2002：459.

时，提出过“大学哲学系以哲学史为必修课，中文系以中国文学史为必修课，为什么许多历史系却不将中国史学史作为必修课”的问题，现在这种状况依然存在。究其原因，哲学史、文学史乃以历史学的方法进行研究，具有动态回顾性和写实性的认识特点，这与哲学、文学本身明显不同，从而容易被认定为一门独立且必要的学科；史学史与历史学之间则不具备这样明显的区别，其区别在于认识对象的不同并且处于不同的反思层次，然而这是不易引人注意或容易被忽略的。朱杰勤先生的《中国古代史学史》竟将近代人洪钧的《元史译文证补》等编入讲述，刘节先生的《中国史学史稿》将清朝官方纂修的《明史》放在明代史学中论述，都是一不留意即把历史研究的史料误作为史学史的研究对象，混淆了史学史与一般历史学的区别。由此可见，即使是功力深厚、成就突出的史家，也需要对史学史在认识论上的层次和特点、对史学史与一般历史学的区别及联系、对史学史的研究对象与学术体系作认真的理解，才能写好中国史学史的著述。

第二节　中国史学史的学术任务与研究内容

作为一种学术门类，史学史是研究历史学发生、发展和各个时期史学活动状况及其与各种社会因素相互关系的学科，它有着清理史学遗产、阐明史学演进过程、揭示史学发展规律的任务。中国史学史就是把演进的范围大体规定在中国的范围之内，清理中国自古以来的史学遗产，阐明中国史学的演进过程，揭示中国史学发展的特有规律。

> 史学史是研究历史学发生、发展与各个时期史学活动状况及其与各种社会因素相互关系的学科，它有着清理史学遗产、阐明史学演进过程、揭示史学发展规律的任务。

一、中国史学史的三大任务

（1）清理史学遗产，是史学史研究的基础性工作。我国是史学遗产最为丰富的国家，多种体裁、多类内容的史籍浩如烟海，古代散见于经部、子部、集部诸书中的历史评论、史学批评、史学议论多不胜收，近现代发表于报刊的史学撰著绚丽多彩，这是卓有中国特色、富于理性精神的文化财富。清理这些史学遗产，是长期而艰巨的任务，尽管前人已经取得很大成绩，但仍然是今后史学史研究的一项重要工作。清理史学遗产包括这样一些工作内容：搜集、发掘各种类型的史学著述以及相关资料；分析历史著述的内容和形式；考察史籍的史料来源、撰述过程、可信程度；探寻历史著述蕴含的史学观点、思想倾向等。这是一项有考订、有分析、有评价的综合性工作，有可能取得很显著的研究成果，但它对于整个史学史研究来说，大部分是属于一个个“点”上的工作，与历史文献学、断代史研究的某些选题，有时是类似的和交叉的。

（2）阐明史学演进过程，是在清理史学遗产的基础上进行的，其任务是将历史学的产生、发展和各个时期的基本状况，予以条理化、系列化的叙述与评析，这就要求把清理史学遗产的各个知识“点”联结成包括时间先后在内的有序的线索。这不是各个

“点”的简单相加，而是充满了对不同或相同时期史著、史家、史学现象的对比分析和总结概括，指出其间的联系以及与社会环境间的联系，剖析活跃在史学发展中的史学思想和史学方法，评述史学的社会作用，对于有代表性的、开拓性的史家和史书，予以重点的研究。总之，要表述出关于史学发展进程的连续的实景、系统性的知识和精湛的评析。阐明史学的演进过程，才使史学史研究真正具备独立学科的性质，从而与目录学的史籍解题、人物传记中的史家介绍以及其他相邻学科区别开来。

(3) 揭示史学发展规律，是史学史研究的重要任务。历史学是一种学术、一门学科，它反映的是既往的社会文化活动，因而史学的发展既会受到社会整体条件的制约，还会受到政治、哲学等上层建筑及其他社会意识的影响。但历史学的系统一经形成，它的发展也具有相对的独立性，有它内在的动力，而且参与到整个社会的运转机制之中。揭示史学的发展规律，就是要探讨史学发展的社会条件与内在原因，剖析历史学在不同阶段的运行机制，这需要在史学史研究相当深入的基础上，通过中外史学的比较研究来逐步解决。

这三项任务不是互相分离的，前项是后项的基础，后项是前项的指导，各项任务有机地结合在一起。只有对史学遗产作出一定程度的清理，才能较好地阐述历史学的演进过程；对史学演进过程有了比较清晰的理解，才能探讨史学发展的规律；在对史学发展规律的探讨中，才能更深切地理解史学从古至今的演进。

纵观中国史学的发展历程，先秦时期是史学产生与初步发展阶段；秦汉时期至东汉末年，中国传统史学的基础得以奠定；三国两晋南北朝时期，是中国史学多方向探索发展途径的阶段；隋唐五代以及两宋时期，中国传统史学达到发展成熟的阶段，但同时出现较多的矛盾；元明两代，史学的发展有了调整和新的探索；清代，在整个传统文化总结和清理的背景下，史学也表现为大清理、大总结的特色；20 世纪初，中国史学开始了向近代转型的进程，此后史学发展呈现思想、理念、治史取向的多元化状态；而马克思主义史学的产生，乃是近代史学发展的新生面。

历史学的发展，贯穿着撰史求真与治史致用的矛盾，此乃迄今史学发展的内在矛盾。中国的传统史学，形成了官方史学与私家史学互动互补又互有排抑的两条发展轨道，求真与致用之间的矛盾大多融入官方史学与私家史学的矛盾运动之中。这是史学发展规律的基点。

二、中国史学史研究的八项内容

中国史学史的学术任务，是对研究者提出的要求和由浅入深的阶段性目标。任务明确之后，可以将中国史学史研究应当关注的内容，以分类分析的方式归结为历史观、史学思想、历史编纂学、官方记史与修史及其相关的制度与举措、史家的史学活动、史学评论、史学与其他社会因素的联系和相互影响、史学发展的社会运行机制八个方面。

(1) 历史观，是对历史的概括性看法，其系统化为历史哲学，回答诸如历史是否发展进步、历史变化发展的原因和动力、历史的变化发展有没有规律性等一系列根本性的问题。严格说来，历史观在整体上不属于史学史的研究范围，但是，在历史上曾经形成思想潮流的历史观，如中国古代的“五德终始论”“正统论”等，对史学的发展极有影响，史家的历史观也制约着他的史学活动，这些都是史学史研究不应回避的。因此，史学史将历史上对史学造成很大影响的历史观以及重要史家的历史观，作为本学科的研究内容之一。

（2）史学思想，是对历史学本身的一种认识，涉及历史学的性质、功能、治史目的以及与此相关的方法论问题，例如：撰史目的是作为“名山事业”还是经世致用？史学的功能有哪些？史家必备的条件和素质是什么？历史记载求真与致用之间有什么关系？等等。这些多为理论层面的问题，但古代的史家和学者，其见解和论述往往是零散、片断的，有的甚至没有直接的论述，而是通过历史著述间接地表现出来，这需要通过史学史的研究加以发掘和整理。史学思想与历史观是不同的范畴，前者的认知对象是史学，后者的认知对象是历史，史学界存在着将这两个概念含混使用的现象，应当加以纠正。

在史学史上，各种史学思想也有一个从零星、个别的认识到逐步完善化、系统化的发展过程，而史学思想一经形成体系，即成为一种史学理论。史学思想的概念内包含着史学理论，史学理论是系统化表述出来的史学思想，因此，史学史应当将各种史学理论的形成、发展的进程及其原因纳入考察范围。

（3）历史编纂学，是关于编撰历史著述的具体方式、方法的学问，它所解决的是史书如何更好地表现客观历史内容的技能问题，这既涉及史书的编写形式，又涉及史书的内容取材和文字技巧，如史料的整理、鉴别和筛选，史书的结构安排，史文的斟酌修饰，等等。这其中有些常被人视为历史文献学、“史料学”的内容，而从史学史角度出发，乃将之视为编纂史书整体工作的一部分，皆归属于历史编纂学。我国自古代以来，历史编纂学的成就异常丰富，有精细的搜集、鉴别、选择史料的经验，有多种形式的史书体例，这使历史编纂学在中国史学史的研究中占有很突出的地位。

（4）官方记史与修史及其相关的制度与举措，是中国古代特有的史学现象。早在先秦，中国官方就有了自觉的记史体制，至迟从东汉起，官方已从记史发展到同时修史，官方修史活动连续不断，修史机构和修史官职逐渐成为国家官僚机器的组成部分，官修史在史学遗产中占有相当大的比重，官方形成较为稳定的史学思想与修史规则，这是西方古代史学所不具备的特点。中国的官方史学，包括历代史官建置、史馆机构，官方史学思想，对修史的规范性规定（其中含有针对私家修史活动的干预），官方历代修史的具体过程和具体措施，官方运用史学和历史知识于政务的举动，等等。这些内容，不仅史学史研究无可回避，而且也是中国断代史、通史、政治制度史、政治思想史所必须关注的，缺少这种研讨，上述各项历史研究都是不完整的。

（5）史家的史学活动，构成了史学史的发展过程，是史学史必须研究的内容。而史家的史学活动，乃是一种社会现象，是历史观、史学思想、历史编纂学等类内容具体、生动、活化的体现，研究史家的史学活动，也需要从历史观、史学思想、历史编纂学等方面予以分析。将其单独列为一项内容，是因为对史家的研究不仅仅是分析和概括，还必须进行那些具体过程与客观细节的“写实”。研究史家的史学活动，应包括史家所组成的团体及形成的流派，同时，史家的史学活动是与他的政治活动、其他学术活动联系在一起的，不能截然割裂。因此，研究史家史学活动与研究官方史学活动一样，是史学史中特别具有综合性、写实性的方面，是能够生动、真切地反映史学演进状况的内容。

(6) 史学评论，就是对历史著述进行诸如材料真伪、结构优劣、成就高低、影响大小等方面的判断和论证。史学评论的问题涉及历史观、史学思想和史学方法的各个方面，是一项综合性的工作，为了恰如其分地评价史籍，有时还需要进行必要的考证。在史学史上，史学评论对促进史学的发展进步起了重要的作用。史学史学科不仅本身有着评论历史著述的工作内容，而且还要对前人的史学评论工作进行阐述和总结。因此，史学评论既是史学史学科的一个研究手段，也是史学史研究的一项内容，即我们要以史学评论的方式研究史学著述，也要研究过去史学发展中出现过的史学评论。

(7) 史学与其他社会因素的联系和相互影响，应是史学史研究所关注的内容。史学史研究必当汲取哲学史、思想史以及历史学各门专业的研究方法和成果，同时也将自己的成果置于其他关联学科的知识系统中加以检验与定位，如《史记》的文学性是全面评析司马迁史学成就时不可或缺的因素，那么《史记》的文学性与史学性之间的关系、西汉时期文学对司马迁的影响，都是史学史研究应当涉及的内容。至于剧烈的社会动荡、声势较大的社会思潮，都对史学发展施加了显著的影响，史学史研究对于诸如此类其他专业研究的问题，需要予以适当把握和重新审视。这里，重新审视是非常重要的，史学史有着审视一切史学成果的任务，不能直接袭用其他专业的现成结论。

(8) 史学发展的社会运行机制。史学的发展不是孤立的现象，越是在古代，史学活动越是与政治文化及其他社会因素交织在一起，处于相互作用之中。历史学发展的原因，历史学发展的各个阶段的取向，历史学功能的发挥，史学潮流的形成和转变，等等，这些重大的与根本性的史学史问题，都必须置于整个社会背景、各种社会因素的内在联系中才能够探讨。而探讨史学在与各种社会风俗相互联系中的运行机制，是深化史学史研究所必备的。史学怎样才能在社会中产生、存在和运行？运行方式是什么？这种运行状况给史学的发展方向带来怎样的影响？这些要比分析具体史学现象与某种社会因素之间的联系更为深入、宏观，更加“长时段”，将涉及历史学发展的规律性问题。

中国古代史学的社会运行方式比较简单，史学长期处于政治社会的附庸地位，史学主要与政治的运行结合在一起。史书编纂，即使是私家修史，往往也以进献于朝廷作为价值实现的主要方式。在史家群体内得到承认，仅仅居于次要地位。明代后期出现显著变化，私家修史的宗旨是社会普及与流传，加以书坊刻印售卖的经济机制，史书编纂一度呈现脱离官方控制的倾向。而到清朝，学者群体内的史学学术机制有所加强，特别是在乾嘉考据学内较为突出。近代以来，学术体制与学术观念发生很大的转变，特别是随着中学、大学历史教学与研究的开展，形成专业化、职业化的史学工作者，这是古代所没有的特点。史学与其他学科一样，学术研究已经是社会化的文化形式。历史学教学、研究和学术队伍的建设一起成为社会运转的一项机制。这种机制与中国原有的史学机制碰撞、磨合，出现了非常值得注意的特点，是中国史学史应当深入研究的内容。

以上八个方面，反映出中国史学史内容的类别结构，但互相不能绝对地分割，而是有机地结合在一起。在中国史学史的学科建设中，学术任务与研究内容这两层结构，是其学术体系的基本体现。真正理解和掌握了中国史学史研究的任务和内容，在具体的学习与探讨中就会具备清晰的思路和坐标，并转化成为一套得力的研究方法。

第三节 中国史学史学术体系的深层特征

中国史学史的研究对象——中国史学，乃是源远流长、内容丰富、连续不断、持续发展的社会活动兼学科门类，这个雄厚的根基，使中国史学史的学术体系具备一些深层次的特征。而作为学术体系的特征，表达的是一种知识成不成为体系、体系上是否完备的标准，与上文谈到的认识上的特点，是不同的概念。

一、学科内涵的完整性

从中国史学史在学术上的三大任务、八项内容看，史学史不仅要作贯通古今的宏观研究，还必须进行为宏观研究提供依据的微观研究，大至整个史学的发展规律，小至一名史家、一部史书、一件史学往事的考订，都在其研究的范围之内。从研究的广度上看，不仅要研究史学活动的主体——史家和官方修史机构，研究史学活动的结果——史籍、史学文献，还要研究史学活动的背景、条件、影响等等。从研究的深度上看，既要对史籍的外部形式、直接内容作出分析，又要进行史学思想的深入探讨。从研究的方法上看，要应用全部的逻辑的方法和历史的方法，从个别的考证到高度的理论概括，从一人一事的记述到整个史学发展历程的阐明，可谓包罗万象。而且所有这些都是由具体到普遍、由浅表到深入、由细微到宏阔有机地结合为一体，呈现出系统的、完整的认识体系。这与相邻的或内容有所交叉的历史文献学明显不同，历史文献学的目标和研究成果都是反映史籍、历史资料的存在状况，内涵比较单一，有历史学的辅助分支性质；而史学史关注史籍、历史文献的存在状况，是为了探讨史学的发展源流，并且通过研究史籍内容、史家活动、史学流派、官方史学政策等一切相关的问题，探讨史学思想与历史观的发展状况。这表明史学史具有全面审视历史学的性质，在体系的完整性上与它的研究对象基本相同，因而不能简单地视其为历史学的一个附属分支，而是具备凌驾于历史学之上予以全面审视的反思层次。

二、学术前景的继进性

一种学术、一门学科的可持续发展状况，归根结底与研究对象的状态有关。只有能够持续发展的学科，才是真正意义上的成体系的学科。社会的历史是持续发展的，在时间上自然而然地延续，历史学的时间范围也自然地向下延续。除了这种自然的内容扩展之外，历史学的研究手段不断增多，认识水平不断提高，将开发许多新的内容，原有内容的研究也会不断地深化。与此相应，以历史学的发展为研究对象的史学史，也就会持续地扩展内容、更新方法，不断深入。总之，中国历史学的发展，为中国史学史的研究提供了广阔的天地，使之充满活力，不像有些学术如所谓“校勘学”“避讳学”等，其研究对象已经凝滞，很难持续不断地有所进展。

三、研究系统的开放性

史学史学科定义明确，界限分明，特征显著，这是学术系统性、学科成熟化的标志之一。反之，如果表示一个学科性质的定义，概念模糊、界限不清，许多琐碎内容都可以打着这个旗号，那就不能自成体系，甚或不成为一种学术、一门学科。但是，定义明确、界限分明并不等于完全封闭，封闭的系统是缺乏发展活力的。中国史学史之自成体系，上文已经论述，而从其任务和内容组合的结构上可以看出其具有多处对外接口，研究系统的开放性十分明显。就研究任务而言，清理史学遗产的工作与历史文献学、目录学等相近、交叉；阐明史学演进过程和探讨史学发展规律，皆需要联系社会条件、文化背景的研究。就研究内容而言，史学史对史家历史观、史学思想的研究，不能不涉及哲学史、思想史的方方面面；研究官方修史制度，必须与各朝代的官僚制度联系起来考察；史家的史学活动、史学与社会其他因素的联系和相互影响，更与一般通史、断代史的研究内容联结在一起。而哲学史、思想史、政治制度史以及通史、断代史的研究，也不可避免地会涉及史学史研究的领域。

第四节 建设中国史学史学术体系的作用和意义

不断深入地致力于实现史学史研究的各项任务，建设一个成熟的中国史学史的学术体系，其意义不限于史学史学科本身的学术发展，对于整个社会、对于其他门类的学术研究，都将有着积极的影响。

中国史学史的社会意义与历史研究一样，具备传播真实、准确、深刻的知识，提高全民族文化素质的作用，也能够直接提供历史的鉴戒。在中国史学史上，涌现不少刚正不阿、奋笔直书，为历史记载的真实性而斗争，甚至不惜牺牲生命的优秀史家；有不少孜孜不倦、精研深思，几十年如一日著述不辍，以撰史为己任，为中国史学发展作出贡献的史家。通过中国史学史的研究，批判地汲取这种勤奋精神、刚正风范、社会责任感与历史责任感，对于各种工作岗位的人们都有正面的激励作用。

> 史学史、史学理论就是历史学作出自我反思的系统性学问。历史学为了发展和日益完善化，进行史学史的反思是极其必要的。

中国史学史的系统研究具有重要的学术意义，其直接作用可以大略归结为以下几点：

第一，为建立和丰富史学理论提供必要的条件。建设和进一步丰富史学理论，必须对历史学的历程和现状进行总结和概括。史学史与史学理论有着极其密切的关系，史学史的研究是建立、丰富和发展科学史学理论的必备条件。中国史学的发展源远流长、内容全面，研究中国史学史本身就会涉及史学的宗旨、史学的功能、史书内容与形式的关系、历史叙述与历史评论的关系等理论层面的问题，直接促进史学理论的丰富和发展。

第二，有助于历史研究的全面和深入。中国史学史的研究，无论在宏观问题还是在微观问题上，都与通史、断代史的研究错综交叉。缺乏系统的史学史知识，常常会使一般的历史研究产生缺漏和讹误。例如研究明初历史，忽略朱元璋下令大加纂修诸如《宗藩昭鉴录》《武士训戒录》《臣戒录》《辨奸录》等惩戒性、威慑性史书的史实，对其强化君主专制问题的论述就不全面。关于清乾隆朝的历史，忽视对乾隆帝历史思想的论述，不了解《御批通鉴辑览》一书及其中乾隆帝批语所体现的政治历史观，则对当时的社会、文化以及对乾隆帝本人的研究，都不能深入。

通过对中国史学史的研究，总结史学发展的成果，洞悉以往的学术水平及存在的问题，就可以批判地继承史学遗产，汲取前人的史学方法，从而在整体上推进历史研究的深化。白寿彝先生主编的多卷本《中国通史》在整体设计上，采古今各种史书体例之长，创立新的综合体裁，经纬分明，结构严整，内容全面。这项重要的成就，得益于白先生对中国史学史的系统研究。在当今，要高水平地编纂大型历史著述，主持人应当具备系统的史学史知识，这从多卷本《中国通史》之成功范例，可以得到充分的证明。

第三，有助于其他学术史、专门史研究的全面与准确。中国史学史具有与其他学术专史如哲学史、思想史等内容交叉、形式并列的特点，因此不仅研究方法可以互相借鉴，而且研究成果也应当互为参照。随着史学史研究的深入和知识的普及，这样的补充会有所增多，并且为思想史的著述所采用。中国古代哲学史的研究多取资于传统的子部、经部之书和散见议论，对史籍的利用较少，这样造成的遗缺或讹误很需要史学史研究来补正。例如东晋史家孙盛的《与罗君章书》有“形既粉散，知亦如之”[①] 的论述，主旨是反对佛教的灵魂不灭说，一些哲学史论著乃至《辞海》，皆据此将孙盛称为“东晋无神论者”[②]，而实际上从他所撰《魏氏春秋》《晋阳秋》[③] 等史书中可以看出：孙盛十分信奉天人感应与灾异应验的迷信观念，而且相信鬼神，他所反对的只是外来的佛教和流俗妄设的怪力乱神而已。不从史学史角度来研究孙盛，就不能纠正哲学史、思想史论断的失误。

第四，中国史学史的研究，应在端正历史学学风上发挥重要的作用。史学界尽管有过“史学危机”的担心，但历史学专业队伍却迅速膨胀扩大，历史类出版物成倍地增长。在这繁荣的景象之下，也涌动着十分浮躁的学风，无节制地追求数量，专著不专，抄纂成编，东拉西扯，讹谬满篇，已经不是很个别的现象。这种虚伪浮夸的“泡沫学术”，除了个人行为之外，还存在组织性、计划性的运作，对历史学的健康发展危害极大。究其原因，大致有管理措施的失当、理论思维的苍白、名利因素的驱动、史学批评的欠缺等。史学界应当大力促进史学理论的建设，并且以公正无私的态度拿起史学评论的学术武器，为学风的端正而奋斗，其中史学史学科负有义不容辞的责任。

史学评论本是史学史学科的分内之事，揭发那些抄纂者的抄纂来源，指出拼凑、炒作之书在史学发展进程中的决无价值，乃是史学史研究方法的特长。坚持公正、健康的

---

① 严可均．全上古三代秦汉三国六朝文（二）．影印本．北京：中华书局，1985：1816.

② 辞海：哲学分册：“孙盛”条．上海：上海辞书出版社，1980：178.

③ 此二书久佚，但裴松之《三国志注》等书中多有征引。《晋阳秋》尚有清黄奭、汤球的两种辑本，乔治忠校注《众家编年体晋史》（天津古籍出版社，1989）收载并校注。

史学批评，并且蔚然成风，推行于整个学术界，就会推进理论思维的深化，挫败“泡沫学术”制造者的名利企图，打消人们对表面繁荣的陶醉，对失当的管理措施作出反省与改革，从而清除各个领域的文化垃圾，使真正有价值的成果从遮盖掩埋中展现出来，促进社会学术的健康发展。

从长久的前景来看，中国史学史必然对端正历史学学风发挥巨大的作用。因为史学史迟早要将现代的史学状况纳入学术研究的范围，历史地审视各个史家、史著、史学制度、史学活动的内容、价值与影响。淘汰曾经泛起的沉渣，批判喧嚣一时的浮躁，推重具备学术价值的成果，摈弃不值一谈的滥造，使吹嘘、浮夸成为历史的笑柄，这是成熟的中国史学史学术体系必然要作、不得不作的评判。在终极目标上，历史学对历史活动的审视将是无情的，史学史对史学活动的审视也将是无情的，这正是史学史学科在历史学内的可敬可畏之处，也是史学史学术体系的价值取向之一。

第五节 中国史学史学科发展的回顾

> 今日史林摘硕果，
> 应念自古植林人。
> 学史不知史学史，
> 识见难言浅与深。

中国的史学产生甚早，先秦时期已经产生并且取得较大的发展。史学活动一经产生，它本身即成为一种历史现象，与其他历史事物一样，成为后人追述和评论的对象。从对历史记载和史书编撰状况的追述和评论中，产生了史学史研究的萌芽。但是，古代史家大多为自发地而非自觉地进行史学史方面的研究，他们的论述也都以附属于历史著述、目录学著述和其他著述的状态出现。章学诚立“史官传”的主张，表明他具备了一定程度的史学史研究的自觉性，但仍然未突破附隶于历史撰述的格局。因此，整个古代对中国史学史的研究都是零散的、不系统的，更谈不上形成独立学科。

一、中国史学史学科的成立

中国史学史成为专门的学科，是从 20 世纪 20 年代开始的，近代著名学者梁启超是主要的奠基人和倡导者。他在 1922 年出版《中国历史研究法》一书，其中有“过去之中国史学界”一章，概括论述了中国古代史学从起源到清代“二千年来史学经过之大凡”。这是近现代最早系统论述中国史学史的专文。1926 年至 1927 年他又写成《中国历史研究法补编》，其中谈到“史学史的做法”，提出把史学史作为一种专门的学科，探讨了中国史学史的研究对象、内容、方法等问题，认为中国史学史应注意四方面问题，即史官、史家、史学的成立及发展和最近史学的趋势。

而早在 1919 年，朱希祖（1879—1944）就曾在北京大学开设“史学史”课程①，

① 文本科史学系三二一学年课程时间表. 北京大学日刊，1919-10-24.

转年他出任史学系主任，反而将课程改为“中国史学概论”，虽有加强理论化的动机，但实际内容基本依旧，实际上淡化了中国史学史的学科意识。

曾留学美国的学者何炳松（1890—1946），在翻译西方史学著述、传播西方史学理论上作出很大贡献，享誉当时。他在1925年就开始翻译绍特韦尔的《西洋史学史》，目的是为撰写《中国史学史》提供参考，而且他提出了一些关于撰写《中国史学史》的看法。20世纪20年代中期，还有一些学者也意识到或实际进行了中国史学史的研究，说明中国史学史学科的产生，已经处于水到渠成之势。

梁启超关于史学史基本理论和方法的论述，产生了巨大的影响，推动了史学史研究的开展，30、40年代一些着手研究、讲述和编著中国史学史的学者，绝大多数受到梁氏的直接影响或启发。截止到1949年新中国成立之前，中国史学史作为一门独立学科，已然初具规模，这表现于以下几个方面：

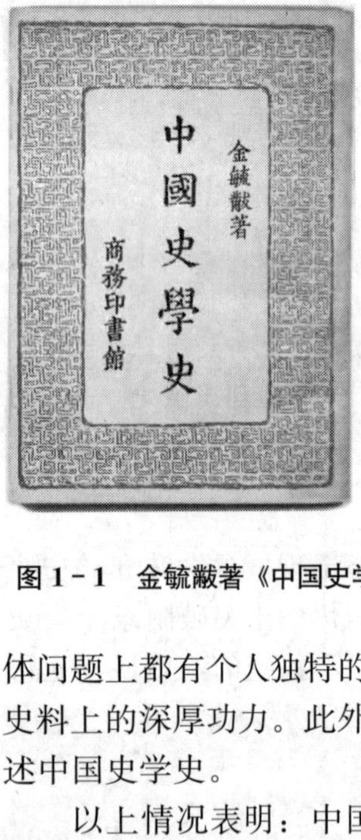

图1-1　金毓黻著《中国史学史》

（1）以梁启超的论述为代表的中国史学史基本理论的形成。

（2）一些著名学者在大学开设史学史课程，如陆懋德、方壮猷、卫聚贤、蒙文通、姚从吾、金毓黻等。

（3）发表了几百篇史学史方面的学术论文及专题论著，不仅对司马迁、刘知幾、司马光、章学诚等重点研究课题有了较详细的论述，而且具备了一定的研究广度。特别是在对一些古代史家年谱与传记的编写方面，综合发掘和清理了大量史料，成绩十分突出，诸如《章实斋先生年谱》《刘知幾年谱》等书，皆为嘉惠后学的杰作。

（4）出现了十部左右的史学史专著，其中影响较大的有魏应麒、金毓黻分别撰写的两部《中国史学史》。魏著是国内第一部公开出版的史学史专著，在全书体系上和具体问题上都有个人独特的见解。金著是一部内容充实、论述全面的著述，显示了作者在史料上的深厚功力。此外，许多题为“史学通论”“史学概论”的著作中也多设专章论述中国史学史。

以上情况表明：中国史学史的研究成果，已经使其取得独立学科的资格，并且已在学术界得到公认。尽管各方面的研究还不够深入，但这种基础的奠定是十分可贵的。

二、1949年之后史学史学科的发展

1949年以后，中国历史学在理论基础和思想方法上经历了一场深刻的改造，史学史研究一时未遑开展，至50年代末60年代初，才重新得到提倡。

1956年《史学译丛》第2期发表了苏联《历史问题》杂志题为《论历史科学史的研究》的社论，这是一篇苏联史学界关于史学史理论问题的文章，提出了一些值得重视的观点。该文认为：“历史科学史的目的是研究许多世纪以来的历史知识的积累过程和历史科学的发生与发展的过程，研究历史科学中各派别的斗争”，“任务是揭明历史科学

发展的规律性，表现具体历史环境、阶级斗争和当代的政治、哲学及其他观点对于历史思想的制约性”。文章还阐述了这门学科的重要意义和对待史学遗产的正确态度，这对于唤起中国史学界对史学史研究的重视起了一定的作用。1957 年，金毓黻的《中国史学史》经修订重新出版，但删去最后一章“最近史学之趋势”，仅保留古代部分。杨翼骧发表文章《三国两晋史学编年》[①]，按年月顺序汇集、整理了三国两晋时期史学活动、史家生平、史书编纂及其他史学史方面的资料，对其中的一些问题作了考辨。1961 年，教育部委托白寿彝、吴泽编撰高等学校中国史学史教材，同年，《学术月刊》第 10 期发表耿淡如《什么是史学史》一文，引发了对史学史理论问题的热烈讨论。齐思和、刘节、白寿彝、汪伯岩、师宁等人都相继发表文章，阐述各自的见解，《文史哲》《学术月刊》《历史研究》报道了上海史学会、北京师范大学、广东史学会等单位就史学史问题分别召开的学术讨论会，《人民日报》《文汇报》等也都综合介绍了学术界关于中国史学史的讨论，这造成了一定的声势，带动了实际研究工作的展开。在 60 年代初期几年内，国内发表的史学史方面的论文相当可观，白寿彝、吴泽、朱杰勤、杨翼骧等人均在大学内开设了史学史课程，使中国史学史学科的建设形成一个良好的开端。但是到 1966 年，中国史学史的研究再次陷入停顿。

1977 年之后，随着历史研究的逐步恢复和发展，中国史学史也日益受到重视。1978 年恢复研究生的招考，史学史专业乃与其他专业同步进行，是一个很有意义的新起点。北京师范大学、华东师范大学成立了史学研究所，中国社会科学院历史研究所设立了史学史研究室。史学史专门研究机构的建立，显示了史学史学科受到重视的程度。至 20 世纪 80 年代，北京师范大学、中国社会科学院历史研究所、华东师范大学、南开大学，成为中国最早的 4 个史学史博士学位授予单位。白寿彝教授（北京师范大学）、吴泽教授（华东师范大学）、杨翼骧教授（南开大学）先后招收本专业博士研究生，中国史学史研究人员的培养进入新的阶段，对专业人才队伍的壮大起到关键性的促进作用。至 20 世纪 90 年代，史学史与史学理论合并为一个二级学科，成为一级学科历史学之下的 8 个二级学科之一，与中国古代史、中国近现代史、世界史、历史文献学、历史地理学、专门史、考古与博物馆学等并立，其余各研究方向，则属于三级学科。随后，教育部设立多处全国人文社会科学重点研究基地，北师大史学理论及史学史研究中心为其中之一，对全国的本专业发展起到了带动作用。所有这些，都标志着史学史已具备巩固的学科地位。

与学科建设的进展相应，中国史学史的研究成果出现繁荣的局面。首先，中国史学史的系统专著接踵而出，至今已有约 30 部，部帙大小不一，有的作为专著，有的兼具大学教科书。其中值得注意者有：尹达主编《中国史学发展史》（中州古籍出版社，1985）、吴泽主编《中国近代史学史》（江苏古籍出版社，1989）、陈其泰《中国近代史学的历程》（河南人民出版社，1994）、瞿林东《中国史学史纲》（北京出版社，1999）、白寿彝主编《中国史学史》6 卷本（上海人民出版社，2006）、仓修良《中国古代史学史》（人民出版社，2009）、乔治忠《中国史学史》（中国人民大学出版社，2011）、谢贵

① 南开大学学报，1957（4）.

安《中国史学史》（武汉大学出版社，2012）、谢保成《中国史学史》（商务印书馆，2016）等等。这些著述各有所长，读者可在比较中研究取舍，构建自己的中国史学史治史结构。

其次，中国史学史的专题论著、论文、文集面世甚多，开拓了许多新的研讨内容，精湛之作琳琅满目，不胜枚举，极大地丰富了中国史学史的学术成果。

最后，北京师范大学主办的史学史专业学术期刊《史学史研究》已正式发刊40年，对史学史的学术发展起到极大的促进作用。由吴泽、杨翼骧主编的《中国历史大辞典·史学史卷》于1983年出版，为史学史的学习和研究提供了方便。专科工具书的出现标志着本学科的独立性、完整性和研究工作的日益深入。

与此同时，海外一些国家和地区对中国史学史的研究也有一定的成就。日本学者很早就开展了对中国史学史的研究，几十年来发表了大量的研究论文。论文大多是对专一史籍和个别史家的研究，其中有考释、有评价、有历史编纂学方面的探讨，也有一些涉及史学思想和历史观点，但系统的中国史学史专著较少。1934年冈崎文夫的《支那史学思想的发达》出版，1935年中山久四郎的《支那史学发展史》出版，皆内容简略。最值得提出的是内藤虎次郎的《支那史学史》一书，这是作者授课的讲义，作者逝世后由学人整理，于1949年出版。2008年，上海古籍出版社出版了该书的中文译本。该书比较系统地论述了从上古到清代的中国史学，篇幅较大，涉及面宽，有独到见解，是影响比较大的外国人撰写的中国史学史专著。1984年出版的增井经夫的《中国的历史书——中国史学史》，2006年出版的稻叶一郎的《中国史学史的研究》，均有一定的参考价值。另外，贝塚茂树的《中国的史学》于1977年出版，收有作者关于中国史学史的论文多篇。

欧美学者对中国史学史发表的见解，比较偏重于从总体上作宏观的概括和评论，许多学者赞扬了中国古代史学的连续性、准确性及年代可靠性，指出中国有着独立的史学传统，同时注意到中国官方史学的优点和缺点，不少人认为中国传统史学缺乏概括、综合与抽象思维。由于许多欧美学者主要通过中国近代以来的著述或日本人的著述来了解中国史学史，所以他们在宏观的评论中有不少片面和错误的见解。欧美史学家所撰全面考察中国史学史的专著不多，主要有美国人嘉德纳的《中国传统史学》（1938）①、加拿大籍学者浦立本的《中日史家》（1961）② 等，论述尚欠深入。而一些真正阅读了中国史籍的汉学家，对中国史学史上的某个史家或史书往往有较细致的研讨，如关于司马迁、刘知幾、司马光、王夫之、赵翼、钱大昕、章学诚、顾颉刚的论著。多数西方学者在研究中国史学时，总要与西方的史学发展状况作种种对比，他们对中西史学史相异之处的评论虽常有片面性，但这种比较研究的方法，能提供十分有益的借鉴与启迪。

中国香港、台湾地区对中国史学史的研究，是在承接1949年之前国内研究水平上进行的，除了发表许多论文以外，也出版了若干著述。不过，研究单一史籍或单一史家

① 又译为《中国旧史学》，朱士嘉先生对此书有评介文章，载《史学年报》1938年第2卷第5期。

② 本书由集体编写，浦立本负责撰写中国部分。杜维运．与西方史家论中国史学．台北：东大图书公司，1981．

的占大多数，系统的中国史学史专著很少。李宗侗《中国史学史》一书1953年出版，内容简略，若史籍介绍而已。雷家骥的《中古史学观念史》、许冠三的《新史学九十年》都是限定某一时段，而且内容有所侧重，并非全面论述史学发展。唯杜维运撰著的《中国史学史》3卷（台北三民书局2004年出齐），通贯、系统，十分可观。此前杜维运的另一著述《与西方史家论中国史学》，以批驳西方学者对中国史学史误解的形式，论述了中国史学史上的一些重要问题。他还曾经主持编选了《中国史学史论文选集》3册，1976年至1980年由台北华世出版社陆续出版，收录1949年之前中国大陆的论文和1949年之后中国香港、台湾地区的论文。在中国台湾、香港地区发表的中国史学史论文、论著，有的较早地采用了"比较史学""心理史学"等分析方法，确有一些新颖的见解。

综上所述，中国史学史的研究已经取得较丰盛的成果，在学习期间阅读参考著述，可以有较大的选择空间。但初学本专业者难以尽读，这里姑且提出几种参考书的名目，条列如下：

金毓黻著《中国史学史》，是1949年之前面世的最好专著，具有较高的学术性。

柳诒徵著《国史要义》，系统地论述中国传统史学的优越性，资料丰富，有利于对中国史学史的深入了解，但作者思想已然落伍，在政治文化上崇古守旧。

尹达主编《中国史学发展史》，包括古代、近代内容。

吴泽主编，桂遵义、袁英光著《中国近代史学史》，是出版较早的中国近代史学史著述。

瞿林东著《中国史学史纲》，独力撰写，其中多有作者个人多年的研究心得。

乔治忠著《中国史学史》，内容从先秦至1949年，自成体系，对学界流行的讹误认识多有拨正和考析。今本书亦已修订再版。

杨翼骧编撰，乔治忠、朱洪斌增订和续编《增订中国史学史资料编年》，商务印书馆2013年出版，全书共4册，按时间顺序汇总中国先秦至清代的史学发展及史家、史籍资料，并且间有按语作出辨析和考证。

王学典主编《20世纪中国史学编年》，商务印书馆2014年出版，全书共4册，按时间顺序分条描述这一时间段的中国史学成果与事态。

第六节 在中外史学的比较中探讨史学的发展机制

要深入认识一个事物，必须与其他相关的事物进行比较。要想更深入地研究中国历史，有必要进行中外历史的比较，这是史学界早已形成的共识。中国史学史的研究，也不例外，只有将中国传统史学与外国史学发展的异同点予以理清、分析，才能认清中国史学的特点，才能领会各国史学的共性，才能真正找到史学产生和发展的关键因素。因此，中国史学史的研究，不能不适当地进行中外史学的比较。

从整个世界文化史来看，自上古形成了两大最具活力的历史学发展体系，一是以中国传统史学为核心的东亚史学，另一是以古希腊、罗马史学为起源的西方史学，由于地区隔远，近代之前，中西两种史学传统各自独立发展。如果认真进行中国史学与西方史学的比较研究，分析其中相同及歧异的特点，必然有助于将纷纭史学现象的考察提高到社会文化本质性的探讨。但同时应该注意的是：中国古代史学影响及于周边的朝鲜半岛、日本列岛，使之较早地仿从中国而次生相当兴旺的史学，朝鲜与日本又因为本土的社会特点，变化出许多与中国史学不尽相同的表现形态，其中日本史学的变异多于朝鲜。因此，进行古代中日史学的比较研究也十分重要。

日本古代史学既然是仿从中国史学而产生，则体例、方法、观念等方面的宏纲大线，必与中国传统史学类同。但其发展进程、修史活动、思想理念、史籍和史家的具体状况，又与中国明显有别，比较研究这些史学上的“同中之异”，对于认识中国传统史学的核心内容，对于研讨中西史学的“异中之同”，对于将史学史的研究提高到理论层次，都具有十分重要的作用。因此，中外史学的比较研究，应当是中西史学比较与中日史学比较并重，二者相辅相成，并且逐步扩展为整个世界架构上的史学比较研究。这种世界性眼光的史学比较研究，有助于深刻认识中国史学特殊的社会运行机制，更是揭示史学发展规律所必需的条件。

（1）如果我们认真地比较中国与西方古代的史学，可以发现中西史学在基本理念上具有相通之处，其一是都具有记史求真的史学价值观，其二是都具有对于史学社会功能的重视。

关于记史求真的价值观，中国古代很早就具备了这种意识，春秋时期，“君举必书”发展为普遍的共识，其中蕴含着无论善事、恶事都要如实记载的理念。据称孔子曾赞扬晋国史官董狐说：“董狐，古之良史也，书法不隐”①，“书法不隐”成为“良史”的主要标准，于是，随着孔子的圣化，记史求真乃成为不可动摇的准则，官方修史与私家撰史，都以此相标榜，史书如果被议论为失实，乃是最大的贬斥。

> 在历史作品中，真实应当是凌驾一切的。
>
> ——波里比阿《通史》

在西方，“希腊人是史学创始人，正如他们也是科学和哲学的创始人那样。欧洲的史学无须向更古的时代追溯了”②。希腊史学具有显著创始意义的著述是希罗多德（约前484—前425）的《历史》（又称《希波战争史》）。《历史》虽然采取有闻则录的编纂态度，但希罗多德对史事往往“亲自观察、判断和探索”，常常在叙述传说之后申明“我是不能相信这个说法的”③。因此，希罗多德具备了一定的记史求真意识。此后，修昔底德（约前460—前396）撰写《伯罗奔尼撒战争史》，申明“这些事实是经过我尽可能严格而仔细的考证核实了的”。美国史学家汤普森指出，修昔底德“相信历史家的首要责任就是消灭那些假的事实”④，他的著述中没有任何神话的成分，从而真正建立起西方史学的著述规范，就是严格的求真态度。发扬这种传统的史学家波里比阿（约前201—前

① 左传：宣公二年//杜预．春秋经传集解：卷一〇．上海：上海古籍出版社，1978：541.
② J. W. 汤普森．历史著作史：上卷第1分册．谢德风，译．北京：商务印书馆，1988：31.
③ 希罗多德．历史．王以铸，译．北京：商务印书馆，1985：306.
④ 同②40.

120），撰史务须真实的理念更为明确，他认识到“在历史作品中，真实应当是凌驾一切的”[①]。而在此前后，西方也出现多样性的史学主张，甚至有“历史是艺术”的说法行世，但撰写历史就是要真实的理念最为强劲。公元2世纪，古罗马著名学者卢奇安（约125—192）在《论撰史》[②]一文中，批判与挖苦了撰述历史中诸多不顾史实、夸夸其谈等偏向，指出“历史必须努力尽它的本分——那就是写出真实”，“历史家的首要任务是如实叙述”。这种记史求真的西方传统思想，至近代德国的兰克学派被发挥到极致。可见，记史求真仍是西方史学基本的价值观念，这与中国传统史学是一致的。

中国对于史学社会功能的重视，早自先秦时期就已形成，史册可资借鉴、可以辅助政治、有益教化的观念深入人心。孟子称“孔子成《春秋》而乱臣贼子惧”[③]。《左传》亦曰：《春秋》有“惩恶而劝善”[④]的作用。随着孔子的圣化与《春秋》被奉为经典，史学“惩恶劝善”的功能成为不可置疑的宗旨。唐代史学家刘知幾认为：“史之为务，申以劝诫，树之风声，其有贼臣逆子，淫君乱主，苟直书其事，不掩其瑕，则秽迹彰于一朝，恶名被于千载。”[⑤]宋代司马光撰《资治通鉴》，是希望君主阅读此书，以便“监前代之兴衰，考当今之得失”[⑥]。在中国古代，关于史学惩劝、垂训、鉴戒、资治、教化、明道等社会功能的论述，历代不绝，极其丰富，可总括为史学“经世致用”的宗旨，成为中国传统史学理论的最核心内容。

西方古代史学自产生以来，同样重视史学的社会功能问题。希罗多德自称其著述目的是保存“那些值得赞叹的丰功伟绩不致失去它们固有的光辉”，实际上是要凸显历史人物作出的创树，通过对比与评议，讴歌雅典的民主政体，提倡先进的制度和文明。波里比阿对史学和史书的应用功能作了更深刻的论述：“只有以类似的历史情况和我们自己的处境对比，才能从中取得推断未来的方法和基础。因为只有学习过去，才能学会在现在的情况下，什么时候行动应当更谨慎些，什么时候行动应当更勇敢些。”古罗马时期史学家塔西陀（约55—120）则提出格言化的论断：“历史的任务是赞美正义、揭露邪恶，以为后世殷鉴。”[⑦]在西方古代，史家讲求史学的社会功能，是一种普遍的共识。

（2）历史记述的真实性与历史撰述的社会功用之间的矛盾，是传统史学发展的内在动力。历史记述的真实性，是史学产生、存在和发展的第一要素，一个民族和地区，如果在其追忆往事而渐次形成文字撰述的早期阶段，未能形成强劲的记史求真理念，其社会的记忆就会过度呈现为神话想象和文学渲染，从而不能独立发展成真正意义的史学。文明发祥极早、存留史料极富的古代埃及，却没有产生本民族独立发展的史学，原因即在于此。此外，由于古代史学尚未形成相对独立的社会系统，所以史学发展的重要条件之一，是要具备一定的社会功能，舍此不能得到当时的广泛关注。古代史家相信史学具

① 波里比阿．通史//郭小凌．西方史学史．北京：北京师范大学出版社，1995：72.

② 缪灵珠美学译文集．北京：中国人民大学出版社，1987：188．按：卢奇安及《论撰史》一文，不同著述译文用字不同，谢德风译《历史著作史》中，卢奇安作“琉细安”，《论撰史》作《应怎样写历史》。

③ 孟子：滕文公下//朱熹．四书章句集注：孟子集注：卷六．上海：上海古籍出版社，2001：320.

④ 左传：成公十四年//杜预．春秋经传集解：卷一三．上海：上海古籍出版社，1978：735.

⑤ 刘知幾．史通：卷七：直书//浦起龙．史通通释．上海：上海古籍出版社，1978：192.

⑥ 司马光．资治通鉴：卷末：进资治通鉴表．北京：中华书局，1956：9608.

⑦ J. W. 汤普森．历史著作史：上卷第1分册．谢德风，译．北京：商务印书馆，1988：128.

有某种社会功能，因而才会有撰史的信心、热情与责任感。然而，记史求真的理念与社会功用的诉求之间存在着矛盾，史学就在求真与致用孰为主导、彼此消长的矛盾状态中发展、前进。

（3）将古代中国与日本和西方的史学进行异同对比，可以发现中国传统史学的显著特点是具有制度化、组织化、纳入政治机制并且连续发展的官方史学，从而形成官方史学与私家史学的双轨发展。日本、朝鲜都有官方的修史活动，乃是从中国学习和模仿而来，但均未能达到中国古代官方史学的繁荣程度，日本官方史学源于中国，而又颇多“同中之异”，尤其值得予以比较研究。

《古事记》《日本书纪》是日本现存最早的官修史书，《古事记》尚属简略、粗糙，《日本书纪》已经显著成熟，其中许多语句直接摘自中国《史记》《汉书》《后汉书》等史籍，受中国传统史学的影响十分明显。然而，《日本书纪》在仿从中国传统历史观念和史学方法的同时，却经过改造，构建了独特的具有“神代”内容的历史体系，编绘出天皇为天照大神直接后裔的图谱，并且将之意识形态化，成为日本皇室“万世一系”的根本保障，对日本社会发展方向的影响甚为巨大。但是，尽管日本官方史学取得显著的政治功效，官方史学活动却未能连绵不断地发展。10世纪初日本修成“六国史”最后一部《日本三代实录》之后，300年间官方史学基本中断。这说明官方史学只是中国古代特殊社会条件与政治状态所造就的特别文化，其他国度很难具备官方史学充足发展的社会条件。西方没有中国这样制度化、组织化的官方史学，而史学仍可发展到很先进的水平，中国到了近代，官方史学也已经难以保持原先的完整模式，日本近代史学转型，官方修史终于消退，这表明官方史学并非历史学产生和发展的必然方式。

（4）中国传统史学和西方古典史学在发展进程中，内在矛盾的运行方式不尽相同。中国古代由于政治与史学密切联结，且官方史学成为主导力量，史学经世致用的观念居于上风。中国史学在强调垂训、鉴戒、惩劝、资治、教化、明道等社会功能的同时，并不否认撰史的务求真实，官方、私家标榜直书实录的规范，致用与求真是被当作一个理想的统一体加以提倡的。但在具体实行中，却有着为君父讳、为尊者讳等观念，涉及政治私利时更存在故意隐瞒和曲笔。不过，因为中国古代政局屡变，改朝换代频繁，私家史学同样发达，可以使隐瞒的史实得以揭发，起到加强真实性的作用。撰史的真实性与功用性的矛盾，就在官私史学之间、政局变动的流程之中运转。

西方从古希腊开始的私家史学，与现实政治的结合远不及中国古代，历史著述像文学艺术那样参与到社会文化机制的运行之中。西方历史著述的社会功效被读者认可，就有助于这部史著的传播。如果认可的读者中包含政界权要，也可以间接发挥政治作用。但这一切基本都是个人行为的组合，而不是中国那样的国家政权的组织行为。被读者认可的史著，除了具有起到社会教益作用的知识性、思想性之外，还需要其他因素，如记述真实而不荒诞，文笔优美而不枯燥，符合当地、当时读者的心理要求，等等。在这些因素中，一方面是记述的真实性，另一方面是上述其他因素结合成的社会功效，二者构成西方史学的内在矛盾。这里，“社会功效”是广义的，赢得读者，传播知识，引起人们对历史的关注，都属于一种社会功效。西方古代史家有的强调记述的真实，有的偏重文笔或知识、见解，史学在不同倾向的争鸣中进展，实际也是史学求真与致用之间矛盾的表现。

（5）史学发展内在的求真与致用的矛盾，终究会使史学逐步强化其学术性，走向史学的专业化，最终会形成相对独立的历史学社会系统。在学术层面，史学的宗旨应当是求真、求是与求新。待到社会不必借助史学来辅助某种政治功能的阶段，史学靠学术机制运行，其内在的基本矛盾，将转化为求真、求是与求新之间的矛盾。某些历史研究因求新而违背求真和求是的原则，然后被克服和纠正，如此反复，推动史学的继续发展。

关于中外史学比较以及史学运行机制的论述，已经触及史学发展规律的边缘，是需要认真研讨的问题。鉴于中外史学比较研究尚属刚刚起步，很不充分，而且下文对中国史学史的叙述，还必须重点介绍基本知识，故将理论性观点与设想集中地表达于此，读者自应在以后的学习中，联系中国史学史各个时期的发展状况，予以深入、认真的思考。

思考题

1. 中国史学史的学术任务与研究内容有哪些？
2. 中国史学史学科建设的意义是什么？
3. 如何认识史学发展的内在矛盾？

第二章

史学的起源与先秦时期史学的初步发展

史学史研究的学术起点，自然应当追溯历史学的起源问题。在探讨了历史学产生的源头之后，应当考察其初步的发展，从而明了历史学如何在整个社会文化结构中稳固地占有一席之地，为此后的发展提供切实的依据。中国史学从产生到初步发展，达到在观念上与成果上能够给史学今后的蓬勃兴盛以充足的根据，这是在先秦的漫长年代里逐步完成的。中国传统文化的许多门类，都在先秦时期初具雏形，史学的发祥也恰好大体上同步。

第一节　史学产生的社会条件

一、人类社会对往事的记忆和追述

人类是从动物界进化而来的，高等动物已经具备了记忆经验的能力，所谓“老马识途”即为此意。但群体生活的人类自从产生语言之后，对往事的记忆与动物界的记忆已经大不相同，通过经历和经验的交流以及向后人的传布，往事与知识的记忆呈现出连续积累、群体共享和时空扩展的特点，这是一种社会性的记忆。

> 各个民族均有源自口述的传说故事，但这却不足以直接形成历史学产生的基础，仅可以在史学产生之后被当作一种填充素材。一个民族进入文明阶段后，并非都会自行产生历史学，这还需要其他的社会条件。

无论是在谋求生活资料的生产活动中，还是在处理不同群体之间关系或群体内部人际关系中，追述往事都是客观的需要。狩猎、采集、种植、收获、躲避自然险境的知识，就在往事和经历的追述中传布，部落、部族之间物品交换、通婚、仇杀、战争等关系的记忆和对策，更依靠往事的追述而逐代传袭。在文字产生之前，这些都是利用语言、以口耳相传的方式施行，在世界各个民族、各个地区，大抵如此。

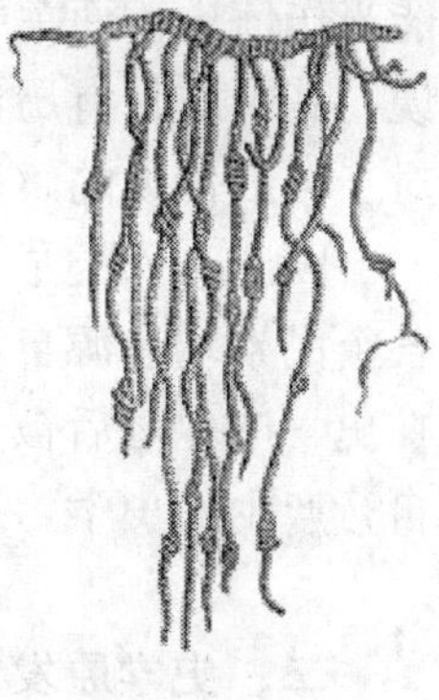

图 2-1　结绳记事

口耳相传的往事追述，依靠追述者的记忆，随着重要往事的积累和日益复杂多样，遗忘与遗漏是难以避免的。为此，世界许多地区的先民皆发明了辅助记忆的方法。《周易·系辞下》说："上古结绳而治，后世圣人易之以书契"，"结绳"就是文字产生以前辅助记忆的重要方法，在世界许多民族都有应用，如中国各民族、古波斯人、美洲印第安人、印加人等。在没有文字的地区和乡村，"结绳"一直沿用到近世。与此相似，还有"刻木"（在木条上割开缺口或刻画痕迹）的方法，其辅助记忆作用类同。

图 2-2　云南沧源岩画——战争

另一种更具形象性的记忆方法是图画记事。图画本来具有宣泄情感和记述事件等多种作用，但先民有时可以将其艺术性、情感性剥离出去而单独用来记事。这种记事图画会发展出较为复杂的形式，即多幅图像的组合①。图画记事与结绳记事相比，具有较大的独立表意性能，即不用知情人追述也可以作出部分的解读，但在实质上，这还是辅助记忆的手段，他人的解读不可能得其具体详情，而且容易误解。

人类早期的往事经过长期的口头追述，很容易出现偏差。每个传述之人都免不了对旧事有所渲染，传述中融入个人的感情色彩。部分情节的遗忘或者本不完备，就可能用想象来加以弥补。这样，传布的故事趋于圆满，语言修饰也日益精湛，口述的内容渐渐走向文学化，渐渐偏离真实性。在追述往事的操作中，必然将追述推向于更久远的往事，而那些原本是无记忆或失去记忆的远事，有些人就会作出想象性的探讨，造出一些虚拟的故事，与真实的记忆结合，甚至改造记忆以达到一致性，这是许多远古传说的来源之一。由于人类早期知识贫乏、社会生产力低下，对自然和社会的许多现象不能理解，但却有急于说明它的意愿。同时，人类又有着恐惧自然力的心情和征服自然力的愿望，往往以想象弥补认识的不足，将征服欲望寄托给神化了的历史人物或虚拟的英雄身上。所有这些想象和寄托都不能与往事的记忆区分开来，而是在长期的混淆中融合、嬗变，大失原貌，使历史的记忆神话化，转变为传说的性质。在上古，一个部族往往把自己的始祖予以神化，这就更使往事追述带上神话化的倾向。上古的口述往事演变成为神话传说，是人类征服外界的愿望、祖先崇拜心理、以想象补充所知不足等因素交织的产物。神话传说同时具备很强的文学性，它的传布，在上古要比真实的往

---

① 记事的组合图画又分为多图挤在一个画面的"浑体"形，以及有次序排列的"系列"形，此处不多赘，参见刘文英．漫长的历史源头．北京：中国社会科学出版社，1996：220-226。

事更富有优势。中国古代流行伏羲、神农、黄帝等传说故事，其中颇多神异成分，皆不能当作信史。而关于简狄吞玄鸟卵生下殷商的祖先、姜嫄履“大人迹”生下周先祖等传说，其中或带有历史的痕迹，但必须经过科学的解读才具有某种史料意义。一般说来，对于神话传说的解读，只能印证笼统的历史观点，而不能用来坐实具体的历史情节。

因此，人类早期具有追述往事的需要，追忆与口述往事，是上古世界的普遍现象，各个民族均有源自口述的传说故事，但这却不足以直接形成历史学产生的基础，仅可以在史学产生之后被当作一种填充素材。一个地区或一个民族进入文明阶段后，并非都会自行产生历史学，还需要其他的社会条件。

二、史学原发性产生的几项社会条件

我们考察各个民族的文明起源历史，可知远不是每个上古民族都会独立形成自己的历史学①，这说明史学在一个民族原发地产生，需要一些不可缺少的社会条件。

第一，比较完备的文字和历法。文字产生并且用于记述史事，与口耳相传具有十分不同的意义，它能够使所包含的内容凝固下来，保持一定的面貌，避免口述往事那种不断流动、遗忘、添加而无踪迹可以核查的状态。历法也是史事记述能否完备的一个重要条件，没有确切时间的记载，无论其真实程度如何，价值都会大打折扣，即使单单从史料利用角度而言，也必须首先将其中关键的时间要素考订清楚，否则很难进行深入的研究。如果记事者没有写明确切时间的意识，记事文献缺乏完整的时间要素，则根本不能作为历史学产生的标志。因此，史学的诞生，只能在比较完备的文字和历法通行之后。我国上古文字和历算方法，产生甚早，陕西半坡仰韶文化遗址发现的彩陶，就有一些刻画符号，疑似文字，但学术界尚有不同的判断和见解。而无可争议的是殷墟出土的甲骨卜辞，显示出殷商已经有了相当完备和成熟的文字。

至于历法，据说自有夏就已产生，孔子曾主张“行夏之时”②，战国时有讲述夏历的《夏小正》一书，很可能只是西周末年或春秋时期某一诸侯国的历法，经战国人的总结、修订而成。在中国历法产生的详情方面，还有许多未考察清晰的问题，虽殷商甲骨卜辞中以干支记日以及记载月份已十分普遍，但在纪年上还存在较大的缺陷。当然，有了文字和历法，是否会自觉、充分地运用于记述史事，仍然具有不确定性。

第二，社会运行机制上产生了对于准确历史记忆的客观需要，或社会大变动、大事件引起系统性描述和记载的冲动，促使人们予以总结以及进行理性的思考。对社会大变动、大事件进行这种描述和记载、总结与思考之主体，可以是作为国家机构的官方，也可能是某些有知识、有能力的私家，在中国是官方首先执行了此项使命，在古希腊则是私家学者如希罗多德等首先获得成功。

第三，在追忆往事而渐次形成文字撰述的早期阶段，一定的社会历史背景和文化环境，造成较普遍的自觉记史意识与记史求真的强劲理念，并且此种理念得以立足于社

---

① 例如古埃及文明发祥极早，但仅仅留存大量史料，而未原发性地形成史学。作为史学的“埃及学”乃欧洲人所创立。

② 论语：卫灵公//朱熹．四书章句集注：论语集注：卷八．上海：上海古籍出版社，2001：193.

会，历史学才能真正破土萌发，由可能性转化为现实。

上述三个史学产生的社会条件，第一项文字和历法在大多民族早期皆具备，第二项的获得则依靠某种机缘，但社会大变动和大事件可以反复发生，被系统记述、总结和思考，具有较大的概率。唯第三项的或然性很大，而且自觉记史意识与记史求真的强劲理念，两项皆不可或缺，倘若错过时机，只能等待外来文化的影响。中国上古时代，是具备所有史学产生条件的突出典型，对此，将在以下各节再行论述。

第二节　甲骨文与金文的记事方法

甲骨文是刻画在龟甲或兽骨上的上古文字，大量地出现于中国历史上的殷商时代。带文字的甲骨片，清季有所发现，1928 年起才得以科学发掘，所获极为丰富。甲骨文多为贞卜之辞，也有少量并非贞卜内容，其中的记事对研究殷商历史而言是十分珍贵的内容。金文指青铜器上的铭文，至今所发现带有金文的青铜器，也多为殷周两代之物。甲骨文、金文的大量出土和系统地利用于历史学，并且获得辉煌成就，也自近现代开始。对此，本书近代史学史部分还将论述，这里仅从史学起源问题的角度，考察商周时代甲骨文和金文对记事方法的影响。

> 甲骨卜辞、铜器铭文，是在完成其宗旨的过程中，附带记录了史事，而不是出于自觉的记史意识。与中国史学的起源都没有直接的关系。但对历史感的培育具有一定的推动意义，对于加强如实记史的理念也具有积极意义。不过，这只是长期、细微的文化积淀而已，尚非直接性的影响。

一、甲骨文载事的方法和意义

完整的甲骨卜辞，大体上形成一定的书写结构，即由前辞、命辞、占辞、验辞等各部分组成。另外，有些甲骨在占辞之后还有表示预兆的所谓兆辞，以及文末表示贞卜月份的署辞①。例如："癸未卜，争贞：旬亡𡆥？三日乙酉夕，月有食。闻。八月。"② 其中"癸未卜"是前辞（或称叙辞），交代占卜活动是哪天；"争贞"是命辞，由争这个人进行占卜；"旬亡𡆥"为占辞，即提问"十天内有无灾祸"；"三日乙酉夕，月有食。闻"为验辞，乃应验的结果，即第三天发生了月食，"闻"表示月食乃得自报闻；"八月"为署辞，附注贞卜月份。在所知甲骨文片中，占辞乃是卜辞的核心，一般皆

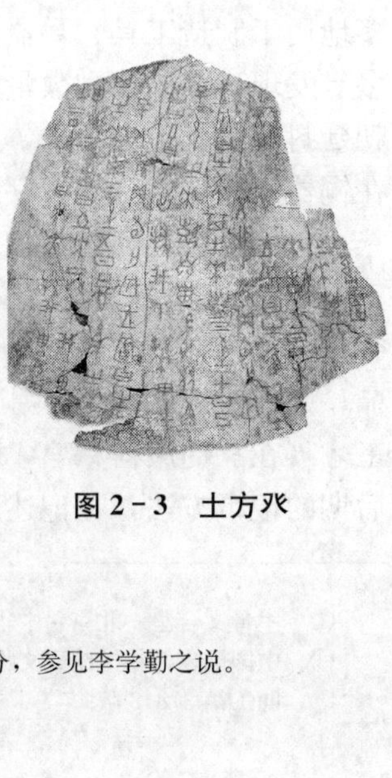

图 2－3　土方𢀛

① 对于甲骨卜辞行文结构的分析，学术界存在不同说法。这里所言六项成分，参见李学勤之说。

② 甲骨文合集．北京：中华书局，1979－1983：第 11485 版．

不缺少，而缺少署辞、缺少兆辞、缺少验辞者十分常见，命辞也时有短缺。即使文字较多、信息量较大的甲骨片，上述几种组成结构也未必齐全，例如商王武丁时期的“土方癶”（读“拨”或“征”），其卜辞的前辞写明“癸巳卜”，随后的命辞有贞人之名，占辞的卜问内容：“十天内有灾祸吗?”经过时王占卜，得出有灾祸的预兆，第五天得到应验：土方在边境侵扰①。结构比较完整，但仍缺少署辞，没有事件发生的月份，更无年份。

卜辞的目的不是记事，其史事内容主要出现于验辞之中。另有以记事为中心的非占卜甲骨文，更值得分析其刻辞记载时事的水平。《甲骨文合集》第36481版在记事甲骨文中比较典型，其刻辞为记述殷商后期一次战争获胜，俘虏敌人和缴获各种物品的数量，以及杀俘祭祖和封赏状况。记事之详细，数量之具体，显示了记载时事意识的进展。但未见记载时间，这也可能是骨片原件损坏残缺造成的。而殷商后期精美的犀牛肋骨“宰丰骨”刻辞是：

> 壬午，王田于麦菉（麓），隻（获）商戠兕，王易（赐）宰丰，寝小䛗兄（贶），才（在）五月隹（唯）王六祀彡日。②

这件刻辞记事的大意是：壬午日，商王田猎捕杀一只犀牛，王赐给了宰丰，由一名寝官转送，在五月间、王即位的第六年一个祭典的日子。另一虎骨刻辞与宰丰骨同时期且年份接近，记载商王田猎获斑斓大虎事，也是具备日期、月份、年份的记述③。因此我们可以得出结论：殷商后期，甲骨文记述时事，呈现出对完整的日、月、年时间因素的重视，这是观念上的一个进步。在记事时间上，对年份的记载明显晚于日、月，表明人们的眼光逐步向较长时间段延伸，这对历史感的培育具有一定的推动意义。但由于中国上古在纪年上长久没有像纪日、纪月那样明晰的方法，记事中需要纪年的观念并未巩固，使今天研究上古史在最重要的年代问题上出现许多困惑。

二、青铜器铭文的史事记载

中国先民发明青铜冶炼技术极早，大约在殷商时期，已经技术提高，产量剧增，较多地用于制造工具、兵器、礼器。许多青铜器带有铭文，一般称为金文，属殷商晚期者多有发现，而周代则数量巨大。周代金文篇幅较大，内容充实，主要是记载兵戎祀典、朝廷封赏及其他大事件，显示家族荣耀，追述祖上功德等。将这些显赫事迹铸造或刻写在铜器上，显然有着留存后世、永备不忘的意图，所谓“子子孙孙永宝用享”。

史墙盘是铭文字数较多的著名铜器，大约制作于西周中后期，其文开头即“曰古文王”，进行往事的追述，文前文后均未注明日期。宣王时期的逨盘，达372字，叙述内容相当丰富，以“逨曰”开头，用“记言”的方式叙述往事。但属于同一时期的两个逨鼎，则开头即明言年、月、日，如四十三年逨鼎：“隹（唯）卌又三年六月既生霸丁亥，王才（在）周康宫穆宫，旦，王各（格）周庙即立（位）。……”这说明西周承接殷商后期的记事方法，在记述时间上有所进步，已经采取先年份后月、日的次序，而且可以

① 甲骨文合集. 北京：中华书局，1979-1983：第6057版.
② 中国国家博物馆馆藏文物研究丛书：甲骨卷. 上海：上海古籍出版社，2007：265.
③ 同①第37848版.

用月相来辅助干支，以使日期更为准确。然而，西周金文在记录时间的方法上虽比殷商颇有进步，但在记事的时间意识上则停滞不前，未成规范。金文或记时间，或不记时间，从西周至东周时期皆很普遍，如西周史密簋铭文，仅记载月份，而无年份①。

西周长期沿用殷商时期“唯王”若干祀（年）的纪年方式，而对于在位君王又缺乏明确的称谓②，以致今存青铜彝器铭文即使有纪年，但所属哪一个周王在位时期制作，研究者仍颇多意见分歧，这反映出纪年方法的严重缺陷。正是这种缺陷，拖迟了系统性历史记载的产生，而长期流行的乃是零散的、个别的时事记述，金文中的记事，《逸周书》《尚书》中一些篇目的记事，即处于这种状态。这种有缺陷的纪年方法，只有整合大量的资料，构成连续性记录，才能够准确。至“共和行政”时期，中国上古史才有明确可查的年代见于载籍。

记载时事有无规范的时间意识，是检测文献中是否蕴含史学意识的一个重要标尺。不仅上古，即使至后来的中古时期，文人撰写诗文而无日期记录，亦属于对自己的事迹缺乏“一人之史”的意识。西周金文在年月日已有记录方法的背景下，整体上记与不记，则相当随意，无规范可言。这当然不能说整个社会皆缺乏史学意识，但可以判定金文与甲骨文一样，都与中国史学的起源没有直接的关系。

甲骨文多数是以占卜为宗旨，虽有非占卜的刻辞，如前述《甲骨文合集》第36481版刻辞记录战争大获全胜，乃显示功业，“宰丰骨”则记录宰丰其人得到了商王重赏的荣耀，其质料可能就是被赐予的犀牛之骨，背面精心雕刻各种花纹，且镶嵌很多绿松石，必然恭敬陈放，目的也在于显示荣耀，应与西周盛行的青铜彝器作用一致。西周青铜铭文显示家族荣耀、追述祖上功德的宗旨十分明显，无须多赘。因此，甲骨文和金文是在完成其宗旨的过程中，附带记录了史事，而不是出于自觉的记史意识。但是，甲骨文与金文具有“记事”与“记言”两种叙述方式，与上古史籍的“记言”“记事”或许有方法上的联系。甲骨卜辞在其记述应验的事件中，面对上帝的威灵，吉凶祸福都要如实面对③，这有助于据实记事理念的形成。金文出于显示功德的目的，未免隐讳负面史事，但作为礼器文字，追述祖上之功德也是带有对祖先神的惶恐虔诚，同样不能随意捏造史事，这对于加强如实记史的理念，也具有积极意义。不过，这只是长期、细微的文化积淀而已，尚非直接性的影响。

第三节　“殷鉴”——中国上古理性思维的曙光

人类的意识进步到理性思维的程度，经历了较长的过程。这里所说的“理性思维”，是指追求事物内在的机理，具有深刻性、系统性的逻辑思考。原始人在生产斗争中，会

---

① 王辉. 商周金文. 北京：文物出版社，2006：197.

② 西周君王有谥号，如“成王”“康王”“昭王”等，应为死后所加。史学界有人认为早期这些王号可以“生称”。但从纪年中从未出现在位周王的称号来看，“生称”之说难以成立。

③ 有学者认为甲骨文的“验辞”也有倾向性，一般多选择应验者刻写。

得到丰富的感性认识，但却不能以系统性逻辑思考的方式认识其本质，原始神话是当时思维和认识的最高成果，其中包含盲目迷信、自然崇拜以及征服自然力的愿望，而这种思维寄托于虚幻的想象，不属于理性思维的性质。

当人类社会携带原始宗教意识与征服自然力的愿望步入阶级分化时期，一方面，自然力的人格化即神的信仰被统治者强化，可能使思想更趋向于麻木；另一方面，社会变革、社会分工与脑力劳动者的出现，以及生产力的进步，都可能使理性思维迅猛发展。这两种对立的因素的消长，将决定一个民族、一个国家在“文明”时代到来之际的文化发展状况。

古希腊的奴隶制由于打破了氏族公社的框架，解除了氏族血缘关系纽带对人们个性的束缚，手工业与农业的分工比较明显，商业比较发达，神权的统治比较松弛，政治上形成奴隶主民主制等社会条件，产生一批人身与思想皆比较自由的脑力劳动者，带来了学术文化的繁荣，产生了较为系统的科学和哲学。而中国进入阶级社会之后，仍袭用氏族制度的躯壳以建立统治政权，血缘氏族纽带经过改造形成了更为紧密的种族关系与宗法关系纽带，在政治上表现为王权专制，所谓“溥天之下，莫非王土；率土之滨，莫非王臣”①，即反映了这种状况。于是，与王权专制对应的上帝崇拜和反映宗法关系的祖先崇拜相结合，形成牢固的神权、族权观念，各个层次人们思想的理性自由受到扼制，文化的发展走上与古希腊不同的途径。

中国上古至殷商，还弥漫着浓重的宗教迷信观念，殷墟的卜辞则反映出凡事皆须仰求上帝以定然否，似乎一切皆由冥冥中的神秘力量所决定。凡事均须占卜，说明社会意识在整体上并不认可理性的思维与论断，表明当时并不具备真正进行理性思维的条件。文化发展的成就主要呈现在与农业生产、日常生活相关联的气象、历法、冶炼及直接观察的天文星象等方面，却缺乏如古希腊那样灿烂的学术遗产。据传有夏经历了约五百年，殷商的历史也达五百年之久，然而至春秋时期，孔子即发出夏、商“文献不足”② 的浩叹，其实更为不足的乃是理性思维及其成果。在中国上古，理性思维要冲破迷信罗网的禁锢，只能等待机缘、另辟蹊径。这机缘就是殷周之际的政权变革，武王伐纣的牧野之战是巨大的历史拐点，这蹊径就是首先从历史思考上打开局面，其理念的概括就是“殷鉴”。

周原为臣属于殷商的小邦，逐步强大。周武王时起兵征伐商纣，经著名的牧野之战占领殷商的统治地区，在当时是一个巨大的社会震荡。周灭殷商之后，周仍然面临着殷民的反抗，这一切引发了周初主要统治人物的忧思：殷商为何败亡？周政权如何巩固，以避免重蹈殷商的覆辙？于是形成了明晰的“宜鉴于殷，骏命不易”③ 观念，意思是：以殷商的覆灭为鉴戒，则知“天命”之难保，即从历史思考而重新认识天命。这种思考得到反复的强调与深化，例如《诗经·大雅·荡》说：“殷鉴不远，在夏后之世”，《尚书·召诰》言：“我不可不监于有夏，亦不可不监于有殷”，即将夏、商兴亡的历史引为借鉴。“殷鉴”是周初统治者提出的概念，表达了对历史的思索与总结，就是要以前朝

① 诗经：小雅：北山//朱熹．诗集传：卷一三．上海：上海古籍出版社，1980：150．

② 论语：八佾//朱熹．四书章句集注：论语集注：卷二．上海：上海古籍出版社，2001：74．

③ 诗经：大雅：文王//朱熹．诗集传：卷一六．上海：上海古籍出版社，1980：176．按：《文王》一诗，据《吕氏春秋》为周公旦所作。

历史的经验和教训，作为行政的借鉴与警惕。这种思索深化到天命与人事的关系、民众的作用以及施政措施、政治原则等问题，形成了在天命论外壳内具有理性精神的历史观与政治观，主要表现为以下几点：

第一，天命转移的观念。周初统治者在《康诰》中，通过总结历史明确地提出“惟命不于常”①，这与《诗经·大雅·文王》中“天命靡常”一样，都是说“天命”是可以改变和转移的。那么“天命”发生转移的条件是什么？《尚书》中《多士》《无逸》《君奭》《多方》等篇记载周公旦多次详细总结夏、商、周政权变革的历史，认为统治者如果对天帝失敬、行为放纵、贪图安逸、弃德任刑、残害无辜，都会被上天遗弃并降下惩罚，转移天命。这种观念是殷商统治者所没有的，在思想上顺理成章地可引出两个重要的认识：其一是上天成了制约王权的力量，君主不能为所欲为；其二是承认改朝换代的合理性，甚至从历史变动的现实出发来说明天命的归宿。这种历史观点对中国古代政治、思想、学术均有深远的影响。

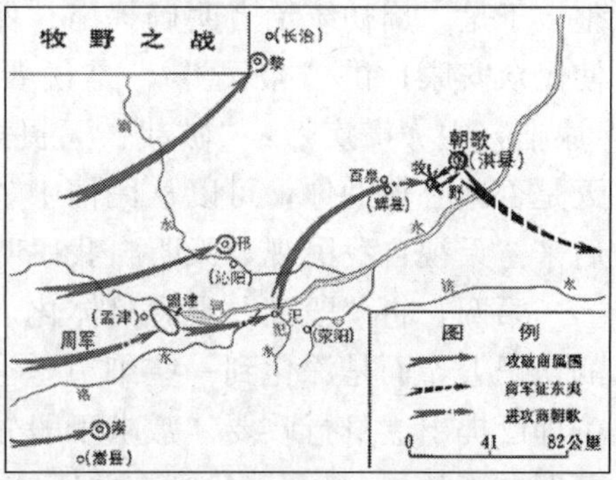

图 2-4　牧野之战示意图

第二，“敬德”以修人事的观念。周初统治者的“天命转移”观念，“皇天无亲，惟德是辅”②，形式上似乎强化了天命的权威，但却在描述天命转移原因时注入了理性思维的因素，人在“天命”面前不是无所事事，统治者可以通过其符合“天意”的作为，诸如敬天敬祖、勤政恤民、谦逊俭朴、行教化、慎刑罚等，以“祈天永命”，巩固政权。统治者的这些积极作为，被抽象地概括为“德”的概念③，因而提出“敬德”的政治原则。“敬”，就是以恭谨态度对待和执行，“敬德”的主张在《尚书·召诰》中被再三申说，认为夏、殷的灭亡都是“不敬厥德”造成的。在周初历史文献中，《康诰》《梓材》《多士》《多方》等篇均强调“明德”，“明德”与“敬德”的含义基本一致④，其他周初文献也普遍使用“德”的概念阐述政治、教化和个人修养的问题。“德”这个范畴的提出，来自对历史、对天人关系的理性思考，是对人事行为的积极认识，是表达中国上古哲理性政治观念的主要标志之一。

> 人无于水监，当于民监……我其可不大监抚于时。
>
> ——《尚书·酒诰》

第三，“保民”的观念。从殷末到周初的社会震荡，令统治者亲眼看到下层民众的力量。改朝换代的战争，需要许多下层民众为之冲锋陷阵，在这种情况下，人心向背就成为决定胜负的重要因素。周初统治者认真思考这段亲身经历的历史，产生了重视民众的

---

① 尚书：康诰//王世舜．尚书译注．成都：四川人民出版社，1982：161．关于《康诰》作者有二说，一为周武王，一为周公旦。

② 左传：僖公五年引《周书·蔡仲之命》//杨伯峻．春秋左传注．北京：中华书局，1990：309．

③ 《尚书》中记载殷商史事的《盘庚》《高宗肜日》已有“德”的概念，但学术界多认为这两篇经过了西周初年的整编。

④ “明”字多义，有“彰明、光大”与“勉力为之”等含义。

思想。《酒诰》称："人无于水监，当于民监……我其可不大监抚于时"，意思是说：人不要把水当作镜子，应该把下民当作镜子，我怎能不据此（殷商灭亡的史实）为重要鉴戒呢？以民为鉴，包含着重民和重视人心向背的认识，这必将导致对待民众政策上的调整，于是，周初统治者明确提出"保民"政治观念。《康诰》中讲"用康保民"，是说要使民众安康；讲"裕民"[①]，是说要教化民众；讲"作新民"，是说要改造殷商遗民。《康诰》中大声疾呼："敬哉！天畏棐忱，民情大可见。"意思是：要谨慎呀！可畏的上天是否诚心辅助你，可以从民情中表现出来。这又具有将天意与民情合一的意味，成为后来"天视自我民视，天听自我民听"[②]"民之所欲，天必从之"[③]思想的先声。

第四，将"殷鉴"观念具体化。周初对政权兴亡问题的理性思考，没有停留于笼统的认识上，而是深化到一些细节，注意到正反两方面的历史经验与教训，例如《康诰》中即已提出立身行政要"敷求于殷先哲王""别求闻由古先哲王"，即向殷商以及更古的英明君王学习。《酒诰》则在关于戒酒这一具体问题上，叙述了殷商国王从成汤至帝乙时的君臣都勤于政务，不但不敢纵情饮酒，而且也没有纵饮的闲暇。商纣时君臣都大肆饮酒，政治败坏，终于亡国。周文王则早就教导说只有祭祀时才可用酒，遵守文王之教，所以周代殷受命。在《无逸》篇，更细致地列举殷商勤政君主绵长的执政年限，和贪图享乐君主短命的年限予以对比，要求以此引为鉴戒。在《召诰》《多士》《多方》等篇都谈论了夏、商改朝换代的历史，《君奭》《立政》篇更较为详细地总结了夏、商、周（文王、武王）三代用人行政制度的发展与经验教训，从而提出治国"立政"的原则。

可以看出，周初统治者已经做到从多种角度总结历史，通贯地考察夏、商到周文王、武王的历史发展，从中概括出一些政治经验和教训。因此，周初统治者的历史认识，是最早的理性思维，其"敬德""保民"观念以及对天人关系的新见解，皆是从历史思考中得出的。至今诸多的中国哲学史、思想史著述强调西周产生怀疑天命的观念，却不知其来自"殷鉴"，即来自对历史的思考，所以难免得出本末倒悬、因果错位的结论。

中国上古最早的理性思维，产生于以"殷鉴"为标志的历史认识领域，首先通过对历史的思考来认识政治、认识天人关系，从而启沃心智，继而丰富逻辑思考能力，打开哲理的眼界。这对中国文化特征的形成具有不可磨灭的影响，造成历史认识与政治文化结成密不可分的联系，积淀为凡事从以往历史中寻求根据、经验与教训的思维模式。"殷鉴"的思考，还导致历史文献的保存与整编，今所存之上古典籍文献，都是西周及其后保存和整编的，将政府公文整编为可随时阅览与传布的书册，是初步具备了朦胧的史学意识。所有这些，都是史学得以发展的基础。因此，中国古代史学的兴旺发达，历代官方的史学活动之绵延不废，古代史学多以经世致用为根本宗旨，这些西方所不具备的特点，皆可追溯至理性思维的源头，追溯到"殷鉴"给中国社会文化植入的思想根基。

---

① 《康诰》中讲"乃由裕民""乃裕民"，"裕"是启迪、诱导的意思。

② 孟子：万章上//朱熹．四书章句集注：孟子集注：卷九．上海：上海古籍出版社，2001：363.

③ 左传：昭公元年引《尚书·泰誓》//杨伯峻．春秋左传注．北京：中华书局，1990：1204.

第四节　史官职能的演变与官方记史体制的形成

一、“作册”与“史”

在中国古代史学史中，史官的建置是一个重要的问题。古籍中有所谓“黄帝之世，始立史官，仓颉、沮诵居其职”① 的记述，这当然是渺茫无凭的传说，不可信从。现在可知殷商甲骨文中，已经出现“史”，不过殷商“史”与“事”“吏”“使”同字同义，是为泛称，而且常常用作动词，无法确定“史”在制度上的职能与身份。

汉代许慎《说文解字》对“史”的解说是：“史，记事者也，从又持中。中，正也。”“又”的字形为右手，右手持有一个虚空的“正”，这种解说当然不能令人满意。清人吴大澂认为“中”是木简或竹简，即写字所用板片。文字学家江永则认为：凡官府簿书谓之“中”，故诸官言“治中”“受中”。王国维《释史》一文认为，“中”是放置算器的器皿，后引申为簿书。史的字形既是手持簿书之人，则“史之职，专以藏书、读书、作书为事”②。劳榦认为“中”乃钻孔的工具，在甲骨上钻孔以占卜。徐复观认为“中”从口，是官员右手持笔在简册上写出祝词，而以口上告于天，中间一竖应当直延长到手内。其他学者还有不少解读，真可谓众说纷纭。但是如上所述，“史”字早在甲骨文中即已出现，兼具后来“事”“吏”“使”之义，任何受命办事官员皆可称作“史”官，更重要的是甲骨文“史”字或写作“”，被不少文字学家如陈梦家、胡厚宣等解释为田猎与战争中手持武器。“史”字的源头既然如此，依据汉代《说文解字》的字形来解说“史”，已经没有意义。

学术界考察史官制度的起源，多与“巫”“瞽”或祭祀、占卜、星相等活动联系在一起，将记录历史的史官的来历多元化，而愈发模糊不清。其实，后世史官体制的渊源问题，应当结合殷周之间“作册”的职官系统及其演变来探讨，庶几可明晰其本源。

甲骨文与殷商铭文反映出商自武丁至商末都有“作册”的官职，作册官带有人名的记载很多，如“作册吾”“作册丰”“作册宅”“作册般”等，近年有殷商晚期铜器“作册般鼋”被发现，上有铭文记载商王将用于射礼后的大鼋赐予名叫“般”的作册官，引起学界的注意和讨论。“册”肯定是由竹简、木牍等书写载体连接一起的文件，殷商既有作册官员，那么古文献说“惟殷先人，有册有典”③，实为可信，并非虚话。对于殷商的“有册有典”，还不能说是有了正式的历史记录，册、典内容乃是册命、文诰之类的政府文书，作册的职责为拟定与宣布册命。周初承袭殷商的一部分官制，保留了作册这种职官，其职责似为以文字事务服务于周王朝以及公侯等上层统治者，做册命、文书的撰拟，即不仅周王朝，而且各封国公侯皆可设置自己的作册官。周初王室的作册，常

---

① 初学记：卷二一：文部．影印文渊阁《四库全书》本．台北：商务印书馆，1986．

② 王国维．观堂集林：卷六：释史．影印民国商务印书馆本．北京：中华书局，1961：269．

③ 尚书：多士//王世舜．尚书译注．成都：四川人民出版社，1982：209．

以地位尊崇者担任，《史记·周本纪》载“康王命作策毕公分居里，成周郊，作《毕命》”，“作策”即作册，而毕公有紧列于召公之后的尊贵身份。周初至周昭王时期雋氏一族世代为作册，所制彝器如作册大鼎、作册令方彝的铭文最后都有“雋册册”“雋册”字样①，显然是以此自豪的。周成康时期的荣伯地位尊贵，《尚书序》《史记·周本纪》皆记载成王既伐东夷，息慎来贺，王赐荣伯作《贿息慎之命》。宣布册命为作册之职，故荣伯是以高贵的身份出任周朝的作册。

“作册”与“史”相比，无论殷商还是西周，显然具有较大的专职性质，其主要职责是掌管官方文书事务，乃以文字性工作从事人世间的行政事务，不同于贞人、巫史的神秘性、神职性职务。而西周政权又建置了史官的系统，与“作册”系统并列。西周“史”官，担任的职责远比“作册”繁多、庞杂，金文中如史颂鼎记述了史官颂被派出视察基层的“里君”“百姓”，史密簋记载史官密随军东征，史兽鼎记载史官兽被派出监督工程，其他诸如办理祭祀、随从出游、观天象、做筹算等，不一而足。

但值得注意的是，西周初期分化出“内史”职官，进入了作册的职掌系列，成为宣布王命的执行人。周康王时的井侯簋铭文记载“王命荣及内史”向周公旦之子邢侯宣布册命封赏。内史与尊贵的作册荣伯一起执行此事，表明内史加入了作册的职任。此后，由内史宣布册命屡见于金文，如穆王时虎簋盖铭文：“王乎（呼）入（内）史曰：册命虎”，周宣王时颂壶铭文：“尹氏受（授）王令（命）书，王乎（呼）史虢生册令（命）颂……”即尹氏受（授）王令（命）书之后，史虢生据此而宣读册命，则史虢生应为内史。而四十二年逑鼎与四十三年逑鼎的铭文显示：在册命封赏仪式上，尹氏与史淢可以互换“授王命书”与宣布册命的位置。西周金文出现两条周王令“作册内史”执行册命或赏赐的铭文，如师艅敦铭文：“王乎作册内史册命师艅”，王国维、郭沫若等著名学者将“作册内史”当作一个官名，思虑不周，应当标点为“王乎作册、内史册命师艅”，是两种官职的两个人同时执行封赏职责，如同上引颂壶、逑鼎铭文所记述的仪式。

在西周，内史越来越取代作册的职务，使作册逐步退出古代职官制度的历史舞台，于西周中晚期即趋于消亡②，形成了《周礼》所谓史“掌官书以赞治”③的官制格局，春秋以后已经没有了“作册”的踪影。而“作册”这一词语，尚残存于早期历史文献之中，如《尚书·洛诰》记载：

> 戊辰，王在新邑烝，祭岁，文王骍牛一，武王骍牛一。王命作册逸祝册，惟告周公其后。王宾杀禋咸格，王入太室，祼。王命周公后，作册逸诰。在十有二月。

这里，作册逸撰写祭祀文王、武王的祝词文册，又向周公旦后代宣告册命，给予封赏。而同是这个著名人物“逸”，在《左传》等史书中，不再称之为“作册逸”而称之为“史佚（逸）”，经史古籍中关于周初史佚的记述较多，实际上他本来是一位身份很高的作册，只有《尚书·洛诰》还保留其原来之官称。这反映出大约春秋时期，作册官

① 王辉．商周金文．北京：文物出版社，2006：53，78．

② 关于作册这种官员的消亡时间，彭曦《作册艺鬲铭文简释》（《宝鸡文理学院学报》，2005年第6期）一文根据拓片将作册艺鬲解释为西周末年器物，随即认为：作册至西周末年仍然存在。这个问题还应进一步研究。

③ 十三经注疏：周礼注疏：天官冢宰．影印原世界书局本．北京：中华书局，1980：640．

的职务就已逐渐纳入史官系统，因而消失，以致汉代以后的经史学者，已然不知“作册”乃是官名。

内史加入了作册职能系列，先是与作册共同或分别担任同一文字性职责，继而逐渐侵噬、消化了作册，这是上古史官体系演变的重要一步。只有取得掌管文书、宣达命令这一职能，此后才有可能再演变出记录时事政务的史官和纂修书史的史官，掌管政府文书则熟知史事，进而担负记史之任，是职务的延伸。中国记述往事的人员称为史官、史家而不称为“作册”，中国记述往事的典籍称为“史”而不是称为“册”，关键的契机在于“内史”替代了“作册”。明了“史”与“作册”之间的关系，就没有必要再将记载史事之史官的前身与“巫史”纠缠在一起。史学的起源，自“殷鉴”观念伊始，就紧紧贴近于人间事务。对神秘力量的迷信，不利于史学的产生，即使史学产生之后，神话传说对于史学也是消极作用远远大于积极因素，在这一点上，中国上古时代的史学，就是与神话、文学分道扬镳的。

> 古之王者，世有史官，君举必书，所以慎言行、昭法式也。左史记言，右史记事，事为《春秋》，言为《尚书》。帝王靡不同之。
>
> ——《汉书·艺文志》

二、“殷鉴”观念下的历史文献

西周灭殷之后，统治者具备了“殷鉴”的历史认识，最初还只是从亲身经历与口耳相传的史事中直接汲取借鉴。但“殷鉴”这种历史意识，必然导致对历史遗留文献的重视，同时也会注意保存本政权的官方文书。《逸周书》《尚书》中的不少历史文献，就是由于周初具备“殷鉴”的历史意识，才自觉地保存下来而且经过了整理编辑，其中包括整理编辑了殷商时代留存下来的官方文书。据郭沫若等学者研究，《周书》之《牧誓》《世俘》《克殷》等多篇可定为周初之作。又据张西堂《尚书引论》的考订，《尚书》中《盘庚》即为殷商遗留文件，西周初期进行了整理编辑。而《尚书》的《康诰》《酒诰》《梓材》《洛诰》等篇，多数学者认为是西周时期的成文。虽现存文本不免带有春秋、战国时期被掺入、窜乱的个别文句，但可信度不能予以否定。这些历史文献能够保存、流传下来，有赖于历史意识的强化与朦胧史学意识的产生。

《左传》成公四年记述：“史佚之《志》有之曰：‘非我族类，其心必异。’”这里的史佚，就是西周武王、成王时期的“作册逸”，从记载中可以看出，史佚似曾编辑过《志》这种典籍，而且引述了具体的内容，非泛泛传说可比，应当比较可信。“非我族类，其心必异”的结论，应当是根据一些族类之间冲突的史事概括所得，是“殷鉴”观念的体现。因此，西周之初“殷鉴”的理性思维，促成历史文献的保存和编辑，如果得以维持和发展，随时都会对史学的产生和巩固发挥很大的推动作用。

> “殷鉴”理念势既成，
> 典诰自在整编中。
> 《尚书》开卷存古训，
> 《春秋》书事定华风。
> “君举必书”悬金镜，
> “书法不隐”镌铁铭。
> 东周五百二十载，
> 史权欲比神权行。

如前所述，西周的“殷鉴”观念包括总结正反两方面的历史经验和教训，如对于殷商，既要强调“今惟殷坠厥命，我其可不大监”[①]（现在思考殷商丢掉天命，我们岂能不作为大的鉴戒），又指出“我时其惟殷先哲王德，用康乂民作求”[②]（我们应当思考殷商过去哲王的德政，治理众民以达到国家安康）。《尚书》各篇不乏对文王、武王的赞颂，但出发点是要告诫后王“以觐文王之耿光，以扬武王之大烈”[③]，不忘先王训导，慎重行政，保守基业。因此，“殷鉴”观念体现出的对历史正反两方面经验和教训的总结，基本上都是以忧患意识为主导。

与忧患意识相区别又相对应，还有对以往功德、荣誉的怀恋与炫耀，这种记功显德的意识同样会促成历史文献的撰述和保存。铜器铭文的记事大多反映此种意识，与“殷鉴”观念颇为不同。西周时期，记述荣誉的历史文献多载于专门制作的青铜器铭文，这种方式适合长久保存但不便于传播。迄今为止，还极少发现西周青铜器载有如同《尚书》之《酒诰》《多士》那样的政府布告[④]，可见由于意识上有别，连载体材料也略有分途而行的意味。金文作为史料，对于考订和研究西周的历史，价值极大，但是在中国古代史学最初产生及初步发展的问题上，起主要促进作用的仍为“殷鉴”意识下产生与保存的那些历史文献。

三、官方系统、连续性记录史事的起始与发展

周初的“殷鉴”是一种历史意识，由这种历史意识导致对官方所存档案文献的整编，是初步具有朦胧的史学意识，而自觉地、系统地记录历史的史学意识，在中国上古又经历了很长的时段。中国在什么时间开始自觉地、系统地记录史事？对此，没有直接的历史记载，只能依据零星史料加以推论。白寿彝先生提出：

> 《墨子·明鬼》为证成己说，列举各书。于宗周晚年以后之事，引周、齐、宋、燕之春秋，而以所引宣王杀杜伯一事为最早。在此以前，不是引某国春秋，而是引《尚书》和《大雅》。《国语》记周事，以穆王征犬戎一事为最早，然记事同时又记年者却始于宣王。这两事似可提供一些迹象，说明编年体国史的出现在周宣王或其前不久的时期。[⑤]

这个见解极具启发性，但是这里还有两点不足，一是在论述中未能充分意识到官方编年体史书的重要地位，二是没有继续探索这种史籍究竟诞生于何时。

开始用编年体方式记录历史，标志中国上古从具有历史意识向具备史学意识的跨越，应当视为史学活动得以巩固和发展之枢机，亦即中国历史学的产生。周宣王之前，“国人暴动”、周厉王奔逃是西周政权经历的一次重大政治危机，造成一个“共和行政”的特殊时期。从“国人暴动”到“宣王中兴”，西周建立以来未曾有过的大事件竟然连续发生，具备了可激发出系统性、连续性记载史事的社会条件，按时间顺序连续记载史

---

① 尚书：酒诰//王世舜．尚书译注．成都：四川人民出版社，1982：172.
② 同①160.
③ 尚书：立政//王世舜．尚书译注．成都：四川人民出版社，1982：252.
④ 至春秋时期，才有郑国、晋国铸刑书、刑鼎的做法，但这仍不等同于将政府公文制作于金属器具上。
⑤ 白寿彝．中国史学史：上海：上海人民出版社，1986：210.

事的做法应因之而出现。

中国上古自殷商时代就具有比较好的记月份、记日期的方法，但纪年方法则有严重缺陷。甲骨文、金文中多有缺少纪年之件，若有纪年，也只是时王在位的年数，而在位的君主又缺乏特定的称谓，谨以“维王”若干年来表示，造成许多青铜铭文的时代难以判断。

这种不完善纪年方式的缺陷，自然难以形成准确和连续的历史纪年体系。中国历史上具备确切的连续性纪年，是从公元前 841 年开始，这正是“共和行政”的元年，而连续、确切的纪年，乃是因为出现按时间顺序连续记载史事的结果，在当时历法不完善的条件下，只有连续地按时间顺序记事，乃是确切的连续纪年体系产生的条件。按时间顺序连续地记载史事，也就是官方编年体历史记载的产生，这都发生在共和行政初年。共和行政的掌权者，很清楚他们的执政仅仅是个过渡时期，于是要随时记载史事以备查究，政治上的这种需要，催化了连续性记事和连续性纪年的同时开始。因此我们可以推断：中国史学产生于共和元年即公元前 841 年。

有意识地按时间顺序记载史事，不论内容怎样简单，在史学史上都比口头讲述往事、比保存公文文书的行为有更为重要的史学意义，自觉地、连续地记述历史，进而体制化，记录历史的史学意识便得到了社会性的承认和确立。据上引白寿彝先生的考订，可知周宣王接续了共和行政时期的记史体制。但可惜凡“百国春秋”大多佚失，较完整留存者唯鲁国《春秋》而已。但需要点明的是：国人暴动造成王朝上层的矛盾已经无法掩盖，大有助于记述上的求真实录，共和行政当局开始连续记事，从其目的来看，确立求真原则也是顺水推舟之事。中国史学自诞生之际，就已能将求真与致用加以协调。

周宣王为中兴君主，功业显著，据历代学者研究，《诗经》中颇多颂扬之词。然今存《国语》之中，也载有宣王不少负面行为，如即位之初就“不籍千亩”，三十二年伐鲁且立鲁孝公为君，却造成“诸侯从是而不睦”的不良影响，以及“丧南国之师”等等[①]。这些必是史官早就记录于周之史册，才会转录于后来的《国语》，倘无“君举必书”的理念，这些史实就会为了褒扬“中兴”君主而隐没。实际上，经历了“国人暴动”“厉王奔彘”“共和行政”等大的政治动荡，朝廷和君主的阴暗面已经无法掩饰，历史记载不可能维持为那种单单铭文式的歌功颂德，如实述史的取向必然日益高涨。就连毛公鼎铭文所载周宣王的训谕，也不能不承认国家处于不安定的局势，满怀“惧作小子溷湛于艰”的忧患。因此，共和行政至周宣王时期官方记史活动，已经具有如实、求真的理念，是完全可以认定的。

官方记史制度在春秋时期迅速发展，周王朝与诸侯国皆以编年体形式记载史事，出现了许多著名的史官，形成各国官方记录的史册，这些史册多以“春秋”为名，也有如晋之“乘”、楚之“梼杌”等别名。一些史学上的基本原则，也陆续提了出来。

齐管仲说：“夫诸侯之会，其德、刑、礼、义，无国不记……作而不记，非盛德也。”[②]“无国不记”，显示了自觉记录史事已经在诸侯国普遍化，地处较为偏僻的秦国，

① 国语：卷一：周语上．上海：上海古籍出版社，1989：15，23，24.

② 左传：僖公七年//杜预．春秋经传集解：卷第六．上海：上海古籍出版社，1978：263.

也于周平王十八年（前753）“初有史以纪事”①，可见各诸侯国记载史事已普遍制度化，并且用于辅助政治，所谓“史不失书，矇不失诵，以训御之”②。曹刿向鲁国君主进谏时曾说：“君举必书，书而不法，后嗣何观?”③ 表明记史制度遵循“君举必书”与讲究一定书法的规则，“君举必书”表现出自觉记史意识与如实记载史事的理念，这是史学能够形成的基础，讲究“书法”，则显现了官方记史的制度化。而从曹刿的语气上看，这已经实行许久，得到了社会公认。总之，至春秋时期，各主要诸侯国都建立了史官记史的制度，这项与西方相比独具特色的官方记史体制，在战国时期也一直因袭，中国史学首先产生与确立于官方。

第五节　先秦史籍概述（上）

具备自觉性史学意识的记史体制自先秦时期开始，最早的史籍和历史文献也在先秦时期形成并逐渐增多。从史学史起源的角度考察，先秦时期一方面形成许多公文、档案以及零散记述的历史文献，另一方面也出现有意识、成体制的系统性史事记录以及特意汇集编排的史书，应当区别看待，前者主要反映了政治需求和历史意识，后者则可能具有自觉史学意识而编纂成书。二者在史学起源上具有不同的意义，但在史学发展进程中，却都可以成为主要典籍，发挥长久、有力的推动力。

一、西周、春秋时期成书史籍的类别

西周与春秋时期距今遥远，许多文献、记载佚失，历史文献存在与发展的具体情况，难以确查。据现今掌握的资料，有意编写成书的史籍可以略分三类。

1. 志

“志”字的含义为“记”，在古籍中用法宽泛，《周礼·春官宗伯》言“小史掌邦国之志”，这里所谓“邦国之志”，似指关于诸侯国宗族世系的记录，与我们所要考析的先秦《志》书，不可混同。先秦的《志》书，不是泛指一般的记载，而是专属的一种史籍。由于《志》书至今已经全无以原貌、原名保存之本，考察为难，如历代注疏对《左传》中所引《周志》一书的解释，纷杂游移，不足信从。这里且条列搜讨出的一些资料，以见其共同特点：

《周志》有之：“勇则害上，不登于明堂。”（《左传》文公二年）

史佚之《志》有之曰：“非我族类，其心必异。”（《左传》成公四年）

君子曰：“《志》所谓‘多行无礼，必自及也’。”（《左传》襄公四年）

故《志》曰：“买妾不知其姓，则卜之。”（《左传》昭公元年）

---

① 史记：卷五：秦本纪. 北京：中华书局，1974：179.

② 国语：卷一七：楚语上. 上海：上海古籍出版社，1988：551.

③ 国语：卷四：鲁语上. 上海：上海古籍出版社，1988：153.

臣以秉笔事君，《志》有之曰："高山峻原，不生草木。松柏之地，其土不肥。"(《国语·晋语九》)

其在《志》也，国为大城，未有利者。(韦昭注：志，记也，言在书籍所记，国作大城，未有利也。)(《国语·楚语上》)

《志》曰："骄惑之事，不亡奚待?"(《吕氏春秋·贵当》)

尝试观于《上志》："有得天下者众矣，其得之以公，其失之必以偏。"(汉高诱注:《上志》，古记也。)(《吕氏春秋·贵公》)

尝试观于《上志》：三王之佐，其名无不荣者，其实无不安者，功大故也。(《吕氏春秋·务大》)

还有一些记载虽未引述《志》书《志》文，但也反映其特点与作用：

成子之文，宣子之忠，其可忘乎！夫成子导前《志》以佐先君，导法而卒以政，可不谓文乎！(《国语·晋语六》)

教之故《志》，使知废兴者而戒惧焉。(《国语·楚语上》)

昔卫武公，年数九十有五矣，犹箴儆于国，曰："自卿以下至于师长士，苟在朝者，无谓我老耄而舍我，必恭恪于朝，朝夕以交戒我。闻一二之言，必诵《志》而纳之，以训道我……"(《国语·楚语上》)

凭据上述资料可知，"志"书乃是在一定的历史背景下，依据经验教训，得出对于政务、世事的类似格言警句式的论断，言简意赅，具有较大的影响力，可以起到辅助政治决策的作用。从上引《吕氏春秋》两条所言"《上志》"的资料中，"志"书的格言警句、见解论断，或者就是对统治者言论的历史记载，为"记言"之史，或者有具体史事载于"志"书之内，即得出其见解的主要史实依据，因此"志"乃史籍。因其亦为"记言"，与"书"类的文献相近，自古就常常含混不分，而"志"充满格言的内容，是与"书"相区别的主要特征。

"志"书出现甚早，西周初就有"史佚之《志》"，史佚就是周武王、成王时期的作册逸，当时统治者已经具备强烈的"殷鉴"意识，通过总结历史得出一些政治格言，编辑为书册，是顺理成章的行为，而这已经是史学意识的初步萌发。今先秦的"志"书在《吕氏春秋》内尚有引用，而《汉书·艺文志》已无著录，似经过秦朝便被忽略和遗忘。现存《逸周书》内，有些篇章或许就是"志"书，或依据"志"书改写而成。

2. 书

先秦时期的"书"字，可作为文献的泛常称谓，有时用为动词作"书写"之意，但也常常专指朝廷文件汇集而成的典籍。"书"所专指的典籍，是对最高层官方军政文书的统称，包括誓词（战争的宣传鼓动性文书）、诰（政府或统治者的文告）、典谟（典，指朝廷的具有典章制度性质的文件。谟，指谋划，即具有典制意义的议论）、号令等，以及其他官方文件。这些官方文书如果简单地存放，就属于自然形成的零散文献，但如果汇集、选编、校订，则已成为一种早期的史籍。西周和春秋时期，虽然没有关于选编国家公文的直接记载，但可以依据至今存世的《尚书》予以推断：这种"书"的修订与汇编，早从西周早期即已进行，是一种朦胧史学意识产生的征象。这且留待后文论述。

最初的编订“书”不同于后来不断增益之本，在此后的流传中，被增添、改动以及错简、残缺、佚失，皆很严重。春秋、战国时期，在《国语》、《左传》、战国诸子著述中，多有引用《夏书》、《商书》、《周书》或径称“《书》曰”的言论，说明“书”作为典籍已经从春秋时期就广为流传。而文字歧异与内容出入颇多，可知必有多种选本并行于世。作为历史文献汇集的“书”的出现，成为很贴近于史学的史料。但其中许多篇目的时间线索不很明晰，其宗旨主要体现在政治功用方面，叙事求真的意识不强，不少文本充满修饰、更改、编造的痕迹，以致时代不符、真伪相杂，还不足以作为中国史学产生的完备标志，仅可视为“殷鉴”理念下促进史学产生的积极因素。因此，史学成为具备清晰史学意识的社会文化，还需要有新的因素加入，即有待于编年体官方记史体制的产生。

3.《春秋》

这一类先秦史籍是指按时间顺序简略记载史事的编年体史籍，这种方式的历史记载产生于共和元年（前841），西周宣王时期承袭了这一记史体制，春秋时期各个诸侯国也逐步形成官方的记史制度，这些在上文有所论述。《墨子·明鬼下》中，说到周之《春秋》、燕之《春秋》、宋之《春秋》、齐之《春秋》，在《隋书·李德林传》与《史通·六家》篇，都引《墨子》佚文称其见到过“百国《春秋》”。可见先秦官方编年记史多以“春秋”为名。但孟子说：“王者之迹熄而《诗》亡，《诗》亡然后《春秋》作。晋之《乘》、楚之《梼杌》、鲁之《春秋》，一也。”① 则编年体史籍在各诸侯国也偶有不同的称谓。

周王室和各诸侯国官方的编年记事史籍，是具备自觉史学意识之史学活动的成果，是古代史学萌发后得以巩固的标志，但这类历史记载大多在春秋至秦朝的军事、政治动荡中佚失不存，仅鲁《春秋》因与孔子有所关联，一直传习，亦经亦史，蔚成显学而长久不衰。

二、行于春秋时期而流传至今的史籍

西周、春秋时期出现的历史文献，大部分散佚，能够流传下来的也大多被不同程度地更改、窜乱，造成鉴别、考订和利用上的困难。至于成书的史籍，数量本来不多，得以保存至今者只有《尚书》、《逸周书》和《春秋》，而且今传《尚书》与《逸周书》都有春秋之后掺杂进去的内容。为了内容的完整和集中，这里对此三种史籍的相关问题综合讲述，时代延续到先秦之后。

1.《尚书》

> 入其国，其教可知也。其为人也温柔敦厚，《诗》教也；疏通知远，《书》教也。
>
> ——《礼记·经解》

如前所述，作为先秦政府文书汇编而成的典籍，流行于春秋、战国时期，选本多样，篇目纷繁，本来称为《书》，至西汉重新编订，才名为《尚书》，一直沿用至今。因此，所谓《尚书》应当是《书》这种典籍在西汉之后的传本，但为叙述方便和清晰，自其前

① 孟子：离娄下//朱熹．四书章句集注：孟子集注：卷八．上海：上海古籍出版社，2001：295．按：所谓“《诗》亡然后《春秋》作”，是不正确的。《春秋》类历史记载不必待《诗》亡之后才会产生。

身概以此名称之，综述历代的传习与研讨。

关于《尚书》的编订、流传和篇数问题，历来众说不一，汉代传说为孔子编订，司马迁《史记·孔子世家》采取了这种说法，但这并无切实依据。《尚书》本来收载前代以及周王室的政府文件，春秋、战国时期流传各地，诸侯国也会各自加入本国的官方公文，致使其篇数增多，选本复杂。而能够得到各国共同认可的、在各个地区都有所流传的，也主要是最高层次政权即从尧舜至周王室的官方文件。战国时期百家争鸣，不同学派对《尚书》的选本也不相同，墨家在战国具有崇古倾向，《墨子》一书引《尚书》篇名 29 种，其中见于汉代以后《今文尚书》者仅 6 种，见于伪《古文尚书》者 14 种，其余篇名全然是今、古文《尚书》所无。而儒家大学者荀子引用《尚书》14 条，有 11 条的文字见于汉代以后的《今文尚书》，另 2 条见于《古文尚书》。有学者据此提出：至荀子在世时期，儒家学派所编订的《尚书》，已经与汉代所见本大致相符①。现今《尚书》传本，乃出于儒家学派于战国后期编订的选本。

秦灭六国，实行中央集权的政治制度之后，采取焚书坑儒的极端措施，“天下敢有藏《诗》、《书》、百家语者，悉诣守尉杂烧之。有敢偶语《诗》《书》者弃市，以古非今者族”②。致使《尚书》的流传中断，但私人仍有偷藏者。山东济南人伏生，原为秦博士，“秦时焚书，伏生壁藏之，其后兵大起，流亡。汉定，伏生求其书，亡数十篇，独得二十九篇，即以教于齐鲁之间”③。西汉逐步恢复先秦的文化传承，汉文帝时派人从伏生那里抄录《尚书》流行于世。而在汉景帝时，又从孔子家旧宅拆出以先秦文字撰写的《尚书》，比伏生传布的《尚书》多 16 篇，汉武帝时，孔子的后代孔安国将之献于朝廷。于是，伏生所传因用汉代隶书字体抄写，称《今文尚书》，孔宅拆出者为古篆字，称《古文尚书》。《尚书》作为儒学经典，今文与古文在汉代并存，但《今文尚书》久“立于学官”，传授讲习，远过于《古文尚书》。东汉末年，《古文尚书》再次佚失不传。

东晋元帝时期，豫章内史梅赜却献出《古文尚书》，而且还有孔安国所作《书传》(对《尚书》各篇的解说)，于是今、古文《尚书》都被作为儒学经典，唐代官方编纂《五经正义》作为教习生徒和科举的依据，收入了梅赜进献的《古文尚书》。到了南宋，学者公开怀疑《古文尚书》是伪作，吴棫、朱熹皆在著述中谈论《古文尚书》似为伪书的疑点，元明两代，也都有学者撰书讨论《古文尚书》之伪，当然所谓的孔安国《书传》更是伪造。清朝康熙年间，阎若璩著《尚书古文疏证》，列举 128 条证据指出《古文尚书》之伪，考校入微，论辩有力，影响甚大，获得许多学者支持。但也有一些著名学者意见不同，其中毛奇龄撰《古文尚书冤词》一书，搜剔阎氏著述间隙，逞才反驳，力主《古文尚书》不是伪书，但终究理据难凭，无法夺学术之真。此后学者再接再厉，继续揭示《古文尚书》作伪之迹，以乾隆初年考据学家惠栋《古文尚书考》最为突出，不仅证据更加确凿，分析尤其中肯，而且经考订西晋王肃就是伪造《古文尚书》和所谓孔氏《书传》之人。至此，《古文尚书》以及《书传》为伪书已成定谳，同时，也确定

---

① 蒋善国．尚书综述．上海：上海古籍出版社，1988：15-16.

② 史记：卷六：秦始皇本纪．北京：中华书局，1974：255.

③ 史记：卷一二一：儒林列传·伏生传．北京：中华书局，1974：1324．按：伏生所传，一说为 28 篇。

了一直传习的伏生28篇《今文尚书》为真实的《尚书》。

但是所谓《今文尚书》真实，也是在相对意义上而言的，即它是先秦文献，也是战国后期修订本的传承。而各篇撰成年代是否与其内容相符合，则情况复杂。近现代以来史学界多人进行研究，有些篇目的成文时代已取得大体一致的意见，有的篇目却各执一词，争论未休。然而以史学史的角度研究历史文献，重点在于单篇的最初成文时间与全书的编订历程。至于某一篇中某些文句的增添篡改，从史料的运用上自须注意考辨，但对于史学发展历程的研讨关系微小。今从史学史角度观察，参酌各家之说，将《尚书》现存各篇撰述年代大致分成以下几种情况：

第一，西周成文与西周时期修订前代之文。《尚书》28篇之中《大诰》《康诰》《酒诰》《梓材》《召诰》《洛诰》《多士》《无逸》《君奭》《多方》《立政》等11篇，为西周初期成文，学术界意见分歧不大。除《召诰》外，其余10篇似皆出自周公旦，而《召诰》实际也与周公旦有密切关系。另外，反映殷商历史的《盘庚》篇，也被绝大多数著名学者认定或是西周早期成文，或者是经过西周修订的殷商文献。

第二，春秋时期成文之篇，有《文侯之命》《费誓》《秦誓》，这三篇都是春秋时期的文件，记述春秋时期的史事。前两篇曾有少许争议，但通过学术论辩已经略见分晓。

第三，战国时期撰成之文，有《尧典》《皋陶谟》《禹贡》《金縢》《洪范》等5篇。其中《尧典》最为复杂，因其某些文句和内容，有学者认为最后修订于秦朝季年。但《孟子·万章上》即已引用《尧典》，是其在战国时期已经撰成，毫无疑问，至于后来篡改、增添问题，在史学史研究上非甚紧要，暂且置之。

第四，成文时代争议很大与难以判定之篇，有《甘誓》《汤誓》《高宗肜日》《西伯戡黎》《微子》《牧誓》《顾命》《吕刑》等8篇。

考察和解决《尚书》的疑难问题，应当将之置于史学史的视角之下。西周初年，即形成强烈的“殷鉴”观念，前已论述。“殷鉴”观念，乃为保存、整编“书”类文件的最主要推动因素，应当从分析“殷鉴”观念的社会影响出发，来考察《尚书》的最初整编问题。而今本《尚书》，来源于战国时期儒家学派传本，通晓这一点十分重要，这也是分析《今文尚书》的一个基点。抓住西周初年的“殷鉴”与战国时期的儒家思想，就可以快刀斩乱麻地解决《尚书》的许多疑难问题。

因为西周政权已经形成强烈的“殷鉴”观念，从政治机制上必然会促成对遗存的政治文件予以汇集编订。事实上，西周初期对政府文件的编辑也有迹可循，今存《尚书·盘庚》篇，连最以疑古知名的钱玄同、顾颉刚也未怀疑其为伪作，钱玄同称：“看《盘庚》诸篇的思想那样野蛮，似乎是真史料，但文章恐已经周人之润色。”① 意思是说《盘庚》为殷商文献而经周代修订，范文澜、蒋善国等皆持此说，其中蒋善国论辩最为充分②。西周时既然修订《盘庚》，那决不是一个单独的、孤立的现象，必然也进行过其他文件的整编修订，是《尚书》最初选编工作中的一个组成部分，否则很难解释单单修订一篇《盘庚》的必要性。

---

① 蒋善国．尚书综述．上海：上海古籍出版社，1988：136.

② 同①204-208.

西周成王时期，周公旦摄政，发生管叔、蔡叔与殷商顽民联合的叛乱。周公旦东征平定叛乱、营建洛邑，同时迁徙殷商之民，这些都是周初大事，也是西周政权经历的一场危机。《尚书·多士》篇是强制殷民迁徙的文告，而《盘庚》也是通篇动员和威胁商人迁徙，当为发布《多士》的同时修订并且公布。从东征、营洛至周公旦还政于成王，经周公旦拟定的文告今存于《尚书》之中有10篇之多，每篇都贯彻强烈的“殷鉴”观念，周公旦乃是当时最重视“殷鉴”的统治者，因强烈的“殷鉴”理念而整编可以用于“殷鉴”的文件，则周公旦就是第一次整编《尚书》的主持人，这次编订成书，应在周公旦营洛和归政之后。《牧誓》《微子》《西伯戡黎》《汤誓》《甘誓》，都是按照“殷鉴”观念向上追溯的历史文献，在此次初编《尚书》的系列之内。《牧誓》是武王伐纣誓词，去时未久。《微子》《西伯戡黎》《汤誓》《甘誓》恐在这次编订时根据传说撰写，并无原始文件作依据。至于其中文体与其他文件有别，或因执笔人文风不同。若个别词语用法可疑，原因可以作多种解释，并不有伤于以上的整体性考察。“殷鉴”观念是中国上古史学起源的思想根源，从而推定周公旦主持下初次整编了《尚书》最早的原本，这种档案文件的整编成书，应当视为一种史学意识的萌发。而周公旦整编此《书》，也不是孤立的行为，是与作册逸（史佚）撰写《志》书相互映照，同为强烈“殷鉴”理念与某种史学意识的体现，但此时史学意识还处于仅个别人初步具有的朦胧状态，并且依然是附隶于政治宗旨之内。

《尚书》在春秋、战国时期流传于各个诸侯国，说明它不是作为周王室档案文书封闭保存，这也是前此已经编订为成书典籍的证据之一。在各个诸侯国流传中，各国会加入本国的一些官方文书，造成文本复杂化。而《今文尚书》既来自战国时期儒家学派的选本，其篇目取舍自然体现儒学思想与儒家的意图。儒家尊王室，故不会多取诸侯国的文书入选，28篇《今文尚书》仅《费誓》《秦誓》两篇不是王室文件。《费誓》为鲁国用兵誓词，鲁乃周公封国、孔子故国，儒家将之录入，容易理解。而《秦誓》作为最后一篇，则需要分析，有学者认为：“《尚书》把《秦誓》列在最末，正是记秦以霸业继周统，为了颂扬当时秦始皇的帝业。这种情形，非到了秦统一天下的时候不能发生”①，更有将《今文尚书》视为秦朝官方之本的说法②。这些见解，真是匪夷所思。

论辩此事，很费篇幅，而秦自立国，实行法家路线，从不重视古时典籍，秦始皇更严禁《诗》《书》行世，何有编订《尚书》的必要？所有的史料之中，丝毫没有秦朝整编任何旧有典籍的记载，只有“焚书坑儒”的行为，在这种局面下，官方、私家整编《尚书》都是不大可能的。还是来看看《秦誓》的内容吧！与《汤誓》《牧誓》《费誓》等大不相同，《秦誓》不是一篇战争的动员誓词，而是秦穆公对于发动战争、导致惨败的悔过书，他表示今后要听从“惟古之谋人”（遵从古训的人）的建议，信用年老有经验的“番番良士”，这些都是符合儒家意旨的。战国后期，秦国强大，吞并天下的意图早已显现，人所共知，但儒家对此趋势是反感的，选入此篇，表达了儒士不愿秦国发动

① 蒋善国．尚书综述．上海：上海古籍出版社，1988：18．
② 陈梦家．尚书通论．北京：商务印书馆，1957：114．

东侵战争的愿望。如果是为了“记秦以霸业继周统”，难道不能找到秦国一篇威武雄壮的进军命令？何苦偏偏采用对战争的悔过书来充当《秦誓》呢？《尚书》中此篇名之曰《秦誓》，本身就是别有用心的讽刺。

《尚书》是现存古籍中最古老也最复杂的文献，前代学者进行了大量的细致入微的研究，得出许多发人深省的结论，有功于学术甚巨。但以史学史的角度和方法予以考析，尚未充分，这种研究应当从整体的文化背景把握，避免在追究细节问题中见木不见林，造成繁而寡要之疏失。我们认为，《尚书》许多篇目的时间线索不很明晰，其宗旨主要还是体现在政治功用方面，叙事求真的意识不强，不少文本充满修饰、更改、编造的痕迹，以致时代不符、真伪相杂，因此，还不足以作为中国史学产生的完备标志，仅可视为“殷鉴”理念下历史文献编辑朝史学方向迈进的一个重要的过渡阶段。当然，《尚书》后来成为儒学的经典，其中的史事记述被奉为上古的信史，对中国传统史学的影响是十分巨大的。《尚书》未能成为中国上古史学产生的直接源头，说明从官方公文文献的整编升华为系统性的历史叙述，进而演化为持续发展的史学，存在着难以穿越的瓶颈，需要有另一途径，即主动记载史事的方式。在中国，只有时间明晰、连续性、制度化的史事记载，才具备史学产生的品格，才具有趋于严谨求真、日益丰富的发展前景。

2.《逸周书》

除今存《尚书》之外，值得注意的还有与之相关的《逸周书》。此书历来有过不同名称，《汉书·艺文志》著录有《周书》71篇，注明为“周史记”。唐颜师古为《汉书》作注释说：“刘向云：‘周时诰誓号令也。’盖孔子所论百篇之余也。今之存者四十五篇矣。”根据这些记载，其内容应当与《尚书》同类，到唐代只剩下45篇，带有西晋孔晁所作简单注释。古人相信《尚书》是孔子选编，《周书》乃是未被孔子选中的那些文献，这在今天看来是不足凭信的。

与上述《周书》并行于世的，还有西晋出土的《汲冢周书》。晋武帝时期，盗墓人不准偷掘位于汲郡（今河南卫辉）的战国时期魏襄王墓，而官方从被盗古墓中获得多种古书竹简，其中最重要的是编年体史籍《纪年》和《周书》，故被人称为《汲冢纪年》和《汲冢周书》。《汲冢纪年》后通称《竹书纪年》，后文再作介绍。据今学者估算，《汲冢周书》有16篇左右，至宋朝，被合并于另45篇《周书》成为一书，其间又佚失1篇，共剩60篇，传袭至今。合并之后，其书仍称《汲冢周书》，明代杨慎将之更名为《逸周书》。清朝《四库全书》以及近现代的多种著述，都采用这个名称。

《逸周书》内容十分驳杂，体裁、内容类似《尚书》各篇者约30篇，其余有类似战国诸子议论者，如《度训解》《命训解》等；有似兵家之书者，如《武称解》《大武解》《大明武解》《小明武解》等；有疑似从其他古籍剌取改编而来者，如《职方解》雷同于《周礼·职方氏》，《明堂解》略同于《礼记·明堂位》等。

清《四库全书总目》卷五〇对《逸周书》的提要曰：“其书载有太子晋事，则当成于灵王以后……《左传》引《周志》：‘勇则犯上，不登于明堂’，又引《书》：‘慎始而敬终，终乃不困’，又引《书》：‘居安思危’，又称：‘周作九刑。’其文皆在今《书》中，则春秋时已有之。特战国以后又辗转附益，故其言驳杂耳。”据今学者黄怀信考订，

《逸周书》是周景王之时，周人收集各个篇章而编为一书，即最早成书于春秋末期。篇名有“解”字，也确实有一些解释性文字混于正文，而作“解”者乃汉武帝时人，故出现导致怀疑的内容①。但是，春秋末期所成之书仅是初编之本，在长久的流传和抄录中，亡佚与掺补、改写与窜乱，甚至故意篡改，皆难以避免。现代许多学者揭示出大量证据，指出《逸周书》一些篇章成文于战国末季，甚至是汉代以后的窜乱②。

《逸周书》中确有西周初年的文献，特别是《世俘解》，描述周武王伐纣获胜之后，掠夺大量财物，举行盛大的祭祀典礼，祭典中斩取大量战俘人头，商纣王与其两妻的人头也悬挂于白旗、赤旗示众，随后燎烧以祭天祭祖……周武王等的这种残忍行径，应是未加掩饰的实情记述。郭沫若认为，《世俘解》“除文字体例当属于周初以外，其中所记社会情形与习尚，多与卜辞及古金文中所载者相合”③，是最可信的历史文献。《克殷解》记事近真，但文字十分平顺，不像西周时期行文，可能被战国时人重新改写。其余如《商誓解》《度邑解》《皇门解》《芮良夫解》等，颇似西周时期历史文献。因此，《逸周书》的史料价值很高，有待于深入研究和开发。

今《逸周书》内有些篇章，可能是“志”书或根据“志”书改写而成。先秦“志”与“书”的区别不是很大，但明显的标志是“志”书具备格言警句式的文句，运用比喻、借喻等修辞方式，文句整齐，便于记忆，乃通过凝练、修饰的方法撰写，不似《尚书》那样直接记述。《国语·楚语上》记载：西周末、春秋初，卫武公曾要求官员说：“自卿以下至于师长士，苟在朝者，无谓我老耄而舍我。必恭恪于朝，朝夕以交戒我。闻一二之言，必诵《志》而纳之，以训道我。”这里提到“诵《志》”，可见“志”书可以如同“诗”一样来“诵”，句式应当整齐凝练、朗朗上口，只是不必像诗一样押韵。我们前所引述的“志”书文句，符合这样的修辞标准。今《逸周书》的《常训解》《文儆解》《和寤解》《大匡解》④，极似“志”书或从“志”书改写而来。前揭《左传》文公二年引《周志》：“勇则害上，不登于明堂”，而《大匡解》有“勇如害上，则不登于明堂”，文字仅有略微的不同，可证《周志》与《逸周书》的连带关系。这个问题，还有待深入研究。

清华大学于2008年7月获得一批战国竹简，被称为“清华简”。据称测定其年代为战国中晚期文献，数量巨大，共有2 388枚（包括少数残断简）。据说其中已发现有多篇“周书”，包括前所未见的逸篇，是新一轮的“逸周书”。2009年4月，整理者公布《保训》篇（题目新拟），载于11支竹简，简长28.5厘米，每支22～24个字，其中第2支简上半残失。内容是周文王临终遗嘱。但史学界有学者提出了尖锐质疑，涉及这批竹简来历不明以及《保训》等篇行文的疑点。目前，争论暂时搁置，但并未解决。看来，《尚书》这类文献的真伪之辨，至今又出现新的事件、新的赓续。

3.《春秋》

在众多的“春秋”类历史记录中，今存《春秋》一书是鲁国编年史，据说经孔子的

---

① 黄怀信.《逸周书》源流考辨. 西安：西北大学出版社，1992：71-86.

② 蒋善国. 尚书综述. 上海：上海古籍出版社，1988：442-446.

③ 郭沫若. 中国古代社会研究：附录：追论及补遗. 北京：人民出版社，1977：269-270.

④《逸周书》有两篇《大匡解》，此指后一篇。

修订，赋予了“微言大义”，成为儒学经典，故避免了散失的命运。这部《春秋》，记事的时间跨度是上起鲁隐公元年（周平王四十九年，前722），下至鲁哀公十四年（周敬王三十九年，前481），共242年史事；内容主要是统治者的政务与活动，如诸侯国之间的战争、会盟、访聘、交涉，以及一些值得注意的自然现象如日食、地震、山崩、大水、大旱等。

《春秋》记事的特点是极其简略，总共才1.8万字左右。每条记事最少仅1字，如“雨”（僖公三年六月）、“螽”（宣公六年秋八月）等，最长一条记事出现于定公四年春三月，不过45字而已。如此简略，不可能将史事说清楚，无法表达史事的原因、经过与结果，只能算是一个标题或提示。然而记事虽则简略，在时间顺序与时间记载方法上却十分完备，一般的记事尽量做到年、时（季节）、月、日齐全，属于严格的编年体史籍。这种记事重视时间因素的观念，比起“书”类的史籍是很大的进展，为史学意识提升的重要体现。从《春秋》的体裁与记事方法，大略可知其他各国以及整个春秋时期编年体史籍所达到的水平。

近现代学术界研究《春秋》，最大的意见分歧，莫过于孔子是否真的修订过《春秋》，疑古学派和其他一些学者提出否定意见，理由主要是记载孔子与弟子言行的《论语》，只字未提到《春秋》；鲁《春秋》属于秘藏史册，孔子不能随便得到；第一次说出孔子作《春秋》的人是孟子，距离孔子逝世已经一百多年，此前并无孔子修《春秋》的任何记载；等等。而主张孔子修订《春秋》的学者，仍坚信孟子与司马迁《史记》的记述。

> 《诗》以道志，《书》以道事，《礼》以道行，《乐》以道和，《易》以道阴阳，《春秋》以道名分。
>
> ——《庄子·天下》

以上所述现存的三种史籍，《尚书》与《春秋》在古代具有特殊重要性，皆为儒学经典，非列于杂史或别史类的《逸周书》可比。这两部史籍取得经典地位，对于中国古代史学的蓬勃发展，具有非常重大的促进作用。《汉书·艺文志》说古时“左史记言，右史记事，事为《春秋》，言为《尚书》。帝王靡不同之”，是将之作为中国史学的源泉来看待。

第六节　先秦史籍概述（下）

战国时期的史籍，出现了许多新的变化，体现了古代史学的显著发展。今存战国时期成书的史籍，主要有《国语》《竹书纪年》《左传》，还有一些久佚不存的史书。至于诸子百家著述及各类杂书，虽可用作史料，但本不属于史籍，在史学史上可以不予以专门评介。

一、以记言为主的《国语》

《国语》一书，其书名已反映了编辑结构和基本内容，即分国别的、以“记言”为主要内容的史籍。今本《国语》分为 21 卷，按顺序为《周语》3 卷、《鲁语》2 卷、《齐语》1 卷、《晋语》9 卷、《郑语》1 卷、《楚语》2 卷、《吴语》1 卷、《越语》2 卷。记载的时间范围，上起周穆王在位，下至晋国智氏灭亡（前 453），包括了西周和战国之初的史事。但西周之事，主要见于《周语上》，有 10 条记述，《郑语》实际只记述了郑桓公与史伯的对话，时在西周末年，然而文末叙述东周的大国称霸以验证史伯的预测，则为编辑者撰写的内容。《晋语》《越语》略微涉及战国之初。其余内容，皆春秋时期各国关于政务、军事、交聘、礼制、国势等方面的论议。根据《晋语》篇幅独多、下延时间最后的情况，推测本书是战国时期的三晋（赵、魏、韩）之人编辑而成，是有道理的。但历代怀疑《国语》成书年代的议论甚多，当代史学家顾颉刚曾指出《齐语》中暴露了汉代改写的痕迹①。

楚庄王时申叔时谈到教育太子方法说："教之春秋，而为之耸善而抑恶焉，以戒劝其心……教之语，使明其德，而知先王之务用明德于民也……"② 说明春秋时期各国就有称为"语"的历史文献，因此《国语》应是收集各国零散之"语"汇编成书，但往往加入一些新撰文字以作补充，例如《郑语》末尾验证史伯预言的内容，这种情况，在《国语》内是很多的。然而，汇编者未能收集到更充足的资料，不仅造成各国之"语"篇幅的严重失衡，而且几个重要诸侯国如秦、卫、宋，竟付阙如，这当然是当时战争、分裂状况的条件所限，但也可知在资料上是随机、随缘获得，不是当时有名士人的认真编纂。不过，这种分国编纂，并且补撰一些内容的方法，显然比收集文献简单地予以堆积、杂编，已有明显的进步。

由于先秦历史记载的文献存世稀少，《国语》仍具有极高的史料价值。大量政治人物的议论，反映出当时的思维认识水平、论辩方式以及政务运行的机制，为政治史、思想史、文化史研究不可替代的资料。全书在主要"记言"之外，也记载引发言论的背景、事件，交代事件的最后结果，议论中也常常引证以往的历史事件，而许多记载十分重要且未见于他书，弥足珍贵。

《国语》在学术史上久已与《左传》有密切联系，古人有称《左传》为"《春秋》内传"而《国语》为"《春秋》外传"者。讲二者联系最典型的说法是康有为的主张，认为《左传》是西汉末年刘歆从原本《国语》中抽出若干内容编辑成的一部伪书，以便抬举古文经学，为王莽篡位服务。今大多学者不赞同这种观点，但刘歆同时窜乱《国语》《左传》二书的行为，则难以否认。其关键处在于今本《国语》《左传》载有的岁星十二次名称，与司马迁《史记·天官书》完全不同，却与西汉末刘歆《世经》改换的名称一致。其中有关星象记载，凡可按现代天文学推算，均属错误，而二书的错误在思路上竟然相同，因此所窜入的内容很可能是出于同一人手笔③。

三国时吴国韦昭为《国语》作注释，引据丰富，解说明晰，有助于阅读和研究。西晋时因避司马昭之讳，被改题"韦曜"注释，传习至今。近现代学界对《国语》的研

① 顾颉刚读书笔记. 台北：联经出版事业公司，1990：2049.

② 国语：卷一七：楚语上. 上海：上海古籍出版社，1988：528.

③ 张培瑜. 试论《左传》《国语》天象纪事的史料价值. 史学月刊，2009（1）；乔治忠.《左传》《国语》被刘歆窜乱的一项铁证. 北京师范大学学报（社会科学版），2016（3）.

究，在作者问题上，在其与《左传》的关系上，多有不同见解，由于史料依据的缺乏，至今悬而未决。

二、编年体通史《竹书纪年》

前已提到西晋汲冢出土书籍，有《汲冢周书》和《竹书纪年》。此次出土竹简为战国时小篆书写，装车送往京师，西晋朝廷委用束皙、荀勖、和峤、杜预等著名学者辨认整理，用当时文字抄录保存，《竹书纪年》是其中最引人注目的一部史籍。但是自西晋整理之后，就有不同的抄本行世，例如记事是上起黄帝还是上起有夏，即有两说，为后代的学术争议种下了根苗。

本书记载史事自上古一直到战国魏襄王二十年（前299），即编纂者生活的当代，记事简略有如《春秋》，但全书皆有清晰、连续的编年顺序，是中国第一部编年体通史。本书自西周末年始，只记载晋国，赵、魏、韩三家分晋后又独记魏国，显示了本书的撰写者视魏国为最终历史归宿的观念。本书内容独特之处在于：许多记载与《尚书》等儒学经典大不相同，如夏之“益干启位，启杀之”，商之太甲杀伊尹等，皆与《尚书》《史记》记述的情节相反，西周的“共和行政”也记作共伯和执政，不同于周公、召公联合执政之说。这类内容引起自古治史者的注意，也招致墨守儒学之人的非议和排斥。《竹书纪年》记载殷商王位世系为29王，与甲骨文资料相同，而《史记》记为31王，可见《竹书纪年》比《史记》有更远古的资料根据。某些西周史事的记载也是如此，这是其史料价值值得重视之处。

南朝时期，史家沈约还曾为《竹书纪年》作注释，但隋唐、两宋多数学者似乎对之很不重视，有人认为《竹书纪年》原书就在宋代佚失。后来出现不同的辑本和流传本，至清乾嘉时期，学者开始怀疑流传的所谓“今本”《竹书纪年》，清季朱右曾辑成《汲冢纪年存真》，并且力证《今本竹书纪年》为伪书，后经王国维订补为《古本竹书纪年辑校》，并且进一步论证了“今本”乃伪造。《古本竹书纪年》为辑佚本，有400多条记事，已为史学界认可，最新订补版本是今人方诗铭、王修龄的《古本竹书纪年辑证》。《今本竹书纪年》有1 000多条记事，与“古本”在记事上有不少差异，例如关于夏、商、周三代的积年问题。然而争论尚未结束，至今仍有一些学者为《今本竹书纪年》辩护，但颇有以主观意愿出发之嫌。当然，历代还有怀疑西晋是否真有《竹书纪年》出土之事者，如清人王鸣盛、崔适等①，其议论已属偏颇。

今日所见《竹书纪年》，无论“今本”“古本”，都不是西晋出土时原文，争论其真伪乃是从史料利用的可靠性出发，但若进行纪年方法、撰述体例等史学史方面的研究，恐皆难以为据。

三、内容完备的编年史《左传》

如果说《春秋》是记事之史，《国语》是记言之史，那么《左传》已经发展为言事

① 王鸣盛．十七史商榷．上海：上海书店出版社，2005：21；崔适．史记探源．北京：中华书局，2005：142.

兼载、内容完备的编年史。作为记载春秋时期历史的编年体史书，《左传》记事有明晰的时间顺序，并且完全依照《春秋》一书按鲁国君主纪年，这一点十分明显而且重要。

历史著述内容完备的标志之一，是要记述史事始末完整，来龙去脉基本清楚。《左传》是编年体，一些过程很长的史事，有时会分叙于不同年份，但综合在一起则首尾完具。在《左传》中有很多打破年限而集中叙述事件始末的范例，如开篇的隐公元年三月记载郑庄公开隧见母事，以“初”字追述出生时“寤生”，被其母厌恶，又叙次了即位后倾轧亲弟、怨恨亲母的许多事实，最后在隧道中与母相见，将几十年的事情作集中叙述。僖公二十三年十一月，则概述了晋国重耳游历各国20余年的经历。这些记述，颇有纪事本末的意味，表明《左传》极其注重记事的脉络明晰。记载历史人物活动的同时也记载其言论，是史籍内容完备的又一标志。《左传》以记述历史事件和人物活动为主线，而对话与议论穿插其中，取得了人物丰满、内容丰富、情景真切的效果，极大地提高了史料价值与著述的生动性。《左传》不但记述历史事实、人物言行，还有以“君子曰”“君子谓”表明的历史评论，特点是言简意赅，且常常引证《诗》《书》以及格言警句，有发人深省的作用。例如成公七年春记载季文子认为内地各国互无协同，缺乏兵备，容易遭受蛮夷入侵，慨叹“吾亡无日矣!”对于军事形势表示深深忧虑。而“君子曰”评论说：“知惧如是，斯不亡矣!”简短几字，蕴含深刻的政治理性与辩证思维。综上所述，《左传》在形式与内容的完备上，超过先秦时期的其他史籍，开启了史学发展的新篇章。

《左传》的思想倾向，明显属于战国时的儒家学派，书中大量引用孔子及其弟子的言论，作为对历史事件的评议。全书倾向于仁、义、忠、信的道德价值观也较明确，符合儒学的根本思想。但战国时期的儒学已经不完全等同于孔子思想，不仅儒学已有不同流派，而且大多不再幻想兴复周朝。《左传》中即体现出这种理念，对西周以来的宗法秩序和所谓“存亡继绝”，已没有热情，承认“社稷无常奉，君臣无常位”[①] 的社会巨变，而寄望于强国再建新的统治秩序。《左传》中有大量占卜、梦兆、灾异得到应验的叙述，也以肯定的笔法记述了“国将兴，听于民；将亡，听于神”[②] 之类的议论，体现了当时社会本来具有迷信观念与重人事思想的矛盾，但《左传》作者没有摆脱鬼神迷信观念，也是不争的事实。

《左传》文笔生动，有很高的修辞技巧，描述战争情景，尤为见长。但在编纂上亦有瑕疵，例如全书对同一人有多种称谓，一般读者很难分辨，这固然来源于原有资料，但编纂者未经条理统一，仍为遗憾。

对《左传》的研究，有两大疑难：第一，作者何人及成书于何时？第二，原书是专为解释《春秋》而作还是独立的史籍？自古以来，这两个问题就聚讼纷纭，从古代的经学家到近代的疑古学者，多曾言其为西汉末年刘歆所伪造。现今学术界多数学者认为《左传》成书于战国时期，非左丘明撰成。但其中有汉代窜乱和添加的内容，也不能完全排除。关于第二个问题，争论至今未休。有学者指出《左传》实际原名《左氏春秋》，

---

① 左传：昭公三十二年史墨的议论//杨伯峻. 春秋左传注. 北京：中华书局，1990：1519-1520.

② 左传：庄公三十二年//杨伯峻. 春秋左传注. 北京：中华书局，1990：252.

直到东汉才称为《春秋左氏传》，其内容存在大量“有经无传”（《春秋》的记载未被解说）、“有传无经”现象，因此本为独立的史书，只是汉代官方将之用于解说《春秋》才成为“左传”。可是，说是独立史书，怎么解释它按照《春秋》的系统来记述而且采取鲁国的纪年呢？这里，我们参考著名史学家徐中舒的说法①，将观点条列如下，以供读者思考和探索：

（1）左丘明是鲁国贵族瞽史，与孔子年辈相当，曾经口头传讲春秋时期历史故事，孔门弟子几代人均有闻知。

（2）孔子弟子子夏曾经入居于晋国，《左氏春秋》是子夏的再传弟子在魏国撰成，成书时间应为公元前375年至前352年，而将作者托言为最早讲述春秋史事的左丘明，亦古代常有之事。

（3）时鲁国衰微，文献散出，而《左氏春秋》的编写人手中有鲁《春秋》，遂参照其记事体系撰述新史。撰写者并无刻意解说鲁《春秋》之意，所以记事范围不与今所见《春秋》完全契合。但撰写《左氏春秋》过程中，这些儒家学者已有意试图将鲁国《春秋》一书纳入本学派的思想文化传承体系，但当时未敢过度明言造作，故闪烁其词地称：“《春秋》之称，微而显，志而晦，婉而成章，尽而不污，惩恶而劝善。非圣人谁能修之。”② 后代《春秋》成为经典，《左氏春秋》成为解说《春秋》的“左传”，皆乃当时撰写者所始料未及。

至于《左传》与《国语》的纠葛关系以及《左传》被窜乱、篡改的问题，可参见上文对于《国语》的阐释。

四、战国时期的其他史籍

战国时期，还产生了其他一些成书史籍，由于久已佚失，只能间接略知其情，如《铎氏微》《虞氏春秋》二书。对于并非史籍的一些先秦书籍，虽然具有历史研讨的史料价值，如《诗经》《周易》等，仍不应成为中国史学史专题研究的对象。至于散篇历史文献而未组成专书，除非极其重要且对史学发展起到很大影响者，可在简明的史学史著述内可以予以综述，亦无须专论。

（1）《铎氏微》。《史记·十二诸侯年表》记述：“铎椒为楚威王傅，为王不能尽观《春秋》，采取成败，卒四十章，为《铎氏微》。”据此，则本书是从《春秋》类史册内择取政治成败之事编成。楚威王于公元前339年即位，在位11年。春秋类史籍一般记述简略，而所谓“不能尽观春秋”，则不知这里的“春秋”为哪一国之史。《铎氏微》共40章，篇幅很小，古时文献，一章只有很少文字。因此，此书价值不大，但其意义在于：战国时期已经开始针对某种实际需要，选取专门的史事编为书册。

（2）《虞氏春秋》。司马迁在《史记·十二诸侯年表》里说：“赵孝成王时，其相虞卿，上采春秋，下观近世，亦著八篇，为《虞氏春秋》。”虞卿在《史记》中有传，是主张合纵抗秦的赵国谋士，但许多建议不被采纳。后失官，“不得意，乃著书，上采春秋，

① 徐中舒.《左传》的作者及其成书年代. 历史教学，1962（11）.

② 左传：成公十四年“君子曰”//杨伯峻. 春秋左传注. 北京：中华书局，1990：870.

下观近世，曰节义、称号、揣摩、政谋，凡八篇，以刺讥国家得失。世传之曰《虞氏春秋》”①。从司马迁的记述来看，本书乃是以史论为主要内容的著述，而且借助史论申述自己的政治见解。这是先秦史籍的又一类别，可惜早已亡佚不存。

五、附论：《战国策》与《世本》等

《战国策》与《世本》，都不是先秦时期成书的史籍，但其中包含的却是先秦时期的零散文献资料，正如同《全唐诗》内全是唐朝的诗篇，但《全唐诗》一书却是清朝康熙年间编成。但迄今史学界多将此二书误认为先秦史籍，各种中国史学史论著亦皆如此。为正视听，在这里作为附论来涉及。

东汉班固在评述《史记》的编纂时称：“司马迁据《左氏》《国语》，采《世本》《战国策》，述《楚汉春秋》，接其后事，讫于天汉。其言秦汉，详矣。”② 表面看来，似乎司马迁从《世本》《战国策》二书中采用了资料。但是，司马迁对自己所知、所读、所用典籍皆有记述，而整部《史记》决无提到《世本》《战国策》之处，学界前人早已作出考订，这已成为共识。因此，班固这段话的主旨，只在于说明司马迁采录了此二书内包含的资料而已，不能成为二书编成于司马迁之前的证据。

现今还存有西汉季年刘向整理图书时的《战国策书录》，其中明确讲述他发现“中书余卷，错乱相糅，莒（筥）又有国别者八篇，少不足”，意思是说政府藏书之所还有“余卷”，是错乱杂糅的零散文献。从竹筐中发现带有“国别”特征的文献八篇，若编为一书稍嫌不足。于是他从零散文献中搜集这种具有“国别”特征的文篇，甚至将零散的残件拼接整理，凑成 33 篇。这些资料“或曰国策、或曰国事、或曰短长、或曰事语、或曰长书、或曰修书。臣向以为战国时游士，辅所用之国，为之策谋，宜为《战国策》。其事继春秋以后，讫楚汉之起，二百四十五年间之事，皆定以杀青，书可缮写”③。很明显，刘向之前根本没有《战国策》其书，从零散文献中选材、汇集、分篇、定名而纂成《战国策》，都是在西汉季年刘向主持整理国家图书时的作为。1973 年，在长沙马王堆三号汉墓出土了一批帛书，此墓下葬时间早于刘向整理图书 100 多年，其中有一部类似于今本《战国策》者，共 27 篇。27 篇中有 16 篇不见于今《战国策》书内。这些单篇文献被收集、整理后，今定名为《战国纵横家书》，这与《战国策》的成书历程，大体上属于同一类型。能不能说《战国纵横家书》是先秦时期的一部史书呢？显然不能！同理，《战国策》也不能说是先秦成书的史籍。

《世本》的情况与《战国策》是一样的，司马迁《史记》没有提到《世本》，说明此书至汉武帝时还不存在。而且在刘向之前，没有任何人、任何书籍提到《世本》。先秦时期的宗法制度，促使王室与诸侯国都有各自的“世”类的文献，即本宗族世系的登录。司马迁称他读过《帝系姓》《谍记》《历谱谍》《五帝系谍》《春秋历谱谍》④ 等，大约就是先秦“世”类文献的遗存，这些可能后来都被刘向收编进入《世本》，重命篇名，

---

① 史记：卷七六：平原君虞卿列传．北京：中华书局，1974：2375.

② 汉书：卷六二：司马迁传．北京：中华书局，1962：2737.

③ 战国策校注：卷首：战国策书录．《四部丛刊》本．上海：商务印书馆，1937.

④ 见于《史记》之《五帝本纪》《三代世表》《十二诸侯年表》等。

因此《汉书·艺文志》中大多不见，只著录《世本》一书。班固说司马迁“采《世本》《战国策》”，实际是采用被后来编入《世本》的那些《谍记》《历谱谍》等资料。战国时期，只有《世本》所包含的零碎资料的分散存在，而没有《世本》其书，这是既明显又重要的事实，而分散的零碎资料与将其汇合分类、编成一书，在史学史上的性质、价值则有天壤之别，二者不容混淆。在战争频仍、天下分裂的战国时期，将分散于各国的家世谱系文件汇编成一书，条件还不大具备，况且这些家世谱系文件一般应为各国上层秘存，不会比纵横家的说辞、谋略更流行于世。既然纵横家的零散谋略都未能在战国时期编成一书，那么当时没有《世本》成书，是很正常的。

《战国策》的内容为政客、纵横家的政治说词、谋略策划，机敏权变，用智用诈，这些文献本身就是战国时期历史状况的一种反映，自然具有史料价值。而反映出的历史事件，既有真实成分，也有伪托造作，特别是辩士为了证明自己的见解所引述的往事，随口腾说的可能性更大，故书内资料不能不加辨别地作为信史。《世本》内录入商周以下王侯大夫世系、谱牒，很可能源自各政权官方的记录，应具有重要的史料价值。但刘向编辑《世本》以及后来清人辑本，均揽取零散文献，汇集分篇，内容是相当驳杂的。其中包含战国时期流行的传闻杂记，荒诞无稽。早在唐朝，主编《五经正义》的孔颖达就指出：“今之《世本》与（司马）迁言不同，《世本》多误，不足凭依。”[①]《战国策》与《世本》之中的先秦资料，显示了当时对历史的某种记载意识，除此之外，在史学史上没有更大的意义。

被一些学者称为战国史籍的还有《越绝书》，旧题孔子弟子子贡撰写。实际乃根据吴、越地区零散文籍、民间传说与参照他书抄纂，虽有一些史料价值，但内容驳杂，且颇多鄙俚传闻。此书连《汉书·艺文志》都没有著录，不可能是西汉之前成书，应产生于东汉时期。关于《越绝书》的作者和成书时间问题，笔者做过深入考论，指出此书纂成于公元122年，详见本书第三章的论述。

第七节　先秦时期的史学发展状况与史学观念

一、先秦史学的发展状况

自西周末和春秋时官方开展有意识的记史活动之后，中国先秦史学就平稳而持续地向前发展。执行记史职能的史官处于何等地位，无疑是中国早期史学发展的重要因素。中国上古的史官（内史），自西周时兼并和取代了“作册”的职能和地位，就成了“史掌官书以赞治”的高文化层次、高地位之官员，可以用记史、讲史等方式参与政权的运行机制。《左传》襄公二十五年记载齐国之事：“大史书曰：‘崔杼弑其君。’崔子杀之。其弟嗣书而死者二人，其弟又书，乃舍之。南史氏闻大史尽死，执简以往。闻既书矣，

---

① 孔颖达. 春秋左传正义：卷五二：昭公二十七年. 影印文渊阁《四库全书》本. 台北：商务印书馆，1986.

乃还。”这条资料表明当时的史官可以是一个家族的世职，这里的“大史”应是内史班子里位高权重者的称谓，亦即“太史”，而“南史”则恐为“内史”之讹。古“内”字与“南”字同一声纽，读音相近，《左传》之成书，乃是从口耳相传转为书写，于是造成音近而讹。上古并无“南史”这一官职，所有先秦文献只此出现“南史”一例，历代解释者皆扞格不通。只因《左传》隶属于经部之书，无人敢疑其误，今当以理正之。

不过，春秋时各个诸侯国各自为政，记史、讲史职官的名称也呈现多样化，如楚国有“左史”倚相，就负责讲述史事向君主进谏，从而辅佐政务。史官既记录史事又参与政务，处于记史求真与政治需要之间矛盾的焦点，“崔杼弑其君”事件中齐国史官连续被杀，就是矛盾冲突的激烈表现。

《汉书・艺文志》记述上古有左史记言、右史记事的分别，《礼记・玉藻》则言天子“玄端而居，动则左史书之，言则右史书之”，左、右史职责与《汉书・艺文志》的记载相反。今日所见资料，可知西周史官未必有此明确的分工，金文中偶见“右史”之称，但未发现过“左史”。但春秋时期的史籍，确有记言为主与记事为主的不同，这可能是西周以来文化传统及其发展的结果。所谓“记言”是个广义的概念，编辑政府的公文也在记言的范围，公文是文字性的书面之言。这样，记言的重要性就较早地显现出来，记言史就远早于记事史。但记言的史籍，不可能毫无对背景的交代，所以记言之史总是融入记事。待编年记事的文籍出现，记言史已经有了较长期的发展，加之当时书写工具的限制，于是最早的记事史均十分简略。

时至战国，社会文化发生巨变，诸子各立学派，百家争鸣兴起，推动私家撰著意识的逐步强化，各类私家著述接踵而出，这是春秋时期没有的景象。儒家学派为孔子所创，在诸子百家中产生最早。孔子曾招收众多学生，薪火传承，战国时期必有数量可观的儒士，但在百家争鸣中凸现的“大儒”并不多见。战国时期的学术迹象显示：儒士逐渐进行了沉潜的工作，第一是将一些早期典籍文献予以改编或解释，纳入儒学的文化体系，《诗》《易》《书》《春秋》与周的礼制都是选定的目标。第二是编纂一些史籍，《左传》是其代表性创作。这些占据“元典”和占据历史的工作，到战国后期卓有成效，其中也汲取了其他学派的思想因素。按照儒家思想的价值观，必然会重视历史和史学，这是其显著优点，在“殷鉴”理念强烈的中国古代，占据历史就会最终拥有未来。但是战国时期的史学也不是统括在儒学的思想之内，例如在魏襄王时的魏国，则编纂了《竹书纪年》，其中叙述传说时代古事，与儒学体系之史籍多有冲突，特别是尧、舜、禹之间的禅让君位，在本书中并不存在，而是一系列的篡权夺位，说明当时在史学上，也存在不同学派的争鸣。《竹书纪年》随葬于墓，必为魏襄王所喜爱，可能就是在他支持下的官修之史，但未经流传即被埋入地下，这隐约体现了儒家在历史观念上的胜利。

总之，上述先秦史学发展的总体状况，表现出以下几点：(1) 史籍首先产生记言史，史籍产生并不等于史学的产生，因为史籍可以是史料性质的汇集。中国史学产生于官方按时间顺序记事体制的形成，即随后出现的编年体记事史，推考其时间，当在公元前841年共和行政之初。较晚才有《左传》这部内容完备，兼具记言、记事的历史著述。(2) 史官制度随史学的产生而渐次形成，这有利于史学的发展。但记史求真理念与政治势力的需要存在的矛盾，也集中交汇于史官之身。(3) 从官方为主体的编书记史，发展出私撰史籍，史学成就的重心，在战国时期即向私家转移。（4）在战国的百家争鸣中，儒家未在现实政治上取得胜利，但却取得文化基础和史学建设的巨大优势。

二、记史求真与以史赞治的观念

> 盖烈士殉名，壮夫重气，宁为兰摧玉折，不为瓦砾长存。若南、董之仗气直书，不避强御……虽周身之防有所不足，而遗芳余烈，人到于今称之。
>
> ——刘知幾《史通·直书》

中国上古记史求真的理念源远流长，甲骨卜辞对于预兆应验的负面结果，不能不如实记录，《周易》占筮，亦兼载吉凶事例。神秘文化因惶恐、虔诚的心理，而形成某种真实的吐露，有助于在具体事件上求真理念的滋长。西周初年“殷鉴”的历史思考，本来充满着忧患意识，着眼点在于国家兴亡、政治成败两方面的经验、教训，使必须认识真实历史的逻辑得到强化。中国史学步入稳定持续发展的西周末、春秋初时期，周王室经历了连续、反复的重大动荡。国人暴动、厉王奔彘、幽王昏乱、平王东迁等，都是无法掩盖的事实，即使“宣王中兴”得到一定的赞扬，但南征的重大失败与一些举措的失策，也尽人皆知。因此，西周的衰亡，致使对于大历史事件的隐瞒既不可能也没有必要，而且一系列的失败事件，正是必须汲取的鉴戒，与当前的政治成败息息相关。于是，多种文化因素促成史官建立起如实记史的神圣信念，甚至为此不惜付出生命。《左传》襄公二十五年记载齐国史官不顾接连被杀，坚持记录“崔杼弑其君”的事迹，成为古代史官不惧强权、奋笔直书的典范。曹刿向鲁国君主进谏时曾说：“君举必书，书而不法，后嗣何观?”① 如前所述，“君举必书”与讲究“书法”，显现了如实记史具备了制度化的机制。这个制度给予史官载笔的甚大史权，即史官可杀而史册不可更改。《左传》宣公二年记载晋史官董狐于史册书“赵盾弑其君”，据称后来孔子赞扬：“董狐，古之良史也，书法不隐。”这里提出史家的“良史”的标准为“书法不隐”，在古代史学的发展中有深远而积极的影响。

与记史求真理念共生的是以史赞治的观念。早在周灵王时，太子晋畅谈往古胜败兴衰，提出“若启先王之遗训，省其典图刑法，而观其废兴者，皆可知也。其兴者，必有夏、吕之功焉；其废者，必有共、鲧之败焉”②。这明确表达了应当从历史文献记载中寻求兴亡成败教训的观念，不仅是讲历史的鉴戒作用，而且突出了史学记载的作用。鲁庄公时，夏父展因事进谏称：“君作而顺则故之，逆则亦书其逆也。臣从有司，惧逆之书于后也，故不敢不告。”③ 这里的“顺”“逆”是指符合、不符合礼制，史官记事，无论“顺”“逆”皆如实记载，夏父展以历史记载流传后世来进谏，已试图利用历史记载对君主的行为予以制约。晋悼公时叔向“习于春秋”，被认为可以做到“日在君侧，以其善行，以其恶戒”④，表达了当时对史学作用的认识。楚昭王时，其史官倚相被视为

① 国语：卷四：鲁语上．上海：上海古籍出版社，1988：153.
② 国语：卷三：周语下．上海：上海古籍出版社，1988：108.
③ 同①156.
④ 国语：卷一三：晋语七．上海：上海古籍出版社，1988：445.

国宝，因为他“能道训典，以叙百物，以朝夕献善败于寡君，使寡君无忘先王之业”①。这已经是史官直接利用历史记载诱导与辅助君主的事例。不仅如此，据倚相的叙述，早在200多年前的卫国卫武公时，已经“史不失书，矇不失诵，以训御之”②。史册、史官和记史制度向君主提供鉴戒、行为制约和思想诱导，从而参与了深层的政治机制，其影响之一，就是使史学发展的动因深深地扎根于古代中国的社会肌体之内。

楚庄王时申叔时论教育太子方法说：

> 教之春秋，而为之耸善而抑恶焉，以戒劝其心；教之世，而为之昭明德而废幽昏焉，以休惧其动；教之诗，而为之导广显德，以耀明其志；教之礼，使知上下之则；教之乐，以疏其秽而镇其浮；教之令，使访物官；教之语，使明其德，而知先王之务用明德于民也；教之故志，使知废兴者而戒惧焉；教之训典，使知族类，行比义焉。③

“春秋”，即编年体记事之史书；“世”，乃谱牒文献；“令”，即先王之号令；“语”，指以往治国之嘉言善语；“故志”，是据史事而总结出的议论、格言；“训典”，即先帝之训导。这段言论，包含以史实施教育、教化，汲取鉴戒，从史学中学习政治经验、提高行政能力和学习治国政策的丰富的思想内容。记史求真与记史致用的观念，在古代中国共同促进了史学的持续发展，而二者的矛盾，也有时激化为严重的冲突，这些在先秦时期都已开其端倪。

总之，在西周“殷鉴”思想的基础上，春秋时期建立“君举必书”和讲究一定书法的记史制度；提出“良史”的概念，这涉及史家标准的评议，产生了史家的榜样性人物；形成以史借鉴、以史教化、以史辅政和从史学中学习治国之策的史学观念，奠定了中国古代史学运行发展的基本原则。这些原则表述得还相当简约，有如格言成语，而唯其简约，更便于传播，也提供了后世展开、发挥的空间。

三、孔子与《春秋》相联结的史学意义

孔子是先秦儒家学派的创始人，在中国历史上，孔子至少作出以下三项破天荒的创举：第一，孔子是进行大规模私家讲学活动的第一人，30岁左右即开始收徒讲学，传说他的学生有3 000人，学业优良者也有70余人，后来带领学生进行了长达14年的周游列国。这打破了官府垄断教育的局面，将之引向民间。第二，首次创立了具有相对独立意义的学派，即不依附某个特定政治势力，以思想、学问的传承为纽带的学术集体。第三，最早地将政治、社会及人际关系等社会问题升华为非参政人士探讨的学术问题，并且建立起系统的思想体系。

流传于世的《春秋》，是否经过孔子的修订？这是学术界尚未完全解决的问题，《孟子》的言论、《史记》的记载，以及古代几乎所有经、史、子、集著述中的说法，多认定孔子作《春秋》，但是记述孔子及其弟子言行的《论语》之中，却无片言只字

① 国语：卷一八：楚语下．上海：上海古籍出版社，1988：580.

② 国语：卷一七：楚语上．上海：上海古籍出版社，1988：551.

③ 同②528.

提到修《春秋》之事，因此近代以来，否定孔子曾经修订《春秋》的学者亦不在少数。

孔子是否修订过《春秋》，考清这个史实自然是十分重要的，但这里还存在另一层面的史实，即在整个中国古代，孔子修《春秋》乃是久被认定的，这个史实对于史学史研究来说，重要性并不亚于孔子是否真的修过《春秋》。孔子与《春秋》联结在一起所造成的影响，在中国古代史学发展上具有极其重大的意义。

孔子为春秋后期人，而对《春秋》大力推崇并且将之与孔子联系起来，则在战国时期。孟子首先旗帜鲜明地将《春秋》说成是孔子的有为之作："世衰道微，邪说暴行有作，臣弑其君者有之，子弑其父者有之。孔子惧，作《春秋》。《春秋》，天子之事也。是故孔子曰：知我者其惟《春秋》乎！罪我者其惟《春秋》乎！"他把孔子修《春秋》与大禹治水、周公平定天下等伟大功业相提并论："昔者禹抑洪水而天下平，周公兼夷狄驱猛兽而百姓宁，孔子成《春秋》而乱臣贼子惧。"① 这样，《春秋》所能起到的政治作用就不可估量，成为拨乱反正以安定天下秩序的法宝。按照孟子的说法，孔子将修订《春秋》视为"知我""罪我"的最重要的事业，是以一般平民身份而行"天子之事"。尊崇《春秋》，也就同时提高了史学的地位。

> 孟子开口出奇语，
> 《春秋》孔子两相系。
> 推崇儒宗功无比，
> 标榜微言与大义。
> 大儒哓哓成一子，
> 小儒默默撰书史。
> 原典文献纳箧中，
> 《左传》《国语》相继成。
> 百家哲人各立说，
> 唯有儒者得六经。

春秋时期人们强调史学的鉴戒作用、辅政作用、教育作用等等，而是否真的以史为鉴，占主动地位的乃是君主、统治者，而不是史学和史家，前引夏父展以历史记载会传于后世来向鲁君进谏，就没有被接受。至此，孟子鼓吹孔子鉴于"世衰道微"而作《春秋》、"孔子成《春秋》而乱臣贼子惧"，以孔子为榜样，倡导撰史者积极用世的主体意识，即史家以撰史方式主动干预世事。无论有权势的在位者是否愿意接受，史家都将使其历史记载流行当时、传扬后世，从而鼓舞善行，令恶人知惧。正是在这种信念之下，建立了历代优秀史家的崇高社会责任感，史学经世致用的精神，成为传统史学的准则。史学的终极宗旨，已不是关注具体当权者的接受与采纳，而是关注整个社会和未来。

如上所述，不管孔子是否真的修订过《春秋》，古人基本上公认《春秋》为孔子所作，随着孔子的不断圣化及《春秋》成为儒学的经典，其崇高的地位在古代主流思想意识中，已经不容怀疑和否认，这为中国古代史学的发展铺垫了日趋繁荣的坦途，其影响之大者有以下几点：

（1）《春秋》成为儒学的经典，在汉代公羊学派的鼓吹中，尊崇到吓人的程度，此后经学的《春秋》学长盛不衰。但《春秋》毕竟是记事的史书，推重《春秋》其实即推重史学，《春秋》地位的高涨带动史学地位的提高。《春秋》经学不能完全脱离史学，经

---

① 孟子：滕文公下//朱熹. 四书章句集注：孟子集注：卷六. 上海：上海古籍出版社，2001：320.

与史之间密切地联系在一起[①]。《春秋》经学的论断，有相当大的部分可以纳入史学理论的范围。因此，是孔子联结《春秋》而促成史学的重要地位，带动了史学理论的探讨。

（2）认定孔子修《春秋》，是在根本原则上认可私家修订国史，这是对私家史学最大程度的承认。历史上隋朝等朝代曾短暂地禁止私修国史，但这仅限于当代史，而且根本难以真正施行。孔子这位至圣先师的"修史"行为，令历代君主找不到禁止私家史学的法理。于是私家撰史不断，史家无不推重孔子《春秋》，悬为楷模，历代以"春秋"为史著书名者即不可胜计。《春秋》在政治文化中的独特地位，促成了官方史学与私家史学两条相联系的发展轨道，而这史学的双轨，是古代中国史学持续繁荣的最重要条件。

（3）据说孔子修《春秋》是对历史人物予以华衮斧钺之褒贬。圣人的榜样使后世史家具备这样的信念：不仅撰史，而且论史，不仅论史，而且联系时事。在绝大多数朝代，官方也只能承认或默认史家有撰史、论史的权利，这应当说是得自孔子与《春秋》精神的无形庇护。

《春秋》之义对于中国古代的史学，也有消极的影响，它规定了史学思想的主流方向，纳入封建伦理的规范而难以突破。然而若考究中国古代史学发达兴旺的原因，不能不强调孔子与《春秋》联结在一起所起到的特殊作用。

四、战国时期史学观念上的新拓展

战国时期孟子等儒家学者对《春秋》的推重，将以史借鉴、以史教化、以史辅政的观念深化为史家和史学干预时事的主体意识，从理论和精神上将史学置于高屋建瓴的主动地位。除了这种在《春秋》问题上深化了的史学思想之外，史学观念还取得了多方位的拓展，主要体现于以下几个方面：

第一，战国时期的百家争鸣使学者、士人的撰著意识空前强化，产生了大量的典籍。私撰史著如《国语》《左传》的产生，表明历史著述的水平达到一个新的阶段，《尚书》也在战国期间重新整编。楚国铎椒所撰《铎氏微》、赵国虞卿撰《虞氏春秋》，说明撰述史籍已经采用较多种类的体裁，撰史方法有所增加。总之，多种类史籍的出现，折射出史学观念的多样化拓展。

第二，孟子在评述《春秋》中概括了史学在内容、形式和观点上的内在结构，他说："晋之《乘》、楚之《梼杌》、鲁之《春秋》，一也。其事则齐桓、晋文，其文则史。孔子曰：'其义则丘窃取之矣。'"[②] 这为后世撰述与评论史书提供了一个方法的总则，即必须以史实为基础，运用生动的文笔，尤其要具备深刻的历史见解，三者相结合才是完整的史学著述。

第三，形成了对史事考信征实的观念。孟子觉得历史记载不完全可靠，他说："尽信《书》则不如无《书》，吾于《武成》，取二三策而已矣。仁人无敌于天下，以至仁伐

---

① 与《春秋》起到相同作用的还有《尚书》，但不如《春秋》突出，此不备论。

② 孟子：离娄下//朱熹．四书章句集注：孟子集注：卷八．上海：上海古籍出版社，2001：348.

至不仁，而何其血之流杵也？”[①] 这里对具体事例的分析有误，但“尽信《书》则不如无《书》”的原则是正确的。法家韩非认为，对历史记载、历史传说应当予以“参验”，“无参验而必之者，愚也；弗能必而据之者，诬也”[②]。这种不经“参验”就不能认定真实，未验证其真实就不能引作根据的思想，很有核定史料的理论价值。

第四，形成了以史学提高自身能力和素质的观念。孔子曾称：“我非生而知之者，好古敏以求之者也。”[③] 非但孔子，上文叙述到的晋叔向、楚倚相，也是由习史而著称于时。至战国成书的《周易·大畜·象传》，即提出“君子多识前言往行，以畜其德”的命题，言简意赅，深刻精辟。这里的“德”，包括见识、能力、品行等在内的综合素质，“多识前言往行”就意味着学习历史，“以畜其德”是从而提高自身素质。

第五，出现会通古今的史学观念。将历史引为鉴戒，一定会导致列举历史事例、评议时事和预测后果的思考。战国诸子著述如《墨子》《孟子》《荀子》《管子》等也无不引古论今，《韩非子·五蠹》将历史分为上古、中古、近古，得出历史进化观点，邹衍则宏观地用“五德终始”描述历史的演变程序，凡此皆对历史事物作出会通古今的思考。而在史学理论和原则上，《礼记·经解》借孔子之语称“疏通知远，《书》教也”，《周易·系辞下》提出“彰往而察来”的命题。这种格言、成语式的精辟语句，极便于传诵，为史学的会通古今观念提供莫大的可以发挥的空间，启迪了后世史家。

战国后期，荀子有比较明确的会通古今的观念，他说：“君子审后王之道，而论于百王之前，若端拜而议。”[④] “欲观千岁，则数今日；欲知亿万，则审一二；欲知上世，则审周道”，从而得出“以近知远，以一知万，以微知明”[⑤] 的结论。这里的会通古今，是以强调知今为重点的。《吕氏春秋·长见》篇进一步发挥了这种观念，认为“今之于古也，犹古之于后世也；今之于后世，亦犹今之于古也。故审知今则可知古，知古则可知后，古今前后一也。故圣人上知千岁，下知千岁也”，将会通古、今、后世的认识，称为“长见”，即长远的见识。《察今》篇又言：“先王之所以为法者，人也，而己亦人也，故察己则可以知人，察今则可以知古，古今一也，人与我同耳。有道之士，贵以近知远，以今知古，以益所见，知所不见。”可惜后代在发扬先秦史学会通古今观念过程中，仅关注“彰往而察来”的认识方向，未能光大“察今则可以知古”的历史认识论。尽管如此，“以今知古”的思想仍在先秦史学观念中闪烁着奇光异彩。

第六，史事的“记今”与“上溯”之分途以及神话的人化。中国史学在共和行政的公元前841年产生之后，其体制是按时间顺序记录当时史事，基本遵循了如实书写的原则。史学意识一旦确立，人们会要求了解比当时记述更为远古的状况，但除了神话传说之外却没有其他素材。于是，史学的求真原则，异化成了以己意删改神话传说素材，造成貌似真人真事的历史内容。原来传说的神祇，被退去神格，成为建功立业的远古帝王，这叫神话的人化。这种做法很早形成，到战国时期进入高潮。可见中国史学的发

---

① 孟子：尽心下//朱熹．四书章句集注：孟子集注：卷一四．上海：上海古籍出版社，2001：433.
② 韩非子：显学//王先慎．韩非子集解：卷一九．北京：中华书局，1998：457.
③ 论语：述而//朱熹．四书章句集注：论语集注：卷四．上海：上海古籍出版社，2001：113.
④ 荀子：不苟//王先谦．荀子集解：卷二．北京：中华书局，1988：48.
⑤ 荀子：非相//王先谦．荀子集解：卷三．北京：中华书局，1988：81.

展，出现了记录当下史事求真、追溯远古史事修饰似真的分途景象，这个过程延续到东汉以后，古史系统渐渐定型。

例如关于禹的传说，本来是“洪水芒芒，禹敷下土方。外大国是疆，幅陨既长”①，意思是在一片洪水的世界，禹投下“土方”制造出陆地，提供了广大的幅员。这里禹是一个创世之神，但既然他面对的是“洪水芒芒”，饱受水灾的人们在传说中就将之改造为治理洪水的英雄。但如果是人不是神，根本无力治理洪水，于是又传说大禹治水乃得力于“应龙”这个怪物，它用大尾巴刷开水流通道。后来，去掉“应龙”这个怪物，于是演化为大禹治水是采取疏通河道的方法。此中神的人化之线索、人化进程中修改情节的迹象，都是十分显然的。战国时期的史籍《左传》《竹书纪年》《尚书·尧典》，汉代司马迁《史记》中部分远古记事，以及西汉末刘歆《世经》所构建的远古帝王统系等等，都充满这类内容。从先秦至于两汉，中国远古历史体系的构建，主要来源于神的人化、远古传说的修饰与移植。而且越是古老的追溯就越是后出，正如同顾颉刚所言，那乃是“层累地造成的中国古史”。

综上所述，先秦时期的史学观念，是中国古代史学蓬勃发展的渊源。由“殷鉴”的思索起始，继而产生一系列基本原则性质的史学观念，随之又有孔子联结了《春秋》，为私家史学辟开路径，促使史学观念的进一步深化。这一步步的跨越，为古代史学的兴旺发达准备了势不可遏的社会条件。源远流长的中国传统史学，唯其源头深邃丰沛，才成其日后的烟波浩瀚、奔流不废。但在当时社会认识水平的制约下，人们对历史史事的上溯性求知，无可避免地造成神话的“人化”，渐次形成包含复杂失实成分的上古史记述体系，影响久远，留下了史学发展之辨伪求真的沉重课题。

思考题

1. “殷鉴”观念的历史文化意义是什么？
2. 根据授课内容勾画出中国上古史学产生的大致脉络。
3. 如何认识孔子与《春秋》之间的关系？
4. 用具体史料说明春秋时期记史求真与关于史学功能的观念。
5. 中国春秋时期与战国时期的史学有何异同之处？

---

① 诗经：商颂：长发//朱熹．诗集传．上海：上海古籍出版社，1980：245．

第三章

中国古代传统史学基础的奠定

中国古代史学在先秦时期产生与初步发展之后，遭受秦朝极端文化专制主义的摧残，陷入十分衰微的状态。西汉建立之后，史学活动渐渐恢复，发展历程经过了大的迂回，完成了方法的更新、创建，以及史学宗旨、史学理念上曲折的复归，到东汉时期实现了中国古代传统史学基础的奠定。两汉时期的史学发展状况，决定了中国古代史学整体的基本特色和基本途径。

第一节　秦代史学意识的不绝如缕

秦并六国，中国出现了一个统一的中央集权的政治局面。秦朝的统治虽然不长，但在历史上的影响甚大，此后，统一的、中央集权的国家制度，成为中国这块土地上的主导趋势（“主导”是说思想上、政治上的主流倾向，无论有多少时间段的分裂政权，价值取向还是导向统一于中央集权）。

战国末年，秦国的军事、政治、经济都已处于强势，同时，秦统治者若要建立统一全国的巩固政权，除了作军事、经济与政治的准备之外，也应当有适合于统一政权的思想上的建树。但看到这种需要的，不是秦王嬴政，而是吕不韦，吕不韦召集门客纂辑《吕氏春秋》一书，探讨治国要务，力图改造法家思想专重武力、轻蔑学术、实行赤裸裸暴力专制的偏颇观点，给秦朝政权建设准备一个指导性的思想原则。《吕氏春秋》的思想符合秦国的根本政治利益，《执一》篇认为“王者执一，而为万物正。军必有将，所以一之也；国必有君，所以一之也；天下必有天子，所以一之也……一则治，两则乱”，将吞并天下作为最高宗旨。《察今》主张以“义兵”实施攻战，认为“治国无法则乱，守法而弗变则悖”，这是法家的政治思想，不过以“义兵”的口号代替了“强兵”政策。《上德》又反对严罚厚赏，提出“为天下及国，莫如以德，莫如行义”。还吸收道家、阴阳家“法自然”的思想，打出政治上“无为”旗号，对墨子的节俭、名家的思辨，都有所择取，杂而不滥，意欲综合诸子百家思想的积极因素，为政权建设、文化建设服务。可惜因政治斗争与其他复杂原因，吕氏失败致死，秦朝实行焚书坑儒的极端文化专制。《吕氏春秋》虽撰成于秦统一前的战国末年，但写作宗旨则着眼于天下一统之后的政权建设，其废弃不用、未得效益者也是统一后的秦朝，故而我们在此略作介绍。

> 不韦固小人，而是书较诸子之言，独为醇正，大抵以儒为主，而参以道家、墨家……其持论，颇为不苟论者。鄙其为人，因不慎重其书，非公论也。
>
> ——《四库全书总目·子部·吕氏春秋》

《吕氏春秋》的编撰者把握到战国时期学术争鸣的总体趋势，有选择地融汇各学派的观点，试图建设一个有特色的文化思想构架。其书设置的结构分为十二纪、八览、六论。“十二纪”的名称以十二月象征古往今来的时间，“八览”隐八方之意，“六论”意欲论“六合”之内万事，宗旨是“以为备天地万物古今之事”[1]。“十二纪”实际是抄录自《月令》一书而略有删节、分合，主旨是“上揆之天，下验之地，中审之人，若此，则是非、可不可，无所遁矣”[2]，将国家政务、人世行为与四时十二月的变化相比附，有天人感应、阴阳消长的思想。“六论”最后《上农》《任地》《辩土》《审时》等篇论述农业生产问题，当为依据先秦农书编纂。除“十二纪”中某些篇目、上述几篇农书以及“八览”中的《察今》篇之外，《吕氏春秋》其余各篇，皆程度不同地引证历史事例、历史人物言行来论述政治主张。如“十二纪”中的《简选》篇，通过商汤、周武、齐桓公、晋文公、吴王阖闾等战争获胜而称王、称霸的事例，论述军事上选用精良武器与选任将士的重要性，《爱士》篇讲述秦穆公和赵简子爱人、好士而得到重大回报的故事，论述了人主应具备这种政治策略。“八览”中的《慎大》篇论述“贤主于安思危、于达思穷、于得思丧”的道理，列举商汤灭夏、武王伐纣的谨慎、忧惧以及赵襄子一日破二城之际的戒惧之言，并且以孔子力大而不宣扬其力、墨子善于攻守而不显于兵法为例，还引用了《周书》《周易》的有关格言，说明君主必须保持忧患意识。而《悔过》通篇详细讲述秦穆公不听劝阻，起兵进攻郑国，在殽遭晋国伏击，造成极大悔恨的史事，实际是关于秦国历史教训的述史之文。

《吕氏春秋》各篇讲述历史人物言行，以尧、舜、禹、商汤、周文王、周武王等为

---

① 史记：卷八五：吕不韦列传. 北京：中华书局，1974：2510.

② 吕氏春秋：卷一二：序意. 上海：上海古籍出版社，1986：665.

圣王、贤明君主，常常赞扬“古先圣王”的政治举措；伊尹、姜太公、周公、管仲、孔子、墨子等为正面的模范人物；夏桀、商纣、周幽王、晋灵公、齐愍王等为暴君庸主。另涉及许多历史人物，评论不一，全书充满历史性内容。尤其是“六论”中有连续10余篇即《贵直》《直谏》《知化》《过理》《雍塞》《原乱》《不苟》《赞能》《自知》《当赏》等，乃通篇皆为引述历史事实而论证政治主张。例如《过理》篇，依次叙述商纣王、晋灵公、齐愍王、宋康王的荒唐行为，展示“亡国之主”过度骄狂、享乐甚至以害人为乐的样态。《赞能》篇列举舜用皋陶、汤任伊尹、周得吕望而兴国的事例，特别详细叙述鲍叔向齐桓公力荐管仲，沈尹茎向楚庄王力荐孙叔敖的经过与齐、楚因而成就霸业的史实，提出“功无大乎进贤”的见解。似此诸篇，均属围绕一个中心观点的史论，是以史为鉴理念的体现。

据说《吕氏春秋》撰成，吕不韦将之展示于众，宣布“有能增损一字者，予千金”①，这当然只是扩大其影响的手段。但此书的确说理通透，文笔平实精练，例证丰厚，逻辑严谨，为战国时期政论、史论之佼佼者，已然超越此前大多数诸子著述。

《吕氏春秋》编者之中，熟于史事和精于史学者当不在少数，故书中才会充满丰富的历史内容。吕不韦败亡，其门客星散，这些人具有的史学意识自应仍然存在于当时社会，只是今天已不能得知民间有无历史撰述产生。1975年年底，在湖北云梦睡虎地秦墓出土了1 100余枚秦代竹简，其中有53枚分上下两栏逐年记事，起秦昭王元年（前306），至秦始皇三十年（前217），内容为国之大事及墓主（名“喜”）的经历，应是墓主私家所为，被今人命名为“编年纪”。“编年纪”的记述极其简略，一年记事一般仅仅一条，并无月份、日期，一事仅用三五字者较为普遍，整体看来，尚未达到春秋时期的记史水平，且结束于秦灭六国之年，即刚刚跨入秦代，因此史学意义不大。但既然是私家所记述，表明社会上私人记录史事的意识是存在的。

秦始皇焚书坑儒，“史官非秦记皆烧之”②，说明秦朝官方仍有“秦记”这种历史记载。司马迁慨叹曰：“秦既得意，烧天下《诗》《书》，诸侯史记尤甚，为其有所刺讥也。《诗》《书》所以复见者，多藏人家，而史记独藏周室，以故灭。惜哉！惜哉！独有秦记，又不载日月，其文略不具。”③ 从司马迁之言看来，或许秦朝官方的“秦记”也类似于“编年纪”那样，仅简略地按年记事而无月、日。秦始皇好大喜功，并非不想扬名于世，但他不懂得利用史学的载笔功能，而只是随处刻石勒铭，《史记·秦始皇本纪》记载了他在多处山石上的刻辞，如琅琊刻石曰：“……人迹所至，无不臣者。功盖五帝，泽及牛马。莫不受德，各安其宇。”④ 皆属歌功颂德之词，仅留下某种史料，无关乎史学宗旨。

《史记·张丞相列传》记载张苍“秦时为御史，主柱下方书”。“方书”是将君主的某些命令写在方木板上，以便颁布、传达。《周礼·春官宗伯·内史》称内史的职责之一是“王制禄，则赞为之，以方出之”，就是根据方木板上的记录，宣布君王的封赏。

---

① 史记：卷八五：吕不韦列传．北京：中华书局，1974：2510.
② 史记：卷六：秦始皇本纪．北京：中华书局，1974：255.
③ 史记：卷一五：六国年表．北京：中华书局，1974：686.
④ 同②245.

如果“方书”妥善保存，自然成为历史档案资料，但仍与有意识的系统性历史记载相距颇远。而秦朝对于“方书”的内容，是颁布之后即行刮去，还是存放保留，也已无法考订。

总之，根据上述散存资料，秦朝政权对于史学而言，有一个短暂的破坏时期，但整个秦代，史学意识则处于不绝如缕的状态，特别是《吕氏春秋》仍然流传于世，正如司马迁《太史公自序》所言：“不韦迁蜀，世传《吕览》。”《吕览》即指《吕氏春秋》，此书未因吕不韦被贬斥而消失，反而更加在世间流传。对于史学意识得以在秦代延续，《吕氏春秋》有其历史性功绩。

第二节　西汉前期文化政策与史学的复兴

西汉建立之后，逐步地走上恢复学术文化的途径。刘邦起初也未认识到文化、学术事业的重要，但由于陆贾等人的进谏，开始讲求文治、礼仪，“乃谓陆生曰：‘试为我著秦所以失天下，吾所以得之者何，及古成败之国。’”① 陆贾于是撰《新语》12 篇，这是总结政权兴亡历史经验的政论之文，绝大多数篇目均引述历史上兴亡成败的经验教训，解说治国的政治方针。《新语·术事》称：“善言古者，合之于今；能述远者，考之于近。故说事者上陈五帝之功，而思之于身；下列桀纣之败，而戒之于己。”基本遵从了先秦的重视历史功用的价值观，坚持以史取鉴、以史辅政的理念，为汉代史学的恢复和发展准备了良好的开端。由陆贾《新语》以史论政肇始，汉文帝时贾谊的《过秦论》，汉景帝时晁错的《举贤良对策》等，皆以历史的经验教训为依据来论述政治主张，上承先秦史论遗绪，下开政论与史论纽结一起之风，发展成为整个中国古代政治文化的一个传统。

陆贾还撰有《楚汉春秋》，其书久佚，但内容可从一些史料记述中予以考察。《汉书》卷六二《司马迁传》：“汉兴，伐秦定天下，有《楚汉春秋》。”《后汉书》卷四〇上《班彪传》：“汉兴，定天下，太中大夫陆贾记录时功，作《楚汉春秋》九篇。”《文心雕龙·史传》：“汉灭嬴、项，武功积年，陆贾稽古，作《楚汉春秋》。”《隋书·经籍志二》：“陆贾作《楚汉春秋》，以述诛除秦、项之事。”这些资料，均反映出《楚汉春秋》是记述秦末到汉朝建立的历史，包括陈胜起义和各地起兵推翻秦朝统治，以及楚汉之间的争战过程，乃秦朝灭亡史与汉朝的开国史，后来虽然佚失，但主要记史内容应已被司马迁的《史记》所采用，其贡献不可泯灭。陆贾不仅是西汉最早的儒学政治家之一，而且是西汉最早的有卓著成就的史家。

然而汉初的社会文化政策尚不明朗，汉高祖虽总体上宣布废除秦朝暴政，但直至汉惠帝四年（前 191）才明确废除秦朝禁止民间藏书的“挟书之律”，从此，诸子之学可以公开传习，学术在民间得以逐渐恢复和发展，特别是在齐、鲁地区，本来自先秦即具

---

① 史记：卷九七：郦生陆贾列传．北京：中华书局，1974：2699.

有较为深厚的儒学基础，儒学经典如《诗》《书》的讲授也就悄然兴起。而汉初统治者，却长期崇尚“黄老之学”，这是道家思想的一个流派，萌生于战国时期，汲取了阴阳家和儒学的某些因素，汉初渐成上层的主流思想。曾经主持政务的曹参、陈平，以及汉文帝、文帝皇后窦氏等，皆偏好黄老，其政治理念的突出特点是主张清静无为，关键是不出世、不隐退，以“无为”求进取。这比较适应当时政治、经济都需要休息、调整，借以恢复元气的客观形势。试图对黄老之学予以理论阐释的著述，是宗室淮南王刘安组织宾客编纂的《淮南子》一书，但随着刘安在政治斗争中败亡，《淮南子》没有发挥大的政治作用。

汉初上层统治者虽多崇尚黄老之学，但并未主动打压其他学派，儒家、法家等学说仍然发挥着政治和文化的影响，尤其是儒学学说，越来越显示出某些优势。第一，儒学讲求礼制，即主张建立身份等级制的社会秩序，这符合任何当权派的私利。早在刘邦建国之初，儒士叔孙通即主持制定一套朝廷仪礼，加强了皇帝至高至尊的身份地位，这是主张“效法自然”“无为而治”的道家无能为力的。第二，儒家自战国时就是最重视历史的学派，不仅树立和鼓吹黄帝、尧、舜、禹、周文王等一系列的圣王形象，推出皋陶、伊尹、周公等人臣的模范，而且把比较原初的典籍如《诗》《书》《周易》《春秋》统统纳入自己的学说体系，显得具备丰厚的底蕴，几乎独占了历史领域的文化财富，便于教学、便于宣传，影响力深远。第三，儒学主张忠、孝、仁、义的理念，将政治观念与道德价值合一，在忠于君主的思想前提下，有助于缓和利益冲突、调和社会矛盾，对巩固王朝统治极为有利，这是虽站在君主立场却鼓吹法、术、势的法家所不可比拟的。因此，即使偏重黄老之学的汉朝皇帝，也不会压制儒学，汉文帝时即派晁错去访问伏生，抄录《尚书》，景帝时又有《古文尚书》出世。各地对《诗》学、《易》学、《春秋》学等的讲授也持续不断，儒学的力量在稳步地积累和扩大。

西汉经过几代的建设，到汉武帝时期国势逐渐增强。以汉武帝为代表的统治阶层，再也不愿恪守“清静”“无为”的政治信条，政治思想的转变势在必行。恰在此时，董仲舒以儒家学说为基础，以《春秋》公羊学为主线，吸取阴阳家的自然观与历史观，建立了恢宏博大、极有历史底蕴的思想体系。在“天人合一”的预设理念之下，以人间事务比附神秘的天道，从神学上论证君权天授、帝王专制合理，主张政权大一统：“《春秋》大一统者，天地之常经，古今之通谊也”[①]，鼓吹天人感应，是董仲舒理论的主要观点，其主旨甚合汉武帝心意。经董仲舒建议和汉武帝认可，为了统一政治指导思想，儒学被定于一尊，其他学说边缘化，这就是文化思想史上具有转折意义的“罢黜百家、独尊儒术”。在汉代，董仲舒倡导的《春秋》公羊学成为第一显学，天人关系的探讨也成为社会热点。自汉朝始，整个中国古代，儒学都成为占有统治地位的思想，虽然其理论内容因时有所调整和发展，但儒学具有重视历史的品格，对史学的发展是有利的。

---

① 汉书：卷五六：董仲舒传. 北京：中华书局，1962：2523.

第三节　司马迁与《史记》

汉武帝时期，司马迁撰成《史记》一书，这是中国文化史上的大事，更是中国史学史上的大事。《史记》是中国第一部体大思精、内容丰富的通史著作，自西汉时期面世之后，立即引起广泛的社会关注，接续者、评论者、注释者历代不绝，对史学、文学的发展影响巨大。而且很早就传布到朝鲜半岛、日本等东亚各地，同样备受推重。日本自7世纪起，研究《史记》者即络绎不绝，天皇宫廷将《史记》作为研读、进讲的经史著述之一。近代以来，《史记》被选译为西文，传布到欧美各国，影响日益扩大，成为世界性的文化财富。在中国近现代，研究此书的论文、论著已经不计其数，是中国史学史内最热门的研究对象之一。

一、司马迁的生平事迹

司马迁字子长，左冯翊夏阳（今陕西韩城南）人，其生卒之年没有确切的记载。司马迁自撰《史记·太史公自序》追述家世、叙次个人经历，却未说明自己的生年。汉代关注司马迁及其《史记》者多人，亦未明言其卒年。历史人物生卒年记载不详者甚多，是古代缺乏这种准确时间意识的表现。

关于司马迁生年的考订，至今并存两种见解：第一，唐张守节《史记正义》在《太史公自序》的“太初元年”文下注释“迁年四十二岁”，由此推算，则司马迁生于汉景帝中元五年，即公元前145年。持此说的代表者为王国维。第二，唐司马贞《史记索隐》于《太史公自序》“（司马谈）卒三岁而迁为太史令”句下注引《博物志》“年二十八”，司马谈卒于元封元年，即公元前110年，以此逆推，则司马迁生于汉武帝建元六年，即公元前135年。持此说的代表人是郭沫若。分别根据两种资料的考订，生年恰好相差10年。对此学者各持己见，看法尚未一致。至于司马迁卒年，更无确据可以详考，东汉卫宏《汉旧仪注》佚文有“司马迁作《景帝本纪》，极言其短及武帝过。武帝怒而削去之，后坐举李陵，李陵降匈奴，故下迁蚕室。有怨言，下狱死”的说法，仅独家异说，且叙事有误，难以据信。在司马迁的生卒问题上，人们用了许多查阅、考证的功夫，任何一点点新资料都是极宝贵的。例如在日本所藏“南化本”《史记》中，司马贞《索隐》之文是“年三十八”，则与《史记正义》注引的资料不再矛盾，这就成了第一说的一个重要证据①。

司马迁之父司马谈，汉武帝时任太史令，学问渊博，特别精于天文、历法、黄老之学，且有志撰史。司马迁从少年得到很好的教育，10岁就诵习先秦古文典籍，曾经向当时著名学者孔安国请教，后又从大儒董仲舒学习《春秋》公羊学，融汇经史，博览百家，奠定深厚的学识基础。20岁开始游历全国各地、名山大川，行踪遍及长江中下游

---

① 水泽利忠．史记会注考证校补//施丁．司马迁行年新考．西安：陕西人民教育出版社，1995：3.

地区，西南地区四川、云南一带，以及山东、河南、北方边塞等地。游历中访知许多历史人物的传说故事，观看历史古迹，了解民俗，考察山河地理，从而大开眼界，增长阅历，获得大量书籍内所没有的知识，更重要的是有利于培养胸襟博大、视野宏阔的治学气度。

汉武帝元封元年（前110），实行泰山封禅大典，这是卓有功业的帝王最隆重的祭天典礼，司马谈身为太史令却未获从行，自认为是一大耻辱，忧愤致病。临终前遗言令司马迁撰成史著，"扬名于后世，以显父母"①。司马谈卒后三年，司马迁任太史令，借职务之便，利用朝廷图书、文献加紧进行资料搜集与史书撰写工作。在此期间，司马迁参与朝廷组织的"太初历"的制定，这部历法在历算方法上取得显著的进步，纠正以往历法的偏差，在古代科技与政治上均有重大意义，颁布之年，汉武帝改元为太初元年，即公元前104年。

> 太史公司马谈世为太史……谈死，子迁以世官复为太史公，位在丞相下，天下上计，先上太史公，副上丞相。太史公序事，如古《春秋》法。
>
> ——《西京杂记》卷六

汉武帝天汉三年（前98），朝廷得知名将李陵在军队陷于绝地、被围无援、伤亡殆尽的情况下投降匈奴，司马迁因汉武帝的询问，而为李陵的为人作了辩护，认为李陵"彼之不死，宜欲得当以报汉也"②。不想却引起皇帝怀疑，处以腐刑。这种刑罚的污辱性大于肉体伤害，如果无力以金钱赎减，自杀就是避免侮辱的唯一方法。但司马迁为了将撰史工作完成，避死求生，在《报任安书》中道出了这种心迹：

> 所以隐忍苟活，函粪土之中而不辞者，恨私心有所不尽，鄙没世而文采不表于后也……仆窃不逊，近自托于无能之辞，网罗天下放失旧闻，考之行事，稽其成败兴坏之理，凡百三十篇，亦欲以究天人之际，通古今之变，成一家之言。草创未就，适会此祸，惜其不成，是以就极刑而无愠色。③

正是这种将撰述史书作为人生最高价值、因而忍辱负重的选择，终于撰成中国第一部气势恢宏、内容丰富的纪传体通史，"藏之名山，副在京师，俟后世圣人君子"④。至汉宣帝时，由司马迁外孙杨恽公布，时称《太史公书》，至东汉后期始以《史记》之名行世。

二、《史记》的编纂形式与内容

《史记》全书130卷，52万多字，为首创性的纪传体通史著作。《史记》的撰成，无论是编纂形式、记述范围、内容涵括，还是思想蕴义方面，都是中国古代史学实现跨越性发展、进入一个新境界的标志。

---

① 史记：卷一三〇：太史公自序．北京：中华书局，1974：3295.

② 汉书：卷五四：李广苏建传．北京：中华书局，1962：2456.

③ 汉书：卷六二：司马迁传．北京：中华书局，1962：2733-2735.

④ 同①3320.

1. 纪传史体裁的首创

《史记》的纪传体撰述方式，是此前从未有过的史书体裁，属于司马迁所首创。《史记》的结构是本纪 12 卷、表 10 卷、书 8 卷、世家 30 卷、列传 70 卷。“本纪”记载历代各个时期具有最大权势的统治者的政治事迹，当然也就反映当时的国家政务大事。“表”则分别排列某一专门史实事项，布列名目、总括全貌，收一目了然之效，有世表、年表、月表，时间细致程度不同。“书”即记载国家典章制度以及与典制密切关联的历史事实。“世家”取“世代传家”之意，记述那些世代承袭的分封诸国，因功德取得世袭爵位的重要人物，长久享受公众祭祀的特殊人物，等等，但这几类历史人物甚多，当有择取。《史记》内列入“世家”者，带有司马迁对其历史影响或历史地位的肯定。“列传”记载“立功名于天下”的历史人物，以及各个阶层、各种类别的突出人物，而域外政权、其他民族也置于列传内记述。各篇尚有“太史公曰”（三篇无，但也有一篇两个者），或发表评论，或订补史事，或抒发感慨。这种“五体”结构，各个组成部分之间相互配合、有机联系，形成统一整体，是司马迁在把握历史全貌的前提下，通过对史实逻辑归纳、逐层分类而设计的。

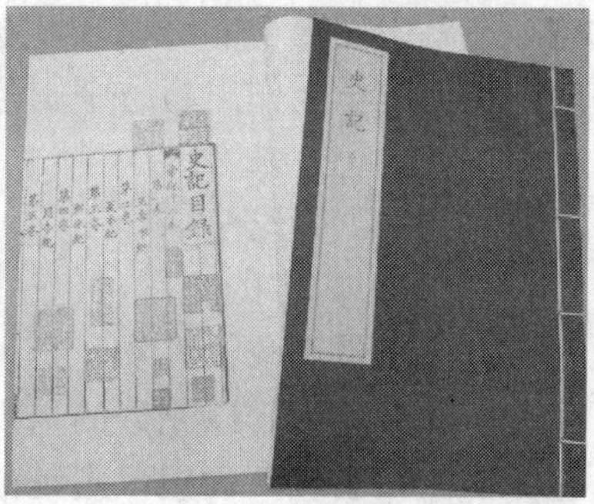

图 3-1　《史记》

以往曾经出现司马迁《史记》之体裁来源的种种说法，认为司马迁本自某些先秦古籍。司马迁撰史，当然一定参考以往各种史籍，但在史书体裁上，至多吸取一些原有的词语予以利用，如“本纪”之命名可能得到先秦《禹本纪》的启示，而像《史记》这样分类记史的结构，各组成部分紧密配合、有机联结的史籍，司马迁之前则从来未曾有过。有人说《史记》体例源自《尚书》，有人说《史记》编纂模仿《世本》，均属谬论。《尚书》乃公文、档案文献的汇编，根本不具有内在结构和体例。《世本》编辑成书，乃西汉后期刘向整理图书时所为，远在司马迁之后。刘向汇集零散文献编辑《世本》之际，为各篇命名倒是参照了《史记》的名目。至于清人秦嘉谟等所辑《世本》，其篇名更是专仿《史记》之篇目，却反过来厚诬《史记》仿照了《世本》，荒唐颠倒，莫此为甚。

司马迁之前的编年体史籍，尽管具有许多优点，但从历史编纂的思维特征而言，乃是依从历史进程的自然状态来记述历史。纪传体则不然，其思维方式高出一筹，是建立在整体把握、逻辑归类的基础之上，冲破历史进程的自然状态，但在“本纪”中又保留了历史发展的时间线索，史事叙述仍具备明晰的时间顺序。纪传体史书，具备可能容纳多种多样人物和内容的优点，具备根据史实的需要调整结构、增设专项内容的机动性能，是中国古代史学史上伟大的、独特的创造。

2. 宏博的时空视野

《史记》记史的时间范围，上起传说的黄帝，下至于司马迁自己生活的当代即汉武帝时期，跨度达三千多年，真正为贯古通今之作。撰写这样的通史，是司马迁对于文化史、思想史经认真考察后的选择。《史记·十二诸侯年表》对《春秋》《左氏春秋》《铎氏微》《虞氏春秋》等史籍予以系统分析，又考察战国时期诸子“各往往捃摭《春秋》

之文以著书”，而其状况却是“儒者断其义，驰说者骋其辞，不务综其始终”于是立意撰写一部“综其始终”“通古今之变”的通史，弥补此前所有著述之共同的缺失。司马谈临终遗嘱司马迁曰：“孔子修旧起废，论《诗》《书》，作《春秋》，则学者至今则之。自获麟以来，四百有余岁，而诸侯相兼，史记放绝。今汉兴，海内一统，明主、贤君、忠臣、死义之士，余为太史而弗论载，废天下之史文，余甚惧焉！汝其念哉！”① 意思很明显：司马谈主要是要求撰写汉朝的历史，顶多也是要接续《春秋》之后的历史。十分尊重孔子和《春秋》的司马迁，能够决意迈过《春秋》的记述范围编纂通史，上起黄帝，下及当朝，其视野与魄力超越了千年之后的司马光。

《史记》记史的空间范围也异常广大，凡所能了解的地区，都纳入记载的范围，而决不限于汉朝统治的地域，可以说是当时条件下的“世界史”。例如，《西南夷列传》记述少数民族地区，《匈奴列传》记述了当时的敌对民族政权，《朝鲜列传》《大宛列传》记载范围均属域外。《大宛列传》的记述，多为张骞通西域后才了解的内容，可见司马迁极其关注地域方面的新知识，而尽力写入史著。《史记》为周边民族和域外政权设立专传详细记述，为中国古代史学树立了光辉的典范，此后的“正史”大多必具此类内容，造就中国史学能够比较积极地面对新的地理知识、面对域外政权的优良传统；同时，也在史学上作出超越中国范围的文化贡献，至今许多周边国家的历史，往往需要从中国史籍的记述来考订。

3. 丰富的社会内容

《史记》内容的丰富，也达到了以往史籍无可比拟的程度。作为一部古代的通史，记载政治事件和政治人物，是理所当然的。但《史记》在重点记述政治内容的同时，给予经济和文化内容以充分的重视，还注意记载社会上各个阶层代表人物的事迹，展示出全景式的社会生活面貌，则是前人所无，后史不及。

对于经济问题，司马迁在《史记》中专设了《平准书》和《货殖列传》。《平准书》记述汉朝官方的财政举措、经济政策，涉及了钱法、租税、粮运、农业、盐铁经营等各个方面，并且与战争、刑法等联系起来论述，特别叙述了经济政策变化，以及理财官员卜式与桑弘羊之间的矛盾。篇后的“太史公曰”，还追述了自上古以来国家财政经济的发展梗概。《货殖列传》则以夹叙夹议的方式论说人世间追求财富的普遍现象，赞许其合理性，指出从事工商是致富的最佳途径，列举大量私家以各种工商业经营而致富的历史人物。

《史记》通过设立文人、学者的列传，表现出文化思想史的具体状况，如《孔子世家》引录孔子许多语句来表明其思想，《仲尼弟子列传》尽力排列了儒家学脉的传习系统，《屈原贾生列传》《司马相如列传》录入长篇的诗赋，《老子韩非列传》录入韩非的《说难》一文，此外如《孟子荀卿列传》《儒林列传》均对各派学者予以评介，《十二诸侯年表》则评述了

> 乌呼史迁，薰胥以刑，幽而发愤，乃思乃精，错综群言，古今是经，勒成一家，大略孔明。
>
> ——《汉书·叙传》

① 史记：卷一三〇：太史公自序．北京：中华书局，1974：3295.

史籍的发展脉络。诸如此类篇章，描绘出多彩的学术、思想和社会文化的发展状况。

历史活动的主体是历史人物，纪传体将人物传记作为大宗内容，这是其体裁上的优点之一。《史记》的列传面对几千年来众多的历史人物，采取专传（单人的传记）、合传（两名或多名人物合为一传）、类传（同类人物合传）三种撰写方式，而且列传不仅记人，还记载周边地区与民族政权。这些史法的创造，在中国古代一直被史家所承袭运用。《史记》记载人物不仅数量众多，而且类别丰富，除了帝王、将相、文人、学者等政治地位突出或名声卓著者之外，《滑稽列传》《刺客列传》《游侠列传》所载人物虽多地位不高，但与政治还或许有所牵涉，而《日者列传》《龟策列传》《货殖列传》，记载了不少与政治无关的民间人物，使历史内容的涵括大为扩展。

史学史上完整意义的通史，应当达到三方面的标准：第一是时间上“通”，从可以认知的上古直至当代；第二是地域上“通”，即记述所有可知地区的历史；第三是内容上“通”，应当包括政治、经济、文化、军事、各种历史人物等各方面的内容①。司马迁《史记》是中国古代第一部完全满足了上述条件的通史，此后各个朝代虽也出现过通史著述，但真正达到《史记》这样三方面皆“通”的水平者，则极其罕见。

三、司马迁的历史观念

《史记》这样一部内容丰富的历史巨著，所表现出的司马迁的历史观念也是丰富多彩的。“究天人之际，通古今之变”是司马迁治史、撰史宗旨的组成部分，这种敢于探究历史发展之重大的、根本性问题的精神，本身就具备历史思想的先进性，而在古代具体的时代条件与认识水平下，也不能不出现认识的局限。但司马迁历史观念的主导方面，则是理性和进步的。

1. 朦胧的历史进化论理念

对历史是否发展变化、怎样发展变化的认识，是历史观中的核心问题。司马迁治史要“通古今之变”，将历史看成发展变化的观点是十分明显的。在《史记》中，“变”的观念随处可见，如《太史公自序》申明“礼书”的宗旨是“礼因人质为之节文，略协古今之变”，这是肯定长时段的历史发展和变化。《秦楚之际月表》的立意则是出于“秦既暴虐，楚人发难，项氏遂乱，汉乃扶义征伐。八年之间，天下三嬗，事繁变众”，即短时段也“事繁变众”，故作此表条列之。司马迁在《太史公自序》中申明撰著“本纪”是要“罔罗天下放失旧闻，王迹所兴，原始察终，见盛观衰”；在《平准书》中，他又提出“物盛则衰，时极而转”的观念，即意识到历史的变化具有不可避免的趋势，并且认识到即使是突发事件也“变所从来，亦多故矣”②，即有长期积累的原因。

在汉代极力否定秦朝的政治舆论背景下，司马迁指出：“秦取天下多暴，然世异变，成功大。传曰‘法后王’，何也？以其近己而俗变相类，议卑而易行也。学者牵于所闻，见秦在帝位日浅，不察其终始，因举而笑之，不敢道，此与以耳食无异。悲夫！”③ 这

---

① 完备的通史应具有此三方面标准，乃为业师杨翼骧先生授课时所讲述。

② 史记：卷四二：郑世家. 北京：中华书局，1974：1777.

③ 史记：卷一五：六国年表. 北京：中华书局，1974：686.

种在“法后王”旗帜下肯定秦朝具有顺应“世异变”的成功之处，透露出从历史实际出发的历史进化思想。在《高祖功臣侯者年表序》中，司马迁认为“居今之世，志古之道，所以自镜也，未必尽同。帝王者各殊礼而异务，要以成功为统纪”，这就清晰地表达了后世可以超越前代的历史进化理念，是“法后王”思想的注脚。

历史进化论思想在先秦法家中就有很精到的论述，如韩非子描述了“上古之世”“中古之世”“近古之世”的不同状况，指出近世远远优于上古，“然则今有美尧、舜、汤、武、禹之道于当今之世者，必为新圣笑矣”①。从历史进化论的表述来看，司马迁尚未达到韩非的水平，其历史进化论理念处于朦胧的状态。但韩非是为其政治主张寻求理据，故根据部分历史知识即可作出明确的论断，而司马迁乃全面考察古今之变，试图作出客观的概括。由于历史现象的复杂，后世往往在某些方面，如政治的清明、道德风气的纯朴、社会生活的安定等，反而不如往昔，若限于认识水平和时代的局限，就会难以形成明确的历史进化论。

有人认为司马迁还存有严重的历史循环论思想，但证据不足。例如司马迁确实说过“三王之道若循环，终而复始”，但这是有具体针对性的，所谓“三王之道”，是指夏、商、周三代政治的根本精神分别是“忠”“敬”“文”，各有弊端，却可以互为补救，因此这三种根本的政治精神——“三王之道”应当交替转换、“终而复始”②。这并非指整个历史的循环，乃是对政治理路极其深入的概括，应是值得肯定的政治思想。总之，坚持从客观史实来认识历史，必能得出历史进化论的理念，尽管表述尚不一定很明确，但其理念是贯穿到整个历史撰述之中的，司马迁《史记》即是如此，他对汉武帝的政策、行为多所批评和讽刺，但总体上还是承认汉朝当前已处于超越往昔的兴盛繁荣局面。

2. 重视社会经济的思想

《史记》的《平准书》与《货殖列传》专门记述与评论经济问题，表现出司马迁极其重视社会经济的历史作用。《平准书》“太史公曰”论述了春秋时齐国采用管仲的开发山、海资源政策富国称霸，战国时魏国因李悝“尽地力之教”的发展农业政策而富强，同时指出国家过度敛财也会造成社会危机，从正反两方面显示出经济问题对国家政权的重要性。《货殖列传》则生动地论述了发展经济致富于国、于家、于社会秩序的重要性。国因富而强者，齐国、吴国是为典型，私家致富则列举了一系列典型人物，特别是孔子弟子子贡的事例，指出“子贡结驷连骑，束帛之币以聘享诸侯，所至国君无不分庭与之抗礼。夫使孔子名布扬于天下者，子贡先后之也，此所谓得势而益彰者乎！”既然连孔子的扬名天下也得益于子贡的富有，这就以实例否定了后世儒学轻视经济、羞于言利的思想。

司马迁把国富、家富看作对社会秩序和风气的莫大裨益，“仓廪实而知礼节，衣食足而知荣辱。礼生于有而废于无。故君子富，好行其德，小人富，以适其力，渊深而鱼生之，山深而兽往之，人富而仁义附焉”。这里特别强调的是民富，反对国家与民争利和过度敛财。司马迁认为经济的发展和繁荣，要依靠“农而食之，虞而出之，工而成

① 韩非子：五蠹//王先慎．韩非子集解：卷一九．北京：中华书局，1998：442．
② 史记：卷八：高祖本纪．北京：中华书局，1974：393-394．

之，商而通之……《周书》曰：农不出则乏其食，工不出则乏其事，商不出则三宝绝，虞不出则财匮少，财匮少而山泽不辟矣。此四者，民所衣食之原也，原大则饶，原小则鲜，上则富国，下则富家”[①]。将农、虞（矿产开采）、工、商予以并列，缺一不可，是司马迁经济思想的卓越见识，但中国古代政权和思想家很少采纳这种见解，尤其对商业着力抑制、对矿业忌讳极多，因而制约了社会历史的发展进步。

3. 人事起决定作用的历史认识

西汉时期，天人关系的探讨是政治界、思想界的热点问题，特别是董仲舒建立包含“天人感应”之说的儒学思想体系之后，更成为论述政治现实和考察历史事件难以回避的纽结。司马迁治史意欲“究天人之际，通古今之变”，即得自这个社会文化背景。但他虽然曾经从学于董仲舒[②]，却不盲从其学说，而是通过分析历史事实自行探究，得出了与董氏神学思想完全不同的认识。

《楚元王世家》“太史公曰”在总结汉朝同姓封国楚、赵两国因谋反覆灭的原因时说：“国之将兴，必有祯祥，君子用而小人退；国之将亡，贤人隐、乱臣贵。……甚矣，‘安危在出令，存亡在所任’，诚哉是言也！”当见到“必有祯祥”字样，令人觉得似乎要讲说天人感应那一套，但司马迁论述的却是决策和任人的问题，乃是世间人事活动决定历史的结局。《项羽本纪》载项羽兵败，临死前声称“此天之亡我，非战之罪也！”司马迁对此批判说：项羽“自矜功伐，奋其私智……身死东城，尚不觉寤，而不自责，过矣。乃引‘天亡我，非用兵之罪也’，岂不谬哉！”指出他的败亡，皆为错谬的行为造成，不能归于天命，人事决定历史的观念是明确、坚定的。在《伯夷列传》中，司马迁列举伯夷、叔齐、颜回与盗跖的结局对比，对上天善恶报应的说法提出尖锐质疑，指出世间很多操行不轨的人享受富贵安乐，公正之士却往往多遇灾祸，“余甚惑焉，傥所谓天道，是邪、非邪？”否定了上天可以干预人事的迷信观念。司马迁本有在《史记》中引录一些重要文章的做法，但在《儒林列传·董仲舒》中没有引录董氏著名的天人对策，说明对此并不笃信。

但是历史的发展是十分复杂的，许多事件的原因并不容易探寻，人的思想也是复杂的，并且被时代所制约。司马迁毕竟有着认识的局限性，其人事决定历史的理念未能贯彻到底，在一些解释不清的问题上，也往往发出“岂非天哉”的感叹。但总体考量，反对天命观的人事决定历史的观念，还是司马迁历史思想的主流。

4. 对历史人物的理性评析

司马迁对于《史记》记载的历史人物，或者夹叙夹议，或用“太史公曰”形式作出许多褒贬和评析，这是其历史观点的又一表现。《史记》对于历史，看重在各个方面取得成功业绩、获得很高声望以及能够扬名后世的人物。开基立业的帝王、建功立政的将相、著书立说的学者、经营致富的商人，以及显示各类专长的下层人物，大多都会获得肯定，还特别同情操守高尚而受挫失意者。但司马迁对历史人物的评价，既不随波逐

---

① 史记：卷一二九：货殖列传．北京：中华书局，1974：3255.

② 司马迁为董仲舒学生，参见郑鹤声《司马迁生平及其在历史学上的伟大贡献》（载《山东大学学报》，1955年第2期）一文的考订。

流，也不偏激任意，而是予以全面的理性分析，从不同角度有褒有贬。如对于商鞅，在《商君列传》中，客观地记述了商鞅变法取得“家给人足，民勇于公战，怯于私斗，乡邑大治”的成效，但对其评论则具有批判性：“太史公曰：商君，其天资刻薄人也……余尝读商君《开塞》《耕战》书，与其人行事相类。卒受恶名于秦，有以也夫！”表现出司马迁反对残暴政治的思想，充满正义的精神。过去有人批评司马迁不该如此评论商鞅，那是大错特错了。

秦名将王翦，《史记》在其传记中描述了其战绩与智谋，但文后“太史公曰”则批评他说：“王翦为秦将，夷六国，当是时，翦为宿将，始皇师之，然不能辅秦建德，固其根本，偷合取容，以至圽身”，这是司马迁要求身居高位的战将不应仅仅作为战争的机器，应当致力于德政的建设。对蒙恬也有同样的批评，这种评价标准也许过高，但表现的则是司马迁的政治理性精神。

在《游侠列传》中，司马迁写入长篇的议论，认为“今游侠，其行虽不轨于正义，然其言必信，其行必果，已诺必诚，不爱其躯……亦有足多者焉”，其历史作用，超过孔子之未仕的弟子，“要以功见言信，侠客之义又曷可少哉！”但同时申明他所表彰的是行侠仗义者，反对把侵凌孤弱的“暴豪之徒”混同于游侠。游侠这一群体，是官府厌恶和打击的对象，而司马迁的评论则表达出基于社会民众立场上的正义感，是以独到眼光和理性思考得出的历史人物评价，是司马迁历史观点中的精华之一。

四、司马迁的史学思想与历史编纂学

史家的史学思想和史书的历史编纂学，是史学史研究的重要内容，司马迁及其《史记》，在这两个方面也具备中国史学发展史上的独特性和开创性。

1．“成一家之言”的撰史宗旨

司马迁的史学思想，史学界已经有过很多论述，而大多皆围绕其“欲以究天人之际，通古今之变，成一家之言”的自述，予以解释而发挥。但他撰著《史记》最核心的宗旨是哪一点？这是不能不明确考察评析的问题。我认为“成一家之言”是司马迁的撰史宗旨，“究天人之际”和“通古今之变”都是为“成家”“立言”服务的，即以究天人与通古今的探研，最终写出“成一家之言”史学著述。

早在司马谈临逝世嘱令司马迁撰史之际，目的就包含“扬名于后世，以显父母，此孝之大者”①。司马迁在《报任安书》中道明：他受宫刑而“所以隐忍苟活，函粪土之中而不辞者，恨私心有所不尽，鄙没世而文采不表于后也”。这些都明白无误地表示了《史记》撰著意图与司马迁的人生目标。

先秦时期，就有“太上有立德，其次有立功，其次有立言，虽久不废，此之谓不朽”② 的人生价值观，其中“立德”“立功”，需要较多的背景和条件，“立言”相对而言则可以凭借个人奋斗来争取。司马迁将“屈原放逐，乃赋《离骚》；左丘失明，厥有

① 史记：卷一三〇：太史公自序．北京：中华书局，1974：3295.

② 左传：襄公二十四年//杨伯峻．春秋左传注．北京：中华书局，1990：1088.

《国语》；孙子髌脚，兵法修列”[①] 等事例作为鼓舞，在受刑之后发奋著书，认为受到打击和挫折，有时却正好成为著书立说的动力而扬名后世，如战国时赵国的虞卿撰有《虞氏春秋》即为一例，“然虞卿非穷愁，亦不能著书以自见于后世云”[②]。在司马迁看来，所有历史人物，都应当是以留芳名于后世为人生目标，“君子疾没世而名不称焉”[③]。认为伍子胥如果恪守“忠孝”教条随其父一同赴死，在历史上也就如同“蝼蚁”，而选择逃出楚国，后来率领吴国军队攻陷楚国，“弃小义、雪大耻，名垂于后世”[④]，是值得赞扬的。《史记》列传的编纂宗旨就是要表彰“扶义俶傥，不令己失时，立功名于天下”[⑤]的历史人物。

由上述可见，司马迁在历史上成名的观念极其浓重，他所作出的历史研究和撰述，其目的归根结底是个人的“成一家之言”，这是古代少有的人生“个性”精神。著成博大精深的通史，并不顾及统治者的喜好或厌恶，“藏之名山，副在京师，俟后世圣人君子”[⑥]，体现了撰史“扬名于后世”的终极宗旨，是一种反传统的史学价值观的觉醒。“藏之名山，副在京师”，当与司马迁《报任安书》中所说“仆诚已著此书，藏之名山，传之其人”[⑦] 参互理解，与官府决无牵涉。一些古代注释《史记》的学者，竟然将这里的“名山”解释为朝廷的“书府”，真是迂腐可笑之说[⑧]。《汉书》记述《史记》的传世是“宣帝时，迁外孙平通侯杨恽祖述其书，遂宣布焉”[⑨]，这明明是司马迁藏书于亲属之家，与什么官方的“书府”毫不相干。

2. *记载求实的治史意识*

《史记》内容广博，时空范围远大，历史资料的来源也丰硕繁杂。司马迁对于各种资料的采择，是经过考订鉴别的，撰著过程体现了记载求实的治史意识。

《史记》的记载由传说中的黄帝开始，“黄帝”在西汉早就成为广泛谈论、备受尊崇之人，因而是撰写通史所不能回避的问题。对此，司马迁有着饱含感慨的说明：“学者多称五帝，尚矣。然《尚书》独载尧以来，而百家言黄帝，其文不雅驯，荐绅先生难言之。”他只能依据传说和“古文”资料相对照，“择其言尤雅者，故著为本纪书首”[⑩]。而在《三代世表序》中则再次质疑：“余读谍记，黄帝以来皆有年数，稽其历谱谍、终始五德之传，古文咸不同，乖异。夫子之弗论次其年月，岂虚哉?”总之，关于黄帝的说法纷杂无凭，司马迁并未深信其事，只是选择一些“尤雅”说法姑且成编而已。对于《禹本纪》之类的古籍，则申明“至《禹本纪》《山海经》所有怪物，余不敢言之也”[⑪]，

---

① 汉书：卷六二：司马迁传. 北京：中华书局，1962：3300.
② 史记：卷七六：平原君虞卿列传. 北京：中华书局，1974：2376.
③ 史记：卷六一：伯夷列传. 北京：中华书局，1974：2127.
④ 史记：卷六六：伍子胥列传. 北京：中华书局，1974：2183.
⑤ 史记：卷一三〇：太史公自序. 北京：中华书局，1974：3319.
⑥ 同⑤3320.
⑦ 同①2735.
⑧ 见唐司马贞《史记索隐》对“藏之名山”的注释。
⑨ 同①2737.
⑩ 史记：卷一：五帝本纪. 北京：中华书局，1974：46.
⑪ 史记：卷一二三：大宛列传. 北京：中华书局，1974：3179.

求实、征信的史学观念透现于其中。至于对当朝汉武帝之专制、残忍以及求神访仙的迷信行为予以批判和讽刺，则在记史求实思想的基础上还具备奋笔直书的勇气。

但是必须注意：对于“百家言黄帝”的混乱状况“择其言尤雅者，故著为本纪书首”，以及司马迁自言“厥协六经异传，整齐百家杂语”① 的方法，并非属于治史求真的历史考订。实际上此乃“整齐故事”，即将荒唐的史事叙述修饰得貌似近真，承袭先秦时期追溯上古史事的那种神话人化的思路。在当时的行为者一方，固然具有记载求实的意识，而时代的和认识的局限性，使之并不具有深入进行远古历史的考据能力，于是求实的意识在这里发生异化，变为从荒诞之说中提取自以为“说得过去”的材料敷衍成编，而未考虑其人其事整体上是否真实。

当然，司马迁并非全无历史考证意识，而是尽力为之。对于许多具体史事，司马迁有时也把考订和判断叙述于《史记》之中，例如“太史公曰：学者皆称周伐纣，居洛邑，综其实不然……”② 接着他考订了西周都城的地理区域与因革。对于孔子的弟子，《仲尼弟子列传》“太史公曰”指出：“学者多称七十子之徒，誉者或过其实，毁者或损其真”，而他经过鉴定，取《论语》弟子问，“并次为篇，疑者阙焉”。这些事例皆表明司马迁著史，对文献资料、具体史事都进行了考核、审视，不过有些有所说明，有些未加表白而已。而考核史料背后的指导思想，就是强烈的治史求实理念。司马迁撰写《史记》乃经过“网罗天下放失旧闻，考之行事”③，这其中考核史事的工作是十分艰巨的，有许多史实的确定还得益于他曾经漫游各地的调查资料，并非局限于历史文献的掌握，使《史记》不仅内容丰富，而且大部分记述真实可信。当然由于时代局限与资料的缺乏，《史记》仍有不确切的记述，又由于司马迁具有文学家的资质，也有夸张、想象的成分，但这些仅属于白璧微瑕而已。连对司马迁多有指摘的班固，也承认《史记》“其文直，其事核，不虚美，不隐恶，故谓之实录”④。这其实是史家、史书最基本也最可贵的品质。

3. 总括万有、分层类析的编纂方法

上文已经论述了《史记》内容的丰富、全面和多样性，这是此前史籍所无法比拟的，表现了司马迁有意识地撰写一部总括万有的博大史著。然而，纷繁的资料与内容如何驾驭，则需要高超的方法。司马迁创造性地解决了这个问题，对历史事物“分层类析”，是《史记》之历史编纂学的核心理念。

《史记》由本纪、书、表、世家、列传组成的“五体”结构，反映了司马迁将整体历史内容划分几大部类以分头记述的编纂设计。《史记》“五体”是第一层次的归类，各“体”之内，继续进行分类。十二本纪中《五帝本纪》是多代君主合为一篇，继而夏、商、周每代以一篇本纪叙述。秦朝则分作两篇，秦始皇与二世合于一篇，亦有秦二世历时甚短的原因。此后每一最高掌权统治者，即独立一篇本纪。可见《史记》本纪也是有着不同类别，体现了司马迁记史的详近略远意旨。八书各载典章及其相关的行政史事，

① 史记：卷一三〇：太史公自序．北京：中华书局，1974：3320.
② 史记：卷四：周本纪．北京：中华书局，1974：170.
③ 汉书：卷六二：司马迁传．北京：中华书局，1962：2735.
④ 同③2738.

每篇自为一类。十表总括历代人物与史实大端，构成序列。世家中诸侯封国、汉代功臣封爵以及孔子、陈涉，也是各有其类，标准不能混同。尤其是列传，其中合传、类传、单人一传、区域或民族政权之传，类别之分尤其明显，而类传本身就是又一层次的分类。《史记》的编纂方法，就是通过分层类析、相互配合的记事，展现总括万有的历史大观。

对内容丰富、复杂的事物予以归类记述和分析，是一种逻辑的方法，用于撰史，前提是对历史多样的内容予以全面把握，且认识要达到一定的深度。司马迁的纪传体编纂方法，在史学发展上是伟大的创作，其他史体无法仿从和取代，这在世界范围内是独一无二的。

五、《史记》产生的社会条件

上文已经提到，西汉武帝时期国力已经强盛。更值得注意的是，汉武帝的政治、军事、经济、文化措施，无论后世评价如何，总之是一系列的大手笔、大动作，具有博大气势。特别是对匈奴的大规模战争，在世界历史上影响极大，表现出恢宏壮阔的时代气概。董仲舒构建的以天人之学为特点的儒学体系，倡导《春秋》公羊学，沟通天人，总论千古，力图对自然、社会、历史的一切事物予以统一范式的解说，哲理思想同样是恢宏博大的。西汉流行的大作为、大视野、大气概的社会文化氛围，是《史记》这部通史产生的背景条件。

对《史记》编纂起到更直接促进作用的条件，是西汉的文学现象，即以司马相如之作品为代表的大赋，这种大赋从观念和方法为司马迁撰著《史记》提供了示范。西汉大赋是当时最为高雅、最受尊崇的文学形式，其主要特点是：（1）叙述铺陈，辞藻华丽，篇幅甚大，尽量将环境景观、人事排场、行动过程一一描述、渲染。司马相如认为“赋家之心，包括宇宙，总览人物”，《西京杂记》称赞司马相如的《子虚赋》《上林赋》“控引天地，错综古今”[①]，即具有恢宏的精神、壮阔的气势。（2）大赋为了描写多种景观和事物，往往采用分类铺叙的方法，司马相如同时的文学家枚乘，在著名赋作《七发》中有“比物属事，离辞连类”之语，道出了大赋的撰写特色，晋人成公绥认为：“赋者，贵能分赋物理”[②]。“连类”“分赋物理”即分门别类地描写事物，这是大赋的特色。将事物归类加以描述和认识，是以逻辑思维打破事物原本的自然状态，取得一定程度的抽象性认识。大赋对事物的归类式描述，是成系统的描述，它要将对象所能涉及的方方面面囊括无遗，其形象化、夸张化的艺术形式背后，隐含着逻辑性的结构，司马相如的作品是这种赋作的典范。例如，《上林赋》把要描写的场面分成几大类别：水、山、宫殿、天子出猎、宴会歌舞等，然后依照类别进行铺陈，因而博而不乱，“繁类以成艳”[③]。汉武帝极其喜爱司马相如的大赋，因此而任用他为官。

司马迁之前，已出现不少史籍名著，如《春秋》《左传》《国语》等，但还都不具

---

① 葛洪．西京杂记：卷二．北京：中华书局，1985：12．

② 晋书：卷九二：成公绥传．北京：中华书局，1974：2371．

③ 王利器．文心雕龙校证：卷二：诠赋．上海：上海古籍出版社，1980：50．

备归类式认识事物的逻辑特征，难以包容宏大、复杂的历史景象。《史记》归类式结构的总体构思，应是受到司马相如的赋作的启示。但司马迁自己于此并未言及，何以知之？

第一，司马迁极其推崇司马相如的大赋，也看重其人。《史记》几十篇列传，要总括上古至汉代众多的人物，文人学者或几人合传，或归于类传，如果不计《孔子世家》，一人独占一篇者则唯有司马相如，这个安排很不寻常，超过屈原、孟子、董仲舒，足以看出司马迁的偏爱。

第二，司马相如并无许多事迹叙述，《史记·司马相如列传》则录入其《子虚赋》《上林赋》《大人赋》《封禅文》等七篇作品，使其传记多达九千多字。这又是独一无二的安排，从任何角度分析，都不能不承认司马迁对司马相如及其作品的格外钟爱。

第三，司马迁对司马相如的大赋也有批评，如指出《上林赋》《子虚赋》“侈靡过其实，且非义理所尚”。这说明司马迁对司马相如的大赋作了认真的阅读和研究，而在“太史公曰”中仍认为“相如虽多虚辞滥说，然其要归引之节俭，此与《诗》之风谏何异！”① 将司马相如之文的功用比拟于列为经典的《诗经》，评价之高，不言而喻。

既然司马迁对司马相如的大赋钟爱至极，且熟读而研讨之，就不能不受到大赋“包括宇宙，总览人物”宏博气势的熏陶，不能不受大赋那种将事物分类铺叙方法的启示。《史记》以分类记述的方式把握历史全貌，呈现出一种包容万象的势态，与大赋在神思与方法上的理路一致，而气度更为超越，可谓青出于蓝而胜于蓝。

司马迁撰写《史记》，还有其他的有利条件，其一是父子续任太史令，这虽是掌管天文、历法之官，但在将天人之际密切联系一起的西汉政权中，天官能够掌握人事的文献资料，“百年之间，天下遗文古事，靡不毕集太史公”，司马谈逝世后，“迁为太史令，紬史记、石室金匮之书”②，朝廷的一切档案、文献、书籍，司马迁都可以方便地利用。其二，即使是司马迁受刑之后，他的撰史条件仍未恶化，据《汉书·司马迁传》，“迁既被刑之后，为中书令，尊宠任职”，这种宦官职衔自然使司马迁感到屈辱，但得到朝廷尊崇，至少撰写《史记》的各种有利条件可以得到保持。因此，司马迁的人生坎坷，对撰著《史记》来说还不算是严重的逆境。

六、司马迁《史记》在史学史上的地位

《史记》著成之后，如《太史公自序》所称，“藏之名山，副在京师”，仅极少人得知其事。至汉宣帝时，司马迁外孙杨恽“祖述其书，遂宣布焉”，自此才流行于世，但已略有缺失，据说是“十篇缺，有录无书”③。从汉元帝时期起，有褚少孙（即今见《史记》中题名“褚先生”者）着手修补《史记》之残缺，虽文笔、见识远不及司马迁，但补足130卷规模，亦有值得肯定的劳绩。随后至东汉初年，冯商、刘向、刘歆、扬

① 史记：卷一一七：司马相如列传. 北京：中华书局，1974：3073.
② 史记：卷一三〇：太史公自序. 北京：中华书局，1974：3296.
③ 汉书：卷六二：司马迁传. 北京：中华书局，1962：2724.

雄、班彪等十几位学者争相接续撰写，间或发表评论，可见《史记》已成为有心治史者追随的样板、关注的热点。

《史记》以其内容的宏博、体裁的首创、文笔的生动，显现极大的魅力，尽管自汉代至于后世王朝，出现过颇多的訾议和指摘，但都不能不承认《史记》的重要史学地位，注释、讲评、研讨者历代不绝，影响上至庙堂、下及民间，誉满中国、播及海外。毫无疑问，司马迁撰著《史记》，对中国古代史学的发展起到重大的促进作用。

然而，《史记》对中国史学发展的推动，作用力的方向是否与古代传统史学的总方向完全一致？回答是否定的，如果作一形象的描述，司马迁的《史记》，实际是将“殷鉴”观念为根基的史学意识拉向一旁，离开原来的轨道，另辟一条发展路线。其特点是并不理会先秦以来以史辅政、以史教化、惩恶劝善等社会功用，并没有为当前政治提供鉴戒的意旨，总的宗旨如上文所论述，是实现“成一家之言”的目标，因此独立地“究天人之际，通古今之变”，褒贬人物、评论史事，以显示个人的见识与文采。撰史在司马迁心中，最终是自我的、个性的事业。

认为司马迁撰史为提供鉴戒的学者，仅仅依据这样一条文字：“居今之世，志古之道，所以自镜也，未必尽同。帝王者各殊礼而异务，要以成功为统纪。”① 这里所谓“自镜”，不过是对照“古之道”把自己的行为看个明白而已，紧接着的“未必尽同”“各殊礼而异务”，道出的乃是可以不从历史中提取经验、教训，重要的只是现实事务上获得“成功”而已。这与“以史为鉴”的理念相距何止十万八千里！

本来其父司马谈嘱令撰史，含有记载汉朝大一统功德以及“明主、贤君、忠臣、死义之士”事迹的意旨，司马迁在与壶遂的对话中，也表达了“余尝掌其官，废明圣盛德不载，灭功臣、世家、贤大夫之业不述，堕先人所言，罪莫大焉”② 的责任感，这其实是要以撰史来歌颂汉朝。然而受刑之后，态度已经改变，在《报任安书》中不仅绝口不提撰史的任何政治意图、社会责任，而且针对任安关于为朝廷“推贤进士”的提议，予以拒绝：“无乃与仆之私指谬乎！”依照这里显露的心态，可知司马迁撰写《史记》早已只剩下留名后世的“私指”，就是“则仆偿前辱之责，虽万被戮，岂有悔哉！”③

中国的古代史学起源于官方，从引证史事以为“殷鉴”到推衍出一系列的社会功能，实际是附属于政治，甚至附属于特定政权。而远在古希腊、罗马的史学，虽然也时或标榜撰史的社会功用，但史学主流是一种自我的、个性的社会文化。因此，司马迁的这种撰史宗旨，是因个人遭际激发出独到的个性觉醒，呈现了摆脱政治附庸地位的独立要求。沿着这个方向，中国古代史学将会步入类似西方古代史学的发展途径。但是，古代中国的历史文化积淀与集权政治的环境，不可能让《史记》的撰著宗旨成为主流的文化意识，古代史学不过历经了一个迂回，最终仍然返还到传统价值观导引的方向。

---

① 史记：卷一八：高祖功臣侯者年表. 北京：中华书局，1974：878.
② 史记：卷一三〇：太史公自序. 北京：中华书局，1974：3299.
③ 汉书：卷六二：司马迁传. 北京：中华书局，1962：2735.

第四节　班固与《汉书》

《汉书》的作者班固（32—92），字孟坚，东汉初扶风安陵（今陕西咸阳东北）人。其家世在西汉代代贵盛，其父班彪既具有很高的政治眼光，又有杰出的学术才能。他博采资料，自撰接续《史记》的本纪和列传之作65篇以上，还对上古至汉代的史籍作了扼要的评论，史才、史识，均为突出。班彪二子一女，长子班固文采出众，史学卓荦；次子班超勇略雄奇，建有平定西域功勋；女儿班昭，知书达理，兼具文史才干。班固撰著《汉书》，直接承袭了班彪的成就。

> 若固之序事，不激诡，不抑抗，赡而不秽，详而有体，使读之者亹亹而不厌，信哉其能成名也。
>
> ——《后汉书·班固传》

班固自少年得到很好的文化教育，曾入太学读书。20岁时为父守孝回乡，开始了《汉书》的撰写。永平五年（62），有人告发班固私改国史，因之系狱，其弟奔赴朝廷为之辩解，汉明帝取书稿阅读，非常欣赏，任命班固为兰台令史。所谓“兰台”，是国家藏书之所，班固得任此职，私撰史书的条件大为改善。在任官期间，班固参与官方的政治、学术活动，负责整理编订《白虎通义》一书，这是汉章帝主持讨论五经异同会议得出的结论。班固与外戚窦宪关系密切，窦宪干政专权，班家也气势强盛，但汉和帝时窦宪失势被杀，班固被牵连逮捕，死于狱内。当时《汉书》尚未完成，妹班昭与同郡马续继续修纂，终于成书百篇。后人因《汉书》一些篇卷篇幅过大，将之分为上、下卷，其中《王莽传》分上、中、下三卷，而《五行志》一篇则被分为上、中之上、中之下、下之上、下之下五卷，致使流传之本共计为120卷。

一、班固的撰史意旨与史学思想

班固撰写历史的最强意旨，就是要将汉朝推尊到极为崇高的地位，“尊汉”是他贯彻全史的中心思想。班家既然世受西汉朝廷厚恩，尊汉也是理所当然的意识，班彪就是十分拥戴汉朝的学者，时值西汉末、东汉初的纷乱时期，他就撰写著名的《王命论》，鼓吹“神器有命，不可以智力求也”，大讲汉绍尧运，创业之始即“神武有征应”①，为光武帝刘秀削平各路军政势力而重建统一的汉政权张目。班固不仅承袭了其父的思想，而且把尊汉宗旨体现在撰史的体例改造中，《汉书·叙传下》说：

> 固以为唐虞三代，《诗》《书》所及，世有典籍。故虽尧舜之盛，必有典谟之篇，然后扬名于后世，冠德于百王。……汉绍尧运，以建帝业，至于六世，史臣乃追述功德，私作本纪，编于百王之末，厕于秦、项之列。太初以后，阙而不录。故探撰前记，缀辑所闻，以述《汉书》。起元高祖，终于孝平、王莽之诛，十有二世，

① 汉书：卷一〇〇上：叙传上．北京：中华书局，1962：4208-4211.

二百三十年，综其行事，旁贯五经，上下洽通，为春秋考纪、表、志、传凡百篇。

这段文字，首先指出必有史籍，才能将圣王的功德传扬于后世；继而批评司马迁私作本纪，将汉朝帝业“编于百王之末，厕于秦、项之列”，有“不敬”之嫌。于是他决定采用纪、表、志、传四部分组成的纪传体体例，撰写一部起于汉高祖的断代史《汉书》。不仅批评了司马迁《史记》，而且否定了从褚少孙、冯商、刘向、扬雄直至其父班彪续写《史记》的做法。班固将“尊汉”的政治意识，自觉地运用于撰史形式的改作，表现出对史籍之形式、内容、政治义理相互配合关系的深刻理解。

出于“尊汉”的准则，班固的思想与东汉朝廷保持了很大程度的一致性。东汉初年，统治者为巩固政权，采取“神道设教”方针，为日益弥漫的天人感应、符命谶纬、五德运命等迷信观念推波助澜。班固一因个人的天命论历史观，二因适应统治者的需要，三因承袭其父的思想，使《汉书》随时随事显露天人相应、五德相生和天命观的色彩，例如在帝纪中加入大量灾异记述、特设《五行志》证明天人感应事例的存在等，这是思想明显落后于司马迁之处。永平十七年（74），汉明帝询问文臣：司马迁《秦始皇本纪》的议论有什么谬误？班固回答：司马迁引用贾谊《过秦论》，说秦之子婴若有中等辅佐之臣，秦朝不至于灭亡，此言非是。为什么？因为汉朝创建，乃得自天命，为此班固专写一篇“光扬大汉”的《典引》，声称唐尧“冠德卓绝”，经过一番政权循环，“天乃归功元首，将授汉刘”，因此汉朝“膺当天之正统，受克让之归运”①。现知最早的“正统”词语，即出现于这里。在当时语境下，将汉政权说成是天命的预设，这是最高的尊崇，班固的天命历史观乃与其尊汉理念相互依存。

班固承袭其父班彪的观点，认为《史记》“其是非颇谬于圣人，论大道则先黄老而后六经，序游侠则退处士而进奸雄，述货殖则崇势利而羞贱贫，此其所蔽也”②。通过批评司马迁，表明他所撰之史，要尊崇儒学经典，恪守汉代推重的儒学思想体系，在评价历史人物上采取与官方一致的价值尺度，贯彻班彪的“唯圣人之道然后尽心”③ 的观念。总之，班固不但将《史记》的纪传体通史形式改造为断代史，而且取消司马迁的个性精神，重新使撰史成为政权的附庸，使史学思想附隶于官方的思想体系。

但是在班固的史学思想中，具备可贵的述史求真、如实记载的原则，这种理念从他赞扬《史记》“辨而不华，质而不俚，其文直，其事核，不虚美，不隐恶，故谓之实录”④ 中可以体会。《汉书》记载大量真实可信的历史事实，除笼统地或个别地宣扬天命论和天人感应之外，并不存在故意编造具体史事的问题。《汉书》虽以尊汉为宗旨，但对西汉皇帝不乏揭露与批评，如对于备受称颂的汉文帝，《汉书》记述了文帝嬖爱男宠邓通，每每赏赐巨万，后竟然赐以铜山，允其自行铸钱。虽然此事《史记·佞幸列传》已有记载，而《汉书》照录，不加隐瞒。不仅如此，《汉书·佞幸传》还续写了大量史实，特别是汉哀帝宠幸董贤，任以高官，权势显赫，甚至有“禅让”之意，比邓通

---

① 班固．典引//萧统．文选：卷四八．上海：上海古籍出版社，1986：2161.

② 汉书：卷六二：司马迁传．北京：中华书局，1962：2737-2738.

③ 汉书：卷一〇〇上：叙传上．北京：中华书局，1962：4207.

④ 同②2738.

之事有过之而无不及，充分暴露政治的腐败。对于汉武帝，班固赞扬其功业，但在《汉书》也多处批评“武帝虽有攘四夷、广土斥境之功，然多杀士众，竭民财力，奢泰亡度，天下虚耗，百姓流离，物故者半”[①]，等等。

班固的尊汉宗旨，是其史学功用理念的体现，这与如实记史的原则构成对立统一的矛盾，表现于《汉书》之中，呈现了史学思想的复杂性。但是史家只要遵守求真、实录的史学底线，在撰史中就可能冲破其他思想认识的局限，往往也可以撰成很有价值的史书。

二、《汉书》的成就与史学意义

班固撰著的《汉书》，在史学上成就突出，对后世史学的发展影响巨大。

第一，《汉书》创始了纪传体断代史这一修史方式，既保留了纪传体可以容纳丰富历史内容的优点，也具有首尾比较明确，便于纂修成书，便于总结一代兴亡之迹的特点，特别适用于政权屡屡更迭的中国古代。因此后代史书多仿照之，成为最重要的修史体例。《汉书》在断代为书时，不乏“通古今”的史识，如《食货志》《艺文志》等的记述，都超越西汉之限，如若通史。班固反对把汉朝皇帝“编于百王之末”，主要是从“帝纪”上予以断代处理。后来的纪传体断代史，也多有在“志”“传”上突破朝代限制者。古代也有人对断代史有所訾议，但其史体的地位终难改变。至于宋代郑樵痛斥班固之言，实属偏激，不足为训。

第二，《汉书》内容广泛、资料丰富，超过了《史记》，因而仅记述西汉历史，就达到80多万字的篇幅。特别是立有“十志”，内容之全面胜于《史记》“八书”，《艺文志》《地理志》《刑法志》《食货志》等具备极高的史料价值，无论编纂名目还是内容，都融入班固颇多的创新性构思。

第三，《汉书》在史书纪传体的发展上，朝规范化的方向跨越了一大步，这是对古代史学的一个贡献。与《史记》相比，《汉书》取消了“世家”，只留纪、表、志、传四体。《史记》的“世家”，采入的标准确为庞杂，如果它反映春秋诸侯国与战国的“七雄”，尚属必要，在汉代之后则已时过境迁，《汉书》将之摒弃，同归于“传”，乃是体例的有益简化。其余纪、表、志、传也都在内容上、排序上比《史记》齐整。体例的规范化，在史学发展的早期阶段，其利远大于弊。

《汉书》提供了一个纂修断代全史的成功样板，对古代史学的发展起到很大促进作用。而《汉书》丰博的内容、典雅的文笔，很早就引起学者的注释、讲习与研讨，《汉书》学一度成为显学，有功于古代学术的进展亦不可抹杀。

班固一举结束止于其父的续写《史记》的做法，是汉代史学发展方向的一大转折。假若史家总是接续《史记》的时间下限撰写，那么中国古代史学会形成一个司马迁为第一人的史书编纂系统，这个系统将具有很大的相对独立性，“尊王”“鉴戒”“经世”等史学观念都会淡化。这当然是中国古代的政治文化不能容许的，但在东汉早期就由私修史将之打断，不能不说是班固其人的特殊作用。司马迁要把史学引上史家个性发展的路

① 汉书：卷七五：眭两夏侯京翼李传．北京：中华书局，1962：3156．

线，而班固的《汉书》，则又成为将之扳回到先秦传统轨道的关键一步。与班固个人修史的同时，东汉官方已经开展了新的史学活动，进一步确定了古代传统史学的发展方向。

第五节　两汉朝廷的记史方式

> 古之帝王，左右置史，汉之旧典，世有注记。
>
> ——《后汉书·皇后纪第十上》

两汉政权的大量公文、档案文件，成为日后可查用的历史资料，但这在史学意义上不同于有意识地连续记录史事，前一章已然论述。而关于汉朝记载史事的制度，史籍中缺乏明晰的叙述。在《汉书·艺文志》内著录有“汉著记百九十卷”，唐颜师古注释曰：“若今之起居注”①。“著记”又写作“著纪”或“注记”，在《汉书·律历志》中，班固罗列西汉高祖到东汉光武帝各个皇帝的著纪，有的概括了其中内容，如“汉高祖皇帝著纪：伐秦继周，木生火，故为火德，天下号曰汉”；“孺子著纪：新都侯王莽居摄三年，王莽居摄，盗袭帝位，窃号曰新室”；“更始帝著纪：以汉宗室灭王莽，即位二年，赤眉贼立宗室刘盆子，灭更始帝”②。这说明这类“著纪”乃是记载史事的史籍，有人认为“著纪”只记载天人感应事例，是不对的。据《汉书·律历志》，汉高祖至东汉光武帝每朝皆有著纪，连高后（吕后）、孺子婴、更始帝亦不遗缺，构成完整系列，可见汉帝著纪的编辑，乃是制度化、体制化的行为。

汉代“著纪”，或曰“著记”，或曰“注记”，足见此名称并非专门之书名，而只是记载、记述之泛称。由于汉朝著纪属于宫廷的内部档案，又无专称，故司马迁、班固虽利用其撰史，但都没有提及。宋人章如愚说：“非有汉著记百九十卷、《大年祀》五篇，则孟坚十二帝纪何所考证而作也?”③ 这一设问不仅针对《汉书》，同样适合于《史记》。《史记》从汉高祖到汉景帝的“本纪”，也应当是依据西汉著纪所编纂的，否则其中详细的史事及其确切的时间从何而来?

东汉汉明帝时，马严与杜抚、班固等共同“杂定建武注记”④，即编辑光武帝的著纪。“杂定”就是正其繁杂，定其可依，从多种记述中整理出定本著纪，其编纂方法应当是从西汉承袭而来。汉安帝时，刘毅上书称“古之帝王，左右置史，汉之旧典，世有注记”⑤，这里所谓“汉之旧典”是从西汉算起的，而“注记”与“左右置史”呼应，必当密切相关，也证明两汉存在记录史事的官方体制。

汉代的著纪是“杂定”而成，而非随时的最初记载，体制上确与唐代起居注不完全

① 汉书：卷三〇：艺文志第十．北京：中华书局，1962：1715.
② 汉书：卷二一下：律历志第一下．北京：中华书局，1962：1023-1024.
③ 章如愚．群书考索：卷一三：正史门．影印文渊阁《四库全书》本．台北：商务印书馆，1986.
④ 后汉书：卷二四：马援传附马严．北京：中华书局，1965：859.
⑤ 后汉书：卷一〇：皇后纪第十上：邓皇后纪．北京：中华书局，1965：426.

相同。但就其形式、内容而言，以编年体记载一朝皇帝事迹，且作为朝廷档案文献，将之比拟为起居注并无大误。宋王应麟曰："唐陈正卿作《续尚书》，其表谓'汉臣著记，新体互约于表志'，则著记为汉起居注，昭昭矣！"① 因此，汉代的著纪，可以说是后代起居注记史体制的前身。

根据现存资料，东汉还有名之为"起居注"的文献，即"明帝起居注""灵帝起居注""献帝起居注"三种。但这时的所谓"起居注"，乃记载后宫日常起居杂务，并不包括朝廷大政和国家大事。汉末荀悦《申鉴》说："先帝故事，有起居注，日用动静之节必书焉。宜复其式，内史掌之，以纪内事。"② 这里讲明起居注记述的是"内事"，即皇帝的"日用动静之节"。更重要的是：荀悦是在详细论述设置尚书官统摄的史官记载重要史事之后，再言起居注记载"内事"聊为补充而已。西汉时期，尚没有称作"起居注"的文献，有些笔记声称西汉有过"禁中起居注"之类，乃是无稽误传，学界早已予以考辨。即使东汉，也未必每朝皇帝都有起居注，上引荀悦称之为"先帝故事"，即先帝曾有过的做法而已，他主张"宜复其式"，即要求恢复，可见并非连续存在。

东汉的起居注，不是后世起居注记史制度的前身，因为它只记载后宫杂务，甚至古人认为"汉时起居，似在宫中，为女史之职"③，从记述朝政大事的制度化记史体制来看，两汉各帝的"著纪"才是后世起居注制度的前身。但因"著纪"乃是关于记录和写作的泛称，"起居注"却为新颖的专用名词，因而此名称竟被后世所采纳，这其中有一个"名"与"实"转化的过程。以上即为我们所能了解的两汉朝廷记史机制的概况。

第六节　东汉官修《东观汉记》及其意义

东汉自汉明帝时起，官方组织了本朝纪传体国史的纂修。自汉章帝之后，皇家典藏图书、文献之处移于"东观"，修史亦在此处，故后来被称为《东观汉记》。《东观汉记》久佚，但对于中国古代史学的发展意义甚大。

一、《东观汉记》的纂修

前已述及：永平五年（62），班固被人告发"私改作国史"，汉明帝阅其史稿而大为欣赏，起用为官。《后汉书·班彪传附班固》载：

> 固以彪所续前史未详，乃潜精研思，欲就其业。既而有人上书显宗告固私改作国史者，有诏下郡，收固系京兆狱，尽取其家书……固弟超恐固为郡所核考，不能自明，乃驰诣阙上书，得召见，具言固所著述意，而郡亦上其书。显宗甚奇之，召

---

① 王应麟．玉海：卷四八："汉著记"条．按：王应麟引语，来自唐朝萧颖士撰《为陈正卿进续尚书表》，见《唐文粹》卷二五，影印文渊阁《四库全书》本。

② 荀悦．申鉴：时事第二．影印明文始堂黄省曾注释刊本．上海：上海古籍出版社，1990：19.

③ 隋书：卷三三：经籍志二．北京：中华书局，1973：966.

诣校书部，除兰台令史，与前睢阳令陈宗、长陵令尹敏、司隶从事孟异，共成世祖本纪。迁为郎，典校秘书。固又撰功臣、平林、新市、公孙述事，作列传、载记二十八篇，奏之。

这段记载表明：第一，班固被任为官，随即进行了“世祖本纪”的纂修，撰成之后，班固又撰写列传、载记28篇，这就是《东观汉记》纂修的开始。最早作出较多贡献者，乃是班固。第二，汉明帝时，此书就有新设的“载记”名目，说明在体例上已然有所规划。第三，纂修《汉记》，应是汉明帝的意旨，起因是已经感受到司马迁撰写的《史记》对西汉有所贬损，而阅读了班固的《汉书》稿，得到启示，决心开创本朝断代纪传体国史的纂修。

作为当代国史，《东观汉记》的纂修自然是一个持续进行、不断递进的过程，但进度也不会完全均匀和平稳。据现有史料，东汉编纂此书，除明帝时肇始开基、成果显著之外，还有安帝至顺帝、桓帝至灵帝两个时期也取得重要进展。

汉安帝时邓太后重视文史典籍，她亲自部署纂修《东观汉记》事宜，先后几次令文官刘珍、刘驹駼、刘毅、李尤等人撰述名臣、节士、儒林、外戚等传以及史表，整理修订本纪。汉顺帝时，刘珍、李尤逝世，遂命侍中伏无忌与谏议大夫黄景接续这些纂修工作，撰成“诸王”“王子”“功臣”等传和《南单于传》《西羌传》《恩泽表》《地理志》等。这样，加上最初班固纂修之时就具备的本纪、载记，可以说《东观汉记》之五种构成体式，即纪、表、志、列传、载记，都有了成文之作，为今后进一步的撰述奠定了基础。因此，安帝、顺帝连续两朝的纂修成果，起到继往开来的重要作用。

桓帝时，《东观汉记》的纂修已经颇具规模，据刘知幾《史通·古今正史》记述，纪、传撰成篇目大增，还修成《百官表》，书稿达到114篇。参修人员有边韶、崔寔、朱穆等官员。灵帝时期，统治根基动摇，东汉已成末世，而纂修国史，却颇有起色，原因是一些有识官员并学者，看到国情已呈衰亡之象，因而更有撰成其史的紧迫感，马日磾、蔡邕、杨彪、卢植均为参与纂修的官员。其中蔡邕对此情有独钟，他另行创立《车服》《朝会》二志，在体例上有自己的见解。因故被判罪流徙之后，仍然以己力致志于撰史，撰40多篇纪、传之外，还完成“十意”即十篇志，并将成稿都进献给朝廷。蔡邕将“志”改称为“意”，应当是出于避讳汉桓帝之名刘志。汉献帝初期，动乱不已，朝廷不仅无力修史，且已成之稿也有所散佚。

《隋书·经籍志》著录《东观汉记》有143卷。此后佚失日渐严重。清代学者进行了辑佚工作，乾隆朝四库馆从《永乐大典》中进一步搜集补充，分为24卷。今人吴树平予以补充、校订和研究，形成较好版本。但是，此书真实全貌终究不能再现。

二、《东观汉记》纂修的史学意义

在中国官方史学的发展中，记史与修史大有区别，记史是当时记录下来，作为一种资料保存起来，修史要修成一个成品的历史著作，使之得以传世。《东观汉记》的编纂，是中国古代史学史上的大事，是官方纂修本朝国史的首次尝试，而且取得显著的成就，成书一百多卷，流传至于唐代，此后才多所佚失。曾经与《史记》《汉书》并称“三史”，具有很大的影响。《东观汉记》的结构，由纪、表、志、列传、载记组成，明显参照《史记》《汉书》而有新的变通，即设立了“载记”。《史记》有“世家”一体，《汉书》去之，帝纪之外，人物概从“传”例。但西汉末年有许多割据政权，后陆续被东汉光武帝削平，《东观汉记》体例的设计者，不愿将这些割据势力首领与本朝功臣同置于列传，但其内容也不宜使用“世家”名目，故创“载记”一体。“载记”带有附载记录的含义，即附载那些不归本朝辖属、不属于叛乱者、也不承认其可与本朝并列而正当存在的政权或势力。此举不失为体例上的变通良法，后来有唐代官修《晋书》仿效之。

《东观汉记》是东汉朝廷随时编纂的国史，直接利用公文、档案、原始记录，虽可能有所隐讳，但必然记载大量重要的史实，因而具备可贵的史料价值。三国两晋时期撰述关于东汉历史的史籍，如华峤《后汉书》等，多直接或间接取材于此书。今《东观汉记》全书已经佚失，辑本篇幅极其有限，但仍然含有范晔《后汉书》缺载的不少资料，对此，《四库全书》辑本有所列举，并且评论说：《东观汉记》“虽残珪断璧，零落不完，而古泽斑斓，罔非瑰宝……其有资考证，良非浅鲜，尤不可不亟为表章矣”[①]。但是，作为中国古代官方第一次纂修纪传体国史活动，修史组织不健全的缺陷也是明显的，整个东汉时期纂修此书的过程，从没有建立修史机构的记录，对主要执笔、负责的官员也未有明确的任命。东汉历朝，实际上是相当坚定地贯彻了修史意图，而从记载看来，其开始纂修，并无正式诏令，议论和拟定体例，亦不见于书史记述，一切似为随机进行，缺乏庄重、正规的气氛。故唐代史学家刘知幾说：“唯后汉东观，大集群儒，著述无主，条章靡立。”[②]

官修本朝纪传史，是一种不可能完成的事业，纪、表、志、传等结构完备的纪传体史书，需要在全面掌握史事及其演变脉络的基础上，予以归类性逻辑分析，这只能在所要记述的历史时期过去之后才能进行，东汉不亡，完备的纪传体东汉史是写不成的。《东观汉记》未佚失之前，也不是一部东汉全史，从其纂修过程来看，晚期蔡邕的史稿，一未撰写完毕，二未经过认真考校修订，这样，它的地位被后来的范晔之作所取代，应不足为怪。后代唐朝、宋朝、清朝朝廷所纂修的纪传体国史，最后无一不成为后代重新纂修“正史”的资料。

《东观汉记》纂修的史学意义，主要不在于该书的著述水平和史料价值，而在于这种纂修活动的本身。中国上古史学起源于官方，但在战国时期战争频仍、私家学术大发展的特定背景下，私家修史已经跃居官方之上，唯史学理念尚未脱开官方的路向。待司马迁《史记》横空出世，华光万丈的成就使官方仅仅记录史事的作为黯然无色，而且其在史学宗旨、史学理念方面也试图背离官方认可的传统思想。虽然有不少时人批评司马迁的思想，并有班固修纂中的《汉书》可抵挡《史记》的个性史学路线，但以汉明帝为代表的统治者，得到班固撰写断代纪传史的启示之后，不让官方在修史上无所作为，迅速进行了本朝（东汉）纪传史的纂修。这一开拓性的修史措施，使古代官方不仅记录历史，而且开始与私家一样撰写成品著作性的史书，特别是利益攸关的本朝史。这在古代中国史学发展中有巨大影响：

---

① 四库全书总目：卷五〇：《东观汉记》提要．影印本．北京：中华书局，1965：447.

② 浦起龙．史通通释：卷二〇：忤时．上海：上海古籍出版社，1978：590.

第一，从此官方不再仅仅记录史事，而开始了纂修成品史著的活动，并且逐步组织化、制度化，不听任私家独占修纂传世史书的文化阵地。尤其是本朝之史，更表现出越来越限制私家而由官方主导和垄断的趋势。

第二，中国古代朝廷不仅记史，而且修史（指纂修传世的成品史著），极大地扩大了官方史学的公开影响，对于周边民族政权以及外国政权具有特别的文化魅力，促成其学习和模仿。

第三，正式形成官方与私家两种修史主体、官方史学与私家史学两条史学发展轨道的局面。而中国古代史学的发展，具备官方与私家这两条相互联系、互补互益又互相矛盾的双轨，是中国史学最重要的特征，是中国古代史学得以繁荣兴旺的重要原因。

第七节　荀悦的《汉纪》与传统史学基础的奠定

东汉经黄巾军起事，天下分崩离析，战乱不止。建安年间，汉献帝依附于曹操，形同傀儡，东汉国祚已名存实亡。但史学的发展却未停止步伐，而是沿着以往开拓的趋向继续前进，出现了重要的史家荀悦及其撰写的《汉纪》，从而完成了两汉时期传统史学基础的奠定。

> 君举必记，臧否成败，无不存焉，下及士庶，等各有异，咸在载籍。或欲显而不得，或欲隐而名章，得失一朝而荣辱千载，善人劝焉，淫人惧焉，故先王重之，以嗣赏罚，以辅法教。
>
> ——荀悦《申鉴·时事》

一、荀悦及其撰著的《汉纪》

荀悦（148—209），字仲豫，颍州（今河南许昌）人，出身于东汉世家大族，其叔荀爽，是著名学者，著有《尚书正经》《春秋条例》，“又集汉事成败可为鉴戒者，谓之《汉语》”①。其他论述之文百余篇编为《新书》，但大多亡佚。荀悦自少好学，12岁即能讲说《春秋》。汉灵帝时隐居，汉献帝时辟为曹操幕僚，后陆续升任秘书监侍中，实际只是汉献帝身边的侍从文官而已。荀悦很有政治抱负，但处于当时形势，“谋无所用，乃作《申鉴》五篇”，论述自己的见解。建安三年（198），汉献帝“常以班固《汉书》文繁难省，乃令悦依《左氏传》体，以为《汉纪》三十篇，诏尚书给笔札”②，《汉纪序》记述其事更详：“诏给事中、秘书监荀悦，抄撰《汉书》，略举其要，假以不直，尚书给纸笔，虎贲给书吏。悦于是约集旧书，撮序表志，总为帝纪。”③ 这就是撰著《汉纪》的缘起。

《汉纪》30卷，取材于班固《汉书》，并且依据《汉书》的帝纪为线索，择取西汉

① 后汉书：卷六二：荀淑传附荀爽. 北京：中华书局，1965：2057.

② 后汉书：卷六二：荀淑传附荀悦. 北京：中华书局，1965：2062.

③ 张溥. 汉魏六朝百三家集：卷一七：荀悦集：汉纪序. 影印文渊阁《四库全书》本. 台北：商务印书馆，1986.

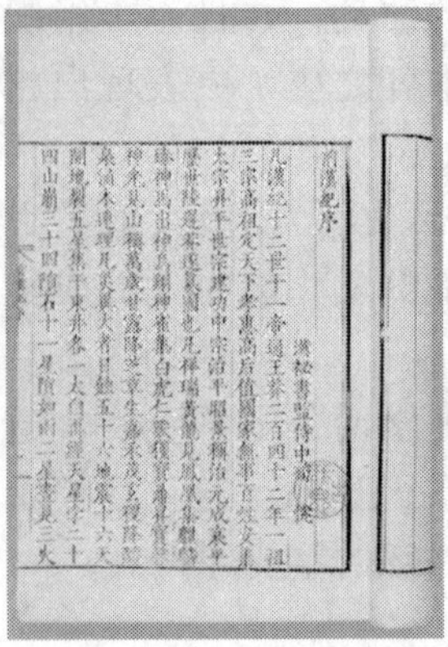

图3-2 《汉纪》

的国家大政、人物要事，以编年体方式予以编纂，起自汉高祖，止于汉平帝之后的王莽篡位。这是中国史学史上第一部皇朝编年体断代史。这是继班固创设纪传体断代史之后，又一史书编纂形式的创新，对后来史学的发展产生很大的影响。两晋南北朝时期，史学蓬勃发展，断代的编年史与纪传史竞相涌现，同样繁荣，此有得于荀悦撰著《汉纪》的成功示范。故刘知幾论述说："班、荀二体，角力争先，欲废其一，固亦难矣。后来作者，不出二途。……各有其美，并行于世。"① 当然，说史书的撰著皆为"班、荀二体"而"不出二途"，是不全面的，但就唐代之前史学发展的主流而言，编年体和纪传体两类断代史书，确实成为最重要、最核心的撰著方式。且编年体史籍更比纪传体易于成书，便于尽快地记述一代政权的兴亡事迹。而为了避免史事的记述过于分散，荀悦采取了新的撰写方法，例如《孝文帝纪》记载淮南王刘长杀审食其，用"初"字综述刘长的身世与经历，这是追叙由来的方法；在刘邦初见张良时，将张良的生平简历予以介绍，这是集中概述的方法；在张骞封博望侯时记述他出使西域，而连带记述西域各国的情况，这是连类并叙方法。这样，不仅原委齐备、脉络清晰，还可以将时间不明的内容写入，使一代之史更加完整、丰富，有力促进了编年体史书编纂的进步，这是荀悦《汉纪》对于史学的贡献。

刘知幾还说东晋初年干宝编撰编年体西晋断代史《晋纪》，首先"重立凡例"，带动了邓粲、孙盛等编年史作者也都立有撰史条例，"史例中兴，于斯为盛"②。干宝《晋纪》已佚，其凡例不存，但可以确知他拟定凡例也是得自荀悦《汉纪》的启示。《汉纪》虽然没有在卷首单撰一篇"凡例"，但提出了史书"立典有五志"的理论，并且申明了《汉纪》所要记载的主要内容：

> 凡《汉纪》，有法式焉，有监戒焉，有废乱焉，有持平焉，有兵略焉，有政化焉，有休祥焉，有灾异焉，有华夏之事焉，有四夷之事焉，有常道焉，有权变焉，有策谋焉，有诡说焉，有术艺焉，有文章焉。斯皆明主贤臣命世立业，群后之盛勋，髦俊之遗事……虽云撰之者陋浅，而本末存焉尔，故君子可观之矣。③

这些论断直接启发了干宝，《史通·书事》篇指出："昔荀悦有云：立典有五志焉……干宝之释'五志'也，体国经野之言则书之，用兵征伐之权则书之，忠臣、烈士、孝子、贞妇之节则书之，文诰专对之辞则书之，才力技艺殊异则书之。"这里引证的一系列"则书之"，必为干宝撰史凡例的内容，据刘知幾所论，干宝应已表明他是发挥了荀悦之说而拟定的凡例，可见荀悦在编年体断代史的编纂学上，已经奠定了相当完备的基础。

---

① 史通：卷二：二体//浦起龙．史通通释．上海：上海古籍出版社，1978：29.

② 史通：卷四：序例//浦起龙．史通通释．上海：上海古籍出版社，1978：88.

③ 张溥．汉魏六朝百三家集：卷一七：荀悦集：汉纪序．影印文渊阁《四库全书》本．台北：商务印书馆，1986.

二、荀悦的历史观念与史学理论

荀悦的历史观念与他对西汉政治得失的评论紧密地联结在一起，在《汉纪》的记述中间，随机以“荀悦曰”为标示发表了许多历史议论，表明其政治见解；在政论著述《申鉴》中，也有大量历史事例的引证，基本承袭了先秦以来政论与史论结合的传统。荀悦的政论与史论，兼具宏观概括和具体评析，词语通畅，后人评之曰“论辩多美”。

荀悦试图宏观地探讨历史变动的原因，也首先是从天人关系上思考，他认为：“夫通于天人之理，达于变化之数，故能达于道。故圣人则天，贤者法地，考之天道，参之典经，然后用于正矣。”① 但与司马迁“究天人之际”的结果不同，他对天人感应之说基本信从，他引证历史上的灾异与史事，认为世事的成败、吉凶，“灾祥之应，无所谬矣……犹天回日转，大运推移，虽日遇祸福，亦在其中矣”②。而刘邦建立汉朝，则为“历数所授，神祇所相……夫帝王之作，必有神人之助……焚鱼斩蛇，异功同符，岂非精灵之感哉！”③ 这些论述，表现出很浓的天人感应和天命论思想倾向。但荀悦作为历史学家，也能对人事予以充分的重视，认为统治者应当整顿纲纪，立政建制，以积极的态度处理国务，谁也不能委于天命而推却责任。为了解决天命与人事间的矛盾关系，荀悦主张“天人三势”之说，即“夫事物之性，有自然而成者，有待人事而成者，有失人事不成者，有虽加人事终身不可成者，是谓三势。凡此三势，物无不然……是以推此以及天道，则亦如之”。大约“自然而成”“虽加人事终身不可成者”，可以归之天数、天命，但人们还可以在“待人事而成”“失人事不成”两种事物上努力作为。不过“凡三势之数深不可识，故君子尽心力焉，以任天命”④，即在任何事物上都应当积极作为。经过这样的迂回论述，荀悦的思想最后还是以历史的人事观念为主导。

荀悦主张严格地执行儒学经典所规定的礼制，主张恪守儒学专制思想体系为指导的纲纪、制度，《汉纪》的史论在居丧及男尊女卑等问题上都尖锐地批评了西汉朝廷的违礼行为。这与《后汉书》记述的荀爽的议论完全一致，可以看出荀爽对荀悦有很深的影响。荀悦对西汉皇帝的批评，颇具毫不隐讳的笔法，如批评汉文帝不用贾谊等贤才，慨叹“知贤之难，用人不易，忠臣自古之难也。虽在明世，且犹若兹，而况乱君暗主者乎！”批评汉武帝“奢侈无限，穷兵极武，百姓空竭，万民疲弊”。其他对汉帝行为的批评、对汉朝制度的指摘，时时现于笔端，表现了直书实录的精神。但批评的出发点乃是维护统治者的根本利益，这种政治历史观可以从他对“游侠”等人物的评论中略见一斑。荀悦说：

> 世有三游，德之贼也。一曰游侠，二曰游说，三曰游行。立气势，作威福，结私交，以立强于世者，谓之游侠。饰辩辞，设诈谋，驰逐于天下，以要时势者，谓之游说。色取仁以合时，好连党类，立虚誉以为权利者，谓之游行。此三游者，乱

---

① 汉纪：卷二三：孝元纪三. 北京：中华书局，2002：408.

② 汉纪：卷六：高后纪六. 北京：中华书局，2002：86.

③ 汉纪：卷四：高祖纪四. 北京：中华书局，2002：57.

④ 同②.

之所由生也，伤道害德，败法惑世……国有四民，各修其业，不由四民之业者，谓之奸民，奸民不生，王道乃成。[①]

司马迁《史记》有《游侠列传》，专门记述行侠仗义之人，而多加表彰，已述于上文。班固《汉书》仍立《游侠传》，将一些豪强暴徒混入，毁坏了司马迁的标准，但未对游侠肆意诋毁。而荀悦则一律归入“奸民”之列，视若仇敌，其皇权专制主义立场和思想极其明显。

荀悦的史学理念与其政治观点、历史观念相联系，必然以维护官方统治的根本利益为依归，从而发展了传统的史学思想，将其推进到理论化的阶段。

荀悦具有强烈的以史为鉴观念，《汉纪》的编纂宗旨就是“爰著典籍，以立旧勋，综往昭来，永监后昆”[②]。但这还不是他的史学理念的核心，理论性地论定撰史的规范和史学的总功能，才是荀悦关注的要点。对于撰史的内容规范，荀悦论道：“夫立典有五志焉，一曰达道义，二曰彰法式，三曰通古今，四曰著功勋，五曰表贤能。”他认为有此五项，就是“天人之际，事物之宜，粲然显著，罔不能备矣”[③]。“达道义”是指史籍要通达儒学思想体系倡导的根本原则；“彰法式”是要史籍彰明国家纲纪与符合纲纪的制度，这当然也包括批评不合纲纪的鄙陋政体，但主要还是突出记述正面的内容；“通古今”是要讲明社会历史演进的源流；“著功勋”“表贤能”是指对国家有功勋、品德高、能力强的人物应当记载和表彰。

此“五志”单看每一项，都具有历史记载的合理性，而总括起来可以发现，它排斥了司马迁乃至班固撰史的许多丰富内容，例如历史人物方面，所谓“著功勋”和“表贤能”，都是表彰皇朝统治的得力维护者而已。《申鉴·时事》说：“史官使掌典其事，不书诡常，为善恶则书，言行足以为法式则书，立功事则书，兵戎动众则书，四夷朝献则书，皇后、贵人、太子拜立则书，公主、大臣拜免则书，福淫、祸乱则书，祥瑞、灾异则书。”所言记载的事项大致符合“五志”的原则，而且朝廷大量琐碎事务以及祥瑞、灾异都在“则书”之内，那么“不书诡常”究竟是指哪些内容？荀悦没有解释，看来应当是根本上不利于或无关于朝廷政治统治的历史现象，他所提倡的历史记载范围是十分狭窄的。“五志”中的四项既然皆为官方政治范围内的狭窄内容，那么语意含糊的“通古今”，也不过是政治成败的古今演进而已。荀悦“立典有五志”的史学理论，高度概括和凝练了最适于皇朝政治需要的历史记载内容，反映了更加把史学推向政治附庸地位的一种倾向。

关于史学的社会功能，荀悦有十分经典的论述：“君举必记，臧否成败，无不存焉，下及士庶，等各有异，咸在载籍。或欲显而不得，或欲隐而名章，得失一朝而荣辱千载，善人劝焉，淫人惧焉，故先王重之，以嗣赏罚，以辅法教。”[④] 在谈到自撰《汉纪》时，自称“惩恶而劝善，奖成而惧败，兹亦有国之常训，典籍之渊林”[⑤]。

---

① 汉纪：卷一〇：孝武纪一. 北京：中华书局，2002：158.

② 张溥. 汉魏六朝百三家集：卷一七：荀悦集：汉纪序. 影印文渊阁《四库全书》本. 台北：商务印书馆，1986.

③ 汉纪：卷一：高祖纪一. 北京：中华书局，2002：1.

④ 荀悦. 申鉴：时事第二. 影印明文始堂黄省曾注释刊本. 上海：上海古籍出版社，1990：18-19.

⑤ 同②.

这里的论断，除先秦以来早已有过的论说之外，值得注意的新的阐发是：其一，史学具有“以嗣赏罚，以辅法教”的作用，即人员在得到朝廷的赏赐或处罚之后，还有史籍随后记上一笔，这样，历史记载就成为接续朝廷赏罚的道义性“赏罚”，有辅助“法教”的效用。这个见解是十分深刻的。其二，历史记载的史学机制，可使人“得失一朝而荣辱千载”，这揭示了史学、史籍所具备的对人生价值的终极性判定，将史学的功能推拓为无限的时间延续，而不止于现实社会的鉴戒作用。这个论述深刻、精辟，达到高度抽象的理论性层次。但是，对史学社会功能的这种表述，不仅彻底抛弃了司马迁“成一家之言”的个性精神，也淡化了史学在如实记载史事基础上的相对独立地位与学术性能。这是站在朝廷立场上，将史学予以“理想化”的理论，得到历代统治者的赞扬，但却难以完全实行。

三、独立的私家史书《吴越春秋》与《越绝书》

汉明帝至汉章帝时，会稽山阴人赵晔撰有《吴越春秋》12卷，记述战国时吴、越史事。《吴越春秋》一书久已残缺，难窥全豹，从现存内容和历代评介来看，是一部颇具史料价值的史籍，所载战国时期吴、越史事，多有详于《史记》之处，且文笔生动，但记述也存在错误和失实的内容。《吴越春秋》的编纂方式以及作者的立场、思想，早被历代学者注意，即“内吴外越”。书中记载吴国之篇，用“内传”为题，而越国则使用“外传”，如《勾践阴谋外传》，题目即含贬斥。记述越王勾践，行文中颇有揭露和讥刺，尊重吴国、贬抑越国的思想十分显然，这是本书作者个人的历史独见。赵晔其人在《后汉书》中有简短的传记：“赵晔字长君，会稽山阴人也。少尝为县吏，奉檄迎督邮，晔耻于厮役，遂弃车马去。到犍为资中，诣杜抚受《韩诗》，究竟其术。积二十年，绝问不还，家为发丧制服。抚卒乃归，州召补从事，不就。”

赵晔主要是比较了吴王夫差和越王勾践，内吴外越是出于贯彻《韩诗》的崇重礼、义精神。《韩诗》之学自西晋之时衰微，及今《韩诗内传》佚失而《韩诗外传》尚有遗存，该书反对“好利多诈”“废义而行诈”，更特别主张：“礼、义节奏齐乎朝，法则度量正乎官，忠信爱利行乎下。行一不义、杀一无罪而得天下，不为也!”① 以这样的政治价值观来品评吴越争霸的诸多事件，是越王勾践诈伪甚多，不义之举极其严重，其为人残忍刻毒、无情无义，虽最终取得灭吴称霸的胜利，以礼义标准衡量，仍须加以贬抑。总之，《吴越春秋》作者赵晔，是东汉时较有学术素养的学者，故本书记述很有条理，逻辑思路清晰，语言叙述顺畅。至于其中收载有不确史事和神异传说，乃是作者立意网罗故事，兼存异闻。是书对历史人物有所轩轾，但仅以编纂形式之内吴外越以表达意旨，并未多发史论。

现存另一史籍《越绝书》，与《吴越春秋》内容相类，但其撰述目的是“欲以贬大吴、显弱越之功”②，与《吴越春秋》对峙。赵晔作为越地会稽之人竟然撰写了贬低越国之书，必当引起当地乡绅的气愤，《越绝书》即因此而编纂，他们组织策动和出资运

① 许维遹．韩诗外传集释：卷六第二十三章．北京：中华书局，1980：229．按：原标点有误，今改之。

② 越绝书：卷一：外传本事．乐祖谋点校本．上海：上海古籍出版社，1985：2.

作，但也聘请了稍有文名之读书人。然而霸道的乡绅们不许主要编纂人署名于书，因而该书最后的《篇叙外传记》中，用东汉时畅行的隐语方式道出作者姓名："以去为姓，得衣乃成，厥名有米，覆之以庚……文属辞定，自于邦贤。以口为姓，丞之以天，楚相屈原，与之同名。"明代学者杨慎解读为两个作者，即袁康、吴平，此说确然无误。但隐语还说出袁康早亡，实际修成此书者为吴平。吴平在全书将成之际亦病逝，其门生所撰《篇叙外传记》言吴平去世之时是"年加申酉"，既申年患病，次年酉年病逝。又将吴平撰成《越绝书》比拟为孔子获麟，而孔子获麟乃是庚申年，加之称吴平是"更始"之年以来乃"百岁一贤"，这里的"百岁"是个实际数字而并非约略之数，否则在东汉时期，缘何非要用"更始之元"计算年时？综合推断，则吴平于东汉安帝永宁元年（庚申年，120）完成《越绝书》主体，随即卧病，次年辛酉（121）病逝，其学生辈整理此书并且撰写《篇叙外传记》，置于卷末，时为汉安帝延光元年（122），距更始元年（23）恰为百岁①。

《越绝书》的记事多有与《吴越春秋》相同者，明显是抄自《吴越春秋》，而且是抄得丢三落四。也有自行搜采事迹和传闻者，不乏史料价值。但内容比较芜杂，编纂混乱，既袭用"内传"与"外传"的名目，却不解此中的含意，于是吴、越两国都各有内、外，随意划分，实属拙劣，整体上显示为乡曲陋儒之作。但《吴越春秋》与《越绝书》撰述水平虽有高下，二书各有不同立场和历史见解，皆自拟编纂方式，表达作者个人的历史独见，各自具有撰史的个性精神。这说明在东汉之世，私家独立地编纂史籍仍有存续，并未完全泯灭。

四、中国古代传统史学基础的奠定

从西汉至东汉整个史学的发展，取得史学史上显著的成就，但这些成就的总和，是通过一个大的迂回，最终奠定了中国古代传统史学的思想基础与编纂学基础，开启了后代难以改变的基本发展方向。除了前文已经论述的重点问题之外，这里有必要将两汉史学发展的一些具体现象简略条述，从中可以看出史学发展演变的轨迹。

汉宣帝时，司马迁外孙杨恽公布《太史公书》，随即出现褚少孙等十余人先后接续撰写的活动，延至东汉之初。这反映了司马迁对于史学影响之巨大。

汉成帝时，刘向主持整理国家图书，同时撰写了《列女传》《新序》《说苑》等书，前者为史籍，后两种是采集古来人物事迹以立说。据称《列女传》"以著祸福荣辱之效，是非得失之分"②，向朝廷提供鉴戒。可见在西汉学者中，撰史提供鉴戒的观念仍很浓厚。

东汉光武帝时，卫宏撰成《汉旧仪》四篇，记述西汉杂事，见于《后汉书·儒林传》。这是东汉早期撰述西汉史事的一个独立活动。

光武帝时，桂阳太守卫飒"约史记要言，以类相从"③，撰《史要》10卷。这里所

---

① 乔治忠.《越绝书》成书年代与作者问题的重新考辨.学术月刊，2013（11）.

② 初学记：卷二五：器物部上.北京：中华书局，1962：599.

③ 隋书：卷三三：经籍志二.北京：中华书局，1973：961.

说的"约史记要言"，是对多种史籍内容的摘引，不是专用司马迁之书，因其书尚未称为"史记"。《史要》是一部历史内容的类纂之书，便于一般人读而引用，表现了编写史籍提供学者运用的编纂意图。

汉和帝时，郎中杨终"受诏删《太史公书》为十余万言"①，这是朝廷动手删节司马迁《史记》的记录。

汉顺帝时，应奉"删《史记》、《汉书》及《汉记》三百六十余年，自汉兴至其时，凡十七卷，名曰《汉事》"②。《汉事》之书，是首见的私家利用官修《东观汉记》修史的记载。另有侯瑾撰《汉皇德传》30 篇，亦取材于《东观汉记》。

汉桓帝时，伏无忌参修《东观汉记》，同时自纂《伏侯注》（又称《古今注》），"其书上自黄帝，下尽汉质帝，为八卷"③。虽过于简略，但该书是一部贯通古今的通史，而且利用了官修的《东观汉记》资料。可见司马迁开创的纂修通史的史学意识，并未泯灭。

汉献帝时，应劭撰《汉官仪》《汉官礼仪故事》等多种著述，使汉朝典制得以为后世所知。

以上述及的史籍，多已佚失不存，但却在史学的发展中发挥了作用，其中许多资料，被其他史书采用，使许多历史史实免于湮灭，更使古代的史学意识接续传承，成为史学基础的奠定过程中的大小环节。

司马迁《史记》的面世，不仅引发史书编撰的显著发展，而且导致了颇多的评论。西汉末扬雄不仅续写汉史，而且在《法言》各篇多有评论《太史公书》之语，如称之"实录"，也指出司马迁记史"爱奇"，批评其见解"不与圣人同，是非颇谬于经"④。东汉之初班彪更有对史书的综合评论，认为史籍的功用在于"今之所以知古，后之所由观前，圣人之耳目也"⑤。但对于司马迁，一方面称为"良史之才"，另一方面则指斥他思想离经叛道，班固的批评大致与其父班彪同。这些都显示了主流学者既要仿从《史记》的编纂方法，又要反对司马迁的思想观念。而对史籍特别关注的汉明帝，则发表了代表官方的评论："司马迁著书，成一家之言，扬名后世，至以身陷刑之故，反微文刺讥，贬损当世，非谊士也。"⑥ 其影响不可低估，这应当反映了东汉统治者决心由官方纂修本朝纪传史的内在导因。

由上述汉代史学现象可以得见，无论是官方纂修国史的创始，还是荀悦史学理论的表述，都有其积累的过程。两汉时期的史学，固然不能按照司马迁的道路前进，但也未被官方绝对垄断，史学思想也未呈僵化的状态。因此，两汉传统史学基础奠定的结果，主要表现于以下几个方面：

第一，《东观汉记》的纂修，使中国古代具备了官方史学与私家史学两条相互联系

---

① 后汉书：卷四八：杨终传．北京：中华书局，1965：1599.

② 后汉书：卷四八：应奉传唐李贤注．北京：中华书局，1965：1608.

③ 后汉书：卷二六：伏湛传唐李贤注．北京：中华书局，1965：898.

④ 扬雄．法言：卷一．文渊阁《四库全书》载司马光集注本.

⑤ 后汉书：卷四〇上：班彪列传上．北京：中华书局，1965：1327.

⑥ 班固．《典引》序//严可均．全后汉文：卷二十六．北京：商务印书馆，1999：256.

的发展轨道，这成为史学极其繁荣发达的重要原因。官私修史的互动，在东汉时期即已明显地表现出来。

第二，编年体和纪传体成为撰写历史的最重要体裁，在历史编纂学上形成较为成熟的规范，特别是编年体和纪传体断代史，都具备了成功的样板，即《汉书》与《汉纪》。

第三，历史观与史学思想大体上与儒学思想体系和皇朝的根本利益保持一致。

第四，先秦以来以史为鉴、以史辅政、以史教化、以史惩劝等史学经世致用功能，成为撰史宗旨的根本理念。历史记载对于人生终极关怀的观念，已经融入社会意识。荀悦的史学理论，集中地体现了以官方思想体系为主导价值的取向。

第五，汉代奠定的传统史学没有否定记史求真的理念，而是明确地得到保持，有时还有所强调，这表现于对司马迁"不虚美、不隐恶"的普遍肯定。而对于私家撰史的个性精神，只要不严重伤及统治者利益，仍然有所容忍。司马迁撰史所高调标举的"成一家之言"的宗旨，潜在地存于史家心底。

整个中国古代的史学，大致就建立在汉代形成的史学基础之上，史学经世功用、统治者的利益要求，与求真务实的史学理念之间存在着对立统一的矛盾，这对基本矛盾，在官方史学与私家史学互动互补但时有冲突的运行机制中斗争、磨合与调整，成为中国古代史学发展的内在动力。

思考题

1. 《史记》产生的社会条件与文化背景是什么？
2. 说说司马迁与班固史学思想的异同。
3. 《东观汉记》的纂修在中国史学史上的意义是什么？
4. 怎样认识荀悦的史学思想？
5. 两汉时期奠定了中国古代怎样的史学基础？

第四章

多方探索的三国两晋南北朝史学

三国两晋南北朝这一较长的历史时期内，除西晋有短期的统一局面外，长期处于政权分立、相互战争和社会动荡的状态。政治的不稳定自东汉末年黄巾军起事开始，随后众多军事政治势力相互角逐，经兼并战争而形成了曹魏、孙吴、蜀汉三个政权的鼎立局面。三国时期是一个很特殊的历史阶段，留下不少历史学需要面对的问题。西晋的统一在地域范围上并不广大，而且时间较短，西晋的“八王之乱”是一场大规模宗室内战，接着是少数民族军事力量迭兴，残酷的战争与屠杀此起彼伏，晋室被迫南迁，其政权史称东晋。而各个少数民族政权在北方纷纷建立，且兴灭无常。氐族的前秦政权曾经取得较大的势力范围，但很快失败，后来北魏建立基本统一北方的政权，南方则上演改朝换代的“禅让”戏剧，刘宋取代东晋，南北各自具有较大范围的政权，此为南北朝时期。此后这种局面继续上演，南方政权宋、齐、梁、陈接连“禅代”，北方的分裂、战争及吞并相继交替，北魏分裂为东魏、西魏，随后分别由北齐、北周取代。同时，南北之间亦频频交战。这种不安定的政治和不断发生的战火，对经济的发展具有破坏作用，但是总体上却没有阻碍文化、学术的发展，包括史学在内的学术文化反而有所兴盛，这是值得注意的历史现象。

> 褚季野语孙安国云：“北人学问，渊综广博。”孙答曰：“南人学问，深通简要。”
>
> ——《世说新语·文学第四》

第一节　史籍编纂形式与内容的多样化

一、史学蓬勃发展的原因

在中国古代，史学产生虽然很早，但汉朝之前正式历史著述数量较少，两汉时期数量增多，乃起到基础奠定作用，至三国两晋南北朝时期才算得上繁荣发展。据《隋书·经籍志》著录的史籍粗略统计，隋时的历史书籍已经达到870多种，16 550多卷。其中除了汉末之前的40多种以及隋朝撰写的10多种史籍之外，余下的800多种史籍都是撰写于三国至南北朝时期。此外，还有一些今天应当视为史籍、当时列为“经部”之书者。这800多种史书，形式多样，内容纷繁，有不少是属于官修，而更多的属于私修，显示了史学发展多方向探索的趋势。史家数量极多，撰写一个朝代的史书往往同时具有多名作者，甚至同名史籍如《晋纪》之类也接踵而出，史学发展之数量的繁盛由此可知。

三国至南北朝的史学兴旺，其原因概言之有如下几点：

第一，史学本身既经两汉时期奠定了基础，就有一个进一步发展的趋势。自《史记》在汉宣帝时被司马迁外孙杨恽公布于世，影响很大，引发多人续补，汉元帝时褚少孙（褚先生）的续写、修补值得注意。此后刘向父子、冯商、扬雄、卫衡等十多人做过续写，班彪为其中之一。这说明撰史得到文人学者的很大关注和投入。东汉明帝时受《史记》与班固正在撰写的《汉书》启示，官方开始纂修本朝纪传体国史，即《东观汉记》，形成官私史学双轨并进、互补互益的发展模式，在中国史学发展史上意义重大。此后，撰著史书与研治《史记》《汉书》的学者络绎不绝。荀悦撰著《汉纪》以及提出史书“五志”等理念，标志传统史学在实践和理论上都奠定了基础。这样，史学在中国古代的发展就具有了内在的动力，其表现之一，就是无论官方抑或私家，都表现出较强的撰史意识，官方的记史、修史活动，在东汉政权已有的基础上进一步制度化、组织化，私家撰史则形成了动态发展、持续增强的史家群体。

第二，政权分立、政治不稳定时期，专制主义国家对文化事业的控制不得不有所松弛，思想、学术、文化可能获得发展上较大的自由度。这个时期外来思想文化（如佛学、少数民族文化）得到传播，玄学思想兴起。玄学崇尚自然，反对礼法对人的束缚，张扬个性，起到某种观念解放的作用。虽然这对史学发展没有直接的促进作用，但思想观念有所解放的文化背景，也会渐渐影响史学以不拘旧格的方式谋求新的探索。在这个历史时期，史籍数量剧增和史籍种类的多样化，是十分显著的特点，史家撰写史书已经不是以模仿先前史著为主导意识，而是力图有所开新、自成特色，即使是断代的纪传史与编年史，形式与内容也呈现了许多不同于《汉书》《汉纪》的景象。

第三，由于士族门阀势力强化，选官任职的“九品中正”制度，演化成许多官职仅按出身门第选任的状态，读书治学在仕途上作用消减，做了官的士族人士也不务政事。于是，文人学者多依个人兴趣投身于文化、学术、艺术之事。这时期出现许多文学、科学（如祖冲之）、书法（如王羲之）、绘画（如顾恺之）方面的名人，成就骄人。士族、庶族读书人都不大靠研习经学典籍作为进身之阶，他们可以从事自己感兴趣的文化事业，自然会出现较多的、各个方面的著名文人、学者，促使文化繁荣。史学是学术文化之重要组成部分，吸引大批学者投入，是理所当然之事，而战争和政权的交替局面，也比政治稳定时期能够产生更多引人注目的历史性事件，激发人们记述史事、撰写史著和予以评论。

第四，纸的制造与使用的推广，也为撰写篇幅较大的史著提供了优良、方便的物质条件，成为史学发达的重要原因之一。我国古代自西汉就已发明造纸技术，东汉时期蔡伦发明以麻头、旧渔网等廉价原料造纸，是工艺的一大飞跃。但纸张作为书写载体的推广使用，则在三国两晋南北朝时期，这对于文化的发展推动作用极大，特别是部帙较大的史籍编纂，纸的制造和使用显得尤为重要。

三国至南北朝，从史籍产生的数量和种类来看，的确可以称为史学发展的繁荣时期，但这种繁荣与后来的唐宋时期有所不同，主要特点乃是一种非稳定性的、多方向探索性的繁荣状况，因而大量的史书编纂成果，在包含颇多新颖形式和内容的同时，也带有较多的驳杂、粗糙、不成熟、不完整的特征，必将在此后史学发展进程之中、史学的社会运行机制之内经受大浪淘沙式的洗练，结果多数史籍遭受了佚失不传的厄运，这种整体上的后果乃是无可避免的。而佚失的史籍中也令人遗憾地包括一些优秀的著述，这些著述也曾经对史学的兴旺、史学方法的进步起到了重要的促进作用，参与构建了中国史学史发展链条上的大小环节。

二、编年体史书的编纂

按时间顺序记载史事的编年体史籍，是一种依照客观历史之自然状态进行编纂的方式，具有线索明晰、易于掌握的显著优点。自先秦《左传》与汉末荀悦《汉纪》作出成功的著述典范，在此基础上，三国两晋南北朝时期有显著的发展，仅据《隋书·经籍志》与《史通·古今正史》的记述，即可领略编年体史书的大量涌现。

断代的编年史，如张璠《后汉纪》30 卷、袁宏《后汉纪》30 卷、袁晔《献帝春秋》10 卷、孙盛《魏氏春秋》20 卷及《晋阳秋》32 卷、阴澹《魏纪》12 卷、陆机《晋纪》4 卷、曹嘉之《晋纪》10 卷、干宝《晋纪》23 卷、邓粲《晋纪》11 卷、刘谦之《晋纪》23 卷、王韶之《晋安帝纪》10 卷、徐广《晋纪》45 卷、郭季产《续晋纪》5 卷、檀道鸾《续晋阳秋》20 卷、裴子野《宋略》20 卷、王琰《宋春秋》20 卷、吴均《齐春秋》30 卷、王逸《齐典》5 卷、崔子发《齐纪》30 卷、刘璠《梁典》30 卷、何之元《梁典》30 卷、萧韶《梁太清纪》10 卷、姚最《梁后略》10 卷等等。这些史书继荀悦《汉纪》之后，逐次记述各个皇朝的史事，而且每一朝代不止一种，是本时期编年史著述的主体，这其中有的史书仅记述了一两位皇帝在位期间的史事，并非完整的断代编年史。

此外，还出现非断代的编年史，如孔舒元《汉魏春秋》9 卷、习凿齿《汉晋春秋》47 卷，跨越两个皇朝，萧方等《三十国春秋》为分国别而共纂一书。还有一些名为“起居注”的史籍，并非朝廷的原始记载，而是经过后人的整理纂辑，实际类似于资料性的编年史，例如东晋李轨编辑的《晋泰始起居注》20 卷、《咸宁起居注》10 卷，宋刘道荟编辑的《晋起居注》322卷等。

上述各书除袁宏《后汉纪》之外，其他皆无完整存本，但从辑佚所能得见的各书片断内容，可以发现许多已经佚失的编年史，实际作出了史学方法的探索和创新，其成就十分突出，曾经有力地推进了中国古代历史编纂学的发展。主要表现为以下几点：

（1）用自注方式补述史事细节。据刘知幾《史通·载言》篇记述，干宝在准备编纂《晋纪》之初，就拟定正文应当简要，而用自注来补充一些事件的细节，“于时议者，莫不宗之”。

（2）多发历史评论，而且数量较多、篇幅较大，远过于《左传》《汉纪》。袁宏《后汉纪》、孙盛《魏氏春秋》、干宝《晋纪》等尤为典型①。

（3）录入不少历史文献。这似乎仿照了纪传体《史记》《汉书》的做法。如《汉晋春秋》抄录袁绍致公孙瓒书、司马昭《与孙皓书》等长信，《晋阳秋》录桓温《荐谯秀表》、陆机《五等诸侯论》等长文②，《魏氏春秋》全文抄录了曹植的长诗《赠白马王彪》、曹冏的长篇上书，等等③。

（4）撰写史书之初，就先预定义例，成为较为普遍的做法，反映出历史编纂学在走向成熟。刘知幾《史通·序例》指出：“唯令升（干宝字令升）先觉，远述丘明，重立凡例，勒成《晋纪》。邓（粲）、孙（盛）已下，遂蹑其踪，史例中兴，于斯为盛。”④

（5）多记述人物的言行事迹，力求兼取纪传体史书之长。今存《后汉纪》中，对人物生平事迹的叙述比比皆是，均由某项史事牵涉出某个人，随即连带评述。例如卷九记述“陇西太守邓融下狱死”，引出邓融的故吏廉范，随之以700多字叙述廉范的家世、生平和孝行义举，并且袁宏还作了评论。这种类似人物小传的内容，在《后汉纪》篇幅上占很大比例。其他编年史虽然佚失，但从辑佚文字中亦可看到人物小传性质的内容，例如干宝《晋纪》遗文有对何曾职任、言行的记述，《汉晋春秋》有记述庾冀言行、事迹的遗文，《晋阳秋》有对刘弘生平、事迹、履历、言行的集中叙述，《续晋阳秋》有对刘牢之家世、履历、职位的叙述，《晋安帝纪》有王国宝的小传，等等⑤。总之，编年史内容的这项新发展在许多撰述中普遍采用，但其产生的脉络还有待深入考订。

另外，继承和发扬了荀悦《汉纪》的方法，广泛运用追叙、连类、集中概述的方法记述史事，弥补了编年体编纂方法容易割裂史事来龙去脉的缺陷。这些历史编纂方法的推广，对于编年体史籍的发展起到承前启后的良好作用。

袁宏《后汉纪》30卷，是这个时期唯一完整留存至今的编年体史著。袁宏（约328—376），字彦伯，东晋时阳夏（今河南太康）人。曾任大司马桓温府记室，官至东阳太守。《后汉纪》以8卷记述汉光武帝一朝事迹，以8卷记述东汉末灵帝、献帝两朝事迹，明显是将考察政权的勃兴与衰亡作为史书的重点内容。袁宏之前，已经有几部纪

① 袁宏《后汉纪》今存，标识为“袁宏曰”的史论甚多，且颇有篇幅很大之论。孙盛之书虽佚，但其史论尚有留存，司马光《资治通鉴》亦有所引录。干宝《晋纪总论》，则已是史论名篇。

② 乔治忠．众家编年体晋史．天津：天津古籍出版社，1989：16，70，190，219.

③ 《三国志》（中华书局标点本）卷一九、卷二〇裴松之注所引。

④ 史通：卷四：序例//浦起龙．史通通释．上海：上海古籍出版社，1978：88.

⑤ 同②304，83，143，282，436.

传体东汉史以及多种史传史料之书，更有张璠的编年体《后汉纪》，这些成为袁宏新作的资料来源。在《后汉纪·自序》中，袁宏申明本书的撰著缘起与宗旨，认为此前关于东汉的史书率皆“烦秽杂乱”，故应当纠正其“错谬同异”。他感觉《史记》《汉书》在史义方面均未完善，即使所要仿照的荀悦《汉纪》，也是“名教之本、帝王高义，韫而未叙”，因此其著书宗旨是“因前代遗事，略举义教所归，庶以弘敷王道”。因此，《后汉纪》并不重视历史资料的丰富多彩，而要以弘扬“义教”和“王道”为旨归，故突出记述与政治、礼法、道德相关的史事，并且多发篇幅较大的史论，将历史问题提高到名教思想根本原则的角度予以评述。

三、断代纪传史的撰述

断代纪传史有班固《汉书》的成功范例，至三国两晋南北朝时期不仅数量增多，而且形成体例上的一些新特点。东汉官修的《东观汉记》等史籍，为重新纂修后汉史提供较为方便的史料条件，因此先后有谢承《后汉书》130卷、薛莹《后汉记》65卷、司马彪《续汉书》83卷、华峤《后汉书》97卷、谢沈《后汉书》85卷、袁山松《后汉书》95卷、范晔《后汉书》90卷等多种撰述。三国之史，有王沈《魏书》、韦昭《吴书》、鱼豢《魏略》、陈寿《三国志》等。晋代之史著述多出，如王隐、虞预、何法盛、谢灵运、朱凤、萧子显、沈约等皆曾撰述，而最为重要的成书乃是南齐时隐士臧荣绪编纂的《晋书》110卷，包含西晋、东晋历史，分纪、录、志、传四体，内容全面、完整。南朝之史，有徐爰《宋书》65卷、孙严《宋书》65卷、沈约《宋书》100卷、萧子显《齐书》60卷、谢吴《梁书》49卷、许亨《梁史》53卷。十六国、北朝修史活动很多，史稿大多可以归属于编年体或纪传体断代史，但大多零落无成，重要成书者以魏收的《魏书》最为重要。

> 晋时巴西陈寿，删集三国之事，唯魏帝为纪……自是世有著述，皆拟班、马以为正史，作者尤广，一代之史，至数十家。
>
> ——《隋书·经籍志二》

断代纪传史留存至今者多于编年史，计有范晔《后汉书》以及司马彪《续汉书》八志、陈寿《三国志》、沈约《宋书》、萧子显《南齐书》、魏收《魏书》，编纂意旨和编纂体例，各有特点，展示了各自的史学探索。

（1）范晔的《后汉书》，是在多种东汉史籍已经成书的条件下，由范晔“广集学徒，穷览旧籍，删烦补略”①，而后精心修订，特别是参考了《东观汉记》与华峤的《后汉书》。范晔（398—445），字蔚宗，南朝刘宋时顺阳（今河南淅川南）人，以才学闻名，任太子詹事、宣城太守等职。宋文帝元嘉二十二年（445），因被告发参与彭城王刘义康谋夺帝位之事，按谋反罪处死。其《后汉书》原拟有志10卷，由他人为之草拟初稿，而未成之际，罪案已发，遂被毁坏，仅存纪、传90卷，其中10卷分为上下卷，实际为100卷。南朝梁人刘昭注释范晔《后汉书》，将西晋司马彪《续汉书》的八志（律历、礼仪、祭祀、天文、五行、郡国、百官、

① 史通：卷一二：古今正史//浦起龙．史通通释．上海：上海古籍出版社，1978：343.

舆服）共30卷附于其后，至北宋时被合为一书，以形成内容较为完整的纪传体东汉史，是为今传“二十四史”之一。范晔《后汉书》在类传体例上博取前此众书之长，故能类目比较周全，如《党锢列传》《宦者列传》，符合东汉政治的特殊状况，而所设《列女传》的标准是“但搜次才行尤高秀者，不必专在一操而已”①，这是应当肯定的历史见识。《后汉书》的史论是范晔撰著的用力之处，不仅笔势纵放、词语精练，而且颇具深湛见解，例如《儒林列传》文后之论对东汉儒学发展之利弊的分析，《酷吏列传》《宦者列传》对酷吏、宦官有褒有贬的评论②，都具有辩证思维的因素和实事求是的精神。

（2）陈寿《三国志》，全书65卷，有纪、传而无表、志。虽为一书，却分为相对独立的三个部分，即“魏书”“蜀书”“吴书”。陈寿（233—297），字承祚，西晋巴西安汉（今四川南充北）人，早年师从谯周，入晋任佐著作郎等职。本书为私下编撰，逝世后由朝廷录存。《三国志》编纂方针的显著特点是记述从简，对史事的择取十分严格，着重于军事、政治大事的叙述。记史简略的好处在于可以更有效地突出重点史实，可以摒弃难以考核的传闻异辞，也有利于传播和阅读，可以说陈寿取得了从简撰述纪传体史书的成功探索，为当时之人所赞许。但其内容单薄、资料贫乏是一大缺点，南朝宋裴松之以注释方式列述大量史事，起到了补救作用。《三国志》只给曹魏君主设立帝纪，表明他是以曹魏为正统政权，这在西晋的政治环境下可以理解，而分为相对独立的三书，则是对“帝魏”做法的稍有折中。陈寿原为蜀汉官员，总的看来，载笔中渗透着对刘备、诸葛亮的尊重和景仰，而某些据实记述却被后人指责为“厚诬诸葛”③，这是误会。但关于陈寿借修史向人“索米”的流言，则缺欠证据，且不合逻辑，无足采信。

（3）《宋书》100卷，纂修的历程很长，从刘宋文帝时期，即已开修国史，何承天、山谦之、苏宝生、徐爰等许多官员先后纂修，颇多成稿。南齐武帝永明五年（487），沈约始奉敕纂修《宋书》，仅一年间即成纪、传共70卷，随后撰写八志，于梁武帝天监年间成30卷，全书齐备。因此，沈约撰写的内容只是刘宋末期的纪、传和最后修订的典志，其中纂修八志是他最主要的贡献。沈约修史期间受到朝廷的监控，《南史·王智深传》就记载了齐武帝指示《宋书》撰写要对宋帝“思讳恶之义”，敦促沈约删削对宋孝武帝、宋明帝负面琐事的记述。《宋书》成稿，乃进献朝廷，篇末史论自称“史臣”，可见《宋书》实际属于官修之史。《宋书》八志有可称之处，《乐志》具有宝贵的史料价值，且叙述自秦汉开始，而《符瑞志》则始自上古，其余多从曹魏讲述，具有自觉的通贯古今、补前史之缺的意识。但书中宣扬天命论、佛教思想和迷信观念，极大地逊色于范晔《后汉书》鲜明的重人事的历史观。

沈约（441—513），字休文，吴兴武康（今浙江德清）人，出身世家大族，历南朝宋、齐、梁三代为官，为当时著名文人、学者。

（4）萧子显《南齐书》60卷，其中序录1卷今佚，存59卷，包括帝纪8卷、志8

① 后汉书：卷八四：列女传．北京：中华书局，1965：2781.

② 范晔的这些史论，认为儒学使君臣、父子纲常伦理深入人心，但各派儒术死守门户，迂腐固陋。对于酷吏，范晔称赞其中敢于“揣挫强势、摧勒公卿”的执法者，认为“风行霜烈、威誉喧赫，与夫断断守道之吏，何工否之殊乎？”对于宦者，范晔特别表彰“亦有忠厚平端、怀术纠邪”的吕强等人。

③ 史通：卷一一：史官建置//浦起龙．史通通释．上海：上海古籍出版社，1978：313.

篇11卷、列传40卷。萧子显（487—537），字景阳，是齐高帝之孙，与梁武帝也为远支同族，是当时很有才华的文人、学者。《南齐书》的纂修，承袭了先前檀超、江淹等人编纂齐史的成果，得到梁武帝的准许和支持。萧子显与沈约一样，撰述过多种史书，均佚失不传，史学思想也与沈约相近，《南齐书》内同样弥漫着迷信观念。

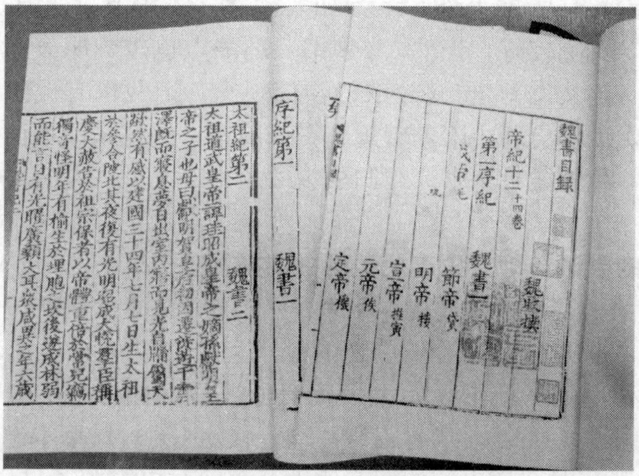

图4-1　《魏书》

（5）魏收《魏书》，记载北魏及东魏的史事。魏收（506—572），字伯起，小字佛助，钜鹿下曲阳（今河北晋州）人。在北魏、东魏、北齐三个政权为官，甚有才名。北齐天保二年（551）被任命纂修魏史。两年后，受命专力修史，不参政务。于天保五年撰成《魏书》130卷奏上。魏收修《魏书》乃承袭北魏多年纂修国史的成果，又有官方安排的几名史官参与，如刁柔、裴昂之、辛元植等，非其一人独撰，但立例取舍皆由魏收做主。书成，很快就毁誉纷起，众口沸腾。北齐文宣帝令魏收于尚书省与诸官僚世家子弟当面辩论，其后投诉者百有余人。北齐统治者随之惩治了一些诋毁者，也对魏收有所指责，又“敕魏史且勿施行”①。但未能压制住攻击，众口喧然，称之为“秽史”，这是彻底否定《魏书》的诬蔑之词。此后，北齐朝廷令魏收凡三次修改《魏书》，魏收卒后，又命史官再加修订②。可见《魏书》纂修始终是在北齐官方的控制之下，与沈约《宋书》一样是朝廷委任史家专责编纂，而属于官修史书。北齐灭亡之后，魏收的坟墓被因修史结怨的仇家发掘，将骨骸抛弃。

对《魏书》的评价，成为中国古代史学史上的一段公案，唐代李延寿在《北史》中对魏收略有辩解，而史学理论家刘知幾的《史通》就对魏收多所痛斥。今天看来，魏收《魏书》之所以遭到“众口沸腾”的攻击，是因为他将北魏、东魏许多高官、贵族的劣行记载于史册，这些人的后代在北齐仍然身居高位，势力很大。这种诬陷借助“秽史”这一词语的影响力而传播后世，令人闻声而不予以查实，还蒙蔽了像刘知幾之类的学者。实际上，《魏书》具有很多明显的优点：第一，内容丰富，由于魏收掌握充足的史

① 北史：卷五六：魏收传. 北京：中华书局，1974：2032.
② 北齐书：卷八：后主纪. 北京：中华书局，1972：107.

料，并且承袭北魏多年修史成果的积累，记人叙事都很详细。《魏书》有十志，特别是《食货志》，继承《汉书·食货志》的优点，经济资料详明，记载占田、均田制度的制定和实行，原委周备。《释老志》将当时北方佛教、道教的状况充分反映，资料宝贵。《官氏志》把官制与氏族结合起来，勾画出北朝士族门阀体制的概貌。第二，记述历史人物真实，除对北齐统治者有所虚美外，多为如实叙述，不隐其恶，且因此遭受攻击。第三，叙述条理清晰，文笔较好。当然，《魏书》的缺点也较为明显，例如没有记述西魏的历史，没有设立《艺文志》，包含较浓的迷信观念，记载也有偏颇、失实之处等，但总而观之，是一部优良的史著，隋朝曾重新纂修魏书，终究未能取而代之，唐初也曾试图重修，但仍放弃，魏收之《魏书》终归成为“正史”之一。

四、通史著述的尝试与地方史志及地理书的撰写

《史记》是我国第一部纪传体通史，《汉书》《汉纪》面世后断代史兴盛，史家竞相仿从。而在南北朝，也出现了对通史撰述的探求。典型事例是梁武帝倡导的编撰《通史》，“通史”的名称也是从此书肇始。梁武帝虽被后世称为“武帝”，其实颇为喜文，他命令吴均等史官编纂《通史》，“起三皇，讫齐代。（吴）均草本纪、世家已毕，唯列传未就，卒”①。梁武帝对《通史》的期望值极高，曾对史家萧子显说：“我造《通史》，此书若成，众史可废。”② 此书据称撰成620卷左右（一说480卷），但基本是抄纂已有的史籍内容，当然价值不大。

其他通史一类的撰述，有北魏宗室元晖的《科录》。他招募学者整理历代史事，以类相从，上起伏羲，下至于晋，达270卷。这是一部分类叙事的通史。分类述史，应当具有新意，可惜本书已经失传，不能得知其分类方法。近代以来不少史学家采用分类述史的方法，线索明晰，效果良好，如吕思勉的著述。

北魏还有张彝撰《历帝图》，起伏羲，终晋末，共5卷，实际类似于按年代排列的历史大事记，是一部历史知识的普及之书。

北朝周明帝组织文官80多人校勘经史，采摭众书“自羲、农以来讫于魏末，叙为《世谱》，凡五百卷”③。这部《世谱》应当是按朝代顺序编纂的通史。南朝陈学者顾野王撰有《通史要略》100卷④，这是又一部以“通史”为题的史著。此外，还有《华夷帝王世纪》30卷（杨晔撰）、《正史削繁》94卷（阮孝绪撰）等，皆为通史类撰述。

这个历史阶段产生的通史之书，都未能流传至今，足见撰写通史的成功率相当低，但史学上的这种探索精神，值得肯定。

地方史志、地理书也是此时期数量较多的书籍，《隋书·经籍志》将之皆著录于史部，称为“地理之记”。三国至南北朝时期，此类书籍知书名者有几十种，若计入唐初即已佚失及失名之书，则应达到200种左右。

地方史与地方志是有所区别的，地方史从结构、内容、主线上都具备史书的特征，

---

① 南史：卷七二：吴均传．北京：中华书局，1975：1781．

② 梁书：卷三五：萧子显传．北京：中华书局，1973：511．

③ 周书：卷四：明帝纪．北京：中华书局，1971：60．按：《北史》卷九《周本纪》，记载《世谱》“凡百卷”．

④ 陈书：卷三〇：顾野王传．北京：中华书局，1972：400．

如晋常璩《华阳国志》。地方志是以地理内容为主要线索，结构上也主要按地理问题予以安排，诸如山川、河流、物产、风俗、政区、关隘等，即内容和形式都以地理为主，如阚骃《十三州志》。但史、志二者又不能截然分开，地方史往往也涉及当地的地理内容，例如西晋潘岳撰《关中记》、陆机撰《洛阳记》，分别记述长安、洛阳的繁华状况及其演变，并叙述地理形势。而方志越发展也越增加了历史内容，到明清时期，学界开始逐步地将方志视为以记史为主，章学诚"方志为一方全史"的论断最为典型。另外，也有纯为地理内容之书，若《衡山记》《汉水记》之类，比较单纯地讲述山川、地貌、形胜、风土等内容。以上的区别不是绝对的，实际书籍的撰写，常常在内容上互相渗透。在中国古代，地理从来与历史密切相连，地理书籍属于史部地理类。至今历史学二级学科有"历史地理学"专业，其本意是以地理考察为线索和框架，探讨自然史与社会史相关联的学术问题。

这一时期的地方史志、地理书撰述形态复杂多样，有偏于一时一地、单项内容，也有结构完整、内容丰富者，有记述繁华内地，也有记述偏僻地区，乃至外国，如释法显《佛国记》等。更出现一些大部帙撰述或地理书汇编，如晋挚虞撰《畿服经》170 卷，陆澄《地理书》汇集此类书籍 160 种，后任昉又增入 84 种，编纂成《地记》252 卷。

这些史籍，至今留存者甚少，可言者有《佛国记》《洛阳伽蓝记》《华阳国志》等。

《佛国记》1 卷，东晋僧人法显（334—420）撰，成书于晋安帝义熙年间（405—418）。本书是法显一行自长安至天竺，一路经今印度、尼泊尔境内 30 多国，由水路返还到东晋的历程。写法如同游记，而内容记载了所到国度的地理、风俗、物产、政治、宗教等状况，有宝贵的史料价值，是最早的国际实地考察记述。

《洛阳伽蓝记》5 卷，后魏（东魏）人杨衒之撰，作者感于洛阳佛寺与佛教的昔日繁荣到时下衰败，摭拾旧闻，追述故迹。书中不仅记录洛阳曾经有过的大寺院 40 多个、中小寺院 40 多个，述其建筑及佛教活动，而且旁记周围宅第、官署，更记述北魏时期的政局变动等许多史事，为他书所缺载。卷五还抄录了后来已佚旧籍中北魏派人至西域求取大乘经的经历与见闻。因此本书极有史料价值。

《华阳国志》12 卷，是很重要的一部史籍，作者常璩，字道将，生卒年不详，出生于晋蜀郡江原（今四川崇州），成汉李势政权时任散骑常侍，执掌著作。入东晋，为桓温属下参军。《华阳国志》之撰成，大约在东晋穆帝永和四年（348）至永和十年之间。常璩还撰有其他史著，佚失。本书取《尚书·禹贡》"华阳黑水惟梁州"一语，记载地域主要为今四川、重庆和云南、陕西、湖北部分地区。第一至四卷依次为巴志、汉中志、蜀志、南中志，即分区记述行政地理沿革；第五至九卷记述当地政治和政权的历史演变；第十至十二卷乃关乎该地区历史人物的记载，是一部较为完整的地方史著述。很多史事为他书所无，很具史料价值。

五、人物传记与族谱编纂的繁兴

人物传记原为纪传体史书的重要内容，汉代偶有独立之作，如刘向《列女传》。至三国两晋南北朝时期，独立成书的人物传记如雨后春笋，仅《隋书·经籍志》著录者就有上百种。人物传记的撰写呈现出多种类的形式：其一是单人的"别传"，例如《曹瞒传》《管辂传》《荀彧别传》《孙资别传》《邴原别传》《曹志别传》[①] 等；其二是同类人物的合传，例如《高士传》《良吏传》《忠臣传》《竹林七贤传》等；其三是同一家族的人物合传，如《裴氏家传》《庾氏家传》《褚氏家传》等；其四是一个地区著名人物的合传，如《益部耆旧传》《襄阳耆旧传》《会稽先贤传》等。此外，还有随意拼合或汇集各种传记如《杂传》《人物志》等史籍。这些传记史籍无一完整留存者，但不少零散内容保存于《三国志注》等书的征引之中。

人物传记撰述的大量涌现，与当时的政治文化、社会意识息息相关。东汉以来选官任职，从察举制到三国两晋时期的九品中正制，都伴随着对人物的品评，促进了人们对各种人物生平事迹的关注。而政权分裂和政局变动频繁，削弱了人物依附于一个特定政权的意识，相反，区域意识、家族意识则有所加强，因此，各类独立成书的人物传记大行于世，形成此时期史籍发展的新景象。

与人物传记的兴旺相似，由于士族阶层门阀意识的影响，族谱、姓氏谱牒的纂修也畅行于世，数量剧增。《隋书·经籍志》著录族谱有《京兆韦氏谱》《谢氏谱》《杨氏谱》等。而门第出身既然与选官任职关联，官方及士族名流也就热衷于编辑姓氏总谱。《隋书·经籍志》著录多种《百家谱》，如王俭《百家集谱》10卷、贾执《百家谱》20卷等。这种书籍的编纂，需要对门阀、出身予以考订核实，遂成为一种“谱学”。《南齐书·贾渊传》记载：贾渊从其祖父开始，三代研治谱学，“凡十八州士族谱，合百帙七百余卷，该究精悉，当世莫比”，这是在朝廷支持下的编辑活动。南梁武帝曾诏令王僧孺“改定百家谱”，《隋书·经籍志》登录有王僧孺《百家谱》30卷、《百家谱集抄》15卷。士族门阀又重视“地望”，同一姓氏而籍贯不同也有高下之别，因此按地区编纂的族谱史籍亦不少见，如《益州谱》30卷、《江州诸姓谱》11卷等也见于著录。这些谱牒类史籍盛行一时，而至今无一留存，门阀体制及旧士族意识的兴衰，是根本的原因。

六、史注、史论与史评的发展

史书的注释之作可简称“史注”，这种史籍卓有特色的发展，是此时期史学的新景象之一。为书籍作注释解说，兴起在经学，汉代有京房、孟喜、费直、郑玄、马融、荀爽等多家注解《周易》；《诗经》则有汉代韩婴、毛苌、郑玄、马融、赵晔等人注释；《尚书》有郑玄、马融之注；《春秋左传》有汉代贾逵、服虔注释。这种治学方式会顺理成章地发展到对史书的注释，三国时期以后，在注经之作迅速增加的同时，史注也发展繁荣，出现了多种学术价值极高的杰作。

（1）韦昭《国语注》，前第二章已曾提到。韦昭（204—273），字弘嗣，晋以后又写作“韦曜”，三国时吴国人，曾任太史令、博士祭酒、左国史等职。因应答与修史不合旨意，被吴末帝下狱处死。韦昭以史学闻名，曾撰吴国《吴书》与通史性史籍《洞纪》等，久佚。《国语注》为其力作，书中参考和订正前人郑众、贾逵、唐固等人研治《国语》的成果，引证经史，创树颇多。对《国语》中的词语、人名、地名、典故、史事等予以简洁明快的解释，对了解与研究先秦文化与历史状况很有裨益。

---

① 以上书名多见于裴松之《三国志注》。

（2）杜预《春秋左氏经传集解》，是经学上的名著，但其主要内容是注释《左传》，今天看来与史注的区别不大，而且本书自面世以来，就对史学的发展起到了很大的影响。杜预（222—284），字元凯，京兆杜陵（今陕西西安长安区）人，西晋初政治家、军事家和著名学者，在平吴统一之战中建立功业，且有政治谋略和具体政绩，著书很多，但大部分失传。他的《春秋左氏经传集解》30 卷，将《春秋》与《左传》按年编汇在一起，对人物、地名、词语、典故、史事以及《春秋》《左传》的书法、义例等予以解说。其中颇有补充史事原委的内容。例如《左传》昭公二十六年注释对周幽王、惠王事迹的叙述，《左传》哀公七年注释对大伯、仲雍事迹的叙述，等等。

因为广泛参考前人成果，本书注释相当细密，凡应注解之处均不回避，简明扼要，有助于历史学角度的阅读和理解。既称"集解"，意思是将前此多人的解说成果集合于一书，加上自己的创见，据清人洪亮吉等人考订，杜预确实参考与汲取了贾逵、服虔、郑玄、马融、刘歆等人说法并且有所订正，但除了《诗》《书》《易》等经典之外，大多并未列举其依据和引用材料出处，乃将前人成果直接融合于自己的注释之中，这是"集解""集注"之类的经史注释，尚处于早期未成熟的发展状态。

（3）裴松之《三国志注》，是史注充分发展到具有时代标志性的撰述。裴松之（372—451），字世期，家族原籍河东闻喜县（今山西闻喜），为有名的士族。裴松之自幼读书治学，20 岁就开始任官，历东晋、刘宋两代。宋文帝认为陈寿《三国志》过于简略，令裴松之为之补注，因有此书之作。此外，他还有几种撰述，后皆佚失。《三国志注》的特点在于它不仅像一般史注那样解说词语、地理、典故、人物，而且大量内容是补充史事。其方法是引录各种史籍记载的原文，明确标示出处。对于相互出入的记载，尽量予以考订、判断，发表裴松之自己的见解。这种见解，已不限于史事的考订，而且包含了历史评论、史学批评，于史学批评之中还论述了审定史料的原则和方法，使史注的内容极大地扩展，不只起到辅助阅读的作用，而是一种深入的史学研讨。《三国志注》引用的书籍达 200 多种，很多都在后来佚失，部分资料赖此得以保存，这使《三国志注》的价值大为提升。《三国志》中许多未载和语焉不详的事件，因《三国志注》而得到充实，如陈寿两处记述建安元年（196）曹操屯田事，仅用 54 字，原委模糊。裴松之则引用史籍补充了 329 字，将屯田的起因、目的、措施、经过、效果基本叙述明白。《三国志注》也存在缺陷，有 61 篇传记未加注释，原因费解，对史事的考辨也偶有错误，但这均不影响其总体价值。

对于裴松之《三国志注》条列各种史籍记载的这类作注方式，陈寅恪首先提出这是受佛教著述"合本子注"的影响①，这个观点得到后来许多论者的承袭与发挥。但裴松之撰《三国志注》的直接起因，是"奉旨寻详，务在周悉，上搜旧闻，旁摭遗逸"，因此"其寿所不载，事宜存录者，则罔不毕取，以补其阙"②，并未明言仿从佛典。佛学、佛典在南北朝时期虽然流行，但未必会对中国经史的注释方法发生重要影响。汉末、三国时期惩汉代经典注疏的日渐烦琐之弊，遂流行简洁明快之注释方法，但经过异说纷呈

① 陈寅恪. 陈述辽史补注序//金明馆丛稿二编. 上海：上海古籍出版社，1980：234.
② 三国志：卷末：裴松之《上三国志注表》. 北京：中华书局，1964：1471.

的积累，西晋以降渐渐形成总括异同、周详辨析之风，这首先表现于经学。例如西晋陈劭撰《周官礼异同评》12 卷、孙毓撰《毛诗异同评》10 卷，东晋孙绰《集解论语》10 卷等，这些“异同评”“集解”之书久佚，难知详情，但必然会列举各家解经者的不同说法，予以取舍和评论。东晋张璠《周易集解》12 卷虽也佚失，但现存史料说明其书乃汇集、斟酌了向秀、钟会、阮咸等 22 家的《周易》注释与解说①。而东晋孙盛的《异同评》（又称《魏阳秋异同》）一书，就是列举一事的不同记述予以考辨、取舍。由此可知，晋代已经形成这种列举众说而加以裁定的注释方式。因此，《三国志注》的注释方式，主要是儒学学风影响整个治学方式后逐渐形成的，同时期《世说新语注》《水经注》风格类同于《三国志注》，都应当如此分析，不可过于夸大某一种外来文化的影响。作为史注，《三国志注》融合补充史实、列举异同、考辨真伪、发表评论的方法，是裴松之的创造，此前虽有撰述略具其意，但都不属于史注。

（4）郦道元《水经注》40 卷，是又一著名的注释之作，在古代属于史部书籍。作者郦道元（？—527），字善长，范阳涿县（今河北涿州）人。北魏后期为官，断案严厉，伤及权贵。后被暗算，派遣出任关右大使，以令其赴任途中遇险，结果遭叛乱的雍州刺史派军围困，因而遇难。《魏书》将之列于《酷吏传》，颇有贬词。三国时期出现《水经》一书，记述河流 137 条，郦道元为之作注，实际是大量补充有关河流水道的内容，记述数量扩大为 1 252 条，文字也比原书增加 20 多倍。对于重要的河流，往往追溯其历代的水道变化，涉及了流域内地质、地貌、土壤、气候、物产、民俗、城邑、古迹以及神话传说等内容，其成就早已使原书无法比拟。《水经注》注明出处的引用书籍达 400 多种（有人说是 370 多种），并且还利用了作者实地考察和访问所得的资料。对于古籍记载的歧异与错讹之处，细致地予以考订、纠正，在地理学上作出了重大贡献。

对于《三国志注》等著述，学术评价褒贬不一，赞誉者固然很多，然而也有贬斥意见，如刘知幾就认为这种注释方式是“好事之子，思广异闻，而才短力微，不能自达……遂乃掇众史之异词，补前书之所阙”，结果为“坐长烦芜”②。当今学者也有类似见解，如雷家骥《中古史学观念史》③。这种评论不仅苛刻，而且错误，是一种不了解许多古代学者治学观念的表现。很多古人是将为他书作注视作治学正途，甚至更能展示学术造诣，选择这种撰著方式，绝非无力独撰专书。

三国至南北朝时期，历史论断与史学评论（简称“史论”“史评”）在汉代的基础上发展迅速。附隶于整部史籍或史注之中的史论、史评，或者单篇的论述文章，提出不少值得注意的见解，后文还将涉及，这里从略。而需要特别指出的是：这一时期还偶有史论或史评的专书出现，如晋徐众《三国评》3 卷、晋何琦《论三国志》9 卷、梁王涛《三国志序评》3 卷等。这些史籍皆佚，仅徐众之书略存几条资料，可以判断为历史评论，另二书似应含有史评，但仅能存疑而已。

刘勰《文心雕龙·史传》篇虽然仅为单篇之文，但在史评的发展中具有重要地位与

---

① 陆德明. 经典释文：卷一：序录：注解传述人. 影印文渊阁《四库全书》本. 台北：商务印书馆，1986.
② 史通：卷五：补注//浦起龙. 史通通释. 上海：上海古籍出版社，1978：132.
③ 雷家骥. 中古史学观念史. 台北：学生书局，1990：465-466.

影响。刘勰（约466—约539），字彦和，祖籍山东莒县，历经南朝宋、齐、梁三代。32岁时开始写《文心雕龙》，历时五年成书。《文心雕龙》是古代杰出的文学理论专著，其撰写形式与篇章结构，对唐代刘知幾撰写《史通》影响甚大。《文心雕龙·史传》篇，是简明扼要而又具有史学总结性的评论之文，对许多史书作出画龙点睛式的评价，更将史评提升到理论性高度，对史学的观念、史学的宗旨、史学的方法等，均有精辟议论。

七、史考著述的超前出现

中国古代自先秦就零星出现对于历史记载的考证活动，至司马迁撰写《史记》，则“网罗天下放失旧闻，考之行事”，将考核史事作为撰史的辅助手段。在撰史、史注中附带考史，是由来已久的治史方法。西晋初，由于史学活动多方向探索风气的形成，专门的史考著述，则超前性地得以出现。《晋书》卷八二《司马彪传》载：“初，谯周以司马迁《史记》书周秦以上，或采俗语百家之言，不专据正经。周于是作《古史考》二十五篇，皆凭旧典以纠迁之谬误。彪复以周为未尽善也，条《古史考》中凡百二十二事为不当，多据《汲冢纪年》之义，亦行于世。”这条资料表明西晋时出现了谯周与司马彪（？—306）所撰的两部史考专著。

谯周（201—270），字允南，巴西西充国（今四川阆中）人。自少读书治学，蜀汉刘禅时任闲散之官。公元263年魏将邓艾偷渡阴平，兵临成都，谯周劝刘禅投降。西晋时，谯周官散骑常侍等职。谯周生前著述颇多，但皆佚失，《古史考》25篇，部帙应当极为可观，而今仅存少量被转引的遗文。根据现有的资料，《古史考》是针对《史记》而撰写的上古史考订。其中有对《史记》未载之事的补充，特别是黄帝之前的故事，如燧人氏、神农氏之类。也有对《史记》记事的辨误，如关于秦始皇身世，《史记》记述为吕不韦之子，乃赵姬怀孕超过一年而生，影响甚大。谯周则考辨曰：“妊身十四月生者，非人能为之也。人心欲速亡秦，而驾词以为先六国而亡也，十二月而始生政，似非不韦之子矣。史迁曰‘知有身，姬自匿有身’之说，从何见之哉？”①

由上述可知，谯周《古史考》确为历史考据著述，而司马彪“条《古史考》中凡百二十二事为不当，多据《汲冢纪年》之义，亦行于世”，也是历史考据专书，可惜连书名都无法查知。《隋书·经籍志》著录有晋刘宝撰有《汉书驳议》二卷，南朝姚察撰有《定汉书疑》二卷，虽然皆佚失不传，无法考知其详，但依书名判断，很可能均是考史专书。超前事物的出现，值得在历史研究中予以发掘，但它自身在历史中的结局，往往是消失、埋没而鲜为人知。

八、典制史籍与杂记、故事的纂辑

古代皇朝典章制度的记述，既作为当时行政活动的规则、条例，又是一种专门的史籍，从汉代即有撰述，如应劭撰《汉官仪》《汉官礼仪故事》等。而三国两晋南北朝时期，则迅速增多，在《隋书·经籍志》中分为三类：一是“职官”，分别记述各个朝代

---

① 邵泰衢．史记疑问：卷下：“吕不韦传”条引谯周之言．影印文渊阁《四库全书》本．台北：商务印书馆，1986.

的官制，如南齐王珪之纂《齐职仪》50卷、梁沈约撰《新定官品》20卷等；二称“仪注”，内容主要为礼仪的规定，如《晋杂仪注》《宋仪注》《梁吉礼仪注》《后魏仪注》等；三为“刑法”，内容为国家刑律以及相关的解释之书，如《杂律解》《晋宋齐梁律》《北齐令》《魏廷尉决事》等。这三类书籍合计，亦超过了百种。

三国两晋南北朝时期的史籍，还有许多不讲究体例、规范的杂记、故事，随手记载、随事命篇，在史志目录的归类中也出入纷乱。例如晋郭颁《魏晋世语》10卷、晋孔愉《晋咸和咸康故事》4卷、三国时吴国《三史略》29卷等书，都是有作者可查的著述。作者失名而流行于世者尚不在少数，如《桓玄伪事》3卷、《晋修复山陵故事》5卷、《晋故事》43卷、《晋宋旧事》135卷等。总观这些史籍，有的被称为杂史、霸史，有的属于史抄，有的类若历史笔记，部帙大小不一，内容宽窄有别，形式机动灵活，显示了这个时期史书撰写不拘一格的风气，为后代史籍多样化发展作出了有益的先行探索。

《史记》等史书，在《汉书·艺文志》中附隶于经典《春秋》类，亦即未取得独立的地位，主要原因是总数量尚少。但自三国时期之后，史籍撰述与日俱增，而且种类繁多、内容纷纭、水平参差，形成相当复杂多样的局面，不宜附属于《春秋》经传之后，自成书籍中的一类已经不可避免。西晋荀勖所编的图书目录《中经新簿》，将书籍分为甲、乙、丙、丁四部，丙部为史籍，已经独立出来而排位第三。东晋李充编定《晋元帝四部书目》，五经为甲部，史记为乙部，诸子为丙部，诗赋为丁部，开后世图书部类按经、史、子、集次序排列之先。到唐朝纂修的《隋书·经籍志》，图书正式分为经、史、子、集四部，而史部书籍之多，又不能不进行内部的分类①。正是三国两晋南北朝时期史学发展的多方探索，造就史籍多样化与空前繁盛，才导致图书目录分类方法的演变。而史部在图书分类中得以独立，且由附庸蔚成大国，反过来又促进史学在日后的多途径发展。史书编纂与史部目录学二者互动、互益，为中国古代历史文化的一大景观。

第二节　各族政权官方的史学建设

在史学著述多方探索的同时，三国两晋南北朝时期各个政权官方的史学建设，也在积极的探索中向前发展，为后来官方记史、修史的制度化、规范化准备了充足的条件。尤其值得注意的是：这一时期规范的史学建设，不仅仅限于汉民族建立的政权，十六国及北朝的少数民族政权，同样在史官建置和史学活动方面作出影响深远的探索，其成就融入后来的史学发展，其教训成为后代史学活动的鉴戒。少数民族政权的官方史学建设，在整个古代文化

> 盖史之建官，其来尚矣……至若偏隅僭国，夷狄伪朝，求其史官，亦有可言者。
>
> ——刘知幾《史通·史官建置》

① 《隋书·经籍志》史部书分为13类，即正史、古史、杂史、霸史、起居注、旧事、职官、仪注、刑法、杂传、地理、谱系、簿录。

史上，对中国的历史发展具有十分重要的意义。

一、三国、两晋和南朝政权的史学建设

三国时期，魏明帝太和年间（227—232）设立最早的专职史官，即著作郎，《晋书·职官志》记载："魏明帝太和中，诏置著作郎，于是始有其官，隶中书省。"曹魏不仅设置史官，而且早就依照东汉纂修《东观汉记》的先例，纂修纪传体的魏史，但"草创纪传，累载不成"。后来，又先后任用王沉、应璩、傅玄等多人撰写本朝史，"其后王沉独就其业，勒成《魏书》四十四卷。其书多为时讳，殊非实录"①。

三国时吴国也设立了专职史官，称"左国史""右国史"。吴国吴大帝太元元年（251），曾令丁孚、项竣编修《吴书》，但二人俱非史才，所撰无足称道。至吴少帝建兴年间（252—253），又命史官韦昭、华覈、薛莹等多人纂修《吴书》。吴末帝孙皓时，韦昭为左国史，是有才干的史家，他在世时已经修纂《吴书》成55卷，由于修史违背孙皓意旨，被下狱处死，《吴书》并未完全修成。

蜀汉是否设立了史官？陈寿在《三国志·后主传》评曰："国不置史，注记无官……诸葛亮虽达于为政，凡此之类，犹有未周焉。"刘知幾斥陈寿"厚诬诸葛"，认为王崇任蜀汉东观令，就是史官。但东观令实际是管理图书文献的官员，不能视为专职史官。陈寿原为蜀人，本可多记载蜀汉事迹，然而在《三国志》中，蜀汉的内容最少，仅15卷，应该就是传世史料比较缺乏的缘故。陈寿对诸葛亮"国不置史"的评论，不仅不是"厚诬"，甚至也不是有意地施加批评，而应是撰史中产生的一种遗憾心情的自然表露。

晋朝仿照曹魏设置著作郎为史官，晋惠帝时著作郎改隶秘书省，增设佐著作郎，人数可达8名②。著作郎一人，称"大著作"，常由秘书监等高官兼领。史官始到职，须撰名臣传一篇，史官制度开始初步地走向规范化。后又别置著作省，仍隶于秘书省，西晋著作省的职能记载不详，但此机构的名称，后来南朝、北朝皆有因袭，应为最早的专门修史机构。

西晋朝廷在记史制度上，作出了重要的新举措。泰始六年（270），晋武帝诏令："自泰始以来大事皆撰录，秘书写副；后有其事，辄宜掇集，以为常。"③ 表明晋将官方记述史事明确地定立为国家制度。晋朝记述史事的文籍，名为"起居注"，但是晋朝的"起居注"，既不同于东汉专载皇帝后宫生活杂事的起居注，也不是对皇帝言行的当时直接记录，实际与汉代"著纪"内容类似，而取用东汉出现的"起居注"之名称。据《史通》转述，《晋令》规定"著作郎掌起居注，撰录诸言行勋伐旧载史籍者"④。所谓"起居注"，乃是按时间顺序汇集朝廷诏令、奏议、决策、大事而不加裁断的史料长编，其体式从今存多种晋起居注辑本即可得知，不过，今所见晋起居注辑本多为私家署名，多数又经过学者的重新编辑。晋朝朝廷本来自有起居注，例如晋成帝咸康七年（341）在

---

① 史通：卷一二：古今正史//浦起龙. 史通通释. 北京：中华书局，1978：346.

② 晋书：卷二四：职官志. 北京：中华书局，1974：735.

③ 晋书：卷三：武帝纪. 北京：中华书局，1974：60.

④ 史通：卷一一：史官建置//浦起龙. 史通通释. 上海：上海古籍出版社，1978：320.

朝议为武悼杨皇后平反的过程中，就引述了“惠皇帝起居注”[①] 的记载，这只能是朝廷所存的官方起居注。西晋承袭汉代朝廷“著纪”的记载方式而定名为“起居注”，是古代记史制度的一大转变，影响施于后世，在官方史学发展历程上是值得注意的现象。

东晋沿袭了西晋的史官建置，南朝宋、齐、梁、陈大体未变，而佐著作郎改称“著作佐郎”。宋文帝元嘉中，朝廷立儒学、玄学、史学、文学等四学，以何承天主持史学。此举在于教授史学，培养史才，对推动官方史学及私家史学的发展，都具有很大的积极作用。又据《史通·史官建置》，南朝齐、梁、陈还曾设过“修史学士”之职，但“修史学士”有何具体活动，与原设史官的关系如何协调，史书皆未述明。这表明直到南朝，史官制度依然处于探索之中，远未定型。

西晋武帝时即曾“议立《晋书》断限”，只是大臣意见不一，“于时依违，未有所决”[②]。既然朝廷讨论《晋书》断限，就是要准备编纂国史，晋惠帝时再议，作出了决定，即应开始纂修国史。据《晋书·束皙传》与《史通·古今正史》，佐著作郎束皙撰写《晋书》帝纪、十志，可知西晋官修国史乃纪传体，因随后西晋发生大动乱，其书不存。晋室南迁伊始，就准备再纂修西晋之史，东晋初王导上书称：“中兴之盛，宜建立国史，撰集帝纪……宜备史官，敕佐著作郎干宝等渐就撰集。”[③] 得晋元帝采纳，干宝于是领国史之职。东晋时受朝廷敕令修晋史者，还有王隐、郭璞，事载《晋书·王隐传》。东晋官方不仅部署纂修西晋之史，同时也撰集本朝当代史事，晋哀帝时桓温上疏“宜选建史官，以成《晋书》”[④]，这里所言应是包括东晋历史在内的《晋书》。至晋安帝时，即有诏令著作郎徐广撰写国史的明确记载，徐广又荐举荀伯子、王韶之为著作佐郎，“助撰晋史”[⑤]。晋朝在政治很不安定的局势下，官方修史活动虽未能连续不断，但毕竟坚持、推进了官方史学建设的理念，探索了官方记史、修史的发展模式。

南朝自刘宋始，官方不但记载和撰述本朝之史，而且开展对前代史的编纂活动，《宋书·谢灵运传》载，宋文帝“以晋氏一代自始至终竟无一家之史，令灵运撰《晋书》”。这是一朝皇帝操办前代之史纂修的首次举措，从理念上开新朝代纂修往代“正史”之先河。但官方并未将修史完全垄断，沈约欲撰《晋书》，也得到朝廷的许可与支持。梁武帝对前代史的纂辑具有更宏大的目标，即致力于官修《通史》，同时也准许和支持萧子显纂修《南齐书》。陈朝则有许亨“领大著作，知梁史事”[⑥]，《隋书·经籍志》著录许亨《梁书》53卷，应属于陈朝官修。南朝官方对前代史纂修方式的探索，乃是唐代开馆大修前代纪传史的前奏。

南朝的史官制度，大体沿袭晋朝的体制，设著作郎、著作佐郎等史官，其主要职任一是负责撰集起居注，二是撰述本朝国史，如南梁官制仍是“著作郎一人，佐郎八人，

---

① 晋书：卷三一：武悼杨皇后传．北京：中华书局，1974：956．

② 晋书：卷四〇：贾充传附贾谧．北京：中华书局，1974：1174．

③ 晋书：卷八二：干宝传．北京：中华书局，1974：2149-2150．

④ 晋书：卷九八：桓温传．北京：中华书局，1974：2574．

⑤ 晋书：卷八二：徐广传．北京：中华书局，1974：2158；宋书：卷六〇：荀伯子传．北京：中华书局，1974：1627．

⑥ 陈书：卷三四：许亨传．北京：中华书局，1972：459．

掌国史，集注起居”[①]，梁武帝时，任裴子野为“著作郎，掌修国史及起居注”[②]。掌国史，是指负责编纂本朝的编年体或纪传体史书，如宋文帝元嘉十六年（439）以何承天任“著作佐郎，撰国史”[③]。至于纂修前代之史，多随机另命其他官员编纂，如宋文帝敕谢灵运撰《晋书》，裴松之注《三国志》，宋明帝准许沈约撰《晋书》，齐武帝敕王智深撰《宋纪》，梁武帝使吴均撰《通史》等等[④]，当时皆非史官之任。这样，本朝史的记录和纂修归于著作官，非本朝史的编纂另作安排，二者分途，史官制度的这一主导线索已经形成与显现出来。

二、十六国政权与北朝官方史学的建树

首先起兵叛离西晋而建立政权的匈奴族刘渊，出生和居住于晋地，深受经史之学的熏陶，“幼好学，师事上党崔游，习《毛诗》《京氏易》《马氏尚书》，尤好《春秋左氏传》《孙吴兵法》，略皆诵之，《史》、《汉》、诸子，无不综览”[⑤]。其子刘聪继为君主，有“公师彧以太中大夫领左国史，撰其国君臣纪传”[⑥]；“领左国史公师彧撰《高祖本纪》（按：高祖指刘渊）及功臣传二十人，甚得良史之体”[⑦]。公师彧既然有“左国史”之职，则当时设有史官，其修史当为官方行为。这是古代少数民族政权首见记载的史官建置与官方修史活动。

后赵石勒（羯族）称王之后，即命任播、崔濬为“史学祭酒”，似乎是“史学”一词的首见应用，但石勒政权后来还是改设了佐著作郎等史官，撰《上党国记》《大将军起居注》《大单于志》，记载本国和石勒本人的历史事迹。至公元332年，石勒强化史官建置，“擢拜太学生五人为佐著作郎，录述时事”[⑧]。又据《史通·古今正史》记述，石勒曾命其臣纂修《赵书》，后又令王兰、陈宴、程阴、徐机等相次撰述。这说明后赵自建国初始，就将学习史学、记述历史作为一项官方的必备行为。

氐族前秦苻坚政权设“著作郎”等史官之职，令赵渊、车敬、梁熙、韦谭记录起居注等史书[⑨]。

鲜卑族慕容氏建立的前燕、后燕和南燕政权，皆设置史官并且实际进行了记史、修史活动。据《魏书·崔逞传》记述，崔逞在前燕慕容暐时曾任著作郎之职，表明前燕政权设有史官。《史通·古今正史》称：“前燕有起居注，杜辅全录以为《燕记》。”可见前燕官方进行了比较完整的记史工作，并且被抄录为史书《燕记》。后燕慕容垂建兴元年（386），“董统受诏草创‘后书’，著本纪并佐命功臣王公列传，合三十卷。慕容垂称其

① 隋书：卷二六：百官志上．北京：中华书局，1973：723．

② 南史：卷三三：裴松之传附裴子野．北京：中华书局，1975：866．

③ 宋书：卷六四：何承天传．北京：中华书局，1974：1704．

④ 依次见：宋书：卷六七：谢灵运传；宋书：卷六四：裴松之传；宋书：卷一〇〇：自序；南齐书：卷五二：王智深传；梁书：卷四九：吴均传．

⑤ 晋书：卷一〇一：刘元海载记．北京：中华书局，1974：2645．

⑥ 史通：卷一一：史官建置//浦起龙．史通通释．上海：上海古籍出版社，1978：313．

⑦ 史通：卷一二：古今正史//浦起龙．史通通释．上海：上海古籍出版社，1978：358．

⑧ 晋书：卷一〇五：石勒载记下．北京：中华书局，1974：2751．

⑨ 同⑦359．

叙事富赡，足成一家之言”。南燕有王景晖在慕容德、慕容超时任官，“撰二主起居注”，后来仍撰写《南燕录》6卷。

鲜卑族南凉秃发部君主乌孤“初定霸基（按：约公元387年），欲造国纪，以其参军郭韶为国纪祭酒，使撰录时事”①。

賨族（又称巴氐族）成汉李雄政权，据《晋书·李雄载记》记述，李雄“兴学校，置史官，听览之暇，手不释卷”。

匈奴族刘渊、羯族石勒及鲜卑族慕容氏先辈，都曾长期在晋朝任职，受到汉族文化的影响，待其组建独立政权之后，模仿汉族政权记史、修史的制度，体现了上层政治文化方面的融合趋势，这与军事上的冲突与敌对状态并行不悖。从现存的史料记载来看，也有诸如苻坚等少数民族政权的统治者，早期并未长期接受内地历史文化的熏陶，他们模仿进行记史、修史活动，则体现了汉族政权官方史学的文化魅力。公元4—6世纪存在于中国东北地区和朝鲜半岛的高句丽、百济、新罗等政权，在当时的历史地位、政治状况及地理位置，与十六国继北朝各个政权并无区别，因此也不可避免地受到内地传统史学文化的影响。相关问题，我们留待第六章集中叙述。

鲜卑拓跋部建立北魏政权，公元5世纪初逐渐强大，继而统一北方，中国历史进入所谓南北朝时期。北魏政权“初称制即有史臣，杂取他官，不恒厥职”，后来即于秘书省置著作局，著作郎二人、著作佐郎四人。虽曾因史狱诛杀史官崔浩等多人并废除史官制度，但后来恢复并且更加重视记史、修史。北魏季年又“别置修史局，其职有六人”。著作局、修史局，皆是官方的专职修史机构。魏孝文帝推行“汉化”改革之时，在官方史学上的举措尤为显著。太和十四年（490），孝文帝下令“置起居令史，每行幸宴会，则在御左右，记录帝言及宾客酬对。后别置修起居注二人，多以余官兼掌”②。次年春，又分置左右史官。孝文帝“尝从容谓史官曰：‘直书时事，无讳国恶。人君威福自己，史复不书，将何所惧?’”③ 这是第一次明确地规定“起居注”应为当时当地、如实地记录人君言论与行动④，开唐朝起居注体制之先河。

自北魏孝文帝另设起居令史，著作郎等史官便撰著史书而不掌管起居注，起居注与撰著本朝史分途，但撰著本朝史和前代史却未分立，乃由著作郎等史官纂修，这与南朝的史职分途有所不同。至隋唐时，乃综取南朝、北朝的史职分工，将本朝起居注、本朝史、前代史的纂修，分开为三，各为一系。

北魏的官方史学建置，影响很大，北齐直接承袭其记史和修史体制，修史机构有时非正式地称呼为“史馆”“史阁”，又出现有“监国史”的设立，魏收以太子少傅、阳休之以光禄卿曾经兼任其职，是为唐代“监修国史”之所本。北周除了史官名称为著作上士、中士外，记史、修史事务大致与北魏、北齐相同。

北魏官方纂修本朝史虽颇有周折起伏，但成效很大，自崔浩、高允等多人撰著国史之后，历朝有李彪、崔光、崔鸿、山伟等人掌修国史，加之北魏具有起居注等历史记

---

① 史通：卷一一：史官建置//浦起龙．史通通释．上海：上海古籍出版社，1978：313.

② 同①320.

③ 魏书：卷七下：高祖纪下．北京：中华书局，1974：186.

④ 北魏起居注在当时记载君主言行，但日后有所修订，此处不具论。

录，故北齐时魏收纂修《魏书》资料较为充足。北齐对前代史、本朝史皆十分重视，直接掌控《魏书》的编纂，且进行本朝史的编纂，由魏收、阳休之任监修，二人曾有北齐史起始年限的争论，朝廷亦曾“敕集朝贤议其事”①。当时，李德林、魏澹参加了北齐国史的纂修。北周除延续着前朝史家未竟的修史项目外，官方较大的举措是周明帝组织文官纂修通史著述《世谱》500卷，前已述及，此不赘言。

十六国与北朝政权，虽然往往任用汉人为修史官，仍属于少数民族政权的史学活动。但这是在中国传统史学的影响下所产生，故不同民族政权各自的史学活动，显现出努力仿从汉族政权的官方记史、修史的文化共性，而且在仿从的同时，因与本民族政治、文化的协调与磨合，也作出了一些新的探索，从而具有与南朝史学某些不同的特点，丰富了古代官方史学的内容。经过民族的大融合，政权复归于大一统，南北朝各个政权的官方史学文化也融合一起。隋唐时期史学的发展，吸取了北方少数民族政权史学的许多优点，促成了传统史学的进一步繁荣与成熟。

第三节　史学发展中的矛盾、冲突与磨合

中国史学发展到汉代，已经形成了一定的基础，记史求真的理念得到认定，而经世致用的宗旨也成为史学思想的主流，各个皇朝在重视史学的同时，强烈要求史学活动与统治者利益保持一致，这就与记史求真的理念产生矛盾。如何解决这个矛盾，在各个政权因统治者的见识与史家行为的不同，而有较大的区别。三国至南北朝时期，汉族政权内记史求真与统治者利益的矛盾较少对抗，大多以较为平和的方式解决。而少数民族政权内则情况相当复杂，曾出现较多的激烈冲突，后来经过渐渐磨合，逐步缓和。这证明史学的求真与致用的矛盾，从根本上是非对抗的，但因特殊原因或特殊条件，也可能会转变为剧烈的对抗。

一、汉人政权内史学发展中的矛盾

史学求真原则与统治者利益的某种冲突，在三国时期就有所凸现。吴末帝孙皓之时，韦昭任左国史，是纂修《吴书》最主要的史官，甚具史才，且固守直道。孙皓即位后，时有奏报祥瑞之事，因以此类祥瑞询问韦昭，答曰“此人家筐箧中物耳！”意思是随意造作、不可信从，这很不合孙皓心愿。孙皓本从宗室旁支入承帝位，其父孙和未曾为帝，但孙皓想在史书中为其父立帝纪，韦昭认为“和不登帝位，宜名为传”②。凤凰二年（273），韦昭被捕入狱，虽右国史华覈上疏解救，希望令其完成《吴书》，而孙皓不允，不久即遭处死。韦昭因修史忤旨而遭杀身之祸，这个事件，是汉人政权内史学求真理念与统治者意旨相冲突的特殊事例，发生原因在于孙皓是有名的暴君和亡国之主，其

① 北齐书：卷四二：阳休之传．北京：中华书局，1972：563.
② 三国志：卷六五：韦曜传．北京：中华书局，1964：1462.

行为已超出汉族政权的正常政治机制。韦昭面对这样的暴君，而在史学理念上毫无迂回、躲避，终于酿成惨祸。

陈寿于西晋时期撰写《三国志》，编纂设计颇费心机。以曹魏为正统而为其君主立纪，是与西晋政权的历史观念保持一致，但又将之分为三国，各具首尾，以显示蜀汉、吴国的独立地位，这是从形式上作出的一点补救。他原为蜀汉官员，对蜀汉不敢如实地称之为“汉”，而标以地区名称曰“蜀”，乃是极大的曲笔行为。全书立意从简记述，将歧异的史料、有争议的人物和事件，较多地采取省略不载的方法予以化解。这样一来，达到了不与当局冲突、获得官方承认的效果，但引起后人对《三国志》的批评，陈寿一度成为曲笔阿世的典型，甚至有陈寿向丁氏索米方为其先人立传的流言。这当然缺乏实据，可能因《三国志》过于简略，许多人物不能立传，致使魏人后裔不满，故造作此说。由此可知，撰史的求真与回避政治忌讳、史书繁简之间的史事取舍，都存在着矛盾，史学方法的斟酌和史学批评的发展，就在这种矛盾的对立统一之中展开。

东晋孙盛纂修《晋阳秋》一书，记史下限直至当代，其中渲染了权臣桓温北伐时在枋头作战的失败。“桓温见之，怒谓盛子曰：枋头诚为失利，何至乃如尊君所说？若此史遂行，自是关君门户事！”由于孙盛自己不肯修改，而其“诸子遂窃改之”[①]，没有发生剧烈的文字狱事件。梁武帝时，文臣吴均请修南齐之史，没有得到梁武帝支持，于是私撰《齐春秋》30卷，“书称帝为齐明帝佐命，帝恶其实录，以其书不实……敕付省焚之，坐免职”[②]。然而不久，又召见吴均，任用其纂修《通史》。孙盛与吴均的事例，都是从可能形成惨烈史狱的状态而得到缓解，反映了当事双方在传统史学观念的关照下，取得理性收敛、各退一步的妥协结局。先秦以来传统史学理念的长期积淀，可以使撰史追求真确与史学的社会功用之间的矛盾，在相互消长的摆动中找到一个平衡点。因此，古代史学发展的内在矛盾是能够以舒缓的方式运行的。

二、各少数民族政权史学建设中的矛盾冲突与磨合

三国至南北朝，少数民族政权的史学建设，大多是在基本空白的历史文化页面上匆匆仿制，其政权多靠武力建立，统治者的暴力倾向也较为浓重，因此史学建设过程中冲突有可能比较激烈，特别是在一个政权建立的早期。

上文提到，匈奴族汉政权刘聪时，领左国史公师彧曾纂修其国史，《史通·古今正史》称其“甚得良史之体”，但“凌修谮其讪谤先帝，聪怒而诛之”。“甚得良史之体”的史书，统治者刘聪等却视为“讪谤先帝”，必是其中如实记载了匈奴政权创建者的某些讳莫如深的实事，这表现出史学价值观与政权利益的抵牾，是撰史求真性与史学社会功用性之间矛盾的表现。而据《晋书》记载，刘聪诛杀公师彧等人，并未宣布罪名，当时即有大臣谏阻曰：“且陛下直欲诛之耳，不露其罪名，何以示四海！”[③] 刘聪以“不露其罪名”的方式诛杀公师彧，说明少数民族政权不能从原则、理论上否定汉族传统史学

① 晋书：卷八二：孙盛传．北京：中华书局，1974：2148.
② 南史：卷七二：吴均传．北京：中华书局，1975：1781.
③ 晋书：卷一〇二：刘聪载记．北京：中华书局，1974：2671.

的求真价值观。

后赵创建者石勒热衷于记史、修史，待其逝世，石虎废除石勒之子而夺位，竟将史籍“并令刊消，使（石）勒功业不传”①，是从另一侧面表现了短见的强权势力对传统史学价值观的排斥。然而比较先进的历史文化意识，具有巨大的影响，在北方多个政权分立状况下，史实记述或由本国后来补修，或由其他政权追述，或由私家撰史予以弥补，总之史事终难完全隐没。例如前赵（即“汉”政权所改国号）刘曜时有官员和苞撰《汉赵记》，记述刘渊至刘曜的历史；鲜卑慕容氏的燕政权官员田融撰写《赵书》，记述石勒、石虎政权事迹②。

氐族前秦政权的君主苻坚向慕中原文化，设史官记载起居注。“初，坚母少寡，将军李威有辟阳之宠，史官载之。至是，坚收起居注及著作所录而观之，见其事，惭怒，乃焚其书。”③ 这种完全毁灭史书而不是予以修改的做法，正是早期少数民族政权统治者与内地传统史学价值观发生冲突时的粗鲁行为。但是追记前秦史事者历有其人，苻坚焚史后，有“著作郎董谊追录旧语，十不一存”。又有前秦秘书郎赵整曾经参撰国史，“值秦灭，隐于商洛山，著书不辍，有冯翊车频助其经费”，赵整死后，车频于南朝宋元嘉年间纂辑成书，刘知幾评其书为“年月失次，首尾不伦”④。且无论这些撰述是否真的“首尾不伦”，要之苻坚最忌讳的史事却流传下来，而前秦创建政权的业绩却“十不一存”。这类事例，会使入主中原的少数民族统治者逐步认识到：以强力扑灭历史的记载是难以做到的，通过史学价值观的磨合而走向融合，才是最有利的结果。后来基本统一北方的北魏，其官方史学的发展最清晰地显示了这种走向融合的艰难进程。

据《史通·史官建置》记述，北魏政权建立初始就从事官方的史学建设，后逐步形成比较正规的史官制度。北魏初年，道武帝拓跋珪曾令尚书郎邓渊撰写编年体《国记》10余卷，而拓跋嗣继位后未能接续撰写，太武帝拓跋焘补救前一朝的修史空缺，组织了较大规模的修史活动，令崔浩、高谠、邓颖、晁继、范亨、黄辅等“共参著作，叙成国书三十卷”⑤，此为公元429年之事。崔浩是清河士族，精通经史，虽是汉人，当时却颇受北魏太武帝信重。公元431年，北魏太武帝攻灭匈奴族赫连氏夏政权，见到其国赵逸等人编纂的夏国官修史，曰：“此竖无道，安得为此言乎？作者谁也？其速推之!”崔浩进言曰：“彼之谬述，亦犹子云之美新，皇王之道固宜容之。”⑥ 赵逸因而未被治罪，且被任命为中书侍郎。赵逸纂修的夏史，必多有褒美本朝、攻击他国的内容，而北魏太武帝对此不能容忍。在崔浩的辩解下，北魏君主放弃原欲加罪撰史者的意图，仍封官任用，但据《史通·古今正史》所述，夏国史书仍然“多见焚烧”。这里表现出史学理念与政治利益既冲突又磨合的交织现象，魏太武帝部分地接受崔浩传达的汉族传统史学意识，是一种磨合，而依然采取简单烧书的方式，则史学观念与政治利益的激烈冲突仍在。

---

① 史通：卷一二：古今正史//浦起龙．史通通释．上海：上海古籍出版社，1978：358.
② 史通：卷一二：古今正史；隋书：卷三三：经籍志二.
③ 晋书：卷一一三：苻坚载记上．北京：中华书局，1974：2904.
④ 同①359.
⑤ 魏书：卷三五：崔浩传．北京：中华书局，1974：815.
⑥ 魏书：卷五二：赵逸传．北京：中华书局，1974：1145.

公元439年，北魏吞并北凉，国势更为强盛，太武帝向崔浩颁发诏书，令其进一步组织修史，损益褒贬皆其一手总管，指示“综理史务，述成此书，务从实录”[①]。这种“务从实录”的表白，说明其史学价值观已大为进展，然而更大的冲突和波折却潜伏其中。

凭借北魏太武帝有过修史“务从实录”之诏令，崔浩竟然毫无忌讳地“叙述国事，无隐所恶，而刊石写之，以示行路”[②]，“而石铭显在衢路，往来行者咸以为言，事遂闻发”[③]。公元450年，崔浩坐此夷三族，同被处死的还有128人，酿成史无前例的惨烈史狱，北魏也废止修史，并取消了史官。由于各少数民族社会发展、文化水平皆落后于中原地区，风俗习惯也差别甚大，待其势力深入内地，受到儒学政治、文化、伦理的熏陶，多已讳言原初的社会状况与兴兵起事之初的一些行为。《魏书·崔浩传》称崔浩所修之书“尽述国事，备而不典”，乃是将所有“国事”不分美丑地加以“尽述”，造成所谓“不典”的后果。其实，汉族政权内史官纂修国史，也普遍存有避讳和曲笔，崔浩虑不及此，一味显示其直笔，终导致北魏官方史学的大倒退。因此，少数民族政权内史学意识的磨合，应当是双向的趋同，一方面统治者需要逐步理性地接受汉晋以来传统的史学观念，另一方面也需要修史者顾及统治者的利益与名位，多褒美功业而慎避忌讳。

十六国与初始时期的北魏政权，虽与内地传统的史学求真观念存在矛盾甚或冲突，但不可能最终废止史学，因为少数民族政权的统治者，一旦了解官方史学记述业绩的功能，都会加以重视。入主中原的少数民族政权，面对的是史学文化长足发展地区的文人与民众，而且由于占据中原，行事即备受关注，欲撰写其史者会层见迭出。如上述前秦官方修史制度荒废，则私家记述其史者有董谊、赵整、车频、裴景仁等，南朝刘宋亦派人寻访其史事。后秦姚氏政权中有马僧虔、卫隆景等人曾撰其史，姚氏政权灭亡后，原宗室姚和都则追撰《秦纪》10卷[④]。总之，史书可使统治者的功业垂于后世，可使许多人物青史留名，也可使撰史者立言传世，不仅具有很强的社会功能，而且具有极大的文化魅力。在这种政治功能与文化魅力的吸引下，在前代史籍的启示下，在其他政权记载及私修史的牵掣下，在私家和他国撰述可能曲解和误记的压力之下，古代中国境内一个政权建立之后，迟早会意识到具备官方记史、修史机制的必要性。因此，北朝少数民族统治者在较为发达的华夏文化面前，逐步接受内地传统史学价值观的进程是难以避免的。

在崔浩的修史案件中，高允为主要撰史人之一，在北魏太子拓跋晃的护持下，没有推卸责任，却因“临死不移”“对君以实”而没有受到处罚，他甚至面对盛怒的太武帝，敢为崔浩修史辩解：“浩之所坐，若更有余衅，非臣敢知。直以犯触，罪不至死！”后来又对太子晃言曰：

夫史籍者，帝王之实录，将来之炯戒，今之所以观往，后之所以知今。是以言

---

① 魏书：卷三五：崔浩传．北京：中华书局，1974：824．

② 史通：卷一二：古今正史//浦起龙．史通通释．上海：上海古籍出版社，1978：364．

③ 同①826．

④ 同②359．

> 行举动，莫不备载，故人君慎焉。然（崔）浩世受殊遇，荣曜当时，孤负圣恩，自贻灰灭。……至于书朝廷起居之迹，言国家得失之事，此亦为史之大体，未为多违。①

高允在史学价值观上依然没有退缩与改变，但批评崔浩辜负了北魏皇帝的“圣恩”，这里包含着如实记史与尊崇本朝应当有所协调的意见，已经十分明显。公元 460 年即北魏文成帝和平元年，终于恢复史官建置与修史活动，仍以高允典著作，校书郎刘模为助手，纂修国记②，“大较续崔浩故事，准《春秋》之体，而时有刊正”③，即改为编年史体例。

至魏孝文帝时期，官方史学迅速发展。公元 487 年高允逝世，李彪等人纂修北魏国史，则奏准将编年体仍回改为纪传体④。几年后，北魏正式设立起居注官，孝文帝还曾谓史官：“直书时事，无讳国恶。人君威福自己，史复不书，将何所惧?”⑤ 这显然是接受传统史学观念中最理想化的内容，实际否定了前朝处理崔浩案件的方式。而与之相应，汉族学人充当史官后，也谨以尊崇本朝为怀，如李彪、高祐上疏奏请用纪传体纂修国史，称北魏“惟圣朝创制上古，开基《长发》……嘉符祯瑞，备臻于往时；洪功茂德，事萃于曩世”。提出“著作郎已下请取有才用者参造国书……然后大明之德功，光于帝篇；圣后之勋业，显于皇策；佐命忠贞之伦，纳言司直之士，咸以备著载籍矣”⑥。这在汉人政权内早已成为习常套语，但出于少数民族政权内的汉人史家，则象征着对待统治政权已经不具有夷夏之别的意识。在此基础上，魏孝文帝朝达到了华夏传统史学价值观与北方少数民族政权政治文化的基本融合，于是，北朝史学进入了稳定化的发展时期，官方史学机制逐步完善，其表现是：

第一，北朝时官方的记史、修史活动得以延续发展，连绵不断。其中北魏修史出现过波折，出于对汉人学者的戒备，“以为国史当专任代人，不宜归之汉士”⑦，造成 20 年间的记史、修史的损失。但这不属于从制度上废止官方史学，史官建置仍在，只是所任史官并无史才，又无修史责任心。北齐时魏收纂修《魏书》，亦引起“众口沸腾”的轩然大波，但只是历史记载与部分贵族、官僚的冲突，国家政权则积极地推动史书的纂修与改修，并牢牢掌控局面。如上文所述，北魏还设立著作局、修史局等机构，北齐的修史机构已出现“史馆”“史阁”等非正式名称。中国上古有史官在君主左右，当时当地记录其言行的理想化说法，即所谓“左史记言，右史记事”，北魏建立的起居注制度规定：“每行幸宴会，则在御左右，记录帝言及宾客酬对”，就是依据那理想化的古制，这与两晋、南朝仅以诏令、谕旨等文书档案纂辑起居注的做法不同，隋唐时期的起居注基本因袭的是北朝的体制。北齐开国即下诏征集史料：“虽史官执笔，有闻无坠；犹恐

---

① 魏书：卷四八：高允传．北京：中华书局，1974：1071.
② 史通：卷一二：古今正史//浦起龙．史通通释．上海：上海古籍出版社，1978：364.
③ 同①1086.
④ 魏书：卷六二：李彪传．北京：中华书局，1974：1381.
⑤ 魏书：卷七下：高祖纪下．北京：中华书局，1974：186.
⑥ 魏书：卷五七：高祐传．北京：中华书局，1974：1260-1261.
⑦ 史通：卷一一：史官建置//浦起龙．史通通释．上海：上海古籍出版社，1978：315.

绪言遗美，时或未书。在位王公、文武大小，降及民庶，爰至僧徒，或亲奉音旨，或承传傍说，凡可载之文籍，悉宜条录封上。”① 这在官方史学发展上是一个创新之举。“监修国史”一职的设置，也起始于北齐。可见北朝官方修史制度的建设卓有特色，已经不是单纯模仿两晋、南朝，而是有了被后代所承袭的创树。

第二，北朝的私家修史也出现比较发达的局面。北魏时期有韩显宗撰《燕志》，述北燕史事，得魏孝文帝赞称；张彝著《历帝图》，进献北魏皇帝；崔鸿撰著《十六国春秋》100卷（一作102卷），亦由其子进献；等等②。更值得提出的是：元魏有宗室元晖、元怿、元顺三人先后撰成史书，元晖著《科录》270卷，分类编纂历代史事；元怿撰《显忠录》20卷，载往昔忠烈之士；元顺编《帝录》，辑帝王史事③。至北齐时，尚有元魏原宗室元晖业私撰《辨宗录》40卷，记述魏各藩王家世④。北齐、北周私修史有宋绘《中朝多士传》、陆元规《皇帝实录》、刘璠《梁典》、宋孝王《关东风俗传》、阳休之《幽州人物志》、李概《战国春秋》（述十六国史事）等⑤。私修史的兴盛并得到当局不同程度的认可、鼓励，表明北朝政权在史学上大体具备了与两晋、南朝一样完整的社会机制。

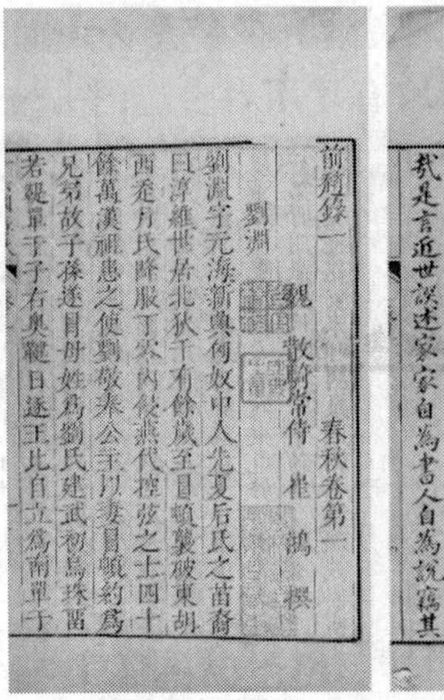
前趙錄一　春秋卷第一
魏散騎常侍　崔鴻　撰
劉淵
劉淵字元海新興匈奴中人先夏后氏之苗裔
曰淳維世居北狄千有餘歲至冒頓襲破東胡
西走月氏降服丁零內役燕代控弦之士四十
餘萬漢祖患之使劉敬奉公主以妻冒頓約為
兄弟故子孫遂冒母姓為劉氏建武初烏珠留
若鞮單于子右奧鞬日逐王比自立為南單于

重刊十六國春秋序
春秋者魯史記之名也古者列國各有國史而
魯史自宣聖脩之微而顯志而晦婉而成章盡
而不汙懲惡而勸善垂百王之法度立萬世之準
繩胡氏以為五經之有春秋猶法律之有斷例誠
哉是言近世說述家家自為書人自為說竊其

图4-2　《十六国春秋》

总之，中国自先秦时期形成记史求真理念与史学社会功能之间的对立统一，成为汉代奠定史学基础的重要构件之一，在十六国与北朝少数民族政权内经历了激烈冲突与磨合、协调的发展过程，确立为贯穿于史学发展中内在的、非对抗性的矛盾，成为中国传统史学发展的推动力量。

---

① 北齐书：卷四：文宣帝纪．北京：中华书局，1972：53.

② 依次参见：魏书：卷六〇：韩麒麟传附韩显宗；魏书：卷六四：张彝传；魏书：卷六七：崔光传附崔鸿、崔子元。

③ 依次参见：北史：卷一五：魏诸宗室传；魏书：卷二二：清河王怿传；魏书：卷一九中：任城王顺传。

④ 北齐书：卷二八：元晖业传．北京：中华书局，1972：387.

⑤ 依次参见：北齐书：卷二〇：宋显传附宋绘；史通：卷一二：古今正史；周书：卷四二：刘璠传附刘祥；北史：卷二六：宋隐传附宋孝王；北齐书：卷四二：阳休之传；北史：卷三三：李灵传附李概。

第四节　传统史学对民族大融合的关键作用

西晋末年至南北朝时期，中国境内政权分立，战争频仍，朝代不断更替，呈现出暴力冲突与文化兴盛并行的景象。各民族政权逐鹿争战的历史进程，同时又是一个各民族大融合的历史时代。然而，在此时期激烈民族战争的背景下，何以会出现民族的大融合？学术界缺乏确切的解释，我们认为：汉代奠定基础的传统史学，是促成民族融合的关键因素。

一、文化是古代中国民族凝聚力的核心

关于中国古代的民族融合与中华民族的凝聚力，是一个学术热点问题。诸多论著各从政治、经济、思想文化、社会心理、语言、文学等方面进行了探讨。其实，民族融合的关键因素在于文化的认同，即精神上的凝聚力。在古代中国，传统文化的突出特点是史学异常兴盛，正如梁启超所言："中国于各种学问中，惟史学为最发达；史学在世界各国中，惟中国为最发达。"① 研究中国古代宏观的历史问题，如果忽略了"惟史学为最发达"这一特点，就难以取得比较深入的认识。因此，考察中国传统史学对民族融合的作用，是历史研究一个必要的选项。

所谓"民族融合"，应当指不同民族之间自然而然、自愿选择的社会生活、文化习俗的趋同过程，这不同于部分民族被迫失去自我社会特征、生存方式和文化习俗的"民族同化"。和平方式进行的民族融合，一般是以先进民族为核心，因此，导致民族融合的先进性因素，如稳定的社会秩序、丰富的社会文化、清明的政治机制、发达的经济生活都可形成"民族凝聚力"，但随着历史的发展，"文化"越来越成为民族凝聚力的核心。

人类的生存与发展，需要凝聚成社会团体来面对自然界与环境的挑战，但人类先民的族群之间也会互相排抑，甚至相互残杀。古代民族关系史上民族交往、民族战争、民族同化与民族融合交织在一起，异常复杂，不过在古代世界的不同地区，民族间的或"和"或"战"，具有十分不同的表现。今中国境内，上古的华夏族很早就形成以农业种植为主的社会经济，生产力与社会文明的程度超过周边地区。种植业具备收成比较稳定的优点，但是从投入到产出的周期较长，生长的农作物难以保护与无法转移，战争中无论胜负都会遭受重大破坏。因此，守卫先进农业经济、防御周边民族侵扰抢掠的社会需要，促成中国早期的华夷之辨历史观，这包含以下几点内容：（1）内诸夏而外夷狄，视夷狄为未知礼仪的族类，予以戒备与防范；（2）不主动征伐，主张相安共处，各居其地；（3）力求"用夏变夷"，推行华夏的礼仪文化制度以改变蛮夷之人。很明显，这虽然含有对夷狄族群的贬抑和排斥，但更为重要的是在和平共处主导方向上的政治文化融

① 梁启超．中国历史研究法：第二章：过去之中国史学界．上海：上海古籍出版社，1987：10．

合。孟子提出“吾闻用夏变夷者，未闻变于夷者也”[①] 的论断，充分表达了华夏礼制和文化可以化导周边民族的信心。

中国汉代，随着儒学在社会文化中越来越占据重要地位，在政治文化上越来越倾向于谋求和谐、安定的民族关系。对周边的民族政权，“来则惩而御之，去则备而守之，其慕义而贡献，则接之以礼让，羁縻不绝，使曲在彼，盖圣王制御蛮夷之常道也”[②]。而同时的《春秋》“大一统”政治历史观，则有力地促进着“用夏变夷”式的民族政治文化的融合。“及周之盛时，天下和洽，四夷乡风，慕义怀德”[③]，被塑造为国家政治的最理想局面。不可否认，中国古代发生过很多民族之间的战争，战争打破原先的民族关系格局，但强制性“民族同化”之外的民族融合，还是依赖文化因素进行，这在战争中与战争后都是如此。况且，即使汉武帝所取得的对匈奴战争的巨大胜利，在儒学的政治价值观上仍然遭到訾议和贬斥。因此，系统的礼制伦理文化和“大一统”的政治历史观，成为民族凝聚力的精神核心，亦即文化因素成为民族融合的主导条件，这些在汉代即已十分显然。民族融合而形成极其壮大的汉族，儒学之占据文化要津，“大一统”观念之不可逆转地确立，史学及其他学术的兴盛，等等，都是在汉代奠定根基，绝非纯偶然的巧合。汉代无疑是中国汉民族形成的关键时期，也是汉文化彰显出强大民族凝聚力的时期，其中传统史学基础的奠定，是汉文化中最能影响周边民族和政权的成分。

二、传统史学对民族大融合的作用

> 苟史官不绝，竹帛长存，则其人已亡，杳成空寂，而其事如在，皎同星汉。
>
> ——刘知幾《史通·史官建置》

据上文所述，十六国与北朝的各少数民族政权开展官方记史、修史的活动，已经极其普遍，这是先秦至东汉时期少数民族从未有过的现象，这不能不与东汉最后奠定了传统史学基础，三国两晋时期又进一步对其探索和弘扬联系起来考察。传统史学的记史、撰史机制，特别是官方的史学活动，对文化相对滞后的周边民族政权，具有很大的文化魅力。十六国政权兴败无常，统治者的执政年限更为短促，然而一个政权若将自己的功业予以记载、撰述，事迹的流传则可以延伸久远，许多上层人物可以青史留名，这是官方史学最明显的功能，容易被各族政治首领认知、向慕而且乐于仿从。例如北魏太武帝委任崔浩修史，明言“史阙其职，篇籍不著，每惧斯事之坠焉”[④]，即恐怕自己的功业湮灭不闻于后世。同时，私家与别国的记述又可能对本政权不利，这就形成一种史学文化环境的压力，因此统治者或早或迟会意识到本国官方修史的必要性。

少数民族政权向慕和仿从汉族政权的传统史学机制，前提是需要对汉人的史书、史学及历史梗概有所了解，因此就会受到历史观念上的熏陶，所以模仿汉族官方修史是与接受传统的历史观同步并行的。而从西汉开始，传统史学早已构筑了从黄帝开始的帝王

---

① 孟子：滕文公上//朱熹．四书章句集注：孟子集注：卷五．上海：上海古籍出版社，2001：305.
② 汉书：卷九四下：匈奴传下．北京：中华书局，1962：3834.
③ 史记：卷九九：刘敬叔孙通列传．北京：中华书局，1974：2716.
④ 魏书：卷三五：崔浩传．北京：中华书局，1974：824.

统绪，形成了大一统观念和历史“正统论”。这个源远流长的历史线条同样具有很强的文化魅力，促使许多少数民族政权将自己的祖辈连接到这个系统之内。这是首先从历史观念上的自动大幅度的“汉化”。例如：

匈奴族刘渊自称汉王，追溯自己的先祖到刘邦，说自己是刘氏皇族的后裔，尊奉汉朝为正统。称自己的政权是“绍修三祖（汉高祖、汉文帝、汉武帝）之业……追尊刘禅为孝怀皇帝，立汉高祖以下三祖、五宗神主而祭之”。

匈奴族的赫连勃勃“自以匈奴夏后氏之苗裔也，国称大夏”，他雄心勃勃地自称“朕大禹之后”，要“复大禹之业”。

建立先秦政权的氐族，谓自己是有扈氏的后代，据说有扈氏是上古与夏朝同姓的部落。而建立后秦的羌人姚氏，则认为是有虞氏即虞舜的后裔。

鲜卑族自称是黄帝之苗裔，前燕鲜卑族的慕容廆氏，便自认为是“其先有熊氏（黄帝）之苗裔”。北魏拓跋族统治者也声称自己是黄帝的后裔。天兴元年（398），道武帝拓跋珪定都平城、登基称帝之时，便议定“以国家继黄帝之后”。

高句丽族的北燕王慕容云“自云高阳氏之苗裔”，“高阳氏”即颛顼，黄帝之孙。

鲜卑宇文氏自称炎帝神农氏之后，其政权命名为“周”，是表示继承周朝大统。诸如此类，不一而足①。

面对比较先进的汉族社会文化，各少数民族政权要记述本国史事，不能不模仿汉人的记史、修史方式，而且最初的史官也多任用汉族学人。从总体趋势而言，史学观念、历史观念的“汉化”是难以避免的。当然，各少数民族政权统治者对汉人史学价值观的理解、接受，程度并不一致，发展也非直线向上，甚至出现以强权暴力摧残已有史学建设的大倒退现象，北魏太武帝诛杀崔浩等人、废除史官，即为最典型事例。但历史学的文化魅力不是用强权所能消灭的，不仅高允等人在史学价值观上没有退缩，而且据记载连魏太武帝对诛杀崔浩亦有所悔意②。至魏孝文帝则更作出大的补偿，进行全面仿从汉制、全面接受汉文化的改革，官方史学的建设得以空前发展，成为少数民族政权自上而下融合于汉人政治文化的典型。

自西晋末年各少数民族政权纷争于中国北方，在充满民族冲突的战乱之中，民族融合进程是缓慢、曲折、反复的。至魏孝文帝时期发生根本性转变，民族大融合自上而下地迅速推行，而且体现了以汉文化为中心的先进方向。如果把这场极有成效的民族融合分为政治、经济、文化三方面考察，那么文化上的民族融合处于决定性的地位。

民族融合是各民族之间在经济生活、文化语言、风俗习惯及心理素质等方面趋于一致的过程。西晋末年以来，各民族原居住的地域界线被打破，少数民族进入汉族的农耕地域，经济生活有所融合。但从古至今无数事例说明：同一地域和相似的、相联系的经济生活，并不能使民族畛域迅速化解，文化上的融合才是民族融合进程中的关键。在北魏诸种文化现象中，民族认同与民族融合最为稳定、最为深入的因素乃是史学意识及历

① 依次参见：晋书：卷一〇一：刘元海载记；晋书：卷一三〇：赫连勃勃载记；太平御览：卷一二一：引《十六国春秋》；太平御览：卷一二三：引《十六国春秋》；晋书：卷一〇八：慕容廆载记；魏书：一〇八：礼志四之一；太平御览：卷一二五：引《十六国春秋》；周书：卷一：文帝纪上。

② 资治通鉴：卷一二五：“魏主既诛崔浩而悔之”．北京：中华书局，1976：3944.

史观念。

从拓跋珪到孝文帝拓跋宏皆重视儒学，提倡儒家的社会伦理道德，施行“以礼治国”的方针，对民族融合起到积极促进作用，而这些都是以历史观念的“汉化”为依托的。从两晋至南北朝，玄学思想畅行，佛教、道教广为传播，并非儒学影响力的强盛时期。北魏统治者尊崇儒术，是与其仰慕三代、两汉以来丰厚而昌盛的历史底蕴分不开的。史称拓跋珪“常引问古今旧事，王者制度，治世之则。（崔）玄伯陈古人制作之体，及明君贤臣，往代废兴之由，甚合上意”①。北魏初立国即设史官记史、修史，这是与其历史观念相关联的，虽然北魏后来发生史狱，官方修史有所波折，但史学价值观以及自认与汉族同源的历史观念并未改变。北魏孝文帝时，在史学意识与历史观念的发展上都达到前所未有的高度，在记史、修史与历史观念等方面都走上进一步“汉化”的道路。公元492年年初，北魏君臣会议历代正统政权兴替问题，否定了将北方十六国置入正统序列的意见，诏令确定本朝乃接续晋代，为五德中“水德”政权②。撇开其“五德终始”论的外壳，内中显露出基本摒弃了少数民族心理与政治情绪的正统历史观念。孝文帝逝世之后，北魏政治走向昏暗，许多改革措施逆转，但史学理念仍然基本保持，且已深入人心，连北魏宗室成员元晖、元怿、元顺三人，都先后按照传统的历史观念撰成史书。至北齐，具体修史活动虽有波折、起落，传统史学的理念与准则却更为巩固，大一统与正统论的历史观更处于主导地位，官方、私家的修史活动皆卓有成效。北朝时期北方民族政权的官方史学机制趋于稳定化，传统史学与历史观已经成为民族融合的最稳固因素，发挥持久的民族凝聚作用。

从上而下以政权力量推行的民族融合，与社会基层潜移默化的民族融合有所不同，是必然先从思想观念上奠定基础。北魏时期民族大融合的思想基础中，最重要和最稳定的因素是汉化的史学意识与历史观念。北魏末期政治昏暗，上层统治者多有奢靡腐败、荒淫残暴者，宫廷政变、内讧仇杀不断发生，儒学的“礼制”被破坏殆尽，而史学意识和历史观念则基本保持。魏孝文帝时曾参与迁都之议的官员张彝，后来向魏宣武帝进上自著《历帝图》一书，简述伏羲氏至晋末16代、128个帝王及朝代兴亡事迹，以为鉴戒，得到赞赏③。《历帝图》的朝代序列与魏孝文帝时确定的正统政权序列、历史观念是一致的。北齐、北周官方和社会的历史观念大抵承续北魏，无根本性变动，民族融合进程亦未中断。因此，由记史、修史开端，各族政权以汉文化为中心的历史认同观念，是这一历史阶段民族大融合的最先导、最关键、最稳定因素。《宋书》《魏书》等在各个政权控制下修成的史籍，互有丑化、攻诋，以致“南书谓北为索虏，北书指南为岛夷”④，固然无助于民族融合，但这属于政治层面的敌对行为，改变不了史学文化认同的总体趋势。

民族融合主要依靠文化认同而形成凝聚力，在中国古代，整体性的文化认同乃是从史学开始。政治的清明、经济的昌盛，对民族融合自然会起到推动作用，但如果缺乏文

① 魏书：卷二四：崔玄伯传．北京：中华书局，1974：621.

② 资治通鉴：卷一三七：南齐武帝永明十年．北京：中华书局，1976：4318-4319.

③ 魏书：卷六四：张彝传．北京：中华书局，1974：1430.

④ 北史：卷一〇〇：序传．北京：中华书局，1974：3343.

化认同，一旦政治变动或经济衰败，就很容易导致民族分离，世界从古至今的无数史实足以为证。在中国传统文化中，史学占据极其重要的地位，因此对传统史学的认同，就成为中华民族最重要的凝聚力。

中国传统的史学文化具备博大的包容性能，许多民族都可以从华夏历史传说或历史著述中找到本族的衔接口，自《史记》开始，纪传体史书就较完整地记载周边民族与国度，换言之，周边民族和国度最早的史事乃记载于中国传统的史学著述之中。这种系统的史学文化在古代很有魅力，促进各族由历史认同到祖先认同，因而形成凝聚力，导致全面的文化认同与民族融合。

十六国、北朝这一历史阶段，是汉族和汉族政权相对弱势的时期，北方多个少数民族相继勃兴，纷纷建立政权，甚至间或形成少数民族为统治者的强盛国家。这时期民族关系、民族文化如何发展，应当说存在着很多变数。但是恰恰这一时期，各少数民族政权纷纷开始了记史、修史的官方史学活动，从而在汉人政权弱势的形势下确立了汉文化的主导地位，推动了以汉族为中心的民族大融合，甚至出现北魏孝文帝时期全面、主动的“汉化”改革。中国传统史学从先秦到汉、晋的长足发展，当然是历史进程的一个组成部分，但在某种意义上可以说：这一时期，是传统史学引导了历史进程、改变了历史面貌。

第五节　历史编纂学上的探索

> 夫史之有例，犹国之有法。国无法，则上下靡定；史无例，则是非莫准。
> ——刘知幾《史通·序例》

三国至南北朝时期，史书编写的多方探索，出现了多种形式和内容的史著，已如上述。与此同时，在历史编纂的理论、规范、方法等问题上，也出现一些探索和讨论，具有史学方法论的特征，对此后中国传统史学的发展颇具影响。

一、几项史书体例与史学方法的讨论

1. 关于断代史的断限问题

所谓“断限”，是指按规范所限定的范围。史书编纂的“断限”，就是指所记载内容的时间起止问题，即撰写一个朝代的断代史从何时起、到何时止。这在汉朝似乎问题不大，而西晋时就出现了争论。晋朝的建立，是司马懿、司马师、司马昭父子三人在曹魏政权内逐步夺得实权，奠定基业。司马昭之子司马炎虽然是西晋第一个皇帝，却并无创业功德。西晋纂修国史从何时起始，就出现了不同见解。

西晋之初，曾议论纂修晋书的断限，荀勖认为应以司马懿掌握实权的魏正始年间（240—248）为起始。另一史官王瓒，也提出将曹魏嘉平（249—253）以下的朝臣，都作为晋朝人物写入史书，但反对意见很多，“于时依违，未有所决”。晋惠帝即位后，再次令朝臣议定，秘书监贾谧上奏议，“请从泰始为断。于是事下三府，司徒王戎、司空

张华、领军将军王衍、侍中乐广、黄门侍郎嵇绍、国子博士谢衡，皆从谧议。骑都尉济北侯荀畯、侍中荀藩、黄门侍郎华混以为宜用正始开元。博士荀熙、刁协谓宜嘉平起年。谧重执奏戎、华之议，事遂施行”①。

著名文人陆机的《晋书限断议》曰：“三祖实终为臣，故书为臣之事。不可如传，此实录之谓也。而名同帝王，故自帝王之籍不可以不称纪，则追王之义。”② 这就是说，虽然确定了晋武帝泰始元年为晋朝国史之开始，但司马懿、司马师、司马昭仍作为皇帝在国史立纪。现存唐朝官修的《晋书》仍然如此安排。南朝刘宋孝武帝时，朝廷也讨论其国史的断限问题，事见《宋书》卷九四《徐爰传》。

北朝北齐时也有类似的讨论，先是魏收任北齐监修国史，上表议论北齐纪元之始，阳休之提出反对意见，朝臣议论未能作出决断。魏收死后，阳休之发动朝臣动议，采取了他所主张的北齐史断限，即以高洋正式夺取帝位的天保元年（550）为北齐起始。但北齐创业先祖，仍如李德林的议论：“必不得以后朝创业之迹断入前史”③，高欢、高澄乃以帝纪形式记述其事，这与《晋书》的方法是一致的。总之，两晋南北朝时，基本解决了政权禅代背景下，后朝创业之人如何记载于史书的断代史难题，解决方法充分照顾了后朝创业者的名分地位。

2. 关于修史条例的问题

纂修大的史书，总须有个事先的规划，将规划具体地书写出来，就是条例，条例中述及所要达到的宗旨，或采取某种形式、收录某项内容的理由，亦或称之“义例”。“义例”的命题，是反映中国传统史学的重要范畴之一。《史记·太史公自序》《汉书·叙传》都简述其编纂设想与用意，但还不具体、详细。到了晋代，史书“始立条例”，《史通·序例》曰：“唯令升先觉，远述丘明，重立凡例，勒成《晋纪》”，即东晋初年的干宝最先设定史书凡例。其实，西晋初杜预研究和注释《左传》，就认为《春秋》有一定的义例和书法。

两晋南北朝时期，有过许多关于史书条例的讨论，例如南齐史官檀超上表立史书条例，主张“封爵各详本传，无假年表”④。立十志，综取班固、蔡邕、司马彪等人的做法，设《朝会志》《帝女传》等。此举引起朝议，时在建元二年（480）。王俭、袁彖等人均指摘其《朝会志》《帝女传》《处士传》皆不合宜，帝女如果“有高德异行，自当载在《列女》”⑤，缺少《食货志》更为疏误。结果檀超的条例未能实行。

以上所述朝廷组织和听取朝臣讨论断代史特别是本朝史的断限，讨论史书的具体体例设置，显示出官方史学在理念和方法上的新发展。

3. 关于史书撰写的繁简

史书的撰写，是文字繁富、详细好，还是简明、扼要好？西晋时张辅所撰《马班优

---

① 晋书：卷四〇：贾充传附贾谧. 北京：中华书局，1974：1174.

② 陆机. 晋书限断议//梅鼎祚. 西晋文纪：卷一五. 影印文渊阁《四库全书》本. 台北：商务印书馆，1986.

③ 隋书：卷四二：李德林传. 北京：中华书局，1973：1197.

④ 南齐书：卷五二：檀超传. 北京：中华书局，1972：891-892.

⑤ 南齐书：卷四八：袁彖传. 北京：中华书局，1972：833-834.

劣论》主张简约，他说："迁之著述，辞约而事举，叙三千年事，唯五十万言。班固叙三百年事，乃八十万言。烦省不同，不如迁一也。良史述事，善足以奖劝，恶足以监诫，人道之常，中流小事，亦无取焉，而班皆书之，不如二也。……"① 陈寿虽未发表议论，但《三国志》写得极其简要，东晋干宝也认为史书以简为上，赞扬《左传》篇幅不大，却记述了240多年的历史，而无所遗漏。而裴松之则批评《三国志》"失在于略，时有所脱漏"②。《后汉书》作者范晔也主张史书应当博赡。怎样写出详略得当的历史著述，确实是个难以掌握的编纂尺度，这至今仍是不断争论与充满分歧的问题。不同的人对不同内容的史书，繁与简孰优孰劣，感受上恐怕会大有区别。因此后代对此问题仍时有讨论，但很难得出一致意见。

4. 编年体与纪传体的比较问题

这一历史时期，编年体史书与纪传体史书同样兴盛，但各个史家，取舍则不相同。干宝等人认为编年体是《春秋》以来的史书正体，优于纪传，盛誉《左传》而贬抑《史记》，而范晔则认为"《春秋》者，文既总略，好失事形，今之拟作，所以为短。纪传者，史、班之所变也，网罗一代，事义周悉，适之后学，此焉为优"③。北魏官方纂修国史，曾经在纪传、编年二体间反复改变，魏孝文帝时李彪主张用纪传体，他与高祐上奏说："史官之体，文质不同，立书之旨，随时有异。至若左氏，属词比事，两致并书，可谓存史意而非全史体。逮司马迁、班固，皆博识大才，论叙今古，典有条章……宜依迁、固大体，令事类相从，纪、传区别，表、志殊贯，如此修缀，事可备尽。"④ 编年体与纪传体何者为优，至唐宋时期仍有争论。

编年体与纪传体其实各有优、缺点。编年体时间线索明晰，容易展现历史事件之间的联系，比较容易避免史事叙述的重复，但割裂了大的、历时较长的事件，对时间不明的史事较难安排。纪传体可以记载多方面内容，机动设置专题内容，人物事迹能够集中、全面地记述，但同样割裂大的历史事件，载于不同的纪和传之中，不易展现史事之间的联系。

三国至南北朝时期在历史编纂学上的探索，使修史方法的探索提升到理论性的层次，促进了对史学理论与方法论的思考，具有不可忽视的意义。梁刘勰《文心雕龙》有《史传》专篇，简要总结史学发展、评论史书，提出不少理论性认识，与历史编纂学探索的史学背景密切相关，唐代刘知幾撰著史学理论著作《史通》，也承袭了三国至南北朝时期历史编纂学方面的成果。

二、孙盛对编年体史书编纂方法的创树

东晋史家孙盛（302—373），字安国，祖籍太原中都（今山西平遥），祖、父皆在西晋为官。西晋灭亡时，孙盛未满十岁，渡江避难。成年后，以博学善辩闻名，初仕佐著作郎，不久外任，辗转迁职，官至秘书监。他"笃学不倦，自少至老，手不释卷"⑤，

① 晋书：卷六〇：张辅传. 北京：中华书局，1974：1640.

② 三国志：卷末：裴松之《上三国志注表》. 北京：中华书局，1964：1471.

③ 隋书：卷五八：魏澹传引范晔语. 北京：中华书局，1973：1419.

④ 魏书：卷五七：高祐传. 北京：中华书局，1974：1260.

⑤ 晋书：卷八二：孙盛传. 北京：中华书局，1974：2148.

著述宏富。除《孙盛集》及今载于《弘明集》《广弘明集》的几篇论文外，余皆史作，有《逸人传》《魏氏春秋》《晋阳秋》①《魏世谱》《蜀世谱》《魏阳秋异同》等。这些史著由于原书散佚，至今仅有支离不全的辑本或散见于他书引录，致使其史学方法与史学思想长期隐而未彰。

1.《魏阳秋异同》——史料考异的重要著作

《旧唐书·经籍志》《新唐书·艺文志》均著录《魏阳秋异同》8卷，清严可均在《全晋文》中辑得其中10条，题作《魏氏春秋异同评》，裴松之于《三国志注》引述本书时或称“异同评”，或称“异同杂语”“杂记”“异同记”等。对于这些不同的名称，前人历有解释，如钱大昕指出：裴松之注所引有“孙盛《异同评》，或作《异同杂语》，又作《异同记》，又作《杂记》，其实一书也”②。查《三国志》中凡引为“异同评”或题为“孙盛评曰”者，均带有对不同历史记载何者属实的辨定，而引为“杂语”“杂记”者，皆为传闻异事，皆没有是否属实的辨定。据此，《魏阳秋异同》应包括两大类内容：一是罗列不同的记载而随之加以评断，是为“异同评”；二是仅录各种不同记载或传闻，尚未能作出是否属实的判断，即称为“异同杂语”或“异同记”，亦简称“杂语”“杂记”等。全书的总称自当以新、旧《唐书》著录的《魏阳秋异同》为确，而“异同评”应是全书最重要部分，约定俗成地称此书为《异同评》亦无不可。

《魏阳秋异同》在中国古代史学史上有着重要的意义，是撰史中史料考异方法的首创之作。司马光《资治通鉴考异》无论就编撰动机、内容结构还是考辨方法，都与孙盛之书相同，《资治通鉴考异》中有两处引自孙盛《异同评》③，说明司马光是受了孙盛撰史方法的启示并仿照为之，柳诒徵称“温公《考异》，滥觞于裴松之《三国志注》”④，亦非确论。

2. 撰著编年史的整体规划

孙盛撰著《魏氏春秋》，同时将对史料异同的辨定纂成《魏阳秋异同》，此二书的联系显示了孙盛撰史规划的一部分。然而，与《魏氏春秋》密切相关的著述还有《魏世谱》《蜀世谱》二书，虽也久佚，但从《三国志注》所引录的内容中尚可窥其大略。

《魏世谱》《蜀世谱》记述了两国君主宗室的人物及其后代的事迹，而且记述其文武大臣的后代子孙，一直记述至东晋时期。其编撰动机应与《魏氏春秋》《魏阳秋异同》联系起来考察。从《魏世谱》《蜀世谱》的形式和内容上看，孙盛是将魏、蜀两国人物事迹予以清理，条而贯之而粗得眉目，辅助《魏氏春秋》的编纂，同时也自成独立之书。其记事又延至晋代，表露出他早有撰著《晋阳秋》之意。孙盛撰著两部时间上接续的编年史，同时又撰成辨定史料（《魏阳秋异同》）和条贯史事（《魏世谱》《蜀世谱》）的几种附属著述⑤，这种修史上的整体规划是前无古人的创举，虽不及后来司马光修史

---

① 因东晋简文帝之母名“阿春”，讳改“春秋”为“阳秋”。《魏氏春秋》的正式书名也应当是《魏阳秋》。

② 钱大昕．廿二史考异：卷一五：三国志一．南京：江苏古籍出版社，1997：350.

③ 见《资治通鉴考异》卷三“汉献帝建安五年四月”与“魏嘉平五年十月”条。

④ 柳诒徵．国史要义：史德第五．上海：华东师范大学出版社，2000：147-148.

⑤ 孙盛是否撰有吴国世谱，文献无征。而《世说新语》的《识鉴》《假谲》篇各有一条注文引自《晋世谱》，但未标明作者。查各种文献，魏晋南北朝时除孙盛的魏、蜀二《世谱》及未明作者的《晋世谱》外，再无这样名为“世谱”而记述范围为一朝、一国的著述。因此，不能排除《晋世谱》是孙盛所撰，谨此存疑。

的全面部署周密，但筚路蓝缕之功不可埋没。

第六节　历史观念与史学理念的进展

一、正统论观念的凸现

正统论是中国历史上极其重大的政治理论、历史哲学问题，融入传统史学的肌体，成为中国史学中最显著的思想要素，缘起很早，影响深远，而又与大一统观念联结一起，不可分割。战国时期多年的分裂混战，促发出向往所谓三代盛时统一的政治要求，邹衍的“五德终始”历史观，在逻辑上是每个时代只能有一个政权居于“德”的位置，则多个政权并存之时，需要判断“德”属谁家，这就隐含了大一统的理念。西汉武帝时期，董仲舒鼓吹《春秋》大一统思想，对整个社会的思想影响甚大。至班固，他以“尊汉”为宗旨，提出汉朝承接“天统”，《汉书·郊祀志》言“刘向父子以为高祖始起，著赤帝之符，旗帜遂赤，自得天统”。据《后汉书·班彪传》，班彪的《王命论》称汉朝承接帝尧之统。班固承袭其父思想，于《典引》一文赞汉高祖、光武帝“盖以膺当天之正统，受克让之归运”[①]，可见东汉初期，“正统”概念即已形成。汉朝诸儒将自命水德的秦朝排除于五德之外，就是否定其正统政权地位。

> 读史当观大伦理、大机会、大治乱得失。
>
> ——朱熹《朱子语类》卷一一

东晋时期史家习凿齿著文论“晋承汉统”，否定曹魏政权的正统地位，认为“魏未曾为天下之主；王道不足于曹，则曹未始为一日之王矣”[②]。认为晋朝应承接汉朝的统绪，认为蜀汉刘备政权乃后汉的继续，将曹魏排除在正统政权的序列之外。为此，他还实践其说，撰写编年体史书《汉晋春秋》，记述汉末至晋朝的历史，在曹丕篡位之后用刘备政权的年号纪年。习凿齿的议论，在正统论观念的整体发展中具有重要意义：第一，这恰好触及正统论观念面对历史的一个焦点，即三国时期哪一国应为正统政权，成为判断史家正统观念的一个明显的标准；第二，他不但议论，也实际撰史，自觉地用自己的正统论观点改写历史著述，从而将正统论观念凸现出来，影响深远。

正统论以及判断正统政权的标准，成为后代争论不休的重要问题，焦点是怎样为“正”、如何算“统”？如何在纂修史书中贯彻正统论观念？无论理论论说、政治操作还是编纂史书，都造就了不断博弈和翻新的文化景观。

政权分立状况下，判断“正统”的标准大致有以下几项：（1）汉族统治者建立的政权；（2）原正统政权的接续或替代者；（3）功业较大，占据以中原为基地的北方广大地区；（4）原正统政权皇族后裔为君主；（5）政治实行“王道”的政权。各种标准既相互

---

① 班固．典引//萧统．文选：卷四八．上海：上海古籍出版社，1986：2161.
② 晋书：卷八二：习凿齿传．北京：中华书局，1974：2156.

配合，也互相排斥，在东晋、南北朝时期，各国统治者采取不同的正统标准，各以正统政权自居，贬斥他国，官私修史也各私本国或自己认可的政权，“南书谓北为索虏，北书指南为岛夷”①。这种“正统”之辨，是传统史学难以回避的问题，因为编年体史书要以正统政权的帝王年号纪年，纪传体史书的“本纪”是记述正统政权的帝王事迹。把三国时期哪家政权作为正统，成为史家如何掌握正统标准的试金石，因此习凿齿的议论，是最早抓住了正统论问题的关节点，虽然在当时反响不大，但宋代之后越来越引人注意，成为史论、史评的热点。

二、论治乱、辨兴亡的历史见解

三国至南北朝时期，特别是西晋灭亡之后，史家对治乱兴亡的论述，从汉代已有的政治历史观（如贾谊《过秦论》）上又推进一步。由于史家多、史书多，史论涉及问题也就极多，但时代处于政局多变状态，很自然地将治乱兴亡问题作为史论的重点。《晋纪》的作者干宝与《后汉纪》的作者袁宏的史论，是具有典型性质的实例。

干宝《晋纪》失传，但他的《晋纪总论》② 全文俱存，此文在历史见识、文章气魄、文笔生动等方面，都堪称佳作。《晋纪总论》的主旨是总结西晋灭亡的原因，干宝首先歌颂了司马氏几代创立的功业，并且结尾处宣扬“大命重集于中宗元皇帝”，这是作为晋朝臣子的必须铺垫，而其笔锋所向，直击晋朝从开国就与之俱生的致命弱点，从而指出西晋迅速衰亡的根源。主要论点有：

（1）批评西晋自建国之后，“树立失权，托付非才，四维不张，而苟且之政多也”。“四维”指礼、义、廉、耻，被认为是国家长治久安的基本保障。“苟且之政”是指随时应对局面的政策，多所改动，未从整个儒学政治思想体系出发。干宝指出：“夫作法于治，其弊犹乱，作法于乱，谁能救之?”“八王之乱”和夷狄乱华之所以颠覆西晋，原因在此。这实际是对西晋朝廷的“苟且之政”予以极其严厉的否定。

（2）干宝认为“民情、风教，国家安危之本也”，指出西晋政权由篡夺曹魏而建立，对风教乃是一大损害。他以周文王“天下三分有二，犹以服事殷”，周武王“伐独夫之纣，犹正其名教，曰‘逆取顺守’”，对比司马氏废魏帝曹芳、弑魏帝曹髦以及“逼禅代之期，不暇待‘三分’、‘八百’之会也”，导致“朝寡纯德之士，乡乏不二之老。风俗淫僻，耻尚失所”。这种尖锐的批评，表现出极大的勇气。

（3）干宝指出：“学者以庄老为宗而黜六经，谈者以虚薄为辩而贱名检，行身者以放浊为通而狭节信，进仕者以苟得为贵而鄙居正，当官者以望空为高而笑勤恪。”即玄学与专务虚浮的玄谈，改变了社会价值观，毁坏了政权体制的基础。这样，官场已经缺乏行实政、办实事之人，吏治也从而大坏：

> 由是毁誉乱于善恶之实，情慝奔于货欲之途。选者为人择官，官者为身择利，而秉钧当轴之士，身兼官以十数，大极其尊，小录其要，机事之失，十恒八九。而

① 北史：卷一〇〇：序传. 北京：中华书局，1974：3343.
② 载于《文选》卷四九。

世族贵戚之子弟，陵迈超越，不拘资次。悠悠风尘，皆奔竞之士，列官千百，无让贤之举。

干宝认为，民风、国势如此，即使是较开明的君主努力维持政局，也不能挽救衰败的趋势，何况是晋惠帝那样的傻皇帝，真是不亡何待了！

袁宏在其史著《后汉纪》中，随机发表个人见解，标以“袁宏曰”，这是编年体史书的历来做法。他的史论内容丰富，关于治乱兴亡问题的观点有：

（1）名教为政治之本，而史学的宗旨也正在于此。“史传之兴，所以通古今而笃名教也。”“今因前代遗事，略举义教所归，庶以弘敷王道。”① 他认为：“夫君臣父子，名教之本也。然则名教之作何为者也？盖准天地之性，求之自然之理，拟议以制其名，因循以弘其教……尊卑莫大于父子，故君臣象兹以成器。天地，无穷之道，父子，不易之体，夫以无穷之天地、不易之父子，故尊卑永固而不逾，名教大定而不乱。”② 这里虽然也讲天地之性、自然之理，但却以不可改变位次的父子关系来论证名教体系的不可动摇，与玄学的出发点完全不同，是汉代以来典型的儒学理论。袁宏遵从孔子的“仁”学，将名教政治思想的精粹定位为“仁”，“立君之道，有仁有义，夫崇长推仁，自然之理也；好治恶乱，万物之心也。推仁则道足者宜君，恶乱则兼济者必王”③。维护统治的根本方法是弘扬名教，“古之圣人，知治乱盛衰有时而然也，故大建名教以统群生，本诸天人而深其关键”④。“故名教之益，万物之情大也。当其治隆，则资教以全生，及其不足，则立身以重教。然则教也者，存亡之所由也。”⑤

（2）推重等级分明、尊卑有序的礼制。袁宏说：“夫礼备者德成，礼顺者情泰，德苟成，故能仪刑家室，化流天下；礼苟顺，故能影响无遗，翼宣风化。……是以大道之行，上下顺序，君唱臣和。其至德风教，系乎一人，政化行于四海，无犯礼而王迹彰矣。”⑥ 他主张的政治体制，是要将诸侯分封与君主集权的建官分职相结合，“故帝王之作，必建万国而树亲贤，置百司而班群才，所以不私诸己，共飨天下，分其力任以济民事”⑦。这些议论，纯属儒学思想。

（3）主张“法一而不变”，即统一立法、执法，不因人、因事而改变。“明王制设号令，所以一物心而治乱亡也。今诛恶之臣，内惧私憾，不虑其弊，从而易之，是下用情而法不一也。不一则多变，多变则害生，故王者之所保，在于法一而不变乎！”⑧ 表现出主张君主集权的倾向。在立法机制上，袁宏认为应以圣王之道以及顺人情为准则：“自古在昔，有治之始，圣人顺人心以济乱，因去乱以立法。……故论法治之大体，必以圣人为准格，圣人之所务，必以大道通其法。”⑨ 他又说：“古之哲王知治化本于天

---

① 后汉纪：卷首：自序//周天游．后汉纪校注．天津：天津古籍出版社，1987：2.
② 后汉纪：卷二六：献帝纪//周天游．后汉纪校注．天津：天津古籍出版社，1987：743.
③ 后汉纪：卷三：光武帝纪//周天游．后汉纪校注．天津：天津古籍出版社，1987：61.
④ 后汉纪：卷三〇：献帝纪//周天游．后汉纪校注．天津：天津古籍出版社，1987：862.
⑤ 后汉纪：卷二三：灵帝纪//周天游．后汉纪校注．天津：天津古籍出版社，1987：644.
⑥ 后汉纪：卷二一：桓帝纪//周天游．后汉纪校注．天津：天津古籍出版社，1987：571.
⑦ 后汉纪：卷七：光武帝纪//周天游．后汉纪校注．天津：天津古籍出版社，1987：183.
⑧ 后汉纪：卷五：光武帝纪//周天游．后汉纪校注．天津：天津古籍出版社，1987：143.
⑨ 后汉纪：卷六：光武帝纪//周天游．后汉纪校注．天津：天津古籍出版社，1987：172-173.

理，陶和在于物类，故导之德礼，威以刑戮，使赏必当功，罚必有罪，然后天地群生，穆然交泰。故斩一木、伤一生有不得其理，以为治道未尽也，而况百姓之命乎!”[①] 刑法要审慎，德治和礼制才是政治的根本，这也是儒学的基本观念。

（4）主张华夷之分，朝廷应“治内不务于外”。袁宏认为中国与外夷的区分是天然的，“夫民之性也，各有所禀……先王知其如此，故分其内外，阻以山川，戎狄蛮夷即而序之”。因而他反对华夷杂处与相互融合：“夫中国者，先王之桑梓也，德礼陶铸，为日久矣。有一士一民不行先王之道，必投之四裔，以同殊类。今承而内之，以乱大伦，违天地之性，错圣人之化，不亦敝乎!”[②] 但袁宏也反对向外扩张和征服，他说：“古之有天下者，非欲制御之也，贵在安静之。故修己无求于物，治内不务于外。……三代建国，弗勤远略……南面称王，君臣泰然，不以区宇为狭也，故能天下乂安，享国长久。”[③] 这种思想，一方面是西晋灭亡之事的投影，一方面表现为保守的儒学观念。

以上政治见解都是在评论历史事实中抒发，并且列举历史的经验和教训。此外，袁宏也论述了“举贤”和反对奢华对巩固政权的重要作用。与干宝相比，袁宏是从史事中概括出对于治国的政治见解，使史论表现为政论的形式，而干宝的议论则表现为直接的史论框架。这是中国古代政治与史学紧密联结，从而促成政治家、史家都具备政治历史观的特点，即政论得自历史的总结，并且论政以史事为据，史论亦多发挥政治见解，形式若有异同而实质一致。

东晋史家习凿齿、孙盛都有不少史论留存至今。习凿齿多因具体史事予以评议，反映出表彰忠良、提倡仁义、维护礼法的思想。其历史评论标准十分严切，如主张“夫霸、王者，必体仁义以为本，仗信顺以为宗。一物不具，则其道乖矣”[④]。对三国时期吴国的周瑜、鲁肃，皆评论为“此乃真所以为小人也。夫君子之道，故将竭其忠直，佐扶帝室，尊主宁时，远崇名教。若乃力不能合，事与志违，躬耕南亩，遁迹当年，何由尽臣礼于孙氏，于汉室已亡之日耶!”[⑤]

孙盛史论亦多针对具体史事，他强调儒学的忠孝伦理，以“道义”作为君臣行为是非的标准。孙盛认为：“夫帝王之保，唯道与义，道义既建，虽小可大，殷、周是也。苟任诈力，虽强必败，秦、项是也。”[⑥] 惩于礼崩乐坏的世道，孙盛又极力主张恢复儒学倡导的礼制，在丧葬、婚姻、舆服及继嗣、分封等问题上都有议论。他认为汉文帝废除上古守孝的“三年之礼”是“开偷薄之源”[⑦]，在舆服上主张体现出“贵贱等差”[⑧]。关于帝王立储，孙盛称：“《春秋》之义，立嫡以长不以贤。”[⑨] 特别是关于分封制问题，

① 后汉纪：卷一一：章帝纪//周天游．后汉纪校注．天津：天津古籍出版社，1987：301.
② 后汉纪：卷九：明帝纪//周天游．后汉纪校注．天津：天津古籍出版社，1987：242.
③ 后汉纪：卷一四：和帝纪//周天游．后汉纪校注．天津：天津古籍出版社，1987：406.
④ 三国志：卷三七：庞统传裴松之注引．北京：中华书局，1964：956.
⑤ 太平御览：卷四四七：《人事部·品藻下》引．影印文渊阁《四库全书》本.
⑥ 三国志：卷四五：宗预传裴松之注引．北京：中华书局，1964：1076.
⑦ 晋书：卷二〇：《礼志中》引．北京：中华书局，1974：628.
⑧ 三国志：卷二三：和洽传裴松之注引．北京：中华书局，1964：656.
⑨ 三国志：卷二〇：武文世王公传裴松之注引．北京：中华书局，1964：581.

他不顾西晋“八王之乱”的历史教训，声言春秋时的“五等之制，万世不易之典”，对魏国予以严厉攻讦：“异哉！魏氏之封建也，不度先王之典，不思藩屏之术，违敦睦之风，背维城之义。”[①] 在《魏氏春秋》中，他全文引录曹冏要求实行分封制的长篇上疏[②]，在《晋阳秋》中全文引录陆机鼓吹分封制优于郡县制的《五等诸侯论》[③]，以增强他主张分封制的声势。

范晔针对东汉历史发表的评论，总结了东汉兴亡的历史，特别对外戚、宦官执政造成的危害予以剖析。他的《皇后纪论》《宦者传论》都条理史实、把握典型，以十分雄健、流畅、优美的文笔撰写成文，很有影响。

在此历史阶段，史论甚多，观点不一，但基本上皆从儒学思想体系出发，玄学观念很少有所表现。有些著名史论，乃以文笔见长，并非见解正确，如曹冏《六代论》，陆机《辩亡论》《五等诸侯论》等，这里不一一评介。

三、传统史学理念的巩固与发展

中国史学的基本理念，自先秦时期即已具雏形，如“君举必书”、直笔“实录”、“书法不隐”以及以史辅政、以史教化等。东汉时期，官方与私家均摒弃司马迁的个性精神，将史学观念的主流导入符合“圣教”的途径，而理论化地表现于荀悦“立典有五志”之说。上文已述，此不多赘。三国至南北朝时期，不仅政权屡兴屡灭，而且多种民族势力逐鹿，多种文化思想碰撞，汉末成就的基本史学理念能否维持？史学发展的史实已经作出肯定的回答：在中国官方史学与私家史学两条相互联系的轨道上，以官方、私家都基本认同的史学理念为方向，传统史学如同奔驰的列车，具有难以扭转和阻遏的前进趋势。

1. 记史求真、如实撰史的准则坚定不移，更为强化

求真、实录的理念，是史学存在与发展的精神底线，而这一准则，最容易与王朝政治发生冲突，触动统治者与权贵的私利。在三国至南北朝时期，政治与史学的冲突频频发作，如三国时期吴国韦昭的下狱被杀，十六国中匈奴政权刘聪杀史官公师彧等人，北魏崔浩之史狱，北齐魏收撰《魏书》引起的轩然大波，东晋桓温对史家孙盛施加的威胁，等等。然而，韦昭虽被处死，吴国君主对修史的要求也无法实现。魏收记史的真实部分虽得罪官僚势力，但北齐政权却实际予以支持。桓温的威胁，反而提高了孙盛的名望。特别是北魏太武帝因史官修史触犯忌讳，诛杀崔浩等一百多人，史狱惨烈，但丝毫未能压制记史追求真实的理念，后来更反弹为魏孝文帝“直书时事，无讳国恶”[④] 的谕令，记史求真的理念、如实撰史的准则在少数民族政权的统治区域内，实际上更加强化。

三国时魏国王沉撰写《魏书》44卷，取媚司马氏，“其书多为时讳，殊非实录”[⑤]，

---

① 三国志：卷一九：曹植传裴松之注引. 北京：中华书局，1964：576.

② 三国志：卷二〇：武文世王公传裴松之注引《魏氏春秋》. 北京：中华书局，1964：592-595.

③ 群书治要：卷三〇：引《晋阳秋》“陆机”条. 上海：商务印书馆，1937：508.

④ 魏书：卷七下：高祖纪下. 北京：中华书局，1974：186.

⑤ 史通：卷一二：古今正史//浦起龙. 史通通释. 上海：上海古籍出版社，1978：346.

在晋朝也得不到认可，被世人完全摒弃。东晋初年权臣王导上疏荐干宝修史，明确提出官修史“务以实录为后代之准”[①]，是官方政权亦以如实撰史为旗号。而干宝在《晋纪》中记载了魏主曹髦遭到杀害之后的尴尬场面，实际揭露与讥刺了司马昭弑君的行为。他还记述说，司马昭“杀尚书王经，经正直不忠于我，故诛之”[②]。王经了解魏帝曹髦将要讨伐司马昭，但未向司马昭报告。这段文字肯定王经的正直，岂不等于批判了西晋的“我”？真可谓是诙谐、幽默的史家直笔。另外如上文所述，《晋纪总论》中对西晋灭亡的评论，颇具直书实录的精神，更重要的是这些得到政界与学界的普遍认可，表明如实撰史的理念之深入人心。

在南北朝时期，无论官方、私家议论编纂史书时，常将“善恶具书，成败毕记”[③]，“君举必书，尽直笔而不污”[④] 等列为规范。南梁吴均私自撰《齐春秋》，梁武帝“恶其实录，以其书不实，使中书舍人刘之遴诘问数十条，竟支离无对，敕付省焚之”[⑤]。这个记载值得注意：梁武帝讨厌吴均撰史如实，却需要以“其书不实”的罪名予以禁毁，充分说明“实录”已经成为公认的史学准则，无论实际上是否完全施行，而在理论上已不可撼动。

2. 发展了关于史学宗旨、功用与地位的认识

先秦至东汉，关于史学社会功能的认识已经相当完备，这种认识在三国至南北朝动荡、战乱中，仍然得以巩固。

“叙录功美，垂之无穷”[⑥]，是这一时期官方修史的基本宗旨，也表现了对史学功用的期盼。东晋初年王导上疏曰：“夫帝王之迹莫不必书，著为令典，垂之无穷。”[⑦] 与前引三国时吴国华覈上疏意旨全同。北魏李彪上疏论修史事说：“金石可灭而流风不泯者，其唯载籍乎！……史职不修，事多沦旷，天人之际，不可须臾阙载也。”他认为“一日不书，百事荒芜……绵绵休烈，若不恢史阐录，惧上业茂功始有缺矣”[⑧]。类似的议论甚多，不再一一列举。

而对于史学提供鉴戒与教化作用，官方和学者也时时论述，例如崔鸿撰《十六国春秋》，认为其历史中“善恶兴灭之形，用兵乖会之势，亦足以垂之将来，昭明劝戒”[⑨]。司马彪认为“先王立史官以书时事，载善恶以为沮劝，撮教世之要也”[⑩]。对史籍的政治功用十分强调。

《华阳国志》作者常璩说“书契有五善：达道义、章法戒、通古今、表功勋，而后

---

① 晋书：卷八二：干宝传．北京：中华书局，1974：2149.
② 乔治忠．众家编年体晋史．天津：天津古籍出版社，1989：306.
③ 宋书：卷九四：徐爰传载其奏上表．北京：中华书局，1974：2309.
④ 南齐书：卷二八：崔祖思传载其奏陈政事书．北京：中华书局，1972：520.
⑤ 南史：卷七二：吴均传．北京：中华书局，1975：1781.
⑥ 三国志：卷五三：薛综传附薛莹载华覈上疏．北京：中华书局，1964：1256.
⑦ 同①.
⑧ 魏书：卷六二：李彪传．北京：中华书局，1974：1394.
⑨ 魏书：卷六七：崔光传附崔鸿．北京：中华书局，1974：1504.
⑩ 晋书：卷八二：司马彪传．北京：中华书局，1974：2141.

旌贤能”[①]。毫无疑问，这是荀悦“五志”之论的翻版，表明荀悦的史学观点已经成为流行的共识。不过，这种强调史学发挥政治功能的思想，与记史求真理念存在着矛盾。南北朝时期各个政权主持纂修的史书，在史事记述、语词书法、体例设置等方面，多有张大本国、贬低对方的倾向，使理念上的如实记载，在实际上不能得到真正的实现。

南朝梁文学理论家刘勰《文心雕龙》有《史传》篇，是截至南朝史学发展的总结之文，对荀悦等人的思想有承袭、有修正，具有史学理论的代表性。其中论述史学的宗旨与功用认为：“原夫载籍之作也，必贯乎百氏，被之千载，表征盛衰，殷鉴兴废。使一代之制，共日月而长存，王霸之迹，并天地而久大。”他将史学的功用与直书实录理念看成是统一的要求，对史家予以莫大的期望：“然史之为任，乃弥纶一代，负海内之责，而赢是非之尤，秉笔荷担，莫此之劳……赞曰：史肇轩黄，体备周孔。世历斯编，善恶偕总。腾褒裁贬，万古魂动。辞宗丘明，直归南、董。”这种精辟的论述、饱满的热情，是荀悦以后又一个时代史学理念的写照。

3. 史官“史权”理念的重建

在先秦时期，史官“君举必书”而且“书法不隐”成为共识，表明史官记史具有相对独立的权力，这种“史权”，曾是维系传统史学健康发展的理念之一，齐国史官不惜牺牲生命书写“崔杼弑其君”于史册，晋国董狐记史迫使权臣赵盾就范，皆为史官行使史权的显例。先秦史官虽然可能遭受政治强权的打击，但史册不容更改，职位可以世袭，舆论褒美，名声永垂，是相对独立的史权赖以维持的社会基础。秦汉时期，这种“史权”日益淡化，已不见记载。而南北朝时期，却又以新的形式得到一定程度的重建，这是值得注意的现象。

无论南朝、北朝的政权，都有干预、控制史官记史、修史的实例，已如上文所述，似乎“史权”在进一步的消弭之中。但物极必反，新型的“史权”，恰恰就在史学与政治冲突激烈的北朝政权内重建。我们已经讲述：北魏孝文帝太和十四年（490），设立起居注官，“每行幸宴会，则在御左右，记录帝言及宾客酬对”，并且指示“直书时事，无讳国恶。人君威福自已，史复不书，将何所惧?”[②] 这一举措具有多方面的史学意义，不仅是对崔浩史狱后果的否定和大的补偿，而且包含了维护史官直书史实之安全的史权重建。起居注官笔录的皇帝言行，在北朝属于“密为记注”，是不许皇帝阅览的，这从西魏史官柳虬的上奏可以得知：

> 古者人君立史官，非但记事而已，盖所以为监诫也。动则左史书之，言则右史书之，彰善瘅恶，以树风声。……而汉魏已还，密为记注，徒闻后世，无益当时，非所谓将顺其美，匡救其恶者也。且著述之人密书其事，纵能直笔，人莫知之，何止物生横议，亦自异端互起。……诸史官记事者，请皆当朝显言其状，然后付之史阁，庶令是非明著，得失无隐，使闻善者日修，有过者知惧。[③]

---

① 华阳国志：卷一二：序志//刘琳. 阳国志校注. 成都：巴蜀书社，1984：895.

② 魏书：卷七下：高祖纪下. 北京：中华书局，1974：186.

③ 周书：卷三八：柳虬传. 北京：中华书局，1971：681.

揆其语意，这种“密为记注”的起居注体制，当在北朝实行已久，形成人君不观起居注的惯例，且已成为朝野多数人接受的共识，视之理所当然，极少争议。唯柳虬从激进的史学鉴戒观念出发，主张废止“密为记注”，“诸史官记事者，请皆当朝显言其状，然后付之史阁”，此乃偏颇之见，在君主专制社会只能扼杀史笔的直书实录精神。而西魏已经面临灭亡，也不能实际实行。“密为记注”的起居注体制，在唐朝得到肯定和实行，“人君不观起居注”的理念也无人予以否定，给史官之相对独立的史权保留了一块狭小的领地。

史学理念是史学存在和发展的精神支点，对史学演化的长远方向起到很大的指导作用。上述记史求真的原则与史学社会功能的认识，继续构成中国古代史学发展的内在矛盾，而史权理念的重建，则是在经历了史学与政权矛盾的若干冲突之后产生，起到维护史家直书实录史学机制的补充作用，使记史求真的史学底线更加远离崩溃的命运。

第七节　儒学、玄学与史学

> 学者以庄老为宗而黜六经，谈者以虚薄为辩而贱名检，行身者以放浊为通而狭节信，进仕者以苟得为贵而鄙居正，当官者以望空为高而笑勤恪……国之将亡，本必先颠，其此之谓乎！
>
> ——干宝《晋纪总论》

三国两晋南北朝时期，思想文化上比较宽松、开放和多样，儒学之外，佛、道二教传播，玄学的兴起和流行也引人注目。许多学者往往绘声绘色地描述这个时期的玄学，对这一思想潮流的影响有夸大倾向。玄学在文学创作领域的影响确实较大，但对史学的影响如何？是否已经可以与儒学的影响相抗衡？这需要从儒学、玄学、史学的相互关系来考察。

一、三国两晋南北朝时期的儒学状况

东汉时期，古文经学渐渐兴盛，研究、注解经典的儒学学术，在三国之后仍在继续发展。杜预研究《春秋》《左传》成就卓然，学术影响很大。李轨、范宁、干宝、孔衍等，都以研究《春秋》学知名。晋朝儒士傅玄、刘寔、陈邵、虞喜、刘兆、徐苗、范隆、徐邈、孔衍等，撰有多种经学著述。如徐苗称当时儒宗，撰《五经同异评》，驰名于世①。

北朝儒学比较兴盛，特别是北魏以后，师承不断。《北齐书·儒林传》《北史·儒林传》都叙述了这种发达状况。北魏有大儒徐遵明，对五经之学兼通。他弟子众多，弟子熊安生也招收门徒甚多，特别对《礼经》的研究十分深入。刘献之及其后辈传人刘敬和、刘轨思等，是研治《诗经》的一大学派，“其后能言《诗》者多出二刘之门”。刘献之为名声极重于当世的大儒，有门徒数百，“皆通经之士”，“《五经》大义虽有师说，而

① 晋书：卷九一：儒林传：徐苗．北京：中华书局，1974：2351.

海内诸生多有疑滞，咸决于献之”[①]。他著有《三礼大义》4卷、《三传略例》3卷、《注毛诗序义》1卷，行于世。另一著名大儒张吾贵，竟能聚徒上千人。儒学生徒之多，足可言其繁荣。

南朝儒学在玄学的冲击下虽有衰退，而在梁朝则又显著地恢复。东晋、宋、齐，许多学者虽不以儒学闻名于世，但实际是崇尚儒学的，例如干宝、孙盛、何承天、王俭等皆是。南朝儒士姓名载《南史·儒林传》者众多，如伏曼容（著《丧服集解》，研治《毛诗》）、何佟之（撰《读礼论》300多篇）、严植之、崔灵恩、孔佥、孔子袪、皇侃等。据记载，上述严植之等人，不仅有多种儒学著述，而且开馆授徒或开讲儒学经典，听者都达到数百人甚至上千人[②]。南朝、北朝大儒讲课，听众之多，表明此时期儒学还是得到整个社会的关注与推重，并未被人们所遗弃。如果查阅《隋书·经籍志》，可以发现：此时的注解、讲述儒学经典之作数量颇大，远远超过了关于佛教、道教和玄学的著述。

二、玄学的状况

玄学是中国思想史、哲学史上复杂而有趣的问题，学者汤用彤等人多有研讨，至今争论之处尚多，这里不可能细细介绍，仅略述玄学的梗概。

玄学是三国两晋时期出现的一种崇尚老庄的思潮。“玄”这一概念，最早见于《老子》“玄之又玄，众妙之门”。王弼《老子指略》说：“玄，谓之深者也。”玄学就是要探讨幽深、玄远的问题。魏晋玄学的主要代表人物有何晏、王弼、阮籍、嵇康、向秀、郭象等。魏晋玄学的产生有其深刻的社会背景和文化原因，汉末今文经学的天人合一学说，愈加迷信、牵强、死板，古文经学也趋于烦琐、穿凿，而谶纬学说，则更是荒诞异常、乌烟瘴气。在这种背景下，思想界出现逆反变化，演变发展而形成玄学。由于汉末以下政局的动荡与混乱，士人群体兴起不言实务、多谈玄虚的清谈之风，老庄、佛、道皆为清谈之资，推动了玄学的发展扩大。一些玄学家本也博通儒术，但采取将儒学纳入老庄学说的思路。综观玄学，其基本特点是：

（1）以“三玄”为主要研究对象和立论依据，三玄即《易经》《老子》《庄子》，玄学家将之奉为经典。通过注释三书，发挥玄学思想，并且是以《老子》《庄子》的思想来理解《易经》。

（2）以辩论“有无”问题为中心。何晏、王弼为代表的玄学“贵无”派，把“无”作为世界的根本和世界统一性的基础。王弼（226—249）是曹魏时期大玄学家，玄学理论的先行者，山阳高平（今山东金乡）人。曾任尚书郎，少年即有文名，卒年仅24岁。著有《周易注》《周易略例》《老子注》《老子指略》。他认为“无”是宇宙万物的本体，“道者‘无’之称也”，天地虽大，“寂然至无，是其本矣”。又以为“凡有皆始于无”[③]。另一玄学理论家郭象（约252—312），西晋时河南洛阳人，字子玄。官至太傅主簿。著

---

① 北史：卷八一：儒林传上：刘献之. 北京：中华书局，1974：2714.

② 南史：卷七一：儒林传. 北京：中华书局，1975：1735.

③ 依次参见：王弼：周易注：上经；老子注：第一章. 影印文渊阁《四库全书》本. 台北：商务印书馆，1986。

有《庄子注》。郭象反对有生于无的观点，主张独化说，认为“有”是独自存在的，不需要“无”作为自己的本体，认为天地间一切事物都是独自生成变化的，万物没有一个统一的根据。显然，玄学讨论的哲理大多远离世事，许多问题在古代是争辩不完、难以定论的。

（3）以解决名教与自然的关系为归宿。王弼用以老解儒的方法注释《易经》和《论语》，把儒与道调和起来，认为名教是“末”，自然是“本”，提出“名教出于自然”，即名教是自然的必然表现，两者是本末、体用的关系。而郭象提出了“名教即自然”的理论，认为道家的自然与儒家的名教是一致的。只要循守自然，就不必担忧是否合于名教。待到阮籍、嵇康等人，则高唱“越名教而任自然”，表现出弃礼蔑教的倾向，他们表现的放荡不羁行为，是其玄学理念的实践。“越名教而任自然”是嵇康提出的命题，他本人则“非汤武而薄周孔”，其结局是个悲剧。但嵇康死后，不同的玄学人士对“越名教而任自然”有不同的理解，许多人走上远离政治的道路，以狂放怪诞的态度处世。

（4）以“得意忘言”为研讨问题的方法。针对汉儒支离烦琐的经学注疏方法，王弼等人强调在解说典籍时应注意把握义理，反对执着言、象，相继提出“寄言出意”“得意忘言”的方法。“寄言出意”是指寄托于某种言辞而导出本意，“得意忘言”是要抓最深层的“意”而忽略外在的“言”。标榜这种方法就可以不拘守言辞、表象，而领会大意，自我会通，各抒其旨。

玄学虽然具有打破思想僵化、提倡个性、冲开礼教牢笼的积极意义，给思想文化带来清新空气。但是，它没有一套在政治体制、行政运行、社会管理上可以替代儒学体系的理论和措施。相反，脱离实际的玄谈与蔑礼弃教的行为，对巩固皇朝统治、防御外患、治理内政皆有害无益。因此，玄学不具备与儒学全面对峙的力量，儒士攻击玄学往往很猛烈，例如西晋傅玄批判玄学造成“纲维不摄，虚无放诞之论盈于朝野”，上疏曰：“夫儒学者，王教之首也。尊其道，贵其业，重其选，犹恐化之不崇，忽而不以为急，臣惧日有陵迟而不觉也。”[①] 玄学家其实大多回避与儒学的冲突，西晋以后的一些官员和学者，虽然有时口上谈玄，而实际还是遵守儒学名教的。

三、史学与玄学的格格不入

整个三国两晋南北朝时期，史学的主导思想倾向无疑还是在儒学的思想体系之内，这是需要认清的问题。玄学对文学、艺术有很大影响，但对史学影响甚微。史学本身具有非常现实性的品格，其记述、其议论，都落实于有凭有据、确凿真切的世事之上，对神秘的、主观自我的、空洞的、想当然的思想和理论具有天然的抵抗力。当然，史学往往也会表现出较大的保守倾向，这是个值得克服的弱点。

东晋史家干宝撰编年体《晋纪》，其《晋纪总论》指出西晋灭亡的原因之一是“学者以庄老为宗而黜六经，谈者以虚薄为辩而贱名检，行身者以放浊为通而狭节信……”，他的史学著述贯彻的是儒学思想体系。其他史家如前举大讲“正统论”的习凿齿等人，亦皆如此。

---

① 晋书：卷四七：傅玄传. 北京：中华书局，1974：1319-1320.

袁宏《后汉纪》一书，学术界有论著认为体现了玄学的思想，但所举资料证据，并不能得出他是以玄学思想为主的结论。袁宏宣称："史传之兴，所以通古今而笃名教也。""今因前代遗事，略举义教所归，庶以弘敷王道。"[①] 这在根本宗旨上是儒学思想，玄学家基本上是以自我为中心，追求"自适"，不会太下功夫考虑兴国安民的"弘敷王道"。袁宏在评论东汉政治弊端之时，偶有对西汉道家色彩的"无为而治"表示赞许，这与"玄学"无关。袁宏也讲"自然之理"一类的话，但他是借以说明儒学的纲常伦理，如同天地自然那样的不可动摇，这其实源自汉儒的天人合一观念。我们上文已经列述过袁宏的史论，充分表明他总是以儒学思想体系来思考政治历史问题，特别是主张实行礼制，而礼制、礼教一不"自然"，二不"率性"，其出发点与归宿都与玄学思想完全背反。

东晋孙盛是典型的反对玄学的儒学史家，他有与玄谈家殷浩辩论一整天的记载[②]，有些著述是把孙盛列入玄谈的队伍之中了。但他与殷浩谈的什么题目，观点如何冲突，不得而知，因此这不能证明孙盛是玄学家。

孙盛的史著中有一系列重道义、复礼制的史论，他虽善辩名理，但并不赞同谈玄，他在《晋阳秋》中特别记载了"妙善玄言"的王衍将被石勒所杀时的自悔之言："吾等若不祖尚浮虚，不至于此。"[③] 还以肯定的笔调载录了陶侃的言论："老庄浮华，非先王之法言而不敢行。君子当正其衣冠，摄以威仪，何有乱头养望，自谓宏达耶?"[④] 体现了反对玄谈、斥责不修礼仪的态度。

孙盛对玄学的批判，深入到学术理论方面，他批评王弼说："《易》之为书，穷神知化，非天下之至精，其孰能与于此？世之注解，殆皆妄也，况弼以附会之辨而欲笼统玄旨者乎！故其叙浮义则丽辞溢目，造阴阳则妙颐无闻，至于六爻变化，群象所效，日时岁月，五气相推，弼皆摈落，多所不关。虽有可观者焉，恐将泥夫大道。"[⑤]《周易》是儒学经典，但也被玄学奉为"三玄"之一，王弼的《周易注》是早期的玄学名著。孙盛的这段史论，指斥王弼歪曲《易经》的根本精神，亦即反对将《易经》附会为玄学的理论依据。

玄学崇尚老子，而孙盛则撰有《老聃非大贤论》《老子疑问反讯》二文，前者贬抑老子的同时将儒学称为"圣教"，认为"老子之作，与圣教同者，是代大匠斲，骈拇枝指之喻；其诡乎圣教者，是远救世之宜违明道若昧之义也"[⑥]。后文指摘《老子》中多处自相抵牾之处，特别批评其"屏拨礼学，以全其任自然之论"，并指出："夫圣人之道广大悉备矣，犹日月悬天，有何不照者哉！老氏之言皆驳于六经矣，宁复有所愆之俟佐助于聃、周乎?"[⑦] 这就将老庄之说置于儒学的对立地位，矛头所向，直破玄学的理论

① 后汉纪：卷首：自序//周天游．后汉纪校注．天津：天津古籍出版社，1987：2.
② 晋书：卷八二：孙盛传．北京：中华书局，1974：2147.
③ 世说新语：轻诋第二十六刘孝标注引//余嘉锡．世说新语笺疏：上之上．北京：中华书局，1983：979.
④ 世说新语：政事第三刘孝标注引//余嘉锡．世说新语笺疏：上之上．北京：中华书局，1983：212.
⑤ 三国志：卷二八：钟会传裴松之注引．北京：中华书局，1964：796.
⑥ 孙盛．老聃非大贤论//广弘明集：卷五．上海：上海古籍出版社，1991：124.
⑦ 孙盛．老子疑问反讯//广弘明集：卷五．上海：上海古籍出版社，1991：126.

根基，表达了独尊儒术的立场。

三国两晋南北朝人物的思想与言行是复杂的，不能完全否认袁宏等一些史家会对玄学名士有所欣赏，也可能会沾染玄谈风气。但他们在评论历史和埋头撰史时，根本无法将切实的史事、人物、政治得失、政权兴亡化解为玄虚，即无法用自己沾染的玄风去改变史学的主旨，因此史学与玄学本质上是格格不入的。认真考察三国至南北朝的史家和史书，除了一些人物传记作品对谈玄者带有好奇的赞赏之词外，并无依照玄学观念撰成的史学著述，玄学的理念很难与实在的历史接轨，古代史学仍然与儒学体系保持最紧密的关联。

第八节 官方史学与私家史学互动运行机制的确立

> 官方史学与私家史学之间互动互补也互有排抑，这种关系的确立，成为中国传统史学及其发展的一种社会运行机制。

东汉时期，以官方纂修《东观汉记》为标志，开启了中国传统史学官方与私家两条轨道并进的格局。官方史学与私家史学有着密切的联系，官方任用的修史官员，离开修史机构即成为一个个私人史家，他们私修的史书，常常利用参与官方修史时获知的资料。东汉时期，就有应奉、伏无忌利用官方《东观汉记》的资料各自撰史。三国至南北朝时期史学兴旺发达，官方史学与私家史学的联系也大为扩展，逐步形成和确立了二者互动互补也相互制约的社会运行机制。

1. 修史资料的相互利用

私家修史往往利用官方史料，这方面记载虽少，但也有迹可循。西晋初，华峤“以《汉记》烦秽，慨然有改作之意”①，说明他是读《东观汉记》，掌握了其中史料，后来撰成《后汉书》。三国至南朝时期，各家东汉史的编纂，皆直接或间接利用了《东观汉记》的史料。

在这一历史阶段，各个政权都有记史机制，自西晋起已将官方史料记录和汇编称为起居注，这是一代皇朝的史料渊薮。今从《隋书·经籍志》的著录可以看到，许多起居注是又经私家编辑、汇总而流行于世的，如李轨是东晋时人，也未任史官，却编辑了西晋、东晋多种起居注。刘道荟是刘宋时人，官职为徐州主簿，却编辑两晋各朝起居注为一书，达322卷。可见官方的史料并非总是深藏秘府，管理放松、政局动荡、朝代变迁都可以使之散入民间，更不用说有些官员本来就可以观览国家图籍。因此，私家修史有时能够利用起居注等官方史料，成为私修史发达的重要原因之一。两晋及宋、齐、梁、陈，各代都有不少私修之史涌现，这得力于官方史料、文献常被私家利用。

北齐文宣帝曾下诏征求史料，其中曰：“虽史官执笔，有闻无坠，犹恐绪言遗美，

① 晋书：卷四四：华表传附华峤．北京：中华书局，1974：1264.

时或未书。在位王公、文武大小，降及民庶，爰至僧徒，或亲奉音旨，或承传傍说，凡可载之文籍，悉宜条录封上。”① 说明史料掌握处于优势的官方，有时也向私家征用资料以助修史。

2. 官方所修之史委以私家，有的转化为私修之史

三国至南北朝，官方记史、修史活动进一步发展，组织结构逐步建设，但政局动荡，战争频发，国土分裂，使不少政权顾此失彼，有时即将官方打算开展的修史活动委托给官员去私自进行。北方的少数民族政权，因为史才缺乏，也往往委任一名官员全权负责。这些委托的修史项目，朝廷查问有严有宽，甚至可以放任不管，时过境迁，有的则转化为私修之史，与官方脱钩。但追本溯源，官方实对史书的修成起到不可抹杀的作用。这种情况，是官方史学与私家史学互动的表现。

三国魏国初年曾先后命卫凯、缪袭撰写魏史，草创纪传，其书未成。东晋初年，朝廷在权臣王导的举荐下，委任干宝纂修晋史，前已有述。然干宝推崇编年史，迁延若干年后撰成《晋纪》23 卷，竟为个人私著。王隐有志纂修《晋书》，在东晋被任为著作郎，“受诏撰晋史”，成为官修史的委托人，但被同僚虞预排挤失官，在大臣庾亮支援下继续纂修，成《晋书》89 卷，进献朝廷②，显示官、私史学之间，有时会出现复杂的互动关系。南朝刘宋裴松之奉宋文帝诏令而作《三国志注》，完成之后进上皇帝，虽属个人著述，但实借官方之力，其引录书籍达 200 种以上，必得利用国家之藏书，编纂旨趣也来自皇帝意愿，是官私互动的又一形式。

至于私家修史成功而得到官方任用为史官，更不乏其例。例如东晋时王韶之“私撰《晋安帝阳秋》，既成，时人谓宜居史职，即除著作佐郎”③。南梁时裴子野撰成《宋略》，因受到著名学者沈约等人赞誉，从县令提任为著作郎，“掌国史及起居注”④，等等，成为史学史上的佳话，反映了官方史学与私家史学具有的协调而密切的关系。

3. 私家修史以官方认可为归宿

私家修史成书后，往往进献官方，希望得到官方承认和表彰，官方也会主动征求私修之史，或帮助、奖励私家修史。例如西晋时陈寿死去，朝廷则派人到其家抄录《三国志》⑤。南齐王智深私撰《宋纪》，朝廷曾“敕索其书”⑥。至于私家修史进献朝廷，更是十分普遍的现象，例如西晋末年虞溥撰写《江表传》，东晋初由其子虞勃进上朝廷，“诏藏于秘书”⑦。南齐王珪之撰有《齐职仪》50 卷，齐武帝永明九年（491）其子王颢将之进上，“诏付秘阁”⑧。北魏张彝撰《历帝图》5 卷，进献朝廷，得到北魏皇帝的赞赏⑨。

---

① 北齐书：卷四：文宣帝纪．北京：中华书局，1972：53．
② 史通：卷一二：古今正史//浦起龙．史通通释．上海：上海古籍出版社，1978：350．
③ 宋书：卷六〇：王韶之传．北京：中华书局，1974：1625．
④ 梁书：卷三〇：裴子野传．北京：中华书局，1973：442．
⑤ 晋书：卷八二：陈寿传．北京：中华书局，1974：2138．
⑥ 南齐书：卷五二：王智深传．北京：中华书局，1972：897．
⑦ 晋书：卷八二：虞溥传．北京：中华书局，1974：2141．
⑧ 南齐书：卷五二：王逡之传．北京：中华书局，1972：903．
⑨ 魏书：卷六四：张彝传．北京：中华书局，1974：1430．

崔鸿著《十六国春秋》102卷，后由其子崔子元进献于北魏朝廷[①]。像这样撰史成书纷纷进上朝廷的做法，乃两晋南北朝时期的新现象，反映私家撰史具有主动融入官方史学文化体系的趋势。以后历代的史家，对此有所光大发扬，成为中国古代文化的常态。

4. 私家修史弥补官方史学之缺失与偏颇

官私史学互动机制的一个重要作用，是私家修史可以弥补官方史学的缺失和偏颇，使传统史学得以多样、丰富和比较全面地发展。三国至南朝之所以会出现许多史家的后汉史著述，就是因为三国两晋官方未曾开启纂修前代全史的史学机制，于是私家纷起而编撰，弥补这一空缺。陈寿编纂《三国志》，实际也是对西晋官方史学活动涉及未广的补充。

刘聪杀史官公师彧，毁弃记载刘渊之史；石虎废除石勒之子而夺位，将史籍"并令刊削，使（石）勒功业不传"[②]。然有和苞私撰《汉赵记》，记述刘渊至刘曜的历史；鲜卑慕容氏的官员田融自撰《赵书》，记述石勒、石虎政权事迹[③]。前秦统治者苻坚发怒焚毁官方的史册之后，就有董谊以私家身份追录史事，又有前秦秘书郎赵整曾经参撰其史，"值秦灭，隐于商洛山，著书不辍，有冯翊车频助其经费"[④]，赵整逝世，车频于南朝宋元嘉年间（424—453）将前秦之史纂辑成书。而在南朝刘宋任职的裴景仁，早年在北方对旧事多有闻知，则遵从徐州刺史沈昙庆授意撰《秦纪》10卷，述苻坚政权史事[⑤]。这是私家有意识地拾遗补阙，力图避免历史事实的湮灭不传，体现了史学意识在整个社会得到普及和强化。一旦出现历史记载的缺漏，若官方史学未加顾及，则即有私家起而补撰。

东晋习凿齿撰《汉晋春秋》且作否定曹魏正统地位的议论，针对晋朝官方主张的历史观念而力图将其改变，欲将自己的正统论观点贯彻于官私史学之中。这是私家挺身而出，欲纠正官方的历史认识，乃官私史学互动的又一类表现。南齐之初，有刘祥撰著《宋书》，立意"讥斥禅代，尚书令王俭密以启闻，上衔而不问"[⑥]。刘祥撰史讥斥伪装成禅让的篡夺行为，否定官修史对这类把戏的美化，是大犯当局忌讳的做法，但具有儒学纲常伦理上的"正气"，南齐武帝忍下怨恨，不加追究。这个事例，是私家史学向当朝统治者与官方史书（以及合乎官方意旨的史书）予以勇敢挑战的典型。

官私史学的互动并非处处和谐，其间亦有相互排抑的矛盾状态，如梁朝吴均欲撰《齐书》，向梁武帝"求借齐起居注及群臣行状，武帝不许"，私撰《齐春秋》之后，又遭梁武帝刁难和焚毁，随后，则任用吴均纂修《通史》，将之拉入官方修史的活动之中[⑦]，是为官方史学压制和吞并私家修史的事例。

综上所述，中国古代既然形成官方史学与私家史学两条发展轨道，二者的关系就是

---

① 魏书：卷六七：崔光传附崔子元. 北京：中华书局，1974：1505.

② 史通：卷一二：古今正史//浦起龙. 史通通释. 上海：上海古籍出版社，1978：358.

③ 史通：卷一二：古今正史//浦起龙. 史通通释. 上海：上海古籍出版社，1978：358；隋书·经籍志三. 北京：中华书局，1973：962-963.

④ 同②359.

⑤ 南史：卷三四：沈怀文传附沈昙庆. 北京：中华书局，1975：892.

⑥ 南齐书：卷三六：刘祥传. 北京：中华书局，1972：639.

⑦ 南史：卷七二：吴均传. 北京：中华书局，1975：1781.

一个重要的问题。三国两晋南北朝时期官私史学之间互动互补也互有排抑，这种相互关系的确立，成为传统史学存在与发展的一种社会运行机制，是这一历史阶段最重要的史学遗产之一。撰史求真与史学功用的矛盾，交织于这种史学运行机制之中，在此后各朝代沿袭、演化和扩展，使中国古代史学蔚成一派缤纷多彩、波澜起伏的景象。

思考题

1. 概述三国至南北朝时期具有特色的历史著述（包括佚史）。
2. 如何认识两晋南北朝时期儒学、玄学与史学的相互关系？
3. 以三国至南北朝的史学实例，论述史学求真原则与史学社会功用的矛盾。
4. 试论传统史学在十六国与北朝民族大融合中的作用。
5. 中国官方与私家史学互动机制的表现是什么？

第五章

隋唐至两宋：传统史学发展的成熟

中国古代史学经过三国两晋南北朝时期的多方探索，造就了缤纷的史籍文献，积累了丰富的史学思想、治史方法与撰史经验。隋朝之后，唐朝是一个统一、强盛且历时长久的政权，整合先前史学多方探索形成的遗产，使之进一步发展，首先是由官方组织的史学活动所包揽。私家史学欲从被动、附庸以及次要的地位中突破，必须辟出新径，开拓史学观念、方法、体裁与内容的别致领域，这是私家史学在与官方史学的互动中的新特点。至盛唐之后，私家史学才取得再度兴盛、足以与官方史学平分秋色的地位。直至两宋，史学的发展大抵循此范式，官私史学的互动，有如相互争先又相互扶助的竞赛，将记史、修史向各个方向推进，并且力求极致，促成了古代传统史学的全面成熟与繁荣。

> 大矣哉！盖史籍之为用也……彰善瘅恶，激一代之清芬；褒吉惩凶，备百王之令典。
>
> ——唐太宗《修晋书诏》

在隋唐至两宋这段漫长的历史时期，隋代统一和安定的时间较短，政制的建置与史学的开新举措，尚未产生明显的正面成效，只是为唐代史学的发展开出端绪而已。唐朝之后的五代时期，政局重陷于分裂、动荡，但史学活动仍然延续，在唐宋之间承前启后。与两宋对峙的辽、金政权，如同南北朝时期的少数民族政权那样，仿照唐宋的史学建设，然而史学的显著发展仍主要在唐朝、宋朝控制的区域之内。因此本章的叙述以唐宋为主线，附及隋朝、五代和辽、金的史学。

第一节　隋唐至两宋史学发展的社会背景

在中国史学史上，每一时代的史学发展，都与当时的社会背景密切关联，政治、经济，特别是思想文化构建的社会环境，对传统史学的总体面貌具有很大的制约和影响。而具体的史家、具体的修史活动，又各有其小的学术环境。文化大环境的普遍影响，与治史小环境的独特作用相交织，是一个时代的多样性史学成果产生的外在条件。这里，仅就隋唐至两宋的史学状况及其社会条件作一般性的简略叙述。

一、隋代史学的开新尝试

北魏分裂为东魏、西魏之后，东魏政权被北齐所取代，西魏政权被北周所取代，北齐与北周在北方有一个短时间的对立，周武帝宇文邕建德六年（577），北周灭掉北齐，重新统一了北方地区。北周是以周为旗号立国建政，进行了不少政治、经济的改革措施，其中在政体形式上模仿西周，在文化上压制佛、道二教的发展，尊崇儒学。而至季年，大权渐渐落入外戚杨坚手中。公元 581 年，杨坚强迫周静帝禅让，建立隋朝，年号“开皇”。隋文帝开皇九年（589），隋军攻灭南方陈朝，统一全国，结束了长期的南北分裂局面。

隋朝建立之后，进行了多方面的体制改革，如实行三省六部制，简化行政机构，实行均田制，改革府兵制等，对后代政权有重大影响。特别是废除九品中正制的选官制度，在全国举办学校，初步建立科举制，对古代政权建设、文化发展产生深远影响。

隋朝的文化举动也为史学提供了较好的基础与氛围。隋初，秘书监牛弘奏请广泛征集图书，认为“经邦立政，在于典谟”，“为国之本，莫此攸先”[①]，得隋文帝允准，遂下诏搜集书籍。开皇九年平陈之后，再次收集图书，整体保藏并编纂目录。隋炀帝继位之后，也进行了图书整理与抄录副本的工作。征集和整理图书，为整体的文化建设营造出较好的环境。与此相应，隋秘书郎虞世南编纂了《北堂书钞》这部类书，流传至今。类书对文化知识普及与利用起到了很大促进作用，当然类书内容也有支离和不求甚解的弊端。

在官方的史学建树上，隋朝也有一些值得注意的举措：

（1）隋文帝摈弃北周以“著作上士”“著作中士”为史官名称的复古形式，仍设著作局，有著作郎、著作佐郎负责修史，实仿南朝的建置。南北朝时期，南朝政权有记录起居注的措施，但并无专门官员，一般由著作郎兼理。北朝魏孝文帝则“置修起居注二人，多以余官兼掌”[②]。以此为样板，隋炀帝时设起居舍人二员，记录起居注，这使起居注的记载有专官负责，起居注的设置制度化且自成一体，与修史机构分开。北魏起居注体制的具体状况，史籍记载不详，而隋朝制度化地专设起居注官，无疑是加强了这种历史记录的重要地位。

---

① 隋书：卷四九：牛弘传．北京：中华书局，1973：1300.

② 史通：卷一一：史官建置//浦起龙．史通通释．上海：上海古籍出版社，1978：320.

（2）任用与支持一些史家，继续纂修原先已动手撰写而未成的史书。例如姚察本南朝陈的官员，在陈时即负责纂修梁、陈二史，隋灭陈后，姚察继续纂修。李德林在北齐时即修北齐国史，至隋，纂修工作仍在继续。这些都得到隋朝政权的实际支持。

（3）进行本朝史的纂修，隋廷曾任用王劭、辛德源等多人为国史纂修官，其中由王劭主持了《隋书》的编纂。因隋文帝以外戚专权而篡夺帝位，并非创基立业的正途，隋炀帝则游乐无度，乏善可陈，王劭主持的《隋书》，即仿《尚书》之体，将隋的官方文献汇编一起，以类相从，充为国史。其中也收集了隋文帝等的口谕、谈论，还有不少关于符瑞的诡异文献，芜杂而且鄙陋。

（4）组织了一些较大型史地之书的编纂。如隋文帝时期因不满魏收《魏书》以东魏为正统，对西魏史事遗略甚多，诏令魏澹、颜之推、辛德源等人重修《魏书》，要以西魏为主体，以表明隋朝政权的由来有自，成书92卷，义例上明确体现儒学名教观念，贯彻《春秋》大一统的精神，很得隋文帝赞赏。但隋炀帝即位之后，却对此书极为不满，诏令杨素、陆从典重修，结果一事无成，更使原来已经修成之书也废弃不传①。

隋文帝时，由杨素奏准，令陆从典“续司马迁《史记》迄于隋，其书未就”②。

隋炀帝大业年间，官方修《诸州图经集》100卷（又称《州郡图经》）、《诸郡物产风土记》151卷、《区宇图志》129卷（卷数有250卷、600卷等不同记载），《区宇图志》成于大业五年（609），后又补充《西域图记》3卷，内容记西域44国，主修者裴矩，为历史地理学家。此书编纂缘起，是裴矩“知帝方勤远略，诸商胡至者，矩诱令言其国俗、山川险易”③，因而撰成。裴矩还撰有《开业平陈记》20卷，见于《隋书·经籍志》著录，未明撰者，但《新唐书·艺文志》著录则署有裴矩之名。

属于地理类史籍著述者，还有《东都图记》20卷，作者宇文恺，因职任营东都监，有考察当地状况的方便条件。此外，有《赤土国记》2卷、《高丽风俗》1卷等。

从上述所列史籍可见，隋朝官方修史的气魄与眼界还是宏大的，不可过于轻视。这是因为隋朝建立一个大一统政权，结束了长期的南北分裂，毕竟具有几分豪迈，特别是重视疆域、地理问题。因此，于史部地理书籍的编纂，成绩颇为可观，开后世纂修全国地理书与绘制地图之先导，可惜的是这些著述皆佚失不存。

隋承梁、陈之绪，《汉书》学仍兴盛发达。但梁、陈之后至隋，研究《史记》者却明显稀少。刘臻为陈人，入隋后继续研究《汉书》、汉史，学问精深，人称“汉圣”。其学生杨汪，业更精勤，驰名一时④。另有包恺、萧该并为隋代研究《汉书》的名家，包恺撰《汉书音》12卷，萧该有《汉书音义》12卷，大业中，此二人为《汉书》学之宗匠，“聚徒教授，著录者数千人”⑤。这种学术气氛，对唐代史学的发展亦有影响。

隋文帝开皇十三年（593），“诏人间有撰集国史臧否人物者，皆令禁绝”⑥，这里所

① 依次参见：隋书：卷五八：魏澹传；隋书：卷七六：潘徽传；史通：卷一二：古今正史。
② 南史：卷四八：陆从典传．北京：中华书局，1975：1202.
③ 隋书：卷六七：裴矩传．北京：中华书局，1973：1578.
④ 隋书：卷七六：刘臻传；卷五六：杨汪传．北京：中华书局，1973：1731，1393.
⑤ 隋书：卷七五：儒林传．北京：中华书局，1973：1715-1716.
⑥ 隋书：卷二：高祖纪下．北京：中华书局，1973：38.

要禁止私撰的仅仅限于“国史”，并无具体的施行措施，但从法令上禁止部分私家修史，开了一个很坏的先例，在史学史上实为消极因素。后来隋炀帝时，还是有私人修当代史，不过基本为阿谀奉承之作，不足观览，也久已佚失。

隋代史学，起到延续南北朝时期史学发展趋向的作用，也作出一些新的尝试，但政局安定时间不长，许多举措尚未充分展开，故成效不大。而因为隋朝后期政治昏暗，统治政权很快土崩瓦解，纂成的地理书籍也未得到后代的充分重视，终至于零落不存。

二、唐宋的政治、经济与文化概况

隋末动乱发生、群雄竞起，反隋武装力量遍地突发，隋王朝很快崩溃。隋朝的太原留守李渊，乘机扩大武装力量，攻入关中，占领长安，并于618年称帝，定都长安，国号唐。唐军逐步削平众多割据武装，统一全国。

唐朝发展完善了隋朝的三省六部行政体制，即设立中书、门下、尚书三省及吏、户、礼、兵、刑、工六部，这是一个有效运转的行政体系，后来历代皇朝大体上承袭这个体制。经济上实行均田制、租庸调法，军事上实行府兵制，这是唐前期政治的基本格局。唐朝发展了隋朝建立的科举考试制度，成为选官、任职的主要途径，科举进士出身的官员不仅较为容易获得提升，更重要的是名声高雅，这对于南北朝士族与庶族阶层的对立起到化解与合流的作用，对政治、文化和社会等级结构的演变影响颇大。

唐高祖武德九年（626），李世民发动玄武门兵变，杀长兄太子李建成与其弟李元吉，逼父退位，自己继位，是为唐太宗。唐太宗这一行为，大失纲常伦理之道，于是以孜孜求治来弥补。他尽力虚心求谏，研讨治国之策，发展经济，检点形象，以求在历史上留下好名声。这样，唐初社会经济恢复发展，出现了史称“贞观之治”的清明政局。史实证明，最高统治者顾及身后名声，有时会起到正面积极作用，取得好的治国效果。唐太宗这种心态，也使他重视史学与历史记载。

贞观时期给唐朝统治打下了牢固基础，后来虽有武则天称帝的武周革命，但唐朝还是恢复了政权，以致历史上不把武周当成一个朝代。至唐玄宗开元年间，唐王朝达于鼎盛，但天宝间安史之乱，随后形成地方的藩镇割据，使唐走向衰落，经济制度与兵制等项，不得不有所改变。黄巢率领农民的大规模起事，将早已式微的唐朝统治推向灭亡的边缘。统一的唐朝结束之后，出现了五代十国的分裂、动荡局面，但许多政治体制、文化传统并未断隔，而是继续发展，尤其是史学的发展仍然保持。

早在隋朝，隋文帝就重新确立对儒学独尊地位的肯定，他重用大儒牛弘，广集南北儒学家齐集京师，经常举行经义的辩论，希望取得统一的解说。唐朝继续奉儒学为政权统治的思想基础，但唐帝李姓，认为老子是李耳，自以为是老子后代，也尊《老子》之学。这样，在统一经义的运作中就不能排除道家思想和玄学学术。统一的政权，特别是科举制考试的要求，必须由官方大体上规定经学典籍的基本解说。于是，唐太宗令孔颖达、颜师古等学官编纂《五经正义》。孔颖达（575—648）是主持者，成稿曾引起学者官员的异议，至唐高宗永徽二年（651）又集众学官考论，永徽四年三月颁发定本。

《五经正义》最主要的作用是使科考有一个统一的标准，实际上也就影响了思想与教育的价值取向。但此书取为“正义”者不专一家，有糅合众说的内容，在学术上还是较为粗糙。在选为正义底本上，《五经正义》表现出官方在学派上的取舍，如对于今、古文经，以古文经学为正宗，《春秋》学取杜预《春秋左氏经传集解》，《诗经》取《毛诗》郑玄注，《礼记》也取郑玄注。但《周易正义》则取玄学家王弼注与东晋人韩康伯注合为一书，《尚书正义》以晋朝梅赜所献伪古文《尚书》为底本。这表现出思想性、学术性的不成熟与粗疏。总之，唐朝官方在统一经义上属于粗线条、大框架，思想控制不甚严苛，使经学留有较活跃的空间，迨至中唐，出现啖助、赵匡的《春秋》学新说，打破原有“三传”体系而另辟新境。另外，唐朝佛教、佛学有较大的发展，特别是在武则天掌权之后，曾经一度与儒学、道教并立成为三教。佛学在唐代思想界也有相当大的影响，这在后来各代基本持续。

从唐太宗贞观年间到唐玄宗开元时期，唐朝经济走向繁荣，疆土广大，国力强盛，文化艺术与科学技术皆有显著发展，唐代成为诗歌的黄金时代，著名诗人若满天星斗，影响及于域外。唐朝统治者实行比较开明的民族政策，外族、外国人士可以在唐为官，对外经济和文化交流活动十分频繁，尤以日本大量留学生和遣唐使络绎前来最为典型。日本从唐朝引入汉字，略加改造而予以应用，学习了唐朝的经学、史学、文学、医学、雕塑、书法、建筑技术以及政治体制，使日本的整个社会状况发生巨大变化。

北宋平定政权分立与动荡的政局，重新达到了政治的统一，但地域范围不能与盛唐相比，北方少数民族的西夏、辽国等政权当时势力强盛，时常与宋发生冲突和战争。北宋君主汲取唐末至五代武装割据和政权替代的历史鉴戒，实行重文轻武的治国方针，强化君主专制的中央集权体制，而经济和文化都有显著的发展。但在与少数民族政权的冲突之中，大多处于劣势。位于东北地区的金国勃兴之后，攻灭辽国，随即成为对北宋的最大威胁。1126年，金兵渡过黄河，包围北宋首都汴梁（今开封），将北宋徽宗、钦宗以及三千多名皇族、贵戚、官员以及军民作为俘虏，尽掠财物、器具，席卷而去。北宋灭亡，幸免的皇室赵构被宋臣拥立为帝，南宋建立，开始了金国与南宋长期对峙的历史时期。南宋的经济和文化，在原来的发展基础上继续前进，使整个两宋时期在军事孱弱、国防不保的状态下，达到相当程度的繁荣。经济方面，农业技术提高，耕作器具进步，越南占城稻的引进，大幅度提高了粮食的产量。冶铁、瓷器、造纸业、刻书业迅速发展，商业也显著兴盛。唐代已有雕版印刷术，但还没有推广。到宋代时，技术提高、成本下降，雕版印刷才大量地用于史书等大型书籍的刊刻和印刷。宋代所造纸张十分精良，图书刻印技艺高超，国内形成了许多行业中心，对中国文化的发展与传播起了重大的作用，对史学的发展尤有促进。

宋代文学、艺术、科技均有新的发展，思想界理学的产生和兴盛尤为重要，对政治、文化影响很大，其理念也渗透到史学的发展之中。宋代理学思想使经学从纠缠训诂、章句的汉学中解放出来，走上探求义理的思辨道路，这是中国学术思维方式的一大转变。宋学主要分两大思想派系，一是程朱理学，二是陆九渊的“心学”。程朱理学将理作为宇宙本原，一切从天理派生，是其本体论观点。理是客观性的，存在于人心之外，但天理自然赋予人性，人的天性合乎天理，但人的气质之性有清有浊，浊者会闭塞天命之性。这需要修养来克服，修养的主要方式是克制私欲。在认识论上，程朱理学主张“格物致知”，意思是人通过接触和体验“外物”唤起心中的知识。纲常伦理被说成是天理的体现，是不可违背的，这是理学思想归结于政治的基本理念。陆九渊（1139—1193）却是将理归入于心，向主观先验方向发展。认为“心即理也”，在认识论上主张反躬自省，即可达到内心感悟。

宋代史学重于义理，体现了理学的影响，在一些历史著作中强调纲常伦理，以之作为标准评论史事、褒贬人物，判定政权的正统地位，甚至主张将史学的义理置于首位，因而忽略史事记述的全面与真实。但理学的思辨精神，又促进了史实的辨伪存真，助长了疑古学风，推动了历史评论的发展，令史学发展呈现出许多崭新的气象。宋代史学的成熟与繁盛，得益于理学思想与精神的传播，并非仅起到消极作用。

第二节 唐朝至南宋的史馆建置与本朝史编纂

三国两晋南北朝时期，官方史学无论是在史官建置、馆局设立，还是在记史、修史事项与实际操作上，都积累了许多经验与方法，也经历了政治与史学之间矛盾与磨合的风风雨雨，这些为官方史学的发展提供了很好的基础与空间。隋唐至两宋，官方史学迅速发展，引人注目，中国传统史学的成熟化，首先表现于官方史学的建设方面。

一、史馆建置与记史、修史制度

唐朝时期政治、经济和文化的发展，在古代均达到辉煌兴盛，官方史学成就亦灿烂夺目，在中国古代史学史上占有十分重要的地位。唐高祖武德年间，史官制度沿袭隋朝旧制，由著作郎掌修国史，修史机构为著作局，隶秘书省。这是自晋代以来的常规体制，虽北齐即有“史馆”之称，但仅为非正规称谓而已，实际机构仍是著作局，且下延于隋朝和唐初。

> 史官掌修国史，不虚美、不隐恶，直书其事。凡天地日月之祥，山川封域之分，昭穆继代之序，礼乐师旅之事，诛赏废兴之政，皆本于起居注、时政记以为实录，然后立编年之体为褒贬焉。既终，藏之于府。
>
> ——《旧唐书·职官志二》

唐太宗贞观三年（629），朝廷展开全面的史学活动，不仅记述本朝史事，而且编纂前代史书，为此首先对修史机构予以调整，史官制度因而大为改观，其要点大略为以下三项：

（1）“移史馆于禁中，在门下省北，宰相监修国史，自是著作郎始罢史职。”① 即将史馆置于门下省，负责纂修本朝史书，有监修国史、史馆修撰、直史馆等史官。原著作局失去撰史职能，改为撰写碑文、告示等职任，隶属于掌管草拟一般公文的秘书省，但著作郎等官作为个人，仍可调用修史。可注意的是：著作局机构仍在，此时修史机构则正式名为“史馆”，既设有“宰相监修国史”，则史馆乃是纂修本朝之史

① 旧唐书：卷四三：职官志二．北京：中华书局，1975：1852.

的机构，主要纂修项目为纪传体国史与编年体的各朝皇帝实录。

贞观年间形成的史馆制度，后来仍有调整，唐玄宗开元二十年（732），史馆移于中书省，以其为“切密之地”，更便于修史的管理①。其余随机变动，如外任史官兼领史职，许可在家修史等类特例，唐朝后期偶尔有之。

唐初，监修国史由重臣、宠臣、史学专长之臣担任，尚无定制。一般是由相当于宰相的大臣兼任，但国子祭酒令狐德棻官职很低，却也曾任监修国史，这是因为他史才优长。这个体制承袭北朝，如北齐魏收以太子少傅监修国史，阳休之以光禄卿监修国史，均非政权要职。唐朝中后期，才自然形成仅由宰相监修的格局，但唐朝的体制乃多人同为宰相，监修国史之职有时亦多人兼任。监修之下，史馆修撰的职位较高，有专职，也有兼职和临时充任，名额变动不定。直史馆是低级史官，往往选用“卑品有才”者，是修史工作的实际执笔人，地方上的文官因文名而被征用入京担任此职者，事例很多，这需要大臣推荐，著名史家吴兢就是典型。唐宪宗时规定：“史馆请登朝官入馆者并为修撰，非登朝官并为直史馆，仍永为常式。”②

中国古代官方的修史机构，实行官僚化的组织方式，即设置品级、权限、地位不同的各级史官以实行修史中的管理和控制，基本仿照了行政衙门的等级官僚体制。历代具备这样的修史机构，是中国古代官方史学独具的一大特点。

（2）于中书省置秘书内省，作为纂修前代史机构，纂修人员临时从他官抽调兼任，另任有才而职位卑微者协助纂修，称修史学士或佐修史。这种修史活动是随机的、临时的，官员也是随机调用。梁、陈、北齐、北周、隋代之五代正史告成，秘书内省即不见于史籍记述，应即撤除。唐代朝廷纂修前代史主要在太宗、高宗时期，而修前代史并非史馆职责，此同于南北朝时期的南朝体制。

（3）起居注仍设专官，分为起居郎与起居舍人，分属门下、中书二省，略仿左、右史之意。但起居舍人时有废置，隶属也有变化，《唐会要》卷五六的记载虽不完全，但由此也可以略见梗概：“贞观二年，移起居舍人于门下省，改为起居郎，显庆三年十二月十五日，又改为中书省起居舍人，两员，品同起居郎。龙朔三年改为左、右史……神龙元年复为起居舍人焉。”

唐太宗为什么将纂修国史的史馆移到禁中门下省？直接的、合理的解释就是唐太宗非常重视历史、重视史学，此外不必过多地发挥与猜测。例如台湾学者雷家骥在《中古史学观念史》一书中，认为唐太宗有杀兄逼父之事，恐史官据实记载，将史馆迁于禁中以加强控制，这种猜想未免过于政治敏感化。事实上，史馆是否在禁中，不大能够影响朝廷的控制力度。

南北朝时著作局掌修国史，隶属于秘书省，唐高祖武德年间亦然。唐朝实行的三省六部制度，三省是中书、门下、尚书，秘书省虽然也称作“省”，但地位远为低下。唐太宗把史馆移于门下省，把修前代史的“秘书内省”设在中书省，都是重视史学的行政措施。到唐玄宗开元年间，史馆亦改隶中书省，仍在禁内，这个改动意义不大。唐朝修

---

① 新唐书：卷四七：百官志二. 北京：中华书局，1975：1214.

② 旧唐书：卷一四八：裴垍传. 北京：中华书局，1975：3990.

成的国史、实录，都不太保密，但修史的资料和草稿，还是需要防止外传。在宫禁内建置史馆，可以借助现成的卫戍来防止修史资料的泄露，不必另设军兵把守，这是一个次要的原因。设立于宫廷，由核心政权机构来掌管，象征着官方史学活动纳入了国家事务的核心内容。唐朝官方有征求史料的制度，曾经制定了《诸司应送史馆事例》，规定应当送交的事件类别与期限。这种向史馆送交相关资料的职责，中央机构和地方政府都要履行，唐德宗年间对此项制度曾经重申，要求实际执行①。这也表现了官方史学成为国家行政机制的组成部分。

唐朝修史机构的布局，实际是兼取南朝撰述前代史与本朝史分途、北朝起居注与撰本朝史分途的方式，结果官方史学的职责分成三个部分，令不同性质的史学活动分属不同机构，而在人员使用上则机动灵活地调动。此外，唐朝还有不少临时、随机的史学活动与史籍编纂，与上述三类史学活动的组织方式不同。

五代梁、唐、晋、汉、周各朝，在分裂动荡的政治条件下，仍然设置史馆，其史官制度大体承袭唐朝体制，保持了官方征集史料、纂修实录等史籍的基本格局，如后梁、后唐、后晋都进行过多次征集史料，后唐制定的《诸司送史馆事例》② 仿照唐代旧例，而更为详细。

北宋重视文治，官方修史活动繁盛，而修史机构多有改动，机构时有合、分，名称变化频繁，但总的趋势是机构增多，各负专责。

宋初，于门下省置编修院，掌国史、实录，修纂日历。宋神宗元丰四年（1081），废编修院归史馆，属秘书省国史案。宋哲宗元祐五年（1090），复于门下省置国史院，而绍圣年间再将国史院移属秘书省。南宋于秘书省设史馆，至绍兴十年（1140）罢常设性史馆，修国史、实录之时，各设置国史院、实录院，使之成为非常设机构。

宋初即设起居院，负责编辑起居注。记录起居注的官员有起居郎和起居舍人，北宋一度将起居郎、起居舍人分隶门下、中书二省，分别记事、记言，再汇总编辑。日历、时政记之类的史料文献，作为本朝史料整理的一种补充，虽在唐代产生，而未成定制，更无专门机构。但宋代将之作为常备的编纂工作，均设立机构，称日历所、时政记房。

宋朝日历是按日汇总历史记录的史料长编，取材于各种记录和档案文牍，收揽史事的范围极为宽阔，因而规模宏大。宋初日历所隶属门下省编修院，编修院废除后归史馆，后来又有反复改动，至南宋罢史馆，归秘书省管辖，继而称“国史日历所”。此外，纂修各朝会要有会要所、纂修玉牒有玉牒所，南宋还设“编类圣政所”，纂修宋朝各帝的“圣政记”。加上起居院、国史院、实录院等，修史机构之多居各个朝代首位，变化也最为庞杂。

宋朝官方临时编纂一种史籍，也会设立书局机构，例如修《新唐书》设“唐书局”，宋真宗时编纂《历代君臣事迹》（即成书后改称《册府元龟》者）设“历代君臣事迹局”等。不过，有些书局或恐仅仅是一种借以安排工作处所的名义，与派遣不同等级结构的官僚实行管理和控制的修史机构区别很大，如宋神宗为支持司马光修史，虽曾设置书

---

① 唐会要：卷六三：诸司应送史馆事例．影印文渊阁《四库全书》本．台北：商务印书馆，1986.

② 五代会要：卷一八：诸司送史馆事例．影印文渊阁《四库全书》本．台北：商务印书馆，1986.

局，而并没有等级制的官僚组织，也未见朝廷的监控，不必视为官方修史机构。

宋代君主对官方史学实行极其严密的控制，所有的历史记录和修纂的史书，皇帝皆可以审阅，包括唐代皇帝不能观看的起居注在内。北宋宰相仍可监修国史，但挂衔监修国史的宰相，必须得到重新敕令才可以实际掌管修史，这叫作“提举”修史，未经提举，监修国史只是虚衔。南宋时监修国史之职从虚转实，但也只是负责编辑内容繁复的“日历”，这是经常的工作，实际是与修国史、实录之“提举”官的分工。“提举”一词，在宋代是表示皇帝任命人员的临时特定权力，在修史中，这种临时特定之权没有边际，往往任命本来不是史官的人员参加修史，而在职史官也可能不予以任用。此外，宋朝皇帝还往往正式派遣内侍宦官到史馆监察修史，这种内侍宦官代表皇帝监视和干预修史，任命时称为“管勾”“勾当”，南宋时改为比较文雅的“都大提举都司”。宦官直接介入修史，为宋代所特有。

唐朝的史官制度和史馆建置，在三国两晋南北朝官方长期探索的基础上建设成为定制，影响深远。从此，各代皇朝皆将史官设置作为国家政权组织的构成部分，官方史学活动成为一项重要的国家政务。而宋朝则将史官制度、官方史学活动发展到异常繁复的程度，且注入君主严密监控的措施，其弊病很大，伤害记史求真的根本原则。

二、唐宋时期官方对本朝史的记述与纂修

以记录和纂修本朝史为重心，是中国官方史学的特点之一，唐朝及其之后，编纂前代史可以凸现于一时，但本朝史的记录与纂修，往往贯穿于各朝代之始终。

1. 本朝史事的记录和整理

唐朝主要以起居注记录本朝史事，如上所述，这个制度承袭隋朝，在唐代发展兴盛。唐朝规定起居注“录天子之言动、法度，以修记事之史。凡记事之制，以事系日、以日系月、以月系时、以时系年，必书其朔日甲乙，以纪历数；典礼文物，以考制度；迁拜、旌赏以劝善，诛伐、黜免以惩恶。季终则授之国史焉”①。这里表明起居注是按时间顺序记述皇帝言行和国家政务的史籍，为纂修国史提供资料。《唐六典》卷九记述史官“本于起居注以为实录，然后立编年之体为褒贬焉。既终，则藏之于府”，说明纂修实录也以起居注为史料根据。唐代起居注属于秘籍，实行人君不观起居注的制度，这应当是沿袭北朝以来的传统做法。唐太宗、唐文宗都曾经欲图观阅起居注，由于史官的抵制而未能实现。

起居注官在朝堂记录当时的议政情况，即使退朝后皇帝与权臣商议政务，也有起居注官执笔记录，这是唐朝起居注的正规体制。但起居注官级别很低，有时即不允得闻要务，致使记述不周。武则天时，始有宰相撰述军政要务为“时政记”，每月送交史馆，作为起居注的补充。唐代起居注官闻知君主与重臣政务议论的限制时松时紧，时政记也时有时无。唐德宗时，宰相、监修国史韦执谊奏准令史官各撰“日历”，月终至馆中会同校订汇总，不得私家置本。这是一种新型的史籍，乃汇集起居注、时政记以及其他资料，按日将事项分类编辑，资料更为全面。此后唐代编辑日历的情况缺少记载，接续状

① 旧唐书：卷四三：职官二．北京：中华书局，1975：1845.

况，不得而知。唐代的起居注等记载性史籍大多佚失，唐初温大雅撰《大唐创业起居注》一书，乃个人追忆之作，不属于官方设官记录的起居注系统。于今不少著述将之混同于唐代起居注体制，只看其名而不察其实，以讹传讹，应当纠正。

五代时期，记史制度大体沿袭唐代成例，而日历的编辑有所加强，作为修史资料的地位也明显提高。后唐、后晋、后周都有编辑日历的记载，尤其是后周，其日历在北宋尚有流传，宋朝开国后纂修日历，应从后周修史制度因袭而来。

宋朝记录本朝史的载籍种类众多，凡唐代出现名目者皆予以光大，起居注、时政记、日历、玉牒等皆内容丰富、部帙可观。起居注沿袭唐朝旧例，令记注官员侍立朝堂记载朝廷议政，但其位置难以听清和准确、全面地记录君臣对话，所以事后需要当事大臣报送相关内容，而各个衙署供报的政务事件、皇帝指示，更成为宋代起居注的主要资料来源，当时当场记录的皇帝言行比例不大，且不重要。因此，宋代起居注在官方史学中的地位显著下降。更值得注意的是：自北宋太宗时始，起居注要“每月先进御，后降付史馆”[①]，即首先由皇帝审阅，打破了唐代坚持人君不观起居注的良好规矩，其他史籍随时由皇帝审查、监控，就更不在话下。这表明宋朝皇帝极端强化了对历史记载的控制。淡化历史记载的直书、实录原则，史馆记史唯取悦于统治者，这是史学意识的一种倒退。

宋代的日历成为记录和整理本朝史料的重要史籍，其资料来源于起居注、时政记、各司报送政务资料、皇帝谕令、官员行状、传记等，由史官汇集编校，按每日日期顺序排纂，是时间确切、周密的编年体史料长编。在重要大臣逝世之日，系以该人小传。宋代各朝基本维持了日历的编辑，只是南宋之初，立国未定，有 30 余年未遑顾及，随后恢复并且加强，部帙动辄超过千卷。南宋修纂日历，改由秘书省负责，著作郎、著作佐郎执笔编辑。著作郎自唐朝贞观年间罢免史职之后，此时算是为之复归了一项史学上的职任。宋朝一朝皇帝的日历多为一千卷以上，资料繁复，巨细毕揽，是纂修本朝实录和国史的主要依据。

时政记由宋朝中枢执政机构纂辑，记述官员奏对、皇上宣谕、档案文书、政务时事等，是送交史馆的资料之书。曾经由中书门下省与枢密院分别编辑，各自提交，后来改为合编一书。与日历一样，既为史料汇编，又经过一定程度的整理与选择。自北宋起始，时政记也主动呈上皇帝审阅。另值得注意的是宋朝玉牒的纂修，宗正寺内常设修玉牒所，规定自皇帝即位开始修纂，每十年一进。宋代玉牒不仅仅登录皇室世系，凡政令赏罚、封域户口、丰凶祥瑞等皆载之，成为专书一代大事，如同“帝纪”一类的史籍[②]。比较而言，日历在宋朝官方史料系统中，占有内容全面、资料丰富，又经过初步整理修订的优势地位，是修撰国史与实录的重要依据。

辽国仿从内地政权设起居注，有专门的机构，称“起居舍人院”，隶门下省。金国设有起居注官编纂起居注，其体制仿从唐朝，相当完善，设有记注院主管其职。此外，

---

① 续资治通鉴长编：卷三五：太宗淳化五年四月丁酉；宋史：卷四三九：梁周翰传．北京：中华书局，1977：13004.

② 宋会要辑稿：职官二〇之五二．影印本．北京：中华书局，1957：2846.

令著作局著作郎纂修日历，由睦亲府主持纂修玉牒，皆仿从南宋的史官制度。

2. 实录的纂修

“实录”作为书名，起始于南北朝时期，这是史家多、史书也多背景下书名求新的产物。《隋书·经籍志》“杂史”类有周兴嗣、谢昊分别编纂的《梁皇帝实录》（3卷与5卷），其书久佚，内容与体制都无法确知，而列于杂史，可能是随便叙述一些事件。霸史类有《敦煌实录》10卷，刘昞撰，乃十六国时西凉史事，更不一定是以君主为主体的史书。《新唐书·艺文志》有许嵩《建康实录》20卷，杂述建都于此地的六朝史事。上述之书都不属于官修史。仪注类中有刘孝孙《二仪实录》、袁郊《二仪实录》等书，讲仪礼之事，均应为唐人所撰，甚至农书类也有《禁苑实录》1卷。可见以“实录”作为书名，到唐代仍较为随意，不能见到这种书名字样，就与朝廷所修、以编年体记述一朝皇帝之政务的史籍联结一起。

唐宋时期，以一朝皇帝言行为核心的实录，是皇朝的正式史册，官方编纂实录已经形成定制，实录地位之高，超越纪传体国史。这种实录的产生起自唐太宗屡次要观看起居注，贞观十四年（640），唐太宗对房玄龄再次提出观看起居注的要求，“玄龄等遂删略国史为编年体，撰高祖、太宗实录各二十卷表上之”①，唐太宗命将实录“并赐皇太子及诸王各一部，京官三品以上欲写者亦听”②。这实际是朝廷官修皇帝实录的肇始。

唐朝修纂实录有一个逐步探索的历程，《唐太宗实录》始修于唐太宗在位时期，这当然是内容不全，故唐高宗时又修太宗实录。《唐高宗实录》经历了四次纂修，其在位已修一部，后又三次编纂。《武则天实录》有三部，也是在位时就曾经编纂。直至唐玄宗时，还是皇帝在位时就开始纂修其实录，可能自唐肃宗始，才改为皇帝逝世之后再进行修纂。唐代实录一般皆很简略，达100卷者较少。今尚存韩愈纂修的《唐顺宗实录》，可为研讨唐代实录编纂形式的参考。后五代梁、唐、晋、汉、周时期的实录，大约因袭唐代实录的形式。

唐宋实录纯属编年体，其基本框架与线索是按时间顺序，以年为纲以编排史事。对于重要的大臣，在其卒年系其小传，简记事略，而并未打破编年体系。在编年体史书内集中地简述某些人物的生平事略，自袁宏《后汉纪》就早已如此，将官修实录称为“实录体”，实无必要。史书之所谓“体”者，指大的体系，即史书内在编纂形式的主干，在整个体系基本特征不变的条件下，各种史书体裁有枝节上的变通，并不影响史籍分类的性质和归属。

宋代的实录部帙加大，内容详细，纪传体国史的纂修必然参考和取材于实录，尤其是要依据实录中的历史观点取舍史事、表达黜陟。但是，不能说实录的纂修是为国史做资料的准备，因为一朝实录象征一朝皇帝的业绩，在官修史书中规格最为尊贵。在宋朝，一朝皇帝逝世，新继位皇帝要为之纂修实录，实录体式、修实录的方法、成书后进上的礼仪等，都逐步形成既定制度。受宋朝官方史学活动的影响，辽国、金国亦重视修

---

① 贞观政要：卷七：文史．上海：上海古籍出版社，1978：224.

② 唐会要：卷六三：修国史．影印文渊阁《四库全书》本．台北：商务印书馆，1986.

史，辽道宗大安元年（1085）就有修成辽国太祖以下“七帝实录”[①] 的记载。辽天祚帝乾统三年（1103），又纂修实录[②]。金国对修纂实录极其重视，国史院即为掌修实录的机构。金也设有翰林官，随时可调用做修史等工作。从金熙宗皇统元年（1141）修成第一部《金先朝实录》（又名《祖宗实录》），其后各帝实录络绎纂修，除末帝哀宗外皆有成书。

从唐朝朝廷纂修实录以后，其逐步变成皇朝垄断的史籍名称，其性质是皇朝编纂的专记一朝君主政务、政绩的编年体史籍。中国古代朝廷纂修实录，成为官方史学活动最为紧要、最为坚持不废的项目。作为一种特殊史籍，它既是一朝史事的官方记载，又是皇朝政治文化体制的一种体现，实录的纂修直接在皇帝和朝廷严格审视下进行，因与政治的联系极其紧密，对史事的取舍和评论倍加斟酌，很难全面地做到客观如实，在政局变动的情况下，还可能予以重新修纂，如《宋神宗实录》就因为旧党与新党的政治斗争而反复重修。将最为尊贵的“实录”改来改去，成为一种亵渎和讽刺，这是宋朝官方史学的阴暗面。但纂修皇帝实录成为定制，仍然是官方史学发展的一大成就，由于纂修及时，有利于大量史料的保存，促进了古代历史记载时间体系的准确性和历史内容的丰富性。

3. 纪传体国史的编纂

唐朝官修纪传体国史，自太宗贞观时候开始。《史通·古今正史》称：“贞观初，姚思廉始撰纪传，粗成三十卷。至显庆元年，太尉长孙无忌与于志宁、令狐德棻、著作郎刘胤之、杨仁卿、起居郎顾胤等，因其旧作，缀以后事，复为五十卷。”此后，纂修国史陆续进行，许敬宗、牛凤即在高宗、武则天时主持过纂修工作，武则天时，还令武三思率众多史官纂修《唐史》，其中有刘知幾参加。唐玄宗时，吴兢修成国史百卷左右，又经韦述接续编纂，约为 113 卷（一说 130 卷）。据记载，后来有柳芳、于休烈接续纂修，大抵至唐德宗之后停辍。总的来看，唐朝修纪传体国史断断续续，成效不著，不如修实录那样制度规范，原因是纪传体史书本比编年史难修撰，尤其是本朝纪传史。

宋朝纂修纪传体国史，始于宋太宗朝。雍熙四年（987）九月：“直史馆胡旦请修纪志表传，诏以史馆西廊置修史院。”[③] 胡旦对这次修史活动的条奏，提出相当周详的规划，将宋朝此前相关人物予以分类评析，作为立传的褒贬口径，还设想编纂律历、天文、地理、五行、礼乐、刑法、食货、沟洫、书籍、释道等典志[④]。这种规划，对宋代纂修国史是一个好的开端，整理资料与安排撰写都略有准的。纂成三卷后进御，大约未能获得宋太宗满意，胡旦调离史职，继其事者孔继、李觉，不久又引起非议，宋太宗决定停止编纂。

宋真宗景德四年（1007）八月，恢复国史纂修，“诏修太祖、太宗正史，宰臣王旦

---

① 辽史：卷二四：道宗纪四. 北京：中华书局，1974：290.
② 辽史：卷二七：天祚帝纪. 北京：中华书局，1974：320.
③ 玉海：卷四六：“淳化太祖纪”条. 影印文渊阁《四库全书》本. 台北：商务印书馆，1986.
④ 张富祥. 麟台故事校证：麟台故事残本：卷三：“国史”条. 北京：中华书局，2000：313-315.

监修国史……”①，随即发布了命令，形成每撰草本一两卷就进呈御览的规则。至大中祥符九年（1016）二月，修成太祖、太宗两朝国史120卷（目录1卷，太祖、太宗纪各3卷，志57卷，传59卷），篇幅不可谓不丰硕，修史官员受到嘉奖②。宋仁宗时，又续纂真宗朝国史，合原两朝国史，共150卷。此后历朝国史按时接续修撰，直至南宋，纂修规模愈加扩大，唯牵涉政治斗争的内容如宋神宗朝国史，反复改动。

宋修国史，除官方起居注、日历等资料外，对私家记载之书，也广泛征求参考。编纂部署很具规制，有条不紊，如关于人物列传，先依据“日历”列出应当立传人名，排成“总目”，次将每人逐年履历、事迹注于名下，再“将取到诸人碑志、行状、奏议、文集之属，附于本目之下（各注起某年、终某年）”③。南宋高、孝、光、宁四朝纪传史，合称《中兴四朝国史》，本是持续纂修的进程，宋理宗时欲总其成，统一修订。宋度宗咸淳八年（1272）十月，史官高斯得上奏称：“从来修书，必立年限。今四朝正史开院已二十四年，三次展限矣。所幸纪及志并奏全篇，其未了者止诸臣列传耳。列传既有底本，稍加之，意似不难了。乞自今更与展限明年春季。”这里可以看出：史馆所存国史之稿已经十分丰富，因此高斯得建议：“望圣慈宣谕提举官，及此编摩未定之初，检照孝宗皇帝修书故事，改命史院官专一编纂四朝正史，诸志俟奏篇毕，续行纂次列传，庶几修书次第既合旧典，又使诸史官用志不分，成篇可准，不致苟且灭裂，贻笑后世。”④ 但实际未见修撰告成的记述，南宋统治此时已经风雨飘摇，不会再度形成修史高潮。

辽、金政权都曾使用本民族文字修史，辽国在辽重熙十三年（1044，宋仁宗庆历四年），即着手编辑上世以来事迹。大约相当于宋神宗时期，辽国开始置局编修国史，后设有国史院，隶于翰林院。金国重视编年体实录的纂修，而未见编纂纪传体国史的明确记载，《金史》虽有“令韩昉、耶律绍文等编修国史”的记述，但金国之国史院掌修实录，所谓“编修国史”实际恐指纂修实录。

综上所述，本朝纪传体国史的纂修，为古代官方史学中的难题，两宋时期的编纂成效超越汉唐，其组织、部署值得深入研究。

4. 官方纂修本朝的其他史籍

唐宋时期，除上述官方记史、修史活动之外，还作出其他修史探索。今存《唐六典》30卷，为唐玄宗开元十年（722）集贤院编纂。唐玄宗手写六条，以为体例，“曰理典、教典、礼典、政典、刑典、事典”。时张说知院事，委官编辑，难以执行。后改以《周礼》六官为纲领，开元二十六年（738）成书⑤。本书为唐朝的典章制度总汇，是行政上的实用之书，但亦为当代史籍，很有史料价值。首卷为三师三公与尚书省，其

① 续资治通鉴长编：卷六六：真宗景德四年八月丁巳．北京：中华书局，1977.

② 续资治通鉴长编：卷八六：大中祥符九年二月丁亥．北京：中华书局，1977；玉海：卷四六：“景德太祖太宗两朝史”条．影印文渊阁《四库全书》本．台北：商务印书馆，1986.

③ 朱熹．晦庵集：卷七四：杂著：史馆修史例．影印文渊阁《四库全书》本．台北：商务印书馆，1986.

④ 高斯得．耻堂存稿：卷二：经筵故事：十月二十三日进故事．影印文渊阁《四库全书》本．台北：商务印书馆，1986.

⑤ 新唐书：卷五八：艺文志二．北京：中华书局，1975：1477.

次六部，再后为门下、中书省，即唐的三省六部制度，后再涉及秘书省以及各类机构，按国家官僚机构为编辑线索。记述官职的组成结构，为本书主要内容，史事记载较少，但在体例方面，是古代“会典”类史籍的开先之作。

《元和郡县图志》，李吉甫主持修纂，成于唐宪宗元和八年（813），有目录、图、正文，总42卷。李吉甫（758—841），字弘宪，唐宪宗时为相，对藩镇割据予以扼制，颇有成效。政治上与牛僧孺一派大臣相互排斥，史称“牛李党争”。本书分区记述全国地理与行政建置，今有缺佚，是今存最早的内容丰富的全国性地志。宋神宗时的《元丰九域志》10卷，经反复修订成书，是宋朝官方正式组织编纂的全国性总志。

唐德宗时，苏冕自撰唐《会要》40卷。唐宣宗时，史馆修撰杨绍复等奉命撰《续会要》40卷[①]，已为官修之书，成书后由宰相崔铉进呈，受到朝廷赏赐。一种史籍最初先由私家创始，后经官方效法编纂，遂成为官修史之项目，是中国古代史学发展中官私互动的现象。

至宋朝，会要之书为各朝官修项目，形成惯例。会要是一种按事类分卷编辑的史籍，因以事为纲，相关内容集中叙述，故查阅、利用比较方便。所载史事，多有关国家典章，涉及政治、经济、文化的方方面面。宋朝设立会要所，隶秘书省，专做此项编撰。宋朝官修会要佚失严重，清代徐松广加搜集，编有辑本《宋会要辑稿》，史料价值很高。

唐穆宗时，曾经编辑“圣政记”，汇集当朝皇帝的谕令和政治决定，是以修书讨好君主的做法[②]。宋真宗天禧五年（1021），由官方修成《真宗圣政记》150卷，其取材于“时政记”、“日历”和起居注。此后，此类史书屡出。南宋高宗朝设“编类圣政所”，编辑当今皇上的大号令、大政事。宋孝宗、宋光宗等皆有其“圣政”之书。但在宋代，还未形成每朝都修“圣政记”的定例。宋朝重要的官修本朝史籍之一，是各帝的“宝训”，“宝训”又称“圣训”，内容与“圣政记”大致类同，区别是“宝训”为编纂先帝的嘉言善政。宋仁宗时，纂成《三朝宝训》，此为起始，后照例踵行。两宋各帝“宝训”“圣训”，基本齐备，成为在位皇帝常常阅读并且用于政务的要籍。金国仿从宋朝成例，金章宗承安四年（1199），有诏纂《四朝圣训》的记载[③]。

总之，唐代在史馆设置、史官任用、史料征集、前代史及本朝史的纂修上，都初步形成系统化的格局，起到官方史学制度化的示范作用。宋代官方在本朝史的纂修上，又有很大的发展和扩充，但显现出过于繁复的倾向，而且君主钳制史学的措施空前强化，在史学与国家政权的关系上有所扭曲，如皇帝亲阅起居注、派宦官监视修史、屡次公然修改实录等，皆备受后世訾议。南宋高宗时期，秦桧更奏准禁毁野史，同时，秦桧之子秦熺掌修国史，大肆篡改、销毁时政记、日历和诏令、奏议[④]。宋宁宗时，再次禁行私史[⑤]，更是宋朝官方史学的负面事件。

---

① 唐会要：卷三六：修撰．影印文渊阁《四库全书》本．台北：商务印书馆，1986；新唐书：卷五九：艺文志三．北京：中华书局，1975：1563．

② 唐会要：卷六四：史馆杂录下．影印文渊阁《四库全书》本．台北：商务印书馆，1986．

③ 金史：卷一一：章宗纪三．北京：中华书局，1975：252．

④ 宋史：卷四七三：秦桧传．北京：中华书局，1977：13760．

⑤ 宋会要辑稿：刑法二之一三二．影印本．北京：中华书局，1957：6561．

第三节 纪传体正史的纂修及一般的私修史籍

一、纪传体正史的编纂

唐朝、五代以及宋代，官修纪传体正史的数量可观，这是中国传统史学的重要史学遗产，也是官方史学发展的突出成就，至今作为历史研究的重要史料来源。

> 自梁、陈已降，隋、周而往者，诸史皆贞观年中群公所撰，近古易悉，情伪可求。至如朝廷贵臣，必父祖有传，考其行事，皆子孙所为。而访彼流俗，询诸故老，事有不同，言多爽实。
>
> ——刘知幾《史通·曲笔》

唐高祖武德五年（622），因起居舍人令狐德棻奏请，下诏纂修梁、陈、北魏、北齐、北周、隋等六代纪传体史书，诏书曰："经典序言，史官记事，考论得失，究尽变通。所以裁成义类，惩恶劝善，多识前古，贻鉴将来……"道出史学的宗旨和功用，惩劝与鉴戒是其核心。随即指出上述六代南北政权，"莫不自命正朔，绵历岁祀，各殊徽号，删定礼仪。至于发迹开基，受终告代，嘉谋善政，名臣奇士，立言著绩，无乏于时。然而简牍未修，纪传咸阙……朕握图御宇，长世字民，方立典谟，永垂宪则，顾彼湮落，用深轸悼，有怀撰录"①。很明显，这里边没有华夷之分观念，对所有"发迹开基，受终告代"的政权都要修一部自成首尾的纪传史。由于政局的种种原因，此次修史未能成功。

贞观三年（629）唐太宗大举修史，在中书省设秘书内省作为专门机构，编纂梁、陈、北齐、北周、隋等五代纪传体史书，放弃了北魏史的重修。在官员组织上，房玄龄、魏徵为"总监"，而魏徵"总加撰定"，是实际主持者。令狐德棻"总知类会"，即拟定体例，协调内容。梁、陈二书，委托姚察之子姚思廉（557—637）纂办，北齐之书委任李德林之子李百药（565—648），在秘书内省完成此修史之业。二人均有家学根底，父辈早就进行了相应的史书撰写。

贞观十年正月，前五代史书告成，修史组织解散，基本情况分六点介绍如下：

（1）《梁书》56卷。其中纪6卷，传50卷，题姚思廉撰。

（2）《陈书》36卷。其中纪6卷，传30卷，题姚思廉撰。

（3）《北齐书》50卷。其中纪8卷，传42卷，题李百药撰。《北齐书》后有部分佚失，今本已据《北史》补入相关内容。

（4）《周书》50卷。其中纪8卷，传42卷，题令狐德棻撰，有岑文本、崔仁师等参与。令狐德棻（583—666），在唐历高祖、太宗、高宗三朝，颇有史才，在唐初史学建设上有重大贡献。《周书》内容充实，条理清晰，文字功夫较好。宋代有佚失，后人以《北史》补之。

---

① 唐大诏令集：卷八一：命萧瑀等修六代史诏. 上海：学林出版社，1992：422.

(5)《隋书》55卷。其中纪5卷，传50卷，魏徵主修，孔颖达、许敬宗、敬播等人参修。魏徵（580—643），字玄成，唐初政治家，是此次前五代史纂修的实际负责人。《隋书》史论为他亲撰，另对其他各史，也撰有总论或审阅其体例、内容。

(6)《五代史志》30卷。即后来的《隋书》之“志”。贞观十年（636）完成的五代之史，皆无典志，贞观十七年（一说贞观十五年）唐太宗诏令褚遂良等监修《五代史志》，唐高宗时令狐德棻监修。至高宗显庆元年（656）告成，长孙无忌奏上。参与人员很多，有于志宁、李淳风、韦安仁、李延寿等，学术各有专长。成书共分十志：礼仪7卷，音乐3卷，律历3卷，天文3卷，五行2卷，食货1卷，刑法1卷，百官3卷，地理3卷，经籍4卷，共30卷。是贯通前五代政权的典章史，史料价值极高，后附入《隋书》之中。虽然成书较晚，仍是修前五代正史的组成部分。

《隋书》在唐修前五代史中处于时代最后的一部，全书由总监魏徵直接主持，又是唐朝的前一代政权的历史，所以最为重要，其史论价值最高。

《隋书》史论自觉地总结隋朝兴起而迅速灭亡的历史教训，以便对唐代政治举措提供鉴戒，确立唐朝官方史学以“鉴戒”为主导的史学思想。唐太宗在五代史修成后高兴地讲：“朕睹前代史书，彰善瘅恶，足为将来之戒”，批评秦始皇焚书，批评隋炀帝“好文儒，尤疾学者，前世史籍，竟无所成”，并表达己意：“朕意则不然，将欲览前王之得失，为在身之龟镜。”[①]《隋书》在政权兴亡的问题上认为：

第一，隋朝灭亡的原因源于隋文帝，到隋炀帝时不可收拾。文帝虽相当精明，但“素无术学”，无宽仁之度，溺宠废嫡，托付失所，灭父子之道，开昆弟之隙等[②]。但他可兴国，关键是在征战中注意民之“劳止”，“其动也，思以安之；其劳也，思以逸之”。炀帝“肆其淫放，虐用其民，视亿兆如草芥”[③]。认为隋之兴亡，有似于秦朝。隋文帝与炀帝之别，在于“安民”和“虐民”。

第二，重视“循吏”的作用和统治者群体的作用。认为循吏可以起到教化的作用，即“身教”。认为“大厦云构，非一木之枝，帝王之功，非一士之略”[④]，要广收人才，各尽其用。

第三，批评将国运归于天意，注重人世作为，特别是隋文帝“雅好符瑞，暗于大道”[⑤]是隋朝灭亡的根源之一。

但唐代纂修纪传体正史并未就此结束，后来唐太宗又有纂修《晋史》之举，以及李延寿修《南史》《北史》的业绩。《南史》《北史》虽本为李延寿个人纂修，但他主动将之纳入官方的修史机制中去。五代、北宋也都修成纪传体正史，接续以上各史书简述如下：

(7)唐官修《晋书》。唐太宗于贞观二十年（646）下诏修《晋书》，认为当时还存世的18种以上的晋史不是“才非良史，事亏实录”，就是“烦而寡要”，没有一部像样

---

① 册府元龟：卷五五四：国史部．影印文渊阁《四库全书》本．台北：商务印书馆，1986.

② 隋书：卷二：高祖纪下“史臣曰”．北京：中华书局，1973：55.

③ 隋书：卷七〇：杨玄感传“史臣曰”．北京：中华书局，1973：1636.

④ 隋书：卷六六：李谔列传“史臣曰”．北京：中华书局，1973：1567.

⑤ 同②.

的全史。指示“宜令修国史所更撰《晋书》。铨次旧闻，裁成义类”①。此书由房玄龄、褚遂良监修，参与纂修官员21人，如许敬宗、令狐德棻、敬播、李淳风、李延寿等，皆富有撰史经验和才干，令狐德棻与敬播在纂修义例上发挥了重要作用。贞观二十二年，《晋书》告成，有纪10卷，志20卷，列传70卷，载记30卷，叙例、目录各1卷（皆佚），今存130卷。唐太宗亲撰宣帝（司马懿）纪、武帝（司马炎）纪及陆机、王羲之二传的史论，故全书题为“御撰”。《晋书》不与《隋书》等前五代史同时编纂，而唐太宗又亲撰其中几篇史论，这引起一些学者猜测有特别的政治用意隐含其中。其实，这乃是在史学与政治的联系上过度的敏感，作为皇帝，其政治意图完全可以直接表达，无须借助编纂部帙很大的史书。《修晋书诏》感叹“大矣哉！盖史籍之为用也”，又明言已有的晋史水平低下，重新修纂的理由已在其中，不过是重视修史、重视史学功能的表现。

《晋书》仿《东观汉记》立有“载记”，记述十六国少数民族政权，与《东观汉记》叙述西汉末割据政权有所区别。之所以这样安排，是修史正统观念与写实观念相协调的产物，是权宜之计。《晋书》仍有《四夷传》，记述西域、“倭人”、“匈奴”、“马韩”、“辰韩”（朝鲜半岛）、“大秦”等，这些与“载记”中的政权不同，即未曾祸乱华夏。因此，载记从体例上含有贬斥，但其中内容则较真实，如记述石勒喜听讲史、刘渊重视书史等。《晋书》还多载鬼神怪异之事，这主要是其史料来源造成，也有史臣认识水平上的因素。

（8）李延寿修撰《南史》《北史》。李延寿生卒年不详，其父李大师（570—628）在隋唐统一全国之后，反对过去史书“南书谓北为索虏，北书指南为岛夷”，欲“编年以备南北”，但唐初即去世。其子李延寿继承其父稿件，改编年为纪传体，并分南北，又借参与纂修《五代史志》等官修史的机会接触大量史料文献。《南史》80卷（宋、齐、梁、陈史），《北史》100卷（魏、齐、周、隋史），始修于贞观十七年（643），成书于唐高宗显庆四年（659）。写成后请令狐德棻细致改正，又“遍咨宰相，乃上表”②进呈朝廷。

对于《南史》《北史》，有学者认为其贯穿了李大师的宗旨，适应了唐大一统政治的要求。谢保成反对这个见解，但却把《南史》《北史》扯上士族与庶族的斗争，认为李延寿因出身关陇士族，而欲借撰史来突出门阀势力③，此可谓医齿而伤唇。《南史》《北史》多将一家一姓的人物编为合传，这是为了篇幅简洁而采取的纂修方式，而且反映了南北朝时期的历史原貌，即出身门第对人物生平确实起重要作用。李延寿之所以改变其父设想的编年体为纪传体，乃是追随唐初朝廷的史学观念，一是要以纪传史为主导体例，二是要将各个前代政权一体对待，避免编年史必须选用纪事年号的困境，三是要符合南北朝政权更替体系的实际状况。

《南史》《北史》的编纂，是连缀多种断代史资料而成，也补充了新史料。连缀断代

① 唐大诏令：卷八一：修晋书诏. 上海：学林出版社，1992：422.
② 北史：卷一〇〇：序传. 北京：中华书局，1974：3344.
③ 谢保成. 隋唐五代史学. 北京：商务印书馆，2007：83-85.

史资料之中，造成一些失当和讹误，说明编纂历时虽久，但修订未能精致。清人王鸣盛《十七史商榷》对其多有指摘，认为李延寿的记事、义例、书法都有谬误。《南史》《北史》与南北朝各个断代史的异同之处，值得认真比较研究。

（9）后晋官修《旧唐书》200 卷。后晋高祖石敬瑭天福六年（941）二月诏修《唐书》，宰相赵莹主持。因后来北宋重修了《唐书》，故后人分别加以“新”“旧”之称。选拔修史人才，规划征集史料办法，乃至组织撰写工作，都是赵莹操持。他监修了三年，大部分工作已经完成，但调任他职，刘昫接任为宰相，这期间是张昭远主持编纂工作，张是当时有名史家、文臣。《旧唐书》奏上时，是刘昫与张昭远共同列名的，今仅题名刘昫，不符史实，实际上赵莹、张昭远贡献大，刘昫可以说没做多少工作。《旧唐书》根据唐代实录、国史及众多资料，设纪、志、传三体，往往直接抄录诏诰文书、大臣奏议，不加修饰，因而史料价值颇高。

（10）北宋官修《旧五代史》150 卷。宋太祖开宝六年（973）诏修，以薛居正为监修官，18 个月后即成书。本书取材于范质《五代通录》、五代各朝旧有实录，材料较为丰富，原称《梁唐晋汉周书》，后来与欧阳修所修之书分别称为《旧五代史》《新五代史》。此书于明代绝版，明初内府尚存，《永乐大典》多载其文，分于各处。清修《四库全书》时辑书 385 种，其中一种即为《旧五代史》，仍编为 150 卷，另目录 2 卷。学者邵晋涵等对此花费了大量精力。材料除主要来自《永乐大典》，又参考了百余种书校订补正。当代史学家陈垣早就指出清《四库全书》本《旧五代史》舛误达十之一二，撰有文章列举其误，且试图借校点其书之机进行组合的辑补校正，后因政局变动未及完成。2005 年，陈尚君之《旧五代史新辑会证》出版，此书即发扬陈垣的思路，花费 11 年纂辑而成，是迄今《旧五代史》最佳辑本。

（11）官修《新唐书》225 卷。宋仁宗庆历四年（1044）正式纂修，人员几经变动，至嘉祐五年（1060）成书，由曾公亮领衔奏上，但纪、志、表题欧阳修撰，列传题宋祁撰。实际是众多史官参与，有曾公亮、欧阳修、宋祁、吕夏卿、范镇、王畴、宋敏求、刘羲叟等。本书纂修的起因，是宋仁宗不满五代时期修成的《唐书》，认为“唐有天下且三百年……美政善谋固已多矣，而史官非其人，记述失序，使兴坏成败之迹，晦而不彰，朕甚恨之”①。《新唐书》除了参考《旧唐书》之外，又发掘出一些新资料，主要是唐人的笔记、文集、史著等。在体例上增设史表，这是自《汉书》之后都缺少的，创立《兵志》《选举志》等，皆为优点。馆臣进书表自称“其事则增于前，其文则省于旧”②，则得失参半。因为欧阳修、宋祁等提倡古文，反对骈文，乃多删改唐代诏、诰、章疏为散文，失其原貌。本纪文字太略，也是其不足。《新唐书》公布后，北宋学者吴缜撰写《新唐书纠谬》20 卷，指摘其中有 400 多条舛误，虽意在报复，但也颇具史事考订价值。

（12）欧阳修《五代史记》74 卷。为私修之书，被列于正史，这是“二十四史”中最后一部私家所修正史，后来称《新五代史》。我们将在后文与欧阳修的史学一并论述。

---

① 吕祖谦．宋文鉴：卷三七：诰．影印文渊阁《四库全书》本．台北：商务印书馆，1986．

② 新唐书：附录：曾公亮《进唐书表》．北京：中华书局，1975：6472．

二、唐代至南宋的其他史书

除本朝史和前代正史的纂修之外，唐宋官方还有其他修史活动，加之蓬勃发展的私修史，史学和史书呈现十分繁荣的局面。这里，首先择要介绍官修的一些史籍，再分别综述私家的一般史著，而将名家的著名史著留待专题论述。

唐代官方于本朝史以及前代正史之外，其他修纂事项不多。唐太宗时，魏徵等多人合作，修成《群书治要》50卷，以类书方式引述经史诸书，编纂进呈，以作政治上的参考。此书成于贞观五年（631），诸王各赐一本，应为官修之书。记述上起五帝，终于晋朝，其书国内久佚，但日本保存完好，清代又反传于中国。史籍记载有《群书政要》50卷，应即《群书治要》，一字之差，应属抄录造成的歧异。此书在编撰体式上有开新意义，影响宋代及此后历代。

宋官修大型史籍之一是宋真宗时成书的《册府元龟》千卷，原名为《历代君臣事迹》，后由宋真宗重新赐名，是一部大型历史类书。此书按事类分部，如开头是帝王部，共181卷，又分若干内容，如纳谏、惠民、朝会、巡幸、选将、明赏、革弊、悔过、失政、疑忌等，正反事例俱全，便于查考。以下是各种身份的人物，如外戚、宰辅、将帅等，皆设专部。再有是按政务类别设部，如邦计、宪官（纠察弹劾）、谏诤、词臣、学校等。尤为注意的是国史部（卷554～562），集中了宋之前史学的事件和重要史学议论，特别是详细地记载了官方的史学活动。这种类书形式，收罗众多资料汇集一类，方便初学者查找，提供史料线索，在文化学术建设上功不可没。但缺点是不系统，可能有遗漏，材料堆砌，其中内容支离和讹误之处，尤其应当注意，研究者不能完全依赖类书的资料。

宋真宗时官方还曾编修《续通典》200卷，质量低下而未能传布。宋仁宗亲自编纂《观文鉴古图记》12卷，命绘制前代帝王美恶事迹之图，共120事，每事御笔撰记，始于黄帝，终于盛唐①。这是一项“图史”的创造。

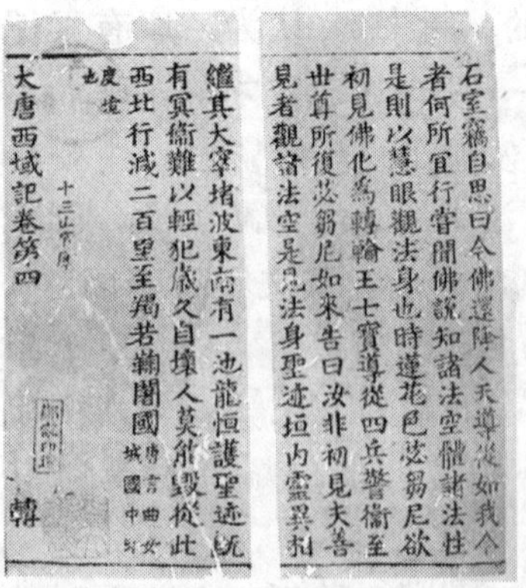
石室竊自思曰今佛還降人天導從如我今者何所宜行嘗聞佛說知諸法空體諸法性是則以慧眼觀法身也時蓮花色苾芻尼欲初見佛化為轉輪王七寶導從四兵警衛至世尊所復苾芻尼如來告曰汝非初見夫善見者觀諸法空是見法身聖迹垣內靈異

繼其大窣堵波東南有一池龍恒護聖迹既有冥衛難以輕犯歲久自壞人莫能毀從此西北行減二百里至羯若鞠闍國唐言曲女城國中印度境也

大唐西域記卷第四

图5-1 《大唐西域记》

金国官方还修成《辽史》，并且进行过《续资治通鉴》的编纂。金朝积极翻译汉文史学名著，史学知识还是其科举考试的重要内容之一。少数民族政权的官方修史活动，是其接受汉族文化的重要表现之一。

在两晋南北朝私修史繁兴、多方探索的基础上，隋、唐至南宋的私修史数量、种类都更上一层楼。其中多有名家名著，将另作讲述，这里仅概略分类，举例简介。

（1）地理方志类。此类书籍数量甚多，仅择两例予以简介。唐代有玄奘法师（602—664）口述，弟子辩机奉敕辑录、编集而成的《大唐西域记》12卷，内容为玄奘亲身西游求法经历与考察见闻，涉及当时的130多个国

① 玉海：卷五六：“庆历观文鉴古图”条．影印文渊阁《四库全书》本．台北：商务印书馆，1986．按：《宋史·艺文志》记载为10卷。

度，包括今中国新疆以及塔吉克斯坦、哈萨克斯坦、吉尔吉斯斯坦、乌兹别克斯坦、阿富汗、伊朗、巴基斯坦、印度、孟加拉国、尼泊尔、斯里兰卡等，记述其地理、物产、民族、历史、宗教、政治、经济、文化、风俗等状况，是研究上述国家和地区古代历史的珍贵资料，具有极高的学术价值。

宋朝乐史（930—1007）的《太平寰宇记》200卷，作者为宋太祖时史官，因职务之便，利用国家史料独力纂修，成书后进呈朝廷。本书是继唐朝《元和郡县图志》之后又一大型全国性地志，但内容比前书详细、全面。全书按行政区划叙述各地户口、沿革、风俗、人物、物产、艺文、山川、水利、城邑、古迹等，且记载相关少数民族及海外国家的一些情况，视野开阔，内容丰富。全国性志书之多载史事，内容趋于全面化，自此书开始，撰述体例大有转变。

（2）会要类。唐苏冕私撰唐《会要》，官方令杨绍复等续修，上文已述。至五代时，王溥汇总苏、杨二部会要补正之，成《唐会要》100卷，北宋时进呈。其书今存，很有史料价值，是研究唐史重要史书。到北宋时，王溥又撰成《五代会要》30卷，今存，亦为重要史书。南宋徐天麟撰《西汉会要》70卷，《东汉会要》40卷，今存而稍有残缺。

（3）笔记类。此类书籍数量极多，每一书篇幅不大，如刘肃《大唐新语》、李肇《国史补》、五代王定保《唐摭言》等，为典型的历史笔记。宋代笔记繁兴，今上海师大学者编有《全宋笔记》。多数笔记内容庞杂，内有史事、有杂述、有传说，也有个人的见解。

（4）考证、考异类史籍。数量多，司马光《通鉴考异》，吴缜《新唐书纠谬》《五代史纂误》，刘攽《东汉刊误》，等等，此类书籍多在宋代。王应麟（1223—1296）为南宋末年历史考据家，其《困学纪闻》20卷多为考史内容，类书《玉海》200卷则是史料渊薮。

（5）金石学著作。欧阳修《集古录》1 000卷，收录大量彝器铭文与碑刻，并写有评介性的跋文。今仅存其跋文290多篇，分为10卷。《金石录》30卷，作者赵明诚（1081—1129），字德父，北宋末年人，本书前10卷为收集的2 000件彝器铭文与碑刻，后20卷为自撰跋尾502篇，对金石学研究有很大贡献。

（6）通史类撰述。在唐代断代史和众多类别史籍发展的同时，也有通史撰述的出现，例如马总《通历》10卷、姚康《统史》300卷等。北宋前期有宋庠撰成《纪年通谱》12卷、贾昌朝编纂《通纪》80卷等书，但皆未获得显著成功。至司马光《资治通鉴》面世，才成为通史撰写的转折点，这且留待后文叙述。

（7）史论类撰述。宋代史论著述渐多，如孙甫《唐史论断》、吕夏卿《唐书直笔》、范祖禹《唐鉴》、胡寅《读史管见》等。关于史论的思想倾向，留待后文叙述，这里仅简介范祖禹的《唐鉴》。

范祖禹（1041—1098），字梦得，又字淳夫（淳甫），助司马光修《通鉴》，负责编辑唐代长编，因有对唐代历史的见解，撰这部历史议论之书。本书12卷，后吕祖谦为之作注，析为24卷。书中据《通鉴》对唐史的记载，然后发以己论，评议唐朝治乱得失，历史见解明确深刻，且多有与司马光看法不同之处，例如反对以武则天的年号作为史籍系年。本书的编纂宗旨是要统治者以唐为鉴，将纲常伦理作为立国根本，应当“取鉴于唐，取法于祖宗，则永世保民之道”①。北宋季年新旧两派党争激烈，范祖禹《唐鉴》被卷入政治旋涡，宋徽宗时曾遭禁毁，至南宋之后直至清代，则极受推重。

（8）被《四库全书》归于“杂史类”的《贞观政要》，是一部影响很大的史书，共10卷，唐吴兢（670—749）著。吴兢是唐武则天至玄宗时期著名史官与史家，经历了唐中期的大变动，以及唐朝统治由极盛到衰落的转变。为给朝廷提供政治参考与劝诫，自撰《贞观政要》10卷40篇，按政务专题记述唐太宗贞观年间的政治史事与政见言论，“庶乎有国有家者克遵前轨，择善而从，则可久之业益彰矣，可大之功尤著矣”②。本书于开元十七年（729）八月之后进呈朝廷③，当时未被唐玄宗认可，反而受到怪罪，但后来就被高度重视，成为帝王政治的教本。此书更远播朝鲜、日本，影响大而深远。

吴兢《贞观政要》的流传，其外孙蒋乂起到重要作用，蒋乂是唐宪宗、德宗时著名史官，他对家藏的《贞观政要》进行了整理，与原进呈朝廷之本有所不同，流传于世，这是造成版本歧异的主要原因之一。至元代，戈直对《贞观政要》予以整理并加入“集论”，随之日益倡行，到明代呈现取代他本之势，有些版本渐渐佚失。但存于日本的古本尚多，谢保成利用国外访学之机进行搜集整合，撰《贞观政要集校》，提供了有价值的参考资料与研究成果。

唐代至两宋纂修而流传至今的纪传体正史，其中多为官修史，而官方编纂的本朝起居注、日历、国史、实录等则已大量佚失，留存至今的史籍，各种私修史占有很大的比例，并且产生数量众多的史学名家和历史名著，构成史学繁荣发展的景观。

第四节　刘知幾及其《史通》的理论建树

中国上古至唐朝的史学发展，积累了丰富的编纂成果。唐朝官方史学具有制度定型化的新发展方向，也面临着不少问题。这些都促使史学理论的总结与史学方法的概括被提上日程，唐代史学家刘知幾的《史通》一书，即为应运而生的光辉著述。

一、刘知幾其人与《史通》其书

刘知幾（661—721），字子玄，彭城（今江苏徐州）人。生于世代官僚家族，据称11岁即读《左传》，17岁读完当时所能找到的所有史书。然后准备科举学业，高宗永隆元年（680），20岁就中了进士，随之任官河南获嘉县主簿，即管理文籍的九品官吏。一任19年不升迁，此期间治学读书，大有心得。后被调往京师参修《三教珠英》，武则天长安二年

> 刘知幾博论前史，摭摘利病，作《史通》内、外篇……上下数千年，贯穿数万卷，心细而眼明，舌长而笔辣，虽马、班亦有不能自解免者。何况其余！
>
> ——黄叔琳《史通训诂补·序》

① 范祖禹．唐鉴：卷二四：昭宣帝//丛书集成新编：第114册．台北：新文丰出版公司，1984：217-218．
② 贞观政要：卷首：吴兢《贞观政要序》．上海：上海古籍出版社，1978．
③ 谢保成．贞观政要集校：卷首：贞观政要集校叙录．北京：中华书局，2003：27．

(702) 始任史官，曾与朱敬则、徐坚、吴兢等同修《唐书》80卷。唐中宗时与徐坚、吴兢等修《则天实录》30卷，曾愤然辞去史官职任，私撰《史通》。后参修《姓氏系录》《中宗实录》《睿宗实录》等。他还自撰《刘氏家史》15卷、《刘氏谱考》3卷，皆佚。后人编其文为《刘子玄集》30卷，亦佚。今于《全唐文》中仅散存他的几篇文、赋、奏议。

《史通》是刘知幾的主要著作，始撰于唐中宗神龙二年(706)，成书于景龙四年(710)，唯最后一篇《忤时》乃后来补入。全书正文加自注近10万字，共20卷52篇，分内篇、外篇，各10卷，内篇已佚失3篇，其余流传至今。本书在中国史学史上居于极其重要的地位，近代以来，研讨刘知幾及其《史通》的论文、论著层出不穷，已形成一个热门的课题。学界公认刘知幾对中国古代史学的发展作出的重大贡献，但对一些具体问题的见解和评论，还存在较多的分歧。以下分几个专题择要作出介绍与评析。

第一，《史通》是一部什么性质的著作？这个问题十分重要，关系到总体的评价和学术定位，不能含混不明。

《史通》是一部系统的史学理论著作，这在中国古代是最早的一部，也是唯一的一部。将之视为史学批评著作或其他别的什么性质，都是对此书的意义有所降低，对刘知幾的著述宗旨有所不解。《史通》的理论体系，主要表现于内篇的结构关系上。

《史通》内篇的篇章：卷一：《六家》；卷二：《二体》《载言》《本纪》《世家》《列传》；卷三：《表历》《书志》；卷四：《论赞》《序例》《题目》《断限》《编次》《称谓》；卷五：《采撰》《载文》《补注》《因习》《邑里》；卷六：《言语》《浮词》《叙事》；卷七：《品藻》《直书》《曲笔》《鉴识》《探赜》；卷八：《模拟》《书事》《人物》；卷九：《核才》《序传》《烦省》；卷十：《杂述》《辨职》《自序》。另有《体统》《纰缪》《弛张》三篇亡佚①。

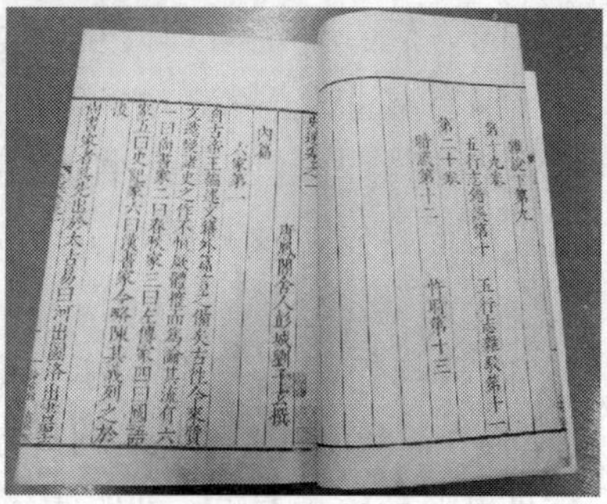

图5-2　《史通》

这里各篇的排列顺序是否与刘知幾原作完全一致，不得而知。但从各篇论题的整体分析可知：《史通》已经构成对史学各个方面予以理论性论述的完整体系，不是杂凑成书，也不是文章合集，是撰写之初就自觉地构思了理论框架。而且是参考了刘勰《文心雕龙》的结构，将二者对照即可发现其共同特点，刘知幾自已在《史通·自叙》中对此也有透露。

为什么会有人认为《史通》是史学批评著作呢？这是因为《史通》各篇内充满了对各种史书的批评，有些词语十分尖锐。例如《列传》篇批评《史记》的《项羽本纪》“上下同载，君臣交杂，纪名传体，所以成嗤”；《曲笔》篇痛斥“班固受金而始书，陈寿借米而方传，此又记言之奸贼，载笔之凶人，虽肆诸市朝、投畀豺虎可也”。这给读者、研究者很强的印象，正所谓“舌长而笔辣”。其实，这不过是用批评以往史著的方

① 浦起龙. 史通通释. 上海：上海古籍出版社，1978：目录.

法来申明理论主张而已。

《史通》中批评他书的内容虽多，却也并非篇篇如此。如《六家》《二体》都是重要篇章，就较少批评史书的内容，《杂述》篇也不是史学批评性质。问题是为什么系统的史学理论、方法论之书，充斥许多批评史书的内容呢？这要从刘知幾编纂《史通》的动因考察之。

刘知幾早年读史，随时记录了批评各种史书的札记，积累既多，确曾撰写逐次批评以为史书的著作，他曾说："尝欲自班、马已降，迄于姚、李、令狐、颜、孔诸书，莫不因其旧义，普加厘革。"但后来在史馆修史的经历使之失意，遂断然辞职而著《史通》，"若《史通》之为书也，盖伤当时载笔之士，其义不纯，思欲辨其指归，殚其体统"①。这个过程他自己叙述得十分明白，是著书宗旨发生了改变，"辨其指归，殚其体统"就是要论述史学的"指归"和"体统"，即撰写史学理论著作。在实际撰著之中，仍然应用原先积累的批评史书的札记资料，这就形成《史通》这部理论性著作多通过史学批评来申明主张的特点。

第二，《史通》的内篇与外篇的关系，是理解刘知幾治史历程和史学思想的关键问题之一。

《六家》篇开端即言："自古帝王编述文籍，外篇言之备矣"，因此《四库全书总目》认为《史通》"先有外篇，乃撷其精华以成内篇"②。但是《史通》还有两处涉及内篇与外篇的先后：外篇首篇《史官建置》称："陈寿评云'蜀不置史官'者，得非厚诬诸葛乎？别有《曲笔》篇言之详矣"；外篇《点烦》说："夫史之烦文，已于《叙事》篇言之详矣。"正好与《四库全书总目》的主张冲突。著名学者程千帆认为《史通》"内外诸篇，互有后先，及其既成，始定谁属耳"③，这虽然调和了三条史料的矛盾，而尚非至论。

内篇与外篇在文章结构、议论角度、材料组织等方面都迥然不同。细观《史通》内篇，可知刘知幾先有一定的规划方才下笔，并非随时写下一些短文，然后汇集成书，倘若刘知幾当年果真写一两篇内篇，忽又写一两篇外篇，不时打断内篇的构思系统，世间著述者岂能如此漫无伦次？所以认为《史通》"内外诸篇互有后先"的说法也是不正确的。可注意的是：外篇《史官建置》与《点烦》提到内篇，皆实指其中篇名，唯内篇《六家》提到外篇，乃是泛指，应是撰写《六家》篇之际，外篇实际并无成文，只有材料的汇集和大略规划而已，所谓"外篇言之备矣"，只是以虚为实的说法。据此，《史通》实际是外篇编写于内篇之后。

外篇的见解与内篇相比，变化最大的莫过于对《尚书》《春秋》等"五经"的看法。内篇颇多对五经的尊崇，例如《叙事》篇称《春秋》《尚书》"师范亿载，规模万古，为述者之冠冕，实后来之龟镜"；《载文》篇说："昔夫子修《春秋》，别是非，申黜陟，而贼臣逆子惧"；《浮词》篇说："昔尼父裁经，义在褒贬，明如日月，持用不刊"，等等。

---

① 史通：卷一〇：自叙//浦起龙．史通通释．上海：上海古籍出版社，1978：291.

② 四库全书总目：卷八八：史部史评类．影印本．北京：中华书局，1981：751.

③ 程千帆．史通笺记："内篇"条按语．北京：中华书局，1980：3.

外篇则对儒学经典作出尖锐批评，如《惑经》篇对《春秋》的批判，包括指责其褒贬失宜及前人对《春秋》的虚美。这是整个古代史上所罕见的作为，在史学史与思想史上大放异彩。《疑古》篇抨击了《尚书》的记事失实，却宁可相信《竹书纪年》的记载，甚至对经典得出总体性的否定："夫五经立言，千载犹仰，而求其前后，理甚相乖。"从古人的教育和成长的背景来看，只能归结为刘知幾在撰著《史通》过程中发生了思想变化，即以史学的标准审视儒学经典，而作出了新的判断。刘知幾这种史识的进展，可证实《史通》外篇撰于内篇之后，否则便不合逻辑。

总之，刘知幾撰写《史通》的过程是：构思好史学理论上应当论述的各方面问题，规划内篇的理论结构，对外篇的撰写也有初步的打算。撰著内篇，应用了原先积累的批评史书的札记资料，所余资料则写入外篇。外篇《史官建置》《古今正史》叙述史学发展历程，是对内篇理论的必要补充，应早有设想。《疑古》《惑经》《申左》属专题论文，应是撰写内篇后新形成的见解。最后的《忤时》篇，乃抄录自己退出史馆的辞职书，并且交代其前后事态，无疑是《史通》成书后隔几年才补入。外篇其余各篇，皆为原有史书批评资料的分类堆积，各篇之间没有体系上的联系，写法也很不一致，显得琐碎繁杂，但其中一些具体见解或许重新有所修订。

二、刘知幾的思想与《史通》的历史编纂学主张

刘知幾是中国古代杰出的史学理论家，古时在史学思想上提出某些重要主张的史家代有其人，但独自具备系统史学理论的史学家则如凤毛麟角，而撰著系统性史学理论专著者，仅刘知幾一人而已。《史通》在史学理论上有多方面的建树，对中国传统史学的发展起到重大作用。择要而言，刘知幾的思想、主张与史学贡献，可以概括为如下几个方面。

（1）以旗帜鲜明的态度、尖锐泼辣的笔锋阐发了记史求真的准则。《史通》有《直书》《曲笔》两篇专论撰史的直书之道，反对歪曲历史，极力推崇如实记史、不惧笔祸的史家，提倡"仗气直书，不避强御"，"肆情奋笔，无所阿容"，批斥撰史者"谄媚以偷荣"，"舞词弄札，饰非文过"，"假人之美，借为私惠，或诬人之恶，持报己仇"之类的种种丑行。他要求史家"宁为兰摧玉折，不作瓦砾长存"，批判为一己私利歪曲史实者为"记言之奸贼，载笔之凶人"，并且深刻分析了造成史书"曲笔"的社会根源。在《杂说下》篇，刘知幾要求史书"不掩恶，不虚美"，在《惑经》篇里指出："爱而知其丑，憎而知其善，善恶必书，斯为实录"，犀利地批评了《春秋》的隐讳史实以及后人对《春秋》的虚美，体现了维护记史求真准则的坚定、果敢精神，这是其史学思想中最精华的部分。

（2）强调了关于史学宗旨的传统理念。中国史学自产生以来，就树立了以史为鉴、以史辅政、以史教化的立言宗旨。刘知幾对此作出强调与发挥，他认为读史和治史，可以"神交万古"，"穷览千载"，"见贤而思齐，见不贤而内省"，并且对社会政治起到劝惩作用，指出"史之为用，其利甚博，乃生人之急务，为国家之要道"①。《书事》篇与

① 史通：卷一一：史官建置//浦起龙．史通通释．上海：上海古籍出版社，1978：303-304．

《曲笔》篇都引用荀悦“立典有五志”的论述，指出：“盖史之为用也，记功司过，彰善瘅恶，得失一朝，荣辱千载。”这些都表明刘知幾强调与坚持了两汉以来所确立的史学宗旨论及史学社会功能的观念。

（3）申明史家的标准。《史通》中《核才》《鉴识》《辨职》《忤时》各篇，都指出了史家的标准和素质问题，认为“夫史才之难，其难甚矣……苟非其才，则不可叨居史任”[①]。《直书》《曲笔》更涉及了史家道德品质要求。《旧唐书·刘子玄传》记载的刘知幾谈话，提出了史家必备“三长”的主张，“三长谓才也、学也、识也。夫有学而无才，亦犹有良田百顷、黄金满籯，而使愚者营生，终不能致于货殖者矣。如有才而无学，亦犹思兼匠石、巧若公输，而家无楩柟、斧斤，终不果成其宫室者矣。犹须好是正直、善恶必书，使骄主贼臣所以知惧，此则为虎傅翼，善无可加，所向无敌者矣”。可见其所谓“史才”，指具有历史的编纂方法和表达能力，“史学”指具备历史知识、掌握丰富的史料，“史识”则包括修史应如实撰述、善恶必书在内的通透见识。这个论断，成为史学史上千古名言。

（4）以史学的理论准则审视一切史籍，不迷信圣人与名家，这体现了刘知幾的史学理论家素质与勇敢的学术精神。《史通》不仅批评了几乎所有的史学名著，而且将批判矛头直指儒学经典。这是他严执史学理论的准则衡量一切史籍，丝毫不加回护与宽容。当他以经学、儒学观念评论儒学经典之时，亦多有赞扬，而一旦严执史学准则，从史学理论出发来衡量，则发现其乖谬，当即予以尖锐的批评，表现为将史学准则置于最高地位、将史学判断作为最终审判。《惑经》篇说：“观夫子修《春秋》也，多为贤者讳”，其中“真伪莫分，是非相乱”，“一褒一贬，时有弛张，或沿或革，曾无定体”。这些都是从史学出发的振聋发聩之言。

（5）提出一套历史编纂学的具体见解。刘知幾对历史编纂学的论述，是《史通》中占比重很大的内容，无论是对各种史书的批评，还是对历代史书修纂情况的论述，都贯穿着讲明修史方法的问题。内篇各篇对纪传史各构成部分的撰写方法、义例尺度详加申述，对史书载文、书事、记人等，都有专篇议论。对于史文的要求是“文简事丰”，要求语词恰如其分，认为无关紧要的灾异不必书于史册，建议设“方物志”记载各地物产，设“都邑志”突出政治中心城市等等，都很有积极意义。当然在史书内容和编纂体例上，他也提出一些可商榷或不妥当的主张。清代史学家章学诚曾说“刘言史法，吾言史意”[②]，即认为刘知幾是讲述撰史方法的。

（6）特别主张史书编纂的规范化，这实际是官方集众修史的客观要求。刘知幾将纪传史各部分的体式都作了严格界定，批评《史记》为项羽立本纪，批评班固不该在《汉书》中设《古今人表》，批评《隋书》纳入南朝梁代史事是不合断限，指出本纪不能写成列传一样的形式，对世家、列传等义例的问题也都有明确见解，主张史书规范化的倾向十分明显。这得于参与史馆修书的体会，虽然他激烈批评唐朝史馆制度的弊病，但实

---

① 史通：卷九：核才//浦起龙．史通通释．上海：上海古籍出版社，1978：249.

② 章氏遗书：卷九：家书二//章学诚遗书．北京：文物出版社，1985：92.

际上是为史馆修史规则的改进提出了建议，故章学诚认为“刘议馆局纂修”[①]，即指出刘知幾的史学主张适合于史馆集体修史的体制。

（7）对史学的发展作了全面性总结。这种总结，包括了对历来各种史书的批评，指出其缺陷，正如清人黄叔琳所说：《史通》“上下数千年，贯穿数万卷，心细而眼明，舌长而笔辣”。此种对史书的逐次批评，属于总结以往史学遗产的范畴。当然，总结史学遗产，不单单是史学批评这一项内容，《六家》《二体》等篇对史书流派和主要体裁予以概括，《杂述》篇将“六家”之外的各种史籍予以归纳综述，以完善对史学遗产的总结，《古今正史》以叙述方式将各时期主要史著贯穿成一发展的线索，都反映了刘知幾具备了全面总结史学遗产的学术意识。

三、《史通》的流传与影响

《史通》撰成之后，同时代的徐坚认为史家应将之置于座右。但因为“此书多讥往哲，喜述前非”[②]，也受到古代官方与学界的抵制。唐昭宗光化二年（899），柳璨撰《史通析微》10卷，“以刘子玄《史通》妄诬圣哲……其甚至于弹劾仲尼，因讨论其舛缪，共成五十篇”[③]。宋朝宋祁、晁公武都批评刘知幾“工诃古人而拙于用己”[④]，孙何专门撰写《驳史通》一书。因此在唐宋时期，《史通》不受世人青睐。但是暗中参考《史通》，以定修史之法者，当不乏其人，故能免于佚失。到了明代，《史通》才大行于世，明万历五年（1577），张之象将《史通》刻印发行，并给予赞誉，引起多人关注。由于当时思想文化界的活跃，《史通》名声大起，广泛流行，赞扬者居多。至清朝，则赞扬者有之，贬抑者亦有之。清人浦起龙于乾隆十七年（1752）著成《史通通释》，对《史通》予以注解和阐发，进一步促进了《史通》的流行。而四库馆臣纪昀，则撰《史通削繁》，欲删去其中离经叛道内容及所谓冗滥之处。至近代以来，《史通》极受重视，成为中国史学史、思想史研究的重点对象。

1931年，傅振伦出版《〈史通〉之研究》（又名《刘知幾之史学》），论述了《史通》编撰的起因，分析其思想与史学主张。20世纪80年代之后，张舜徽《史学三书平议》、程千帆《史通笺记》、张振珮《史通笺注》、赵吕甫《史通新校注》等均为力作。而众多的论文、著述对刘知幾及《史通》的评议，形成许多不尽相同的见解。

关于刘知幾的历史观与史学思想，白寿彝、侯外庐、任继愈等名家学者，认为刘氏具有无神论思想与历史进化观念。而王玉哲《试论刘知幾是有神论者》[⑤]提出异议，并且提出判断古人是否为无神论者的标准问题，但未形成热烈讨论。近年方有论文类似王玉哲的议论，但研究尚未深化。

对于刘知幾史家标准的“三长”论，杨翼骧认为其“史识”包含了“好是正直，善

---

① 章氏遗书：卷九：家书二//章学诚遗书．北京：文物出版社，1985：92．

② 史通：卷首：自叙//浦起龙．史通通释．上海：上海古籍出版社，1978：292．

③ 郡斋读书志：卷七：史评类//郡斋读书志校证．上海：上海古籍出版社，1990：296．

④ 新唐书：卷一三二：刘子玄传．北京：中华书局，1975：4542；郡斋读书记：卷二下：史评类//郡斋读书志校证．上海：上海古籍出版社，1990：295．

⑤ 文史哲，1962（4）．

恶必书”的“史德”内容，仓修良著文反对之[①]。这已经不限于研究刘知幾的史学，而是将对清代史学家章学诚的研讨联系在一起。作为史学理论家，刘知幾所言“史识”，并不单单是对历史的见识，也包含对纂修史书的见识、对史学的见识，这当然会具备如实记述、善恶必书的思想。

关于《史通》的主导思想，白寿彝、侯外庐认为“通识”是其主题，陈光崇反对之，认为他不重通史。卢山红认为刘知幾的“通”不同于司马迁的“通古今之变”，刘氏之“通”乃详究始终（原因）、网罗广大（面上周悉）[②]。其实，刘知幾将书名定为《史通》，所论内容是如何通晓史学、史法，称为“通识”亦可，但这里指的是通彻地认识史学，不是讲究史事的古今通贯。

关于刘知幾学术渊源，香港中文大学许冠三认为《左传》《论衡》《文心雕龙》是刘氏建构实录史学的三大支点[③]。谢保成则认为《隋志》对刘氏影响甚大[④]。赵俊《史学冲突与〈史通〉立场》[⑤]一文想从世族与新兴地主冲突中找出刘氏立场和见解的原因，亦有文试图说明刘知幾与《文心雕龙》作者都受佛教思辨方法的影响[⑥]。这些见解均有启发性，可惜未能达到确切、具体的实证程度。向外寻找重要学者之“被影响”而成学的原因，此种方法是否允当，很值得反思。唯白寿彝认为刘氏与徐坚、朱敬则、吴兢等七人构成进步史学流派[⑦]，这是将当时的现实性文化环境，结合其治学实践来考察，是十分正确的角度，应当引为注意。

总之，刘知幾的史学思想不是孤立于社会和史学界的，其前前后后的史学思想状况也需要综合地、概括性地了解。对于刘知幾与《史通》的研讨，尚存有许多相互出入的见解，尽管多年成为热点问题，但未尽取得共识，因而继续探索的空间仍然很大。

第五节　杜佑的《通典》与郑樵的《通志》

唐玄宗开元年间，虽为“盛世”，但却经历了“武周革命”前后的诸多动荡，朝廷需要一套通贯的典章制度之书，于是有《唐六典》的编纂。开元二十六年（738），官修《唐六典》30卷书成，随即就有刘秩（刘知幾之子）撰《政典》35卷，独立于纪传史之外的典章制度史，进入官私史学的视野。唐代宗广德二年（764），朝廷因宰相元载奏请，诏修《历代书志》[⑧]，这是试图编辑典章通史的构想。然而唐朝经安史之乱，国势

---

① 杨翼骧．刘知幾与《史通》．历史教学，1963（7/8）；仓修良．史德史识辨//中华文史论丛：第3辑．上海：上海古籍出版社，1979.

② 卢山红．关于《史通》之“通”的再探讨．汕头大学学报，1988（4）．

③ 许冠三．刘知幾实录史学探源//中华文史论丛：第2辑．上海：上海古籍出版社，1982.

④ 谢保成．《隋书·经籍志》对《史通》的影响．中国史研究，1983（4）．

⑤ 江苏社会科学，1993（1）．

⑥ 张三夕．试论唐代佛教与《文心雕龙》对《史通》的影响．汉中师院学报，1990（2）．

⑦ 白寿彝．刘知幾的史学//中国史学史论集（二）．上海：上海人民出版社，1980.

⑧ 册府元龟：卷五五六：国史部：采撰．影印文渊阁《四库全书》本．台北：商务印书馆，1986.

衰减，未有实际修纂成效。于是典章制度通史撰写，则由具备条件的私家承担起来，即产生了杜佑编纂的千古历史名著《通典》。至南宋初期，郑樵在编年体通史兴起的史学背景下，笃志编纂无所不包的纪传体通史，以极其勤奋的精神撰成《通志》。但《通志》虽为通史，其有价值的部分在于以典章制度史为重点内容的“二十略”，古来即将《通典》、《通志》以及元朝成书的《文献通考》合称“三通”。这里，我们亦将《通典》《通志》一起论述。

一、杜佑及其《通典》的史学成就

杜佑（735—812），字君卿，唐京兆万年（今陕西西安）人，出身士族，以荫入仕。身历各级官吏，直至高居宰相，政治经验丰富，为官老成持重。自幼读书，好实务之学，“性勤而无倦，虽位极将相，手不释卷”①。政治生涯与勤于治学，使杜佑具备编纂《通典》的素质和条件，受《政典》以及官方拟修《历代书志》的启发，从唐代宗大历元年（766）开始纂修，经 36 年撰成《通典》200 卷，进献朝廷，很快广为传播，极得赞誉。

《通典》记述上自黄帝、下至唐玄宗天宝末年的典制沿革及相关史事，个别内容延续至唐德宗贞元年间。全书采取分门别类的编纂方法，共有九门：食货、选举、职官、礼、乐、兵、刑、州郡、边防。各门之内再分子目，子目之下又分细目，层层类析。《通典》的各门各目不仅记述典制、史事，而且选录关乎典制的“群士论议”，时或加以杜佑本人的评断。《通典》的资料来源，除了儒学经典、历代史籍之外，还广泛搜讨集部、子部书籍以及散见的奏议、论说。而唐代的大量内容，资料得自官修史籍、政府档案、时人撰述者，尤其宝贵。因此，《通典》在史料的汇集、史实的记述上具有不可替代的价值，超过以往正史的书志。《通典》编入历代关乎典制的论议，并且发表杜佑自己的见解，对于了解历代王朝行政制度的演变及其利弊得失，具有重要的参考作用。

《通典》以《食货》为先，《食货》典以《田制》居首，是有意识的安排，体现了杜佑对于治国安民首重经济的思想。杜佑在全书开篇自序中，申明了九门典制先后顺序的逻辑，认为“夫理道之先在乎行教化，教化之本在乎足衣食……管子曰：仓廪实知礼节，衣食足知荣辱。夫子曰：既富而教。斯之谓矣”。而农业经济以田为本，土地制度则是古代经济的首要问题。这在唐代不失为一个卓越的见识。《食货》之后的各个门目安排，杜佑也皆从国家施政角度申明了逐次接续的理路，说明他在全书规划上经过周密的逻辑思考，这是历史编纂学观念的一个创新。

《通典》的《礼典》占全书卷数之半，这一方面是因为中国古代礼制、仪文，确实繁缛庞杂，而且历代沿革演变也琐细多端；另一方面是杜佑对此津津乐道，十分重视。在《礼典》部分，表现出杜佑思想的复杂多面，他对礼制沿革的详细考察，是看重礼制维护等级社会秩序的特殊作用，通过引述孔子之言，得出这样的见解：“夫礼，先王以承天之道，以理人之情，失之者死，得之者生。故圣人以礼示之，天下国家可得而正

① 旧唐书：卷一四七：杜佑传．北京：中华书局，1975：3983．

也。”① 但杜佑对礼仪的发展予以认真的研究，不仅从学术角度纠正一些讹误之说，而且反对非今是古的礼制观念。

《通典》不设正史书志常常置于首位的“天文”，也没有“律历”“五行”“艺文”之类的篇目，显示了杜佑编纂此书，“实采群言，征诸人事，将施有政”②，即唯从“施政”治国的要务考虑，唯以国计民生、秩序安定、政权机制的运转正常为关注点。“天文”遥远，“五行”怪异，摒弃不顾，自具特见，而“律历”“艺文”同样舍弃，“事非经国礼法程制，亦所不录”③，则稍嫌狭隘，政治上却是极端的务实。正如许多学者所论，杜佑具有强烈的史学经世致用的思想，但这种经世观念乃是凝聚于经邦治国的实务，缩小了经世之学的范围，眼光并不开阔。

《通典》以其成功的创作范例，在中国史学史上开典章制度通史之先河，有力地促进了传统史学的发展。其撰述结构的逻辑理路，丰富了古代的历史编纂学，在史学方法上为后来史家所仿照。《通典》的史料价值甚高，是研究唐代中期之前政治制度史的最重要古籍之一，成为一项宝贵的史学遗产。

二、郑樵及其撰著的《通志》

郑樵（1104—1162），字渔仲，莆田（今福建境内）人，因在家乡夹漈山读书、讲学，有书斋曰“夹漈草堂”，故人称“夹漈先生”。他生活于北宋季年到南宋初期，以毕生精力投入《通志》一书的编撰之中。《通志》是一部纪传体通史，体例含帝纪、年谱（即年表）、略（类若书志）、世家、载记、列传。记述范围上起三皇，下至隋代，唯“略”记述到唐代。郑樵只在南宋短期任小官，没有利用国家图书资源的条件，也不具备丰厚的经济条件和人脉关系，编撰《通志》200卷，全靠个人的矢志不移、勤奋努力。除《通志》之外，郑樵其他著述佚失很多，今尚存《夹漈遗稿》3卷，录有郑樵的部分诗文，《尔雅注》3卷，为文字学之书。

自唐代至宋初以来，在官方重视编纂纪传体断代史的同时，尝试通史撰述者也接踵而出，如姚康《统史》、宋庠《纪年通谱》等，前已略述。北宋司马光《资治通鉴》的编撰，是编年体通史著述由衰微转向再度兴起的转折点，但纪传体通史尚无成功的典范，司马光成功撰著编年体通史而造成的文化氛围，应是促使郑樵决心撰写《通志》的因素之一。郑樵在《通志·总序》中全面阐述了自己的史学见解，可以视作古代的一篇史学理论文献。

郑樵在史学上所立著述之志甚高，学术目标博大。他在南宋时《上宰相书》④ 中称：自己的著作“上自羲皇，下逮五代，集天下之书为一书，惟虚言之书不在所用。虽曰继马迁之作，凡例殊途，经纬异制，自有成法，不蹈前修”。又在《通志·总序》中称：“臣今总天下之大学术，而条其纲目，名之曰‘略’，凡二十略。百代之宪章，学者之能事，尽于此矣。”从治学宗旨上看，“集天下之书为一书”与“总天下之大学术”，表现

---

① 通典：卷四一：礼序．北京：中华书局，1988：1119．

② 通典：卷一：《食货》序．北京：中华书局，1988：1．

③ 通典：卷首：李翰《通典序》．影印文渊阁《四库全书》本．台北：商务印书馆，1986．

④ 郑樵．夹漈遗稿：卷三．影印文渊阁《四库全书》本．台北：商务印书馆，1986．

出极大的气魄，唯有志向高远，雄视著作之林，才敢于在客观条件并不优越的状况下铺开大底盘、编纂大著作。

但将《通志》未撰成时的《上宰相书》与《通志》成书后的《通志·总序》予以对比，则已微有区别：《通志》原计划下至五代，成书后截至隋代；原计划纂修大规模通史，“会天下之书而修”，自称“山林三十年，著书千卷”，而最后《通志》200卷，二十略占52卷，是为重点，将纪、传大为压缩；原设想“樵之修书，断不用诸史旧例”，而成书后承认“纪传者，编年纪事之实迹，自有成规，不为智而增，不为愚而减。故于纪传即其旧文，从而损益”[①]。在《通志·总序》中，详细叙述了二十略的编纂旨趣，而对其他部分仅仅概略言之，这显示出郑樵自己也已感觉到《通志》的价值，实际全在二十略，其他部分不过删略旧史，难以引起后人重视。

首先，郑樵的史学思想，要点是主张撰史编书必须“会通”，认为“天下之理不可以不会，古今之道不可以不通，会通之义大矣哉！”[②] 他将“会通之义”视为学术的第一原则，大肆斥骂首创断代纪传史的班固，“自班固以断代为史，无复相因之义，虽有仲尼之圣，亦莫知其损益，会通之道自此失矣”，还历数历来断代史风行造成的弊端，除割断历史，支离体制，事多重复之外，更造成史书各私其党，互相攻击，是非颠倒。“噫！天日在上，安可如斯？似此之类，历世有之，伤风败义，莫大乎此。”因此，郑樵欲以其“大学术”拯救流弊。其次，郑樵认为史书“纪传之中，既载善恶，足为鉴戒，何必于纪传之后，更加褒贬”[③]，这个见解，得失参半。再次，郑樵对于撰史，具有明确、自觉的责任感，这种责任感同时与个人立言、成家的人生价值观结合一起，构成发奋著书的巨大动力。他说：“穷通之事，由天不由人；著述之功，由人不由天。以穷达而废著述，可乎？此樵之志所以益坚益励者也。”[④] 他为著述，不避艰难，访书阅读，深入山野，调查昆虫草木，也曾恳求当局权贵提携以成其志，都反映了“成一家之言”的努力目标。

《通志》略分氏族、六书、七音、天文、地理、都邑、礼、谥、器服、乐、职官、选举、刑法、食货、艺文、校雠、图谱、金石、灾祥、昆虫草木，共20类52卷，这是郑樵自称“总天下之大学术”之作。二十略的构思与编纂方式确有独到之处，不仅条分缕析地述明史实，而且多有理论层次的概括分析。如《氏族略》分“以国为氏”“以邑为氏”“以乡为氏”等，将姓氏的来源归类条理，严整清晰，便于查考且加强了认识的深度。而《氏族序》则将姓氏源流、演变以及古代谱学发展予以概括性论述。《艺文略》分类著录图书，而随之在《校雠略》则论述图书文化史的理论与方法。总而观之，二十略都是根据具体知识的特点，精心构建其知识和理论的体系，具有很高的学术价值。难怪清朝乾隆帝也赞扬说：郑樵“所撰二十略者，包罗天人，错综政典，该括名物，上下数千年，首尾相属，用功亦良勤矣。观其诋诃司马迁、班固之失，高自称许，谓足以尽

---

① 以上所说郑樵原计划，据其《上宰相书》；成书后状况，据《通志·总序》。

② 夹漈遗稿：卷三：上宰相书．影印文渊阁《四库全书》本．台北：商务印书馆，1986．

③ 通志：卷首：总序．影印文渊阁《四库全书》本．

④ 同②．

学者之能事，岂不卓然雄视著作之林”①。

第六节　欧阳修之史学

> 欧史不惟文笔洁净，直追《史记》，而以《春秋》书法寓褒贬于纪传之中，则虽《史记》亦不及也。
>
> ——赵翼《廿二史札记·欧史书法谨严》

欧阳修（1007—1072），字永叔，号“醉翁”“六一居士”，江西吉州永丰（今江西永丰）人。是北宋著名学者、文学家、史学家，官至枢密副使、参知政事，在宋代政治史上也具有重要地位。他具备多方面的学术文化造诣，在文学上，诗词众多，著文丰富，提倡古文，是唐宋八大家之一。在经学上，治学“不惑传注”，勇于疑古，是宋代疑古学风的开先者之一，对儒学经典以及历来的注疏提出许多质疑与辨正。

一、欧阳修对史书的编纂

欧阳修既是官方纂修《新唐书》的关键参与者、主笔者，名望大于监修官而署名首位。又以个人之力编纂《五代史记》，即今《新五代史》，列于古代正史。私修史列于正史者，这是古代最后一部。欧阳修一人名列两部正史之首，唯唐代李延寿可与之相比，而他在史学史上的作用和影响，又远过于李氏。因此中国古代史学史研究，不能不充分重视欧阳修之史学。

《新唐书》属于官修史，非一二人之力所完成，上文对此书已经略作评介。欧阳修在《新唐书》的编纂中，起到决定义例和编纂方针的作用。他所撰写的唐帝本纪，十分简略，与此对比的是典志则内容丰盛，这里透露出欧阳修对唐代评价、对纂修《新唐书》宗旨的著述之意。在欧阳修看来，唐朝鲜有值得赞扬的皇帝，各篇本纪文后题为“赞曰”的史论，对唐初绝大多数皇帝施以十分尖锐的批评，几乎没有可以作为榜样者，即使对于唐太宗，也指责其“牵于多爱，复立浮图，好大喜功，勤兵以远，此中材庸主之所常为”②，可见本纪的简略，乃有用意，将重点置于志、表的编纂，欲考察唐初制度、吏治的得失，是其撰述的宗旨。这种安排，具有一定程度的合理性。

欧阳修著史重于善恶褒贬，但也考虑到要与“不没其实”相协调，这表现在给武则天设立本纪。欧阳修感叹“呜呼！女子之祸于人者，甚矣”③，但同时引证孔子《春秋》不黜绝“弑君篡国之主”，为武则天立本纪辩解，这比唐宋时期反对立武则天本纪的不少史家，多了一些实事求是的撰史态度。但欧阳修毕竟是将贯彻《春秋》大义、善恶褒贬作为撰史第一原则，讲究文笔置于其次，总揽资料、考核史事看作末位，故《新唐

---

① 通志：卷首：清高宗《御制重刻通志序》. 文渊阁《四库全书》本. 台北：商务印书馆，1986.

② 新唐书：卷二：太宗本纪. 北京：中华书局，1975：48.

③ 新唐书：卷五：玄宗本纪. 北京：中华书局，1975：154.

书》讹误较多，被同时代吴缜撰写《新唐书纠谬》指摘挑剔，无法回护。这种弊窦，在他私撰《五代史记》中更为明显。

《五代史记》即《新五代史》，共 74 卷，本纪 12 卷，列传 45 卷，考 3 卷，世家 10 卷，十国世家年谱 1 卷，四夷附录 3 卷。编写时间大约是从宋仁宗景祐三年（1036）到皇祐五年（1053），但藏于家而不发，死后五年才由其家人呈上。

五代之史是北宋朝廷面对的一个难题，梁、唐、晋、汉、周立国皆属不正，且未统一天下，而宋朝就继五代而兴。撰史时如何褒贬，实难拿捏，官修《旧五代史》早就不被统治者满意。欧阳修重修此书，宗旨在于以《春秋》大义论定五代历史，这是他个人具有的责任感，也包含朝廷愿望的一种寄托。当然，经学上的《春秋》学，本来流派复杂，欧阳修并不盲目追随任何一类，而对《春秋》有自己的探讨。

《五代史记》立意简略，重在明正统，发议论，以文笔见长，对史实的刊削则在所不惜。对于当时并立的“十国”，《五代史记》很少记述，编纂意旨内并无全面清理一个时代史事的史学动机。欧阳修致力于贯彻《春秋》大义，评判政权地位，褒贬历史人物，坚持了对于史书“事”“文”“义”三要素中以“义”为先的理念，而且《五代史记》比《新唐书》更为彻底。《五代史记》获得成功的意义，是证明纪传史也同样可以体现《春秋》精神，不一定非要仿从《春秋》《左传》的编年体。

《五代史记》只有职方、司天二考，以“考”为“志”，他反对将灾异附会于人事，这是进步的历史观念。但为什么只有二“考”？是欧阳修研究五代史的学术功力不足，还是欧阳修认为五代政权的典章不足为法？学界有不同主张。欧阳修在《五代史记·司天考序》中写道：“五代礼乐文章，吾无取焉”，显然是不屑于记述那些政权的典章制度。其实，《新唐书》的典志内容丰富，即出于欧阳修之手，可以证明不是由于史学功力不足的问题。况且已有《五代会要》《旧五代史》等书作为参考，即使学力不足也能够纂辑成编。

吴缜因欲参修《新唐书》被欧阳修拒之门外，因而结怨，故撰《新唐书纠谬》。《五代史记》行世后，仍未放过，又撰《五代史纂误》指摘之，其中考证史实，也有学术价值，但《五代史记》的地位也未受大的影响。赵翼《廿二史劄记》卷二一“欧史书法谨严”条认为：“欧史不惟文笔洁净，直追《史记》，而以《春秋》书法寓褒贬于纪传之中，则虽《史记》亦不及也。”这应当是此书最终广泛流行，致使《旧五代史》濒于佚失的原因。

二、欧阳修的疑古思想

北宋学风至宋仁宗时出现大的转变，疑古思潮兴起，欧阳修是这个风气的开先者与推动人。他是富于独立思考、充满理性判断力的学者，撰史、论史虽讲究《春秋》大义，但绝不盲从所谓《春秋》字字寓褒贬等穿凿之说。在《春秋或问》中强调：“《春秋》，谨一言而信万世者也，予厌众说之乱《春秋》者也。”① 对于《春秋》三传，欧阳修表示都不应尽信，他说：“妄意圣人而惑学者，三子之过而已。使学者必信乎三子，

① 欧阳文忠公文集：居士集：卷一八：春秋或问.《四部丛刊》本. 上海：商务印书馆，1937.

予不能夺也，使其惟是之求，则予不得不为之辨。”① 这种议论的立足点在于精思善疑。

他对儒学经传各书多有怀疑，例如关于《周易大传》，传统的说法是孔子所作，称为“十翼”。欧阳修在《易或问》中指出“自孔子殁，周益衰，王道丧而学废。接乎战国，百家之异端起，‘十翼’之说不知起于何人”②，是完全不可相信的。对于《周礼》，欧阳修也提出质疑，认为其中规定官制极其琐细，“夫为治者，故若是之烦乎?”后世根本不采用《周礼》的规定，反而大体应用秦制，是《周礼》反不如秦制，因而指出《周礼》为“考之实有可疑”③ 的伪书。

在上古史的问题上，欧阳修在《帝王世次图序》一文中进行了深刻的疑古论断，他指出：“尧、舜、禹、汤、文、武，此六君子者，可谓显人矣，而后世犹失其传者，岂非以其远也哉！是故君子之学，不穷远以为能，而阙其不知，慎所传以惑世也。”这是说对于远古的传说和记述，不能过于轻信，更不能随意叙述，应当采取“不穷远以为能”的慎重态度。

司马迁《史记》记史始于黄帝，且列有《三代世表》载上古“先王”世系。欧阳修予以精辟的辩驳：

> 至有博学好奇之士，务多闻以为胜者，于是尽集诸说而论次，初无所择而惟恐遗之也，如司马迁之《史记》是矣。以孔子之学，上述前世，止于尧、舜著其大略，而不道其前。迁远出孔子之后，而乃上述黄帝以来，又详悉其世次，其不量力而务胜，宜其失之多也。

欧阳修还细致地计算了《史记》等书中记述的尧、舜、禹、汤、文、武的世系、年岁，结果是周文王比商纣王大15辈，“而武王以十四世祖伐十四世孙而代之王，何其谬哉!”这里的论述在我们今天看来，仍然具有严密的逻辑性，充满考订求真的史学理念。于是他提出：“久远难明之事，后世不必知，不知不害为君子者。”④ 这不仅是一种可贵的学术态度，也是对实事求是学风的有力倡导。

三、欧阳修的历史正统论

为从历史理论上解决对五代政权的地位判断，欧阳修撰写了关于历史正统论的系列文章，将“正统”问题的思考推进了一大步。他认为：

> 《传》曰：君子大居正，又曰：王者大一统。正者，所以正天下之不正也；统者，所以合天下之不一也。由不正与不一，然后正统之论作。⑤

这是将“正统”析为“正”与“统”两部分来解说，并且指出因为出现了政权的“不正与不一”，才会有正统论。随之他列举了政权不正以及不一的现象，对以往的正统判断提出几个疑点，强调应当摒弃“五德终始”等非圣之说。欧阳修按照“居正”和

---

① 欧阳文忠公文集：居士集：卷一八：春秋论上.《四部丛刊》本. 上海：商务印书馆，1937.
② 欧阳文忠公文集：居士集：卷一八：易或问三首.《四部丛刊》本. 上海：商务印书馆，1937.
③ 欧阳文忠公文集：居士集：卷四八：问进士策三首.《四部丛刊》本. 上海：商务印书馆，1937.
④ 欧阳文忠公文集：居士集：卷四三：帝王世次图序.《四部丛刊》本. 上海：商务印书馆，1937.
⑤ 欧阳文忠公文集：居士集：卷一六：正统论上.《四部丛刊》本. 上海：商务印书馆，1937.

“一统”相结合的标准，对历代政权作出新的分析和判断，其要点是：

（1）以“居正”“合天下于一”的双重标准作“正统”与否的判断。而“始虽不得其正，卒能合天下于一，夫一天下而居正，则是天下之君矣，斯谓之正统可矣”，即得天下虽不正，但统一后而“居正”，仍可为正统，例如西晋、隋朝。这样，欧阳修实际上就弱化了“居正”的标准，而以“合天下于一”作为主要依据。

（2）在整个历史进程中，并非每个时代都有正统政权，“正统”乃有绝有续，断断续续发展。欧阳修进而提出历史上“正统”经历了“三绝而复续”的过程：

> 正统有时而绝也。故正统之序，上自尧、舜，历夏、商、周、秦、汉而绝，晋得之而又绝，隋唐得之而又绝。自尧、舜以来，三绝而复续，惟有绝而有续，然后是非公、予夺当而正统明。①

这个论点是欧阳修的新见解，是其理论的一个总原则，是与其他正统论思想的主要区别。

（3）可以确定为正统政权者，自尧、舜以来，为夏、商、周、秦、汉、西晋、隋、唐，宋朝当然不在话下。欧阳修特别对秦朝应当为正统、东晋不属于正统的问题作了详细的论辩。

（4）对于以往正统标准之中的占据地区、事功大小、民族属性、君主血统等因素，一概摒弃，认为那都是自私之偏说，非圣之曲学。

（5）非正统政权，不等于“伪”政权，如五代梁、唐、晋、汉、周政权。欧阳修论辩说：“梁，贼乱之君也，欲干天下之正统，其为不可，虽不论而可知，然谓之伪，则甚矣。彼有梁之土地，臣梁之吏民，立梁之宗庙、社稷，而能杀生赏罚，以制命于梁人，则是梁之君矣，安得曰伪哉！故于正统则宜绝，于其国则不得为伪者，理当然也。岂独梁哉，魏及东晋、后魏，皆然也。”② 这实际是为《五代史记》立本纪、用年号纪年等做法，给出一个学理上的辩解。但是，新的问题立即出现：梁、唐、晋、汉、周五代之外，并立的十国是否属于伪政权？历代政权是否分为“伪”“不伪”“正统”三类？欧阳修没有说明，留下了其理论的纰漏。

欧阳修的“正统论”，将历来的判断标准之争推向更高的理论论辩层次，引发后世政界、学界更多的关注与探讨，直至清代，论说频出，争议不休。但欧阳修个人的见解则很少被后世采纳，排除君主血统和民族属性的标准，已不讨皇朝青睐，待北宋灭亡、南宋建立，偏安一隅，以天下统一为正统政权绝对标准，就更不被统治者、士大夫所认同了。

四、欧阳修的史学思想

欧阳修的史学思想，是基于他个人对于《春秋》大义的理解，通过修史实践对传统史学理念的体验而表达出来，具有一定的积极意义和影响。

第一，发扬《春秋》大义的史学价值观。欧阳修在北宋重视《春秋》学，推重《春

① 欧阳文忠公文集：居士集：卷一六：正统论下.《四部丛刊》本. 上海：商务印书馆，1937.

② 欧阳文忠公文集：居士集：卷一六：或问.《四部丛刊》本. 上海：商务印书馆，1937.

秋》大义的时代思潮下，将史学的宗旨首先定位于发扬孔子的《春秋》大义。他撰著《五代史记》，就是不满于官修《旧五代史》未能达于义理。在《五代史记》的各篇序说以及题为“呜呼”的史论中，大量显示出以《春秋》义理论史的倾向。他对《春秋》的理解，集中于《春秋》的尊王、大一统、大居正观念，认为“五代之乱，君不君、臣不臣，父不父、子不子，至于兄弟夫妇人伦之际，无不大坏，而天理几乎其灭矣”，因此必须对历史人物施行华衮斧钺之褒贬，不仅要抨击乱臣贼子，而且也发掘乱世中的“洁身自负之士”[①] 加以表彰，贯彻“《春秋》以道义拨乱世、反之正”[②] 的史学价值观。

第二，坚持不载“天人感应”的撰史原则。自汉代董仲舒倡导上天“谴告”之说、班固《汉书》专记五行灾异以来，史书记述祥瑞灾变已成常态，至宋代依然。欧阳修在一些文章中，谈到帝王之祚、国家盛衰，虽然也使用“天命”说法，但在所修史书中，则自觉地坚持不载“天人感应”的撰史原则。《新唐书》本纪中，欧阳修不记载灾祥瑞应，批评大讲天人感应的“汉儒董仲舒、刘向与其子歆之徒，皆以《春秋》《洪范》为学，而失圣人本意”[③]。他在《五代史记》中更明确宣布本纪中“书人而不书天”，指出“自秦汉以来，学者惑于灾异矣，天文、五行之说，不胜其繁也”[④]。而《五代史记·司天考》虽记载天文，也不与人事相附会。他尖锐指出：许多祥瑞的记载，恰恰出现于衰世、乱世，这本身就不可信[⑤]。不但在撰史中不载灾祥瑞应，而且明确地批驳“天人感应”之说，这是欧阳修史学思想的进步之处。

第三，协调贯彻义理与记史求真的中和点。贯彻史学的社会政治功用与名教义理，往往与求真的理念发生冲突，古代的优秀史家，会予以协调整合，找到一个兼顾平衡的中和点。欧阳修在《春秋》大义的解说中，就从理论上探讨了这个问题，他说：“圣人之于《春秋》，用意深，故能劝诫切。为言信，然后善恶明。夫欲著其罪于后世，在乎不没其实。其实尝为君矣，书其为君，其实篡也，书其篡。各传其实，而使后世信之……《春秋》于大恶之君，不诛绝之者，不害其褒善贬恶之旨也。惟不没其实以著其罪，而信于后世，与其为君而不得掩其恶，以息人之为恶。能知《春秋》之此意，然后知予不伪梁之旨也。”[⑥]

因此，对后梁这样的政权，欧阳修不承认其正统，但也不作为伪政权对待，仍按实际状况书其为君主。于是《春秋》惩恶劝善、尊王贬夷的大义，就与“不没其实”有所协调，这当然是一种理想化的设想，反映了虽以义理为先，但必须顾及记史真实原则的史学观念。

第四，以史学通世变的忧患意识。北宋建国之后，始终处于北边外族政权威胁的阴影之下，西夏、契丹、辽、金等，都是宋朝难以对付的军事强国。因此，宋代官员学

---

① 新五代史：卷三四：一行传．北京：中华书局，1974：369.
② 史记：卷一三〇：太史公自序．北京：中华书局，1974：3297.
③ 新唐书：卷三四：五行志．北京：中华书局，1975：872.
④ 新五代史：卷五九：司天考二．北京：中华书局，1974：706.
⑤ 新五代史：卷六三：前蜀世家第三．北京：中华书局，1974：795.
⑥ 新五代史：卷二：梁本纪：太祖下．北京：中华书局，1974：21-22.

者，早有忧患意识，范仲淹“先天下之忧而忧”既为千古名言，又是时代背景下的切实感受。欧阳修作为政治家、史学家，其忧患意识深沉，除了发表时务政见之外，在史学著述和史论中也有许多表白。

欧阳修关注历史中政权的兴衰，认为国家盛衰，在于人事，不应尽归于天命。他以历史学造诣考察古今之变局，目标是学习“圣人”那样“尚消息盈虚而知进退存亡者也”①。《五代史记》卷六《唐本纪》，引用后唐官员康澄的议论有“五不足惧”和“六深可畏”。“五不足惧”皆为稀异天象与自然灾害，而“六深可畏”是：“贤士藏匿深可畏，四民迁业深可畏，上下相徇深可畏，廉耻道消深可畏，毁誉乱真深可畏，直言不闻深可畏也。”欧阳修对此大为赞赏，指出“然（康）澄之言，岂止一时之病，凡为国者，可不戒哉！”这突出地表达了欧阳修的历史忧患意识。

出于忧患意识，欧阳修通过史论与著述，提出了不少政治见解，例如《新唐书》创设《兵志》，寓意在于强调加强国家的军事建设。《新唐书·食货志》劝统治者“必立经常简易之法”，而“爱养斯民”。他认为经济上“损民而益君，损矣；损君而益民，益矣……百姓足，君孰与不足！”② 即反对君主敛财损民。要求君主在用人任事上近君子、远小人，告诫“自古治君少而乱君多”③，强调立国根本在于礼义、廉耻，上层统治者特别是君主要以身作则。“自古受命之君，非有德不王。”④ 这种“德”的标准，不啻是对最高统治者的警示。

欧阳修是宋代史学发展进程中承上启下的关键人物，他的史学建树与史学思想，及其影响的利弊得失，在史学史的研究中应当充分重视。

第七节　司马光《资治通鉴》及影响

一、司马光的生平与《资治通鉴》的编纂

司马光（1019—1086），字君实，北宋陕州夏县（今山西境内）涑水人。在北宋仁宗、英宗、神宗、哲宗四朝为官。宋仁宗无子，司马光曾力争选宗室立为嗣君，故英宗后来得以继位。宋神宗时，用王安石变法，司马光为坚决的反对派，辞去职任而被特许在洛阳“以书局自随”，编纂编年体通史。宋神宗逝世，哲宗以幼冲继位，太后称制，任司马光为宰相，遂尽废王安石所变之法。待司马光逝世后，宋哲宗自主执政，政治再度反复，原来主张采用王安石新法和反对新法的政见分歧，转化为新党与旧党两派官僚的激烈党争，直至北宋灭亡。

司马光自幼喜好史学，尤对《左传》钟爱有加。早在宋英宗时期就编成《历年图》5卷，这是一部以年代顺序排列历代大事的通史，有如大事纪年表。后又撰《通

① 欧阳文忠公文集：居士集：卷七六：《易》童子问第一.《四部丛刊》本．上海：商务印书馆，1986.

② 欧阳文忠公文集：居士集：卷七七：《易》童子问第二.《四部丛刊》本．上海：商务印书馆，1986.

③ 新五代史：卷三一：周臣传．北京：中华书局，1974：346.

④ 新唐书：卷一：高祖本纪．北京：中华书局，1975：20.

志》8卷，上起三家分晋，下至秦代，得宋英宗赞赏、支持，因而接续撰述“历代君臣事迹”①。宋神宗继位，更加支持司马光撰史，并且为之撰序，赐名《资治通鉴》。后司马光居于洛阳15年，专心致志编纂《资治通鉴》，至宋神宗元丰七年（1084）成书。

《资治通鉴》的编纂，在宋神宗支持下由朝廷配备了得力助手，即刘恕、刘攽、范祖禹等，均为当时有名的史家，各有史学上的突出专长，当时皆有盛名。另派司马光之子司马康，负责校阅文字。他们的参与，对《资治通鉴》的成功编纂起到很大的佐助作用。

《资治通鉴》是一部编年体通史，上起战国时期三家分晋（前403），下至五代末年（959）。司马光设计了妥善的编纂步骤与纂修成书的整体布局，第一步是排定“丛目”，即将史料按年月日顺序标明事目，排列出来，尽量详细地注明相关记载与参考资料，起到编纂提纲与史料索引的双重作用。第二步是编辑“长编”，即依照“丛目”的时间顺序、事目及史料提示，将历史记述资料初步整理，编辑成文，遇有记载歧异处提出取舍意见，并且注明理由，要求此“长编”的记述“宁失于繁，勿失于略”②。第三步是根据长编之文删略修订，考定异同，决定取舍，撰成正文，形成定稿。除《资治通鉴》294卷正文之外，又将“丛目”进行删订，成《资治通鉴目录》一书30卷，类若大事编年。将考订异同的记录整理汇编为《资治通鉴考异》30卷，单为一书。通过“考异”来决定不同记载的取舍，并且另编为一书，这得自东晋孙盛《异同评》的启示，但司马光运用得更为周密。

> 温公作《通鉴》，不特纪治乱之迹而已，至于礼乐、历数、天文、地理，尤致其详。读《通鉴》者如饮河之鼠，各充其量而已。
>
> ——胡三省《资治通鉴音注》

《资治通鉴》的整个编纂过程，规划和部署十分严密，开创了一项分工合作的典范，最后从文字到见解，均由司马光一人总其成，可以认定为司马光的私家著作。纂修中得到宋朝政府的全面支持，无论图书资料，还是人员、费用，无不享受官方的优待，但官方并未干预资料取舍、褒贬尺度等撰写工作。这种由官方鼎力支持而不加干预的修史机制，是最好的修史方式，然而却是古代罕见的特例。《资治通鉴》纂修的社会条件虽然优越，但纂修工作仍然非常辛苦，即使将长编修订为正文，亦非易事，如唐代历史长编达六七百卷，将之修订为81卷定稿，需要非常精细的选择和改写，仅此一事，司马光就花费了大约4年时间。司马光在书成后的《进资治通鉴表》中称“臣既无他事，得以研精极虑，穷竭所有，日力不足，继之以夜。遍阅旧史，旁采小说，简牍盈积，浩如烟海。抉擿幽隐，校计毫厘……臣之精力，尽于此书”，反映了此项修史的艰苦辛勤与认真精神。

① 资治通鉴：卷末：进资治通鉴表．北京：中华书局，1956：9607.

② 司马文正公传家集：卷六三：答范梦得．乾隆六年（1741）刊本.

二、《资治通鉴》的内容及司马光的历史观念

《资治通鉴》的内容，是以政治史为中心，这与司马光的撰史宗旨直接相关。司马光编纂此书，目的就是要皇帝予以阅读，从中汲取历史的经验和教训，故而“删削冗长，举撮机要，专取关国家兴衰，系生民休戚，善可为法，恶可为戒者，为编年一书”①，对文化史的内容、对许多历史人物的事迹，皆不免多从删略。对于以往史籍的记载，由于史料经过考异，所以本书记载的可信度超过原有的史籍，这是坚持了史学记事求真的准则。

司马光在《资治通鉴》的记述中贯彻了自己的政治见解和历史观念，还时或发表题为“臣光曰”的史论，申明他反对符瑞、灾异、图谶之类的怪诞之说，同时坚持不信佛、道的正宗儒学立场。对于君主，司马光提出“仁”“明”“武”三项要求，揭露和批判历史上昏庸、残暴的帝王，强调君主要把握任官和赏罚的标准，并且将礼制作为治国的根本。对于历史上的改革、变法，多持有批评或挑剔的态度，这是他守旧政治立场的反映。司马光明确表示不卷入“正统论”问题的争议，而实际上不能不在纪年上有所选择，例如在三国时期使用曹魏年号纪年，即常常为南宋、明、清史家所指摘。《资治通鉴》在历史编纂学上也有缺点、错误和遗漏。司马光主张一年之内只能有一个帝王年号，并且取用后起者，于是改朝换代之际，造成纪年与历史实际不符的矛盾。

三、与《资治通鉴》影响相关的宋代的编年史

司马光《资治通鉴》问世流传，是中国古代史学史上的大事，影响之大，可以与司马迁《史记》相比拟，前后两司马，皆成为中国古代史学史上的耀眼明星，尽管二人史学思想大相异趣。《资治通鉴》在宋代就引起了史学的连锁反应，注释解说者有之，补前续后者有之，删节为简本者有之，扩展加详的写法有之（长编），此后编年史，称谓上也多用“通鉴”之名。后来元、明、清时期，在《资治通鉴》的影响下，衍生之书层出不穷，蔚为一道史学大观。

第一，在司马光编撰《资治通鉴》先纂辑“长编”方法的启示下，南宋的编年史著述出现了部帙巨大、记事详密的发展方向，如李焘《续资治通鉴长编》、徐梦莘《三朝北盟会编》、李心传《建炎以来系年要录》等，是为典型之作。

李焘（1115—1184），字仁甫，四川人。进士，历任地方官与朝官，以余暇治学，“慨然以史自任”②，特别注意本朝史。他以40年时间撰成《续资治通鉴长编》980卷，内容为记载北宋一代167年的史事，《宋史·李焘传》称他“平生生死文字间”。此书利用官方丰沛的记载资料，也采择了其他文献资料，撰写中陆续进呈于南宋朝廷，得到官方支持，全书完成于宋孝宗淳熙十年（1183）。《续资治通鉴长编》的显著特点是记述翔实、细密，对不同的记载有所考订，而以自注形式系于正文之下。此书自元代以后逐渐损佚，清初仅有175卷，乾隆朝纂修《四库全书》，从明代《永乐大典》内辑出众多佚文，经校勘编次，厘为520卷，是研究北宋历史的重要史料。

---

① 资治通鉴：卷末：进资治通鉴表. 北京：中华书局，1956：9607.
② 宋史：卷三八八：李焘传. 北京：中华书局，1977：11914.

徐梦莘（1126—1207），字商老，临江（今江西清江）人。宋高宗时进士，任地方官，后因事免职，淡于仕进，但不忘北宋靖康之耻，于是广集资料，究其始末，至宋光宗绍熙五年（1194）撰成《三朝北盟会编》250卷，记述北宋徽宗、钦宗和南宋高宗朝与金国和战之事。本书专取一类史事，按时间顺序编辑，每事记有不同说法，每一说法力求原文照录，《自序》中称："不敢私为去取，不敢妄立褒贬，参考折衷"，将官方文案登载其中，原始资料性很强。书分上、中、下三帙，一帝一帙，上25卷、中75卷、下150卷，上起政和七年（1117）宋金协定合力攻辽的"海上之盟"，下迄绍兴三十一年（1161）宋金联盟破裂，所引书200多种，其中多有今佚之书。后来，作者又编辑《三朝北盟会编集补》50卷，已佚。《三朝北盟会编》的体例，有的目录之书归入纪事本末体，有的视为编年体。这种按编年顺序专记一事之书，后来有清代的"方略"，常被视为纪事本末体，其实不符合纪事本末分多种事项记述一代全史的旨趣。

李心传（1166—1243），字微之，四川人。早年科举失意，遂不复应举，闭户读书，发奋著述，撰成《建炎以来系年要录》200卷，又称《高庙系年》《高宗系年录》，记宋高宗建炎元年（1127）至绍兴三十二年（1162）共36年的历史。此书比《续资治通鉴长编》凝练，比《三朝北盟会编》精审。取材以官方史料为主，参以大量文献，并存异说，条理明晰。李心传还撰有《建炎以来朝野杂记》40卷，对《建炎以来系年要录》起到补充作用，以事类分别记述，如朝事、时事、故事、杂事、官制、财赋、兵马、边防等。

第二，司马光撰著《资治通鉴》，本就有简化历代正史记述的意图，书成294卷，仍感觉部帙偏大，故又删略为《资治通鉴举要历》80卷以便阅读。在宋代，已经涌现出缩编、删节《资治通鉴》之书，成为更加简略的历史书籍，与前述扩大编年史篇幅和内容的路径正好相反，是《资治通鉴》影响下史籍发展的又一趋势。

值得提出的是，北宋末宋徽宗时，隐士江贽撰成《资治通鉴节要》30卷，是《资治通鉴》的删节之本，此书当时不显，后畅行于明代。《大明一统志》卷七六《建宁府·人物》记载："江贽，（福建）崇安人，隐居不仕。因太史奏少微星现，诏举遗逸，三聘不起，赐号少微先生。"这说明利用《资治通鉴》的记述，删改后而作为课蒙教材或普及历史知识的活动，已经悄然兴起。宋宁宗时，沈枢撰《通鉴总类》20卷，区分事类抄纂《通鉴》，门类仿《册府元龟》，记载简略且比较散碎。

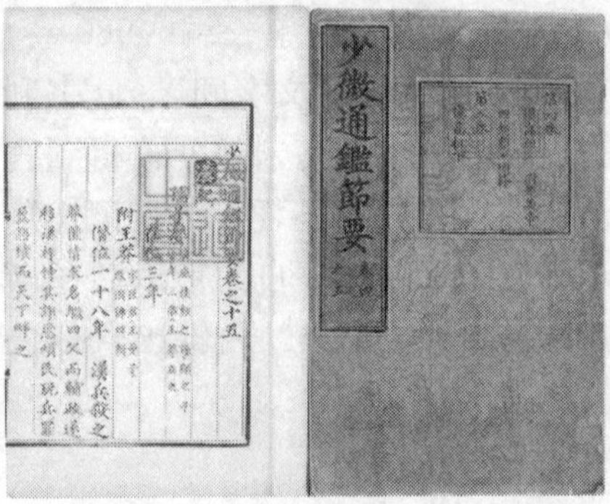

图5-3　宋江贽《少微通鉴节要》

第三，宋、元、明、清时期，续补、注释与研究《资治通鉴》的著述层出不穷。《资治通鉴》不载战国之前史事，刘恕撰《资治通鉴外纪》10卷，《目录》5卷，予以补充。南宋金履祥不满于刘恕之书，撰《资治通鉴前编》18卷，本于经典而不信百家之说，元、明时期颇受推重。南宋理宗景定五年（1264），刘时举著成《续宋编年资治通鉴》15卷。其间，就连金国官方也曾诏修《续资治通鉴》。

宋高宗时，史炤撰《资治通鉴释文》30卷，解释其文字意义。元初学者胡三省撰《资治通鉴音注》（又称《新注资治通鉴》），注解精良，为《资治通鉴》功臣。明末清初的严衍在其弟子谈允厚的协助下，撰《资治通鉴补》一书，指摘与考订了《资治通鉴》在史实与编纂上的讹误，为《资治通鉴》诤臣。其他续写之作以及衍生的史籍数量极多。《资治通鉴》产生的多方面的影响，引起广泛的关注，很大程度上决定了此后史书编纂的发展状态。因此有学者主张：在中国古代可以说是出现了所谓的“通鉴学”。

第八节 朱熹的《资治通鉴纲目》与袁枢的《通鉴纪事本末》

司马光《资治通鉴》影响之下产生多种史籍，其中朱熹的《资治通鉴纲目》与袁枢的《通鉴纪事本末》，分别于宋孝宗乾道八年（1172）和九年相继纂成，可称为《资治通鉴》衍生出的史学双璧，对此后的史学发展发挥了重要作用。

一、朱熹编纂《资治通鉴纲目》

司马光曾自撰《资治通鉴举要历》80卷，是简要的编年史读本。南宋高宗时，胡安国认为司马光的《资治通鉴举要历》有遗缺重要史事的缺点，为之补充而成为《资治通鉴举要补遗》100卷，朱熹的《资治通鉴纲目》就是依从《资治通鉴》及《资治通鉴举要补遗》删订改编的。

朱熹（1130—1200）是南宋时大思想家，理学的集大成者，著述宏富。《资治通鉴纲目》59卷，是他与门徒赵师渊合作撰成。虽不具备史料上的价值，但在历史编纂学与史学思想、政治观念方面，都具有突出的特色和重大的影响。

（1）此书在记载方式上大有改变，即大书为纲，细书为目，实际上是受《春秋》经、传相互配合的启发，便于阅读和查阅，具有历史编纂学的创新性。

如卷一三关于东汉末建安年间曹操屯田事：

纲：“募民屯田许下，州郡并置田官。”

目：“中平（汉灵帝年号）以来，民弃农业，诸军并起，率乏粮谷。饥则寇略，饱则弃余，瓦解流离，无敌自破者不可胜数。枣祗请置屯田，曹操从之，以祗为屯田都尉，任峻为典农中郎将，募民屯田许下，得各百万斛。于是州郡例置田官，所在仓廪皆满，故操征伐四方，无运粮之劳。”

行文简明扼要，眉目清晰，是十分优良的体裁，被称为创立了史书编纂的“纲目体”。

（2）讲求“《春秋》笔法”，即斟酌书法以示褒贬。这本是古代史学的一个普遍做法，但不同史家做法有别。而朱熹则从哲学到政治伦理，建立了一套思想体系，名教纲常原则进一步强化，施加于史学，使《资治通鉴纲目》起到一个标准化的示范作用。如武周革命后，被废的唐帝（武则天之子）被幽禁于房州，《资治通鉴纲目》每年皆书“帝在房州”，这是不承认武周政权的书法。诸如此类的书法，对传统史学造成极其深远的影响。

（3）审定历代政权的正统性，是本书的重点之一。三国时以蜀汉为正统，纠《资治通鉴》之编年方法，南北朝时期以南朝政权年号编年等，皆为后世史书的主流。凡正统年号，岁下大书，非正统者，两行分注，又在天头标以干支纪年，严密周全。古代编年体史书的纪年方法，担负着清晰展示历史发展时间线索和表达正统论观点的重任，《资治通鉴纲目》对此提供了成功的典范。

朱熹自称："岁周于上而天道明矣，统正于下而人道定矣，大纲既举而监戒昭矣，众目毕张而几微著矣。是则凡为致知格物之学者，亦将慨然有感于斯。"① 其门生李方子在《资治通鉴纲目后序》中更加赞扬：

> 纲仿《春秋》而参取群史之良，目仿《左氏》而稽合诸儒之粹，至于大经大法，则一本于圣人之述作。使明君贤辅有以昭其功，乱臣贼子无所逃其罪。而凡古今难制之变、难断之疑，皆得参验稽决，以合于天理之正、人心之安。而后世权谋术数、利害苟且之私，一毫无得参焉。则是继《春秋》而作，未有若此书之盛者也……至于此书之成，义正而法严，辞核而旨深，陶镕历代之偏驳，会归一理之纯粹，振麟经之坠绪，垂懿范于将来，盖斯文之能事备矣。②

这种评论，已经达于史学价值的巅峰。自南宋季年而后，《资治通鉴纲目》确被极端推重，成为评断历史的圭臬。同时解说之作、续补之书接踵而出，如南宋学者尹起莘撰《资治通鉴纲目发明》、元朝王幼学编《资治通鉴纲目集览》、元朝刘友益撰《资治通鉴纲目书法》、明代商辂主修《续资治通鉴纲目》、清康熙帝《御批资治通鉴纲目》等，其影响力远迈于《资治通鉴》之上。

关于《资治通鉴纲目》的编纂，至今还有题名为朱熹的《资治通鉴纲目凡例》存世，此《凡例》曾经单行，未与《资治通鉴纲目》合一，据现有资料，亦为朱熹与门生合拟。《资治通鉴纲目凡例》以历史正统论标准为纲领，实施历史判断的道义原则，全面讲求意含褒贬的书法，对《资治通鉴纲目》的史事取舍与书法规定了琐细入微的条例。揆其宗旨，应是试图将理学的理念，贯彻于纂修史书逐字逐句的斟酌之上。但是，历史现象是极其纷纭复杂的，对其施加一套先验的理念框架，不仅会抵牾百出、进退失据，就连预定的框架也自相矛盾、顾此失彼，最终《资治通鉴纲目》都不能按其《凡例》撰写，只好放弃，归为另册单行。

二、袁枢撰录《通鉴纪事本末》

袁枢（1131—1205），字机仲，建安（今福建建瓯）人，南宋孝宗、光宗、宁宗三朝为官。因喜读《资治通鉴》，同时觉其文字浩博，且不能集中记载事件，乃"区别门目，以类排纂，每事各详起讫，自为标题。每篇各编年月，自为首尾"③，内容完全抄

---

① 朱熹．晦庵集：卷七五：资治通鉴纲目序．影印文渊阁《四库全书》本．台北：商务印书馆，1986.

② 李方子．资治通鉴纲目后序//御批资治通鉴纲目：卷首下．影印文渊阁《四库全书》本．台北：商务印书馆，1986.

③ 四库全书总目：卷四九：《通鉴纪事本末》提要．影印本．北京：中华书局，1981：427.

录自《资治通鉴》，但却以记事为中心，名为《通鉴纪事本末》，从而创建了纪事本末体的史书体裁，《四库全书》馆臣予以评介说："事迹经纬明晰，节目详具，前后始末一览了然，遂于史家二体之外别为一体，实前古之所未有也。"①

《通鉴纪事本末》42 卷，设立 239 个事项名目，附属的事项有 66 个，共记述了 305 件历史大事，上起"三家分晋"，下止后周"世宗征淮南"，构成一部新型的纪事本末体通史。历史撰著，本来自然有将具体事件记述得集中、完整的要求，此前的编年史、纪传史内，都呈现有纪事本末的因素，但全书结构以记述事件为纲领，则始于此书，这在中国古代史学史上具有重要的意义。此书一成，立即得到同时学者杨万里、吕祖谦、朱熹等人的好评。近代著名史学家梁启超评论说："善抄书者可以成创作。荀悦《汉纪》而后，又见之于宋袁枢之《通鉴纪事本末》。"②

袁枢创立纪事本末体之后，南宋即有仿照编纂者，例如宋孝宗时章冲《春秋左氏传事类始末》5 卷，宋理宗时杨仲良《续资治通鉴长编纪事本末》150 卷。明万历时，陈邦瞻撰《宋史纪事本末》28 卷，这是从纪传体史书《宋史》中取材编纂的，与袁枢现成摘抄编年体《通鉴》不同。他还撰有《元史纪事本末》4 卷。清初谷应泰撰《明史纪事本末》80 卷，是综合采用多种史料，原创为书，是这种体裁史书的又一发展。清康熙时高士奇撰《左传纪事本末》53 卷，叙事按各列国顺序排列，不仅将《左传》的记事与文字基本收入，而且杂取诸子之记述予以补充，还撰有"考异""辨误""考证""发明"等专栏的研究性内容。李有棠《辽史纪事本末》《金史纪事本末》也有特色，其文取于正史，另补异说，加入考异予以判断，即记事与研讨相结合。纪事本末体史书继编年史、纪传史之后也逐步发展、成熟，形成又一史籍系列。

编年史将大的历史事件分散记于各年，纪传体则分载于各个人物的列传，这是二者的共同缺点，而纪事本末体史书正好对此予以弥补，乃为显著优点。但纪事本末体也具有难以克服的先天不足，即不可能将所有史事皆设立标题事目予以记述，因此很难撰成内容丰富完满的全史。

第九节 历史考据学的成立

> 考证为史学方法之一，欲实事求是，非考证不可。
>
> ——陈垣《通鉴胡注表微·考证篇第六》

历史考据是一种治学的方法，是考证的方法，通过取证来证明史事或文献的真伪。这种治学的方法变成历史考据学经历了漫长的道路。历史考据成熟的形式和规范的方法，是要举出多条的证据来证明研究对象的真实情况，但是要成其为具有知识体系的"学"，第一需要有比较多的专门著述作为依托，第二要对这

① 四库全书总目：卷四九：《通鉴纪事本末》提要．影印本．北京：中华书局，1981：427．

② 梁启超．中国历史研究法：第二章：过去之中国史学界．上海：上海古籍出版社，1987：20．

种治史方法及其规范形成清晰的理念，也就是得出理论性的认识。到宋朝时，这些条件方才齐备，才真正成为历史考据学，此前则只有考据，而不能称为“历史考据学”。中国先秦时就出现了考据，司马迁时也要考证史事的真伪，但都不能称为“学”。在西晋时期出现了谯周的《古史考》，乃是超前的。到了唐朝没有把这个风格发扬下去，不仅未出现新的著述，反而旧有之书也渐渐佚失了。

宋朝是中国学术文化迅速发展的时期，经学、史学、文学皆出现了许多新的气象，理学的兴起，理论思维与思辨精神带来学术思想上的空前活跃。在经学和史学上，疑古精神发扬光大，对古书的辨伪活动之中包含了历史考据的内容。

宋代出现了大量史考专著，这是十分重要的进展。北宋吴缜著《新唐书纠谬》《五代史纂误》，专门针对欧阳修主修的两种史书予以指摘，大多属于考其史事之误。清代官修《四库全书总目》认为：“欧阳修《五代史》义存褒贬，而考证则往往疏舛……缜一一抉其缺误，无不疏通剖析，切中症结，故宋代颇推重之。”①

在吴缜之前，北宋余靖撰有《汉书刊误》，参修《资治通鉴》的刘攽著有《西汉刊误》《东汉刊误》，这些著述主要内容是刊正误字、误句者，是以校勘之途入于文献考证。南宋时有吴仁杰《两汉刊误补遗》10卷，《四库全书总目》称其“引据赅洽，考证详晰，元元本本，务使明白无疑而后已”②。清四库馆予以这样高的评价，在同类史籍的提要中颇为少见。

宋代由于考据意识深入史学领域，许多史著都以考据为主要内容，如王逨《西汉决疑》有《失实》《引古》《异言》《杂证》《注释》五篇，除部分注释内容外，大部分内容是考据性的。洪迈《容斋随笔》及后续各书，实际是以考述史事、考释文献为其核心内容，在考据方法上也十分成熟。此外，南宋陈大昌有《考古编》、叶大庆有《考古质疑》等，皆是立足于考据而著述，有名的理学家魏了翁也撰写《古今考》，意欲考订汉代的典制。

南宋李心传《旧闻证误》是又一历史考辨专书，内容以北宋史事为多，亦下延于南宋，“凡所见私史小说，上自朝廷制度沿革，下及岁月之参差，名姓之错互，皆一一详征博引，以折衷其是非”③。

王应麟为宋末元初著名学者，学术根基定于宋代，著述丰硕，于历史考据创树尤多。《困学记闻》内有《考史》6卷，其中有专题历史考据之文《汉河渠考》《历代田制考》《历代漕运考》《两汉崇儒考》等④，他还著有《诗地理考》5卷、《汉书艺文志考证》10卷、《通鉴地理考》100卷、《春秋三传会考》36卷、《通鉴地理通释》16卷、《汉制考》4卷等多种考据专著⑤，均达到很高的学术水平，可惜有些著述佚失，未能完全留存至今。王应麟可称为宋末考据学大家，为历史考据学的发展作出了重要贡献。

大量历史考据专书行世，构成历史考据学的学术规模，给后代的史学发展以不可磨灭的影响，令历史考据学得以确立而不再萎缩、后退。

---

① 四库全书总目：卷四六：史部正史类二：《五代史记纂误》提要. 影印本. 北京：中华书局，1981：412.
② 四库全书总目：卷四五：史部正史类一：《两汉刊误补遗》提要. 影印本. 北京：中华书局，1981：403.
③ 四库全书总目：卷八八：史部史评类：《旧闻证误》提要. 影印本. 北京：中华书局，1981：754.
④ 困学纪闻：卷一六：考史. 上海：上海古籍出版社，2008：1754，1778，1791，1819.
⑤ 宋史：卷四三八：王应麟传. 北京：中华书局，1977：12991.

由于治史的考据意识增强，对历史考据初步出现理性的认识与概括，这是宋代历史考据能够成其为“学”的重要因素之一。司马光《资治通鉴考异》之独立作为一书，将考订成果相对地独立出来，是治史考据意识增强的体现。而吴缜撰《新唐书纠谬》，更明确提出：

> 夫为史之要有三，一曰事实，二曰褒贬，三曰文采……至于事得其实矣，而褒贬、文采则缺焉，虽未能成书，犹不失为史之意。若乃事实不明，而徒以褒贬、文采为事，则是既不成书，而又失为史之意矣。①

这段论述将“事得其实”置于史学的首位，是历史考据的理论基础。宋孝宗时李大性所著《典故辩疑》是一部历史考据专著，其《典故辩疑序》称：

> 其或传闻异词，难以示信，以意逆志，虽知其非而未有晓然依据，则姑置弗辩。其所辩者，必得所证而后为之说焉。所辩凡两百条，厘为二十卷，名之曰《典故辩疑》。②

提出历史考据“必得所证而后为之说”，道出了历史考据方法论的基本原则，而成熟、标准的历史考据，必须以征引确切证据为论断的根据。

这些标志性的成就与理念，表明宋代的历史考据与此前相比，发展到性质不同的阶段，即中国历史考据学正式形成与建立的阶段。从此，历史考据学具有持续发展的学术基础和社会机制，在一般的社会秩序下，不会再出现整体衰退的趋向。

第十节　隋唐至两宋时期史学的成熟与缺陷

从隋代开始，中国传统史学发展到北宋、南宋，走向了全面的成熟化，这从我们以上的讲述可以概括出来。

第一，史书编纂体裁与多种形式基本具备，构成中国传统史学内部多样化且相关联的文化结构与撰史格局。纪事本末体的产生，与编年、纪传相并列，完成了传统史学三大体裁的建树。杜佑《通典》的撰述，开辟了典章制度通史的著作，也使史书格局得到一大补充，与“会要”、《唐六典》等类史籍一起，丰富了中国古代撰史的形式与内容。《元和郡县图志》与《太平寰宇记》，提供了古代全国性地志的史籍样板。朱熹《资治通鉴纲目》为中国传统史学又添一种撰述形式，便于寓史论于叙事，便于查阅，便于普及历史知识和历史观点。

总之，史书撰写的形式、内容，至于南宋已经大体完备，构成形式多种多样、内容丰富多彩的格局。后代再有发展，也大多从此时期的格局中稍稍扩展而已。特别是宋代

① 吴缜．新唐书纠谬：卷首：新唐书纠谬序．影印文渊阁《四库全书》本．台北：商务印书馆，1986.

② 文献通考：卷二〇〇：经籍考二七：史部“史评史抄类”．影印文渊阁《四库全书》本．台北：商务印书馆，1986．按：《典故辩疑》，又作《典故辨疑》。

历史考据学的成立，是传统史学向精深程度扩展的重要成就。

第二，官方史学显著发展与繁荣，这是本历史阶段史学成熟的重要表现。唐朝官方史学体制的建设，成为中国古代后来各朝承袭与发展的基础。特别是开辟了“实录”这一帝王之书的撰述项目，后来元、明、清都始终坚持，成为官修本朝史最稳定的方式，史馆制度也定为王朝政权建设的必备机构，官方史学从而成为皇朝政治机制不可或缺的组成部分。

第三，官方史学与私家互动、互补的机制进一步巩固和扩展，这是中国传统史学的最重要特色，也是中国古代史学能够繁荣兴旺的主要原因。唐朝纂修的八部“正史”，有的是官方委托具备家学根基的官员个人执笔，如姚思廉撰《梁书》《陈书》，李百药修《北齐书》等，朝廷予以支持和控制，充分显现官私互补的优点。司马光编纂《资治通鉴》，受朝廷大力支持，而对纂修之事并不干预，促其成为私史佳作。南宋《续资治通鉴长编》等名著，皆利用了官方记录的历史资料与官修史书。欧阳修撰《五代史记》生前不公开，但一旦呈于朝廷却大受推重。当然，官方与私家史学也有矛盾，如秦桧当权时曾有审查私修本朝史的规定，但时间不长，影响不大，宋代私修史极为丰富是不争的事实。

第四，唐宋时史学思想也有新的发展，特别是在唐代出现了大史学理论家刘知幾，《史通》成为中国古代唯一一部系统的史学理论专著，在中国古代构建了探讨史学理论的平台，促进了史学思想史的发展，使学者对于史学宗旨、史学方法、史书体例的思考增强了深度。以下择要举出唐宋时期的几点探讨，略示史学思想发展之概况：

（1）关于史书体裁上的争论与探讨。两晋南北朝时，有过编年体、纪传体孰优孰劣的不同见解，唐宋时期仍然继续争论。唐代官员萧颖士认为“仲尼作《春秋》，为百王不易法，而司马迁作本纪、书、表、世家、列传，叙事依违，失褒贬体，不足以训”①。唐玄宗开元年间，大臣裴光庭著《续春秋经传》一书，请唐玄宗审改，将“经”的部分作为“御撰”，这是一部接续《左传》的编年体史书。唐玄宗手诏答曰：“今欲正人伦而美教化，因旧史而作《春秋》，斥班、马之纰缪，继经、传之褒贬，著述之美当如斯焉。”②这里主张编年优于纪传者，仍是打着孔子《春秋》的旗号，标榜所谓《春秋》义例。

虽然刘知幾《史通》从史学角度论断编年体、纪传体二者不可偏废，又有欧阳修《五代史记》以纪传体实践了《春秋》笔法，但是指责纪传体的议论仍未停止，例如南宋王益之《西汉年纪·序》认为：“迁、固于大汉一统之时，顾使人自为传，臣自为功，毋乃非《春秋》之旨欤！下是述作滋多，转相师用……”，即认为纪传体史书违背了“尊王”的政治纲领。

与上述见解不同，唐代皇甫湜作《编年纪传论》认为：“历代论者以迁为率私意、荡古法，纪传烦漫，不如编年。湜以为合圣人之经者以心不以迹，得良史之体者在适不在同。编年、纪传，系于时之所宜、才之所长者耳，何常之有……唯荀氏作《汉纪》、裴氏（裴子野）为《宋略》，强欲复古，皆为编年，然其善语嘉言、细事详说，所遗多矣。如览正史，方能备明，则其密漏得失，章章于是矣。今之作者，苟能遵纪传之体

① 新唐书：卷二〇二：萧颖士传．北京：中华书局，1975：5768．

② 册府元龟：卷五五六：国史部：采撰．影印文渊阁《四库全书》本．台北：商务印书馆，1986．

制，同《春秋》之是非，文敌迁、固，直如南、董，亦无上矣。”① 皇甫湜的见解较为平实、允当，说服力很强。这种讨论，到了南宋以后渐渐平息，一方面，欧阳修《五代史记》，实现了纪传体史书贯彻《春秋》笔法的示范，纪传史同样可以体现《春秋》大义和理学准则；另一方面，司马光、李焘等人的编年史著述，十分成功，编年体已经不存在遗漏大事以及过于简略的问题。

（2）史学鉴戒、史学资治的思想成为主流。唐太宗十分重视史学的鉴戒作用，他有许多相关论述，如前五代史修成时对众官言：“朕睹前代史书彰善瘅恶，足为将来之戒……将欲览前王之得失，为在身之龟镜。”② 在唐代统治者的倡导下，官修各史尤其是《隋书》，以史论的方式总结了政权兴亡的原因，以提供鉴戒。唐太宗自撰《帝范》12篇，专给太子阅读，其宗旨是“披镜前踪，博采史籍，聚其要言，以为近诫云尔”③。唐玄宗时吴兢撰《贞观政要》，其《自序》称撰述目的是：“庶乎有国有家者克遵前轨，择善而从，则可久之业益彰矣，可大之功尤著矣。”

宋代仍首重史学的鉴戒作用，宋初著名学者石介（宋仁宗时去世）著有《唐鉴》，其《序》中称：“夫前车覆，后车戒；前事之失，后事之鉴……国家虽承五代之后，实接唐之绪，则国亦当以唐为鉴。”是书即考察、评论唐代衰亡的种种原因，总结出诸如宦官、女祸、奸臣的若干政治鉴戒。助司马光修《资治通鉴》的范祖禹，也著《唐鉴》，《自序》中认为唐朝“其治未尝不由君子，其乱未尝不由小人，皆布在方策，显不可掩。然则今所宜监，莫近于唐”。司马光《资治通鉴》的目的也是通过鉴戒以达到国家治理的目的，即“专取关国家兴衰，系生民休戚，善为可法，恶为可戒者，为编年一书……伏望陛下宽其妄作之诛，察其愿忠之意，以清闲之宴，时赐省览，监前世之兴衰，考当今之得失，嘉善矜恶，取是舍非，足以懋稽古之盛德，跻无前之至治”④。史家的自序和进表，无不申述鉴戒与资治的宗旨，甚至书名也往往采用“鉴”字，反映了当时史学思想的中心内容。

以史为鉴，以史资治，是先秦以来的传统史学思想，唐宋时的论述甚多，但如何取法与鉴戒，各有不同见识，有的重道德教化，有的重制度建设（如杜佑《通典》），有的强调君主修养，这些都是经世致用宗旨中的各种分支的表现。但至宋代理学思想影响扩大，以史为鉴、以史资治更加倾向于从义理的角度出发，通过“道义”原则的评判而体现。

（3）以史学“明道”观念的强化。北宋曾巩提出：“盖史者，所以明夫治天下之道也。”⑤“明道”最先是与政治理路、道德教化联系在一起的，后来升华为要达到一个完美思想原则的追求。宋代邵伯温议论其父邵雍的《皇极经世书》时称：“穷日、月、星、辰、飞、走、动、植之数以尽天地万物之理，述皇、帝、王、霸之事以明大中至正之道”⑥，这已经将“道”悬空于具体的现实事务之上。

---

① 全唐文：卷六八六：皇甫湜《编年纪传论》. 清嘉庆刻本.

② 册府元龟：卷五五四：国史部：恩奖. 影印文渊阁《四库全书》本. 台北：商务印书馆，1986.

③ 吴云，等. 唐太宗集. 西安：陕西人民出版社，1986：205.

④ 资治通鉴：卷末：进资治通鉴表. 北京：中华书局，1956：9607-9608.

⑤ 南齐书：卷末：曾巩《南齐书目录序》. 北京：中华书局，1972：1038.

⑥ 皇极经世书：卷首上：总论.

“明道”的观念可能与韩愈“道统论”有思想上的联系，韩愈的“道统”观念是说除帝王政权的“正统”之外，更有一个思想体系上的“道统”，从孔子、孟子以下，需要有所传承。宋代理学接受了韩愈的观念，认为孔孟思想的道统，由二程、朱熹直接接续孟子。道统成了与政权相对独立的思想传承体系，因而“明道”就成了十分重要的精神境界内的事情。因此，史学“明道”观念的强化，是程朱理学对于史学思想的深层次影响。朱子《资治通鉴纲目》当然也讲鉴戒、惩劝，但更重要的是“岁周于上而天道明矣，统正于下而人道定矣”。尹起莘的《资治通鉴纲目发明·自序》特别引证朱子的这段话，称其书“为天地立心，为生民立极，为先圣继绝学，为后世开太平”。因此，史学的“明道”不是毫不关心现实社会，而是眼光更远、视野更大，从根本性的精神实质上达到经世致用。这种观念，来自将理学的原则实施于史学，因而对史学的根本宗旨有所修正。

（4）史家标准与撰史的责任感进一步明确。《隋书·经籍志·史部后叙》曰：“夫史官者，必求博闻强识，疏通知远之士，使居其位，百官众职，咸所贰焉。是故前言往行，无不识也；天文地理，无不察也；人事之纪，无不达也。”唐高宗曾下诏选择史官，标准是“操履贞白，业量该通，谠正有闻”[①]。刘知幾提出的史家必备“三长”，即史才、史学、史识的论断，更成为流传千古的名言。

史家的撰史责任感，不单单出于对史学的爱好，而是从研治史学中、从联系现实中产生的对国家治乱、国计民生的关注与思考。其次，是对一代的人物事迹，寄予强烈的爱憎感情，而渴望广为传布与评说。对于社会政治的忧患意识，即是一种思想驱动的力量。

韩愈了解史学之重要，但却认为“夫为史者，不有人祸，则有天刑，岂可不畏惧而轻为之也！”[②] 这受到柳宗元《与韩愈论史官书》的批评，认为“凡居其位，思直其道。道苟直，虽死不可回也”，“退之（韩愈字）宜守中道，不忘其直，无以他事自恐。退之之恐，唯在不直，不得中道，刑、祸非所恐也”[③]。宋人司马光、郑樵等写史，无不带有强烈责任感，其他史家亦莫不如此。这种史学理念的进一步强化，也是传统史学成熟的表现。

（5）宋代论史著述的理学思想。中国古代文化的常态之一，是学者的踊跃论史，一个时代的历史评论，乃思想史的重要内容。宋代文化的特点是理学思想的传播和影响日益扩展，从北宋到南宋，虽一度遭受当权势力的排斥、打击，但终归成为意识形态的主流。理学体系下的历史观，是汉代以来传统儒学历史观的发展，推重政权大一统、正统论以及维护纲常伦理的原则，宋代之前的史论早已如此，因此不能把宋代历史评论都看成理学思想的表现。理学家论史，也具有一些新的特点，如认为史学所要表达的首先是“义理”，事实、文辞皆处于从属地位，甚或不予重视。北宋理学家程颢就曾批评“举史文成诵”的学者是“玩物丧志”，乃属于“不理会道理之病”[④]。因此，程颢、朱熹都要求学者应当先研习经典，达到“义理已融会胸中，尺度一一已分明”[⑤]，再读史籍。这

---

① 唐大诏令集：卷八一：唐高宗《简择史官诏》．上海：学林出版社，1992：423．

② 韩愈．韩昌黎全集：外集：卷二：答刘秀才论史书．上海：世界书局，1935：487．

③ 柳宗元．柳河东集：卷三一：与韩愈论史官书．影印文渊阁《四库全书》本．台北：商务印书馆，1986．

④ 朱熹．晦庵集：卷三五：答吕伯恭别纸．影印文渊阁《四库全书》本．台北：商务印书馆，1986．

⑤ 朱子语类：卷一一．影印文渊阁《四库全书》本．台北：商务印书馆，1986．

实际是让学者先在头脑中装满理学教条，以理学价值观研治史学。

宋代的史论专著较前代为多，其中确有以理学思想为主导者。理学思想较浓的史论，在评论中将纲常伦理、正统观念与道义原则作为绝对标准，压低事功的地位，且评价人物时显得苛刻。

欧阳修在史书的编纂中，自觉地按《春秋》大义裁定史事；司马光编纂《资治通鉴》，也贯穿正宗的儒学名教观念。但他们均不能使理学家感到满意，受理学家程颢、程颐思想影响很大的范祖禹，虽为纂修《资治通鉴》的助手，但在唐朝历史评论上与司马光分歧很大。例如关于唐太宗玄武门兵变，杀其兄太子李建成，司马光批评唐太宗“贻讥千古，惜哉!”[①] 但更多的是批评唐高祖立太子缺乏变通之明，李建成没有让位之贤。这是从肯定唐太宗一生功业的角度立论。而范祖禹著史论之书《唐鉴》，则痛斥唐太宗罪行，甚而认为：“或者又以为，使建成为天子，又辅之以元吉，则唐必亡。臣曰：古之贤人守死不为不义者，义重于死故也。必若为子不孝、为弟不弟，悖天理、灭人伦而有天下，不若亡之愈也。”将唐太宗论断为“悖天理、灭人伦而有天下”[②]，这是极其严厉的。评论中还指责作为东宫之臣的魏徵等人归附唐太宗，皆为变节有罪。范祖禹反对编年史以武则天的年号纪年，认为《唐书》将武则天立“本纪”更为荒谬，主张“黜武氏之号，以为母后祸乱之戒。窃取《春秋》之义，虽获罪于君子而不辞也”[③]。对整个唐朝的评论都带有否定意向：“凡唐之世，治日如此其少，乱日如彼其多也”[④]，其原因是君主不守纲维伦常，篡夺成风，闺门无法，仁德沦落。范祖禹史论与司马光历史观点的不同，反映出理学观念与一般儒学思想的区别。

南宋胡寅撰《读史管见》30卷，是读《资治通鉴》而随事发论，成于宋高宗绍兴二十五年（1155）。胡寅为胡安国过继之子，胡安国是撰写《春秋传》的理学家，论史严苛。胡寅评战国至五代之史，以极高的道德准则发论，比其父更加苛刻，《四库全书总目》对《读史管见》评论说：胡寅“因其父说，弥用严苛，大抵其论人也，人人责以孔、颜、思、孟，其论事也，事事绳以虞、夏、商、周。名为存天理、遏人欲，崇王道、贱霸功，而不近人情，不揆事势”[⑤]。可见《读史管见》是理学思想极端浓烈的论史之作，《四库全书》亦将之打入存目。

> 经既苟且，史又荒唐，如此流离，何时返本？道之污隆存乎时，时之通塞存乎数，儒学之弊，至此而极。寒极则暑至，否极则泰来，此自然之道也。臣蒲柳之质，无复余龄，葵藿之心，惟期盛世。
>
> ——郑樵《通志·总序》

---

① 资治通鉴：卷一九一：武德九年六月庚申“臣光曰”. 北京：中华书局，1956：6013.

② 唐鉴：卷二：高祖下：武德九年八月“臣祖禹曰”//丛书集成新编：第114册. 台北：新文丰出版公司，1984：12.

③ 唐鉴：卷七：中宗：神龙元年二月“臣祖禹曰”//丛书集成新编：第114册. 台北：新文丰出版公司，1984：65.

④ 唐鉴：卷二四：昭宣帝：唐亡后“臣祖禹曰”//丛书集成新编：第114册. 台北：新文丰出版公司，1984：217-218.

⑤ 四库全书总目：卷八九：史评类存目一：《读史管见》提要. 影印本. 北京：中华书局，1981：757.

宋代理学对史学的影响，主要表现于史论，在历史著述中尚不明显，仅朱熹《资治通鉴纲目》及相关的注解之作，斤斤于正统分辨、褒贬书法、突出义理，其余大量史书多无浓厚的理学观念。但由于《资治通鉴纲目》的影响，元代史书中理学思想有加强的趋势，明代则大为扩张，趋于僵化，但也随即产生抵制和叛逆的潮流。此为后话，暂且不提。

南宋李焘撰《六朝通鉴博议》10卷，略述三国时吴国、东晋及南朝宋、齐、梁、陈诸国的守土、攻战之事而予以论断。这些政权都是以建康（今南京）为国都，占有半壁江山，作者选择这样的主题撰写史论，意图十分明显，就是要向偏安江南的南宋统治者提供历史的鉴戒，汲取其中政治、军事、对外交涉等方面决策得失的经验和教训。其中特别值得注意的是：作者在史论中往往分析东吴、东晋和南朝夺取中原、实现统一的时机和策略问题，表现出希望宋朝复兴的意旨，但强调一定要养财蓄力，等待时机。针对南宋孝宗时期泛起的激进主战派气势，郑重警告："先机而为则为妄动"①。李焘撰写此书，本意就是向朝廷当权者提供鉴戒，并非为著述而著述，而且打动主战派的主要将领虞允文，进而使宋孝宗戒除急躁情绪，是以史为鉴的成功之作。全书的史论充满诚挚态度，说理恳切至当，体现务实精神，并无理学气息，甚至连正统论问题也不涉及，可见宋代史论专著，也并非全都接受理学思想的影响。

宋代的史论尽管有很大的思想局限性，却开辟了私家大发历史评论、专门撰著史论之书的方式。明代史家好为史论的风气与此相系相关，是传统史学的又一景象。

以上所述史学状况，都反映了隋唐到两宋史学发展的成熟化，但传统史学成熟发展的同时，也造成此时期的一些缺陷，这是史学史研究不可不注意的问题，主要表现是：

其一，宋代官方的修史活动以及史官建置，达到了十分繁杂的程度，床上架床、屋上造屋，记史、修史各个项目内容交叉重叠，人力资源、财力资源均有极大消耗。这一机制致使大量的官方资料给私家修史提供了素材，南宋李焘、徐梦莘、李心传等撰史，都依靠官方的史料。但对于官方史学建设而言，进行这样繁杂而重复性的工作完全没有必要，积累文献过多，保存整理不易，反而更难以留下精要之作，而其结果也正是佚失惨重、百不存一。

其二，宋朝统治者对官方记史、修史严加控制，则是从唐朝的官方史学向错谬方向的演变。连起居注都必须进呈御览，这是对传统史学规范的极大扭曲，完全剥夺了史官的史权。宋朝淡化历史记载的直书、实录原则，史馆记史首先要取悦于统治者，这是史学意识的一种倒退。从宋初开始，统治者篡改历史就无所顾忌，《宋神宗实录》更因党争而反复重修。可见宋代官方史学虽然兴盛，其阴暗面却十分严重。

其三，在史学思想与历史观念方面，除刘知幾具备独立思考、冲破传统思想藩篱的素质之外，多数史家服从朝廷的约束，自觉维护名教观念、纲常伦理，甚至阿从朝廷的好恶。因此刘知幾的《史通》在唐、宋均受到排抑，难以畅行。在宋代评史、论史的撰著中，理学家的历史观念逐步扩大影响，预示了史学思想渐渐僵化的趋向。

总之，宋代官方史学与私家史学在历史观念上，均有很大的缺陷，在史学繁荣的表

---

① 李焘．六朝通鉴博议：卷九：梁论．南京：南京出版社，2007：245．

象下，包藏许多对史学健康发展具有负面影响的因素，这是我们需要认清的问题。

思考题

1. 试论唐朝官方史学的发展状况及其影响。
2. 如何看待宋代的官方史学？
3. 如何认识刘知幾《史通》在中国史学史上的地位？
4. 比较《通典》《资治通鉴》《通志》的史学价值和影响。
5. 怎样看待欧阳修的史学思想？
6. 扼要叙述中国历史考据学形成的条件。
7. 联系先秦至宋代关于史学宗旨问题的理念，评析史学“明道”的思想。

第六章

元明两代史学的调整与开新

中国史学发展经过隋唐至两宋时期的繁荣与成熟，到元明两朝呈现出了与宋代十分不同的特点，以往多认为中国传统史学是盛极而衰，元明时期是中国史学的衰落时期。这种看法值得重新考量。就传统史学的某些方面而言，如官修史的丰富程度，私修史的名著，确有元明不若两宋之处，但从总的史学发展走向来看，元明两朝的史学甩掉了一些沉重的包袱，在格局上作出了调整，也作出一些新的探求，仍然是向前发展的。这种调整与开新的探求，积蓄了进一步发展的能量，应当予以积极的评价。

第一节　元明两代的社会文化与史学观念

一、元代的社会文化

蒙古政权是靠战争手段建立与扩张的。早期蒙古铁骑所到之处，给人民生活与社会文化带来灾难性打击。至元太宗窝阔台时，以耶律楚材为谋士，使蒙古军的粗野残暴有所缓和。元世祖忽必烈时，对汉人的文化传统已有仿从举措。但在长期战争的蹂躏下，社会经济、文化还是遭受了很大的破坏。

元朝在政治上实行公开的民族压迫，将百姓分为四等，蒙古人为第一等，其次色目人、汉人、南人。在法律上，蒙古人也高于汉人、南人。元军在扩张的过程中，发展了全国以及域外的交通，从而也对后来各地的经济、文化交流有所促进，出现不少可圈可点的事例，如棉花的引进与推广，手工业比较发达，天文、历法有较大进展，郭守敬等制定的“授时历”已达到很先进水平。

宋代理学随着北宋的灭亡，理学的中心移至南方，南宋的朱熹成为理学的集大成者。元朝统一中国之后，理学学说和思想扩展到全国，理学家以许衡、吴澄最为著名，时称“北许南吴”。元初，许多汉人学者选择隐居生活，视元朝统治者为夷狄，拒不合作。但也有如许衡等一些理学家，致力于积极传布理学思想理念，试图对元朝统治者施加影响，艰难地参与上层文化建设，致使元朝逐渐将程朱理学作为官学。程朱理学取得官学地位，对元代政治、文化和史学的发展，发挥了重要的作用。

> 考之前代，北方奄有中夏，必行汉法，可以长久。故魏、辽、金能用汉法，历年最多，其他不能实用汉法，皆乱亡相继，史册具载，昭昭可见也。
>
> ——许衡《鲁斋遗书·语录下》

理学主张“三纲五常”是“天理”的体现，为政治和人生的准则，这有利于皇帝和朝廷统治地位的巩固。但理学同样具有“夷夏之分”的政治历史观，在元朝则需要有所调整。从政的儒学之士如许衡、郝经等人，多从孟子和《春秋公羊传》之“用夏变夷”的思想因素出发，主张打破“严夷夏之大防”的藩篱。许衡认为在民族关系上，应当“天下一家，一视同仁，无所往而不为善也”，因此他不否定元朝统治的合法性，但也以北魏、辽、金等政权“能用汉法，历年最多”[①] 为例证，积极向忽必烈进言实行“汉法”，要求以仁政治国，改革政治。郝经认为少数民族政权“能行中国之道，则中国之主”[②]，标准是是否实行德治善政、遵从礼仪儒教。这种见解具有理论上的进步性，但前提必须是统治者首先真正地解除民族压迫，元朝政权明显地未能做到这一点。因此，隐居的学者群体仍坚持“华夷之辨”的理念，利用程朱理学的官学地位，借助于推重并且阐发《资治通鉴纲目》等史学活动，传布与元朝政权地位不相协调的历史正统论观念，这是元代史学发展中的思想矛盾之一。

二、“国可灭，史不可灭”理念的产生及其意义

南宋季年，蒙古族政权攻灭金政权，占据了中国北方。金国的灭亡，在当时也是引起政治与文化震撼的大事。原在金国统治下的汉人文官、学者，面对蒙古政权攻灭金国政权的结果，感触是复杂的。两个政权皆属于夷狄，但显然金国政权汉化程度较高，制度礼仪已大部分接近于唐宋。曾在金国为官的汉人学者，既不能完全以臣子自居，也不能全无情感，反映在史学观念上，形成一种新的理念，这可以用元好问的观念为例来说明。据郝经《遗山先生墓铭》记述元好问事迹曰：

> 每以著作自任，以金源氏有天下，典章法度，几及汉唐。国亡史兴，己所当为。[③]

---

① 许衡．鲁斋遗书：卷二：语录下．明万历二十四年（1596）刻本．

② 郝经．陵川集：卷三七：与宋国两淮制置使书．影印文渊阁《四库全书》本．台北：商务印书馆，1986．

③ 郝经．陵川集：卷三五：遗山先生墓铭．影印文渊阁《四库全书》本．台北：商务印书馆，1986．

这里“国亡史兴，己所当为”，固然表现了唐代以来的史家撰史责任感，而尤其值得注意的是：其中包含了不能使一国之史沦灭的观念，这不需要任何附加条件，即不论这已亡之国是什么性质以及如何评价。

蒙古国统治北方，至元世祖中统二年（1261），即设立翰林国史院，这本来是为了纂修本国之史。而原为金国进士、官员，复被蒙古政权任用为翰林学士的王鹗（1190—1273）上奏请修辽、金二史，其奏言曰：“自古帝王得失兴废，班班可考者，以有史在。……宁可亡人之国，不可亡人之史。”[①] 王鹗的这一名言不仅流传后世，而且被蒙古最高统治者所接受，当时就进行了辽、金史编纂。

1276年元军攻破南宋都城临安，其将领董文炳称：“国可灭，史不可没。宋十六主，有天下三百余年，其太史所记具在史馆，宜悉收以备典礼。”于是“乃得宋史及诸注记五千余册，归之国史院”[②]。可见至于宋末，“国可灭，史不可没”的理念已经成为信条，这种理念首先在少数民族政权内形成，本身就具有很大的政治文化意义。

众所周知，蒙古军队在征服各地的战争中，手段极其残酷，对占领区的生命、财产、文化成果都曾有过摧毁。而促使蒙古政权建立“史不可没”的理念，像金、宋那样记史、修史，进而提倡尊重敌国之史，不没其史实，是推动其趋于文明化的有效作为。所以“国可灭，史不可没”的理念，使传统史学发挥的民族融合作用有所增强。

“国可灭，史不可没”的理念，固然可以与史学提供兴亡鉴戒的作用联系在一起，但单就这个理念而言，乃是将保存历史记载置于首位，即“史不可没”是无条件、无限定的，先“不可没”，再考虑其可能具有的经世作用。这无异于强调了记载历史、纂修史书，本身就合理正当，不可违背，极大地推动了史家载笔述史的正义感和责任感。

元朝灭亡之际，危素欲殉死，然而被一寺僧拦住，理由为“国史非公莫知。公死，是死国史也”[③]。在一些人心目中，存一国之史，可与恪守纲常、尽忠尽节相比拟，而且存史似更为重要。到明代，“国可灭，史不可灭”甚至扩大为一切史事皆应如实记载，不应隐讳的依据，如明臣杨守陈认为：“古人谓国可灭，史不可灭，我太祖定天下，即命儒臣撰《元史》。太宗靖内难，其后史臣不记建文君事，遂使建文数年朝廷政事及当时忠于所事者，皆湮没不传。”[④] 焦竑更指出：“夫胜国之君，人必为纪，以其临御一时，犹难泯没。所谓‘国可灭史不可灭’也。况在本朝，乃使之孙蒙祖号，弟袭兄年，名实相违，传信何据！”[⑤] 这里替建文帝、景泰帝史事予以伸张的诤言，乃是“史不可灭”理念向更广范围的扩展。明末清初，大批野史作者私撰明代之史，很多人也是以“国可灭，史不可灭”的理念为旗帜的。

总之，“国可灭，史不可灭”的理念，给记述历史以不带先决条件的合理性，降低

---

① 苏天爵．元朝名臣事略：卷一二：内翰王文康公．北京：中华书局，1996：39．

② 元史：卷一五六：董文炳传．北京：中华书局，1976：3672．按：《元朝名臣事略》卷一四记董文炳语为“国可灭，史不可灭”。

③ 明史：卷二八五：文苑传：危素传．北京：中华书局，1974：7314．

④ 徐纮．明名臣琬琰续录：卷一八：杨廉《侍郎杨文懿公言行录》．影印文渊阁《四库全书》本．台北：商务印书馆，1986．

⑤ 孙承泽．春明梦余录：卷三二：焦太史竑修史四事．影印文渊阁《四库全书》本．台北：商务印书馆，1986．

了史学附庸于政治功用的色彩，也在记史、修史层面上抹去了华夷政权的界限，在古代政治文化、史学建树上有重大意义。

三、明代史学的社会文化背景

明朝取代元朝统一内地后，采取解放大批奴隶，改善农民、手工业者待遇等措施，使经济有所恢复与发展，商业经济也渐渐兴隆。明建国伊始，就空前加强君主专制体制，制定严刑酷法。随即推行监视与压迫一切臣民的特务政治，锦衣卫、东厂、西厂的设立与迫害活动接连不断。明太祖大肆杀戮开国文武大臣，留下了政治遗患。明成祖发动“靖难”之役，夺取帝位，以血腥手段屠杀对抗者，这些都给明朝政治与历史留下深深的阴影。明后期朝臣、宦官及士大夫党争不断，侵蚀了明政权的统治根基。明初的极端君主专制等政治因素，对史学发展造成了很大的影响，而后期的社会矛盾的发展，以及朝廷对社会控制力的衰减，又使史学有了多样化的表现。

在文化上，明朝将程朱理学奉为国学，对科举考试规定了八股文的考试体制，朱熹的《四书章句集注》成为科考的主要依据。这对思想文化的活跃性有禁锢作用。明中期以后，王阳明之学说异军突起，倡导“心学”，对沉闷的理学学风有所冲击，带来思想界新鲜空气，但其末流演化复杂，既有积极作用，也导致某种束书不观、空谈无根的倾向。万历年间，西方耶稣会传教士来到中国，最有名者如利玛窦，给明朝带来先进的科学知识，西学进入中国，官员、学者徐光启、李之藻等接受新知识的影响，成了最早认可西学的古代学者。西学有限的传播，也在学术思想上造成一定的影响。明代中期之后，学术思想发生不少变化，这些也投射到史学的发展之中。

明代是刻书业繁荣发展的时期，造纸、制墨、刻印技术的进步，以及朝廷在图书事业上政策的宽松，都有力地促进了刻书业的兴盛。明代官方与民间都大量刻书，虽质量良莠不齐，却有助于文化的发展与知识的普及。明中期之后，随着商业经济逐渐发展，以商业运作方式运行、以盈利为目标的书坊刻书业，空前地繁荣起来，南京、苏州、湖州、徽州、杭州、北京等，都集中地分布许多书坊，尤其是福建的建阳，成为书坊最兴旺之地，所刻书籍不仅传布全国，而且远销日本，对中、日社会文化发展造成很大影响。考察明代中期以后的中国社会文化状况，绝对不能忘记书坊刻书这一因素，对史学发展的研究也不能例外，明代后期多元的史学主张得以传播，多种形式的史籍得以面世，普及性史书之所以繁盛，等等，都与书坊刻书业相关。这些问题，在以后的论述中还会随时提到。

明代的学术文化，在后期形成多样化的表现形式，一方面是空疏、浮躁的治学风气弥漫于社会，大量粗制滥造的书籍流行不歇，文人好为无根之言，影响所及，就连一些著名学者也不时沾染夸夸其谈的习气；另一方面，在纷繁错杂的文化景观之内，不少学者进行了开新的探索，涉及各个学术领域，皆有值得圈点的学者和著述，如李时珍及其《本草纲目》在植物学上的调查成就，徐霞客及其《徐霞客游记》在地理学上的成就，宋应星《天工开物》对技术科学的总结等，思想界也涌现出王廷相、吕坤等人主张“学而后知”、提倡治学“用世”的实学思潮。史学的状况与整个思想文化界大体一致，明代后期也是在粗疏纷杂的史籍流行之中，出现不少注重考订、致力辨伪和作出理论性探索的史家和史书。

第二节　元明两朝的官方史学

一、元朝官方修史概述

元朝起自北方蒙古族政权，其早期官方记史、修史，不仅使用蒙古文字，而且在形式、内容上还形成本民族特色的历史典籍——《脱卜赤颜》。“脱卜赤颜”蒙古语为“秘史”、“历史”或“黄金史”之意，是蒙古政权最早的历史载籍，元朝统一全国后仍视为秘藏的“国书”，即使编纂《经世大典》等官书亦不许史官阅读参考①。但元仁宗时丞相察罕曾经选其内容编译为《圣武开天记》一书，已佚。元文宗时，曾下令续纂《蒙古脱卜赤颜》②。

> 宋代将官方记史、修史搞得叠床架屋，过于繁复，元明两朝则客观上承当了官方史学调整和简化的使命。

《脱卜赤颜》原书佚失，而今存元朝《圣武亲征录》、波斯人拉施特《史集》等书应当包含了其中的记述资料。1858年俄罗斯《俄国考古学会杂志》第6册载有俄文译写的《脱卜赤颜》某些内容。今尚有多种版本的《蒙古秘史》，被不少学者认为可反映《脱卜赤颜》的某些面貌③。《蒙古秘史》大框架上虽略具时间顺序，但基本为机动灵活的叙事体式，而且穿插着诗歌、传说，并未确立记述求真的坚定理念，其中多有夸张歌颂乃至于人物神化的内容。从中可以大概窥测《脱卜赤颜》的撰写形式，应当也是一种杂糅歌谣、传说、神话的记述。因此，《脱卜赤颜》是蒙古政权官方具有本民族特色的记史典籍，并非仿从汉人政权的史书模式。但《脱卜赤颜》始终作为秘籍，即使朝廷纂修重要史书也不许参考，致使这种产生于少数民族的记史方式未能融入传统史学之主流，游离于元朝的官方史学之外，其作为史籍的历史记载意义日益淡化，仅皇帝以及最核心的统治者偶尔阅看，时或也在蒙古建立的各个汗国之间颁发，以象征各汗国之间的整体联系，而成为一种政治的符号。

蒙古占领北方以及统一全国后的官方史学，基本是依照汉族政权特别是唐宋的体制变通而来。蒙古灭金，占领中国北方，元太宗窝阔台曾应允耶律楚材④之请，设立编修所、经籍所，编纂经史之书⑤。元世祖忽必烈中统二年（1261）七月，设立翰林国史院，编修国史及拟议纂修辽、金二史，继而于至元五年（1268），又设置起居注。据《元史·百官志》，元朝有起居注官的设置，但以他官兼任。虽《元史》中屡有关

---

① 元史：卷一八一：虞集传．北京：中华书局，1976：4179．

② 元史：卷一三七：察罕传；卷三六：文宗纪：至顺三年五月甲戌．北京：中华书局，1976．

③ 关于《蒙古秘史》与《脱卜赤颜》的关系，是个复杂而多有争议的问题，尚须深入研讨。

④ 耶律楚材（1190—1244），在蒙古成吉思汗、窝阔台汗两朝为官30年，博学多识，对蒙古政权的政治改革和限制军事暴政，起到相当大的促进作用。

⑤ 元史：卷二：太宗纪：八年夏六月．北京：中华书局，1976：34．

于起居注的记载，但终未能像宋朝那样将记录体制坚持运行，元英宗至治二年(1322) 十一月，御史李端奏称："朝廷虽设起居注，所录皆臣下闻奏事目"①，因而要求增加载事内容。可见元朝的起居注常常只是条列事目，而缺具体内容，也就无当于历史记载。

元朝统一全国后，翰林国史院的主要工作是纂修实录及后妃、功臣列传。元朝重视历朝实录的纂修，但开国君主成吉思汗实录，何时开始编纂，记载不很明确。《元史》卷一四《世祖纪》记载，至元二十三年十二月，翰林承旨撒里蛮奏言："国史院纂修太祖累朝实录，请以畏吾字翻译"②，似乎当时已经纂修元太祖实录。但即使有了成稿，也不会被朝廷认可，因为成吉思汗时期征战频发，而记载缺乏，考订斟酌，难以裁定。史载至元二十七年 (1290)，《元定宗实录》《元太宗实录》告成③，亦仅初稿而已，到元成宗时一并修订。元朝的实录在体式上形成基本规范，纂修实录的体制步入官方史学的运行轨道，是在元成宗在位时期。

元成宗元贞元年 (1295)，《元世祖实录》修成。这部实录 210 卷，附带《事目》54 卷、《圣训》6 卷，《事目》有如大事索引，《圣训》汇集皇帝谕旨、诰令等。后来元实录大多皆附《事目》和《制诰录》，《制诰录》内容类同于《圣训》。从元成宗时纂修《世祖实录》起，基本形成了一朝皇帝逝世不久，即开始纂修其实录的定例。修订元世祖之前的实录，以及后来的纂修实录，大抵皆参照《元世祖实录》的体式。至元成宗大德七年 (1303) 十月，有"翰林国史院进太祖、太宗、定宗、睿宗、宪宗五朝实录"④的记述。所谓"睿宗"并非曾经即位的皇帝，只是以元宪宗之生父而追尊为帝，竟然也纂修一部实录，乃是对"实录"记史功能的一种曲解。

编纂辽、金、宋三史，是元朝官方史学的重要成就之一。三史的纂修起始于元顺帝至正三年 (1343) 三月，由翰林国史院专设史局，各衙门抽调人员，丞相脱脱为总裁官。次年三月和十一月，《辽史》116 卷、《金史》135 卷先后告成，又次年十月《宋史》告成。三史各立帝纪，独立为书，淡化了正统之争。三史各有特点，《辽史》与《金史》纂修很为规范、叙事精要，《宋史》资料丰富，记载周全，达 496 卷，然而短时间完成如此巨大部帙的《宋史》，缺点、讹误在所难免，故后人多有訾议。

元朝其他史书的编纂也有可观的成就，如《元大一统志》《经世大典》《元典章》的编纂，皆在史学史上具有相当重要的意义。《元大一统志》早在元成宗大德七年 (1303) 即已由秘书监修成，1 000 卷以上⑤，部帙甚大，是资料丰富的全国性官修志书，虽然已经佚失，但已发挥了史学影响，明清时期的官修全国志书，皆以"一统志"为名，无疑是承袭元朝的称谓。

《经世大典》是元朝官修的又一部大型史书，正文 880 卷，附加目录 12 卷、公牍 1

---

① 元史：卷二八：英宗纪二. 北京：中华书局，1976：625.
② 元史：卷一四：世祖纪十一. 北京：中华书局，1976：294.
③ 元史：卷一六：世祖纪十三. 北京：中华书局，1976：338，342.
④ 元史：卷二一：成宗纪四：大德七年十月庚戌. 北京：中华书局，1976：455.
⑤ 此书佚失严重，其卷数有 1 000 卷与 1 300 卷两种记载。

卷、纂修通议1卷。此书于元文宗天历二年（1329）九月诏奎章阁学士院纂修，至顺二年（1331）四月成书，速度亦极其快捷。该书略仿唐、宋会要体裁，汇集元朝典章制度和朝政大事，具有宝贵的史料价值，但可惜已经佚失。

《元典章》的纂修早于《经世大典》，全名为《大元圣政国朝典章》，约于元英宗至治二年（1322）修成。正集60卷，分为诏令、圣政、朝纲、台纲、吏部、户部、礼部、兵部、刑部、工部10门，载元世祖到元仁宗（1320年之前）的典制。又补撰新集，载元英宗至治元年、二年典制，不分卷。官方未将此书视为最后完成之书，新集目录跋尾明确申称"以后新例，候有颁降，随类编入梓行"。本书流传中有所佚失，经陈垣先生校补，大体恢复原貌。《元典章》的编纂是元朝官方史学的一项重要成就，以往典制之史，多以事类分门，《唐六典》第一次明显采取以官衙机构为门类，但这种纂修方式在两宋时期未能得到延续和发展。《元典章》再度以行政机构为纲领，汇总行政事迹，有利于保存原始资料，而且便于编纂，开明清两代朝廷编撰"会典"之先河。

二、明朝官方的修史活动

明朝建立一统政权之后，以恢复中国礼仪、名教相标榜，积极采取一些兴办文化、教育事业的措施。同时，明初皇权专制极端强化，政局呈现出政治斗争十分激烈的局面，官方史学也表现出相应的特色。

第一，明初纂修《元史》，几乎是进占大都（北京）、缴获元朝实录后立即着手准备，洪武二年（1369）二月诏修《元史》，次年二月全书告成。其速度之快，超过元朝纂修三史①，可谓空前绝后。《元史》依据当时尚存的元朝实录，其史料价值自然不可抹杀。但因编纂仓促，涉及少数民族人名、地名，错讹多端，有一人误为二人分别立传现象，其他舛谬纷纷，降低了学术水准。又遵明太祖指令，史臣不许发表议论，这在正史中也独一无二。

第二，明太祖朱元璋敕令编纂一批针对各个层次官僚、贵族的惩戒性史籍，如《宗藩昭鉴录》《相鉴》《武士训戒录》《储君昭鉴录》等，各收载与其书名相关的历代人物善恶事迹，及其恶有恶报的结局。《永鉴录》分类编辑历代宗室诸王为恶悖逆者，《世臣总录》择录历代人臣善恶可为劝惩者，《辨奸录》辑录历代奸臣事迹，《臣戒录》《志戒录》叙次历代为臣悖逆不道者等。

《昭示奸党录》辑录胡惟庸及其党羽罪迹，《清教录》辑录结交胡惟庸谋乱的46名僧人之事，《逆臣录》辑录蓝玉谋乱及其败亡事，《纪非录》编辑皇帝指责、训示周、齐、潭、鲁诸王事，《彰善瘅恶录》汇集本朝历年为善受赏、为恶被罚之事，以上五书皆本朝史事。这些史籍皆属抄录纂辑，重点在于惩恶，是站在皇帝立场利用历史向臣下发出威慑，书成之后必颁赐诸臣或相关人员。这类书史配合政治措施和诸多律令、条规的颁布，辅助君主专制的强化，并无史学价值。

---

① 元修《辽史》亦一年成书，但《辽史》部帙小于《元史》。由于成书过快，《元史》存在不少讹误、粗率的问题。

永乐年间，将“惩恶”的编书基调作出调整，完成《古今列女传》的编纂，是书着重辑录可为世范的妇女事迹。又纂修《为善阴骘》10卷，收载历代身致显荣、德荫后裔的人物165人。编纂《孝顺事实》10卷，辑录古今载籍所记孝顺之事。这几种史书的编纂方法与洪武时所纂之书皆属依类抄撮与纂辑，唯立意不同，即一是威慑、一是教化。明宣宗时，则修成《外戚事鉴》5卷、《历代臣鉴》37卷，善恶俱载，但仍以威慑性质为主。至土木之变后的景泰帝时期，编成《历代君鉴》50卷，其中善可为法者35卷，恶可为戒者15卷。万历初年完成的《帝鉴图说》，其性质与《历代君鉴》相同，但每事各绘一图，以便于年少的万历帝阅读熟记。官方撰史的“惩恶劝善”宗旨，还是回归到了既针对臣民、亦针对君主的传统史学轨道之上。

第三，略显匆忙地编纂了一些史籍，如洪武三年即编纂《大明志书》①，书虽成，但质量不高，因而久佚不存。但《大明志书》的纂修，开启了明朝官修全国性志书之先河，永乐间曾诏修《天下郡县志》而未成，景泰时纂成《寰宇通志》119卷，体式、内容方较为完备。

以纂辑、抄撮方式编定史籍，在明代形成风气，官方是较早的编纂者，如洪武时的《春秋本末》、永乐年间的《历代名臣奏议》、景泰时的《勤政要典》等。《春秋本末》将《左传》史事分国纂辑，以便于阅读。《历代名臣奏议》有益于政治参考，编纂形式亦具新意。《勤政要典》采录古帝王行事，君主可用以自律自励。抄撮编书，最大规模莫过于《永乐大典》，虽非专属史籍，但录存史书甚多，有保存历史文献之功，唯其体式粗率，方法笨拙，不足为训。至于其他庞杂之书，不再赘述。

明初设有起居注官，洪武年间也编纂了《大明日历》100卷，但这些仿从宋代官方史学遗绪的纂修项目，并未得以坚持实行，明太祖时即曾罢废起居注，并且几度裁抑起居注官的品级。此后，仅万历朝坚持了起居注的记载，留存下一部内容丰富的起居注册。宋代曾有过的时政记，明代未曾撰写，日历在洪武之后也基本废止。纪传体国史，仅万历时一试，以失败告终。唐、宋有过的“圣政记”，明初效仿编纂，但后来仅两三朝有所仿作，终被废黜。可见明初统治者虽然在文化方面贬斥元朝，欲效仿宋代，但是其官方记史、修史机制最终更接近于元朝。

明朝的史官制度如同元朝，没有专职，没有常设的修史馆局，如有修史之事，临时抽调人力，翰林院是提供修史人员的重要机构。作为一个储备文官人才的机构，翰林院设有修撰、编修的官职，被一些古籍称之为“史官”，其实这是不确切的称谓。修史组织机构的缺乏，是明代官方史学不能振作的原因之一。

像元朝一样，明朝官方一贯坚持的主要是皇帝“实录”的例行纂修，实录馆为临时组建，抽调翰林院官员和其他部门官员任纂修之职。实录在纂修之中，即进行此朝皇帝“宝训”的纂修，“宝训”与实录同时成书，这也是元朝形成的方法。明朝纂修实录，亦有不同于前朝的特点，即曾经形成以武臣任监修官的制度。随着内阁权位的提高，纂修实录逐步确定由内阁大学士出任首要总裁官，实录馆实际是在内阁主导下组建。同时，翰林院官也出任副总裁、纂修官等重要角色。职高权重的内阁大学士任总裁官，致使武

① 明史：卷九七：艺文二. 北京：中华书局，1974：2405.

臣充任的监修官已经形同虚设。明万历年间，朝廷曾经组织纂修纪传体国史，几年后也因种种原因告罢。

《大明一统志》《大明会典》，乃是仿元代的《元大一统志》和《元典章》。明代的玉牒与实录一样，属于例行纂修，制度规定为十年纂修一次，而实际上多不能按时进行。明永乐年间始修第一部玉牒，即今传世的《天潢玉牒》。《天潢玉牒》记明开国皇帝家世谱系，追溯到明太祖四世祖，下及明太祖诸子，并且记述明太祖平定天下到洪武三十一年（1398）大政要事①。这种写法正与宋代玉牒相似，是明朝模仿了宋代玉牒不成熟的编纂方式。后来，明朝玉牒转变为纯粹的宗室、皇族谱牒，帝系和各王府分别入册，而不再记述政要大事。明朝玉牒有一个从仿照宋代到形成自己规范的过程，清代则仿从了明朝最后形成的玉牒模式。

明代官方修史也取得一些新的成就，例如成化年间修成的《漕河通志》14卷，记漕运条规和事迹，是专项经济史册，对明代史学发展有新的启示；成化十二年（1476）成书的《续资治通鉴纲目》（商辂主修），正德二年（1507）修成的纲目类通史《历代通鉴纂要》92卷（李东阳主修），以普及历史知识与正宗历史观为目的，参与到当时社会的普及性史学潮流，是官方纂修史书的成功范例，在史学史上有较大的影响。李东阳（1447—1516）是明朝一代文宗，卓有名气，在政治上亦有特别才干。他于宦官刘瑾得势横行的明武宗朝，长期任首席大学士之职，面对恶势力以柔韧之术应对，解救不少正直之士。主修的《历代通鉴纂要》一书，对汉、唐等各代的宦官乱政严加抨击，揭露其迷惑君主的手段。此书完稿刊印之际，险些导致笔祸，亦以政治智慧化解，是史学史上的一个奇迹。清乾隆朝纂修的《御批通鉴辑览》，主要内容抄录于此书。一方面是乾隆帝对《历代通鉴纂要》爱不释手，写诗盛赞，另一方面却在《四库全书》编辑与《四库全书总目》中故意“遗漏”，隐没其事。是为关乎此书的又一奇事，解析这个问题，对于认识官方史学的运行机理很有启示②。

明代万历朝的官方史学与私家史学都相当兴盛，是值得注意的史学现象。官方不仅主修前朝实录，而且编录一部较为完整的起居注，进行过唯一一次纪传体国史的纂修，重修了《大明会典》，等等。万历时期的私家撰史，繁多庞杂，如若乱花迷目，连前朝禁毁的陈建《皇明通纪》、稍犯时讳的建文朝史事，也有多种史书版本流行。究其原因，似与张居正的史学作为相关。

张居正（1525—1582），明朝政治家，万历初期日常朝政的实际掌管者，多有政治经济改革的举措。万历帝10岁继皇帝位，其生母李太后权位甚重，对万历帝管教极其严厉。张居正主持政务伊始，就编纂有文有图、简明通俗的《帝鉴图说》一书，向少年万历帝进讲历代君主善可为法、恶可为戒的实例，试图按以史为鉴的理路进行培育。张居正在官方史学建树上也颇有作为，万历三年（1575）着手恢复朝廷的起居注记载制度，涉及了十分详密的起居注记录和保存的规则，还配备了任命六曹史官分别记述六部政事与文献的制度。万历四年，在张居正倡导和主持下开始续纂《大明会典》，为此书

---

① 李晋华．明代敕撰书考．北平：燕京大学图书馆引得编纂处，1932：37．

② 乔治忠．李东阳《历代通鉴纂要》及其在清朝的境遇．中国史研究，2014（4）．

的最后成功奠定了基础。尽管张居正死后被万历帝追罪，但上述举措并未废除。清朝的起居注体制与六曹史书的编存，基本上承袭了张居正的创树。

万历帝自少年受到《帝鉴图说》一类浅层简略史学知识教育，长大后读史，会得知历史上兴亡成败并不如同早年了解的那么简单。少年之时受母后与大臣的“挟持太过”，也必然导致逆反理念，于是对历史和史学乃产生厌烦和鄙视，并不认可史学的什么鉴戒作用。当然，传统的重史观念源远流长，举国信奉以史为鉴，万历帝也犯不上与之对抗，他对官方提出修史动议和私家修史活动，听之任之，不为过意，有一种不屑于干预、限制，也不着意支持的心态。这就使万历朝官方、私家之史学，就各自以其社会机制的惯力发展，呈现出丛杂繁乱的状况和较为兴盛的表象。因此，张居正对官方史学建设的作为，有助于传统史学的发展，但他对万历帝施加的以史为鉴的指教和引导，却是完全失败了。

官方史学易受政治因素左右，明代尤为显著。明永乐帝以藩王夺取皇位，随即篡改和改修《明太祖实录》；明英宗以“夺门之变”复辟，导致隐没和歪曲景泰时期的史事；明世宗经过“议大礼”政治斗争，不仅将其没做过皇帝的父亲追尊为皇帝，而且像真正执掌朝政的皇帝那样纂修了实录、宝训，还编撰《大礼集议》《明伦大典》鼓吹其事；明季党争激烈，阉党曾纂成党同伐异的《三朝要典》。如此等等，都是明朝官方史学活动中的阴暗面。

官方垄断地方志的编纂，这是明代的新现象。中国古代地方史志的编纂源远流长，汉、晋时期多有称为“地记”的地理之书，而隋唐五代盛行编纂“图经”，宋代予以整合，使地方志的编纂形式逐步呈现大体相似的规格，成为综合记载特定区域内地理、人文、历史、行政的特殊典籍。有宋一代在方志发展中十分重要，元代承袭宋代的发展成果，但宋元方志留存于今的很少。至于明代，方志在编纂数量和机制上都成为显著的社会文化现象。明朝对纂修方志十分重视，永乐十六年(1418)，明成祖即曾“诏纂修天下郡县志书”[①]，命户部尚书夏原吉等主持其事。自此，方志编纂主要由官府掌控，这是与前代有别的突出特点。朝廷编纂全国性志书拟有凡例，也同时要求各地方志预设凡例，方志普遍设立凡例，自明代盛行，这是一个新的发展。

总之，元朝以游牧民族入主中原，不可能像宋代那样建立繁复的修史机构，客观上起到调整官方史官建置与修史格局的作用。明朝很多方面其实是承袭了元朝的修史格局，这说明宋代将官方记史、修史搞得叠床架屋，过于繁复，元明两朝则客观上承当了官方史学调整和简化的使命。但是，元朝对官方史学的压缩未免过分，可以视作文治的后退。明朝则未能处理好史学求真、史学学术性与政治需要之间的协调，弊端一如宋代，而重视史学的程度却远逊于宋朝。这样，就使元、明官方修史格局的调整没有达到很好的效果，给清朝官方史学的再兴提供了颇大的空间，也遗留下许多的问题。

---

① 明太宗实录：卷二〇一：永乐十六年六月乙酉．校印本．台北：“中研院”历史语言研究所，1962：2089.

第三节　胡三省和马端临的史学贡献

> 君子审后王之道，而论于百王之前，若端拜而议。然则考制度、审宪章，博闻而强识之，固通儒事也。
>
> ——马端临《文献通考·自序》

元朝初年，产生了胡三省《资治通鉴音注》与马端临《文献通考》两种史学名著。胡、马二人均是宋末元初之人，他们的史学根基于宋代，而改朝换代的社会变动，并未割断其史学研究的进程。

一、胡三省撰《资治通鉴音注》

胡三省（1230—1302），字身之，宋末元初台州宁海（今浙江宁海）人。少承家学，继其父遗志，从南宋理宗宝祐四年（1256）始，用29年的时间撰著《资治通鉴音注》，于元世祖至元二十二年（1285）成书。自三国两晋南北朝时期史书注释兴盛，出现韦昭《国语注》、裴松之《三国志注》、郦道元《水经注》等著述之后，唐代前期仍有史注精品成书，如颜师古《汉书注》、司马贞《史记索隐》、张守节《史记正义》，均很有学术价值。晚唐直至宋代，儒学经注、经解尚可，但已经缺少能够卓立于学术之林的史注之作。而元初胡三省之《资治通鉴音注》（以下简称“胡注”）却又突兀出世，成为又一杰作，自此与《资治通鉴》紧密结合，对阅读和研究《资治通鉴》的辅助之功最为显著。

像通常的史书注释一样，胡三省对《资治通鉴》作出细致的字音解注、文字校勘与训诂，这是辅助阅读的基本功用。但其学术性主要表现于注释的范围十分广泛，凡是《资治通鉴》正文叙述到的历史典故、政区建置、地理沿革、职官体制、天文历算、礼仪刑法、赋税劳役以及草木鸟兽等自然名物，尽可能搜集资料据以为注。这种注释方法，已经超越司马光撰史的“资治”宗旨，更多地具备了著述的学术视野。同时，胡注还将独立成书的司马光《资治通鉴考异》内容散布于《资治通鉴》相应的正文之下，如同注释，这也是很得体的做法。

胡注引用他书资料做注释的同时，还常提出自己的考订和辨正，并标明“余谓”二字，这些考订表现出很高的学识。例如《资治通鉴》卷四三记述东汉马援率兵攻交趾，“扶乐侯刘隆为副”。唐李贤注《后汉书》认为“扶乐，县名，属九真郡”。胡注引述后辨正说：“余谓：贤说误矣，九真郡未尝有扶乐县。”又考证刘隆本封为扶乐乡侯，因此“扶乐乃乡名，非县名，（李）贤考之不详也。《水经注》：扶乐城在扶沟县，砂水径其北”。考订十分细致、确切，显示了胡三省治学的认真精神。这样的地理考订所占比例很大，是胡注中的精粹部分。

胡注辨前人注释之误，内容涉及广泛，包括地理、职官、史事等各个方面，而且有时辨正对史书之文的理解。《资治通鉴》卷二一记述西汉武帝派兵破大宛之后，“西域震惧，汉使入西域者，益得职”。此段文字取自《汉书》，颜师古对“益得职”的注释是：

“赏其勤劳，皆得拜职也。”胡三省引述后纠正说：“余谓颜说非也！此言汉使入西域，诸国不敢轻辱，为其得职耳。得职，不失其职也。”结合文义，“汉使”之“益得职”讲的是在西域惧怕汉朝之后的情况，胡三省的解说无疑是正确的。

编年体的《资治通鉴》由于体例上的特点，往往会割断史事，不能连续记述，胡注常常以注释予以提示，交代事件缘起的时间、梗概，以便查阅，令前后文得到照应。胡三省也有时纠正《资治通鉴》的偶尔舛误之处，而且不免发表一些历史评论，像裴松之《三国志注》那样。胡注辨析史事，亦有讹舛之处，例如《晋书·马隆传》记载晋朝将领马隆与少数民族之军作战，“夹道累磁石，贼被铁铠，行不得前。隆卒悉被犀甲，无所留碍，贼咸以为神”。司马光《资治通鉴考异》指出“此说太诞，恐不可信”，故《资治通鉴》不取。但胡三省却认为“余谓磁石胁铁铠，诚有此理”①。实际上天然磁石的磁力甚微，堆积一起，磁力更会减弱，胡三省不具备这种知识，凭想象发言，因而难免有误。

胡三省作为宋末元初的学者，怀有强烈的故国之思，不愿接受外族统治政权。因此心中以宋遗民自居，华夷之分理念甚重。在《资治通鉴音注》的序文中，不用元朝年号，采取干支纪年。胡注中凡涉及宋代，或称“我宋”，或称“国朝”。这种隐情长久无人注意，直至日军侵华时期，才由陈垣《通鉴胡注表微》一书予以详尽揭示。因此，《资治通鉴音注》不仅是精湛的学术著述，而且表达出坚毅的宋遗民情怀。

二、马端临著《文献通考》

唐代杜佑《通典》和宋代郑樵《通志》两部名著传世之后，元初又有马端临撰著《文献通考》，后人将之与前二书合称“三通”。

马端临（约 1254—?），字贵与，宋末元初饶州乐平（今江西乐平）人。据顺治《乐平县志》，《文献通考》约始撰于元世祖至元二十二年（1285），约于元成宗大德十一年（1307）成书，记述范围自上古至南宋宁宗时期，全书共 348 卷。马端临的《文献通考·自序》与郑樵的《通志·总序》一样，是一篇十分重要的史学理论性质的论述。

马端临认为：政治的兴衰治乱，各个时代可以有不同的特点，因此断代的史书是一种可行的编纂方式。但是，“典章经制，实相因者也，殷因夏、周因殷，继周者之损益，百世可知，圣人盖已预言之矣。爰自秦汉以至唐宋，礼乐兵刑之制，赋敛选举之规，以至官名之更张、地理之沿革，虽其终不能以尽同，而其初亦不能以遽异……其变通张弛之故，非融会错综、原始要终而推寻之，固未易言也”。主张典章制度史应当是原始要终的通史，这比起郑樵痛骂班固、反对一切断代史的言论，要平允、贴切得多。

典章制度通史，已有杜佑的《通典》，马端临认为《通典》虽然“纲领宏大，考订该洽”，但一则记述仅至中唐，二则“节目之间，未为明备，而去取之际，颇欠精审，

① 资治通鉴：卷八〇：晋武帝咸宁五年十一月“马隆战树机能”事以及胡三省注. 北京：中华书局，1956：2559.

图6-1　《文献通考》

不无遗憾焉”，如“天文”“艺文”的缺欠，“帝系”“封爵”之未载，即为显例，总之是“未为集著述之大成”①，言外之意，《文献通考》一书是将“集著述之大成”作为其学术宗旨。他就书名字义予以解说，所谓“文”，是择取以往书籍对典制的记载，“信而有征者从之，乖异传疑者不录”；“献”是以往的“贤人”议论，“凡一话一言可以订典故之得失，证史传之是非者，则采而录之”；所谓“通”，当然是指古今贯通之史；而“考”，则是马端临自己作出的研讨、考评。因此，《文献通考》不仅记述典章制度通史的内容和实施状况，而且搜集历来臣僚、贤人的有关议论，更具有作者自己的考订和评论，其史料价值与思想内容都超过了《通典》。但《文献通考》许多资料取自《通典》，承绪者易为功，不能因此而抹杀创始者的成就。

在分门别类上，《文献通考》与《通典》相比，将“食货”拆开为八项：田赋、钱币、户口、职役、征榷、市籴、土贡、国用，从“选举”中分出“学校”，增加了经籍、帝系、封建、象纬、物异等门类，其中《经籍考》的设置，具有文献学史的重大价值。其他的分类和名称变化还有一些，总共为24类。这增强了典制史的涵盖面与条理性，不遗不滥，显现了构思的严谨与缜密。

如同前代许多有识史家一样，马端临具有历史进化论的思想因素，重视经济问题的重要性，反对迷信的“妖祥之说”等，但最可贵的是贯穿于书中考评的实事求是精神。例如马端临在《文献通考》卷三四《选举考七》的按语指出：《新唐书·选举志》“言唐武举起武后之时，其选用之法不足道，故不详书。然郭子仪大勋盛德，身系安危，自武举异等中出，是岂可概言其不足道邪？《唐登科记》所载异科出身者众，独轶武举，亦一欠事”。这就批评了史家因贬低武则天，竟将创设武举的事迹不载于史籍的错误行为。在宋代以降学界、政界否定武周政权的背景下，这种求真、求是的历史考量尤其可贵。在《文献通考》中，这样的考评甚多，还有待细致梳理。

第四节　元明史家对史学的新探索

元明两代，除官方史学的调整与新探之外，私家史学也作出许多新的探求，虽然元明两代私修史书不及唐宋时期的名著之多，仅胡三省《资治通鉴音注》、马端临《文献通考》备受后人赞誉，但纵观两代作出的新探求，实为绚烂多彩，不可抹杀。

---

① 文献通考：卷首：自序．北京：中华书局，1986：3.

一、经世史书的多样化发展

> 见今有为《通纪》者，为《吾学编》者，为《宪章录》者，为《大政记》者，为《昭代典则》者，人自董狐，家自司马，意制相诡，莫适折衷。
>
> ——李维桢《大泌山房集·明政统宗序》

中国传统史学思想，是以经世致用理念为史学宗旨的主流形态，几乎找不到一个古代史家是明确反对史学经世者。无论是以史为鉴、以史教化、以史资治、以史惩劝、以史明道，都可以概括为“经世致用”史学的范畴之内。以经世宗旨编辑的史书，可以有多种不同的形式，在元明时期都得到继承、发展，各有撰述，例如王恽《守成事鉴》15卷、王圻《续文献通考》、娄性《皇明政要》等，以及对《资治通鉴》《资治通鉴纲目》的续编，历有涌现，至于史论之书，更是多见。除这些承袭前代撰史风格的作品之外，元明史家在经世史书的撰写上，又出现了新的气象，这里介绍最为显见的几类。

1. 经济史著述的勃兴

这里“经济”一词用现代语义，指财务、钱粮、物产、工商之类。专门的经济史之书，在前代少见，至元代出现，明代勃兴。

元顺帝时武祺著《宝钞通考》8卷，是极为值得注意的经济史专书。据《新元史》卷二一三《吕思诚传附武祺》：“祺，字子春，太谷人，由掾吏迁知桐城县……入为户部左司都事……至正十年，丞相脱脱锐意变法……从祺等议，立宝泉提举司，铸至正通宝铜钱，印造交钞，通行天下。”本书叙述与评论元代纸币即“宝钞”的印行及其影响，多为《元史》言之不详的史事，具有特殊价值。

到了明代，各种专类的经济史之书蜂拥而起，例如邵宝《漕政举要录》18卷、朱廷立《盐政志》10卷、胡彦《茶马类考》6卷、王在晋《通漕类编》9卷、汪鲸《大明会计类要》12卷、张学颜《万历会计录》43卷、娄志德《两浙赋役全书》12卷、王圻《两浙盐志》24卷、傅浚《铁冶志》2卷等，不一一条列。此类撰述之多，已成一种风气，对于深入研究明代经济史可提供有价值的资料。

2. 边防记述与军事史编纂

蒙古元朝军队东征西讨，战争不断，但军事史之书并未多见。元世祖忽必烈时诏修《平金录》《平宋录》等书，这些虽有战争记述，但出于歌颂蒙古武功，不必看作真正意义的军事史著述。又有《圣武亲征录》1卷，其内容多载战事，而史学界对其成书时间及资料来源尚有异议。

明代边患甚多，东南遭受倭寇侵扰，北部边地烽火不断，西南地方叛乱起伏，军事上疲于应付，军事与边防问题凸现于时人面前。至明后期，关于边防、海防的记述与筹划，关于军事史、用兵策略等著述便接踵而出，皆出于经世目的。例如关于边防、海防之书，郑若曾为胡宗宪编纂的《筹海图编》13卷，反映了防御倭寇的军事部署与策略，图文并茂，极具特色。同类之书有侯继高《全浙兵制考》3卷、范涞《两浙海防类考续编》10卷、王在晋《海防纂要》13卷等。北部边防之书有栗在庭《九边破虏方略》5卷、徐日久《五边典则》24卷、张雨《边防考》12卷等。

军事史以及记述明代战争的史籍数量众多，有各种版本的《百将传》流行，何乔新更撰《百将传续编》4卷，茅瑞徵撰《万历三大征考》3卷，林兆鼎撰《威暨录》5卷（记平定西南贵州苗乱），俞大猷《洗海近事》2卷，戚继光《练兵实纪》9卷，瞿九思《万历武功录》14卷。项德桢编汇丛书《名臣宁攘要编》5册，刊于万历年间，收书25种，均为明人撰述的本朝定边平叛战事，其书全本存日本内阁文库。据《中国善本书目》所载，此书国内亦有，但已残缺，不足25种。

郑璧《古今兵鉴》32卷、周鉴《将略标》66卷、张龙翼《兵机类纂》32卷等，是讲兵法、举战例之书。万历时茅元仪《武备志》240卷，分门类讲述历代兵法、军事制度、战略准备、战例、后勤、军训以及对气象、地理条件的军事利用，内容丰富，资料颇全，应当引为重视。这些史籍，至今还缺少整理与研究。

明代以经世宗旨撰述的史籍是多样的，前代各类经世、实用史籍，皆不缺乏。而经济与军事史著在前代较少，在明代则得以充分发展。这与明季经济凋敝、军力疲弱形成反差，发人深省。

3. 多种“经世”类编、文编的汇纂

将经世言论、事例汇集编纂，将经世文章、奏议搜集编排，刊刻成书以传世，在明代蔚成风气。例如邹泉撰《古今经世格要》28卷，摘引历代经世名言要事。冯琦辑《经世类编》100卷，万历时刻行。冯应京《皇明经世实用编》28卷、郑璧《经世宏筹》36卷等书，皆为书名标以“经世”者。其他如王恕编辑《历代谏议录》100卷、黄训辑《皇明名臣经济录》53卷、陈九德辑《皇明名臣经济录》18卷、汪少泉辑《皇明奏疏类钞》61卷等，也都属于经世文编与经世事文类编。陈子龙主持编辑《皇明经世文编》504卷、补遗4卷，更是一部巨著，载文3 100多篇，为此类历史文献的集大成之作。此书按人物和时间顺序排纂，涉及内容广泛。另一名著冯应京《皇明经世实用编》，则以类书的方法分事类编辑，查阅各类别的议论颇为方便。这种书籍是以历史文献学的方式，行经世致用的史学宗旨，对后代有不可低估的影响，清代后期也出现了部帙巨大的《皇清经世文编》及其续编。

二、域外历史地理撰述

与元代疆域扩张、对外征战相关联，域外历史地理书籍承前代而继续有作，而明代中外交通发展，学术界眼界开拓，域外史地之书显著增多，虽在类别上与两宋相同，但史籍数量、地域延伸范围有所加大，内容也更加丰富。

元朝周达观《真腊风土记》1卷、汪大渊《岛夷志略》1卷，是有名的域外史地撰述，前一书记载今柬埔寨等地的文物风俗和民情，后一书则记载印度洋沿岸各国和南洋诸岛国的民俗风土，是十分珍贵的历史资料。

明代此类书史极多，如随同郑和“下西洋”的巩珍撰《西洋番国志》、费信撰《星槎胜览》4卷、马欢撰《三宝征夷集》及《瀛涯胜览》。其他如严从简《殊域周咨录》24卷、罗日褧《咸宾录》8卷、张燮《东西洋考》12卷，以及题名李言恭、郝杰“考梓”的《日本考》5卷等，撰述间出，良莠不齐，而很多与明朝的边防、海防相关联。明代后期不仅因抵御倭寇涉及与日本的关系，而且已经面临西方荷兰、葡萄牙等西方殖民主义国家的侵扰，史书撰述的视野扩展到日本、南亚、南洋，亦是经世致用之一途。

三、历史考据学的新进展

元朝的历史考据学整体上不及宋代繁荣，但承接宋代余绪，仍出现不少专门的著述。王应麟的《通鉴地理通释》和《汉制考》两部专著，实际完成于元朝初年①。宋魏了翁撰有《古今考》，但仅成1卷，未底于成，元朝方回则续纂其书，撰成《续古今考》37卷，依照魏氏体例，以《汉书》本纪的史文为线索，考证古代之典故、名物，如"高祖斩蛇"条下，则考剑，"范增举玉玦"条下，则作玉佩考释。胡三省的《资治通鉴释文辨误》，对南宋史炤《通鉴释文》予以驳正。武祺《宝钞通考》是一特殊著述，考述元代纸币的沿革变化与相关的国计民生问题，可补《元史·食货志》之缺。马端临《文献通考》虽非专门的历史考据之书，而在钩稽文献史料上功力甚大。总之，元代考据学撰著数量固然不多，但从元初至元末，专门考据之书可谓不绝如缕，承接了宋代成果，并且出现《宝钞通考》这样新型的著述。

明代学术丰富多彩，同时也驳杂冗滥，学人撰述书史，作多方向探求，其中历史考据专书数量甚多，但学术精品较少，王世贞《史乘考误》、胡应麟《四部正讹》为其中佼佼者。历史考据在明代的发展，主要趋势不是承袭宋代言必有据的考证原则进而讲究严谨精深，而是开辟出一块新的境地，即撰写一种钩稽史料以考述某一历史专题的著述。这类著述无论实际功力如何，往往在书名中就标识有"考"字。例如：

历史地理与域外史地方面，有陆应阳《广舆考》、卢传印《职方考镜》、张燮《东西洋考》、李言恭和郝杰《日本考》、茅瑞徵《东夷考略》、郭光复《倭情考略》等。

社会文化与学术方面，有王琏《历代经籍考》、凌瀚《古今群书类考》、袁黄《群书备考》、周祈《名义考》、慎懋官《华夷花木鸟兽珍玩考》、耿随朝《名物类考》、瞿九思《孔庙礼乐考》、董其昌《学科考略》等。

古今历代人物方面，有戴庭槐《孔门源流考》、朱常涝《古今宗藩懿行考》、冯从吾《元儒考略》、沈梦熊《历代相业考》、王兆云《皇明词林人物考》、过庭训《本朝京省人物考》、顾祖训《状元图考》、李腾芳《宦寺考》等。

历代政治、经济及典章制度方面，有胡彦《茶马类考》、吴山《治河通考》、王宗沐《海运详考》、郑汝璧《功臣封爵考》、张朝瑞《皇明贡举考》、王在晋《历代山陵考》、王光鲁《历朝经济考》、王圻《谥法通考》等。

边防、军事方面，有何镗《修攘通考》、魏焕《九边考》、茅瑞徵《万历三大征考》、颜季亨《国朝武功纪胜通考》、史继偕《皇明兵制考》、张雨《全陕边政考》等②。

以上所举，仅仅是同类之书的一小部分而已。其共同特点是钩稽史料而集中考述某一历史专题，且书名皆用"考"字。书名带有"考"字的著述，当然并不一定做到考据

① 据钱大昕《王伯厚年谱》，《通鉴地理通释》成书于元世祖至元十七年（1280）八月，《汉制考》成书于至元十八年五月。增订中国史学史资料编年：第3册. 北京：商务印书馆，2013：2，5.

② 以上据《明史·艺文志》《四库全书总目》《中国古籍善本书目》等书著录。

精深与史料周密，但是明代著述大量以“考”用于书名的现象，反映出考据之学得到社会认可、尊崇，代表学术界典雅、扎实与谨严的形象。尽管此类书史中不少是粗略纂辑之作，但也不乏具有历史考据功力的著述。更重要的是：这是历史考据专著的一种新的体式，在宋代尚未产生，元代则仅有武祺的《宝钞通考》。明代大量此类史籍的涌现，造成一种声势，从而确立其占有历史考据学内的一席之地，拉近了历史考据专著与其他历史著述的距离。影响至于近代，许多著名学者的历史考据专著如陈垣《元也里可温教考》等，即采取了这种撰写方式。

明代是大造伪书的时代，也是辨伪学发展的时代。辨伪是考据学的一个方面，胡应麟的《四部正讹》是古代第一部系统的辨伪专著，不仅考订了70多种书籍的真伪问题，而且总结出辨伪的方法理论，指出8条方法：（1）核之《七略》，以观其源；（2）核之群志，以观其绪；（3）核之并世之言，以观其称；（4）核之异世之言，以观其述；（5）核之文，以观其体；（6）核之事，以观其时；（7）核之撰者，以观其托；（8）核之传者，以观其人。这一套方法系统性很强，包含深湛的历史文献学的专业学术性，为古籍辨伪学奠定了理论基础。

四、史论与史评的进一步兴盛

中国传统史学中，历史评论与对史家史书的批评历代皆有，元明两代的文人学者更乐此不疲。在本时代各种因素的影响下，史论（指对历史的议论）与史评（指在史学方面的评论）出现了新的特点。

至明代，由于边患频仍，学界对“夷夏之防”的历史观念越来越严苛，舆论倾向于排斥一切夷狄政权的正统地位，有多人重撰宋代历史以贬低辽、金政权，将之归于“闰位”，如王洙《宋史质》100卷、柯维骐《宋史新编》200卷等，均突出这个宗旨。其余如薛应旂《宋元资治通鉴》，将辽、金、元事大加删削，邱濬《世史正纲》则对元朝也予以贬斥，此类事例不胜枚举。

明代历史评论，广泛见于文集与“纲鉴”类史书之中，其见解遵从纲常伦理原则，严执华夷之辨，特别突出正统论观念。将三国时期魏国置于正统地位的史书，如《三国志》《资治通鉴》等，皆受指责。另外，史论专书也十分众多。明初朱权奉敕撰《通鉴博论》3卷，就《资治通鉴》中的史事发表评论，贯彻朱元璋的历史见解，宣扬天道报应的天命论历史观。私修史论之书更层出不穷，如晏璧《史钺》20卷、许浩《宋史阐幽》2卷、邹泉《尚论编》20卷、贺详《史取》12卷、顾充《历朝捷录》2卷、俞学思《史概》10卷、郭大有《评史心见》12卷、余大朋《史统》20卷、谭奇《史鉴纲目论说》10卷等，大多思想陈腐。在历史观点上有新意的代表者，是“异端”思想家李贽。

李贽（1527—1602），明朝晋江（今福建泉州）人。回族，六世祖母系为波斯女子。初姓林，名载贽，后改姓李，名贽，字宏甫，号卓吾，又号温陵居士，是明朝颇有影响力的思想家、史学家。有《藏书》68卷、《续藏书》27卷，另撰《焚书》《续焚书》为诗文集，其中颇有议论之文。《藏书》取明之前历代历史人物予以评论，《续藏书》记述明代人物事迹。他评论历史人物的标准，公开标榜反对以孔子是非为是非，认为“夫是非之争也，如岁时然，昼夜更迭，不相一也。昨日是而今日非矣，今日非而后日又是矣”①。在人物评论与历史定位上，往往独出心裁，与众不同，对武则天、窦建德、陈胜等大加称赏，赞扬冯道、谯周等乏忠义、无气节人物，称秦始皇“千古一帝”，批评程朱等理学家“好自尊大标帜”。李贽的思想来自明代心学“泰州学派”的演变，是心学末流中思想倾向的向“左”偏转。

明代除历史评论之外，还兴起了史学上的评论，与此相关，对刘知幾《史通》的校订刻行与注释解说也成为学人关注的问题。明嘉靖年间，陆深校订刻印了《史通》，还采辑《史通》中的精要之论，附加后人史评以及个人见解，编成《史通会要》一书，成为当时引人注目的史评之作。明李维桢、郭孔延都对《史通》予以评释，陈继儒作《史通注》，王惟俭撰《史通训故》，研讨《史通》的热点在晚明兴起，是当时盛行史学评论的反映。

元杨维祯曾经撰《史义拾遗》2 卷，是一部史学义例评论之书。明代史学评论专书增多，如范光宙《史评》10 卷、张自勋《二十一史独断》、朱明镐《史纠》6 卷等。《史纠》的内容为史学批评，对历代史书指其得失，批判撰史者曲笔失实，发表对编纂史书义例问题的见解，同时也考辨史事记载的讹误。梁梦龙《史要编》10 卷是编汇历代史书序文、叙例、进书表、跋文等文献资料之书，宗旨是从中可见撰史的义例问题。卜大有《史学要义》5 卷更明确地体现了申明史学义例的目标，编汇了历代的史学批评资料。张之象辑《太史史例》100 卷，更是关乎史学义例的资料渊薮。更需注意的是，许多明代学者在文集中都有讨论史学义例与史学批评专文，如瞿景淳《古今史学得失论》，黄省曾《史说》上、下等。在史学义例与史学批评方面见解值得注意的，是王世贞、胡应麟与焦竑的议论。

王世贞（1526—1590），字元美，号凤洲，又号弇州山人，江苏太仓人，进士。明代文学家、戏曲理论家、史学家。著有《弇山堂别集》《史乘考误》等历史著述，在明朝当代史的研治与史料工作中有突出成就，在史学理论与史学批评方面也有精辟见解。

（1）提出“天地间无非史而已”的见解，认为：“六经，史之言理者也……”② 这是将一切文献都视为历史文献，明显地提高了史学的社会地位。他十分强调史学的作用，指出史书“一代缺而一代之迹泯如也，一郡国缺而一郡国之迹泯如也”③。因此，不能令历史记载残缺，王世贞重视当代史的撰述与史料的汇集整理，就是从这种思想出发的。在治学途径上，王世贞也最重视史学，李贽《续藏书》卷二六记述王世贞的话说：“吾读书万卷而未尝从六经入。”在古代，经史之学是治学的主体内容，对王世贞这样的大学者、大史家，“不从六经入”自然会凸现史学在其学术事业中的地位。

（2）对于各类史料史籍有理性的分析，批评了一些史书。明代后期野史丛生，其中颇多捕风捉影、肆口失实的记述。对此，王世贞予以理性的辨析，他指出：“国史人恣而善蔽真，然其叙章典、述文献，不可废也；野史人臆而善失真，然其征是非、削讳

---

① 李贽．藏书：世纪列传总目前论．北京：中华书局，1959：7.

② 王世贞．弇州山人四部稿：卷一四四：艺苑卮言一．影印文渊阁《四库全书》本．台北：商务印书馆，1986.

③ 弇州山人四部稿：卷一一六：策：湖广第三问.

忌，不可废也；家史人臾（谀）而善溢真，然其缵宗阀、表官绩，不可废也。国以草创之，野以讨论之，家以润色之，庶几乎史之倪哉！如其笔削，以俟君子。”① 他对明代官方史学予以尖锐批评：“国史之失职，未有甚于我朝者也。故事有不讳，始命内阁翰林臣纂修实录，六科取故奏，部院咨陈牍而已。其于左右史记言动，阙如也。……”②

胡应麟（1551—1602），字元瑞，又字明瑞，浙江兰溪人，自号少室山人，后更为“石羊生”。明代杰出文献学家，一生不为官，藏书 4 万多卷，在家治学著书。著有《少室山房笔丛》《少室山房类稿》《诗薮》。他的《四部正讹》是一部群书辨伪与辨伪学理论的专著，《史书占毕》是他考辨与评论史家、史书、史事的心得荟萃，其中颇有对史学的理论性见解。

胡应麟在史学理论与史学评论上的见解主要有以下两点：

（1）关于史家品德与素质的论述。胡应麟承接唐代史家刘知幾史家必备“三长”之论，提出了自己的见解：

> 才、学、识三长足尽史乎？未也。有公心焉、直笔焉，五者兼之，仲尼是也。董狐、南史，制作亡征，维公与直庶几尽矣。秦汉而下，三长不乏，二善靡闻。左、马恢恢，差无异说。班书、陈志，金粟交关。沈传、裴略，家门互易。史乎！史乎！③

这里所补充“三长”的“二善”，实际上刘知幾也论述过，但胡应麟则在公心与直笔二者之间的辩证关系上，作出深刻的阐发。他认为“公心”与“直笔”并不完全等同，“夫直有未尽，则心虽公犹私也。公有未尽，则笔虽直犹曲也”。他举出不少实例，指出有时虽为“直笔”记史，但却出于私心，以直济私，而有的史家虽出于“公心”，但述史却属于曲笔，胡应麟则要求史家应当“直则公、公则直”④。胡应麟不仅提出史家的一般性标准，而且还主张“史有别才”，他说：“昔人谓诗有别才，吾亦谓史有别才也。”⑤ 即撰史是一种专门的才干，而且这是与当时时势相联系的。“以左、迁生唐宋，亦不能为《春秋》《史记》也。”⑥ 这个见识是十分深邃的。胡应麟从史家的标准和史学史上的实例出发，得出了“史非专不可也”“史非久不可也”的论断，即不但需要专才、独断，而且修史要有较长久的时间才能成功，不可速成。

（2）对于史学方法的见解。在史学方法上，胡应麟论述较多的是史注问题。他赞扬裴松之《三国志注》、刘孝标《世说新语注》、胡三省《资治通鉴音注》“宏搜博引，备录诸说，而斟酌事势，悬断是非”⑦。另外，他对多种史书写有评论，其中包括了史学方法上的内容，例如他在对《史通》以及明人陆深《史通会要》的批评中指出：“经籍，朝廷之大典，累朝人主，无不究心，岂容无志？但作史者，当专记本朝所有，前人亡佚

---

① 弇州山人四部稿：卷七一：皇明名臣琬琰录小序.

② 王世贞. 弇山堂别集：卷二〇：史乘考误一. 北京：中华书局，1985：361.

③ 胡应麟. 少室山房笔丛：卷一三：史书占毕. 上海：上海书店出版社，2009：127-128.

④ 同③128.

⑤ 同③132.

⑥ 同③131.

⑦ 胡应麟. 少室山房集：卷一〇一：读通鉴胡氏注. 影印文渊阁《四库全书》本. 台北：商务印书馆，1986.

则宜阙之。"[①] 这里将经籍志（艺文志）作为史书必备内容，并谈及修辑方法，其见解是精到的。

胡应麟有浓重的纲常伦理观念、名教思想，对刘知幾《惑经》《疑古》等文"攻诋圣教"行为深为反感，同时他还有较深的天命论历史观，这些是其思想的局限性。

焦竑（1540—1620），字弱侯，号澹园，江宁（今江苏南京）人。晚明学者，著有《献征录》120卷、《熙朝名臣录》27卷、《逊国忠节录》4卷、《国史经籍志》6卷、《皇明人物考》6卷等。他在思想上与李贽一样，属于王学泰州学派，与李贽情谊甚深。焦竑对于史学的见解，值得注意的为以下两点：

（1）强调史学经世作用，主张修史求真。认为史学应当提供政治鉴戒、有俾风教等，此为明代史家的常谈，但焦竑强调历史人物的是非功过，"或可逭于王诛，而卒莫逃于史笔"[②]，对史学作用予以极大崇重，值得肯定。

（2）对野史的地位给予许多肯定性评议。焦竑对明代的官方史学颇多不满，直接批评朝廷不为建文朝、景泰帝编辑实录的行为。他把补充国史之失的希望寄托于野史，认为这些史书"矫史官之失者多矣"[③]。坚信私家之著有其史料价值，"或废史官之所讳，旁搜互证，未必无一得也"[④]。

明代的史学评论，散见于众多的文人学者各种撰述之中，而难以寻出一两个富有系统性创见的史学理论家和批评家，但明代史学中史论与史评的总体声势，却十分强盛，这是今后史学史研究应当关注、梳理与分析的问题。

第五节　普及性史学的发展与繁荣

中国的古代传统史学，自两汉时期奠定牢固的基础之后，即处于持续发展的状态，而在各个历史时期、各个朝代，由于政治、经济和文化的社会背景有所不同，史学发展会具有不同的特点和不同的主流趋势。迨至明朝，史学现象虽然支脉繁多，光怪陆离，但渐渐出现一个主导的趋向，从而形成有别于其他朝代的史学特征，这个主要的特征，就是史学发展呈现出越来越强的普及性潮流，贯彻到明末，波及清朝。

一、普及性史书的兴起

一批史书，如果具有满足社会各阶层了解、学习历史知识需要的功能，且具备相当的流布程度，可称之普及性史书。普及性史书的流布，加以一部分史家以传播历史知识为宗旨而撰史，从而具有明确的史学普及意识，二者相结合，即构成一定社会历史时期的普及性史学。

① 胡应麟．经籍会通（四）．北京：北京燕山出版社，1999：54．

② 焦竑．澹园集：卷四：论史．明万历刻本．

③ 焦竑．国史经籍志：卷三：史类：杂史//四库全书存目丛书：史部第277册．济南：齐鲁书社，1996．

④ 焦竑．国史经籍志：卷一：制书部．

宋代是中国普及性史书的萌发时期。我国唐代，雕版印刷术即得到了推广应用，但多为刻印佛经、字书、历书及家训、诗歌、文集类书籍，至宋代才比较广泛地刻印史书，这为历史知识的传播提供了重要条件。中国古代史学的长足发展，至宋代已经积累了大量史籍，历史文献的文字浩瀚，成为突出的问题。

> 至唐末宋初，抄录一变而为印摹，卷轴一变而为书册，易成难毁，节费便藏，四善具焉。……士生三代后，此类未为不厚幸也！
>
> ——胡应麟《经籍会通》卷四

北宋时期产生许多十分简要的史书，例如宋仁宗时，宋庠撰《纪年通谱》12卷；宋英宗时，司马光撰成《历年图》5卷；宋神宗时，章衡撰《编年通载》10卷；宋徽宗时，江贽撰《资治通鉴节要》。但《纪年通谱》《历年图》《编年通载》等成书后，仍是进献朝廷，江贽的《资治通鉴节要》则留于家塾自用，其作者在史学普及问题上均处于无意识状态。司马光撰《历年图》初成，本来“聊以私便于讨论”，却被熟识者私下“摹刻于板传之”①，且书名、内容皆有改动。对此，司马光极其不满，于是修订其书，将之进献于皇帝。这一方面说明像司马光这样的学者，尚未意识到史学需要普及，另一方面也表明社会上产生了对普及性史书的需求，普及性史书的流行已经悄然起步。

南宋时期，对普及性史书的需求有所增长，这从编辑与刊印的史籍即可以大致看出，例如陈梦协《十七史蒙求》、晁公迈《历代纪年》、南宫靖一《小学史断》、黄震《古今纪要》等，均属简明扼要、适于流行的历史著述。值得注意的是：南宋吕祖谦不仅编撰了《十七史详节》，而且删节《资治通鉴》，《宋史·艺文志》著录有《吕氏家塾通鉴节要》，今仍存有宋刻元修本《吕成公点校集注司马温公资治通鉴详节》，题吕祖谦撰②。这带动了一股以缩编《资治通鉴》为主的编辑普及性史书的风气。

元朝承南宋之绪，缩编的《资治通鉴》各书，多有重编与翻刻，特别是江贽之书曾以《少微家塾点校附音通鉴节要》名称刊印，对后来普及性史书的发展影响很大。元人亦编辑一些适于普及历史知识的书籍，如胡一桂《十七史纂古今通要》、陈栎《历代通略》、察罕《帝王纪年纂要》等。而宋遗民曾先之撰《古今历代十八史略》一书，具有简明生动的特点，最初仅为课蒙教本，后大为流行，又为普及性史书开一新境。

总之，普及性史书流行于社会，是在宋代社会经济、文化和印刷技术达到一定水平的基础上，由传统史学发展出来的现象，在史学史研究中应当予以一定程度的重视。

二、明代史学的普及性潮流

古代传统史学至于宋代，发展到一个高峰，而社会基层则出现了普及性的史书。元朝承袭南宋的史学水平，在普及性史书上有所进展但成就不甚显著。明朝的建立，则给普及性史书的发展提供了契机，终由附庸蔚成大国。

1. 明代前期普及性史书的发展

明太祖建国伊始，即将“兴学校”与“劝农桑”置于同等重要地位，官方大力兴办

---

① 司马文正公传家集：卷七一：记历年图后．清乾隆六年（1741）陈氏培远堂刻本．

② 中国古籍善本书目：史部编年类．上海：上海古籍出版社，1993．

学校，陆续扩大生员额数。明朝奖劝读书，取得最初级功名的生员，即给以优厚待遇："生员之家，并依洪武年间例，除本身外，户内优免二丁差役。"① 这不仅促进官学兴旺，也刺激私塾教育的发展，特别明英宗时"通行天下学校，今后增广生员不拘额数，但系本土人民子弟自愿入学读书，听府州县正官与学官公同考选，俊秀者即作收增广生员"②，更令人读书向学，趋之若骛，出现"冠履遍天下"③ 的景象。这么多的学人却只有少数人可以进入仕途，大部分则沉积于社会，形成较大规模的读书人和撰书人队伍，撰写与阅读普及性史书者为其中大宗。而书坊刻书业之兴旺，更加以推动，是为明朝普及性史学繁盛的社会条件。

明初学人很早即已十分关注普及性史书，特别是元初宋遗民曾先之的《古今历代十八史略》这一撰史形式，得到格外重视。洪武五年（1372）七月，江西临川（今江西抚州）人陈殷，为《十八史略》作音释（注音和注释），将之厘为7卷，其序言称《十八史略》"开卷一览，古今之迹粲然，上自一人，下及黎庶，凡所以立身行己之间，皆足以为鉴戒云，其所以垂裕后来之心，可谓仁且远矣"。这看到了《十八史略》适于历史知识的普及，呼吁"士君子与我同志修而饰之，庶斯文之出色也"④，其史学普及意识是相当强烈的。洪武十七年（1384），张九韶撰成《元史节要》，两年后梁寅撰《元史略》，都是仿《十八史略》的接续之作。从明宣宗宣德年间起，《十八史略》经民间学者的校订、注解和改编，衍生出多种版本刊行，广泛传播。

采取宋元时期的普及性史籍重新刻行，是明初普及性史书起步的重要方式之一。江贽的《资治通鉴节要》（书名多加有"少微"字样）一书，在明初亦为流行史籍，明人刘剡还撰写《资治通鉴节要续编》30卷，述宋、元史事。此后，《少微通鉴节要》及刘剡的《续编》皆有多种版本畅行，且皆有司礼监刊本，成为明代一种重要的普及性史书。元人察罕的《帝王纪年纂要》，也被稍加修订而付刻，其序言称该书"摭群籍之要，撮万事之统，损繁就简，约编年而为之"⑤，适于历史知识的普及。

从明宣德、正统年间《十八史略》《资治通鉴纲目集览》《少微通鉴节要》《资治通鉴节要续编》及其他类似史书的流行状况来看，明初普及性史书已呈现强劲的发展势头，此后，普及性史书的刊行与撰写即持续增长。至明嘉靖朝以降，普及性史书的编纂和刊行已成千帆竞发之势，万历朝达于极度繁盛，直至明末，基本上是一个持续增长、形成潮流的发展进程。

2. 明人的史学普及意识

明朝普及性史书发展的显著特点，是明人的史学普及意识远远超越宋元时期。明初官修《明史》告成之后，张九韶编纂《元史节要》，自称："惟是正史浩瀚冗繁，篇帙重大，未易可得，则夫元之一史，吾惧不能家传而人诵之也……于是取《元史》正文，仿

① 大明会典：卷七八：风宪官提督．扬州：广陵古籍刻印社，1989.
② 明英宗实录：卷一五一：正统十二年三月癸酉．台北："中研院"历史语言研究所，1962：2960.
③ 朱谋炜．邃古记：卷首：董应芳《序》．明万历刻本.
④ 立斋先生标题解注音释十八史略：卷首：史略叙．日本摹刻明正统六年（1441）刊本.
⑤ 帝王纪年纂要：卷首：黄谏《序》//四库全书存目丛书：史部第6册．济南：齐鲁书社，1996.

曾先之所编《史略》例，节其要者为一书，以便观览。”① 则他的著书宗旨是为了“家传而人诵”，即最大限度地普及。梁寅撰《元史略》也提到官修《元史》“篇帙浩繁，闾阎庶士，未能快睹”，同样从“闾阎庶士”的需要着眼。可见明初就有不少学者具备了明确的史学普及观念。

成化年间，邱濬撰成《世史正纲》，他在《自序》中称：

> 人之生也，禀赋不齐，贤者、知者恒少，而愚者、不肖者恒多。圣贤之书用意深而立例严，非贤人君子不能知也，是以知之者恒鲜。愚为此书，直述其事，显明其义，使凡有目者所共睹、有耳者所共闻，粗知文义者，不待讲明思索，皆可与知也。苟或因是而驯致夫贤人君子之地，则夫圣贤婉而正之书，亦可由此而得之矣。

邱濬的这段论述文简意赅，鲜明地提出普及性史书的理论性见解，即撰述史书要做到浅显易明，将阅读对象定位于“有目者”“有耳者”“粗知文义者”，同时也不排斥较高层次的读者。嘉靖年间顾应祥著《人代纪要》30卷，亦为简明通史，《自序》道其撰述宗旨：“穷乡下邑之士，无书可考者，一览而得其概矣。”② 这种史学普及意识，已经将眼光投向社会的底层，考虑如何最广泛地普及历史知识。

明人的史学普及意识，与史学的劝诫、教化等观念并不矛盾，而是相得益彰、融为一体的。明代不违反名教思想与政治原则的史学普及意识，得到朝廷的认可，官修《续资治通鉴纲目》告成，明宪宗御制序文曰：“仍命梓行，嘉惠天下。於戏！……所谓以人文化成天下者，有不在兹乎！”③ 这种“嘉惠天下”的意图，与民间的史学普及意识相仿。明武宗曾为《少微通鉴节要》作序，称其书“详不至泛，略不至疏，一开卷间，首尾俱见，盖读史者之捷径也”④，对其普及历史知识的作用大加赞扬，令司礼监予以刊刻。正德年间完成的官修《历代通鉴纂要》一书，其体式与流行的《少微通鉴节要》等书别无二致，是官修本的编年通史类普及性史书。可见明朝官方不仅认同史学的普及意识，而且刊行、编纂，参与普及性史学的潮流之间。

明私修当代史同样具有史学普及的意识，例如：顾充《皇明一统纪要》万历刻本《序》认为《大明一统志》“其书浩富，非人人所易窥”，本书“分为数卷，使一统之盛、舆图之广，不出户庭，天下事悉在目睫间矣，观者得无称为简便也欤”。《威暨录》一书是明朝将领林兆鼎记述其显赫战功之书，按说该进献于朝廷，谋求宣付史馆，但林氏却将之刻印，声言：“摭其在蜀在黔两地约略者付之剞劂，敢曰粉饰见闻，为喜事边疆者嚆矢也，诸先生其有以进而教之！”⑤ 明代绝大多数私家著史，无论何种内容，都淡化乃至摈弃了进献朝廷的意图，而普遍以“授之剞劂，传之博雅君子”⑥，“已编既竣……遂梓以惠天下”⑦ 为意念。当然，明代仍存在撰史而进献朝廷的现象，但上述事例已足

① 张九韶. 元史节要：卷首：元史节要序//四库全书存目丛书：史部第131册.

② 顾应祥. 人代纪要：自序//四库全书存目丛书：史部第6册.

③ 明宪宗实录：卷一五九：成化十二年十一月乙卯. 校印本. 台北：“中研院”历史语言研究所，1962：2911.

④ 王重民. 中国善本书提要：史部编年类. 上海：上海古籍出版社，1983：100.

⑤ 林兆鼎. 威暨录：卷首：自序. 日本国会图书馆藏明崇祯九年（1636）刊本.

⑥ 罗曰褧. 咸宾录：卷首：刘一焜《序》. 北京：中华书局，1983：11.

⑦ 茅一桂. 史汉合编题评：卷首：董份《序》. 明万历十四年（1586）金陵刻本.

以表明：撰史为了广泛传播、撰史欲使更多的人得以观览的史学普及意识，已强劲地风行于社会，形成一种文化氛围。

3. 明代普及性史书的几个主要支派

明代的普及性史书种类繁多，体式冗杂，但为了便于分析，可以按其体裁及内容范围而择要划归几个支派：

第一，以《资治通鉴》《通鉴纲目》为代表衍生出的撰述编年体通史，在明代普及性史书中占据最主要的地位。除《少微通鉴节要》等众多史籍外，朱熹《资治通鉴纲目》也大量印行，然而明人逐渐踵事增华，陆续在原文之下散入有关解释、阐发、考订的内容，如宋尹起莘“发明”、元刘友益“书法”、元汪克宽“考异”、明冯智舒“质实”等，坊刻书名也有诸如《文公先生资治通鉴纲目》《新刊资治通鉴纲目大全》《新刊紫阳朱子纲目大全》等，纳入当时流行史书之列。

由“纲目”类史籍的变种，发展出了“纲鉴”一类的普及性史籍。隆庆年间，题名“唐顺之辑”的《新刊古本大字合并纲鉴大成》，由书林归仁斋刊行，可能是现今所能见到的最早的“纲鉴”之书。万历朝之后，以“纲鉴”为书名的坊刻普及性史书大量涌现，其势如潮，形成明后期一道特别的文化风景线。例如题名王世贞的《凤洲纲鉴》《王凤洲先生纲鉴正史全编》等，今存即有八九种，应属冒名伪托。“纲鉴”之书的变种之作名目极多，仅《中国古籍善本书目·史部编年类》著录今存者即30多种，尚未包括同书反复刊刻的不同版本。不同名目的“纲鉴”之书，叙事大同小异，内容结构上大书事项为纲，纲下细书史事原委，类若《资治通鉴纲目》，而史事之后罗列前代与当代多人的解说、评论，是其特色。

普及性编年通史为明代普及性史书的主力，最为普遍地使用了广告性的书名，公然伪托名人所作，目的是推销售卖。在社会上的流行，乃主要依靠商业性运作。如此变换花样、反复刊印，应有利可图，说明其需求量巨大，普及面宽阔，传播广泛。

第二，史抄、史评及各种杂史著述，在明代相当庞杂。《十八史略》的各种翻新演变版本，曾在明代大为流行，是史抄中很有影响的普及性读物。明宣德年间，江西民间学者王逢重视《十八史略》，在其书页天头加写内容提示性的标题，以便于教学使用，很快风靡于世，影响极大，是中国普及性史书的一份辉煌业绩。其他史抄类史书数量众多，不胜枚举，虽大量佚失，而据《中国古籍善本书目》的登录，今存者仍数量可观。

明人重视历史评论与史书评论，值得注意的是顾充（字迴澜）撰写的《历朝捷录大成》2卷，该书以史论夹载史事的方式，融叙事于论说之中，明代学者称其“约而不削，该而不迂，直可凌驾以前诸史”①。万历年间一经刊行，立即广为传布，更由此衍生出许多注释、评议、补编、续作之书。例如《重刻顾迴澜增改历朝捷录大成》《新刻开基翰林评选历朝捷录总要》《校刻历朝捷录百家评林》《新镌全补标题音注历朝捷录》《元朝捷录》《皇明捷录》《重锓合并评注我朝元朝捷录》等，摈去同名重复翻刻之数，今存仍有36种②，简直自成一个普及性史书系列。

① 钟惺．历朝捷录大成：卷首：原序．日本东洋文库藏明末陈长卿刻本．

② 中国古籍善本书目：史部史评类．上海：上海古籍出版社，1989：1519-1522．

杂史的归类标准难以掌握，各书著录差距很大。这里聊将内容纷杂、体式不齐的史书一并揽入。明人撰写的杂史，多为记载亲身所历或得之传闻的当代史事。记述前代史事较成功者，如杨慎《滇载记》、倪辂《南诏野史》、钱吉训《百夷传》、廖道南《楚记》等，多涉及边远地区、少数民族、以往地方政权，简明扼要介绍了一些人们平时不经意的历史知识，在普及性史书中别具一格。

第三，明代私家撰写前代和通代历史人物传记，《中国古籍善本书目》登录今存者110多种。大部分为编写同类人物而汇合为一书，如《女范编》《硕辅宝鉴要览》《历代守令传》《廉吏传》《儒学嫡派》《元儒考略》等，主旨是贯彻道德教化，但多数是树立正面人物榜样。传记类史书讲述历史人物的典型事迹，故事性较强，富于感召力或警示性，而且将历代人物分类编纂汇合，方便随时查阅，在普及历史知识上的作用不可忽视。

另外，明朝当代史著述，大部分也具备普及性史书的特点。在众多读者需要了解古今史实的社会状况下，卓有特色的当代史著述往往会融入普及性史书潮流。陈建《皇明资治通纪》问世后，广泛流行，隆庆年间虽然遭到明廷下令禁毁，却"海内之传诵如故"①。而且各种增补、删节、接续、批点、仿撰之书频出，如《皇明通纪集要》60卷、《皇明续纪》3卷（卜大有撰）、《皇明通纪法传全录》28卷、《新锲李卓吾先生增补批点皇明正续合并通纪统宗》12卷附录1卷等，形成一股普及当代历史的风潮。

4. 明代普及性史书体现的史学特点

明代的普及性史书虽支派不同，体式各异，但具有一些基本相同的史学特点。

首先，明代普及性史书遵循史学规范，采取史书体式撰写编纂。总体上做到不凭空虚构史事，不故意采用已知是虚幻失实的内容。即使靠商业运作谋利的坊间刻本，亦不以夸张情节、塑造形象的文艺手段取悦读者。这种记述上不违史实的出发点，是史学规范的底线。

其次，明代的普及性史书十分注重传布历史见解，史论地位突出。特别是编年通史"纲鉴"一类撰述，纪事之后罗列多人的有关史论，也常常加入作者自己的见解，令读者阅读比较。在明代普及性史书中，卷首常载有元初宋遗民潘荣的《通鉴总论》，潘荣其人也成了明人心目中的大史学家。潘荣，桃溪（在今江西婺源龙山乡）人，字伯诚，自号节斋。一生隐居，博通经史。南宋灭亡，秉节不履元地，楼居20载。除《通鉴总论》外，还撰文百篇②。他的《通鉴总论》总结历代治乱兴亡，笔势雄健，语言通畅，成为历史评论的力作。

最后，明代的普及性史书在注重历史见解的基础上，在占主导地位的理学思想影响下，趋向于历史观点在整体上的一致性。早在宣德年间，民间学者刘剡即立意纠正陈寿、司马光的影响，将《少微通鉴节要》《十八史略》进行修订，改以刘备蜀汉政权为

① 沈德符. 万历野获编：卷二五：焚通纪//元明史料笔记丛刊：第1册. 北京：中华书局，1959：638.

② 婺源县志（清乾隆二十二年改正定本）：卷一五：人物：儒林//中国地方志丛书. 影印本. 台北：成文出版有限公司，1966—1985.

三国时期正统[1]，这为后来所有普及性史书所采纳。强调正统论，同时大讲华夷之辨，是明代中后期占统治地位的历史思想，普及性史书亦把元朝称作“胡元”，往往用“夷狄”“虏”等字样称谓历代的少数民族政权，说明民间的普及性史书并不具备独特的历史观念，它不过是传统史学以浅易形式走向社会基层而已。

明人的史学普及意识，与史学的劝诫、教化等观念并不矛盾，而是相得益彰的。例如：《古今人鉴》一书刊行，据称“重其书而广其传”的目的是“悬不磨之鉴以照愚蒙”，“使人知所法复知所惧”[2]。《忠孝别传》的撰述目的是“但使得人人唤醒，光明洞达，不肯牵补度日而为半死半活之虫”[3]。这里，史学的教化与史学的普及意识是融为一体的。

综上所述，明代史学的发展，形成了普及性史书的潮流，这是明代史学的主要特征。普及性史书虽然宋代已见端倪，但史学普及意识只是到了明代才真正发展起来，这表现为著史者普遍追求“家传而人诵”的社会效果，淡化了撰史进献朝廷的传统意念。明代的普及性史书，有简明编年体通史、史抄、史评及历史人物传记等支派，达到十分繁荣的程度，其中“纲鉴”类史籍为明代所创始。明代普及性史书潮流，具有重视历史议论、史籍常变常新、多有粗制滥造之书等表现，但其著述宗旨不违反史学规范。

第六节　中国传统史学的域外传播

研究中国史学史，眼光不应局限于现今的国境之内。古代中国，是当时东亚文化的中心，因此至少要在东亚的视野内考察中国学术、中国文化、中国史学的问题。

> 中国古代的传统史学，东传日本和朝鲜半岛等域外地区，形成以中国为核心的东亚史学文化。

在中国境内各个民族地区以及域外，皆各有其文化上的特点。不同地区之间在交往中的一般文化影响和风俗习惯的相互渗透，是潜移默化式地缓慢进行。但是，一种显著先进的学术，对于发展滞后地区的影响则快速而深刻得多。中国古代史学长足发展的成果，对周边的朝鲜半岛、日本、越南等地影响极大，这些地区史学的产生，本来就起源于对中国史学的学习和仿从。因此，整个古代东亚地区的史学，就成为具备共同特征的史学系统，其显著标志是都具有比较兴盛的官方史学，并以此区别于西方古希腊、古罗马史学体系。

一、中国史学在朝鲜半岛的传播与影响

公元前108年，汉武帝发兵击垮朝鲜半岛上的政权，设立了乐浪、真番、临屯、玄

---

① 《立斋先生标题解注音释十八史略》卷三载刘剡按语：“曾氏仍陈寿之旧，以魏称帝而附汉、吴。剡即尊朱子《纲目》义例而改正《少微通鉴》矣，今复正此书，以汉接统云。”据此，则两书皆经刘剡所改订。

② 黄国翰．古今人鉴：卷首：杜鹤年《序》．日本内阁文库藏明崇祯刻本．

③ 吴震元．忠孝别传：卷首：自序．日本内阁文库藏明崇祯刻本．

菟四郡，纳入西汉版图，此后四百年间，汉人的文字、技艺、礼仪制度、名教思想体系以及经史之学，输入朝鲜半岛，《史记》《汉书》等史书成了知识界的必读之书，当地编写史书也是仿照汉代形成的撰史形式与范例，而且汉字是朝鲜半岛直至20世纪初都在使用的文字。

公元4—6世纪，中国东北和朝鲜半岛的高句丽、百济、新罗等政权，在地理位置、历史地位、政治状况等方面与十六国和北朝基本一致，既可以有汉人学者入其境、任其官而私下撰史，也可能出现官方从事的修史活动。朝鲜古籍《三国史记》载："百济开国以来，未有以文字记事，至是得博士高兴，始有书记。然高兴未尝显于他书，不知其何许人也。"①这大约发生于公元346年之后，据传后来又有《国史》，但都失传不存。公元7世纪，新罗联合唐朝，兼并百济、高句丽，后又赶走唐军，实现半岛内政权的首次统一，建立新罗王朝。新罗王朝时期，有振兴儒学和私家修史的不少举动。

既言"得博士高兴"，则这个"高兴"其人，应是避居于百济的汉族文人，而"书记"到底是私下的史事笔记，还是朝廷的史事记录？则含义模糊不清。《日本书纪》有相当多引述《百济本纪》的条文，颇具准确的具体时间，应当是类似起居注一样的官方史事记录，纪事大体与《三国史记》记述"博士高兴"的时间相当②，可以认为百济国较早具有编年形式的历史记录。《三国史记》又记载：新罗官员伊异斯夫奏曰："国史者，记君臣之善恶，示褒贬于万代，不有修撰，后代何观？王深然之，命大阿居柒夫等广集文士，俾之修撰。"③ 这个上奏，语义、语词都直接来自中国传统史学的影响，而纂修活动并无下文，并且新罗政权几百年内也再无类似的举措，恰恰说明新罗虽受到中国传统史学意识的影响，但整体上却不具备建立完备史学文化的必要条件。但此前有了统治政权的史事记录，则完全可能，据徐建顺的文章考订，《三国史记》多处提到新罗的"古记"，应于公元402年之后有了类似起居注的历史记录，因为此后的新罗王世系才比较清晰可信④。按当下的国际分野考察，朝鲜半岛受中国传统史学影响而萌发史学活动，可以从此时说起。

公元10世纪之后，高丽王朝时期（918—1392）重视儒学，官方大力进行史学上的建设。官修纪传体的《三国史记》和编年体的《编年通录》，都是立意模仿中国古代史籍而编纂，成为相当规范的记述前代史著述。另有不少私修史，如和尚一然的《三国遗事》、郑可臣《千秋金镜录》、李承休《帝王韵事》等。《三国史记》流传至今，是朝鲜半岛第一部纪传体史籍，汉字撰写，体例分本纪、年表、杂志、列传，完全仿从《汉书》等纪传体断代史之纪、表、志、传的编纂形式，其中还录用中国多种经史典籍的资料与文句。

1392年之后的朝鲜王朝时期，官方有严密的纂修实录制度，大体仿照唐、宋政权的实录体式，还修成139卷纪传体《高丽史》和35卷编年体《高丽史节要》，有如《汉书》与《汉纪》。又有典制内容的《经国大典》，以及地理书《新增东国舆地胜览》等。

---

① 金富轼. 三国史记：卷二四：百济本纪：近肖古王三十年（375）条.
② 木下礼仁.《日本书纪》と古代朝鲜. 东京：塙书房，1993：第一章.
③ 三国史记：卷四：新罗本纪：真兴王六年（545）秋七月条.
④ 徐建顺. 朝鲜早期史书辨析. 东疆学刊，2006（2）.

《高丽史》是比《三国史记》内容更为丰富的纪传体史籍，体例为世家、年表、志、列传，另有目录2卷。其中“世家”实际相当于本纪，因朝鲜王国奉明朝为宗主国，故在官修史中把本纪降格为世家。《高丽史节要》为编年体，内容简要，但也补充了一些《高丽史》遗落的史事。朝鲜古代所修史籍，当然会根据本国的特点对编纂形式有所调整，但整体的撰写方式、大的框架和线索，都与中国早已具备的传统史籍一致，这是再明显不过的事实。

朝鲜王朝对朱熹《资治通鉴纲目》等书极为推重，接受中国的历史正统观念、华夷之分思想、春秋笔法等修史原则，显示出中国传统史学思想和修史方法的影响。

朝鲜与明朝的关系密切，朝鲜王朝不仅从明廷得到“赐书”，也大量购买中国书史，加之民间自然流布，使朝鲜的历史文化始终与中国传统文化相互伴随地发展。明朝的官方史学比较衰退，但朝鲜王朝官方的修史体制却比较健全，这是承接了唐宋史学的影响。在朝鲜，儒学经典、《史记》、《资治通鉴纲目》等都成为宫廷讲解的典籍，还改编了明人余进纂辑的《十九史略通考》① 作为讲习之书，这与日本对《十八史略》的推重如出一辙。

朝鲜与中国为邻，受古代中国发达的传统史学影响甚大，这其中有许多应当稽考和研究的问题。但是对于这样的学术课题，史学界还缺乏深入的探讨，中国史学史的研究者，绝大多数未将这项内容纳入自己的研究范围，朝鲜半岛学者也未能涉及这个话题。实际上，这既应为中国史学史内容的组成部分，更应为朝鲜半岛史学史必备的视角。中国通史要研讨中国古代的对外关系，史学史也应当研究中国史学的对外影响，其理甚明。

二、中国传统史学在日本的传播与影响

中国从“殷鉴”的历史意识，逐步发展到官方自觉记载史事的史学意识，再出现私家撰史而慢慢形成官方与私家两条修史轨道，史学在中国的起源及其立足于社会，是一个漫长的历程。而古代日本则汲取中国政治文化发展的现成成果，在较短时期内即实现了政治结构与社会文化的跨越性转型，日本史学最初就是在学习和理解中国传统史学的基础上，既应和又参与了日本的社会转变，因而其产生和发展也具备跨越性的特点。日本史学起源上的这个特点，深刻影响了日本史学的发展状况。

日本受中国的文化影响源远流长，中国的历史观念最初是随儒学的经典传入日本。据《日本书纪》记载，约公元391年，就有王仁从朝鲜半岛百济国来到日本，传授各种儒学典籍，6世纪更屡有中国南朝与百济的五经博士到达日本。至604年，日本圣德太子制定的“十七条宪法”，明显袭用《尚书》《春秋左传》《诗经》《礼记》《周易》《史记》等典籍的词句与论断②。公元620年，日本圣德太子等人纂录的《天皇记》《国记》《臣连伴造国造百八十部并公民等本记》，是日本官方纂辑史书的首次尝试，虽其书久佚，而从名称、记载可以推知：这种分类别、有层次记述史事的方式，乃从中国纪传体史籍中得到了启示。公元720年成书的《日本书纪》30卷，标志着日本已经建立起具

---

① 按：此书后在中国失传，近代从朝鲜反传回中国。

② 大庭脩．汉籍输入の文化史．东京：研文出版社，1997：25.

有本国特色的官方修史方式，其体裁基本上为编年体，如《汉纪》《后汉纪》，但以每代天皇分卷，略似中国纪传体史书的本纪。

日本文明的发展远远迟于欧亚大陆的多数地区，当中国早已处于地域广大、文化发达、政权统一的两汉时期时，日本列岛至少还存在百余个松散的政权①，大陆、朝鲜半岛的先进生产技术和文化因素逐步传入日本各地，但中国传统文化被日本系统地接受，是在5世纪之后，有意识地模仿中国的修史活动，则迟至7世纪末8世纪初，此时，中国已经是盛唐时期。我们知道，隋朝时日本使者前来，带来国书称“日出处天子致书日没处天子”，引起隋炀帝极端反感，那是一次失败的交往。到了唐代，日本汲取教训、变换花样，对唐朝的文书改为自称“主明乐美御德”，其实就是把“天皇”当时的读音“スメラミコト”再转用汉字书写，将中国皇帝轻松瞒过②。于是，日本与中国保持了长时期的相互往来，中国传统文化包括史学源源不断地输入日本。

明代是中国大量书籍涌入日本的时期，因为明代书坊多、著书多、印行多，而日本相应的五山文化时期与德川幕府初期，文化建设极受重视。如第一代幕府将军德川家康，建立红叶山文库（枫山文库），收集其国内图书并且大量向中国购买图书。其大学头（即首席学官）林罗山等学者，也都大力扩展私人的藏书，中国古籍是他们最看重的图书。中国古代的史籍，长期不断地、重叠累加地传入日本国内，至今仍有各种珍贵版本保存。

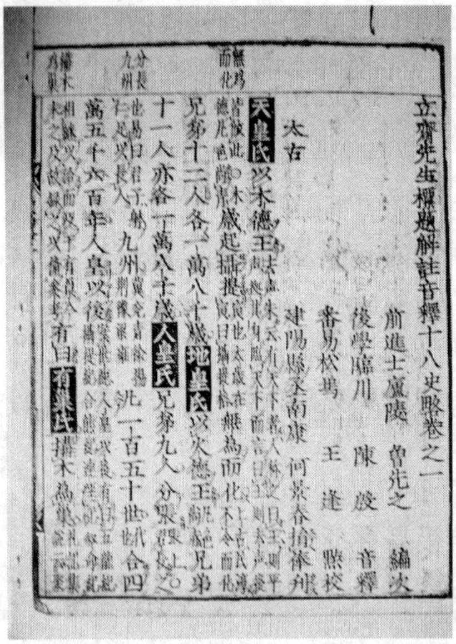

图6-2 日本仿刻7卷本《十八史略》

在流传于日本的各种史籍中，最受重视的几种是《左传》《史记》《汉书》《贞观政要》《资治通鉴》《资治通鉴纲目》《十八史略》等。这类史书不仅为学者所认真研读，在社会上广泛传播，而且还在天皇宫廷、幕府政堂内用作经史讲读。其余各种中国正史、杂史，皆在日本流传，数量无法统计。明代的史籍，至今保存在日本者尤多，其中有很多在中国境内已经佚失，弥足珍贵。

中国传统史学在日本社会造成的巨大影响，不限于文化与史学方面，而是成为拨动其社会历史方向的杠杆之一。这主要体现于两个方面：

第一，中国最早的“殷鉴”历史意识，是由政权的改朝换代催化而生，由历史意识到史学意识，再发展到记史、修史，史学的成熟化经过了多次的政权鼎革，这样形成的历史观念与史学意识，不可能从理论上绝对否定改朝换代的合理性。因此，商汤灭夏与周武王伐纣合称的“汤武革命”，被中国古代

① 汉书：卷二八下：地理志八；后汉书：卷八五：东夷传.

② 卫挺生. 日本神武天皇开国新考. 香港：商务印书馆，1950：22-25. 按：据唐张九龄《曲江集》卷一二《敕日本国王书》，唐朝是将“主明乐美御德”当成了日本国王的姓名。

视为正义之事，孟子甚至认为武王伐纣是“以至仁伐至不仁”①。实际上从先秦时期，认可政权鼎革的历史思想就已经上升为“皇天无亲，惟德是辅”“天惟时求民主”② 的理念。然而，没有任何一个现存政权愿意被他人所取代，汉代以降，儒学的“三纲五常”被奉为最根本的政治伦理准则，稍不忠于君主就是极大的劣行，图谋篡逆乃不赦死罪。同时，现存政权又都是取代前一代政权而建立，所以又只能在历史观念上认可政权鼎革，这构成中国儒学思想体系内在的逻辑矛盾。

而当长足发展、趋于成熟的中国思想文化传入日本，其大和政权内还没有朝代鼎革的历史记忆。7 世纪初，全面学习中国政治体制和思想文化传统，迅速成为日本社会的主流取向，天皇政权乐于接受儒学的“三纲五常”政治伦理，并且与很强的氏族血缘关系纽带相配合，用以强化集权统治。但不言而喻，他们不愿接受中国关于政权鼎革的历史思想，为此，必须塑造一个特殊的日本历史，以区别于中国。于是，日本官方构建了《日本书纪》内的创世神话，连儒学中“皇天无亲，惟德是辅”的理念一并被改造，直接变成“皇天有亲”，天皇就是神的嫡系后裔。借助日本尚没有改朝换代的历史经历，借助日本还存在很强的以血缘纽带联结的社会关系，向日本人的思想中深深地植入血统论观念，它反过来又强化天皇地位不可推翻的政治意识。

后来，日本史家如北畠亲房、虎关师錬、山鹿素行③等，都强调日本天皇“万世一系”的历史，优于中国。自古代至近代，大凡以“国学”标榜的日本史家，多在政权是否鼎革、君主有无替代的问题上鼓吹日本历史的优越，并且联系天皇为神裔的品格，“大日本者，神国也。天祖开创基业，日神传下统系，我国之此事，异邦所共无，故曰神国也”④，即是一个典型的说法。

排斥政权鼎革的历史观念，对日本社会的影响极其重大、深远，日本上古历史的构建、日本史学的基本理念与日本社会政治意识的形成，其起源和发展的端委均与此有关，是中国与日本在历史观念与政治观念上最值得注意的区别。

第二，中国古代的正统论思想，是与西方思想文化区别最为显著、最富有特色的政治历史观，这种思想也深深影响了日本的历史意识。自欧阳修倡论“正者，所以正天下之不正也；统者，所以合天下之不一也”⑤ 的标准，孰可为“正”，孰可曰“统”，“正”与“统”孰为重轻等争论层出不穷。在纷纭的正统论见解中，认同大一统政权的地位、认同君主独尊并且以君主的身份、业绩来评价其政权，是思想观念的一致取向；争论的焦点是在政权鼎革或多政权并立之时，君主政权的血缘承袭、国家政权的前后接续关系，与各个政权间功业、民族、统治地域等状况的对比，何者作为判断正统地位的主导标准。重要的是：中国正统论的各种见解，都不是维护一个国家政权永久承袭的思想武

---

① 孟子：尽心下//朱熹．四书章句集注．上海：上海古籍出版社，2001：433.

② 分别见《左传》僖公五年引《周书·蔡仲之命》《尚书·多方》。“天惟时求民主”是说上天时时在为百姓选取君主。

③ 北畠亲房（1293—1354），日本天皇宗室，日本南北朝时南朝官员，著《神皇正统记》；虎关师錬（1278—1346），日本僧人，著佛教史书《元亨释书》30 卷，其中多有对中国和日本历史的见解；山鹿素行（1622—1685），撰写《中朝事实》一书，认为日本才是“中朝”“中国”“中华”“神州”。

④ 北畠亲房．神皇正统记．东京：三秀舍印本，1940：1.

⑤ 欧阳文忠公文集：居士集：卷五九：明正统论．《四部丛刊》本．上海：商务印书馆，1937.

器，正统地位是可以“问鼎”的，建立大一统政权的功业高于某一朝代君主的血缘承袭。

日本在政权未发生重大改朝换代的早期，在实际未形成国家政治和经济上高度统一的时期，是不可能自行产生历史正统论的。但是，日本上层统治者却现成地引入了中国的历史正统论思想，并且依照国情作了扬弃，即一方面将天皇说成神的血统，把正统论的君主血缘承续因素予以绝对化，形成天皇地位不可取代的社会意识，这是维护日本天皇“万世一系”的重要因素；另一方面，则将大一统观念区域化为日本岛国范围的统一意识，超前地建立起认同政治统一的主流理念，遏制了不同思想的萌发，乃是日本形成统一国家的重要原因之一。在日本的历史价值观上，天皇血统要比统一功业更加重要，任何建立丰功伟绩的历史人物，也都不能取代天皇的地位。

在中国，如果没有政权鼎革，就不会产生历史正统论。而在日本，却在学习、引进中抽去了中国历史正统论的这项根源，使之外壳类似而思想实质不同，其社会历史作用则发生很大的区别，可见历史意识的内涵之差，其社会功能会有天壤之别。日本的自然地理为一南北拉开的狭长群岛，南北地理、气候条件差别甚大，境内多山，往来不便，在古代本来不容易形成牢固的统一国家。但是，日本得到了比其社会发展水平远远超前的历史观念，即中国的大一统历史观、正统论理念，经改造成为维护天皇名义下的政治一统的主导社会意识，造就了这个千年间一姓君主的特殊群岛之国，应当说这是中国的传统史学助成了如此奇迹。

三、日本仿从中国传统史学的修史活动

日本古代史学是在中国史学影响下产生，在其发展中也不断地接受中国史学和史书的影响，其中尤以官方的修史活动为显著。日本官方编纂《日本书纪》之后，又陆续纂修了《续日本纪》《日本后纪》《续日本后纪》《日本文德天皇实录》《日本三代实录》等5部史书，与《日本书纪》合称“六国史”。后5种史籍与《日本书纪》的体裁有所区别，但更加贴近唐宋实录的编纂方式。此后官方修史长期衰退，私家修史中较多日本民族特色，而研习中国史籍和讲习《日本书纪》的治史活动仍绵延不断。

至德川幕府时代，1644年大学头林罗山主持纂修《本朝通鉴》，设有史馆。后其子林春斋继承父职，于1670年成书，共310卷。这是仿照《资治通鉴》体例的编年通史。与此同时，日本水户藩的分封政权在藩主德川光圀的倡导下，于1657年开设史局，组织编纂《大日本史》一书。此书历经起伏，至1897年基本修成，1906年方全书印行，前后历时250年。全书纪、表、志、传共397卷，另目录5卷，是日本的一部仿从《史记》而内容完备的纪传体通史。这些重要史学成就，都包含着中国史学文化的深刻影响，是中日文化自古联系密切的例证。

总之，朝鲜、日本古代的史学固然各自带有本国的民族特色，但从史学体系的总体而言，则与中国传统史学基本一致，同源而异流。其中最显著的特点是：中国传统史学开创了官方史学与私家史学相互联系、双轨发展的范式，而朝鲜、日本也都具备了官方的修史活动，这是西方古代史学以及任何未受中国影响的地区所不具备的特色文化。唯朝鲜、日本古代的官方史学也各有特色，与中国有不同之处，如修史活动是否连续不

断、修史机构是否完善、修史种类的或多或少等，比较其中的同中之异并且探查其内在原因，有助于深入认识传统史学的发展机制。

明、清易代之后，朝鲜将清廷视为夷狄，长期采取表面顺从而实际憎恶的态度，日本幕府与清朝初期的统治者也联系较少。而且朝鲜、日本都已掌握纂修史书的方法，形成了稳定的史学观念，史学活动成了社会文化必备的组成部分。因此中国史学对朝、日史学的影响虽仍在继续，如乾嘉考据学仍然影响朝、日的治史学风，但已经不具有决定性的意义。

思考题

1. 试论古代“国可灭，史不可灭”的史学理念。
2. 元明官方史学发展的特征有哪些？
3. 试论述明代普及性史书潮流的形成与状况。
4. 为什么应当研究中国传统史学在域外的传播和影响？

第七章

清代对传统史学的清理和总结

> 清代学术，不仅在复兴古学，实在是一套中国学术之重演，为中国学术结一总账。
>
> ——萧一山《清代之学风》

清朝是历史上第二个由少数民族统治者建立的大一统的政权，对于明清之际汉人士大夫的思想冲击格外巨大。清朝统治者除了像其他王朝一样面临着一系列社会问题之外，还始终需要认真对待民族的矛盾。与民族矛盾相关的政权组成结构问题、文化建设和生活习俗问题等，都需要清政权作出恰当的应对。清统治者在接受内地传统文化体系的同时，融入本民族原有的文化因素，逐步形成按旧标准堪称“盛世”的时代，文化事业的兴盛是其重要表征。此时的传统文化，已经积淀了十分丰富的遗产，清代则进行了较为全面的总结，对于传统史学的大清理、大总结，是清代学术最为突出的业绩。

第一节　清初学风的转变与史学名家

清军入关，入主中原，明亡清代，造成的社会震荡是巨大的。战火使生命财产遭受重大的灾难，也使学术、思想、文化风气经受了一次大的洗礼。明代的学风、文化遗产等，都得到了认真的审视与反思，因而产生了转折，史学的转变尤其明显。

> 刘、石乱华，本于清谈之流祸，人人知之。孰知今日之清谈有甚于前代者，昔之清谈谈老庄，今之清谈谈孔孟。
>
> ——顾炎武《日知录》卷七

一、明清易代与学风上的反思

明代后期，学风呈现为躁动和多向窥测的状态，学术上出现大量造作异说、剽窃、作伪现象，而与此同时，也涌现出不少新的思想见解、新的探索方向，扎实的考据学也出现了发展的势头。从文化遗产上看，有三个层次：学术形式、知识普及形式、流俗文化形式，各种形式皆表现为良莠不齐。学术著述与知识普及著述中有典雅精致之作，但充斥大量抄撮拼凑、粗制滥造之作。而书籍数量繁多，其中固然不乏名著，但粗俗、下流者也公然招摇过市。粗劣读物，媚俗、流俗文化作品与书坊刻书业的射利活动伴生发展，又依托社会生活的腐败，从而一发不可收拾。这种风气，也延伸到清初，但明清之际严峻的世变，首先使毫无严肃性与责任感的流俗文化被人们摒弃，学风在战火中得到初步的净化。普及性读物也经受了审视与淘汰，只留有吴乘权《纲鉴易知录》等比较精湛的撰述。在顾炎武等一些著名学者严谨治学精神的影响下，重创树、重特见的学术风气逐步形成。总之，明季遗风中有利于学术的因素在清初得到强化，消极因素得到削弱，学术性风气树立起来。史学的发展与这个背景是相应的。

明清之际，出现许多私修的历史笔记，记述明末史事。这种史书承袭明代遗风，多道听途说、粗制滥作者。但受“国可灭，史不可灭”意识影响，有历史责任感的史家也写出比较严谨的明史佳作。其他如顾炎武《日知录》中考史部分、《天下郡国利病书》及王夫之《读通鉴论》等作出了各类史著的学术典范。史学朝务实、严谨、创见、深刻、博洽的方向发展。这是史学发展、史学风气变化的一个总的趋势。

学风问题是学界的整体问题，不单单是史学的问题，清初一些享有名望的、在各门学术上都有精深造诣的学者的示范作用，对学风的转变极有影响，特别是顾炎武、黄宗羲二人最为重要。他们各自怀有明朝亡国之痛，以遗民学者的身份与情感反思明亡教训，从世俗人心、风教及学术问题上探讨，认为学术对于教化有重大影响，学术正才能够风教淳，风教淳可使人心清正，政权得以巩固。

顾炎武认为“天下兴亡，匹夫有责”，所谓“天下兴亡”，是指道德、世风的问题，学者对此有极大的社会责任，不能推之于帝王将相。为此，他要求士人“行己有耻”，要有羞耻观念，知道什么是不该想不该做的。“士而不先其耻，则为无本之人；非好古而多闻，则为空虚之学。以无本之人而讲空虚之学，吾见其日从事于圣人而去之弥远也。”① 这是针对明代空谈心性、束书不观，个人行为上却不检点的风气而言的，表明他重视学者的品格修养，但要求是从扎实治学中同时完成修养。顾炎武打出“经学即理学”的旗帜，倡言“古人之所谓理学，经学也”②，这是一个十分重要的学术范畴，意

---

① 顾炎武. 顾亭林诗文集：卷三：与友人论学书. 北京：中华书局，1959：41.

② 顾炎武. 顾亭林诗文集：卷三：与施愚山书. 北京：中华书局，1959：58.

味着理学探讨必须从研究儒学经典出发，排除空谈作风，在学术上影响甚大。

黄宗羲的学术思想根于王阳明心学，发挥刘宗周“慎独”遗教，推重王氏“致良知”之说，讲求心性的自我修养，但晚年在清初社会动荡中又有所变化。《明儒学案》的序言认为“心无本体，工夫所至，即其本体”。全祖望在《鲒埼亭集》外编卷一六《甬上证人书院记》中称：“自明中叶以后，讲学之风已为极敝，高谈性命，束书不观，其稍平者则为学究，皆无根之徒耳。先生始谓学必源本于经术，而后不为蹈虚，必证明于史籍，而后足以应务。元元本本，可据可依。前此讲堂锢疾，为之一变。”

二、清初的史学名家

（1）黄宗羲（1610—1695），字太冲，号南雷，人称梨洲先生，浙江余姚人。其父为东林党名士。南明福王时，他发动140人发布《南都防乱揭》，痛斥马士英、阮大铖等阉党余孽，被剿捕，九死一生，逃走。后知复明事不可为，闭门读书、著述。其《明夷待访录》是一部批判君主专制的政论和史论著述。其中有激烈抨击君主为“天下之大害”的言论（“明夷待访”，用《周易·明夷》卦中“箕子之明夷”句，隐含自己等待着如同箕子被周武王咨询那样的时机）。文集有《南雷文定》，史著有《明儒学案》、《明史案》（佚，仅余《行朝录》），还撰有《宋元学案》，未完成，后由其子百家及全祖望等继续编纂。

《明儒学案》62卷，另有附案系于卷末，为“学案”形式的学术史之书。“学案”类史籍，早在明代即有出现，清初也有他人曾经撰写，但成熟之作，当属本书。《明儒学案》系统性强，真正树立学案之书的典范。这种史籍的撰著结构是分宗立派地介绍学者及其著述、事迹与思想，间或加案语评析。黄氏认为：“大凡学有宗旨，是其人之得力处，亦是学者之入门处……故讲学而无宗旨，即有嘉言，是无头绪之乱丝也。学者而不能得其人之宗旨，即读其书，亦犹张骞初至大夏，不能得月氏要领也。”本书重于揭示各个学者的宗旨，即其人一生治学的主导精神、学术特征。对一些不同学派的人物，也有所叙述，他宣称：“学问之道，以各人自用得著者为真。凡倚门傍户，依样葫芦者，非流俗之士，则经生之业也。此编所列，有一偏之见，有相反之论，学者于其不同处，正宜著眼理会，所谓一本而万殊也。”① 但实际上，黄宗羲的撰述和评论，仍带有门户意识，而对于视为异端的李贽，更摒弃不载。

（2）顾炎武（1613—1682），字宁人，江苏昆山人，人称亭林先生。明季参加过复社。主要著述有《日知录》《天下郡国利病书》《肇域志》，还有音韵学、笔记等多种撰述。

《日知录》为考据札记性质的著述，条目繁多，每条各自针对具体问题予以解决，其中包含许多考史内容。作者在撰著中考核修订，十分认真，付出很大心血，因而立说确切精深。此书虽非系统著述，但在学术上影响很大，成为清代考据学示范之作，后来乾嘉时期就风行这种标明各条专题以分别考证的撰述方式。

《天下郡国利病书》用功20多年，未成之稿，34册，后人编次，按明代的区划分省

---

① 黄宗羲．明儒学案：卷首：明儒学案发凡．杭州：浙江古籍出版社，1992：5-6.

区叙述行政、经济得失以及地理风土，辑录了明代多人对时政、经济的议论，贯彻经世致用的宗旨。本书内容丰富，如漕渠、仓廒、粮额、马政、盐政、屯田、水利、赋税、徭役、户口、物产等无不记载，以土地、赋役、水利等内容居多，反映了明朝经济制度的变化过程和利弊得失，具有很高的史料价值。

（3）王夫之（1619—1692），字而农，号姜斋，湖南衡阳人，晚年隐居家乡石船山下，人称船山先生。一生著述极多，涉及各种传统学术。史学上有《读通鉴论》《宋论》《永历实录》等。

《读通鉴论》30卷，是据《通鉴》所载历史发表评论，从秦至五代，表现了王氏对历史的通贯认识，显示出历史进化论观念，即将历史视为发展向上的过程。王夫之在历代兴亡问题上指出：第一，亡国之君，好谀为最，秦始皇没有什么其他特点，唯其好谀，托国于赵高之手，所以亡国①。第二，“积聚”钱财是君主亡国又一重要原因，“天子而斤斤然以积聚贻子孙，则贫必在国；士大夫斤斤然以积聚贻子孙，则败必在家；庶人斤斤然以积聚贻子孙，则后世必饥寒以死”②。第三，风教之兴废对于兴亡关系极大。王夫之历史评论有许多与众不同、见解独特处，使人颇受启迪，其中贯彻了经世思想、排斥少数民族政权的“华夷之辨”等。《宋论》可说是《读通鉴论》的接续。

（4）顾祖禹（1631—1692），字景范，江苏无锡人，人称宛溪先生。遵父嘱，以遗民自居，从事治学著述。他以20年工夫，十易其稿，著《读史方舆纪要》130卷，附图4卷（舆图要览），包含自然地理、经济地理、政治地理、军事地理等各方面内容。卷一至卷九是《历代州郡形势》，按历代顺序叙述疆域、区划、地理沿革及相关史事，是全书的宏纲大线和总论；其后是按明代的行政区域记叙地理以及与之相关的史事；最后有几卷专记重要的江河。这是以地理线索为纲领，系史于地，史地融汇的历史地理学名著，记史中特别关注战争与地形、地势的关系。每述一地，尽力叙述其地历史上的战争情况。这种对军事地理的有意关注，成为值得注意的特色。

《历代州郡形势》9卷在康熙五年（1666）就以5卷本形式刻印流传，全书刻印是在嘉庆年间。但早在顾氏在世时，本书即被广泛传抄，抄本出现于书肆售卖，学界普遍赞扬，名声极高，称为“三大奇书”之一。此书全然按明代地理区域撰写，视清朝如无物，体现了遗民气节，却毫无触犯清廷忌讳的内容与文句。乾隆时期编纂《四库全书》，也只好对此书持视而不见的态度，不收录、不著录，只字不提。

（5）马骕（1621—1673），字宛斯，又字聪御，山东邹平人。顺治进士，曾任知县。博古好学，治学严谨，撰有《绎史》《左传事纬》。由于对上古史事颇多稽考，人称“马三代”。

《绎史》160卷，博稽经史文献，全面记述上古历史。写作方法上吸取纪传、纪事本末体优点，综合运用于史事记述。有带标题的记事，有传，有图表，还有记典章的内容，名号不一，随机立例，但也有些驳杂。《绎史》是上古史资料最丰富的一书，得到过康熙帝赏识，因而名声大振。此书没有严格的体例，乃因事命篇，机动地随内容需要而灵活设置，这类做法在明代就有很多实例，如同类例灵活的类书，很难树立一个体

① 王夫之．读通鉴论：卷一：秦始皇．北京：中华书局，1975：3.
② 王夫之．读通鉴论：卷二：汉高帝．北京：中华书局，1975：10.

系。有人将之称为“综合体”，大可不必。“体”之所谓，是一个独到体系，结构浑然，相互配合，且为后人认可并依照撰述，“体”若综合，即无体可言了。

（6）阎若璩（1636—1704），字百诗，号潜邱，江苏淮安人。他的主要成就，是以30年的潜心研究，著《尚书古文疏证》8卷，辨《古文尚书》之伪，得到黄宗羲赞扬并为之写序。阎若璩列出128条证据，证明《古文尚书》为伪书，可谓铁证如山。但毛奇龄仍撰《古文尚书冤词》予以反驳，阎若璩慑于毛奇龄的名位，未敢挺身应战，但学界则公认毛氏意气用事，故作疑难。实际上，阎氏《尚书古文疏证》不光证此书之伪，对于凡研治《古文尚书》有所议论的学者，大都讥讽挖苦，借以自显学问高厚，却不敢回应毛氏的反唇相讥，故此二人的学品，皆有可议之处。后来惠栋著《古文尚书考》，更细致地论证了《古文尚书》为伪书，这在学术上即已定案。然而官方对《古文尚书》持模糊态度，甚至辩解为：书虽伪而内容不伪。这或是阎若璩不能得到清廷赏识的原因，也成为阎氏至死未消除的失落和遗憾。

（7）胡渭（1633—1714），字朏明，又字东樵，浙江德清人，与阎若璩友善。著有《禹贡锥指》20卷，图1卷（47幅），20卷中因有上下卷，实际为26卷，是功力很深的历史地理考证之作，曾于康熙帝南巡时进献御览，得到赞赏，题赐“耆年笃学”匾额。本书体式是在《禹贡》原文下作“集解”“辨证”。又撰有《易图明辨》10卷，将宋人解说《周易》的“太极”“先天图”“后天图”“河图”“洛书”之类作一总的清扫，揭其老底，指出乃是华山道士陈抟读汉代谶纬之书半懂不懂、错误领会而随意炮制，后辗转被邵雍采用，混入理学体系，并鼓吹说是从伏羲至周文王传承而来。这样，周敦颐《太极图说》、朱熹《易本义》露出了马脚，原来内中掺杂了邪门左道。

（8）吴任臣（1628—1689），字志伊，又字尔器，号托园，明诸生，入清，为康熙朝五十博学鸿儒之一。学术渊博，著述很多，今有《山海经广注》《十国春秋》传世。《十国春秋》116卷，记五代时期的十国历史，分国记事，为纪传体，成书于应博学鸿儒考试之前。本书搜集资料广博丰富，以记人物事迹为重点，有自注与史论。史论中赞扬南唐后主、吴越钱氏政权向北宋卑屈臣服，说是境内民人“赖以少安”，这表现了吴任臣历史观念的平民立场，即完全从平民百姓的利益出发评论历史，这是一个独特的价值尺度，在古代极为少见。他也不持正统论观点，更无华夷之辨观念，皆值得史学史研究予以注意。《十国春秋》与马骕《绎史》一样，属于广搜史料，以深厚功力编纂一部史书的范例。

从上列各史学名家可以看出：他们的学术风格虽然各有特色，但总的趋势是治学越来越务求博识与精细考订。在这些学者的示范下，学风逐步向务博、考实的方向转化。除上述史学名家及其著述外，邵远平《元史类编》、李清《南北史合注》、万斯同《历代史表》等许多史著也享誉于当时，不一一列举。清初对明代撰写普及性史书的风气也有承袭，如郑元庆《廿一史约编》、金成器《历代帝王史略》、左昊《读史纲》、王大烨《历代帝王纪要》等，坊间刻印，流行民间。与学风的转变有关，普及性史籍发展趋势是数量渐次缩减，而撰写水平有所提高，至康熙后期出现了吴乘权《纲鉴易知录》这样的佳作，其书文笔简洁、条理清晰，史实也精核明确，不断刻印，至今仍是获取历史知识的很好读物。

明清之际改朝换代的动荡，促使私家撰集野史的风气愈发张大，记述“流寇”动乱、清军入关用兵、明朝失地灭亡、南明政权史事的私修史接踵而出，有捕风捉影之书，有真伪相杂之作，也有认真撰写的佳品，数量不胜枚举。如谈迁《国榷》、张岱《石匮藏书》、查继佐《罪惟录》、谷应泰《明史纪事本末》等，是其中内容丰富且比较精湛的明史撰述。私家打起“国可灭，史不可灭”的旗号，积极投入明史编纂，对清朝官方形成刺激和压力。

第二节 清朝的修史制度及其特点

有清一代的官方史学，挽明代官修史之衰，而发展到十分兴旺繁荣的程度，官修史籍种类之多、部帙之巨、编纂活动持续之久，均属空前。而清朝的修史制度，则是官方修史活动的组织基础，是官方史学存在和发展的基本保证。

一、内阁、翰林院与修史制度

早在入关前清太祖努尔哈赤时期，已设有文馆，或称书房，作为从事文字事务的处所[①]。至清太宗天聪三年（1629），将文馆人员分为两值，即翻译汉文书籍和记录本国史事。天聪十年三月，改文馆为内三院，即内国史院、内秘书院、内弘文院，成为地位较高、组织比较完备的中央文官衙门。在内国史院的职掌中，明确规定了编纂实录等修史任务[②]。清廷入关后直至顺治十五年（1658），基本保持了内三院的建置，此间纂修实录、圣训、《明史》等，虽已专设史馆，但这些史馆皆被视为内三院直设的隶属机构，与内三院的诰命房、典籍厅等办事处同等看待[③]。顺治十五年，清廷曾仿明制设内阁和翰林院，废除内三院。但清世祖逝世后又恢复旧制，史馆地位依旧。直至康熙九年（1670）八月，清圣祖下令“改内三院为内阁，其大学士、学士官衔及设立翰林院衙门等官，俱著察顺治十五年例议奏”[④]。于是，内阁、翰林院的设置从此确立，直至清末。

内阁和翰林院虽与官方修史活动有密切关系，但不仅不直接承担重要的修史任务，而且不独自承担重要史馆的组建，如实录馆、会典馆、国史馆等，其人员组成有内阁官员，也有翰林院官员，还有其他政府机关派充的官员，各部尚书、侍郎、都察院左都御史、詹事府詹事等都可充任总裁或副总裁。而方略馆由军机处掌管，内阁和翰林院很少直接参与其事。由此可见，清朝修史之馆从组建上即已呈现为多元化。多元化的组织机制，有赖于皇权的统一协调，因而十分便于皇帝对修史活动的直接控制。

内阁是辅助皇帝办理国家政务的中枢机关，行政事务相当繁重，它与内三院不同，已没有直接承担修史任务的职能。翰林院主要是一个储才机构，翰林官被称为“词臣”，

---

① 清史列传：卷四：达海传；希福传．北京：中华书局，1987．

② 清太宗实录：卷二八：天聪十年三月辛亥//清实录．影印本．北京：中华书局，1985．

③ 张德泽．清代国家机关考略．北京：中国人民大学出版社，1981：11．

④ 清圣祖实录：卷三三：康熙九年八月乙未．

参与纂修各类书史是其重要职责。但大多数书史纂修工作，亦不是由翰林院独力承担，因此，内阁、翰林院的确立，对清朝官方修史活动的组织方式影响颇大。在这种体制下，清朝像明代一样，史官无专职，清廷可根据所修史书的不同特点，更灵活地任用修史人员。对于多数史书的编纂，翰林院是提供纂修官员的重要机构，备有众多的尚无其他行政职务的词臣，并可根据需要扩充和缩减。这样，即使官方修书活动规模扩大，也不致使国家行政机构过于膨胀。这是内阁、翰林院设置优于原内三院体制的一个方面。

内阁和翰林院建置的确立以及修史组织机制的多元化，使清朝修史各馆的地位也各不相同。纂修重要史籍的大型史馆，有的名义上还附属于内阁，如实录馆；有的则无明文确定其附属关系，如会典馆、国史馆。但这些重要的史馆无论有无附属名义，都实际上独立地执行着修史职能。

二、清朝的各类修史之馆

有清一代开设的修史之馆极多，各种修史项目几乎覆盖了整个史学领域。由于所修史书的性质不同，各种史馆在设置上的持续性、连续性也各不相同，可分为特开之馆、例开之馆、常设之馆和阅时而开之馆四类，四类史馆组成了官方史学组织上的周密布局。所谓特开之馆，是专为修辑特定史书而开设。书成馆闭，不再重开，如《明史》馆、《明纪纲目》馆、《通鉴辑览》馆、“三通”馆等；所谓例开之馆，是每至一定时期必应开办的史馆，如实录馆在一朝皇帝逝后不久照例开办，玉牒馆每十年开设一次；所谓常设之馆，即常设不闭、持续进行修史活动的史馆，如雍正朝之后的起居注馆、乾隆中期以后的国史馆等；所谓阅时而开之馆，是指根据具体条件议定开设，以纂修接续性、系列性史籍的史馆，如会典馆、功臣馆等。阅时而开之馆，既不常设，又无定例，表面上与特开之馆相似，其实不同，因为此类史馆所修史籍，本身就预示着还将有所接续，而且先后开馆，皆以成例、成书相参稽，这又与例开之馆类似。

各类史馆的组成结构，依据修史项目的性质与重要性略有区别，但标准的官员设置都有总裁、副总裁之职。总裁之下，设提调主持馆内日常管理工作，收掌、供事等在提调指挥下分担各种事务。纂修人员有总纂、纂修、协修等官。协修与纂修结撰初稿，经总纂细加删改，再由总裁审阅。另外还置有校对、翻译、誊录等，这是各史馆职官结构的一般模式①。史馆的上述职衔，有一个充实和发展的过程。至乾隆时期才趋于完备。

三、清朝修史制度的特点

清朝官方在纂修各种史籍的过程中，修史制度也形成了一些新的特点。这些特点，有的与清朝政治上的特征相关联，有的是参照了唐代以来的史官制度而有所发展，有的体现了满族居于统治民族地位的某些特征，有的则是修史制度上的新的规定。

第一，皇帝亲自干预的加强。皇帝干预官方的修史活动，历代皆然，但也有干预之强与弱、直接或间接的区别。清朝盛时，皇帝亲自全面干预修史活动，达到了十分显著的程度。重要史书的审定，实行以次进呈，不待全书完稿，对于载事、行文，审阅和指

---

① 清起居注馆官员、职员不同于其他各馆，但起居注册一般亦不被视为正式史著。

令往往涉及细枝末节。至乾隆朝，清高宗干预官方修史活动，几至于决断去取、一身独任的程度。他亲自设计史书体例和内容范围，指出舛漏及提出解决办法。

第二，史料征用体制的通畅。清代修史各馆在执行任务时，对史料的征集和利用十分通畅，受到清廷的格外重视，规定：“各馆修书处有请领实录校对他书者，该馆出具印领，赴内阁恭请，满本房检明卷帙，注册给发”①，各种档案、公文，也许可修史馆局向各个衙门调集。史馆虽无政治和行政上的权力，而征用各类史料却可以很通畅地实现，其原因即在于重要史书的修纂，乃是奉旨办理，以钦奉上谕的名义进行，皇权为史馆的征集史料大开了方便之门，这是清代修史制度中值得注意的优点。

> 朕每览历代史册，褒讥率无定评，即良史如司马迁，尚不免逞其私意……今悉据事核实，立为表传，总裁大臣公同商榷，朕复亲为裁定，传之万世，使淑慝并昭，而衮钺不爽，不更愈于自秉史笔者之传闻异词、而任爱憎为毁誉者耶！
>
> ——乾隆三十年九月十五日（戊子）谕旨

第三，保证满人参与修史。在清代，满洲上层比汉族官僚享有更多的政治上和经济上的特权，但在文化水准方面，却远远不及汉族士人。由于清廷对官方修史事业极为重视，不愿听任汉人独占官方史苑，满人的史才又不堪与汉官相比，于是便采取在史馆的各级官员中都配备满族员额的方式，以保证满人参与修史，只有前期的《明史》馆稍为例外。清廷在主要的史馆中保证满人参与修史，与在其他国家机关中皆规定满官名额的做法相一致，确实带有一定的民族戒备心理。但是修史是一种文化事业，与掌握实权的国家机关不同，此中还应当有一种抽象的民族意识，即要使满洲人在官方史学上也体现出主导地位，哪怕只是表面化的体现。

第四，较严格的督察处分制度。清朝对修史工作建立比较严格的督察和处分的制度，修史人员定有功课即工作量，对所修史书定有期限，有负责督察的机构，对修史的迟延和错误有所惩处，这些都严于以往各代。保证官方修史的督察处分制度的执行，最重要的是雍正八年（1730）十一月，清廷设“钦奉上谕事件稽查处”，这个机构职权甚重，专门检查各部院、各衙门、各旗及所有其他机关办理上谕特交事件的进展情况。修史既是奉旨纂办事项，亦在此机构的稽查范围之内。修史各馆总裁酌定的纂修功课数额，须报钦奉上谕事件稽查处，经奏准后遵照实行。纂修的进展情况，各馆要“每月于初五前造册送查，每三月一次，将各馆修成书目，及有无告竣期限察奏，有稽延者劾参”②。自乾隆三十八年（1773）开办的《四库全书》馆，专为参修人员设立有“功过簿”，一般规定记过三次者，即行处分。乾隆四十二年谕令：总裁罚俸半年、总校以下各员罚俸三月③。嘉庆五年（1800）制定“各馆修书，纂修官文理错误者，罚俸三月，

---

① 乾隆朝大清会典则例：卷二：内阁. 影印文渊阁《四库全书》本. 台北：商务印书馆，1986.

② 光绪朝大清会典事例：卷一五：内阁：稽察上谕事件//续修四库全书：史部第798-814册. 上海：上海古籍出版社，2002.

③ 清高宗实录：卷一〇三七：乾隆四十二年七月戊子.

总裁罚俸一月。校对官不能对出错字，校刊官板片笔画错误不能查出者，亦罚俸一月”① 等条例。可见处分修书错误虽有制度，但实际上往往依照旨意更改，如果引起皇帝震怒，处分往往趋于严重。

总而言之，清朝修史制度在许多方面都趋于健全和完备，保证了官方能够进行多种多样、较大规模的修史活动，因此带来了官方史学的一度繁荣。但是，清朝并没有完全克服封建王朝官方修史的固有缺点，诸如总裁官有的不谙史学、纂修官中有滥竽充数的现象，特别是清朝的修史制度完全是在皇权专制强化的前提下形成，限制了史官发挥其史才和史识。

第三节　官修《明史》活动及其影响

纂修《明史》，是清朝一项历时甚久、几经起落的修史活动，并且与清朝政权的政治需要、国情形势以及几朝皇帝的史学观念都有很密切的关系，是清朝官方史学上的一件大事。对清朝的政治与史学发展，皆有不可忽视的影响。

一、《明史》纂修的准备阶段

清世祖顺治元年（1644）四月，摄政王多尔衮率清兵入关，占据了北京。九月，清廷将首都从沈阳迁移到北京，开始了清朝入主中原的统治。转年即顺治二年五月，即有正式组建《明史》馆的官方记载②，大学士冯铨、李建泰、范文程、刚林、祁充格为总裁，由总裁提名副总裁和纂修官，并设收掌官7员，满文誊录10员，汉字誊录36员，揭开了《明史》纂修的序幕，是为《明史》纂修活动第一阶段的开始。

然而当时各地的抗清斗争仍十分炽烈，战争未息，经济凋敝，本不具备纂修大型史书的条件，清廷这样匆忙地纂修《明史》，乃是另有政治目的。清廷移都北京之后，就面临一个很迫切的问题，即如何昭示清朝是一个替代明朝的正统政权，这对于平息反清情绪，推行向南进攻、占领全国的战略都是必要的。中国古代自唐朝之后，向有新建王朝纂修前朝一代之史的惯例，清廷纂修《明史》，等于造成明朝已然灭亡的宣传声势，并使自身具备继明朝而兴的新王朝形象。至于当时是否具备纂修《明史》的条件，对清廷来说则是次要的。

整个顺治朝的《明史》馆，重点只在于搜罗史料。顺治五年（1648）九月，清廷谕内三院：“今纂修《明史》，缺天启四年、七年实录及崇祯元年以后事迹，著在内六部、都察院等衙门，在外督、抚、镇、按及督、布、按三司等衙门，将所缺年份内一应上下文移有关政事者，作速开送礼部，汇送内院以备纂修。”③ 后来又多次有大臣提议征求

① 光绪朝大清会典事例：卷一一二：吏部处分例.

② 清世祖实录：卷一六：顺治二年五月癸未.

③ 清世祖实录：卷四〇：顺治五年九月庚午.

该年份的文献史料，但了无结果。顺治朝的搜罗史料工作蹇滞不前，局限于官方已掌握的范围之内，而且主要是保存于宫中的明代实录而已。

顺治朝除搜罗史料外，在纂修工作上不过是令纂修官按年分段抓阄，各依抓得之年抄编《明实录》，如顺治九年入《明史》馆的傅维鳞，即抓得20余年时限，按馆中“止采实录、严禁旁搜”的规定抄略《明实录》，大有“事即简静，偃息多间”和“悲岁月之流迈”① 的感触。看来《明史》纂修人员十分悠闲，无所事事，其成效也就可想而知。在多尔衮逝世之后，清世祖对《明史》纂修之事更为消极、漠不关心，如顺治八年闰二月刚林上奏、十六年五月折库纳上奏，皆要求征求《明实录》所缺年份文献史料，清廷对此则一是“下所司知之”，二为“报可”②，实际无任何举措。

康熙四年（1665）八月，清廷又决定为纂修《明史》而征集史料，由于责任明确、督催严厉，而且征集范围扩充至明季史书，因而取得了一定的成效，各衙门上交了不少有关明代天启、崇祯时期的史料，今档案文献中尚有《各衙门交收天启、崇祯事迹清单》一份，所载明天启、崇祯朝案卷、簿册、奏议及书籍数量相当可观，即为康熙四年征集所得③。但《明史》的纂修仍未正式进行，当时康熙帝尚为年幼，正是鳌拜等四大臣辅政时期，满族复旧保守势力强盛。这在纂修《明史》上也反映出来，纂修人员只是以满文翻译《明实录》，“未数十卷，会修世祖章皇帝实录，遂罢”④。查《清世祖实录》首修于康熙六年七月⑤，故康熙初纂修《明史》的活动只是松散地维持了两年时间即又罢止。

二、《明史》纂修的奠基阶段

康熙十八年（1679），清廷重新开馆纂修《明史》，这是官修《明史》第二阶段的开始，但事情的原委则应从上一年议开博学鸿儒科考试叙起。康熙十七年正月，清圣祖谕令举荐“博学鸿儒”，开特科予以考试。正式考试于康熙十八年三月初一日举行，月底即决定录取彭孙遹等50人为博学鸿儒，随后分别给予翰林院侍读、侍讲、编修、检讨等职衔，安排这50人“俱著纂修《明史》”⑥。因此，纂修《明史》的决定是随着博学鸿儒科的考试而作出的。

> 康熙间，清廷方开《明史》馆，欲藉以网罗遗逸。诸师既抱所学，且藉以寄故国之思，虽多不受职，而皆间接参与其事，相与讨论体例，别择事实。故唐以后官修诸史，独《明史》称完善焉。
>
> ——梁启超《清代学术概论》（十四）

康熙朝特开博学鸿儒科，是在对吴三桂战争取得一定优势的条件下举行的，其目的是拉拢汉族学界名流特别是江南的士人，缓和明遗民学者的反满情绪。但是，顾炎武、黄宗羲等一大批学术巨擘拒不应试，使清廷的预定计

① 傅维鳞．明书：卷一七一：叙传二．清光绪《畿辅丛书》刊本．
② 清世祖实录：卷五四；卷一二六．
③ 各衙门交收天启、崇祯事迹清单．国学季刊，1929，2（2）．
④ 杨椿．孟邻堂文钞：卷二：再上明鉴纲目总裁书．清嘉庆二十三年（1818）刻本．
⑤ 清圣祖实录：卷二三：康熙六年七月己巳．
⑥ 清圣祖实录：卷八〇：康熙十八年三月甲子．

划未得完全实现，于是又将纂修《明史》提到日程上来，既可为中试的五十博学鸿儒安排职位，又可借此继续拉拢未应试的硕学之士。因此，清廷于康熙十八年决定纂修《明史》，其初衷仍带有很强的政治动机。

康熙十八年五月，“命内阁学士徐元文为《明史》监修总裁官，掌院学士叶方霭、右庶子张玉书为总裁官”①。这个任命亦不寻常，照常例，监修总裁官要由翰林院掌院学士、大学士以上的高官、显贵担任，而徐元文仅为学士，况且当时丁忧尚未期满，未在京师。是看中了他的才干，还是看中了他与明遗民学者联系较多？恐怕这两个因素都不能排除。这年十二月，徐元文才抵京到任，《明史》馆的正式开设亦于此时。

徐元文就任监修总裁官后，打开了真正纂修《明史》的新局面，在康熙帝的允许和支持下，采取了几个关键性的措施：一是增加《明史》馆的纂修官；二是向全国征求涉及明代史事的各种书籍；三是奏请“纂修《明史》，宜举遗献。请将扬州府前明科臣李清、绍兴府名儒黄宗羲延致来京。如果老疾不能就道，令该有司就家录所著书送馆。至监生姜宸英、贡生万言，应速行文该督抚移送”②；四是发动朝野学者讨论《明史》的纂修义例。于是，自康熙十八年年底开始，编纂《明史》形成一派“朝野合作”的景象，例如黄宗羲虽然拒不应聘，但仍然对官修《明史》十分关注，他令其子黄百家入《明史》馆，支持万斯同以布衣身份参与纂修，并亲自向《明史》馆提出有关纂修问题的建议。另一大学者顾炎武，也以向外甥徐元文致信的方式，提出《明史》纂修问题的建议③，甚至还要求为自己的母亲王氏立传④。至于一般遗民学者如王源⑤、刘献廷⑥等人参与纂修《明史》之事，更不乏其例，其中万斯同是《明史》纂修中尽力最大的布衣学者。

从康熙十八年至康熙四十八年，是官方纂修《明史》最重要的时期，虽然《明史》未能最终告成，但有徐元文与万斯同修订过的史稿416卷已初步形成，《明史》义例上、史实上的疑难问题也大都有了定论，为将来的成功纂修奠定了基础。

三、官方纂修《明史》的中辍

康熙四十八年之前，重要的纂修人员徐元文、万斯同等多已谢世，《明史》馆总裁早已由王鸿绪担任。此年王鸿绪罢职回籍，将《明史》馆内列传史稿全数携归，这标志着《明史》馆官方纂修《明史》的活动渐渐进入了一个废弛与中辍的阶段。这种状况，不是由于清廷下令停修，也不是突发事件将纂修过程打断，乃是以消极、冷漠态度任其萎缩而导致。

史官解职回乡，若携史稿于家编撰，须特旨准许，而王鸿绪解职时将《明史》全部列传稿携归，并未申奏请旨。因此，他后来奏进史稿时，未提到受在家修史的特许，在张伯行所撰王鸿绪的墓志铭中，亦仅言“其归里也，尤以《明史》为念，编纂

---

① 清圣祖实录：卷八一：康熙十八年五月己未.

② 清圣祖实录：卷八八：康熙十九年二月乙亥.

③ 顾炎武. 顾亭林诗文集：卷三：与公肃甥书. 北京：中华书局，1959：54-55.

④ 顾炎武. 顾亭林诗文集：卷三：与史馆诸君书. 北京：中华书局，1959：53-54.

⑤ 清史列传：卷六六：王源传. 北京：中华书局，1987：5327.

⑥ 清史列传：卷七〇：刘献廷传. 北京：中华书局，1987：5751.

不去手”①。可见王鸿绪携去史稿乃属私下行为，然而清廷及《明史》馆竟无人过问，表明官修《明史》之事已然废弛。

康熙帝对纂修《明史》由热情支持转为冷落，是造成其中辍的主要原因。早在康熙四十三年（1704）十一月，康熙帝发布关于纂修《明史》的长篇御制文，虽仍表示“《明史》不可不成，公论不可不采，是非不可不明，人心不可不服”，但更多地表达了“尽信书不如无书”，史书“概难凭信”之类的见解，甚至对《明史》馆予以批评：“今之史官，或执己见者有之，或据传闻者有之，或用稗史者亦有之。任意妄作，此书何能尽善!”②不仅对修好《明史》已缺乏信心，而且指责之严厉也是前一时期所不曾有过的。当然，这种指责不是对如何纂修《明史》的干预，而是显现出对《明史》纂修的消极态度。

经过几年时间对纂修《明史》之事的不闻不问，康熙四十八年（1709）十一月，康熙帝对大臣们说：“明季事迹，卿等所知，往往皆纸上陈言。”③ 他把众大臣读史书所了解的明代事迹视为“纸上陈言”，那么纂修《明史》也就没有任何意义了。这比康熙四十三年又后退了一大步，已经丧失了“《明史》不可不成”的观念。正因为如此，王鸿绪的解职、熊赐履的逝世，才都没有委派得力人员接替，其直接影响必然是《明史》纂修工作的废弛。至康熙五十六年八月，康熙帝在谈及他对史学和史书的看法时说：“大臣虽奏请速成《明史》，朕明知其无实，速成何为?”④ 这充分反映出康熙帝对纂修《明史》已由消极发展到厌弃的态度。在封建王朝内，专制皇帝若对一类史书采取厌弃的态度，就很难还会由官方组织编纂。

问题是康熙帝到底怎么了？他早期强调“自古帝王御世，大经大法莫备于史”⑤，曾刻苦阅读和批点史籍。而晚年则反复说出“书中之言，多不可凭。二十一史，朕皆曾披阅，悉属笔底描摹，无足征信”⑥ 之言，思想已经转变为史学虚无主义。因此康熙朝后期，《大清一统志》的纂修停顿、国史馆的纂修工作不了了之、起居注馆也被命令撤销，不仅仅是《明史》的废弛。

官修《明史》虽已废弛和中辍，但王鸿绪个人的修订工作却加紧进行，经过五年的删改润色，成《明史列传稿》208卷，于康熙五十三年进呈朝廷，清廷只将王鸿绪所修订的史稿交《明史》馆存放而已。后来，王鸿绪又取《明史》本纪、志、表诸稿予以修订，再略改先已进呈的列传稿，将之合于一起，汇成一部完整的《明史稿》，计310卷，进呈于朝廷，奏称“异日弘开史局、重定信史，臣书或可备参考之万一而已”⑦。这种私下的修史活动，成为官方《明史》馆修史事业中辍时期的一种补偿。

四、《明史》纂修的成书阶段

康熙六十一年十一月，康熙帝逝世，其四子胤禛继位，是为雍正帝。他自登上皇位

---

① 张伯行．王公鸿绪墓志铭//碑传集：卷二一．上海：上海古籍出版社，1987：142.
② 清圣祖实录：卷二一八：康熙四十三年十一月壬戌.
③ 清圣祖实录：卷二四〇：康熙四十八年十一月癸未.
④ 康熙起居注：五十六年八月初四日己酉．北京：中华书局，1984：2422.
⑤ 清圣祖实录：卷一五〇：康熙三十年三月戊子.
⑥ 康熙起居注：五十六年十月三十日庚戌．北京：中华书局，1984：2453.
⑦ 王鸿绪．横云山人明史稿：卷首：进呈明史稿疏．清乾隆敬慎堂刻本.

伊始，就采取一系列振刷朝纲、严明法度、整顿国务的措施。王鸿绪于雍正元年(1723）六月进呈《明史稿》后，七月间雍正帝即发布谕令要纂修《明史》。于是，本月即重新组建《明史》馆，开始纂修《明史》。

编纂之初，总裁张廷玉等令各纂修官各拟凡例，上于史馆，以便制定统一规则。其中汪由敦《史裁蠡说》① 一文较全面地论述了《明史》在取材、体例、书法等各方面的问题，文中对王鸿绪史稿提出不少修改意见。可知雍正朝之纂修《明史》，已然确定在王鸿绪史稿的基础上予以修订。

从雍正元年七月开设《明史》馆，至雍正十三年十二月《明史》告成，又经历了十三年多的时间。书成之时，雍正帝已经逝世，而乾隆帝谕曰："《明史》纂修多年，稿本今得告竣，但卷帙繁多，恐其中尚有舛讹之处，著展半年之期，该总裁率同纂修官再加校阅，有应改正者即行改正。"② 这样，就将《明史》正式纂成的日期推延到乾隆初年。至乾隆四年（1739）七月，《明史》全部刊刻完竣，计本纪24卷、志75卷、表13卷、列传220卷，目录4卷，共336卷。一般即将乾隆四年作为《明史》成书之时。

五、官方纂修《明史》活动的影响

官修《明史》在清初的政治与文化发展上具有重要意义和影响，大致可以概括为以下三点：

(1)《明史》自顺治二年（1645）开始纂修，至乾隆四年（1739）刻成，前后经历95年。这部《明史》，无论在义例上还是在史实的考订方面，都是古代官修正史中较为精审的一种，在中国史学史上具有一定的地位。纂修中间征集史料、讨论义例、组织纂修、修订史稿直至缮写、校对、刊印，使清朝官方在纂修大型史籍上积累了经验，促进了官方史学的发展。

(2）一定程度上达到了笼络大批汉人学者的目标，黄宗羲、顾炎武等一流学者，虽然仍然坚持不出仕，但也消减了与清廷对立的情绪。他们关注与支持官方纂修《明史》，虽可以解释为寄托故国之思，但也大略等于默认清朝的正统政权地位。

(3）在明史学上，清朝官方取得了主导地位，排抑了私家对明代历史的纂修与评论。官修《明史》在资料、人力、财力等各方面，都具备私家不可比拟的优势，因而获得纂修的成功，给明代史的叙述与评论定出基本的标准和口径，是官方和私家历史观念的一次大整合、大协调，为官方史学与私家史学互动、互补的发展模式，增强了朝良好方向前进的动力。

《明史》纂修历时长久，完全属于官方纂修，不能归功于哪一人或哪几人。不过，在纂修中确有几人作出了比较杰出的贡献，其中最重要者为徐元文、朱彝尊、万斯同和王鸿绪。

徐元文（1634—1691），字公肃，号立斋。江苏昆山人，顺治十六年（1659）状元。于康熙十八年（1679）被破格任用为《明史》馆监修总裁官，还在他从家乡赴京上任的途中，就经过深思熟虑，确定了"努力仗群贤、借以献天子"③ 的修史方针，就职不

---

① 汪由敦．松泉文集：卷二〇：史裁蠡说．清乾隆刊本．

② 清高宗实录：卷九：雍正十三年十二月壬辰．

③ 含经堂集：卷六：赴监修《明史》之召，途中简叶讱庵、张素存二总裁暨史馆诸公四首．清同治刊本．

久，便采取了几项具有关键意义的修史步骤，蔚成了纂修《明史》过程中朝野合作的兴隆局面，这是此次纂修工作真正展开的主要原因。康熙二十三年，徐元文重领《明史》监修之职，他长期个人出资聘万斯同于家，两人讨论商榷，共同担当起修订《明史》全稿的重任，常常工作至深夜，有时甚至是通宵达旦："人情可许容褒刺，史笔翻教定是非。执简深宵还讨核，依偎藜火竟无辉"[①]，这类诗句即是徐元文修史生活的写照，可见他并非将一切都委托于万斯同，而是二人通力合作。在其逝世之前，终于纂成了《明史稿》416卷，在整个《明史》纂修事业中作出了创始奠基的杰出贡献。

朱彝尊为五十博学鸿儒之一，康熙十八年入史馆为纂修官之后，他首先提出："盖作史者必先定其例、发其凡，而后一代之事可无纰缪。"[②] 他认为首先应订立撰写义例、解决其疑点，否则纂修活动就可能陷入茫然失措的境地。这个建议有重要意义，在史馆主持人倡导宽松学术气氛的条件下，找到了纂修工作的关键性突破口，引发了一场热烈讨论《明史》义例的活动。一时间从总裁至一般纂修官以及在野不仕的学者纷纷发表意见，使《明史》的纂修活动一开始就相当深入地展开，从而推动了修史活动第一个高潮的兴起，避免了观望和僵持，将《明史》纂修在方式方法上导入正确的方向。

万斯同以布衣身份参与修史，在解决《明史》疑难问题上起到了高级顾问的作用。他与徐元文一起修订《明史》全稿，成416卷本，是为《明史》的奠基之作，其中融入他多年的精力、一腔心血和深厚的史学功力。

王鸿绪以个人之力修订成310卷《明史稿》，其贡献也十分重大。但学术界长期以来多有人对王鸿绪颇有訾议，甚至指斥其窜改和攘窃万斯同史稿。也有少数学者陆续肯定了王鸿绪对纂修《明史》作出的贡献，如台湾学者黄彰健通过对各种《明史稿》的比较考证，指出："万斯同对《明史》纂修的草创之功，固不可没，但从其手定的《明史列传残稿》看来，却是那样的繁冗待删，而且有些记载还需查其出处与考订真伪。王鸿绪能删定修改而编成一书，其功亦不在万氏以下。"[③] 王鸿绪修成《明史稿》，既未胡乱窜改，更非攘窃他人成果，而是作了突出贡献。然而，王鸿绪对《明史》的最大贡献，乃在于使康熙朝晚期的纂修工作得以赓续，给下一阶段《明史》的最后告成创立了充足的条件。否定王鸿绪对《明史》的贡献与无视徐元文的贡献一样，是多年来史学界最不公正的评论之一。

第四节　《大清一统志》的纂修与方志学的兴起

在中国古代，地方志形成一种自成体系的典籍。不同级别的行政区域均接续性地纂修方志，是中国文化史上的特有现象。而地方志纂修的最兴盛时期乃在清代，方志学理论的趋于成熟亦在清代，其原因除了修志经验和认识的积累之外，更重要的是《大清一统志》初次纂修所起到的推动作用。

---

① 含经堂集：卷一二：著书.

② 曝书亭集：卷三二：史馆上总裁第一书.《四部丛刊》本. 上海：商务印书馆，1937.

③ 黄彰健. 明外史考."中央研究院"历史语言研究所集刊，1953 (24).

一、《大清一统志》的初修与方志纂修的兴盛

“一统志”与方志有着密切的联系。所谓“方志”，在严格意义上应是以确认全国统一政权为前提，并按国家当时行政区划为单位，记述某一区域内的地理、历史与社会人文状况的史籍。方志的纂修，本即有着从小的区域聚合为较大区域，直至全国性志书的趋向。唐代有《元和郡县图志》，宋代有《太平寰宇记》《元丰九域志》等。元朝的全国性志书正式定名《大元一统志》，部帙达1 300卷，明代仿其意旨，纂成《大明一统志》96卷。

清入关后，统治者在思想文化上积极作出仿从汉族封建政权的举措。康熙十一年(1672)，大学士卫周祚奏请纂修《大清一统志》，办法是各省皆纂修省级方志，名曰“通志”，然后汇集为一统志。这得到清廷旨准，并且提出依照顺治朝修成的《河南通志》《陕西通志》的款式。州县志成而修府志，府志成而修通志，自下而上，逐级汇纂，最终修成《大清一统志》。因此，当时一统志尚未正式设馆纂修，但许多地方编纂方志则已起步。康熙十二年十二月“三藩之乱”起，因而纂修《大清一统志》之事停滞。

平定“三藩之乱”后，康熙二十五年五月《一统志》馆正式组建完毕，以徐元文、徐乾学、张英、郭棻、高士奇、曹禾为副总裁，而以陈廷敬、徐乾学专理纂阅之事，正式开始纂修①。《一统志》馆总裁、副总裁大多身兼数职，纂修之事实由徐乾学专理。康熙二十八年十一月，徐乾学因事被劾归乡，疏请将之携归继续编辑，特旨允许。于是，徐乾学得以书局自随。并奏请姜宸英、黄虞稷随同襄助②。又延请胡渭、阎若璩、黄仪、顾祖禹等有名学者参与其事，先后在洞庭山、嘉善、昆山等地开局纂修③。康熙三十三年，徐乾学逝世，遗疏进呈《一统志》稿。清廷依其志稿继续修订，令韩菼总裁其事④。韩菼于康熙四十三年逝世后，清廷未再着力修订，《大清一统志》纂修实际又被搁置，终康熙朝未得成书。

雍正三年（1725），清廷再组《一统志》馆，至雍正六年十一月，雍正帝严令各省督抚迅速纂成通志，“倘时日既延，而所纂之书又草率滥略，亦即从重处分”，并且将“各省所有名宦、乡贤、孝子、节妇一应事实，即详查确核，先行汇送《一统志》馆”⑤。于是各省纂修通志显见成效，第一部《大清一统志》也在乾隆五年（1740）十一月告成，全书342卷。记载范围包括18省，统府、州、县1 600多个。采取分省叙次方式，每省先立统部，冠以图表，有分野、建置沿革、形势、职官、户口、田赋、名宦等门类，皆专载统括一省之事。而府、直隶州各为立表，下系各县。

> 礼部题：朝鲜国进贡使臣，违禁私买《一统志》书。查《一统志》载天下山川、舆地、钱粮数目，所关甚重。应将违禁私买《一统志》书之内通官张灿，革职发伊国边界充军。
>
> ——《清圣祖实录》卷一五二康熙三十年七月己丑

---

① 清圣祖实录：卷一二六：康熙二十五年五月庚寅.

② 徐乾学. 憺园文集：卷一〇：备陈修书事宜疏//续修四库全书：集部第1412册.

③ 清史列传：卷六八：胡渭传；阎若璩传. 北京：中华书局，1987：5458，5462.

④ 清史列传：卷九：韩菼传. 北京：中华书局，1987：656.

⑤ 清世宗实录：卷七五：雍正六年十一月甲戌.

《大清一统志》的这次纂修，导致全国地方志纂修的兴盛，据《中国地方志联合目录》[①] 登载的资料初步统计，自康熙十一年至《大清一统志》告成的乾隆五年，前后 68 年间共有现存方志 1 560 种，而乾隆五年至嘉庆末共 80 年，计有方志 1 384 种，即初修《大清一统志》期间所纂方志超过乾嘉时期 170 多种。在许多方志的序言内，已经对方志的性质、作用、内容和编纂方法进行了探讨，即方志学的研讨已然兴起。例如刘广聪的康熙《程乡县志序》明确提出："志者，邑之掌故，指利弊以资兴革，昭是非以寓劝惩，盖与《春秋》、国史相表里焉。"这样的议论俯拾即是，当然也有主张方志应当注重地理沿革者。雍正六年（1728），雍正帝在关于纂修《大清一统志》与纂修通志的谕旨中认为："朕惟志书与史传相表里，其登载一代名宦人物，较之山川、风土尤为紧要。必详细确查，慎重采录，至公至当，使伟绩懿行逾久弥光，乃称不朽盛事。"[②] 皇帝以上谕形式肯定了方志为地方史书的性质，对方志学的发展影响颇大。后来在乾隆时期，章学诚在多次纂修方志的实践中，总结出比较系统的方志学理论，认为"方志乃一方全史"[③]，提出方志应当"立三书"的理念，即在著作性的志书之外，另设"掌故""文征"以保存资料，主张各县设立准备修方志的"志科"等，其思路是康雍时期方志学研讨的继续与深化。

总之，清朝初修《大清一统志》，是清代文化史、史学史上的重大举措，这项牵动全国文化事业的系统工程，为官方摸索出在人员组织、上下配合、书籍资料征集等多方面的经验，提供了"一统志"纂修体式的范例。而其更深远的影响在于直接推动了全国方志的纂修，使之在康雍年间即形成高潮，进入繁荣兴盛的发展阶段。激发了地方官、士绅、学者纂修方志的责任感和主动积极精神，奠定了方志学理论探讨的基础，这是清代方志学兴旺发达、长盛不衰的重要原因。

二、乾隆朝与嘉庆朝的重修《大清一统志》

清朝一共修成三部《大清一统志》，除上述的初修者外，乾隆朝和嘉庆朝都有纂修的启动。两次重修，在内容上都比此前成书进一步丰富。康雍时期纂修《大清一统志》，是特开馆局进行；乾隆二十九年（1764）纂修《大清一统志》，由方略馆承办，而嘉庆朝《大清一统志》，乃为国史馆所纂修。

乾隆朝编纂《大清一统志》，是因为清朝已经平定新疆地区，朝廷实际控制的地理区域大为扩展，西域地区有必要编入《大清一统志》之中。当时由军机处附设的方略馆纂修《西域图志》，也已成书，于是将《大清一统志》交与方略馆承担，补入西域地区较为顺当方便。此次纂修，历经 20 余年，至乾隆五十年十二月告成，题为《钦定大清一统志》，全书 500 卷，在编纂方法上基本依照初修《大清一统志》，仅在西域部分采取了新修《西域图志》的丰富内容以及先进的地理测量数据，其他各省门目仍旧例。

嘉庆朝重修《大清一统志》，开始于嘉庆十六年（1811）正月，今清代档案文件中

---

① 中国地方志联合目录．北京：中华书局，1986．

② 清世宗实录：卷七五：雍正六年十一月甲戌．

③ 章氏遗书：卷二八：《丁巳岁暮书怀投赠宾谷转运因以志别》自注．刘承干嘉业堂刊本，1922．

记述："《一统志》全书于嘉庆十六年正月由方略馆奏交本馆纂办，当经本馆议奏，所有通体沿革、裁改各事宜，其在京各衙门令于三个月内交全，在外各直省令于半年内交全。俟各衙门、各直省交全后，立限二年将全书纂校进呈，俟钦定后咨送武英殿刊刻。"① 由此可见，此次编纂最初也是交于方略馆，但方略馆并未纂办，而奏准转由国史馆承担。国史馆设想两年完成，极其不现实地低估了这项工作的难度。事实是直到道光二十二年（1842），这部《大清一统志》才告完成，编纂工作不间断地经历了31个春秋，成为国史馆中一大修书重任。为重修《大清一统志》，嘉庆朝的国史馆扩大人员编制，改革章程、制度，加强资料征集和纂修进度的督察，使国史馆的功能建设更为健全。嘉庆朝重修《大清一统志》质量甚佳，不仅纠正前书的一些错误，而且加强对边疆地区、蒙古各部与其他民族内容的记述，将隶属于清朝的许多"藩部"列入"统部"范围，明确了归属于统一国家直接管辖的性质。全书内容丰富，考核确切，在历代全国性志书中最为精湛、完备。

乾隆朝与嘉庆朝纂修《大清一统志》，已经不依赖于各地新修方志来提供资料，即《大清一统志》的纂修与全国各地的编纂方志活动，已经从组织机制上分离。乾隆《大清一统志》主要增添西域地区的内容，其他需要续补的内容，则征集与利用国家机构和地方政权的文献、档案以及已有的方志，并没有指示各省必须首先纂修通志。嘉庆重修《大清一统志》之时，清代的各种方志已经积累丰厚，自然是重要的资料来源，但国史馆开列所需文献、资料项目，向国家机构与各省直接征集资料，督促各地官员造册送交，这成为补充新资料、新内容的主要来源，国史馆于道光五年九月拟定的《一统志凡例》对此有所映现："本书全凭各部院及外省文册甄载……咨取各部院及外省文册，必须现纂官自行检查应咨事宜，撰一草稿，将紧要之处分晰指示。"② 而地方志的纂修，也形成自己的续修机制，由地方官绅参照惯例陆续编纂，隔30年左右应当续修一次，成为多数人的共识。当然，真正的举办还需要政局、财力和人事上的有利条件。

三、清代方志纂修的史学意义

乾隆朝之后，地方志的纂修成为地方政府和地方官绅掌握的修书活动，已经不依赖于中央政权的具体部署，朝廷只通过任命各地学政等官员实行最后的审定功能，而其官方标准主要在于政治敏感问题，其他方面则较为宽松。因此，清代方志的纂修，是官方史学活动由朝廷的大一统集权方式向地方政权的一个让渡，是国家官方修史的一个散布、扩展和补充。清代也偶有私家自撰小范围地方志书者，但极其个别，可以略而不计。

纂修方志是清代史学整体中的重要组成部分，在清代史学史上不应忽视。对比以往历代，整个清代都可以说是编修方志的兴盛时期，所修方志数量之多、地区之广皆为前所未有，对于社会文化的各个方面均有不小的影响。在史学方面，编修方志成为官方史学与私家史学相互联系、互动互补的良好平台，各地政府和官员聘用著名学者主修本地

① 中国第一历史档案馆．国史馆档案：编纂类：第1号卷：现在纂办各种书籍．

② 中国第一历史档案馆．国史馆档案：编纂类：第1号卷：一统志凡例．

方志，在清代十分普遍，梁启超说："清之盛时，各省、府、州、县皆以修志相尚，其志多出硕学之手。"① 地方官员对于聘请主修方志的学者，给以充分的信任和尊重，这比朝廷的史馆对于史官的辖制，不能同日而语。官私互动的史学机制，在方志的纂修之中更为协调和完备。学者们的修志主张虽然歧异，但皆不草率敷衍，而是认真地进行。同时，官方集资操办，硕学一手裁成，这是皇朝时代最好的修书方式，有利于史学的整体发展。

第五节 清朝官方史学的萌发、进展、繁荣和衰退

中国官方史学发展到清朝时期，达到了一个繁荣发展的高峰，清廷在记史和修史组织机构的建设、纂修史书的质量、史学思想及史学方法的探讨等各个方面，均超越了前代，取得十分显著的成效。清朝又是起自关外，从一个少数民族政权发展、壮大，入主中原，因而其官方史学经历了萌发、进展、繁荣和衰退的完整过程。

清朝官方史学与唐代以后各代相比，有着独到的特点。满文档册的出现，标志着满族政权具有自身特色的史学已经萌芽，是中国史学的又一旁支的兴起。

一、官方史学的萌芽和初步发展

清朝入关之前，早自清太祖努尔哈赤时期，即已创制满文并且用来记录档子和编汇成册。太祖朝满文档子有各种不同的种类，其中"汗的档子"以记载最高统治者的军政活动和言论为中心，以编年记事的形式出现，有着较明确的时间顺序，内容丰富，汇总成册，具备最早的官方史籍雏形的性质，与其他散存的档案文书不同。

满文记事性"汗的档子"开始记录的时间应在天命元年（1616）之初，并首先追记此前的史事。天命元年之前一年即乙卯年的满文档册，将此前不明年代的史事集中性、总结性地记述，并且声称：额尔德尼巴克什记录了大英明汗的"一切善政"，申明"这是经常的书"。这表明努尔哈赤建国称汗的天命元年开始记录"汗的档子"，从此即作为经常实行的定制。

这种"汗的档子"主要是后金政权依据自身的军政需要、在自己民族文化基础上产生出来的，是后金政权官方史学具有民族特色的萌芽。记事性满文档册的存在，表明清太祖努尔哈赤政权具备高度重视历史记载的意识，在这一点上超过了以往大多数开创时期的政权，这在中国史学史上是一个值得注意的典型范例。

清太宗时期，编录满文档子的活动进一步发展，内容更为丰富，编年体形式也更加完善。此外，官方的史学活动还有了新的内容，这主要体现于《太祖武皇帝实录》的编纂。

① 梁启超．清代学术概论．上海：上海古籍出版社，1998：54．

天聪六年（1632）十一月，书房秀才杨方兴上奏请修实录，提出："从古及今换了多少朝廷，身虽往，有名尚在，以其有实录故也。书之当今谓之实录，传之后世谓之国史，此最要之事。"① 这里明确地要求清太宗仿照"从古及今"的各个朝廷来修实录，实际是要求向汉族政权学习官方的修史活动。天聪七年十月，清太宗在向文馆诸臣的谕旨中称："朕嗣大位，凡皇考太祖行政用兵之道，若不一一备载，垂之史册，则后世子孙无由而知，岂朕所以尽孝乎！"② 按其语意，说明此时正在编纂清太祖的实录。因此，杨方兴的关于编修实录的建议必已为后金统治者接受，至迟至天聪七年，实际的编撰工作就已开始。

《太祖武皇帝实录》成书于崇德元年（1636）十一月，史料来自太祖朝满文档册，以满文起笔，并译为蒙古文字和汉文字，另绘有《太祖实录战图》，图先成于天聪九年八月。这是清入关前第一次正式的修史活动，书成后举行隆重的进书仪式，这种仪式也大体上仿从了明朝的制度。不过，这次纂修实录虽是有意识地仿从汉族政权的史学活动，但修成之书则与汉族政权所修实录有很大不同，在形式上，《太祖武皇帝实录》书前无御制序、凡例，也未收入史官的进书表，甚至书名也挂上了清太宗生母的谥号，合称为太祖、太后实录③。在体例和书法上，并未遵循汉族政权官修实录的规范。如对努尔哈赤或称"太祖"，或称"帝"，而不是称"上"，不以干支记日，还创造了绘制实录战图与文字互相配合的编撰方式。这种状况，表明入关前的清统治者，未完全仿照汉政权的实录体式纂修本朝实录。

自天聪年间起，后金政权在政策和官制上部分地进行了一些效仿汉制的改革，如优遇汉族士人，设置六部，天聪十年改文馆为内三院等。其中内三院的内国史院职掌中明确规定了纂修实录的任务，是其官方史学贴近汉人政权制度的一大步骤。但《太祖武皇帝实录》纂修过程和组织方法与明朝并不相同，只委派了希福、刚林等人为首的撰写人员，并未设置实录馆，纂修工作先是由文馆，后是由内国史院直接负责。因此，无论是修史制度，还是所修史书的方法和形式，都还与汉族政权存有很大区别，其原因应是对汉族传统史学尚未深悉也不愿亦步亦趋，不过，这已经预示着清廷逐步接受汉族传统史学的基本方向。总之，入关前官方史学的萌芽虽具有满族自身的文化特色，但是其进一步的发展便是在汉文化的影响下实现的，部分地仿从了汉族政权的修史方式。

二、官方修史基本格局的形成

清廷入关之后，为了适应对关内广大汉族地区的统治，不能不进一步接受几千年来长足发展的传统文化，在史学方面也不例外。但清初进行的统一全国、巩固统治秩序的军事行动延续了较长时期，以满族为主体的上层统治集团，在接受汉族文化传统方面也是一个渐进的过程，这样，官方史学基础的奠定也就经历了较长的过程，至雍正朝才确立了官方修史的基本格局。

---

① 杨方兴条陈时政疏//罗振玉．史料丛刊初编：天聪朝臣工奏议上．东方学会，1924.

② 清太宗实录：卷一六：天聪七年十月己巳.

③ 满文老档：太宗崇德朝第36册：崇德元年十一月十五日．北京：中华书局，1990.

顺治朝清廷进入北京，更广泛地接触了汉族的传统文化，官方学习、仿从汉族传统史学和编纂史书的热情很高。顺治二年（1645）便诏修《明史》，并进行了一些汇集史料的工作，后来又设想编纂大型历史类书《顺治大训》和编年体通史《通鉴全书》等[①]，但顺治时期清政权面临复杂的政治、经济、军事问题，官方尚不具备从事大规模修史工作的条件，《明史》实际上并未着手编撰，《顺治大训》只议定体例，《通鉴全书》恐仅存设想。

顺治朝实际纂修的史书很少，除《清太宗实录》及太祖、太宗两朝圣训外，仅《御制人臣儆心录》等几种。《御制人臣儆心录》为论说体，篇幅极略，引述历史上奸臣误国事例以警戒臣僚，是清廷感于宠臣谭泰、陈名夏等获罪被诛而编辑[②]，适应了当时调整群臣关系、强化君主专制的政治需要。另外，还有一些引据史事以阐义理的书籍，如《资政要览》《内则衍义》之类。

顺治朝修成的《清太宗实录》体例、书法皆不正规，如日期不书干支，纪事往往缺载月、日，还多采用追述方式，既不合编年之体，又造成内容前后重出[③]，文句俚俗、字义不当、姓名舛错、语气不通等问题也十分严重[④]。两朝圣训的纂修开清代纂修圣训之书的先河，影响深远，但顺治朝所修之圣训与《清太宗实录》一样存在着词语俚俗、载事琐屑等问题，反映了官方修史水平的低下。《清太宗实录》和两朝圣训书成之后，未作为定本，也未举行有关告成的任何仪式。

康熙朝是清代官方史学发展的重要时期，清圣祖自少年继承皇位，较多地学习了汉族传统思想文化。亲政之后，十分热衷于编纂书史，官方修史取得了十分可观的成就。

第一是实录和圣训的纂修与重修。不仅修成了《清世祖实录》，而且重修了《清太祖实录》和《清太宗实录》，这三部实录都有御制序、凡例、进书表，义例和书法上也符合官修实录的体式。同时对三朝圣训也进行了纂修和重修，全部工作从康熙六年（1667）起，至康熙二十六年最后结束。至此，清官方在纂修实录和圣训方面，体例业已成熟，亦学会为君父讳的修史方法，对开国史实作了许多隐没和篡改。

第二是《明史》的纂修。康熙十八年重开《明史》馆，是《明史》实际修撰的开始，奠定了《明史》纂修的基础。

第三，创修了方略之书。康熙二十一年十月，因大臣奏请而开馆纂修《平定三逆方略》[⑤]，以纪事本末形式记载平定吴三桂等三藩之乱的过程，内容以汇录有关皇帝谕旨、命令和大臣奏议为主，这是编纂当代史的一种新的形式。此后又陆续修有《平定罗刹方略》《平定海寇方略》《平定朔漠方略》等，遂使方略之书的编撰体制在康熙朝确立。

第四，康熙十年八月，清廷首设起居注馆，记录和编定起居注册[⑥]，康熙二十九年

---

① 清世祖实录：卷八八：顺治十二年正月辛亥；卷九七：顺治十三年正月癸未.

② 四库全书总目：卷七九：史部职官类:《御制人臣儆心录》提要. 影印版. 北京：中华书局，1965：688.

③ 庄吉发. 清太宗实录初纂本与重修本的比较//清代史料论述（一）. 台北：文史哲出版社，1978：220.

④ 徐中舒. 内阁档案之由来及其整理//明清史料：甲编. 北京：北京图书馆出版社，2008.

⑤ 清圣祖实录：卷一〇五：康熙二十一年十月辛卯.

⑥ 清圣祖实录：卷三六：康熙十年八月甲午；皇朝词林典故：卷一七：官制.

四月，又设国史馆[①]，进行了编撰开国以来功臣列传的首次尝试。此外，康熙朝还修成第一部《大清会典》，这些皆对整个清代的官方史学有较大影响。

第五，康熙朝还纂修了许多其他史籍，如《大清一统志》（未告成）、《鉴古辑览》、《皇舆表》、《历代记事年表》以及与清圣祖施政、治学行为有关的《政治典训》《省方盛典》《幸鲁盛典》《万寿盛典》《御批通鉴纲目》等书，表明康熙朝修史活动已经具备了一定的广度。

康熙朝的修史规模和修史水平，已具备可与以往唐宋王朝相比拟的程度，其修史项目的组成结构上，也大体与历代王朝政权相符，已完全纳入了官方传统史学的发展轨道。但是，康熙朝晚期却出现了十余年之久的修史废弛时期，自康熙四十八年，除了为清圣祖纂修《万寿盛典》《省方盛典》外，再无新的修史项目。《明史》《大清一统志》已修纂多年，却被搁置一边。清圣祖的史学虚无主义态度，是导致官方史学废弛的直接原因。对于起居注，清圣祖早就疑其不实，至康熙五十七年（1718）三月明令裁撤，认为起居注“甚属无益”[②]。对于国史馆，虽未有明令裁革之旨，但纂修“三朝国史”之事不了了之，国史馆也就萎缩不存。这种状况，至雍正朝得到了迅速拨正。

兴复康熙朝废弛的修史事业，是雍正朝对官方史学的重要贡献。雍正元年（1723）四月，清世宗即下令恢复起居注馆，重建编录起居注的制度[③]。七月，下令重组《明史》馆纂修《明史》[④]。九月，谕令纂修“四朝国史”[⑤]，至十一月组成国史馆。雍正三年，又开馆纂修康熙朝久已废辍的《大清一统志》，并于六年十一月在全国范围征集资料、动员各地编纂方志[⑥]。总之，凡在康熙朝废弛的修史项目和修史制度，都全面地得到恢复。

雍正朝在纂修实录和圣训上也有新的作为：第一，是将圣训归于实录馆一同编纂，既迅速又方便，遂形成清代定制；第二，开始对前三朝实录中的人名、地名进行字句校对，将翻译用字划一，并重新缮写[⑦]，这是对前三朝实录的最后定型，至乾隆初期完成。

雍正二年，清廷还开馆续修《大清会典》，清世宗在《大清会典序》中称：“夫制度之有损益，随时以处中之道也”[⑧]，强调了典章的变通损益，实际上提出了会典当重新续修的原则。此外，雍正朝还开始纂修《八旗通志》《执中成宪》《功臣传》等史籍。其中《功臣传》始于雍正二年，清世宗谕令于京建立昭忠祠，编辑《昭忠列传》[⑨]，即《功臣传》，内容是专门记述清朝在战争中阵亡将士的传略，由翰林院编撰，成为清代又一自成体系、多次纂修的史籍，这与国史馆所修的列传是不同的。

---

① 清圣祖实录：卷一四五：康熙二十九年四月乙丑.
② 康熙起居注：五十七年三月初三日壬子. 北京：中华书局，1984：2498.
③ 清世宗实录：卷六：雍正元年四月乙丑.
④ 清世宗实录：卷九：雍正元年七月甲午.
⑤ 清世宗实录：卷一一：雍正元年九月丙午.
⑥ 清世宗实录：卷七五：雍正六年十一月甲戌.
⑦ 清世宗实录：卷四九：雍正十二年十一月庚子.
⑧ 清世宗. 御制文集：卷八：大清会典序. 影印文渊阁《四库全书》本. 台北：商务印书馆，1986.
⑨ 清世宗实录：卷二五：雍正二年十月癸未.

由于雍正朝只13年时间，总的修史成就不大，《大清一统志》《八旗通志》等书在雍正年间也未来得及修成，但雍正朝恢复和发展官方修史活动的措施，消弭了康熙晚期官方史学废弛的不良影响，起到了重振修史事业的作用，使长期以来官方史学的发展成果得到继承、光大，具有十分重要的意义。从雍正朝起，清代官方的修史活动才持续进行、从不间断，完成了官方史学从起伏状态向稳定发展的转折。

经过顺、康、雍三朝的长期努力，特别是经过康熙间对官修史的开拓、发展以及雍正朝的恢复，官修史的基本格局得以形成。这种修史格局，主要表现于本朝当代史的纂修，由起居注、实录、圣训、国史、方略、会典、功臣传等几大系列史籍，组成了官修当代史的整体布局，囊括了编年、纪传、纪事本末、典制史、人物传记等各种体例，门类齐全，并且皆可以作持续性或接续性纂辑，成为整个官方史学活动中比较稳定、始终保持的纂修内容，奠定清代官修史的稳固基础。

三、清朝官方史学的繁荣

图7-1　故宫东华门内清朝国史馆旧址

乾隆朝是清代官方史学发展的繁荣时期，这个繁荣局面的取得，是多种因素促成的。自清廷入关之后，历经顺、康、雍三朝经营，政治上相对稳定，经济得到恢复和发展，国家财政实力也充裕起来，这是官方从事大规模修书活动的社会条件和物质基础。清代官方史学经过康、雍两朝的发展，已形成基本的修史格局，在组织方式、修史方法各方面都积累了经验，使乾隆朝官方史学活动，一开始就具备了一个较高的起点。在以上各项条件的基础上，清高宗本人对史学的极为重视，也是官方修史活动繁荣兴旺的重要因素。清高宗自幼研究经史，具有相当高的文化造诣，自即位伊始，即对史学予以充分的重视。如乾隆元年（1736）在博学鸿词特科的《史论问》[①] 试题中即指出："凡具渊通之学，必擅著作之才，然非熟于掌故，周知上下数千载之事理，而剖决其是非者，不足以语此，则史学尚矣！"他亲自策划和督率官方的修史活动，审定史稿且论定疑难问题，有力地促进了官方史学的兴盛。乾隆朝官方修史的兴盛局面，表现为以下几个方面：

第一，修史数量多，种类全。在乾隆朝的60年间，清廷大举兴办官方的修书事业，所成之书种类繁多，内容丰富，超过了清圣祖康熙时期。据对《国朝宫史》《国朝宫史续编》等书记载的初步统计，康熙朝官修书有70余种，其中史籍约23种，未过总数的三分之一。而乾隆朝官方所修之书达120多种，其中史书超过60种，占全部修书数量的二分之一[②]，总卷数达6 000余卷，部帙在100卷以上者近20种。这尚不包括《御览经史讲义》《春秋直解》等包含历史内容的书籍、各衙门大量的"则例"之书和订正、

---

① 清高宗．御制文初集：卷一四：史论问．影印文渊阁《四库全书》本．台北：商务印书馆，1986．

② 以上统计均不包括各地方衙门所修方志。

改纂之书。这样兴盛的官方修史局面不仅居清代各朝之首，而且在整个古代封建朝廷内也可列居第一。这60余种史籍内容丰富，种类齐备，在《四库全书》史部所分15种类目中，除史钞与载记类并无清代官书外，其余各类中均有乾隆朝的官修史书。

第二，广辟蹊径，开拓修史项目。乾隆朝所修史籍，有些是承袭了先朝所形成的修史格局，如续纂《大清会典》、重修《大清一统志》、纂修数部方略类史籍等；有些则是乾隆朝作出新的开拓。拓展修史项目和方式多种多样，例如《国朝宫史》的编纂，就是清高宗于乾隆七年阅及《明朝宫史》一书而受到启示①；《日下旧闻考》亦是阅及朱彝尊《日下旧闻》一书而下令补正；《明纪纲目》的编纂，则是立意仿从朱子《通鉴纲目》之体，"续三通"（《续通典》《续通志》《续文献通考》）的编纂亦出于接续历史名著的动机等。多方开拓修史项目的结果，使官修史的种类扩充，内容丰富，成为乾隆朝官方史学繁荣兴盛的重要因素之一。

第三，国史纂修打开了新的局面。康、雍两朝虽皆曾开馆纂修国史，但均将纂修有功大臣的列传作为主要任务，缺乏成熟的修史义例，成绩亦甚微薄。乾隆初至十四年（1749），取得了修成"五朝本纪"和十四志、《皇清奏议》等成绩，随后萎缩，渐至闭馆。乾隆三十年重开国史馆，清高宗明发谕旨，否定了以往只为功业素著大臣立传、传内有褒无贬的做法，指出无论有功、有罪或美恶参半的重要人物，"大臣之贤否，均不可隐而弗彰"②，将国史纂修纳入封建朝廷编纂一代正史的轨道，打破了列传撰写难以措手的状况。此后，清高宗又亲自处理有关历史问题，为多尔衮平反翻案，解决了撰写开国人物事迹上的一大具体难题，并创设《贰臣传》等类例，以示大公至正，开拓了国史纂修的新局面。自乾隆三十年以后，直至清末，国史馆成为常设修史机构，各种规章制度逐步健全，修史活动持续不断。

第四，取得了可称誉的史学学术成就。乾隆朝纂修的"续三通"、"清三通"（《清通典》《清通志》《清文献通考》）以及大量本朝当代史，提供了集中的、有条理的历史资料，具有很大的学术价值。乾隆朝官方还有意识地从学术角度上编纂了史籍，取得了一定的成就，这集中地表现于史地学著述的开拓性纂修方面。乾隆二十一年二月，清廷平定新疆的战争尚未结束，清高宗即指示考察西域的历史与地理状况，开始了《西域图志》的纂修③，乾隆二十七年成书。而四十二年又下令重修，至乾隆四十七年五月成书52卷④。是书立足于实地勘测调查与历史考证相结合的方法，既述沿革，更说现状；既载地理，又记史事。在历史考证方面，"遍稽正史，旁罗群籍，择其尤雅凡可考据者引述辨证，不厌其详，征信存疑，兼为区析"；在实地勘测上，任用西洋人员，采用先进技术测定经纬度，摒弃了历来的"分野"之说⑤。这在当时实属可贵，取得了"足以补前朝舆记之遗，而正历代史书之误"⑥ 的成就，开清代边疆史地学之先河。其后，清廷

① 国朝宫史：卷首：圣谕．北京：北京古籍出版社，1987：1.
② 清高宗实录：卷七三九：乾隆三十年六月丁卯.
③ 西域图志：卷首：谕旨．影印文渊阁《四库全书》本．台北：商务印书馆，1986.
④ 西域图志：卷首：进表．影印文渊阁《四库全书》本．台北：商务印书馆，1986.
⑤ 西域图志：卷首：凡例．影印文渊阁《四库全书》本．台北：商务印书馆，1986.
⑥ 四库全书总目：卷六八：史部地理类：《西域图志》提要．影印版．北京：中华书局，1965：605.

又以同类方式纂修了《热河志》《河源纪略》《日下旧闻考》《满洲源流考》等等，使史地学蔚然成风，是清朝官方在学术上的突出贡献。此外，清高宗还因发现早年所修《明纪纲目》中有记事舛漏之处而下令重纂，同时涉及《明史》中记载不确的问题，而对本纪修订，对列传部分予以考证①，显示了在学术上孜孜以求、不惮于改作的认真精神。

总之，乾隆朝的官方修史活动，从统治者的重视、修史数量、新项目的开拓、纲常伦理思想体系的贯彻（见下文）、官修史的学术性等各个方面，都达到了古代官方史学发展的高峰，在中国古代史学史上占有重要的地位。

四、清高宗的史学思想

清高宗在政治、军事、经济和社会文化事业等各个方面都颇有作为，而且重视对史学的研治，他的史学思想成为官方史学活动的指导思想，是清朝官方史学繁荣发展的原因之一，也是繁荣状况的一种体现。

1. 清高宗的正统论观点

在清高宗之前，清世宗就论述了帝王大一统的理论，他指出：“《书》曰：‘皇天无亲，惟德是辅’，盖德足以君天下，则天锡佑之，以为天下君。”因此，“海隅日出之乡、普天率土之众，莫不知大一统之在我朝……本朝之为满洲，犹中国之有籍贯。舜为东夷之人，文王为西夷之人，曾何损于圣德乎！”②这是排除华夷之别的帝王大一统理论，以大一统的实现为正统政权的最高标准。清高宗承袭和发扬了清世宗的理论，亲自审视了历代政权的正、闰地位，曾于乾隆四十六年（1781）十月甲申日发谕旨，集中阐述了他的正统论观点，认为“《春秋》大一统之义，尊王黜霸，所立万世纲常，使名正言顺，出于天命人心之正。……夫正统者，继前统、受新命也”，以纂修《御批通鉴辑览》为契机，形成一套正统论理论，其要点是：

图 7-2　1736 年郎世宁绘乾隆帝画像

第一，大一统政权有绝对的正统地位，不论其统治民族如何、发祥地何在。“大一统而斥偏安，内中华而外夷狄，此天地之常经、古今之通义。是故夷狄而中华，则中华之；中华而夷狄，则夷狄之。此亦《春秋》之法，司马光、朱子所为亟亟也。”③

第二，统一政权崩析，几个政权并存的时期，承续原正统政权者为正统，如东晋与南朝宋、齐、梁、陈等。只要具备偏安一方的规模，即视为正统。

第三，统治的区域仍作为判定正统地位得失之际的依据。清高宗认为：“宋自建炎南渡，已属偏安，然德祐以前尚有疆域可凭，朝廷规模未失，犹可比之东晋。至临安既

① 国朝宫史续编：卷八九：史学二. 北京：北京古籍出版社，1994：871-872.

② 清世宗实录：卷八六：雍正七年九月癸未.

③ 国朝宫史续编：卷八九：圣制通鉴纲目续编内“发明”“广义”题辞. 北京：北京古籍出版社，1994：869.

破，帝㬎见俘，宗社成墟，宋统遂绝”，而昰、昺二王“残喘苟延，流离失据，不复成其为君”①，与明末唐、桂二王无异，皆不得谓之正统政权。很明显，这里判断正统地位的存与失，主要以其是否尚有相当大的统治疆域为根据。

第四，原正统政权的皇族血统，仍作为很重要的因素。如三国时刘备的蜀汉政权，与东汉并无政权上的承接关系，仅以刘氏皇族身份借用汉朝名号而已。《资治通鉴纲目》将之作为正统，清高宗亦予以赞许，说明血统关系仍作为判断正统与否的参考因素。

2. 贯彻于史学中的“臣节”准则

儒学的纲常名教原则，是君主专制统治的思想基础，如何以史学扶植纲常，是清高宗极为关注的问题。他以独裁君主的地位，经长期的研究思索，在评析历史和指导官方修史方面，都使纲常准则的贯彻达到了前所未有的广度和深度，其中尤以强调“臣节”最为昭著。

《御批通鉴辑览》是清高宗评析历史的集大成之作，其中批语于君臣之义持之甚严。对臣节的要求无丝毫姑容，批评的矛头常触及古代一些“名臣”。例如指责陈平、周勃直至吕后死后才安定西汉刘氏天下，乃是“柔奸自全者流”②，是汉高祖之罪人；特别是对武则天时身居高位的狄仁杰，接连以六条批语予以挞伐，认为狄仁杰本唐臣，在武周时为相，“后世反以复唐之功归之，是皆托于明哲保身、宽柔以教之论，而未终读夫子至死不变之语，是非倒置，莫甚于此”③。批评了朱熹《资治通鉴纲目》“于仁杰津津言之，且以荐张柬之为复唐张本”的错误，改变《资治通鉴纲目》的书法，于狄仁杰一律书为“周”臣，“以为为人臣而事二姓者戒”④。

将这种纲常准则施于对明清之际史事的考察，清高宗作出了两项重大举措：一是议谥明季殉节诸臣，并编辑《胜朝殉节诸臣录》；二是于国史创立《贰臣传》。乾隆四十年（1777）二月，清廷大张旗鼓地为明朝殉节死义的大臣议谥，包括明季殉节诸臣与建文朝殉节之臣，令将这些人物入祀于原籍的忠义祠，并根据专谥、通谥清单，予以编辑，冠以清高宗有关谕旨及廷臣议疏，“一体成书，与《明史》相附而行”⑤，成《胜朝殉节诸臣录》12卷。

是年十二月，清高宗决定在国史中特立《贰臣传》，将“在明已登仕版，又复身仕本朝”的“大节有亏”人物，凡可立传者均归于此类，并阐扬其义旨说：“朕思此等大节有亏之人，不能念其建有勋绩，谅于生前，亦不能因其尚有后人，原于既死。今为准情酌理，自应于国史内另立《贰臣传》一门，将诸臣仕明及仕本朝各事迹，据实直书，使不能纤微隐饰……此实朕大中至正之心，为万世臣子植纲常，即以是示彰瘅。”⑥随后，又将吴三桂等人从“贰臣”中剔出，另归于《逆臣传》。

① 御批通鉴辑览：卷九五：“元世祖至元十三年”事批语．影印文渊阁《四库全书》本．台北：商务印书馆，1986.

② 御批通鉴辑览：卷一三：“张辟疆请拜吕台、吕产为将”事批语.

③ 御批通鉴辑览：卷五三：“武氏改国号为周”事批语.

④ 评鉴阐要：卷五：“周平章事狄仁杰卒”事批语．影印文渊阁《四库全书》本．台北：商务印书馆，1986.

⑤ 清高宗实录：卷一〇〇二：乾隆四十一年二月庚戌.

⑥ 清高宗实录：卷一〇二二：乾隆四十一年十二月庚子.

《贰臣传》的编纂，确实解决了在史学中贯彻儒教纲常准则的一个较大问题。以往各朝代纂修国史，对前朝降附之臣，未能从总体上绳以“臣节”。清高宗从维护整个封建主义思想体系出发，从提高忠君意识、维护清朝统治的根本利益出发，在国史中创立了《贰臣传》，这是将纲常准则彻底贯彻于史学的典型体现，从封建政权的官方角度来看，乃是使传统史学思想和政治历史观达到了一个新的高度。

3. 垂训鉴戒、匡助政治的修史宗旨

以史为鉴、以史资治，本是中国古代传统的史学思想，历代相沿，源远流长。清高宗十分重视历史的垂训鉴戒、匡助政治作用，他主持编纂《御批通鉴辑览》，目的就在于使“观是书者，凛天命之无常，知统系之应守，则所以教万世之为君者，即所以教万世之为臣者也”①。这是以编纂和评析历代史事的方式，申明训诫、辅佐政治。

他将本朝史事，尤其是开国之史引为教化之资，试图借此激发起维护清廷统治的政治热情。如纂修《宗室王公功绩表传》，其目的之一就是使其“奕世子孙观感奋发，竞知鼓励”②。特别是从乾隆三十八年（1773）敕撰《皇清开国方略》始，随即进行了一系列重理本朝开国史的编纂活动，其宗旨就在于“以示我大清亿万年子孙臣庶，期共勉以无忘祖宗开创之艰难也”，从而使其后世子孙“思所以永天命、绵帝图，兢兢业业，治国安民，凛惟休惟恤之诫，存监夏监殷之心”③。从巩固清朝长久的统治地位着眼，而求助于史学的政治作用，是清高宗史学思想的独特内容。

乾隆四十八年（1783）九、十两月，他再次申述历朝历代因预立太子招致祸乱的历史教训，下令编纂《古今储贰金鉴》一书，收录清圣祖谕旨一道及清高宗大量上谕和论文，列于卷首。正文顺次叙述自周代至明朝因册立储君而引起祸乱的 29 项事例（另附叙五事），各加按语评论。此书突出的特点是以传统史学的方法，否定了一项历史形成的传统政治制度，论证清朝秘密立储体制的优越，标志着清朝对建储制度的改革提高到理论的水平。

4. 彰善瘅恶、信今传后的史学观念

清高宗极为重视史书的彰善瘅恶作用，早在他继位之前，就强调《春秋》《通鉴纲目》等书为“彰善瘅恶，比事属辞”的杰作，能使不畏王法的乱臣贼子“读此书而知惧”，“人知有所惩劝，惧见诛于后世”④。在强调史学的重要作用的同时，清高宗也倡导撰史应真实可信，声称“作史乃千秋万世之定论，而非一人一时之私言”⑤。这种彰善瘅恶、信今传后的史学观念本为传统史学思想的主要内容之一，并非清高宗的创见，但经过清高宗的强调和阐发，成为清朝国史纂修的指导思想，形成了“国史之修，所以彰善瘅恶、信今传后”⑥ 的基本原则，在官方史学的发展中起到了十分重要的作用。

为使国史真正达于彰善瘅恶、信今传后之效，清高宗亲自为之议定体例，解决了国

① 御批通鉴辑览：卷首：御制序.
② 清高宗实录：卷七一九：乾隆二十九年九月乙亥.
③ 己未岁萨尔浒之战书事//清高宗实录：卷九九六：乾隆四十年十一月癸未.
④ 乐善堂全集定本：卷七：朱子资治通鉴纲目序. 影印文渊阁《四库全书》本. 台北：商务印书馆，1986.
⑤ 清高宗. 御制文二集：卷三五：读金史. 影印文渊阁《四库全书》本. 台北：商务印书馆，1986.
⑥ 清高宗实录：卷一一四二：乾隆四十六年十月癸酉.

史列传纂修中的许多具体问题，从而丰富了这一传统史学思想的内容。这种信史的观念，也被用于治史的其他方面，如在编纂《皇清开国方略》过程中，其事其文多取资于《太祖武皇帝实录》，就是因为该书“盖崇德元年所辑，文直事核，足资垂信”①。这显然是信史观念有所增强的表现。

5. 精思善疑、考据求实的治史精神

清高宗阅读史籍和研治史学，对史事的记载是否真实经常地予以注意。他指出：“尽信书不如无书，读史者不可不具卓识”②，在其文集和《御批通鉴辑览》的批语中，存有大量指摘史笔失实的论断，表现了他的杰出史识。

例如：对齐国田单运用火牛阵破燕军一事，清高宗批语曰：“蕞尔一邑，被围已三年，其不至析骸易子者盖亦几希，何得城中之牛尚有千余耶？火牛之事当日谅或有之，史家过为文饰，反启后世之疑矣！”③ 这类分析，充满他的文集和《御批通鉴辑览》，可谓鞭辟入里、思索缜密，既善于质疑，又锐于审断。

清高宗的史学思想，在主体和实质上未出以往传统史学所具备的内容范围，且融入了帝王立场。不过，他在传统史学的范围和名教思想体系之内，针对具体史学问题，能够翻新花样，从而推动官方史学的发展，体现出总体上保守而具体上有所作为的特征。中国的传统文化至于清代，已经进入一个全面总结和清理的历史时期，清高宗本人的史学思想，就是从官方角度对传统史学思想的清理和总结，在中国史学史和中国思想史研究中都值得关注。

五、官方修史活动的衰退

嘉道以降，官方史学逐步滑向了衰退。官方史学衰退的原因是多方面的，其一是乾隆朝将官方史学推向繁荣的高峰，在旧史学体系内再翻出新花样已经困难；其二是清朝国势渐衰，政治、经济都呈现困局；其三是旧史学不大能适应鸦片战争后新形势的政治需要。

综计嘉庆朝直到清末，官修史书有40余种④，总数比乾隆一朝已远为不及，而循例纂辑的实录、圣训、方略、典制之书和功臣传等又占其中绝大部分，尤其是道光朝之后，在修史项目上很少有新的开拓，循例必纂之书亦多拘牵成式，义例僵化，采取堆砌资料的方式敷衍成编。这是官方史学衰落的明显表现。

乾隆朝曾经在官方修史项目上广开蹊径，嘉庆朝按照乾隆年间纂修《国朝宫史》《词林典故》体式，续纂了《国朝宫史续编》《皇朝词林典故》等书，但未能更多地将其他修史项目予以赓续。道光之后，每况愈下，修史项目基本收缩为康雍间形成的格局。宣统年间刘锦藻修成《皇朝续文献通考》奏进，受清廷嘉奖⑤。而撰之“续三通”“清三通”诸书，本为乾隆朝官方接续前代名著修成，已占据为官修项目，不想晚清又归于

---

① 皇清开国方略：卷首：《御制开国方略联句》注．影印文渊阁《四库全书》本．台北：商务印书馆，1986.

② 御批通鉴辑览：卷五〇：“唐太宗怀鹞”事批语.

③ 御批通鉴辑览：卷一〇：“周赧王三十六年田单用火牛阵”事批语.

④ 据光绪朝《大清会典事例》《清史·艺文志》《皇朝续文献通考》等书统计，不包括各部院衙门的“条例”“则例”之书。

⑤ 皇朝续文献通考：卷一〇一：学校八//万有文库：第二集．上海：商务印书馆，1935.

私家续纂，一得一失，反映出官方修史事业盛衰变化的一个侧面。

不过，清官方修史活动在总的衰退趋势中，亦存有个别方面的维持或发展。应当承认：嘉庆朝对官方修史还是予以了很大的关注，清仁宗本人对史学十分重视，他处处想模仿其父在史学上的作为，重修《大清一统志》《大清会典》等书，皆投入很大的人力、物力，成就显然。嘉庆朝《大清会典》首次将图式别立一书，在体例上有所更新。对于国史馆的工作，更进一步地扩充人员编制，恢复乾隆初曾进行过的“十四志”、《皇清奏议》的编纂，将“儒林”“文苑”等列传也提到纂修日程，对以前纂成的国史列传进行了大规模的查改划一，使国史的纂修比乾隆朝有所增进。

嘉庆二十三年（1818），清仁宗下令仿范祖禹《唐鉴》之意编纂《明鉴》[①]，这是新开拓出来的一个修史项目，但《明鉴》一书，主要以《御批通鉴辑览》为取材依据，议论亦不精到，被评为“在清代敕撰书中最为下乘，于征献考文，尤未足言”[②]。

此外，咸丰初年纂修了道光朝的《筹办夷务始末》，是为《清宣宗实录》馆附带修辑[③]，内容为按时间顺序汇集与西方各国外交事务的有关谕旨、奏议等资料，藏于宫中供皇帝等上层人士阅看。后来同治朝、光绪朝在纂修前朝皇帝实录时，亦依例编辑。这是新的资料性史籍，开启了外交史料编纂的专门活动，其实质乃是方略类史书的一个变种，是因为其中没有决策制胜的“方略”可言，故变换了名称。

光绪二十八年（1902），清廷决定由翰林院开馆编辑《各国政艺通考》，至宣统元年告成。此书以国内已有译著为依据，将世界主要国家政治、制度、技艺等分类汇纂，共775卷，其中有113卷记述了各国的历史简况[④]。这虽仅为抄纂而成，但毕竟是唯一大型的以世界各国为内容题材的官修史籍。光绪朝在前四种《大清会典》修纂成果的基础上接续和补充，修成内容丰富的光绪《大清会典》与《大清会典事例》，很有史料价值。

清朝后期，官方史学坚持并且有所扩展的是国史馆的修史活动，嘉庆时期，国史纂修事项增多，准备编撰《儒林传》《文苑传》。至嘉庆十六年，国史馆承担《大清一统志》的纂修，因而扩大了国史馆的人员与机构。从嘉庆朝至光绪年间，对国史列传稿件进行整理、划一的工作，这是十分繁难、复杂的任务。经过“划一”的国史列传，称“划一列传”，视为定稿。光绪朝还再次掀起纂修国史《儒林传》《文苑传》的高潮。

总之，嘉道以降，官方史学在修史项目上虽有所开拓，但成就不甚显著，不足以振起官修史衰落的颓风。但清廷自雍正年间确立的官方纂修当代史的基本格局，仍得以维持，起居注、实录、圣训、功臣传等皆有定制可遵、有定例可循，国史馆与其他史馆的修史成例，依旧按部就班地进行，使清朝官方史学处于衰而不废的状态，这固然失去乾隆年间官修史蓬勃向上的生气，但仍维持着一定的修史规模，直到清朝灭亡。

---

① 光绪朝大清会典事例：卷一〇五一：翰林院：纂修书史三//续修四库全书：史部第798-814册．上海：上海古籍出版社，2002.

② 续修四库提要：史部编年类：《明鉴》提要．台北：商务印书馆，1971.

③ 方甦生．清内阁库贮旧档辑刊叙录：第二章第三项“官修书籍及其文献”．故宫文献馆，1935：20.

④ 皇朝续文献通考：卷二六五：经籍九．按：《各国政艺通考》一书，笔者未能寻见，未知存佚。

六、清朝官方修史活动发展上的特点

清朝官方史学与唐代以后各代相比，有着独到的特点。如前所述，满文档册的出现标志着满族政权具有自身特色的史学已经萌芽，它不是在承袭中国两千多年传统史学成就的基础上产生，而是中国史学的又一旁支的兴起。但是，后金政权在文化上不可避免地被汉族较先进的传统文化所逐步征服，具备一个自身的萌芽和向主流逐步汇合的发展进程。

然而，为什么这种起于旁支、渐入主流的清朝官方史学能够发展到最繁荣的程度？特别是继官方史学比较低落的明朝之后，为什么也能将官修史推向兴盛？这是一个十分值得思考的问题。除了其他历史条件之外，清入关前史学萌芽时期形成的一些因素，起到了重要的作用。

满文是官方制作，一经产生，除书写公文、政令等军政文件外，首先用以记录史事，而以满文记录史事，又是官方独有的活动。留存至今的满文档册数量可观，而私家用满文撰写其他书籍则极为罕见。这说明了官方史学在满族社会文化中占据着最突出的地位。因此，清入关前在史学萌芽时期，就形成重视官方史学活动的因素。当史学尚未分化出私家修史活动的情况下，后金政权已然面对汉族较高水平史学的影响，对汉族传统史学的学习就完全为官方所包揽，造成清入关前官方对史学的完全垄断。这种由官方完全占据史学领域的状况在入关后虽不可能保持下去，但它助成的独尊官修史的意识则根深蒂固，是顺、康、雍、乾、嘉等各朝多热衷于官方修史活动的原因之一，对官方史学的发展兴旺有深刻的影响。

清朝官方史学虽然是在接受汉族传统史学的过程中发展起来的，但并没完全抛弃初期满族史学萌芽的成果，而是潜在地融合于整个修史体制之中，形成了将档案编年汇抄成册的健全制度。档案文献经过以汇抄档册的方式加以整理，眉目清晰、检索便利，使本朝当代史的编纂能够及时进行，有利于官方修史格局的保持。

早在清入关之前，统治者就十分重视将历史用为军政活动的辅助工具，满文档册除了作为历史记录之外，还用于军政事务的参考。这种将史学与政治密切联系起来的做法，入关后进一步发扬，促进统治者对史学的注重，推动官方修史活动的开展。至乾隆朝，将政治与史学的联系深入一步，在纂修《皇清开国方略》《御批通鉴辑览》《古今储贰金鉴》《贰臣传》等多种史书的谕旨或序言中，都申明了修史关乎世道人心和维护清廷统治地位的政治意义。即使在清朝后期，《筹办夷务始末》《治平宝鉴》等书的产生，也是适应了政治上的某种需要。所以在整个清代，政治上的需要总是促进官修史开拓项目的活跃因素。

第六节　乾嘉时期的历史考据学

清代的学术发展至乾隆、嘉庆时期，考据学达到空前兴盛的状态，以至长期以来人们曾将“乾嘉学术”“乾嘉学派”等概念径与考据学风联结一起。这种估量当然并不全

面、不大允当，但考据学在清代学术史上的突出地位，确实如日中天，与整个学术背景相应，历史考据学在乾嘉时期也成为显学，成就远过于往代。

一、清初考据学风的兴起

> 考据者，学问之所有事耳。学问不一家，考据亦不一家也，鄙陋之夫，不知学问之有流别，见人学问眩于目而莫能指识，则概名之曰考据家。夫考据岂有家哉？学问之有考据，犹诗文之有事实耳。
>
> ——章学诚《文史通义·诗话》

考据学的兴盛，有一个长期渐形渐著的历程。清朝初期，私家著述已经呈现多样化、多风格的特点。随着对明清之际社会大变动的反思，以遗民学者为主体，学术议论勃发，王夫之、顾炎武、黄宗羲、唐甄、颜元等学者各著论说，使当时思想界闪耀出夺目的光芒。而清初一些学术大家于议论之余，兼以考据辅助其学术宗旨，其成就为整个学术界示范，而顾炎武最受学界尊重，影响力居于首位。

顾炎武主张学术经世致用，将“天下兴亡”大事深系于怀，而其治学途径，多取考证述评方式。如《日知录》一书，乃欲以考述经史、考述典章、考述古今世事及各类学问，作经世之备用。而用力专精处，皆在于实证功夫，全书为人所服膺处，亦在于考证精核。《肇域志》与《天下郡国利病书》是他的经世著述，而其形式则完全为纂辑和考述关于国计民生的历史资料。至于《音学五书》《金石文字记》等名著，则难言有何等经世致用的直接用意，当纯属考据和纂述性学问。这表明顾炎武自己在治学中，考据亦是学术旨趣之一，并非绝对因经世致用的需要而为之。他大力标举“经学即理学”理念，反对空谈性理的倾向，将之引导到考释儒学经典的治学途径，对考据学的兴盛起到理论先导的作用，顾炎武本人也成为后来考据学派的一面旗帜。

黄宗羲是一位极重议论的学者，坚持姚江学派的立场，然治学则重于史学，撰著《明儒学案》等书。这其中包含以史学昌明学术宗旨的用意，但毕竟采用了考述史事的著述方式，全书的主体则是由议论转为考述。

史学本身即具有一定的考实性，无论纂辑史料、叙述史事还是评论历史，皆不能腾口空言，而必须有事实上的根据，这些事实既然已属过去，就离不开一番清理考订，若缺乏清理考订之功，纂辑、叙述、评论都会显得孱弱无力。黄宗羲的弟子万斯同，将主要精力用于治史，特别善于考订明代史事，又撰有《历代史表》《纪元汇考》《历代宰辅汇考》等书。这些著述表明：他的治学方法已踏入历史考据之途。与此同时，钱谦益等人的经史考据，王锡阐、梅文鼎的历算与数学等，均推动学术向实证方向偏移。在清朝乾嘉之前，虽考据学未风靡全国，但已然向各种学术门类扩展，取得引人注目的成绩。前所提到过的阎若璩《尚书古文疏证》，顾祖禹《读史方舆纪要》，胡渭《禹贡锥指》，顾炎武《日知录》《肇域志》《天下郡国利病书》，马骕《绎史》，吴任臣《十国春秋》，等等，皆以考证精核、资料渊博享誉当时，树为著述榜样。这对众多学者影响甚大，预示着学术转化的前景。因此，以往有人将乾嘉考据学风的形成，归结于清朝厉行文字狱的结果，是未得要领的说法。

总之，清朝初年对社会重大变动的反思，曾导致议论风发，许多杰出的思想见识闪现出理论思维的光辉。然而在一定历史条件下，思想认识提高到当时所可能达到的高峰之后，若缺乏新的启示和一段时期的积累，往往会出现思想见识的贫困，因而形成治学旨趣的转变，清初至雍正年间的学术即有这样的特点。这种转变由顾炎武等学术巨擘作出示范，在文献辨伪上打响振聋发聩的重炮，并且使经学治学旨趣向考据转移，同时历史地理考据学兴起并取得突出成绩，史学发展也步入务博考实之途，学术风气渐形渐著地呈现考据学取向，乾嘉考据的主要学术着眼点和治学方法，于雍正朝之前都有所萌发和展现。这就从学术发展的内在因素上为考据学的兴盛准备了条件，在其他社会条件的综合作用下，终于形成乾嘉时期风靡一世的考据学潮流。

二、乾嘉时期的历史考据学家

乾隆、嘉庆年间，考据逐渐成为私家学术的主流，在经学、史学、文献学以及一切相关的治学领域，无不弥漫着将考证作为时尚的风气。私家学者绝大多数致力于考据，这个强劲的治学潮流，促使乾嘉时期出现了大量的历史考据学名家，产生多种考史名著。

1. 乾嘉时期的历史考据学者及其著述

乾嘉时期的考据学家，较早且声名卓著者是惠栋。惠栋（1697—1758），字定宇，又字松崖，吴县（今江苏苏州）人。祖父惠周惕、父惠士奇皆为有名学者。惠氏家学和惠栋本人的治学业绩，表现出清初至乾隆前期学术风气的演变。惠周惕生活至康熙中期，其著述《春秋问》《三礼问》《诗说》等，基本是经学解说之书，尚少考据学成分。惠士奇逝世于乾隆六年（1741），享年70岁，治学活动基本在康雍之际。他著述甚多，除了解说经义外，还格外注重考释，认为“经之义存乎训，识字审音，乃知其义”，汉代“去古未远”[①]，解经不可废弃汉法，周秦诸子之书皆可引为经典之证。他撰有考证古代音乐律吕的专著，考据方法相当细密深邃。至惠栋，治学就转为以考据为主旨，学术转型的迹象即表现在惠氏家学之中。

惠栋的主要著述有《九经古义》《周易本义辨证》《古文尚书考》《左传补注》《后汉书补注》等，在经学研究上奠定了通过古字古音的考释以明其义的治学方法，为考据学的发展又辟新的蹊径。例如对“理”字的考释，引据《韩非子》《乐记》等古书指出：“长短、大小、方圆、坚脆、轻重、白黑之谓理”，绝无神秘、高深之义。“后人以天人、理欲为对待，且曰‘天即理也’，尤谬。”[②] 矛头直指理学，开后来戴震学术思想之先河。《古文尚书考》进一步考证《古文尚书》之伪，特别考察了理学家鼓吹的所谓圣学十六字心传，即“人心惟危，道心惟微，惟精惟一，允执厥中”的来历与原义，指出伪《古文尚书》的造作者误解了荀子的原意，反而得到宋儒推崇，适足以见其无学无识。

惠栋在乾嘉考据学发展中起到了开拓性作用，他的学术宗旨乃是从经典的考释打开缺口，破除宋明理学的权威地位，这是考据学抢占学术主流过程中的必经阶段，但当时

---

① 江藩. 国朝汉学师承记：卷二：惠周惕附惠士奇. 北京：中华书局，1983：21.

② 惠栋，撰；江藩，补. 周易述：易微言. 北京：中华书局，2007：506.

归入“经学”的《尚书》《春秋》《左传》等书，实际乃为史籍。在惠栋的同时期，一批擅长考证的学者如顾栋高、沈炳震等人，名声很高，有的后来还得到清廷的赏识。

考据学蔚成风气之后，著名学者有若群星争辉。以历史考据学见长的有钱大昕、王鸣盛、崔述等，成就之大、影响之远，已然毫不逊色于往代历史著作家。

钱大昕（1728—1804），字晓徵，号辛楣，又号竹汀居士，江苏嘉定（今属上海市）人。进士，曾参修《热河志》《续文献通考》《续通志》等官修史。自撰《廿二史考异》① 100卷、《十驾斋养新录》20卷以及《潜研堂文集》50卷等。《廿二史考异》对《史记》以来的纪传体正史，予以校勘文字、训诂名物、考释典制、条理地理、理清职官建置。《十驾斋养新录》以考史为主，兼考经学与其他内容。由于他具备精深的史学、天文学、数学、地理学、文字学、音韵学、金石学等知识，将之运用于历史考证，取得许多突破。例如他从音韵学的研究得出“古无轻唇音”的卓越论断，并据此指出十六国时期“秃发”氏即为“拓跋”氏，《晋书》中“赫连勃勃”等同于《宋书》记述的“佛佛”②。著述态度严肃、认真，作出的考证确切可信，具有很大的学术价值。我们研究历史引用史料，应当核对《廿二史考异》这样的考史著述，避免将钱大昕等考据学家早已指出的史书错误，还引用为史料依据。

王鸣盛（1722—1797），字凤喈，号西庄，与钱大昕同乡。主要著述为《尚书后案》30卷、《十七史商榷》100卷、《蛾术编》（有82卷或95卷本）。《尚书后案》搜罗、汇辑汉人郑玄对《尚书》的注释，试图寻求汉代《古文尚书》已经散佚的轨迹。《十七史商榷》对《史记》至《新五代史》，包括《旧唐书》《旧五代史》等19部史书予以考证辨析，不仅校勘文字、考释史事和典制，而且对历史人物、历史事件、史书及其作者予以评议。例如他对李延寿的《北史》《南史》有许多评议，指出其在记事上有“抑南尊北之意”，而且二书在有关人物褒贬的书法问题上，义例不一③。其他指摘还有许多，均举出了充分实例，这应当作为评价李延寿史学著述时参考。《蛾术编》是晚年未完之作，考释内容多，分为十门，对历史和文献的考订比重较大，卷一二还对方志予以考述评论，其中多有精到见解。但王氏性情骄傲，他的这些著述中也存在考订失误、评论刻薄失当之处。他主张研究史学“总归于务求切实之意”，但“治经断不敢驳经，而史则虽子长、孟坚苟有所失，无妨箴而砭之”④。这表现了他治史既具备实事求是的精神，同时也有不敢触动经义的思想局限性。

崔述（1740—1816），字武承，号东壁，举人，直隶大名府魏县（今河北魏县）人。撰《考信录》36卷，对先秦历史事迹与历史载籍予以深入的考辨，表现出强烈的理性疑古学风，一反当时多数考据家信古习气。崔述对《史记》等书记述的黄帝等上古帝王，一概存疑并予以剖析，对夏、商、周三代之事同样详加考究，认为商汤原非夏朝之

---

① 考订范围不含有官定“二十四史”中的《旧五代史》《明史》。

② 廿二史考异：卷二二. 上海：上海古籍出版社，2004：388；十驾斋养新录：卷五. 上海：上海书店出版社，1983：101.

③ 十七史商榷：卷五四：“北为正”条；卷六八：“《北史》例异于《南史》不可解”条. 上海：上海书店出版社，2005.

④ 十七史商榷：卷首：序. 上海：上海书店出版社，2005.

臣，周文王非商纣之臣①。对于郑玄至朱熹等历代学者的解经述古之说，崔述多所指摘，是则是、非则非，论辩明晰，理据充分。还特别对孔子及其学生的历史记载细致清理，辨析《史记·孔子史家》的诸多舛误，认为《论语》亦有可疑为后人掺入之处，认为孔子学生仅70余人而已，“弟子三千”乃后人的夸大，被司马迁采用，讹传于世。这些论断，可谓惊世骇俗、振聋发聩。但崔述的疑古精神还是受到时代的局限，他信仰儒学经典，并将之作为考信的依据。

崔述治学正值考据学风兴盛时期，但崔述的疑古考据，学术方向不同于考据学风的主流，因而不显于当世。但他对自己的学术见识是极其自信的，其诗曰：

> 惆怅明珠几暗投，世无知己便应休。龙泉宝剑埋尘土，自有寒光射斗牛！②

崔述的弟子陈履和（1761—1825，字介存），倾其精力、罄其财力，独自承担刻印崔述著作之责，将之作为人生第一寄托，使《考信录》得以传世而不致湮灭，这是极端感人的尊师崇学精神。近代以来，崔述的著作又得到日本学者那珂通世和著名学者胡适、顾颉刚等的大力表彰与弘扬，编成《崔东壁遗书》传世，终于在中国史学史与学术史上大放异彩。

历史考据学者在乾嘉时期难以计数，如洪亮吉、孙星衍、汪辉祖等，皆为当世学问名家，其生平事迹，这里不能一一列举。历史考据的着眼点之一，是考订众史之失、厘清史实以及为各代正史补表、补志，沈炳震有《二十一史四谱》54卷，杭士骏撰《历代艺文志》一书，钱大昭撰《汉书辨疑》22卷、《后汉书辨疑》11卷，沈钦韩有《两汉书疏证》74卷，梁玉绳有《史记志疑》36卷，洪亮吉有《十六国疆域志》《东晋疆域志》等同类著述多种，钱大昕有《元史艺文志》《元史氏族志》，汪辉祖有《元史本证》50卷，孙星衍有《史记天官书考证》10卷，等等，精辟著述不胜枚举。与历史考据联系密切的文献收集汇编，以全祖望的成绩引人注目，他搜集了大量明末人物的碑传之文，精心编辑在自己的《鲒埼亭集》中，保存下许多可贵的历史资料。

2. 乾嘉时期考据学者的治学主张

乾嘉考据学的治学特点，在于注重对具体问题作求实性的考究，不提倡宏观的概括和议论。其中王鸣盛的论述可以作为这种主张的典型代表，他在《十七史商榷》的《自序》中说：

> 大抵史家所记，典制有得有失，读史者不必横生意见，驰骋议论，以明法戒也，但当考其典制之实，俾数千百年建置沿革，了如指掌，而或宜法，或宜戒，待人之自择焉可矣。其事迹则有美有恶，读史者亦不必强立文法，擅加与夺，以为褒贬也，但当考其事迹之实，俾年经事纬，部居州次，纪载之异同，见闻之离合，一一条析无疑，而若者可褒，若者可贬，听之天下之公论焉可矣。书生匈臆，每患迂愚，即使考之已详，而议论褒贬，犹恐未当，况其考之未确者哉！盖学问之道，求

---

① 崔述．商考信录：卷之一：成汤上；丰镐考信录：卷之二：文王下//顾颉刚．崔东壁遗书．上海：上海古籍出版社，1983.

② 崔述．知非集·七言绝句//顾颉刚．崔东壁遗书．上海：上海古籍出版社，1983：775.

于虚不如求于实，议论褒贬，皆虚文耳。作史者之所记录，读史者之所考核，总期于能得其实而已矣，此外又何多求耶？

这里“学问之道，求于虚不如求于实”的见解，是他总的治学主张，代表了乾嘉考据学派的学术风格。

乾嘉考据学的基本治学原则是所谓“实事求是”，“实事求是”一词出自《汉书·景十三王传》，称赞刘德“修学好古，实事求是”，唐代颜师古注释为“务得事实，每求真是也”。乾嘉学者以钱大昕为代表，标举实事求是的旗帜，提出“通儒之学，必自实事求是始”①，他以十分自谦的态度说：“桑榆景迫，学殖无成，惟有实事求是，护惜古人之苦心，可与海内共白。”② 王鸣盛用同样自谦的态度说：“以予之识暗才懦，碌碌无可自见，猥以校订之役，穿穴故纸堆中，实事求是，庶几启导后人，则予怀其亦可以稍自慰矣。”③ 从这些谦辞中可以看出，实事求是乃学术的基本原则，治学态度上不可或缺的素质，无论如何自谦也不能放弃的底线。

以信古为出发点的历史考据，是多数乾嘉学者的治学风格的主流倾向，钱大昕声称：“言有出于古人而未可信者，非古人之不足信也。古人之前尚有古人，前之古人无此言，而后之古人言之，我从其前者而已矣。”④ 这是在考订秦朝设立多少个郡的问题时提出的，指出应当信从《史记》与《汉书》的记载，在这个具体问题上，钱大昕是正确的，但将“信古”上升为治学原则，认为越古越好，则是乾嘉考据学的一个弊端。乾嘉历史考据家中，只有崔述完全打破了盲目信古的观念，指出“战国之时，邪说并作，寓言实多，汉儒误信而误载之”，自称：“今为《考信录》，不敢以载于战国、秦汉之书者悉信以为实事，不敢以东汉、魏晋诸儒之所注释者悉信以为实言。务皆究其本末、辨其同异，分别其事之虚实而去取之。”⑤ 这是他的精见卓识。

三、“乾嘉学术”的另一方面

乾嘉考据学的具体治学方法十分丰富，其中包含许多科学的成分，例如将字音、字形结合起来考释字义及其演变源流，综合运用金石、版本、音韵、历算、地理等学科知识进行考证等。考据学者中的佼佼者，大多极其勤奋，他们相互讨论切磋，求真求是，把治学视为崇高的事业。这种精神很值得后世敬佩与学习。

清代乾嘉时期是私家考据学风行的时期，但乾嘉时期私家学术并非唯有考据，在学界考据成风的同时，还存在治学方式迥异的另一侧面。事实上，任何时期也不可能出现单一学术风格、单一价值取向的一统天下，这在整个学界是如此，而且还会在同一学者的治学经历中表现出来。

钱大昕是乾嘉历史考据学家的代表性人物，但他绝非只知琐碎考证而思想苍白的末

---

① 钱大昕．潜研堂文集：卷二五：卢氏群书拾遗序．上海：上海古籍出版社，1989：421.

② 钱大昕．廿二史考异：卷首：序．上海：上海古籍出版社，2004.

③ 十七史商榷：卷首：序．上海：上海书店出版社，2005.

④ 钱大昕．潜研堂文集：卷一六：秦四十郡辨．上海：上海古籍出版社，1989：253.

⑤ 崔述．考信录提要：卷上//顾颉刚．崔东壁遗书．上海：上海古籍出版社，1983：7，8.

流学者。他强调“儒者之学，在乎明体以致用”①，在其《潜研堂文集》中，考史论事闪现出深刻思想的火花，例如抨击“以天下为天子私有”的君主专制，反对“夫摭语言文字之失，陷人于罪”② 的文字狱，且发出“文网日以密，士节日以贬”③ 的慨叹。文集中严斥横征暴敛、贪污腐败的文章，更为数不少。上文引述王鸣盛关于读史“不必横生议论”的主张，但他的《十七史商榷》中，充塞着历史评论。另一考据学家洪亮吉，精于历史地理学，著述颇多，而正是他撰写《意言》20 篇纵论时事，深虑民生，详细地探讨了人口增加将引起的经济问题，眼光明远，见解卓越。当我们全面审视乾嘉考据学的大家时，发现很少专营琐碎考证而思想苍白者，只有平庸的考据学者才缺乏深刻的思想，而缺乏思想见识的同时，其考据成绩也平淡、支离，无足轻重。

乾嘉时期具有深刻思想认识的史家，有的兼顾历史考据，有的则不大善于从事历史考据，这构成史学另一侧面的风景线，赵翼和章学诚是其中的两位典型人物。这里仅介绍赵翼，章学诚则留待后文专题讲述。

赵翼（1727—1814），字耘松（云松），号瓯北，江苏阳湖（今江苏常州）人。进士，授翰林院编修，曾参修《御批通鉴辑览》。自著有《陔余丛考》43 卷、《廿二史劄记》36 卷、《皇朝武功纪盛》4 卷、诗文集 85 卷等。其中《廿二史劄记》（实为二十四史）最负盛名。这部著作的特点之一，是以归纳的方法汇聚历史事实，加以总结、概括或对比，揭示历史现象的共同特点，或者指出其重要区别，从而得出见解与评议。当然，《廿二史劄记》中也有不少史事与文献的考述，《陔余丛考》更是分条考证之书。不过，赵翼在历史考据上并不认真严谨，据学者杜维运等研究，《廿二史劄记》中史事错误达一百多处，而且他还在诗作中讥讽当时的考据习气。由此可知，赵翼治史虽并不排斥考据而且间或为之，但却对考据成风不满。事实上，还有不少乾嘉时期的学者并非追随考据学风，甚至也对琐碎的考据持批评态度，这些现象都是值得从学术史上清理与研究的。

如果我们将乾嘉学术置于更广的视野观察，即包括对官方学术活动的全面考量，那么历史学更会展现缤纷的景观，绝非能以历史考据来概括这一时期的史学面貌。这一点，且留作后论。

四、乾嘉历史考据学的地位和影响

乾嘉时期考据学的丰硕成果，实际构成了对古代文献遗产的整理与总结，特别是在传统学术两项最根本的学科——经学与史学上，认真地校正文字，解读语义，纠订舛误，考辨名物、典故、制度、史实等，令几千年来表现在典籍上的学术文化状况，以空前真切的面目展现出来，为进一步的深化研究打下了牢固的基础。经过乾嘉学者的清理，经史典籍中许多疑义、许多讹误得到了切实的解决，更重要的是打开了解决古籍中疑义和讹误的途径，有力地否定了望文生义、任情发挥、以己意评说等不良倾向，增强

---

① 钱大昕．潜研堂文集：卷二五：世纬序．上海：上海古籍出版社，1989：422.
② 钱大昕．潜研堂文集：卷二：洛蜀党论．上海：上海古籍出版社，1989：34.
③ 钱大昕．潜研堂文集：诗集：卷九：读汉书六首．上海：上海古籍出版社，1989：1093.

了传统学术文化研究的客观精神与科学态度。

在历史考据学形成风气的情况下，治学只管考索古往事物的真实状况，大有“为学术而学术”的趋向。乾嘉考据学家探讨问题，不思考是否在社会上得到什么实际应用，也不计个人从中获得什么实际利益，唯以求真、求是为目标，这是古来罕见的学术精神。中国传统学术的发展，早已具备成果积累、内容丰富及学脉传承等方面的相当规模，成为组成社会总结构中的一个子系统。然而中国学术特别是史学，自产生之时起，就紧紧依托于政治，往往在思想上、宗旨上表现出很强烈的政治色彩。乾嘉历史考据学以其执着的实事求是精神，摈除了史学直接从政治需要出发的宗旨，淡化了经世致用观念，很大程度上增强了学术的相对独立性，有效地摆脱了史学作为政治婢女的角色，这在中国古代史学史上是一个了不起的开新潮流。假使这种学术机制弘扬扩展，成为整个史学的主导机制，必然引起中国史学的重大转变。然而，乾嘉时期历史考据学盛行的同时，却是官方史学最兴盛的强势时期，官方的史学价值观具有强大的优势，考据学风无法改变这种史学全局的状况，考据学派也不可能做到以新的史学价值观取代传统的经世宗旨。

乾嘉考据学风的负面影响，在于造成许多平庸的学人孜孜考求支离碎屑的内容，在猥杂的故纸堆中消耗精力。同时，厚古薄今的价值尺度、单纯的史料采择标准扩充为观察一般事物的眼光，就会产生相当明显的消极作用。道光以降，考据学受到越来越多的抨击，渐渐退居非主流地位，学风再次转变。不过，历史考据学经过乾嘉时期的辉煌，已拥有继续存在和发展的雄厚内力。即使强调“经世致用”的史家，其历史著述中也必须注重史实的考据，才能立足于学界。“历史考据”，几乎等同于史学之学术性理念，凸现为治史不可或缺的方法。乾嘉之后，考据学在经学、史学、文献学领域仍然成果斐然，还扩展到子部书籍的校订考证。直到近代、现代，乾嘉考据学的治学方法仍然为学者所借鉴。批判地汲取乾嘉考据学的治学精神和方法，有益于今天学术事业的发展。

第七节　章学诚的史学思想

章学诚（1738—1801），字实斋，浙江会稽（今绍兴）人，他一生纂修多种方志，撰成目录学理论著作《校雠通义》4 卷（今存前 3 卷），还撰写了大量文史议论之文，并且集为《文史通义》一书。其学术活动正值乾隆中到嘉庆初年，当时考据之学风靡一世，然而章氏治学颇具理论思维特征。《校雠通义》与《文史通义》是章学诚最重要的著作，前者从理论上探讨校雠学（或称目录学）的功能、方法及其发展源流，后者是对史学理论、撰文原则以及一般社会文化问题的哲理性论断。《文史通义》是陆续撰写和筛选的论文集，章氏生前曾选择一些篇目

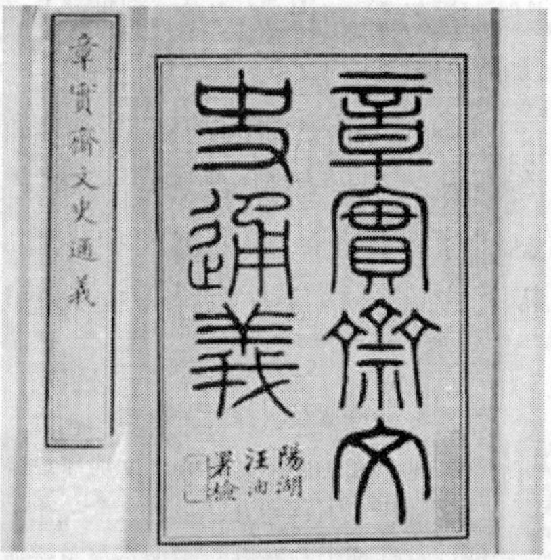

图 7-3　《文史通义》

刻印。自道光年间始，章学诚的著述已渐渐流行。民国时期，不同版本的《章氏遗书》刻行于世，其中刘氏嘉业堂刻本《章氏遗书》收录较全，校订亦精。1985年，文物出版社印行《章学诚遗书》，即影印嘉业堂刻本《章氏遗书》并且补充了十几篇遗文。仓修良教授正在编辑的《章学诚全集》，又有新的补充，即将面世。

一、章学诚的主要史学创见

> 校雠（目录）学的知识、程朱理学的思想与纂修方志的实践，是章氏史学理论形成的三项根基。

对于章学诚的主要史学创见，各家的说法大同小异。择要言之，可概括为下列六项：将学术分为著述和比类的观点；提倡考述史学源流；改进史书体例的设想；史学总体观念；对“史意”的标举；对“六经皆史”的阐发①。下面，我们依次予以分析。

（1）将学术分为著述和比类两家。在《报黄大俞先生》② 的书信中，章学诚精辟地指出：“古人一事，必具数家之学，著述与比类两家，其大要也。”所谓著述，是指成一家之言的独断之学，比类则为著述提供资料，“使著述者出，得所凭借以恣其纵横变化”。针对当时的学术风气，他提出为比类之学者，“不可以比类之密而笑著述之或有所疏”③，这一认识，在《答客问》三篇、《书教》三篇中都曾经论断，体现了于史学贵其著述成家的思想，是章学诚最重要的史学创见之一。作为著述，必须是作者的独断别裁，有理论上或方法上的创新。比类则是资料的纂辑、编汇与核定。有了这种基本的分析，使章氏对独断之学的推重倡导、对烦琐考据学风的批判、对自己独特治学途径的坚持、对以往史书的评价，都呈现出理论上的成熟性与系统性。

（2）提出考述史学源流的主张。章学诚泛读群史，发现史书虽多为史官所撰，却都不为史官设立专门类传，于是提出纪传体史书“于儒林、文苑之外，更当立史官传”④的见解。《和州志·前志列传》是以记述方志之书为主体的，章氏由此而推想史书的史官传也应当“申明家学，以书为主，不复以一人首尾名篇”⑤。这实际上已然打破人物传记的格式，形成史学专传或史书专传了。这种设想，已经接近于史学史性质的撰述。

（3）改进史书体例的主张。这是章学诚史学理论的一个重要组成部分。针对纪传体史书体例趋于僵化的弊病，他提出史书应当立图、应设人物表、列传除了记人之外还应以记事名篇、设立“史篇别录”等具体建议，这些创见多得自修志中对方志体例的实际改进和创新。

（4）对于史学的总体观念。章学诚认为：“有天下之史、有一国之史、有一家之史、有一人之史。传状志述，一人之史也；家乘谱牒，一家之史也；部府县志，一国之史也；综纪一朝，天下之史也；比人而后有家，比家而后有国，比国而后有天下，惟分者极其详，然后合者能择善而无憾也。”从“一人之史”到“天下之史”，应当“制度由上

① 这里仅论述章氏的主要史学创见，其次要者不予毛举。

② 见《章氏遗书》卷九，文成于乾隆五十九年，时《湖北通志》方成，但对志例的辩论仍在进行。

③ 章氏遗书：卷九：报黄大俞先生//章学诚遗书. 北京：文物出版社，1985：77.

④ 章氏遗书：卷九：家书六//章学诚遗书. 北京：文物出版社，1985：93.

⑤ 章氏遗书：外编卷一八：《和州志·前志列传》序例//章学诚遗书. 北京：文物出版社，1985：573.

而下，采摭由下而上"[①]，即自上而下地贯彻史法、自下而上地提供史料，各类史籍便组成有级别、分层次、互相独立但又存在有机联系的整体。这表现了章学诚对修史、治史的全局性眼光，是一项深刻的、独创性的史学见解。

（5）"吾言史意"的标榜。章学诚说："郑樵有史识而未有史学，曾巩具史学而不具史法，刘知幾得史法而不得史意，此予《文史通义》所为作也。"[②] 又说："吾于史学，盖有天授，自信发凡起例，多为后世开山。而人乃拟吾于刘知幾，不知刘言史法，吾言史意；刘议馆局纂修，吾议一家著述，截然两途，不相入也。"[③] 这里用以自我标举的"史意"，就是治史的"意旨"，即宗旨和意图，一是要"好学深思、心知其意，读古人书而求其意"[④]，二是主张史家要有自己的学术目标，即他所大声疾呼的"作史贵知其意，非同于掌故，仅求事文之末也"[⑤]。

（6）"六经皆史"的命题。这个说法并非章学诚所首创，但章氏对"六经皆史"的阐发则有其独得之见。他说："六经皆史也，古人不著书，古人未尝离事而言理，六经皆先王之政典也。"[⑥]"六经"既然是"史"、是政典，那么经学就不能脱离史学，就必当以史学来贯彻"六经"的经世致用精神。

这六项史学创见，相互间实际有着密切的联系，共同构成章学诚的史学思想体系。

二、章学诚史学理论的三项根基

章学诚在清代乾嘉时期考据学风最为强劲之际，独辟蹊径地进行学术理论的探讨，成为中国古代屈指可数的史学理论家之一。对于章氏之所以成学的原因，史学界曾提出许多论述。其实，这应当从他的治学实践活动的历程中探寻。校雠（目录）学的知识基础、程朱理学的思想基础与纂修方志的实践基础，乃是章氏史学理论形成的三项根基，其中纂修方志的实践，是最主要的因素。

1. 章学诚的校雠学与史学

章学诚在《家书二》中，曾将自己的学术创树归结为"史学义例"与"校雠心法"，校雠心法就是对校雠学[⑦]理论和方法的系统性认识。乾隆三十八年（1773）章学诚36岁，此年撰成《和州志》，其中《艺文书》是他的第一部系统的校雠学理论著述。在《和州志艺文书序例》中，章氏通过"原道""明时""复古""家法""例志"等几个层次的论述，认为"天下之术业，皆出于官师之掌故"，主张将"以部次治书籍……著为条贯，以溯其源"，达到考察学术源流，"条辨学术同异，推究利病"[⑧] 的效果。乾隆四十四年撰成的《校雠通义》4卷（今存前3卷），就是在《和州志艺文书》的基础上进

---

① 章氏遗书：卷一四：州县请立志科议//章学诚遗书. 北京：文物出版社，1985：124.

② 章氏遗书：外编卷一六：和州志志隅自叙//章学诚遗书. 北京：文物出版社，1985：552.

③ 章氏遗书：卷九：家书二//章学诚遗书. 北京：文物出版社，1985：92.

④ 章氏遗书：卷八：为谢司马撰楚辞章句序//章学诚遗书. 北京：文物出版社，1985：68.

⑤ 章氏遗书：卷四：言公上//章学诚遗书. 北京：文物出版社，1985：30.

⑥ 章氏遗书：卷一：易教上//章学诚遗书. 北京：文物出版社，1985：1.

⑦ 校雠学即目录学，但章学诚反对有所谓的目录学。

⑧ 章氏遗书：外编卷一七：和州志：书第六：艺文//章学诚遗书. 北京：文物出版社，1985：557. 按：大梁本《文史通义·和州志艺文书序例》删去"原道""明时"等五个层次的标示，与原《和州志》略有不同。

一步深化研究的成果，标志着章学诚“校雠心法”理论的成熟化。

章学诚校雠学理论的成熟，远早于史学思想的成熟，但《校雠通义》撰成后，还曾修订。而乾隆五十三年开始《史籍考》的编纂，试图全面总结历代史籍的发展状况，学术上是将目录学与史学理论结合在一起，虽未能最后成书，但其编纂进程则标志着章氏“校雠心法”与“史学义例”的同步成熟。在章氏的学术构成中，校雠学造诣对其史学理念有很大的影响，令章学诚了解了众多书籍的内容大要，提供了学术史的知识基础，并且直接引导出章氏的一些史学见解。

2. 章学诚的理学观念与史学思想

章学诚思想的主体仍是程朱理学，不应夸大他的个别论点而轻许以唯物主义思想家称号。章氏自己多次斥责戴震等人反对理学的行为，赞扬“程朱当末学忘本之会，故辨明性理以挽流俗之人心”①，坚信“程朱之学，乃为人之命脉也”②，声称重新编纂宋史要“以班、马之业而明程朱之道”③。这再明白不过地表明了章学诚的理学精神。

辨明章学诚哲学思想的理学性质，是理解其某些史学见解的关键，特别是章氏的“史德”观念，完全为理学思想的体现。章学诚在《文史通义·史德》篇中提出：“能具史识者，必知史德。德者何？谓著书者之心术也。”至于怎样的心术才符合史德的标准，章氏的回答是：“当慎辨于天人之际，尽其天而不益以人也。”④

论者多将这里的“天”解释为客观史事，把“人”解释为私人情感，于是认为章学诚倡言的史德就是如实记述历史。这种解释毫无根据，因为“尽其天而不益以人”是一个极其哲理化的说法，章氏对于哲理性的“天”有过明确的阐释：“天理、天数皆可称天，数之自然而莫能强固曰天也，理之至当而不可易，亦未尝不谓之天。”⑤ 章氏“史德”之“尽其天而不益以人”，乃要求史家对史事的评论尽合于天理，不加入个人私意，这与朱熹所说的“有以尽夫天理之极而无一毫人欲之私”⑥，句式和语义都别无二致。众所周知，理学把“天理”具体化为人世间的纲常伦理，同样，《史德》篇在议论天人之辨后，也大讲史家不可“诽君谤主”，倘若“怨诽及于君父”，便是“名教中之罪人，天理所诛”。因此，章学诚的《史德》篇除了在抽象意义上提出“史德”的概念之外，并无值得赞扬之处，其思想在当时的学者中也是腐朽、落后的。至于章氏以封建卫道士立场撰写的《朱陆篇书后》《诗话》《妇学》等，虽非史学文章，但也足可表明他的理学思想极其浓厚。

3. 章学诚的修志实践与史学创见

编修方志，是章学诚一生最主要的学术活动，他从27岁至57岁，修志活动经历了30多年，所修方志中尤以《和州志》《永清县志》《亳州志》《湖北通志》为重要。修志的实践活动是他史学创见形成的最主要原因。

---

① 章氏遗书：卷六：天喻//章学诚遗书．北京：文物出版社，1985：51.

② 章氏遗书：外编卷三：丙辰札记//章学诚遗书．北京：文物出版社，1985：383.

③ 章氏遗书：卷九：家书五//章学诚遗书．北京：文物出版社，1985：93.

④ 章氏遗书：卷五：史德//章学诚遗书．北京：文物出版社，1985：40.

⑤ 同②389.

⑥ 朱熹．四书章句集注：大学章句．上海：上海古籍出版社，2001：4.

章氏想把方志修成一家著作，就需要对资料取舍裁断，不能全收并载，而方志又有向国史提供资料的任务，这是方志“著作性”与“资料性”的矛盾。他在历次纂修方志中探求解决这个问题的方法，不仅形成“方志立三书”（志、掌故、文征）的理念，而且提出学术分为著述与比类二途的理论，《答客问》三篇论“独断之学”与“比次之书”、“考索之功”的区别，也由此而阐发。其他史学创见的论述，也都可以追溯到纂修方志的活动①。修志中面对反对意见的责难，必须通过论说史学义例来表明自己见解的正确，正如他自己所说：“历聘志局，频遭目不识丁之流横加弹射，亦必补录其言反复辨正。此则虽为《文史通义》有所借以发明，而屡遭坎坷不能忘情。”② 可见章氏也自知其许多史学创见，乃得自纂修方志。

以往论者多认为章学诚有丰富的史学见识，因无缘纂修国史，不得已才将其史学理论转向方志领域予以实践，此乃颠倒因果的不正确说法。章氏从事修志活动甚早，而史学理论形成很晚，重要的史学论文是在历次修志活动之后写成，且其见解多为方志各篇“序例”的发挥。这些历程有实迹可以考察，为无可置辩的史实。

章学诚是清代杰出的史学理论家，在史学、校雠学（目录学）、方志学等各个方面，都有值得注意和相当深入的论述。章氏生当乾嘉考据学兴盛时期，而致志于理论性的史学研讨，其学不被时论所特别看重，自有治学途径上的原因。但实际上章氏之学并非与时局冲突，他还是得到不少高官如朱筠、梁国治、毕沅等的优遇，也获得一般官员如冯廷丞、周震荣、裴振、陈奉兹等人的多种帮助和接济，其时代处境比考据学家崔述好得多。因此学术路径的区别，不是章学诚之学未能大显于当时的主要原因。章氏的议论，往往是一副顽固卫道士的面孔，谩骂汪中、袁枚，攻击戴震等人，都是从理学的名教观念出发，迂腐、落后于时人。其性情急躁、颇好争斗，与洪亮吉等不少学者关系紧张，这些皆应为研究者所注意，不能因为章氏在史学理论上有所创树，而一味偏袒、回护。近代以来，学术界将章学诚作为中国思想史、文化史、方志学研究的重要对象，其在中国史学史研究中，更是一个热门的课题。

第八节　清代“盛世”史学的发展结构

> 清朝“盛世”史学加固了史学的旧有体系，并且在清后期史学的发展中仍然承袭，造成史学向近代转型的极大困难。

清朝的乾隆时期，总体上经济比较繁荣，政局相对稳定，国家综合实力超越以往，实际管理的疆域相当广阔，加之文化事业的隆盛，按古代旧有的标准算作一个“盛世”。中国古代至清朝乾隆时期，积累了丰富的文化遗产，从而进入一个大清理、大总结的阶段，其中史学遗产的清理和总结，是整个文化遗产大

① 乔治忠．章学诚的史学创见与修志实践的关系．南开学报，1988（4）．
② 章氏遗书：卷九：与胡雒君//章学诚遗书．北京：文物出版社，1985：83．

总结的重要组成部分。而中国古代的史学，早就具有在官方史学与私家史学两条轨道上互动发展的特点，这也是中国古代历史记载连续、史书形式多样、史学长盛不衰的重要原因。在乾隆时期史学的大清理、大总结中，官方史学、私家史学各扬其长，互补互动，也相互排抑，形成各有侧重的特色。对此不能各自单作个案的研讨，而应当予以总体发展结构的分析，以便更深入地认识其中种种史学现象的地位和意义。

乾隆“盛世”史学的发展结构，可以按照不同主体将之归结为三个组成部分，第一是占据着主导地位的官方史学，其扩散开来的分支是各地官府的纂修方志活动；第二是别开生面的私家史学；第三是在官私之间凸现出来的幕府修史。此处先概述官方史学与私家史学，随后再以毕沅幕府修史为例，分析其性质与意义。

一、官方史学的业绩

乾隆年间，官方史学已经形成一套成熟的修史制度，修史馆局组织严密，收拢人才众多，皇帝亲自参与、督导，规模和题材迅速膨胀与扩大。官方具有较系统的历史观念和史学思想，全面处于超越私家史学的地位。至《四库全书》的编纂展开之后，官方成为传统文化与传统史学的大清理、大总结的主力，带动了史学的整体发展。乾隆时期官方史学活动所取得的成就，几乎囊括了这一阶段史学著述的各种类别。

（1）对以往史学遗产的盘点、总结与评析，这主要表现于大型解题性史部目录学著述。官修《四库全书总目》的史部提要，是至今传世、影响最大的成果。其中既有对史书的版本、体例、内容、流传状况的叙述，更考订其史料来源、可信程度，也评议其学术价值、思想倾向。由于著录史籍众多、范围涵盖全境、通贯古今，达到了从官方角度全面总结已有史学遗产的效果，至今仍然对研究古代史籍具有重要的参考价值。《四库全书总目》也有一些缺点和错误之处，而且受官方史学观念的影响，但其学术贡献是主要方面，它对清乾隆之前史籍的大盘点、大总结，已经而且继续对史学的发展起促进作用。

（2）本朝史的记述与编撰，是中国古代官方史学的根基，包括本朝史事的当时记载与进行本朝史籍的编撰。清朝至雍正年间，就稳定地形成由起居注、实录、圣训、国史、方略、会典、功臣传、一统志等几大系列记史和修史的格局，乾隆朝更有所扩展与深化，编纂了《皇清开国方略》、“清三通”等公之于世的著述，从《大清会典》中分出《大清会典则例》以详载施政史实。常设国史馆，扩大纂修本朝纪传史规模，并且将具有开新意义的《贰臣传》《宗室王公功绩表传》等单行刊布等，掀起了一个纂修本朝史的颇有声势的高潮。

（3）大量的编纂系统、完整的历史著述。上文已经讲到乾隆朝官方纂修史书超过60种，约占全部修书数量的二分之一，其中卷帙在100卷以上者20种左右，种类齐备，在《四库全书》的史部之中，充备于史钞与载记类之外的13个类目，官方修史的触角向各个领域伸展，将原先许多私修史项目的续作揽入了官修范围。

官方在编纂史书中，历史考据特别是史地学的考订成绩斐然，《西域图志》《日下旧闻考》《满洲源流考》等官修史籍，都包含相当多的历史考据内容，特别是在历史地理学方面，《西域图志》一书利用先进技术进行实地勘测，从而订正或验证文献的记载，具有科学性、跨越性的学术意义。此外，清高宗本人撰有多篇考据论文，具备较高的学术造诣。

(4) 对历代史事作出评断，阐发史学理论。《御批通鉴辑览》以及清高宗在其书开头的批语，集中体现了官方的历史观和史学思想。这是一部编年体纲目类通史，重新审视从上古至明末的历史，申明以"大一统"为核心的历史正统论。历史评论的重点是君德、臣节、政务是非问题，彻底地贯彻儒学名教思想体系，许多论断在当时皆具有轰动效应。清高宗的历史评论，除本书批语外，还发布谕旨、撰写文章以及创作系列性的诗歌，反复申述其主张，对上古至清代的重大史事几乎皆确定了议论的基调，从朝廷的角度对传统史学思想作了系统性的总结与发挥。

(5) 史籍的辑佚与考订。官方编纂《四库全书》，本由从《永乐大典》辑出佚书引起，四库馆在辑佚上投入很大人力，辑出的历代佚书数量巨大，其中著录于《四库全书》的史籍 41 种，包括《旧五代史》《续资治通鉴长编》《五代史纂误》《直斋书录解题》等具有重大价值的史著，业绩辉煌，不容否定。

(6) 地方官府的纂修方志，在乾隆朝及清朝后期仍十分兴盛，这可以视为地方政权的官方修史活动。这个问题，前文第四节已有所论及。

官方史学对私家史学有所挤压，乾嘉时期表现尤甚。清廷已经建立完备的记史、修史制度，官方不但掌控档案资料，垄断本朝当代史的记述，而且在系统性大型史书的编纂上，用充裕的人力、物力投入规模宏大的修史活动，这是私家无法相比的优势。而且从"名分"地位方面，私家也不能与官方争夺同一纂修项目。因此，官方的"盛世"修史，挤压了私家修史的空间。

二、私家史学的发展及其特色

清乾隆时期的私家史学，面对强势的官方史学，走出了自己的特色道路。清代"盛世"史学的主流，是对传统史学作全面总结与盘点，其工程浩大，头绪纷繁，私家个体难以与官方组织化的编纂活动争锋。本朝史的记述与编纂，受政治的挟制与资料的限制，私家皆难以过多染指。评论历史，则有违背皇上"圣谕"的风险。从汉朝到明代，私家编撰了诸多系统性历史名著，学术水平压过官方。但清朝乾隆时期形势大变，朝廷利用官方人力、物力、资料、名分的优势，在清高宗亲自督导下多方开辟纂修项目，挤压了私家的修史空间。

这样，私家史学最有可能的发展之处，是历史考据，以及与考据相联系的具体历史文献整理、史籍辑佚等领域。恰好自清初以来，惩明末治学空疏之弊，私人著述的扎实考据学风渐行造就，乾隆年间遂出现众多考据大家。在史学方面，惠栋《古文尚书考》、钱大昕《廿二史考异》、王鸣盛《十七史商榷》、梁玉绳《史记志疑》、钱大昭《三国志辨疑》等皆为享誉弥久的名著。在汇编历史文献和为以往史书补编典志、史表方面，私家史学的成绩也十分卓著，钱大昕《元史氏族表》、钱大昭《后汉书补表》、练恕《后汉公卿表》、洪亮吉《十六国疆域志》、毕沅《晋书地理志新补正》等，均具深湛的考据功力。此等学术活动延续下来，至嘉庆初撰著完成的钱大昕《元史艺文志》、洪饴孙《三国职官表》等，亦被人称道，与许多乾隆年间的著述一起成为当时治史成就的代表作。

应当指出，即使在乾嘉时期，私家也仍然存在系统的撰史活动，例如陈鳣以个人之力撰《续唐书》70卷，定后唐、南唐为正统以记述五代史事。乾隆时有李天根自撰《爝火录》32卷，记载南明史事。乾隆中有蒋良骐（1723—1790）借入国史馆修史之便，私自抄略清五朝实录纂成《东华录》32卷，是私修史侵入官方垄断区域之特例。嘉庆间赵翼撰《皇朝武功纪盛》4卷，述清朝征战之史。师范著《滇系》100卷，记述云南等西南地区历史地理。陈黄中则撰成《宋史》纪、传、表共170卷，只是未能最后完成全书。嘉庆时陈鹤撰成编年体《明纪》52卷，后由其子续写余下的8卷。诸如此类，虽数量和水平都很有限，但毕竟不是毫无作为。

尤其值得注意的是历史评论与史学理论的探讨，乾嘉学者不乏精到见解，钱大昕《潜研堂文集》、王鸣盛《十七史商榷》等均富于史论及史评。史学家章学诚，更以其《文史通义》《校雠通义》等书独树一帜，在史学理论上得出比较系统的创见。如果说清高宗代表官方对传统史学理论进行清理与总结，那么章学诚就是私家清理史学理论的代表者，官方、私家正成匹对，而二者皆不违反传统的思想体系。但是，章学诚仅在史学理论上可与清高宗平分秋色，在历史评论上则相差甚远。史学上的理论建树，除史学评论外还应包括历史评论，《御批通鉴辑览》及清高宗多项谕旨中的历史论断，远超当时所有私家历史评论的总和，主导了政治历史观的基本价值取向。

私家史学在学风积累、官方挤压、皇权专制政治等多种因素制约下，走向学术精深、范围广泛的历史考据，是传统史学的别开生面，虽有些历史考据显得零碎，但总和一起，则构成对史学遗产从微观角度的清理与总结，与官方的史学相辅相成，这是乾隆朝官私史学之间的特殊关系，即在对史学清理、总结的总体框架内，形成各有分野的不平衡结构。在上述官方所有的6类治史撰述上，私家皆有一定的作为，但能够超越官方成就之处，仅在于具体史事和具体历史文献的考证方面。

三、官员幕府的修史活动

如上所述，清代乾隆"盛世"史学的发展结构，呈现了官方与私家的不平衡状态，这催生了另一修史主体——官员幕府的萌动，其典型范例就是毕沅幕府的修史活动。

毕沅（1730—1797），字秋帆，又字纕衡，自号灵岩山人。乾隆二十五年（1760），以一甲一名进士任翰林院修撰，曾为《大清一统志》的纂修官。后来外任陕西布政使、陕西巡抚、河南巡抚、山东巡抚、湖广总督等职。他任地方官时，长期聘请学者为幕客，进行纂修书史的活动。毕沅幕府是"文化幕府"，并不从事官府政务的辅助工作。幕主与幕客并非单纯的雇佣与被雇佣关系，学问上的惺惺相惜、朋友般的友情以及对幕客慷慨的周济与馈赠，共同构成联系的纽带。乾隆时期的幕宾固然帮助幕主编校书史，但这大多出于知遇情义，如同宾朋，出力大小并不与收益多少相对应。毕沅就是从崇尚学术文化的意念出发而厚待学者，使之获得很大的社会声望，其幕府能存在20多年，固然间接得益于他的地方大员官职（主要是因官位获得的经济实力与社会势力），但其幕府的机制却很少官僚气息。而毕沅个人的文化素养、学术见识、崇重学术与尊重学者的态度，是幕府中比其官位更重要的向心力。

毕沅幕府除经部、子部典籍的考释、整理和研究之外，史部书籍的整理和编纂成绩卓著，有《关中胜迹图志》的编辑，有《山海经新校正》《晋书地理志新补正》《关中金石记》《中州金石记》《晋书地道记辑佚》《晋太康三年地记辑佚》以及校刻《三辅黄图》《长安图志》等书。而最重要的是《续资治通鉴》与《史籍考》两部史学巨著的编纂。

《续资治通鉴》是接续《资治通鉴》的编年史，记事从北宋至元末。乾隆三十七年(1772)，毕沅任陕西布政使，正式延揽幕宾编纂，参与纂修者有洪亮吉、孙星衍、严长明等，皆当时学界才俊。此后，除毕沅自己亲加修订之外，还先后委托著名学者邵晋涵、钱大昕予以校订。全书编纂经历20多年，成书220卷，史料充沛，内容丰富，裁制妥善，考异精到，虽仍有缺陷，而瑕不掩瑜，远远超越历来接续《资治通鉴》的同类著述，清季张之洞评论毕沅的《续资治通鉴》时说："宋、元、明人续《通鉴》甚多，有此，皆可废"[①]，洵为公认定论。其学术价值，可与乾隆官修史相媲美。

《史籍考》是毕沅幕府编修的另一部史学巨著，乾隆五十三年开修，在毕沅全力支持下委用章学诚主持，毕沅在世时已经完成十之八九的初稿与资料。从章学诚拟定的编纂规划和体例来看，《史籍考》是一部通贯古今的史部解题目录学著述，而且内容大有扩展，既将经部、子部、集部之中记述、评议历史者揽入，也将已佚史书列入考录的范围，还要采择对史书的评介资料，即各部史籍的序、论、题跋，堪称历代史籍的全面总结之作。开修之际，官方《四库全书总目》已经修成，《史籍考》的设计，学术目标是要超过官方的《四库全书总目》，否则就没有编纂的必要性，这里隐然存有与官方相竞争之意。此书的编纂过程，历时长久且几经波折，政局变易、人事动迁，特别是毕沅逝世之后，发生谢启昆狡诈攘夺《史籍考》稿本，挤章学诚出局，但又迫于舆论压力，废弃纂修的变故，导致了此书的厄运[②]，最终未能面世而毁于火灾。

幕府修史方式汲取了官方修史活动的某些长处，如多人参与、分工合作，既避免势单力薄，又可以讨论参酌，弥补私家个体修书的弱点。但实际属于私家修史的范围，与依靠政权力量组成官僚化模式的史馆、动用公帑作为经费的官方修史有着根本区别。因此，幕府修史可以打破官方纂修大型、系统史书的垄断地位，为私家史学争得接续前代名著的一席之地。特别是《史籍考》的编纂，向官方总结史学遗产的主导地位发起挑战。不过，幕府修史与官方史学有千丝万缕的联系，毕沅幕府纂修《续资治通鉴》和《史籍考》，都借助了官方的资料和成果。幕客也常常被作为幕主的地方官用以纂修方志，这应是官修之书，官与私则在实际上常常缠绕在一起。

私家修史传统已然经历了两千年来的积淀，但乾隆时期，却显现出在全面总结传统史学与纂修大型史书方面的弱势，幕府修史乃是应运而生的一种弥补。幕府的修史活动虽然可能经营成为多人合作的优势局面，但其组织上是十分松散的，这与官方修史相比，仍有很大差距。幕主的人格、学问、气度的感召力与提供的经济待遇，对幕府修书事业的成败固然影响很大，而官场的浮沉、政局的动荡却更加关键。幕府修史也远没有

---

① 张之洞，撰；范希曾，补正．书目答问补正：卷二：史部《续资治通鉴》条．上海：上海古籍出版社，1986：110.

② 乔治忠．《史籍考》编纂问题的几点考析．史学史研究，2009 (2).

成长为稳定、普遍的组织方式，在清代仅仅是零星出现，只有个别官员具备这样的学识、志愿、勇气和条件。毕沅稍后，有谢启昆的幕府进行修史活动，《西魏书》是其主要成果。随之有阮元的文化幕府，但修史已经不占重要地位，更多的是从事经学文献的整理。因此，在整个清代社会中，幕府修史的力量还是很薄弱的。

乾嘉时期，清代"盛世"史学的修史活动，本质上仍然是官方与私家两个主体，但官方早就发散、扩展出地方官府修纂方志的活动，私家至此也形成幕府修史这一补充方式，成为官方与私家史学互相竞争、互相联系的又一方式。这些修史机制的总和，就是当时史学发展的社会结构。

第九节　清代官私史学的关系及传统史学的发展态势

中国传统史学发展至清代，元明两代因史学的结构调整而呈现的某些衰退，已经被克服与跨越，又出现一个全面繁荣的发展结构。抵达这种境界的动力来源之一，是官方史学与私家史学互动互补又互相矛盾的史学发展机制。

一、唐朝至明代史学的官私互动

三国两晋南北朝时期，官方史学与私家史学互动的社会运行机制就已经逐渐确立，到了唐朝，进一步健全了官方的修史机构和修史制度，私家史学也同时发展，二者的互动互补关系更为密切。宋、元、明各代，史学的发展无不贯穿着官方与私家互补互益又互相牵制的互动关系。

第一，官方修史必然需要召集众多史家参与，这些史家有的本是朝廷官员，有的则从低级官吏甚至布衣中选拔。史馆乃官方史学活动的机构，而史馆组成的过程往往显示出官方与私家在史学活动中千丝万缕的联系。唐太宗时纂修前五代史，其中《梁书》《陈书》委托姚思廉一人承担，《北齐书》委托李百药承担，原因是此二人皆有编纂这些断代史的家学传承，以及相应的治史造诣，而官方仍然实际管理和控制着这些史书的编纂。此种修史部署，可谓深得官私史学互补互益之道。唐玄宗时期，史官吴兢由于多次参修国史，熟于本朝史事，方能够编纂成《贞观政要》，而刘知幾则因在史馆内"言不见从"的感触，故改变原来著书意图而撰写史学理论的专著《史通》。在某种意义上可以说，这两位史家的史学名著，都是官私史学互动中的产物。

第二，中国官方制度化的记史机制，形成了比较连续而完备的历史记录，成为官方史学建设的基础，同时也是中国私家史学得以发展的重要条件。古代取得显著成就的史家，几乎无不直接或间接地利用了官方的史料，最为典型的是南宋李焘《续资治通鉴长编》、徐梦莘《三朝北盟会编》、李心传《建炎以来系年要录》等当代史名著，则完全依赖官方的历史记载才能撰成。明朝万历年间陈于陛主持纂修纪传体国史，因种种原因半途而废，但参修的史官史继偕、焦竑，则利用积累的资料和手稿，分别各自改写成《皇明兵制考》与《国史经籍志》。

第三，官方与私家在记史求真的准则上互相补益及互为牵制的关系，促使传统史学在波动起伏中保持基本健康的发展走向。记史求真的理念与社会功用的诉求存在着矛盾，矛盾的焦点是孰为主导的问题。中国古代由于政治与史学密切联结，史学经世致用的观念居于上风。官方在记史、修史中，隐瞒史实是经常出现的弊端，有些隐瞒与歪曲，在政局变动和改朝换代时得以纠正。然而尚有私家史学这一轨道，与官方记载相互牵制，而起到加强真实性的作用。如唐太宗曾问史官："朕有不善，卿必记之耶?"褚遂良曰："守道不如守官，臣职当载笔，君举必记"，另一官员刘洎说："设令遂良不记，天下亦记之矣。"① 这里私家史学对官方记史真实度的压力和牵制作用，体现得十分形象。

第四，官方史学与私家史学之间的竞争与排抑，是二者互动关系的一个方面。中国古代的君主专制与中央集权体制，决定了官方对私家在政治、经济与文化上的优势，官方拥有压制私家史学的权力，官方史学活动也拥有人力、财力、史料占有上的优势。但这仅仅是问题的一个方面。私家史学的生存力十分顽强，空间仍然广大，我们早已论述：自孔子作《春秋》成为古人共识之后，私家修史就有圣人的榜样作为保护伞，私家撰史、论史，合乎政治理念与社会公论，任何专制朝廷难以将之取缔。

隋文帝发布过禁止私家撰述当代史的谕令，但未见具体施行。南宋秦桧当权时以及宋宁宗时，曾禁止私史，实行情况亦乏记述，但我们看到的却是大量私修当代史涌现，如李攸撰成《皇朝事实》一书，录 30 卷送给秦桧，附带书信一封而语含讥刺，要求秦桧"宜俊乂旁招于庶位之中，无颜色拒人于千里之外。更愿无忘在莒，居宠思危"。秦桧虽怒，但也只是"寝其书不报"② 而已。随之李焘、李心传等人的私修本朝史接踵而出。私史之禁难以执行，是因其有违于中国历代形成的史学文化传统，缺乏名教思想体系的支持与法理依据，也大悖于官僚、士人的共同心愿。明朝是官方禁止私史次数较多的朝代，并且有具体的实际行动，其中比较显眼的是隆庆六年（1572）禁毁陈建的《皇明通纪》与万历三十年（1602）禁毁李贽的《藏书》等著述，以及天启年间广泛地禁止私修野史。但这些官方举措不仅未能见效，而且明季却成了私修史风起云涌的时期。明朝禁止私修史的举动，是推动私修史价值观转变的一个因素，即多数私家甩开官方的认可，走上争取所撰史书在社会上普及的路径，酿成一个新的史学潮流。

总之，从唐至明，官方史学与私家史学的互动关系，仍然是传统史学运行的主要机制之一，此中无论互补、互益，还是互为牵制、排抑，都成为促使史学发展的推动力。中国传统史学在它还未脱开政治附庸地位的境遇下，已经获得传统文化理念的支撑，初具一个社会性的系统，具备了生存和进展的内在动能。

二、清代史学发展中的官私互动

清朝入主中原，从决定纂修《明史》开始，史学就进入官方史学与私家史学互动的发展模式，不过因为民族矛盾激烈，政治与史学的冲突具有超过汉人政权的残酷性。这

① 旧唐书：卷八〇：褚遂良传．北京：中华书局，1975：2730.

② 李攸．宋朝事实：卷末：江阳谱（李攸事略）．文渊阁《四库全书》本．台北：商务印书馆，1986.

一方面表现于官方修史卷入了上层统治者之间的斗争，另一方面表现于清廷发动文字狱中的“史狱”，二者交叉，会使文字狱表现得更为突出。朝廷政治与私家史学的撞击，表现为文字狱形式的“庄氏史狱”、戴名世《南山集》狱、乾隆朝禁毁明季野史运动等。

“庄氏史狱”于顺治十八年（1661）十二月事发，当时正是清世祖逝世、满洲四大臣守旧势力掌权初期。浙江湖州南浔有富户庄胤城，其子庄廷鑨双目失明，因闻有“左丘失明，乃著《国语》”，于是购得明代朱国祯史稿，雇人抄纂编辑，欲传世成名。庄廷鑨死，其父将之刻行，沿袭明人陋习，私自将许多学者姓名列为校阅人员。因赃免职的小官吏吴之荣，以书中多有违碍词句相威胁，敲诈庄氏钱财，未能得逞，因而告发。然而地方官不受理，愤而入京上告。据顾炎武记述，是满洲辅政四大臣决定追究，于是形成惊天大狱，至康熙二年（1663）结案，牵连处死70多人，其中包括著名史学家吴炎、潘柽章，打击了私修明史的反清意识。杀戮如此惨烈，其背景是满洲的贵族守旧势力掌权，正在开始打击汉族士绅，这可以与当时相继发生的“哭庙案”“江南钱粮奏销案”① 等联系起来考察。“庄氏史狱”的另一影响，是清廷守旧势力在康熙四年（1665），又兴起停止多年的《明史》纂修活动，即为纂修《明史》而征集史料，这是清廷面对民间私修《明史》行为的互动反应。

戴名世为康熙朝翰林院编修，富于文史之才，在其《南山集》内多有记述南明史事之文，如史著《孑遗录》等，均入仕前撰写。康熙五十年，副都御史赵申乔弹劾戴名世“倒置是非，语多狂悖”②，引起康熙帝注意，令严加审办。戴名世由此下狱，查明其文触犯忌讳，于五十二年结案。时值官方史学废弛阶段，戴名世被处斩，其余牵连之人免死，分别予以不同的处罚。

由官方主动出击、广行搜索的大兴文字狱活动，是从雍正朝开始，此前文字狱乃是有人举报、弹劾方予以查办。清世宗认为对于“或托名斯文，或借口著述”的奸人，“切不可因远‘多事苛求’四字之嫌而贻误于世道生民也。果能于斯一节，汲汲铲除，胜于治理刑名、钱谷案件之功不啻什伯相倍”③。但雍正朝十三年间，没有真正属于“史狱”的典型大案。

乾隆三十九年（1774），在即将开始纂修《四库全书》之际，清高宗下令：“各省进到书籍，不下万余种，并不见奏及稍有忌讳之书。岂有裒集如许遗书，竟无一违碍字迹之理？况明季末造野史者甚多，其间毁誉任意，传闻异词，必有诋触本朝之语，正当及此一番查办，尽行销毁，杜遏邪言，以正人心而厚风俗。”④ 于是形成旷日持久的清查明末野史的运动，与五花八门的文字狱交织在一起，对史学发展的走向影响很大。

---

① “哭庙案”发生于顺治十八年二月，时顺治帝已死，各地设灵堂举哀。苏州众秀才借机聚集到文庙哭诉县令在上司包庇下横征暴敛、中饱私囊，被官府逮捕，经清廷定以“倡乱”罪，将《哭庙文》起草者金圣叹等18位有名文士，一同处斩，随之又处斩同样哭庙抗粮的读书人100余人。“江南钱粮奏销案”爆发于顺治十八年顺治帝死后，此前因清朝对江南征收钱粮数额甚重，逋逃、拖欠成为常态，导致清廷下令清查。顺治十八年夏，江宁巡抚造册奏报，清廷将凡是在册有所拖欠者，不分秀才、举人、进士、官员一律处分，予以革去功名或降职，共1.2万多人，一些人被捕入狱。江南籍官绅如徐元文、吴伟业、汪琬、叶方霭等，无一不被罗织、贬黜。

② 清圣祖实录：卷二四八：康熙五十年十月丁卯.

③ 清世宗朱批谕旨：卷二一一下：程元章奏折批语. 文渊阁《四库全书》本. 台北：商务印书馆，1986.

④ 清高宗实录：卷九六四：乾隆三十九年八月丙戌.

史学的文字狱事件造成修史的精神禁区，对私家史学和官方史学都有影响。“庄氏史狱”不仅反映了清廷政治与私家史学的冲突，而且包含了满洲守旧势力的政治倒退倾向。这个事件对清廷也有很大刺激，感到官方不能再对纂修《明史》毫无作为，康熙四年就进行了有成效的明史史料征集。而戴名世案件发生于康熙晚期官方史学废弛、《明史》纂修中辍阶段，此时的清圣祖，史学虚无情绪严重，官方不修《明史》，也就对私家记述明代史事更加敏感。戴名世被处死之后次年，王鸿绪即进上修订的《明史列传稿》，虽清圣祖自己未能从史学虚无主义中解脱出来，但清朝统治阶层应已感到官方修史的必要，这是雍正初年能够迅速、全面恢复各项修史事项的基础。

清朝前期尽管政治因素较多地干预了史学，但官方史学与私家史学互动的运行依然继续。例如顺治朝官方纂修《明史》并无实际成绩，但史官傅维鳞却借担任纂修官之机，利用官方掌握的《明实录》及其他资料，撰成洋洋 171 卷的纪传体《明书》。康熙十八年（1679）开《明史》馆，形成纂修《明史》的朝野合作局面，私家的许多建议被官方接受，参与修史者也同时提高了自己的史学造诣。不少《明史》的纂修者将自拟史稿作为个人著述刊刻流传，成为私家的明史著述。这些史稿不仅利用了官方的资料，而且使用了官方的财力、物力。其中潘耒则利用参修《明史》之机，对明代历史予以探讨与评议，写出《书纂修五朝史传后》[①] 的史论长文。

乾隆时期官方史学对于私家史学，既有所挤压，也相辅相成、相互促进，官方史学主要以强势、不对等的竞争挤压了私家史学。私家撰写系统的历史专著绝非易事，往往需要几十年时间专心致志方可完成，资料、资金也不易解决，邵晋涵有志重修《宋史》而无功，钱大昕意欲重纂《元史》而中辍，都与此有关。因此，大批史家承袭清初以来逐步强化的“实学”思潮，在官方史学的挤压下纷纷从事历史考据，是一个合乎逻辑的选择。这种挤压从另一角度来看，也是一种官方史学与私家史学的互动，促成清乾嘉时期官私之间略有分区、互为补充的史学大清理、大总结的社会结构。

以上所述的官方与私家史学的关系，带有较大的非良性互动因素，但在史学发展中，良性的官私史学互动处于常态。学者在朝参与官方修史，多数并不放弃私人著述。学者云集史馆，既能够亲眼看见金匮石室的秘典，又可以相互交流切磋，有利于开阔眼界，启发思路，提高自己的学术水平。特别是参与纂修《四库全书》，使学者见到从《永乐大典》内辑出的《旧五代史》《续资治通鉴长编》《元朝秘史》《元圣武亲征录》等，于治史探研很有裨益。如钱大昕在四库馆得见上述两部元史书籍，存录副本，“其所以能从事考证《元史》者，盖以此”[②]，遂在元史的考订研究上获得突出成就。前述毕沅幕府的私修《续资治通鉴》活动，也多得益于官方四库馆从《永乐大典》辑出的史料。乾隆中参与国史馆纂修工作的蒋良骐编纂了《东华录》32 卷，清季王先谦、朱寿朋等增补续纂成十一朝《东华录》[③]，取官书而纂为私著，又是官方史学与私家史学互动之一番景象。嘉庆十三年（1808）清廷官方编辑《全唐文》，浙江学者严可均无缘参

---

① 潘耒．遂初堂文集：卷一一//续修四库全书：集部 1417 册．上海：上海古籍出版社，2002.

② 梁启超．中国近三百年学术史．北京：三联书店，2006：252.

③ 《清史稿·艺文志》有：王先谦《十朝东华录》425 卷，潘颐福《咸丰朝东华续录》69 卷，朱寿朋《光绪东华录》220 卷。

与，慨然曰："唐之文，盛矣哉！唐以前要当有总集。斯事体大，是余之责也。"于是，自行编辑《全上古三代秦汉三国六朝文》，"使与《全唐文》相接，多至三千余家，人各系以小传，足以考证史文"①。这虽是一部大型文章总集，但具有很高的史料价值，显现了官方与私家在纂修书史上互为激发的状况。

总之，中国传统史学的官方史学与私家史学的互动，是中国史学史上一个极其重要的运行机制问题，在史学结构的形成与史学发展的具体方向上起到重要的作用。在清代，官方史学与私家史学都很发达，而且政治矛盾、民族矛盾与史学活动多有纠葛，应当作为研究官方史学与私家史学互动关系的标本。

三、清代史学在大总结之后的发展态势

清乾隆时期开始的对传统史学全面的大清理、大总结而开拓的修史路径，清朝后期都有所继承与持续，如钱仪吉编辑《碑传集》、缪荃孙编辑《续碑传集》、李桓编辑《国朝耆献类征》（初编）、姚振宗著《隋书经籍志考证》、刘锦藻修成《皇朝续文献通考》等，都具有盘点式网罗史料、总结一类历史文献的治学理路，书中也不乏对史事及文献的个案考证。《碑传集》、《续碑传集》、《国朝耆献类征》（初编）成为清朝历史人物资料的渊薮，对于研究清代历史很有裨益，至今仍得到广泛应用。姚振宗《隋书经籍志考证》52卷，对《隋书·经籍志》予以全面补充，搜集书籍资料、引证前人成果、撰写自己判断，对著录的书籍逐一予以考订，是研究隋朝之前文献学、图书史最重要的参考著述。刘锦藻之《皇朝续文献通考》接续乾隆朝官修《清文献通考》，以个人之力编撰，直至1912年清亡方最后纂成，载事范围自乾隆五十一年（1786）至宣统三年（1911），部帙达400卷。根据清季历史的变化，新增《外交考》《邮政考》《实业考》《宪政考》4考，内容丰富，史料详确，系统地提供了清朝中后期典制和史事的发展状况，是一部极其重要的清史著述。

清嘉道之际，考据学风盛极转衰，学术经世的呼声昂起，文化潮流发生新的变化。至道光二十年即1840年，鸦片战争爆发，中国败于西方英国的船坚炮利之下。这对于清朝统治者与士人阶层都是巨大的思想震撼，文化上的回应首先是使经世致用的宗旨更加成为主要的学术潮流。此时，古代琐屑事物的繁复考据已经受到舆论的谴责，但历史考据与史学经世并非处于学术的对立地位，二者能够结合起来。至于对学术的清理和总结，更能够符合经世致用的导向，例如乾隆朝官修之史，就皆有直接的政治意旨。因此，对史学清理和总结的理路，以及乾嘉考据的治学方法，并未废止，而是在主流学术的发展中继续贯彻。在《皇清经世文编》及随后的续编、补编的纂辑中，以及在许多史籍特别是边疆史地学著述的修撰中，都体现出这种趋势。

早在道光六年（1826），江苏布政使贺长龄就委托魏源主笔编成《皇清经世文编》120卷，分门别类收集清代有关社会实务的文章、奏议、评论，涉及政治、经济、文化、军事、法制、学术等各个层面。后有葛士濬等多人各自纂辑《续编》，此后，有陈忠倚《三编》、何良栋《四编》，体例大体类同，但后出各书陆续添补了洋务、邮政、外

① 清史稿：卷四八二：儒林传：严可均传．北京：中华书局，1976：13256．

洋国势乃至于国债、银行、公司、议院等细目。此外，还有多种如《皇清经世文新编》《皇清经世文统编》等，成为清朝后期书籍编纂的一道风景。这些“经世文编”总和起来，无疑是清史研究的史料渊薮，而其编辑理路和方法与乾隆时期的历史文献学是一脉相承的。

清朝后期的西北边疆史地著述，体现着防止外部侵略和民族分裂的经世宗旨，这是公认的事实。但史地学需要历史考据和调查勘测作为研究的支点，乾隆朝官修的《西域图志》，当时即具明确的政治目的和经世致用宗旨，并且与考据风格密切地结合。嘉道之后，徐松《新疆识略》、张穆《蒙古游牧记》、何秋涛《朔方备乘》等名著，都利用、承袭了官方纂修的《西域图志》《大清一统志》等书的资料和思路，并且作了明确的说明及注释。《蒙古游牧记》引述嘉庆《大清一统志》处很多，乃至清末学者章梫曾经夸大地认为《蒙古游牧记》“无一字不出于《嘉庆一统志》，特面目少变异耳”[①]。《朔方备乘》更在《凡例》中将“钦定之书”列为首要依据。至清末官方修成的《新疆图志》116 卷，则融会了官修、私修的多种有关著述，加以新的资料、新的考察，成为清代西北边疆史地学的殿尾佳作。这些成果，可以看作得自清“盛世”史学的积极影响。王锡祺以 20 年间的精力，搜集和编辑《小方壶斋舆地丛钞》以及几番补编，光绪二十三年（1897）成书，汇入清代地理学著述 1 400 多种，这是以总汇一类书史而编辑丛书的方式，行经世意旨的史学作为，体现了史学上清理、总结的治学理念。

史学的“经世”，是个比较宽泛的概念，不必有直接的政治用意以及应用性质，凡是具有宏观眼光和具备思想性的撰述，都会被视为具有经世之意。魏源《元史新编》、洪钧《元史译文证补》、夏燮《明通鉴》、徐鼒《小腆纪年附考》及《小腆纪传》等书，是一时名作，亦在经世学风中产生。

沈家本《历代刑法考》78 卷等著述对于中国法律史的深入考察，具有学术开新的作用，他的法律史知识直接运用于清季刑法的改革和制定。杨守敬是杰出的舆地学家，他的《水经注疏》为极其精湛的学术著作，超越乾嘉时期学者的同类撰述，而 34 册《历代舆地沿革图》的绘制，详细精确的程度也显著超越以往的舆地图，是当代《中国历史地图集》绘制时的主要参考著述之一。这些晚清名著，无一不是立足于对以往文献的总结和资料的细致考证。当然，不少私撰史籍不必勉强联系于经世学风的激励，而是传统修史惯例的延续，如李有棠《辽史纪事本末》40 卷及《金史纪事本末》52 卷、孙诒让《周书斠补》4 卷、曾廉《元书》102 卷、龙文彬《明会要》80 卷等，都是清代后期史学发展中值得注意的著述，但在立意与编纂方面，都没有超越传统的思想和方法。

此外，在鸦片战争之后，对于外国历史、地理、国情的论著，对于中外关系史的论著，成为世人最为关注之书，这将在下一章介绍。如此看来，清朝后期直至清末，史学的发展从乾嘉时期史学大总结和历史考据方法中获益匪浅，致使其仍处于繁荣状态，而且并未阻碍外国史地学等类著述的出现。

---

① 章梫．一山文存：卷一〇：题抄本道光重修大清一统志．刘氏嘉业堂 1918 年刊本．

但是，如果从历史理论与史学思想的整体导向来考察，清代后期的史学发展态势就值得深思。本来在乾隆时期，西方的许多历史地理知识、科技知识已经传入中国，其中如天文、历算、地理勘测等，得到了实际应用，显示出无可置疑的先进性。这造成部分知识更新和理念转换，如《四库全书总目》对西洋人利玛窦《乾坤体义》、熊三拔《表度说》等皆有赞扬。清高宗也因采用西洋方法测量西域地理，经长期思考而否定《周礼》《史记》以及所有经史著述中关于“分野”的地理观念，指出：“盖分野之说，本不足信，而灾祥则更邻于谶纬，皆非正道。”[①] 这带动官修《西域图志》《热河志》《皇朝通志》等纷纷批斥传统的“分野”之说，采纳西方关于经纬度的地理观念。如果依照这种思路，对传统知识和思想体系全面反省和审视，则可望出现思想解放的趋势。然而历史条件没有造就如此时会，乾隆时期是一个君主专制的盛世，政治、经济、文化统治的成功，是清廷从康熙朝以来实践经史之学的成果，因而不可能放弃儒学根基，文化的总结只是强化与修补原有的思想体系。连具有疑古特色的考据学家崔述，也未能冲破“史可疑，经不可疑”的藩篱。

在理论准则上，清高宗与章学诚的史学理论中，都极端强调在史学中贯彻纲常伦理准则，这是当时史学思想之价值取向的根本特征。而史学的经世致用，在中国是一面冠冕堂皇的旗帜，官方史学为其根本的政治利益服务，是史学经世宗旨的基点。而且由于传统史学思想的积淀，当时大批的考据学家，也不能从理论上否定史学的经世致用宗旨。在皇权专制的社会，史学经世的理念，虽有助于史学的发达兴旺，却导致史学成为政治的附庸，遏制史学学术性能的发挥。例如四库馆臣中颇多考据学家，他们对文献的考订不能不顾及官方的文化政策，《古文尚书》早就被阎若璩、惠栋等人考证为伪书，《四库全书总目》不得不予以承认，但却认为“梅赜之书行世已久，其文本采掇佚经，排比联贯，故其旨不悖于圣人，断无可废之理。而确非孔氏之原本，则证验多端”[②]，即将《古文尚书》曲解为其书虽伪，而内容不伪，仍然列于儒学经典，这其实是清廷对待《古文尚书》的既定方针，已然丢弃了实事求是精神。

乾隆时期朝野进行的史学思想总结，实质上构建了贯彻纲常伦理、官方主导史学方向、提倡史学经世的价值观的理路，起到加固传统史学旧有轨道的作用。而旧史学体系的加固、加密，最终总是要拖累社会发展的脚步。认识及此，才能对清朝后期的史学发展作全面的评析。对于清季某些史书和史家，不应孤立地从“经世致用”角度肯定，而应当考察其中是否贯彻纲常伦理与官方主导的思想，辨明其“经世”观念是否真能促进社会的进步。由于清朝“盛世”史学加固了史学的旧有体系，并且在清后期史学的发展中仍然承袭，造成史学向近代转型的极大困难。中国自鸦片战争之后出现社会演变，至1902年梁启超宣扬“史界革命”，其间已经过了60年，而且转型的变化极其有限，速度和程度都远不及日本。其原因应当向前追溯，考察乾隆时期的史学结构及其影响，考察整个中国传统史学的特色与发展历程。

---

① 清高宗．御制诗集四集：卷一七：《题毛晃〈禹贡指南〉六韵》诗自注．影印文渊阁《四库全书》本．台北：商务印书馆，1986．

② 四库全书总目：卷一二：经部《古文尚书冤词》提要．影印本．北京：中华书局，1965：101．

思考题

1. 清朝官方的修史格局是怎样形成的?
2. 评述清朝纂修《明史》的几个阶段。
3. 试论章学诚史学创见的内容及其形成原因。
4. 评述乾嘉时期的历史考据学。
5. 叙述清代“盛世”史学的发展结构。

第八章

中国近代史学的建立与发展

中国历史步入近代社会，是当内部条件尚未充分积累的情况下，由国外列强的炮火轰击而促成，属于世界整体性近代化潮流蔓延和覆盖的结果。这对于国人而言，属于被动的近代化转型。在这种情况下，具有深厚传统文化积淀的中国社会，对外来文化既有吸收，又有抵制，既有冲突，又有磨合，在史学上尤其如此，呈现为复杂的多样化发展态势。

> 社会文化是整套的，要拿旧心理运用新制度，决计不可能，渐渐要求全人格的觉悟。
>
> ——梁启超《五十年中国进化概论》

中国近代史学的发展，不与社会变动完全同步，如果以 1840 年的鸦片战争作为中国社会进入近代的标志，这还不能说是近代史学的开始。20 世纪初“新史学”思潮的兴起，是中国史学在主流意识上的巨大转变，可以视为史学近代化转型的开始，但史学在社会中的运行机制，则是辛亥革命后才实现根本的转变。此后，1915 年以来声势大振的新文化运动、1919 年的五四运动，都对史学的发展影响很大。新的史学思想持续地在西方文化与本土文化激荡中产生和传播，新的历史著述不断地涌现和提高水平，而在此同时，传统的史学并未完全消退，西方已经过时的史学流派也仍可在中国传布，中国史家中则有思想的前进、转变、倒退等复杂的表现。因此中国近代史学在不足 50 年的历程中，具有错综、多样、各种趋向彼此逐步消长的特征，不必将之分为几个发展阶段。

第一节　中国近代史学思想的前驱

清朝到嘉道之际，国势已经呈现全面的衰退，官僚权贵奢侈腐败，各级衙门懈怠政务，边疆与内地反政府暴动此起彼伏，经济与文化发展停滞，社会矛盾逐步激化。一些士人开始对社会危机表现出深沉的忧虑，他们要求社会实行某种改革，主张学术潮流朝强化经世致用的方向嬗变。这种为近代化准备土壤的前驱思想，在鸦片战争之前已经萌发。鸦片战争之后，学术思想进一步趋于活跃，政治观念、经济理念、文化视野、科学认识等都或先或后步入近代化历程。史学的发展虽有所滞后，但中国史学近代化的前景也是不可避免的趋势。

一、经世致用思想的强化

经世致用的思想，是中国古代学术宗旨的核心内容，官方倡导，私家遵从。即使是主张治学“求于虚不如求于实”的乾嘉考据学者，也无人能够否定经世致用的理念。在皇权专制时代稳定的“盛世”，实际并不需要太多下层人士真情激动地立经世之志，考据学风炽热时期，经世致用思想相对消沉，也没有影响官方贯彻学术为政治统治服务的宗旨。但是嘉道之际社会矛盾的激化与考据学末流表现出的琐屑芜杂，使学术风气发生转变，这首先在经学思想上显现，但仍以传统的学派轮回的模式运行，即今文经学的再度兴起。

今文经学在西汉时期风靡一世，占据学术统治地位，特点是发挥儒学经典特别是《春秋》的“微言大义”，畅论天人关系与历史发展的宏观大势。东汉时期，何休对《春秋公羊传》的阐释，提出《春秋》“三世”新说，即“据乱世”“升平世”“太平世”三阶段，隐含了历史发展阶段论的思想，留下今文经学在历史观上富含蕴义的潜质。历经魏晋玄学、唐代经学、宋明理学的学术发展，今文经学早已蛰伏不显，乾嘉考据学标榜“汉学”，实际是发扬汉代古文经学的治学风格。而在乾隆年间考据学兴盛之时，就有庄存与（1719—1788）力挺董仲舒、何休的《春秋》公羊学，主张阐扬《春秋》的微言大义，维护帝王统治的“大一统”理念。庄存与的外孙刘逢禄（1776—1829），继续发扬阐释经典义理的治学路径，并且汲取考据学的研究方法，在《左氏春秋考证》中搜罗《左传》《史记》《汉书》《经典释文》等书中的例证，认为《左氏春秋》本为独立之书，并非解释《春秋》之作，是刘歆等古文经学家篡改，冒充经传。这类似于历史文献的考据和辨伪，但其目的是打击古文经学，树立今文经学的“汉学”正宗地位，奠定了清代今文经学的学术基础。

龚自珍（1792—1841），号定盦，浙江仁和人。他 28 岁时面见刘逢禄领受《春秋》公羊学。他认为“自古及今，法无不改，势无不积，事例无不变迁，风气无不移易。所恃者，人材必不绝于世而已”①。他在《五经大义终始论》与《五经大义终始答问》各

① 龚自珍全集：第五辑：上大学士书．上海：上海人民出版社，1975：319.

篇中，认为无论时段长短，均包含据乱、升平与太平阶段的转化，即“通古今可以为三世，《春秋》首尾，亦为三世”①，就像“甲子”既可纪年也可纪日一样。这样，就将《春秋》“三世”之说，改造为观察历史变化的思想方法，每个时段都可能出现“三世”的转变，“世道”之变速率加快。因此龚自珍干脆以“治世”“衰世”“乱世”的概念考察社会状况，特别对“衰世”予以描述并且寄以深切的忧虑，认为“衰世者，文类治世，名类治世，声音笑貌类治世”，即外表相像，但“衰世”最大问题乃是排挤人才、摧残人才，于是“才者自度将见戮，则蚤夜号以求治，求治而不得，悖悍者则蚤夜号以求乱。……然而起视其世，乱亦竟不远矣”②。

这种深刻的现实洞察力来自深沉的历史学造诣，正如他所指出的：“智者受三千年史氏之书，则能以良史之忧忧天下。”③ 因此，龚自珍对史学极其推重，认为史学维系国家之存亡，“灭人之国，必先去其史”④。他期望靠史学达到经世致用、挽救“衰世”的效用，曾撰《尊史》短文，倡言“史之尊，非其职语言、司谤誉之谓，尊其心也。……出乎史，入乎道，欲知大道，必先为史”⑤。这种见识，从思想上将清代今文经学治学宗旨导入史学。而同样具有今文经学思想的魏源，则作出大量扎实的史书修纂工作，实践了从尊史思想到著史经世的跨越。史学经世的理念和实践，为中国史学逐步转化作出了具有中国特色的铺垫。

鸦片战争之前的经世史学，具有多方面的表现。今文经学对烦琐考据的批评和对经世学术的提倡，推动了学术理念的转变。在经世史学的实践方面，其典型标志一是1826年《皇清经世文编》120卷的成书以及后人的接续编纂，上一章已有叙述；二是西北边疆史地学著述的兴起。嘉庆二十五年（1820），在外国势力支持下，新疆发生以张格尔为首的分裂活动，绵延七年才被平定。这引起清朝官方和学者的关注，西北边疆史地学应运而兴。嘉庆年间先后贬官遣戍新疆的祁韵士、徐松，都撰有相关的史地著述。徐松（1781—1848）为功力深厚的史家，他按照官方的指示修订祁韵士之书，纂成《新疆识略》12卷，成为朝野称誉的名著。徐松回京后，因张格尔叛乱发生，他周围聚集一批关心时局的学者，如龚自珍、沈垚、魏源、张穆等，探讨边疆问题。龚自珍、沈垚都有关于经营新疆政策的建议，提出了建立行省、实行屯田、加强驻防等极有价值的主张。其后，张穆（1805—1849）著《蒙古游牧记》16卷，将蒙古民族史与地理考述结合一起，研讨经营边疆的策略。边疆史地类的撰述，一直延续到鸦片战争之后，具有历史考据与经世观念结合的特点，获得普遍认可与赞扬。

二、外国史地学与中外关系史的兴起与发展

清朝在1840年之前，对于西方国家的状况，并非一无所知，康熙到乾隆时期，宫廷都曾任用多名西方传教士进行天文观测、历法计算、地理测绘的工作，西方的一些书

---

① 龚自珍全集：第一辑：五经大义终始答问八．上海：上海人民出版社，1975：48.
② 龚自珍全集：第一辑：乙丙之际箸议第九．上海：上海人民出版社，1975：7.
③ 同②.
④ 龚自珍全集：第一辑：古史钩沉论第二．上海：上海人民出版社，1975：22.
⑤ 龚自珍全集：第一辑：尊史．上海：上海人民出版社，1975：81.

籍也有译本行世。天文、地理、数学、美术以及一些如钟表等类器物的制造技术，都显示出西方的先进，而且得到统治者和一些士人的认可。但是在自封“天朝”的傲慢情绪下，只有少数人员对西方文化有支离、片面的了解，并且决不承认西方各国总体上具备先进水平。外国传教士也曾通过报刊载文、翻译书史等方法，推出不少汉文读物，目的就是让中国人了解西方的文明。这给中国带来了新鲜空气，但呼吸到这股新空气并且真正感到清爽者十分有限。鸦片战争则起到了巨大的惊醒作用，《海国图志》与《瀛寰志略》的编纂，方成为中国人真正认识世界的代表之作。

《海国图志》的作者魏源（1794—1857），字默深，湖南邵阳人。29 岁得中举人之后，曾做江苏布政使贺长龄幕僚，代编《皇清经世文编》120 卷，后为江苏巡抚陶澍幕僚，结为忘年之交。魏源在官场与学界有广泛的交游，据清末李柏荣的《魏源师友记》一书，与之有融洽师友关系者达 200 多人。魏源早年从刘逢禄习《春秋》公羊学，树立经世致用的学术思想，对烦琐考据与空谈心性的治学倾向，皆予以严厉的抨击。在《皇清经世文编》的《例言》中提出“书各有旨归，道存乎实用”，这成为魏源治学与撰著的根本宗旨。

鸦片战争爆发，处于风口浪尖、已被革职的林则徐，嘱托魏源依其所纂《四洲志》，扩充纂修一部经世之书，此为《海国图志》编纂的缘起。至 1842 年年底，就成书 50 卷，1848 年增补为 60 卷，1852 年再次增补为 100 卷本。从史学史角度评析《海国图志》，可以归结为几大特点：

第一，《海国图志》是清代第一部比较全面地记述了世界各国状况之书，内容涉及亚洲、欧洲、美洲、非洲各国的历史、地理、政治、气候、物产、交通、民情、文化、宗教、科技等，开始打破士大夫对西方不求认知的封闭眼光，将世界各国地理布局与国情知识尽力集中性地汇总，具有传布新知识的开先作用。

第二，百卷本《海国图志》征引中外图书有一百多种，资料丰富。魏源自序中称《海国图志》“何以异于昔人海图之书？曰：彼皆以中土人谭西洋，此则以西洋人谭西洋也”①。这表明魏源在资料取裁上，重视西洋人所撰的图书，这种观念比较先进。但由于广取素材予以汇编，并未认真订正和统筹、熔炼，内容不免丛杂，讹误亦多。

第三，全书图文并茂，是一大优点。史地之书配有地图，本为中国古籍向来的优良传统，而《海国图志》中大量地图，是取自国外传来的著述，这对多数士人而言乃是新颖的知识。书中收录的《火轮船图说》《铸炮铁模图说》《地雷图说》《攻船水雷图说》等，均有大量详细的图样和图纸，体现了重视直接实用性能的编纂宗旨。

第四，贯彻“为以夷攻夷而作，为以夷款夷而作，为师夷长技以制夷而作”的经世致用宗旨，首先撰《筹海》《议战》《议款》《议守》诸篇，提出御敌的战略与战术建议，因此《海国图志》不仅不是单纯的外国历史地理学著作，而且已经跃出史书编纂体例的学术系统。

《海国图志》面世，获得普遍的赞誉，经多次刊刻与印刷，其书流传较广，对 19 世纪后半期的中国社会观念，产生了一定的影响。正如魏源的好友、翰林院编修朱琦在诗

---

① 魏源．海国图志：卷首：海国图志原叙．清光绪元年（1875）刻本．

中所言："魏子别我时，授我书一编，谓是《海国志》，幽遐靡弗宣。……况闻兹书出，市贾纷雕镌，辇下诸要人，争买不计钱。……"① 1851年之后，《海国图志》传入日本，也得到日本学界的赞赏，几经刻印。但至今许多学者（包括某些日本学者）称此书打开了日本人的眼界，对日本的明治维新起到启蒙的作用，则是盲目夸大的不实之词。日本明治维新取得成功，有其政治文化和社会发展的深刻根源，早在魏源之前，日本的兰学家、洋学家就具备了比《海国图志》更多的世界史地知识。至于"师夷长技以制夷"之说，是粗浅、幼稚的见解，仅学习西方"长技"，根本不能"制夷"，但这在当时的中国还具有进步意义，而对于日本则毫无价值，因为日本向来是以学习外国先进文化见长的。在日本，也存在守旧的势力，其中一部分人以恪守中国经史之学为根柢，《海国图志》之所以在日本传播，是展示给这些人开窍的。

徐继畬（1795—1873）的《瀛寰志略》撰于1844年，于1848年刻行，与魏源《海国图志》同一时期而稍晚，也是在鸦片战争刺激下产生的。这部世界历史地理专著共10卷，卷一至卷三为地球基本知识及亚洲、南洋各国，卷四至卷七记述欧洲各国，卷八记述非洲，卷九、卷十记述美洲各国，美国（米利坚）为重点。1841年之后，徐继畬任福建布政使、福建巡抚期间，从美国传教士雅裨理提供的世界各国地图册中描摹20多幅，后又设法另购外国地图2册，精选多幅，共绘图42幅，为全书纲领。"依图立说"，是本书特点，这样取得了体系严整、层次清晰的效果。其文字内容得自询问外国人士，参阅西洋人书籍、文章以及国内的史籍、地志，经几十次修订才最后成书。

《瀛寰志略》表达了19世纪前60年间中国人认识世界的最高水平，具有如下两个突出的优点：

第一，本书是当时一部精心编纂和修订的学术性专著，其中采纳近代的地理科学知识，对各大洲、各国疆域、方位、山河、历史、物产、国情等均有比较真确的叙述，可纠正国人对于世界原有的许多讹传与误说。《瀛寰志略》对于地球和各大洲的记述远比《海国图志》正确，百卷本《海国图志》虽然也采入西方的世界地图，但对地球图说是不相信的，而将地理的五大洲套入古印度的"四洲"说，并且自己加以发挥，借以论证中国是世界之中心，欧洲文化皆来自亚洲和中国。而《瀛寰志略》则描述了巴比伦、犹太人和古希腊、罗马文明的起源和发展，且予以赞叹。其余知识超越之处，更不胜枚举。

第二，徐继畬《瀛寰志略》的政治历史观，在当时的中国具有十分超前的思想先进性。书中不仅记述西方各国车、船、兵器制造的精良及各项科技事业的发达，记述以商业立国的致富之路，而且介绍欧洲的议会制度，强调西欧各国凡政治、经济、军事等大政，全由议会决定，"此制欧罗巴诸国皆从同，不独英吉利也"②。书中夹叙夹议，还写有专门评论性按语，表现出对西方各国的褒美，对西方议会制度的赞赏，特别详细地叙述美国的民主政治，对华盛顿建立的制度歌颂为"几于天下为公，骎骎乎三代之遗意。……公器付之公论，创古今未有之局……"③。魏源《海国图志》（百卷本）关于美

① 李柏荣．魏源师友记：卷二．长沙：岳麓书社，1983：112．

② 徐继畬．瀛寰志略：卷七：英吉利国．上海：上海书店出版社，2001：235．

③ 徐继畬．瀛寰志略：卷九：北亚墨利加米利坚合众国．上海：上海书店出版社，2001：277．

国的记述，就是从《瀛寰志略》中抄略的，而且删去了歌颂华盛顿等赞美之词。魏源编纂《海国图志》的方式是广录资料，收入书中的内容并不表示一定赞成。现今许多人对《海国图志》记述美国予以很高评价，实乃强掠徐继畬之美而归之，不符合魏源的真实思想。当时与徐继畬同样赞扬美国民主体制的，是梁廷枏《海国四说》，其书虽篇幅很小，但取材于外国人士著述，叙事与见识都值得称道。

《瀛寰志略》也有其局限性，记述有所讹误，亦带有较多旧思想、旧观念。因为是一部冷静研讨的学术著述，虽揭露西方殖民主义的侵略行径，但不似《海国图志》首列《筹海篇》表达憎恨外"夷"的炽热情绪。尤其是对西方各国多加称道，惊世骇俗，刻行后颇受攻诋。1850年（道光三十年），时清宣宗已死，清文宗继位，激愤气盛，对外实行强硬举动，已经恢复名誉的林则徐在福建家乡养病，因事联合京官发起弹劾巡抚徐继畬活动，理由是他对待洋人软弱。第二年，徐继畬终被革职，回山西五台的家乡教学为业。同治年间洋务运动时期，《瀛寰志略》声誉渐起，其价值逐步为人所肯定，但在旧观念牢固的中国，仍有学者对其中赞扬外国的内容予以批评指摘。而在19世纪后半期的日本、美国，《瀛寰志略》却备受称誉。

中国社会整体的思想进步是十分缓慢的，1861年之后，洋务运动才在重重阻力下迈开"师夷长技"的脚步，洋务派的主流理念是"中学为体，西学为用"，但一些先进的官员、学者如郭嵩焘、王韬等，显然认识到政体改革的必须性。甲午中日战争之后，维新运动兴起，虽然归于失败，而思想文化的新兴力量则与日俱增，西方社会思想涌入中国，并且迅速传播。英国斯宾塞的学术理论首先被翻译介绍，产生一定的反响。1898年严复翻译出版赫胥黎的《天演论》，在中国形成进化论思想的冲击波，显示西方社会科学学说的传播已势不可当，处于整个社会文化变动中的史学，也随之跟进。

维新变法舆论的核心人物康有为（1858—1927），依据今文经学的《春秋》"三世"说，结合对中外历史知识的解说，构建了一个为变法制造舆论的历史观念体系。康有为仍然沿用"据乱""升平""太平"的"三世"之说，但在解释进入"太平世"的途径时，强调必须维新变法。他的《俄彼得变政记》、《日本变政考》与《孔子改制考》一样，都是为变法主张立说的政治史论，其撰写目的是为改良主义的政治主张服务，是纯属出于政治致用的著述，不必从史学史的角度加以评论。

中国记述外国史地之书，洋务运动开展之后继续发展，数量大增，思想倾向也分出不同层次。改良主义思想色彩的外国史撰述，有王韬（1828—1897）的《法国志略》等多种外国史撰述以及黄遵宪的《日本国志》，皆最后告成于光绪年间。《法国志略》24卷，《日本国志》40卷，史料来源不仅参考大量国外史籍，而且作者在国外进行了长期的游历考察，思想之新、学术之深，都具有代表性。而清季王树枏的《欧洲族类源流略》《欧洲列国战事本末》，王先谦的《五洲地理志略》《日本源流考》，等等，在择取多种史籍资料的考订上很有功力，编纂甚具条理。书中多蕴含保国保种、抗敌御侮的思想内容，但却竭力美化君主专权体制，鼓吹中国固有文化的优越。在总体上比较保守的观念框架下，汲取外国历史内容的兴衰鉴戒，把对西方历史的探讨纳入"以史为鉴"的套路，率意解说，是此类撰述的另一类表现。

随着外国势力的侵入，关于中国与西方列强关系的撰述也陆续出现。魏源《道光洋艘征抚记》及时地记载了鸦片战争的概况，梁廷枏稍晚成书的《夷氛闻记》，记述比魏源详细准确。后有夏燮《中西纪事》16卷，汲取众多史料，记述两次鸦片战争。以上各书均站在主战派立场，讴歌抗击外国侵略者的军民、将领。另外，黄恩彤《道光抚夷纪略》、赘漫野叟《庚申夷氛纪略》等书，表达了“主抚”派的立场。众多记述当时战争之书的面世，说明清代私家撰史已经涉及敏感的时事，而且鲜明地表达自己的见解和立场，是鸦片战争后呈现的史学新现象。而清廷则在对外政策上摇摆不定，变动失常，进退失据，官方只能编纂各朝的《筹办夷务始末》，即汇集中外关系史的文牍和资料。

清代对于西方各国的“主战”与“主抚”之争，是十分复杂、多层次的政治问题，“主抚”派内包含一些贪生避战的腐败官员，也有不少清醒、冷静、目光长远的士人，他们认为西方列强并不想侵占中国的领土，清朝也未具备战胜西方列强的力量，因此主张“柔远”，广建邦交以互为牵制，维护本国的利益。徐继畬以及后来的郭嵩焘、王之春都有类似的见解，并且均有外交上争得中国利益的实际成就。郭嵩焘（1818—1891）的《使西纪程》、王之春的《国朝柔远记》均属这一类中外关系史著述，其中并无“投降”“卖国”之类的内容，但二人却都各有不同的悲剧性结局。

清朝后期大量边疆史地著述涌现，也与面临外国的侵扰和干预相关，不少边疆史地学著述实际具备了中外关系的内容。如姚莹《康辅纪行》抒发在西藏的见闻、感受，记述西藏历史、地理、宗教、军政状况，但也撰述对俄国、英国的认识以及西藏、新疆之边外各国概况，若笔记之体。何秋涛《朔方备乘》80卷，原名《北徼汇编》，更是一部关于经营边疆的综合撰述，不拘于著史体例，记述中国整个北方边疆历史、地理、民族分布之外，特别对俄罗斯国情及中俄关系的历史予以各个专题性的论述，有如论文合集。由于实用性、学术性都很突出，咸丰十年（1860）被皇帝赐名《朔方备乘》。

综上所述，自鸦片战争爆发后的几十年间，中国史学的发展比清朝前期有了很大的改观，外国史地与中外关系史成为新的热门内容，史学主流越来越与社会现实紧密联系。编纂形式上也呈现新的探讨，如《瀛寰志略》的“依图立说”，《朔方备乘》的因事为篇、不拘体例等。但整体上看，在史学宗旨上依然以传统的经世观念为指归，史学从根本上仍然依附于皇朝政治利益，史家对史学的基本理论问题仍然缺乏系统认真的思考。总之，史学状态处于近代转型的前驱，还未能跨过近代化的门槛。

第二节　梁启超《新史学》与新式中国历史教科书

一、梁启超《新史学》理论的开拓作用

> 史界革命不起，则吾国遂不可救，悠悠万事，惟此为大。
>
> ——梁启超《新史学》

中国史学出现与传统史学不同的新史学，经过了长期的酝酿和准备，上述诸人、诸书的前驱之作，起到逐步改变国人视野和观念的作用，而中国社会的激烈变动，外国史学思想的输入与影响，是中国新史学产生的主要条件。早在1882年，上海格致书室印行

颜永京翻译的《肄业要览》，这是英国斯宾塞《教育论》之一章，涉及史学问题，指出旧史籍记事琐屑无用，若邻家之猫昨产几只猫仔。更批判古时作史，唯载君主事迹，不讲民间风土人情。此书1895年曾经再版①。对新学术思想十分敏感的维新派人物梁启超，1896年始在《时务报》连载《变法通议》，其中《论译书》篇意识到中国传统史籍与西方近代史籍的区别，有“君史”和“民史”的不同，认为西方史学之农业史、商业史、工艺史等专史，“实史裁之正轨也”②。1887年他又发表《续译列国岁计政要叙》，认为“民史之著，盛于西国，而中土几绝。中土二千年来，若正史、若编年、若载记、若传记、若纪事本末、若诏令奏议，强半皆君史也”③。这里已经隐然表现出一种在整体上改造中国史学的朦胧意向，而且得到谭嗣同等人的响应。

19世纪与20世纪之交，是中国人心振荡的时期，变法维新运动虽然失败，但维新派、革命派皆在加紧活动，各派对垒的政治势力也都积聚力量，跃跃欲试，再不愿相安共处。总之举国思变，不可遏止。1898年秋，梁启超流亡日本，阅读大量日人翻译的西方书史，以及日本学者撰写的社会科学著述，心目中新史学的理论渐渐成型。1900年年初，他在横渡大洋前往美洲的航程中，写出激情飞溅的《二十世纪太平洋歌》，“沧桑兮沧桑，转绿兮回黄……招国魂兮何方？大风泱泱兮大潮滂滂！”④高呼迎接一个风雷激荡的太平洋时代。1901年9月发表《中国史叙论》，1902年2月刊出《新史学》，就是理性的新学术思想积累与新世纪的激情结合而形成。

图8-1　《新民丛报》

梁启超（1873—1929），字卓如，号任公、饮冰室主人。广东新会人。早年接受传统教育，清光绪时中举。17岁投师康有为，学习西学并与传统学说结合，成为维新派得力宣传家，鼓吹变法图强。曾为上海《时务报》总撰述，又任长沙实务学堂教习。戊戌政变后流亡日本，学识增长，“畴昔所未见之籍，纷触于目；畴昔所未穷之理，腾跃于脑。如幽室见日，枯腹得酒”⑤。思想由之趋于激进，先后主编《清议报》《新民丛报》，连续大量撰写文章发表，以激情洋溢、生动多彩的文笔宣传西方政治学、社会学、哲学和史学理论，通过各种渠道传播于中国，影响极大。《新史学》即连载于《新民丛报》。

① 李孝迁. 西方史学在中国的传播. 上海：华东师范大学出版社，2007：138-139.
② 梁启超. 变法通议：论译书. 北京：华夏出版社，2002：147.
③ 梁启超. 续译列国岁计政要叙//梁启超全集：第一集. 北京：中国人民大学出版社，2018：210.
④ 梁启超. 二十世纪太平洋歌//梁启超全集：第十七集. 北京：中国人民大学出版社，2018：605.
⑤ 梁启超. 论学日本文之益//梁启超全集：第一集. 北京：中国人民大学出版社，2018：704.

《中国史叙论》是梁启超计划撰写《中国通史》的纲领，在此文中表明新史要写成一部“国民发达史”，克服旧史“只见有君主，不见有国民”的弊病。梁启超将中国的历史按西方近代的史学理论划分为史前史、上世史、中世史、近世史几个阶段，史前史按石器、铜器、铁器再分三期，而文明史的三个阶段，则按照中国人活动的范围、与外界的联系大小来区分，又对应地称为“中国之中国”“亚洲之中国”“世界之中国”①，对每一阶段社会特征予以精要的解说。这从历史观上早已超越传统经史之学，具备近代历史进化论的体系。而以人类活动和交往的空间范围划分历史阶段，是梁启超的创见，这一思路对宏观历史研究很有启发作用。

《新史学》由六篇文章组成，即《中国之旧史》《史学之界说》《历史与人种之关系》《论正统》《论书法》《论纪年》，是中国史学理论向近代转型的宣言书，向中国传统史学展开了整体性的猛烈进攻，举起了“史界革命”的旗帜。其理论要点如下：

（1）批判中国旧史学有“四弊”，即“知有朝廷而不知有国家”“知有个人而不知有群体”“知有陈迹而不知有今务”“知有事实而不知有理想”，因“四弊”而生出“二病”，即“能铺叙而不能别裁”“能因袭而不能创作”。梁启超指摘古代的所谓历史名著，多将历史视作朝廷所专有，“盖从来作史者皆为朝廷上之君若臣而作，曾无有一书为国民而作之者也”，甚至可以说“二十四史非史也，二十四姓之家谱而已”。他得出结论：中国史学“外貌虽极发达，而不能如欧美各国民之实受益也”。

与旧史学不同，新史学则记述国民群体的活动事迹，完成从“君史”到“民史”的转变。梁启超认为：“历史所最当注意者，惟人群之事，苟其事不关系人群者，虽奇言异行，而必不足入历史之范围也。”梁启超说旧史学完全不知“今务”、不知“理想”，当然有所偏颇，但他批判旧史学是为了申明建设新史学的目标，即历史撰述要树立国家观念，使之成为“国民之明镜”“爱国心之源泉”，以博大而切要的内容“提倡民族主义，使我四万万同胞强立于此优胜劣败之世界”。这些史学理念，将史书的记述内容与史家写作立场、撰史宗旨联结起来，为当时新史学的中心问题。

（2）梁启超认为“中国之史，则本纪、列传，一篇一篇，如海岸之石，乱堆错落”。这并非简单地否定传统史书的编纂技能，而是指出如此撰史，难以贯穿一种主导的历史观念，即“知有事实而不知有理想”。他认为：“历史者，叙述进化之现象也”，史书自然应当表现人群历史进化的轨迹。他反对古人“一治一乱”的循环论，而是以进步为总方向，但不是直线向前，“其象如一螺线”上升，这个见解至今仍然正确。《中国史叙论》描述历史的整体结构，就体现了历史的进化论。因为旧史“能铺叙而不能别裁”，造成“连篇累牍胪列无关世运之人言论行事，使读者欲卧欲呕。虽尽数千卷，犹不解于本群之大势有所知焉”。因此，新史学有改造史书编纂体裁的必要性，也是不言而喻的。

（3）《新史学》对历史学的性质有更高规格的界定，梁启超说：“历史者，叙述人群进化之现象，而求得其公理公例者也。”“公理”，是对历史是非判断和价值评议的公正的道理；“公例”，历史发展的普遍性进程，即规律。具备这种理性的追求，史学才能肩

---

① 梁启超．中国史叙论//梁启超全集：第二集．北京：中国人民大学出版社，2018：319-320.

负起宏大的学术使命与社会责任，“以过去之进化导未来之进化”。

（4）梁启超还专门剖析了中国传统史学的“正统论”和“书法”，尖锐指出古代关于“正统”的判定标准不一，聚讼纷纭，其实都是为本朝政权的合法性张目，“未有非为时君计者也”。其流毒在于“煽后人之奴隶根性”，维护君主统治而已。至于打着《春秋》大义旗号的“书法”对人物事件予以褒贬，也是以有利于君权为标准。他对新史学的撰写提出的要求是：“以悲壮淋漓之笔，写古人之性行事业……必不可妄学《春秋》侈衮钺于一字、二字之间，使后之读者，加注释数千言，犹不能识其命意之所在。”历史著述自然不可缺少评论，但应当“以伟大高尚之理想，褒贬一民族全体之性质……而必不可专奖励一姓之家奴走狗，与夫一二矫情畸行，陷后人于狭隘偏枯的道德之域，而无复发扬蹈厉之气”。这是在讲求新史学的撰史方法，而同样也是置于否定“君史”、提倡“民史”的原则之下。

《新史学》在史学上的主张，特点是有破有立，破除旧史学大刀阔斧，不惜矫枉过正；倡导新理念痛快淋漓，旗帜鲜明，富于感染力。但由于激情燃烧和认识的局限，立说难免有所偏激。在《新史学》第3篇《历史与人种之关系》之中，梁启超大谈西方白人种族特别是雅利安人的优越，“为世界史的人种”。这不仅是错误地接受了西方某些荒诞说法，而且也远离了“新史学”的中心论题。同一年，梁启超还撰有《论中国学术思想变迁之大势》，刊布于《新民丛报》。此长文考察中国学术史的发展，并且与古希腊学术予以对比，处处都是西方优胜，从根底上批判了中国传统的学术，矛头直指孔子。将这种观点与《历史与人种之关系》等文章综合分析，可知梁启超出于急于改变中国文化传统的激进心情，致使其见解中掺入不少非理性因素。

《新史学》的理论糅合了西方多种史学流派的观点，还参考了浮田和民《史学通论》等日本学者著述，但梁启超将之理解、消化、选择、发挥而响亮道出，振臂高呼：“史界革命不起，则吾国遂不可救，悠悠万事，惟此为大”①，在中国产生了强烈影响。作为革命派的章太炎1902年6月致信梁启超，申述他编纂《中国通史》“以发明社会政治进化衰微之原理”② 的主张，并且附上修改了的《中国通史略例》，显然是有感于《新史学》之举。另一具有革命思想的学者陈黻宸正在主持上海《新世界学报》，亦于1902年9月发表《独史》③，申明“史者，民之史也，而非君与臣与学人词客所能专也”，慨叹“呜乎！我中国之无史久矣！”他畅论自己的史学主张，其中多有与《新史学》契合者。国粹派学者邓实1902年8月于《政艺通报》刊登《史学通论》称：“中国史界革命之风潮不起，则中国永无史矣，无史则无国矣。”在日本留学的曾鲲化，1903年5月编成《中国历史》，并在序言中申述了与梁启超类似的主张。这样的言论还有很多，形成一个“新史学”的舆论潮流。

新史学潮流的兴起，有着长期社会条件与思想文化的酝酿和积累，有多方因素和许多学者的参与，有西方史学的积极影响，而梁启超在其中承担了新史学思想先锋的角

---

① 梁启超．新史学//梁启超全集：第二集．北京：中国人民大学出版社，2018：501.

② 章太炎．致梁启超书//汤志钧．章太炎政论选集：上．北京：中华书局，1977：167.

③ 原载上海新世界学报，1902（2）；又见陈黻宸集：上册．北京：中华书局，1995。

色，他的《新史学》以及同期的《中国史叙论》《论中国学术思想变迁之大势》等著述，在史学理论上起到重大作用，带动了中国传统史学向近代化的转型。

二、新式中国历史教科书的兴起

近代“新史学”的理论伸张，是通过新式历史教科书的引进和编撰普及落实的。对于“教科书”这个概念，今学术界、教育界尚未予以讨论和界定。中国自古就有数不清的课蒙书籍，而且课蒙之书与其他书籍的界限并不清晰，历史课蒙之书同时也是普及性史书。教科书应当是指规范化教育分科目的教学课程用书，中国古代除朱熹《四书章句集注》等少量科举用书之外，大批课蒙书籍尚不具备完整的教科书性质。至于中国近代的新式教科书，学术界也缺乏判断何为“新式”的确切标准，于是关于哪一部书是近代第一部新式教科书的争议，就每每见于报刊。

从中国史学发展史的角度而言，近代新式历史教科书，首先应当历史观念新，具有近代历史进化论思想；其次为内容有所更新，不是仅仅记述帝王将相的活动，而是着力论述经济、文化、社会群体活动的状况；再次是具有明晰的结构和线索，扼要而全面地展现历史面貌与发展进程。这种标准的着眼点，是将新式历史教科书归于近代新史学的范围。

清代自洋务运动开始，就进行了创办学堂的尝试，但零散的新式学堂主要学习西方的科技和语言等科目，移植国外现成的教材，传统的中国史学一直极少触及。1902年和1903年，清廷先后颁布《钦定学堂章程》与《奏定学堂章程》，实际启动改革教学体制的程序，中国历史教科书的问题才凸现出来①。而急切之中，现成地引用日本编纂的中国历史教材，成为捷径。

日本明治维新运动中逐步建立了仿从西方的教育体系，但初期的中小学中国历史教学，仍使用经过注解的《十八史略》以及续写的“史略”类史籍。即使日本史、西洋史教材，也多有仿照《十八史略》模式撰写，如石村贞一《国史略》、西村茂树《万国史略》、大槻文彦《罗马史略》等。后来，日本学者才重新编写简明的中国通史，内容、形式和视角都有所更新，产生了那珂通世的《支那通史》、桑原鹭藏的《东洋史要》、市村瓒次郎的《支那史要》、河野通之及石村贞一的《最近支那史》等著述，而其中尚包含许多“史略”类的痕迹。这些书籍传入中国，得到普遍的认可，曾被应用于教学。但这些史籍从日本的角度论述中国历史，遣词用语及内容取舍不尽合宜，于是即有改写之作，例如丁宝书编写的《蒙学中国历史教科书》、姚祖义编写的《高等小学中国历史教科书》，均为简略浅显的教材。柳诒徵据《支那通史》修订增补，撰成《历代史略》，陈庆年改《东洋史要》为《中国历史教科书》，此二书当时得到很多赞许。但这类早期之作大多仓促抄纂，并不明显具备从“君史”向“民史”转变的史学意识。

然而，清季产生多种历史教科书的现象，却给“新史学”影响的扩大造成有利的社会条件，因为它显示了以往汗牛充栋的旧体史籍，竟然都不适于学堂的教学实用，旧史

---

① 这里主要是指中小学初等教育的历史教科书，因为中小学更需要简明扼要、线索清晰的教材。

学的弊端则无法掩饰，正如《支那史要》译本《序》中所说："我国兹学号称最盛，四库著录，史部居其十七，然而求一完善之本，可为初学者研究用者，犹不可得，不亦奇哉。"① 那珂通世《支那通史》等日本的中国史著述，也给中国传统的历史观念带来不小的冲击，如其《上世史》第2章直言中国关于炎帝、黄帝等记述"亦多荒诞之说……然当草昧之世，华夏之民，亦不过为一种夷族，岂有所谓群圣者哉!"此类史书在记述内容、结构以及历史阶段划分等方面，都使国人耳目一新。

代表新史学潮流的实践性成就，还是应当以中国学者的撰述为代表，早期的这类史籍，有的也是参照日本著述撰写，但更重要的是受到梁启超等新史学观念的熏陶，其中影响较大的有曾鲲化《中国历史》、夏曾佑《最新中学中国历史教科书》等。

曾鲲化（1882—1925），湖南新化人。1903年在日本留学，专攻铁路建设，同时参与湖南留日同乡会的杂志《游学译编》的工作，回国后对铁路的管理与建设作出了贡献。《中国历史》是曾鲲化以"横阳翼天氏"为笔名，于1903年5月撰成第一册，次年完成第二册，由东新译社出版。该书采用章节体，以孔子诞生为纪元，以"文明史"为核心内容。取材于日本、中国多种史籍，配以图表。首篇命名为《中国历史出世辞》，象征新史学的诞生，而畅论史学见解。他批判旧史书为"一人朕天子之世系谱，车载斗量。而中国历代社会文明史，归无何有之乡"。主张撰史应当"以国民精神为经，以社会状态为纬，以关系最紧切之事实为系统"，"参酌东西洋历史通体，确查我国民缺少之原质，核定大义，以叙古今人群进化之大势"。曾鲲化的《中国历史》，应是最早响应梁启超《新史学》而撰成的新式史著，但原想撰写3册，只写成2册，是未完成的中国通史。

夏曾佑（1863—1924），字穗卿，常用笔名"别士"，浙江杭县人，清光绪进士。早年研习传统文化和今文经学，继而接受西学进化论思想，先后与梁启超共办《时务报》、与严复共办《国闻报》，积极从事维新变法的宣传活动。戊戌政变后，政治上消极，但思想上依然坚持历史进化论。1904年至1906年，夏曾佑撰成《最新中学中国历史教科书》3册，从上古记述到隋朝。此书获得了广泛的赞扬，后以《中国古代史》书名再版，1933年被列入大学丛书，成为早期新式中国史撰述中影响最大的著作。

本书之所以取得巨大的成功，其特点和优点是十分明显的：

第一，贯穿历史进化论思想，对中国历史阶段的划分作出重大学术创新。夏曾佑具有稳固而成熟的进化论思想，与严复合办《国闻报》期间，严复翻译《天演论》，二人就有所商议和交流。在《中国古代史》第1篇第1章第4节"古今世变之大略"中，夏曾佑作出全盘的规划，大的阶段分为"上古""中古""近古"，这与梁启超等人的设想基本一致。而每一大的阶段，再分若干时代。上古史分两个时代：（1）传疑时代，远古至西周，此时期信史资料尚为缺少；（2）化成时代，即春秋、战国时期，中国文化特征基本形成。中古史分三个时代：（1）极盛时代，即秦汉、三国时期，人才盛而国势强；（2）中衰时代，西晋至隋朝，外族入主中原，外来宗教流行；（3）复盛时代，即唐代，

---

① 支那史要：译本卷首：陈毅《支那史要序》. 上海：广智书局，1902.

此时国力增强，类若汉代。近古史分两个时代：（1）退化时代，即五代至明朝，汉族乏力，形势衰颓；（2）更化时代，即清朝，前半期政治和学术集秦汉以来之大成，后半期局势与人心，出现前所未有之变化，文化、国体都将进入新局面。这里将历史进化论思想运用到中国历史的考察，是十分深入的学术创新，仅此一点，就令当时读者耳目一新，由衷信服。

第二，具有先进、精辟的历史见解。《中国古代史》不同于当时多数仓促纂辑的历史教科书，而是经过认真研究、学术功力深厚的著作，精湛的见解俯拾皆是。夏曾佑将三代之前的历史视为传疑时代，这本身就是卓越的学识，他还对神话与传说作出历史进化论的解析，如认为"神农氏"的传说反映了上古向农业社会的进化。该书尤其重视历史变局的考察，认为自商鞅变法始，土地已经不单单为贵族占据，一般民人也蓄有私产。而战国时期废除世卿世禄，是最根本的政治改变。夏曾佑还指出：中国上古是由无数小国兼并为少数大国，由众多小族渐渐合为华夏大族，增强了抵御外来侵略的力量，体现了历史的进化，诸如此类的历史认识，在当时是处于非常先进的水平。

第三，叙述内容有详有略，重点突出。夏曾佑自定其著述意旨是："是必有一书焉，文简于古人而理富于往籍，其足以供社会之需乎。今兹此编，即本是旨"①。全书对于学术思想、对外交往、盛衰兴亡的大事，皆作重点论述，基本说出历史变化的主要线索。但对经济问题比较忽视，许多文化、科学的成就也未得到反映，则是严重的局限。

第四，富于严肃、深刻的历史批判精神。夏曾佑激烈抨击古代的专制主义，他虽然客观地指出秦朝多有革古创今的制度建设，但痛斥秦始皇的暴政，指出秦的苛政由李斯拟定，是"孔子专制之法"与"荀子性恶之旨"② 的结合。汉武帝尊儒，是"视儒术为最便于专制之教"③，于是，专制主义流毒中国两千多年。这种批判既严肃又深刻，警醒人心。但晚年的夏曾佑思想退化，大力鼓吹立"孔教"为"国教"，沦为保守复旧的社会角色。

《中国古代史》整体上也有不少缺点，例如论述古代中国的进化只立足于汉族政权，仍有狭隘的汉族民族主义观念。书中录入旧史书的一些史表，显得累赘，编纂上也是每章分节过多，十分细碎，尚未掌握章节体史书的精要之处，撰写方法有不少纪事本末体的痕迹。

判断史学发展的划时代转型，至少应当符合两项标准，一是新的史学理论著述发表并产生了广泛影响，二是与新理论相配合的历史名著流行于社会，特立于史坛。梁启超是新史学理论建设的代表者，而夏曾佑《中国古代史》是新式史著的代表。至此，中国近代史学已然建立，随之其后是史学理论的经常探讨，是各层次新式历史著述的陆续编纂。

---

① 夏曾佑．中国古代史：卷首：叙．石家庄：河北教育出版社，2000.

② 夏曾佑．中国古代史：第二篇第一章第6节：秦于中国之关系下．石家庄：河北教育出版社，2000：254.

③ 夏曾佑．中国古代史：第二篇第一章第19节：武帝儒术之治．石家庄：河北教育出版社，2000：276.

第三节　近代史学理论的引进与探索

一、西方史学理论引进的扩展

> 我而知西学之为急，我将兴之；我而不知，人将兴之。……今夫守旧之不敌开新，天之理也。
>
> ——梁启超《西学书目表后序》

中国近代新史学的建立，得益于外国史学理论的影响，同时也促进了西方史学理论的继续引进，这是一个互动的进程。1902 年“新史学”的呼声轰然响起，海外相关著述的译介随之形成热点，仅浮田和民《史学通论》[①] 一书，在中国就翻译印行了五六种版本，此书提炼了多种西方史学观念的要点，在中国起到间接传播西方史学理论的作用，同类的日本著述还有坪井九马三的《史学研究法》等。1903 年，英国实证主义史学家巴克尔《英国文明史》的部分内容被译成中文刊行，此后又出现几种版本。巴克尔坚定认为历史发展存在着规律，历史学为一种科学，他重视地理环境对历史的作用，提出统计学的研究方法等论点，在中国史学界产生较大影响。

在“新史学”潮流下的中国学者，领会到西方史学理论的思想观念，从而激发出自己的理解与认识，于是纷纷撰文、著述予以表达。1902 年年底，留日学生汪荣宝在编译《史学概论》时，取坪井九马三《史学研究法》等书的观点来阐述史学宗旨和研究方法。1903 年曾鲲化《中国历史》的首篇，1907 年吕瑞廷、赵澂璧《新体中国历史·叙论》，都是叙述史学理论的篇章，观点均受到西方史学的影响。1904 年屠寄编有《中国史学通论一编》，陈黼宸编有《中国史学通论续编》和《中国史学通论三编》，作为清朝京师大学堂的讲义，都是史学理论性的撰述[②]。此外，大量编译和评介西方史学著述的文章，也时时见于报刊。所有这些撰述，虽对西方史学理论的理解和叙述不无偏差，但都不同程度传播了新史学观念，起到促进中国史学转型的作用。

第一部成体系论述史学理论和方法的著述，是 1909 年出版的曹佐熙的《史学通论》，该书是作者根据讲义修订而成，由题词、凡例和正文 7 篇构成，7 篇正文依次为“史学之源流”、“史学之经纬”、“史学之繁难”、“史学之关系”（这里的“关系”指社会功能）、“史学之研究”、“史学之旁通”（与其他学科的联系）、“史学之未来”。该书既接受了历史进化论的理路，又试图融入传统的史学观念，例如对史学的定义是“纪人群演进之次第而阐其原理，立为公例，以示现在、以示未来者”，同时用旧有的“事”“文”“义”概念来解说。说明在民国建立之前，中国学界对新的史学理论认识浮浅，传统理念尚浓，具有新旧观念杂糅的倾向。

---

① 按：浮田和民的这部著述，在日本就有书名分别为《史学通论》《史学原论》的不同版本。在中国，还有书名为《新史学》的译本，可以看出其书翻译出版与新史学思潮的关系。

② 赵世瑜. 20 世纪历史学概论性著述的回顾与评说. 史学理论研究，2000（4）.

20世纪20年代之后，许多留学西方的学者回国治学，西方史学理论的引进，不再依赖于间接取自日本的途径，而主要是直接翻译已经享誉海外的西方名著，中国史学界对西方史学的了解已经达到新的深度。加之新文化运动的影响，翻译西方史学名著成为持续不断的现象。1924年，何炳松翻译美国鲁滨逊《新史学》一书，由上海商务印书馆出版，标志着引进西方史学理论的又一轮高潮揭开了序幕。随后直至40年代，法国朗格诺瓦、瑟诺博司合著的《史学原论》（李思纯译）、美国班兹的《史学》（向达译）、德国伯伦汉的《史学方法论》（陈韬译）、意大利沙耳非米尼的《史学家与科学家》（周谦冲译）等20多种外国史学理论名著陆续面世。其中对中国史学界影响最为广泛的是鲁滨逊的《新史学》，在史学研究方法上得到普遍赞扬的是朗格诺瓦、瑟诺博司合撰的《史学原论》与伯伦汉的《史学方法论》。

鲁滨逊（1863—1936），美国哥伦比亚大学教授，1912年将其多年积累的史学见解汇集一书，出版《新史学》，立即引起巨大影响，形成了西方新史学一派。《新史学》的要点是反对历来将政治史作为历史著述的中心内容，指出历史包括了人类以往一切所做和所想之事。为提高史学的科学地位，需要充分利用政治经济学、人类学、考古学、社会学、宗教学、哲学、心理学、伦理学的知识和方法，使研究工作不断地深化。这对中国的史学界具有极大启发作用，增进了历史学近代化发展的信心。当时的中国史学界，普遍欢迎美国新史学派的理念，相关的西方史著也大量翻译和出版，北京大学等高校多将《新史学》列入教材和课程。

朗格诺瓦、瑟诺博司《史学原论》与伯伦汉《史学方法论》译本，均由商务印书馆出版，前者为1926年，后者则迟至1937年，但此二书的许多论述已经被日本浮田和民《史学通论》、坪井九马三《史学研究法》等书汲取，在中国早就产生很大影响。译本出版之后，自然得到普遍赞誉。《史学原论》讲述研究历史的具体方法和技能，《史学方法论》也以治史方法为主要内容，二书对搜集资料、鉴别史料、史事考证、叙述方法等细致分说，体现德国兰克学派的史学理念。梁启超的《中国历史研究法》及其他讲述史学方法之撰述，多汲取了其中的内容，而何炳松《通史新义》、陆懋德《史学方法大纲》，则分别大量地移植了二书的现成观点。

西方史学理论的引进，还有另外强劲的渠道，一是留学归国学者的讲解、传授，二是报刊文章的评介。胡适留学于美国，接受了杜威的哲学思想，回国以后，成为新文化运动的主要带头人之一，在史学上推行"实验主义"的方法，对近代史学的发展具有多方面的、深刻的影响。法国的实证主义史学、德国兰克的史学思想、黑格尔的历史哲学、斯宾格勒的"文化形态史观"以及马克思主义的历史观，都在大学的课堂与报刊文章中传播，呈现的是多元化的缤纷景象。在传播西方史学和历史观念的众多著名学者中，多数结合了自己的研究成果，而不是单纯地介绍国外学说。但也有主要靠传布西方史学观念而声名卓著者，何炳松即为其中的典型人物。

何炳松（1890—1946），字柏丞，浙江金华人。早年留学美国攻读历史学与政治学，1916年归国。先后执教于北京大学、暨南大学等，1924年至1935年间在商务印书馆工作，历任史地部主任、编译所所长等职。他十分注重西方名著的翻译出版，归国之后曾在北京大学讲述鲁滨逊《新史学》，随之翻译了这部名著，不仅传播了美国"新史学"

流派的史学思想，他自己也因此驰名史界。此后，何炳松还翻译了《历史教学法》（商务印书馆，1926）、《西洋史学史》（商务印书馆，1929），编译《中古欧洲史》（商务印书馆，1924）、《近世欧洲史》（商务印书馆，1925）等，多为美国“新史学”派史家的著述。在翻译绍特威尔《西洋史学史》之时，他提出了开展中国史学史研究的设想。何炳松还撰写了《通史新义》，复述西方史学理论和方法，但加入了中国史学的事例。何炳松也有其他著述，如对浙东学术的研究、对章学诚史学的研究，但在其学术生涯中不占主要地位。

二、中国学者关于史学理论和史学方法的著述

20 世纪 20 年代后，翻译、引进西方史学理论著述的同时，本国学者的相关著述亦如雨后春笋，截至 1949 年，史学理论和方法的著述总计有 40 多种，数量相当可观，如梁启超《中国历史研究法》（商务印书馆，1922）及《补编》（1926）、李大钊《史学要论》（商务印书馆，1924）、李泰棻《史学研究法大纲》（武学书馆，1926）、卢绍稷《史学概要》（商务印书馆，1930）、吴贯因《史之梯》（又名《史学概论》，联合书店，1930）、徐敬修《史学常识》（大东书局，1933）、胡哲敷《史学概论》（中华书局，1935）、李则纲《史学通论》（商务印书馆，1935）、杨鸿烈《历史研究法》（商务印书馆，1937）与《史学通论》（1939）、陆懋德《历史方法大纲》（独立出版社，1947）、柳诒徵《国史要义》（中华书局，1948）等等，为其中较有研究心得之作。这里仅简介梁启超、杨鸿烈、柳诒徵三人著述，李大钊《史学要论》乃马克思主义史学理论，且待下一章论述。

梁启超《中国历史研究法》是作者 1921 年在南开大学的讲稿，次年出版成书，此后多次再版。在《自序》与第 1 章《史之意义及其范围》，作者指出近代史学的进步，一是客观资料的重加鉴别，使“史学立于‘真’的基础之上”；二是主观的观念之革新，将史学视为“全社会之业影”。史学研究的是“人类社会之赓续活动”，这里使用“社会”的概念，已经比当初“人群”的词语深刻、准确，是个进步。第 2 章《过去之中国史学界》是一篇简明中国史学史，对于史学史学科在中国的建立有特殊意义。这里较为平允地评论了传统史学的成就和弊端，已经改变《新史学》中对旧史学一概否定的评判。作者坚持中国史学必须改造的主张，提出应当追求“纯客观的史”，即“以史为目的而不以为手段，夫然后有信史，有信史然后有良史也”。梁启超指出：“今日所需之史，当分专门史与普遍史之两途”，特别要建设专门史的研究。这是当时具有全局指导性的精辟见识，意义重大。本书主要内容是论述研究历史的方法，对史料的类别、价值以及搜集、鉴别、辨伪的方法，用很大篇幅细致分析，对于历史事件的清理和研究，也通过实际范例予以详细的剖视，许多思路借鉴了国外史学方法，但解析、发挥与举证论述，则建立在自己学术功力的基础之上，因此不失为精到的创见。1926 年，又出版《中国历史研究法补编》，主要内容是贯彻作者建设“专门史”史学改造方向，详细论述各种专史的研究与撰写方法，其中包括“文字史”“宗教史”“史学史的做法”等，给当时史学界的研究方向展示出风光无限的前景。梁启超的这两种著作，影响之大、享誉之久，为其他同类书籍所远远不及。

杨鸿烈（1903—1977），字宪武，云南晋宁人，中国法律史研究的学术大家。早年在大学学习外文，精通英语、德语。后入清华国学研究院，师从梁启超。曾任教于南开大学、北京师范大学、上海中国公学，后为河南大学史学系教授、系主任。1934年至日本东京大学留学，获博士学位。撰有《中国法律发达史》《中国法律思想史》《中国法律在东亚诸国之影响》，是极有学术声誉的著作。他的《史学通论》是众多同类著述中系统性强和功力深厚的一种，作者还有相关撰述《史地新论》与《历史研究法》。《史地新论》出版于1924年，比较简略，是史学理论研讨的准备。《历史研究法》早于《史学通论》出版，主要内容讲掌握史料的技能问题。杨著《史学通论》的特色，在于搜集古今中外学者对史学问题的不同论断，一一条列，注明出处，而加以辨析，从而得出自己的见解。这给读者以探研史学理论的明晰线索和丰富资料，实为学术优长之处。作者具有独立思考的精神，在讨论中唯从学术角度出发，对业师梁启超等人的说法，也能够直抒己见，加以辩驳。

柳诒徵（1880—1956），字翼谋，号知非，晚年号劬堂，江苏镇江人。为中国著名历史学家、文化名人。主张"表章国光"，热心维护中国的传统文化。曾任东南大学、中央大学（重庆）文学院教授等职，为民国时期中央研究院院士。著有《中国教育史》《中国商业史》《中国文化史》等多种。《国史要义》是一部与众不同的史学理论著述，它立足于完全维护中国传统文化的立场上发表议论，不接受西方史学观念，但显示出对西方历史文化的充分了解，在对比辨析中阐扬中国的传统价值观。全书共十篇，依次为"史原""史权""史统""史联""史德""史识""史义""史例""史术""史化"，各个专题申论"要义"，不仅赞誉中国固有的历史文化，而且肯定中国传统的政治和道德。虽思想守旧，但作者国学功底极其深厚，且善于理论思维。引证史料丰富，并全面、深入地把握了中国传统史学许多特征，甚具史学史研究的参考价值。

西方史学理论和史学方法的引进与中国学者的同类著述，在近代史学发展中具有不可忽略的作用。形形色色的西方史学思想不断地渗入，时而又如波潮一样地冲击振荡，带来的历史观念虽然斑驳多样，但旧的传统史学渐渐退缩，西方史学的概念、范畴和话语环境逐步扩大，则成为不可扭转的趋势。中国学者对于史学理论与方法的探讨和撰述，已经逐步走出对西方史学观念的杂糅兼采，开始有所比较、思辨与选择，不同的学者结合中国史学状况、结合个人治史经验作出不同的理论性总结。史学界理论思维水平的提高，有利于近代史学的深入发展，也促成不同历史观、不同思想体系的史学流派呈现出日益清晰的分野。

第四节　"整理国故"与"古史辨"运动

一、"整理国故"活动的形成与影响

1915年以来的新文化运动以及1919年的五四运动，对传统旧文化形成声势浩大的猛烈冲击，白话诗文的倡导战果辉煌，"民主"与"科学"的呼声响遏行云。但"文化"

> 国学是条死路，治国故只是整理往史陈迹，切莫以为这中间有无限瑰宝！
>
> ——胡适在 1926 年 6 月北大研究所国学门第 4 次恳亲会的发言

乃是内涵十分广阔的社会范畴，旧有的文化不可能如弃敝屣地甩掉。当用历史学的学术眼光来看待中国固有文化遗产之际，就产生了“整理国故”的观念以及如何整理的争论。这个问题的端绪，是从思想文化兼收并包的北京大学引出。1919 年 5 月，部分学生主办的杂志《新潮》第 1 卷第 5 号刊出毛子水《国故和科学精神》一文，对另一刊物《国故》的舆论方向提出了尖锐批评，认为“国故是过去的已死的东西……是杂乱无章的零碎知识”，在世界学术文化上不具有重要地位。这种见解为对方所不能接受，于是发表了张煊的反驳文章，一来一往，引人注目。辩论中胡适介入，指出“‘国故学’的性质不外乎要懂得国故，这是人类求知的天性所要求的。若说是‘应时势之需’，便是古人‘通经而致治平’的梦想了”①，意思是说整理国故纯属学术求知，并无现实价值。1919 年年底，胡适又在《新青年》第 7 卷第 1 号发表《新思潮的意义》，认为“整理国故”有四个步骤：“第一步是条理系统的整理”，即以历史进化的眼光考察一部古书的学术渊源，一种思想的前因后果。“第二步是要寻出每种学术思想怎样发生，发生之后有什么影响效果。……第三步是要用科学的方法，作精确的考证，把古人的意义弄得明白清楚。……第四步是综合前三步的研究，各家都还他一个本来真面目，各家都还他一个真价值。”② 很明显，“整理国故”是从历史学的角度整理，完全是研究中国古代文化史的方法。胡适提出的“整理国故”四个步骤，具有古代历史和古文献研究的方法论意义。

新文化运动与五四运动本来蕴含强烈的政治诉求，“民主”与“科学”两大旗帜，反映了时人对西方政治文化认识的浓缩，首先要解决的是政治制度问题。但参与新文化运动与五四运动的大量学者、文人、学生，不愿终生投入政治活动，尤其不愿意从事革命活动，他们从政治活动中分化出来，以学术追求为目标。作为思想“新潮”而又具备传统学问根底的学人，“整理国故”成为一个可以选择的阵地，其本意是以从西方引入的学理，评判中国旧有的文化遗产，基调是“研究问题，输入学理，整理国故，再造文明”③。但因“整理”这个概念具有柔性、中性的特征，得到了包括文化守旧派在内的广泛响应，于是“国学”趁势成为时髦话语，尽管胡适解释“国学”乃是“国故学”，目的不是推崇国故；尽管陈独秀、何炳松等人更明确反对“国学”的提法，仍未能阻遏“国学”波潮的泛滥，大批带有“国学”字样的刊物产生，北京大学成立研究所国学门，东南大学设立国学院，清华学校建立国学院，厦门大学、燕京大学等也都陆续设有“国学”的研究机构。这些机构的研究人员各有宗旨，已经远非胡适等人的观念所能笼络。以柳诒徵为指导者的东南大学国学院，与胡适思想影响下的北京大学研究所国学门，在理念上区别很大，因而学术界往往视为南北对峙。其实南北皆有文化本位观念的异同，清华国学院的主流理念实际更趋同于柳诒徵的思想。

---

① 胡适．论国故学——答毛子水//胡适文存：第 1 集．合肥：黄山书社，1996：321.

② 胡适．新思潮的意义//胡适文存：第 1 集．合肥：黄山书社，1996：533.

③ 同②527.

平心而论，“国学”为传统文化遗产的研讨提供了广大的活动平台，使历史学的研究与古文献的研究得到很大的推进。但是，在这个隐喻着民族主义情绪并且借以惑人的招牌下，新、旧不同思想的矛盾相当尖锐，凡是登临“整理国故”平台的学者，无可避免地要在趋新与守旧之间作出思想上的抉择，并且由此而决定其研究方式、方法和观点。如东南大学国学院拟定的《国学院整理国学计划书》就提出在“以科学理董国故”之外，还要“以国故理董国故”①，意欲要为传统守旧学派留下一块活动园地。正当学术界“整理国故”的活动“地不分南北，人无论老少”地展开之际，“古史辨”运动以一声巨雷轰鸣，横空出世，导致一场持久的新、旧历史理念的对战。

二、“古史辨”运动的史学革命意义

“古史辨”运动的发起者和领军人物是史学家顾颉刚。

顾颉刚（1893—1980），江苏苏州人。历史学家，现代古史辨学派的创始人，也是中国历史地理学和民俗学的开创者。早年接受传统学术教育，后入北京大学学习，1920年毕业于北京大学哲学门，留任助教。以后曾在厦门大学、中山大学、燕京大学、云南大学、齐鲁大学、中央大学、复旦大学等任教。中华人民共和国成立后，任中国科学院历史研究所研究员。

> “古史辨”运动，是中国近代史学史上最具实质意义的史学革命运动，是史学之学术革命的时代标志。

在北京大学期间，顾颉刚受胡适、钱玄同等教授的思想影响，锻炼成精思善疑的治学风格。经过几年的认真探索，对上古史的认识已经渐成整体性的质疑思路。1923年5月，在《努力周报》附刊《读书杂志》发表《与钱玄同先生论古史书》，精辟地提出“层累地造成的中国古史”理念，立即引发了关于中国上古史的论战。此后，顾颉刚继续深入探讨，修订和提高自己的认识，形成系统的“古史辨”思想体系。自1926年到1941年，他亲自主持或委托学术同人编辑了七辑《古史辨》，将关于古史问题争论双方的书信、论文等一同收载，保持整个历程的真实原貌，留下了一套价值极高的学术史著述。

顾颉刚的“古史辨”思想体系与主要成果是：

（1）提出“层累地造成的中国古史”的命题，指出中国上古史的许多说法是逐渐叠加、层层堆积形成的，越往后所知古史越远，所言古人事迹就越加放大，这是最可质疑的。这成为“古史辨”的一种理论依据。清代考据家崔述的《考信录》，对先秦历史提出许多疑辨，但认为儒学经典是可信的，这是很大的局限。而顾颉刚在五四运动之后，将儒学经典同样摆到被审视的位置，实施了以科学方法评判“国故”的方法，这是“古史辨”运动的时代特征，具有不可否认的进步意义。

（2）从“层累地造成的中国古史”的基本判定出发，顾颉刚形成一套缜密的、循流溯源式的历史考辨方法。他指出：“舜在孔子时只是一个‘无为而治’的圣君，到《尧典》就成了一个‘家齐而后国治’的圣人，到孟子时就成了一个孝子的模范了。”对于

① 国立东南大学国学院整理国学计划书．国学丛刊，1923，1（4）．

这种屡被装饰的人物和事件，应当理清其演变的流程，追溯渊源，作出全面的判断。顾颉刚说："我很想把古史分析开来，每一事列一表，每表分若干格，格上纪事以著书之时代为次，看他如何渐渐的转变，如何渐渐的放大，或如何一不留心便忘记了，使得作伪之迹无可遁形。"① 这是系统性的循流溯源的历史考辨，在方法论上是科学的，在学术层次上超过一般学者所推重的归纳方法。

（3）坚持治史求真的准则与提出"古史辨"的四大宏观结论，是顾颉刚史学成就的精髓。他贯彻纯真的学术宗旨，认为历史研究"只当问真不真，不当问用不用"，学问当然能在社会活动中应用，但是"应用只是学问的自然结果，而不是着手做学问时的目的"②。他质疑尧、舜、禹的"圣王"事迹，认为出自层累地虚构，因而被一些文人、学者所抨击，也受到当时官方的打压③。但顾颉刚坚持治史求真的准则，不屈从任何压力，对自己论述中的某些失误，也坦然承认，勇于改正。他主持编辑的《古史辨》，将双方争论的文章都予以收录，而且按照发表时的原貌，保持辩论过程的真迹，这种气度，在学术界是首屈一指的。

中国上古史涉及众多复杂而又缺乏史料的具体问题，争论的双方都会在个案上出现思虑不周或判断失误，顾颉刚本人也在争辩中修正了一些最初的见解，例如放弃关于"禹是九鼎上铸的一种动物"的假设。但是，顾颉刚申明了"古史辨"的宏观结论，这才是实质的、核心的问题，其宗旨有四点：第一，打破中国民族出于一元的观念；第二，打破地域向来一统的观念；第三，打破古史人化的观念，即将神话中的神"人化"，多了一层伪史；第四，打破古代为黄金世界的观念。这些史学理念，真正具有颠覆旧史学体系的革命意义。

（4）顾颉刚在中国上古史的考辨中还得出许多深刻醒目、惊世骇俗的具体见解，例如指出尧、舜、禹的所谓圣王事迹都是不可信的，且其人的有无亦可质疑，应是古代的"神"后来被"人化"而形成。《尚书》中的《尧典》《禹贡》都是战国时期成书，反映战国时期的社会状况和思想文化。诸如此类，不可胜记。当时争论激烈，而现今有的已得到公认（如《尧典》《禹贡》的成书时代）。这里，要介绍顾颉刚另一重要见解，同样十分重要，即对汉代司马迁与郑玄"整齐故事"的考析。

司马迁在《太史公自序》中自称其工作是"厥协六经异传，整齐百家杂语"，就是将纷繁的记载通过协调、整齐，使之看起来合理一些，删略他认为太荒唐的记述。这里固然有史料鉴别的功夫，但整体上却不是对古史作严格的考订，大量不可信的传说得到保留。"他虽不是有心造伪，而只缘他所用的方法会随时引诱他造伪，所以他传给我们的困累并不比战国人减少。"④ 东汉郑玄注释经传，情况相同，即"思整百家之不齐"⑤。汉代对待文献，做的主要是"整齐"工作，这些都是时代的局限，如果把《史记》记载

① 顾颉刚．致钱玄同论尧舜伯夷书//古史辨：第一册．上海：上海古籍出版社，1982：44.

② 顾颉刚．古史辨：第一册卷首：自序．上海：上海古籍出版社，1982：25.

③ 1922年，顾颉刚为商务印书馆撰写《中学本国史教科书》，因其中怀疑大禹治水的真实性，此书被某议员弹劾，当时教育部取缔了此书作为中学教科书的资格。

④ 顾颉刚．崔东壁遗书序：第11节//崔东壁遗书：卷首．上海：上海古籍出版社，1983：28.

⑤ 后汉书：卷三五：郑玄传载郑玄以书戒子语．北京：中华书局，1965：1209.

先秦史事当成完全的信史，就大错特错了。

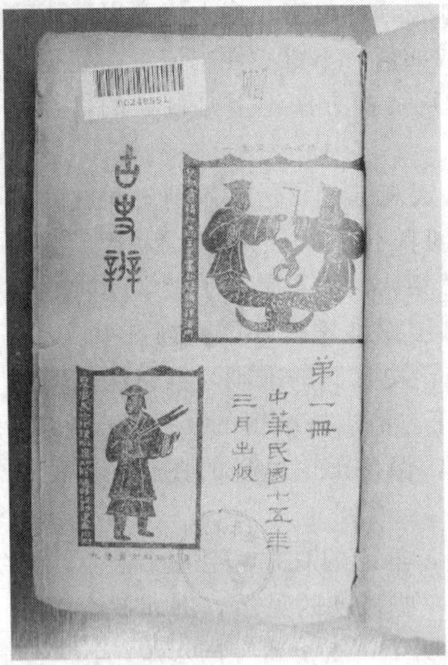

图8-2　《古史辨》

顾颉刚发起“古史辨”运动之后，得到胡适、钱玄同等名家的大力支持，傅斯年、周予同、容庚等大批学者予以声援，杨宽、童书业等许多青年学者加入“古史辨”的队列。由于观念和论点的惊世骇俗，反对者也蜂拥而起，从不同角度批评和反对“古史辨”运动的人员比较复杂，其总的思想倾向是“信古”，但也有守旧和顽固程度的不同，有的学者基本上是从学术讨论的宗旨出发，也有一些人是出于故意挑剔、离题狡辩，或利用上古史料的稀缺而专门纠缠枝节问题，皆不能撼动“古史辨”的整体结论，仅促进了研究与思考的深化。这场关于中国上古史构建体系的争论，总体上是“古史辨”派占据学理上的优势。

“古史辨”运动，是中国近代史学史上最具实质意义的史学革命运动。1902年梁启超标举“新史学”的旗帜，唱出“史界革命”的强音，为中国史学发展之一大转机。然而梁启超等对旧史学的批判，激烈而欠准确，在史学观念上，仍然强调经世致用，其大讲撰述“民史”，只是要改变史学为之服务的对象，而不是给史学以独立地位，此乃社会改革观念的折射，并非史学革命的实质方向。清朝灭亡之后，新式大学以及研究机构的设置和发展，给史学一个学科地位，有利于史学的核心即学术层面的凸现，“古史辨”派的疑古辨伪，就是这种史学之学术革命的时代标志。以顾颉刚为代表的“古史辨”运动，实质是贯彻“深澈猛烈”的史学求真理念①，摆脱被强权势力所控制的地位，摒弃事功、利益的牵制，为此而表现出不惧任何阻力和非难的坚定性。

但是，中国史学自上古产生之时，就与政治社会紧密而畸形地联结，谁想割开这种连体状况，就会受到来自方方面面的非难。而坚决反对“古史辨”的王国维，似乎专注于学术，依赖他考证殷商“先王”世系所取得的某些成绩，提出所谓的“二重证据法”，给“古史辨”的学理优势埋下最大的潜在威胁。此后随着社会与学术的演变，“二重证据法”成为复杂社会力量借以破坏“古史辨”的得力工具。以“古史辨”为标志的史学革命，留下了丰硕的、不可磨灭的学术成就与思想遗产，但从总体目标上衡量，这场史学革命已然失败，失败的原因，就在于中国特有的政治文化与复杂的社会势力，通过“二重证据法”之类“学术”模样的运作，起到了政权压制也达不到的误导效用。

---

① 顾颉刚在《古史辨》第1册扉页摘录法国艺术家罗丹关于“要深澈猛烈的真实”，不要顾忌“违抗了世人公认的思想”的一段话。

第五节　多样化的治史取向（上）

中国近代史学呈现复杂多样化的状态，不仅传统史学仍然存续，而且五花八门的西方史学流派不断涌入，在中国演化成缤纷的变种。各种史学观念在共存之中的争锋、渗透和彼此消长，中、西史学的碰撞、磨合，构成异常复杂的局面。

一、史学多样化状态的形成原因

中国近代史学的多样化发展，有其深刻的社会背景、厚实的学术文化根基，因此是不得不如此发生的必然景象。

> 人之见解，非旦夕可变。故史之需改作，亦每阅数百年而后有此趋向，而大史家遂应运而生焉。
>
> ——吕思勉《史通评·自叙第三十六》

首先，无论是清末还是辛亥革命之后，国家政权都常常无暇顾及文化思想的整齐划一，民间组织与私家学者在学术上具有相当大的自由度与选择面。蔡元培主持北京大学时期，能够倡导并且实行思想自由、兼容并包的学术方针和聘用教师的原则，是学术与政治观念剥离的典型事例。即使是在政治强权控制思想比较严厉之际，中国的许多大城市还有租界作为缓冲之地，成为一些学者及其著述的临时避风港，历史学与其他文化门类思想倾向的多样化，都借助于中国近代这一社会条件。

其次，形形色色的西方史学流派和史学思想，通过各种渠道传入中国，这在总体上是不可避免的，但中国学者接受哪一种具体的外来史学流派，又如何与本身史学底蕴相磨合，则是随机的与多样的，这就不能不产生缤纷多彩的治史取向。中国固有的传统史学，虽然渐失主流地位，而其深厚的文化积淀以及本身拥有的优点，足以使之仍然存有活力。因此，近代史学状态的多样性，源于史学思想的多元化，立足于史学遗产的丰富性。

再次，近代史学的发展，还适逢多种新史料大发现的机遇，直接促进了历史学的兴旺发达和多样化发展。由于新史料的大发现是中国近代史学史上的大事，这里将其基本情况作简要叙述。

（1）甲骨文史料大量发现。1889年（光绪二十五年）秋，清国子监祭酒王懿荣因病购药，其中一味药曰“龙骨”，被他发现有刻画文字之迹，于是就尽力购买收藏，约计得到1 500片。次年八国联军攻入北京，王氏自杀而死，甲骨文片转入友人刘鹗（号铁云）之手，刘氏继续收集，1903年编辑《铁云藏龟》一书出版，录甲骨数量达5 000多片，遂广为人知，引起轰动。学者罗振玉经过坚韧、执着的努力，访得甲骨片出土地点——河南安阳小屯村一带，收购并且整理编辑，编成《殷虚书契前编》，后又编印了《殷虚书契菁华》，成为甲骨学奠基之作。1928年至1937年，傅斯年主管的历史语言研究所，在小屯附近进行15次大型考古发掘工作，发现殷商宫殿、宗庙、王陵等遗迹以及大量文物，其中约有24 900片甲骨。这样，甲骨文史料已经十分丰富。

最早研究甲骨文的著作，是清末学者孙诒让的《契文举例》。最早系统利用甲骨文研究殷商历史者，是罗振玉撰《殷商贞卜文字考》《殷虚书契考释》二书，罗振玉又是破解甲骨文字最多的学者。此后，王国维、郭沫若、董作宾等①，都取得了重大的研究成就。

现今已经出版许多甲骨文史料汇编书籍，为研究工作提供了很大方便，例如中国社会科学院历史研究所编辑的《甲骨文合集》13册，刊印甲骨文图版41 956片，经过辨伪和整理，具有极高的学术价值。1973年和1991年，又在河南安阳两次发掘出殷商有文字的甲骨片5 600多片。1976年，陕西岐山还发现"周原甲骨"，有17 000片之多，尚需进一步全面、系统地整理和研究。

（2）青铜器及金文资料的大量发现。中国在商、周时代就有了很大规模的青铜器制作，不少青铜器上带有铭文，后来被称为"金文"。先秦青铜器的出土，历代不绝，至迟到宋朝，金文已引起学者的关注，有所搜集、整理和研究。至清代，学术进入清理和总结时期，乾隆朝官方编纂了《西清古鉴》一书，登录官方所存青铜器，有器形、说明和文字拓写，亦有释文，对金文的研究起到推进作用。晚清青铜器发现渐多，学术研究卓有成就，吴大澂、孙诒让、方濬益等人均有深湛的研究著述，不仅辨认和考释文字，而且初步结合史籍记载进行了历史考据。20世纪20、30年代，青铜器又有大量的发现，金文史料愈加丰富，学术研究更有突破性发展。但由于盗墓活动以及外国人士肆无忌惮的掠夺，青铜器等文物流于域外者很多。附带说明一下，20世纪后半期，中国在基本建设工程兴盛与考古工作大发展的背景下，青铜器与金文史料的发现超越前期，参与研究的学者与学术成果的数量剧增。

1925年，容庚出版《金文编》，为文字解读之工具书，后经学者的订正补充，内容更为丰富和完善。1937年罗振玉撰成《三代吉金文存》，收录金文拓本4 800多件，这是资料汇集之书。好的工具书与资料书，对学术研究的促进作用很大，因此，20世纪后半期这种编纂工作仍继续发展，我国台湾地区出版的《商周金文集成》《新收殷周青铜器铭文暨器影汇编》，中国社会科学院考古研究所编的《殷周金文集成》，为研究金文之学所必备，特别是《殷周金文集成》一书（中华书局，1984—1994）共18册，收录了当时所能见到的全部商周金文，数量达万件以上。

近代对金文史料的研究作出很大成绩的有罗振玉、王国维、容庚、郭沫若、唐兰等，由于众多学者的努力，对青铜器与金文的探讨渐成体系，成为研究商周历史的利器。

（3）原清宫档案文献的保存和利用。清朝早有录存档案文献的体制，至清末，积存的数量已十分庞大，其中也有少量明代的档案。1909年因内阁大库房屋损坏，将其中图书、档案移出，由学部设京师图书馆（中国国家图书馆前身）存放图书，而档案则堆放院廊准备销毁。时任学部参事的罗振玉见此情形，说服军机大臣张之洞奏请保留档案。民国初的1913年，教育部设历史博物馆，存清内阁大库档案，而1921年则因缺乏

① 罗、王、郭、董四人，都有"堂"字之号，即"雪堂""观堂""鼎堂""彦堂"，被学界趣称为甲骨学上的"四堂"。

图 8-3　整理内阁大库档案工作情形

经费，粗粗拣选出较为完整者留存，其余四分之三左右装入约八千麻袋，卖给了纸店作为制造再生纸的原料。又是罗振玉得知后以三倍价钱（12 000 银元）从纸店购回，还作了一些初步的整理，出版了《史料丛刊初编》等重要档案文献。罗振玉（1866—1940），字叔蕴、叔言，号雪堂，浙江上虞人。清末学者、低级官吏，一生忠于清室，政治立场守旧，但在历史文献和新史料的保存、开发、研究上，贡献巨大，功不可没。

此后，由罗氏抢救的这批档案，仍然漂泊不定，直至民国中央研究院高价购买后，并且成立明清史料编刊会，由傅斯年、陈寅恪、徐中舒、陈垣等负责整理，编纂和分辑出版了《明清史料》等书籍。另外原历史博物馆留存未卖的档案，大部分转归北京大学，在明清史专家孟森主持下整理，也公布了不少史料。

故宫中尚有部分清朝档案，均为内容重要、价值珍贵者，如起居注、满文老档、六科史书等。而军机处、内务府等衙门所藏档案，也仍然存于故宫。20、30 年代，由故宫文献馆（包括其前身文献部、掌故部）整理编辑，除在馆刊《掌故丛编》《文献丛编》陆续公布和介绍档案文献之外，还编辑出版《清代文字狱档》等多种专题的档案汇编之书。

现在，清朝档案文献主要存于中国第一历史档案馆与台北“故宫博物院”，其余散落于美国、日本等多国和中国各地，数量也非常可观。这些研究清史的第一手资料浩如烟海，又被严密管理，不易利用。今国家清史编纂委员会与中国第一历史档案馆合作，将部分档案文献制作为互联网资源库，通过一定手续提供给学者利用，极其便利，是值得推广的建设方向。

（4）敦煌文献与汉晋简牍的发现。甘肃敦煌鸣沙山，自十六国前秦时期，就开始开凿洞窟，后随着“丝绸之路”的繁荣和佛教的传播，洞窟数量大增，唐代形成开凿高潮，至北宋逐渐衰落，元代之后基本荒废。敦煌洞窟称“莫高窟”，俗称千佛洞，492 个洞窟之中有难以数计的塑像、壁画和特色建筑，是中国文化史、艺术史的宝库。1900

年，道士王圆箓修整部分洞窟以改为道观，偶然发现封堵已久的洞窟，内藏文献、绘画、刺绣等文物5万多件，即后来驰名世界的“藏经洞”。藏经洞内的文献内容丰富，有佛、道、儒学的典籍，有小说、诗赋、史籍、地志、契据、账册、信件等，主要为汉字本，也有梵文、藏文、回鹘文、粟特文、龟兹文等文件，颇多世间孤本，史料价值珍贵。英国考古学家斯坦因（原籍匈牙利）闻知藏经洞之事，遂于1907年、1914年两次从王道人处买走文献、文物13 700多件，后大部分捐给大英博物馆。法国汉学家伯希和1908年赶到敦煌，购买经过挑选的精品文书1万件左右，后大部入藏法国国家图书馆。日本、俄国、美国等各色人物，也通过购买和其他手段获取不少敦煌文书与文物。

由于伯希和曾在北京展示敦煌珍本，引起学界注意，促使清廷下令甘肃地方官清点藏经洞文献、文物，运送北京。在此过程中，王道人私藏、地方官盗窃，损失颇大，最后只有8 000多件（许多是一件被裁为几件充数的）文献、文物入藏京师图书馆，今存中国国家图书馆。对敦煌遗迹、建筑、文献、文物、雕塑、壁画等的综合研究，形成国际性的“敦煌学”。近代在敦煌文献、文物整理上作出贡献的中国学者，有罗振玉、向达、陈垣等人。

自1901年始，瑞典著名探险家斯文·赫定、英国考古学家斯坦因等纷纷来到中国西北地区，不仅发现和考察了楼兰古国等多处遗址，而且发现大量汉晋简牍，引起学界的注意。罗振玉、王国维根据斯坦因发布的新疆尼雅简牍，编纂了《流沙坠简》一书，后来王国维又几次订补，揭开中国出土简牍学研究的序幕。1930年4月，瑞典考古学家贝格曼在甘肃居延（今属内蒙古）发现汉代简牍上万枚，称为“居延汉简”，轰动一时。居延是一军事要地，故有公文简册积存。居延汉简史料价值极高，包含丰富的政治史、军事史、文化史和社会史的内容。这批简牍在抗日战争时期转移到美国保存，1965年归台湾“中央研究院”历史语言研究所。中国学者劳榦对居延汉简的研究，有卓著成就，向达、贺昌群等亦有研讨成果。

而1972年至1976年，中国的考古队伍在居延附近地区又发现简牍2万枚，其中多有成册的公文书，被称为“居延新简”，另有出土文物2 300多件，收获颇丰。

（5）中国古人类遗址的考古工作，也取得世界瞩目的收获。北京周口店“北京人”“山顶洞人”、河南“仰韶文化”、山东“龙山文化”等重大发现，有的由中外学者合作进行，有的由中国学者主持考察，取得辉煌成就。瑞典考古学家安特生，对中国史前文明的考古研究作出重大贡献，促进了中国学界考古学意识的猛醒。中国考古学家裴文中、黄文弼等，都在与外国学者的合作中作出突出成绩。在考古学上，李济、梁思永、尹达等学者，为中国考古学基础的奠定，贡献了力量。考古学具有特殊的学科特点，不完全等同于历史学，但在观念上、史料上、研究方向上对历史学的推陈出新，产生了极大的影响。

中国近代新史料的大发现，对史学的发展起到不可估量的影响，它吸引大批学者投入整理、考订和研究工作，鼓舞了史学界深入探讨中国历史的信心、决心，促进近代史学繁荣昌盛。多方面新史料的展现，加强了史学的多样化发展，尤其是立足于考据的治史方向，获得得天独厚的发展条件，而新史料的丰富多样，也造就了历史考据内容和成果的多样化。

史学思想的多元化、治史方向和方法风格的多样化，是近代中国史学的显著特点。许多研究者为了条理近代史学的纷繁复杂状况，试图以史学思潮和史学流派的分析来把握。然而关于中国近代有过哪些史学思潮、哪些史学流派，各家看法极不相同，判断的标准也很不一致，而被同归于一派的各位史家在思想与学术上的重大区别，也得不到合理的解释。

中国近代的所谓史学流派，应当是指具有相近史学思想和治史取向的一些史家，依据一定的社会关系构成相互呼应、相互配合的史学群体。如果各自独立治学，没有以一定社会关系实现的组合，也不存在相互呼应，则不应称之为一个“流派”。

所谓“思潮”，应是一定时期兴起的政治、经济或社会文化舆论及其价值观念，而且一度具有能够压制或淹没其他社会思想的气势。在中国史学与政治紧紧联结一起的背景下，较难出现单独的史学思潮。当然，作为政治、文化思潮组成部分的史学思潮，在史学发展中也起到很大作用，但在中国，社会表层激荡的舆论潮流之下，总有对峙的和不合流的史学思想，因此，即使史学思潮有所兴起，也不过是史学总体状况中的一种显眼的治史取向而已。

近代中国各种史学思想长期并存，史家的治史取向多种多样。有些治史取向产生一定范围的流派，或形成某个时期的思潮，但属于一个史学流派之内的成员有限，而且理念尚多差别，史学思潮则是相对短期的现象，均不足以用来划分整个近代的史学家群体。唯治史取向的存在是长时段和广泛的，以下将逐次分析近代几类治史取向的史家。

二、维护传统文化的治史取向

在中国近代，西方文化的涌入冲击着传统文化的根基，而学者中维护传统文化的倾向也始终存在。至20世纪中国近代史学产生以来，学术界绝大多数已经不同程度地了解西方的历史和文化，但致力于维护中国固有文化体系者仍大有人在。特别是新文化运动之后，古典经学式微，史学遂成为新、旧文化摩擦、捭阖的主要领域。

一批清末官员、学者转入民国时期，仍恪守传统史学的理念和方法，以旧体裁、旧方法编纂史籍的工作仍继续进行，如柯劭忞1930年撰成257卷本的纪传体《新元史》，徐世昌聚集幕僚编纂的《清儒学案》208卷，甚至民国政府也设馆招集清朝遗老纂修《清史稿》529卷。官方史学仍然有所保存，特别是官方进行修史活动的理念没有被否定，民国政府也还是设立了国史馆，是传统史学得到延续和维护的重要方面。

上述史书在史料来源、编纂体例上与以往纪传体史书相比，并非没有新意，在史料价值、学术价值上也有可取之处，但其内容的谬误、失实、失考之处很多，甚至对盛衰兴亡持天命观念，难以允为信史。由于仍按传统纪传体史书的编纂方式，一般不注明史料依据，在新史学的价值标准下其价值大打折扣。例如《新元史》虽被北洋政府于1921年定为“正史”，但如今元史学界均不以其书独有的记述作为可靠的史料。《清史稿》不仅错谬屡出，而且政治倾向也相当反动，全书不仅美化清朝的许多弊政，而且以“书法”手段诋毁辛亥革命，因此一面世就受到许多学者的猛烈批判。王先谦《汉书补注》《后汉书集解》等著述，胡思敬《国闻备乘》等历史记述，都体现着传统史学风格、旧的政治思想。

以纪传体撰写的史书也有较好者，如屠寄（1856—1921）撰成《蒙兀儿史记》160卷，他从40岁开始编纂，付出毕生精力，去世后全稿才由家人整理刊行。本书广采中外史籍，且有实地考察，通过自注对史料的来源与真伪予以考订，相当精细，历史观点也不甚保守。

近代以维护传统文化为宗旨的史家，自清末直至五四运动之后，可以说是接踵而出，从未断绝。除前所述及者之外，如王先谦、王树枏[①]、章太炎、柳诒徵、钱穆等人，其文化背景、知识结构、政治态度各不相同，而历史研究的结论则有共同基点，即维系儒学文化的根本精神。这里简述章太炎、柳诒徵、钱穆三人。

（1）章太炎（1869—1936），名炳麟，号太炎。清末民初民主革命家、著名学者，一生思想变化极大。他在史学与文化上的主张，是与"国粹派"联系在一起的，这种理念在清末就已经产生。章太炎是国粹精神的倡导者，"国粹派"重要人物还有邓实、刘师培等。1905年，他们在上海成立"国学保存会"，出版《国粹学报》，这是一个谈论学术又鼓动革命的刊物。其学术宗旨以史学为核心，融入古文经学的方法，宣扬民族主义精神。其矛头指向清朝，对外国文化既有所接受也持怀疑、抵制态度，重点是挖掘传统史学的精华而予以阐释。章太炎本人在辛亥革命时期，不把孔子学说作为国之精粹，予以批判和排斥。但后来改为尊孔，甚至致信柳诒徵，检讨过去批孔的错误。国粹派史家，大多数成为新文化运动的对立面。章太炎著述很多，《訄书》《国故论衡》等论著在文化史、学术史上有不少创树，但他的文化守旧倾向十分严重，拒绝接受西方考古学的学说，对新发现的甲骨文、金文资料概不相信，斥出土青铜器为"作伪"。

（2）柳诒徵，学术渊博而观念保守，他的《国史要义》前已略述，其他著述有《中国文化史》等专史多种。《中国文化史》是柳诒徵代表作之一，内容丰富，资料详核，通贯古今文化发展，从中西文化对比中发表议论，显示出对中国史学的纯熟掌握以及对西学的深入了解。但这种"中西杂糅"的表象，立足点在于坚守中国本位文化，认为中国文明至周代已达于最高程度，哀叹"至今则古制澌灭殆尽"。主张中国的传统文化以孔子之教为根本，"力争人格，则不为经济势力所屈，此孔子之学最有功于人类者也"[②]，这优于西方文化。因此，应当弘扬儒学，"使吾中国人免蹈近百年来欧美生计组织之覆辙，不至以物质生活问题之纠纷，妨害精神生活之向上。此吾侪对于全人类之一大责任也"[③]，幻想"以儒家之根本精神，为解决今世人生问题之要义"[④]。西不如中、今不如古，是柳氏思想的"要义"。

---

① 王先谦著述宏富，1900年之后撰成的《汉书补注》很有学术价值。王树枏于清宣统年间作为总纂修成《新疆图志》，后参与《清史稿》编纂。王先谦的《日本源流考》内容丰富，考订扎实，但却通过研讨日本历史宣称君臣大义、上下名分的"万古不拔"。王树枏撰有《欧洲族类源流略》，在承认欧洲先进性的同时，则主张中国开化最早，埃及及欧洲文化都是从中国传布的，中国的"君政"体制最为优越。

② 柳诒徵. 中国文化史：第一编第25章. 上海：上海古籍出版社，2001：267.

③ 柳诒徵. 中国文化史：第三编第19章. 上海：上海古籍出版社，2001：969引梁启超语.

④ 同③969.

1922年，曾留学美国的吴宓、梅光迪、胡先骕等人，接受哈佛大学欧文·白璧德的新人文主义之中的文化保守思想，从文化理论上攻击五四运动的反孔思潮，遂以创办《学衡》杂志为枢纽形成了“学衡派”，而柳诒徵、陈训慈、张其昀、张荫麟、陆懋德等，是学衡派在史学上的中坚力量。学衡派标榜“论究学术，阐求真理，昌明国粹，融化新知”。也主张吸取西学优点，还主动翻译、介绍西方的思想流派。有人据此将之说成中西会通的学派，予以赞扬，这是十分错误的。学衡派的主旨是“昌明国粹”，讴歌孔子、吹捧儒教，其中一些年轻学子也对西学很有兴趣，但却将之套入旧思想体系的框架之内。而守旧为甚者，更认为是西方文化导致了第一次世界大战的灾难，需要儒学去拯救世界。当然，这种对儒学的“厚望”，早已被几十年的世界历史证明不过是大槐安国之梦而已。

（3）钱穆（1895—1990），字宾四，江苏无锡人，是一位独立进行历史研究的杰出史家，成就卓著。但思想根基也是以维护传统文化为宗旨，他并不排斥新的史学方法和历史资料，却总是从学术上试图美化旧的文化传统，例如认为西方文化重“物”，中国传统文化重“人”，两相比较，当然中国优越。他认为中国古代早就具有特色的“民主政治”，极少君主专制。在治史上，钱穆善于考订史事，也具备深入分析史料、得出宏观见解的能力。《先秦诸子系年》是钱穆的历史考据代表作，总体上可以看出扎实的功力，但大段关于《竹书纪年》纪事比《史记》准确的考析，其例证与清人雷学淇《竹书纪年义证》雷同而未注明出处，疏于检点，因而被学者指摘①。《国史大纲》是钱穆编撰的一部通史，考论结合，有自己的见解，其编纂体例以章节体结合“纲目”的方法，层次清晰，重点突出，资料丰富，前后会通，但文化保守主义气息甚重。此外，他还撰有《中国近三百年学术史》等，亦享誉学界。

以维护传统文化为宗旨的近代史家，在时代进步的潮流中，整体上处于落伍、保守地位，多有守旧倾向，特别是美化孔子和儒学，甚至达到不遗余力的程度。但历史学是以写实、考述为特色的学术，政治思想和文化观念保守的史家，仍然可以取得杰出的学术成就，司马光的《资治通鉴》就是一例。因此，我们不能因其思想、立场的保守而完全否认其史学成就，也不应因其史学成就之高就为其陈旧思想作勉强的辩解。

在中国近代，维护传统文化核心价值的力量，强劲而坚韧，自新文化运动以来，关于东西文化、中外文化取舍问题的论辩连绵不断。1921年梁漱溟撰《东西文化及其哲学》，认为世界文化有三种不同路向，中西文化根本不同，中国文化具有“调和”意欲的“持中”特征，而世界文化的发展，必将是中国文化的复兴。此论一出，即遭受胡适等新文化派的批驳。1935年，又发生关于“本位文化”的大辩论，一方是以王新命、何炳松、陶希圣等十教授联名发表《中国本位的文化建设宣言》② 为代表，主张从“此时此地的需要”出发，对中国传统文化取其精华，借鉴西方，使中国文化“恢复过去的光荣”。反对一方是以陈序经、胡适等人为代表，其中尤以陈序经主张“全盘西化”最为坚决和彻底，这是他在《东西文化观》《中国文化之出路》等著述中的一贯立场。这

① 白寿彝. 钱穆和考据学. 北京师范大学学报，1961 (2).

② 文化建设，1935，1 (4).

场辩论持续到抗日战争全面爆发，促使许多参与辩论和关心辩论的学人思考这一重要问题，关乎史学发展的宏观研讨和根本路径，其影响是广泛而深刻的。

一些维护传统文化的典型人物，往往是曾经留学于国外的学者，例如辜鸿铭（1857—1928）留学国外，精通英、法、德等多种外语，任教于北京大学，却始终坚决反对新文化运动。马一浮（1883—1967）也有多年留学美国、日本的经历，但一生执着地坚持孔孟之学，甚至反对吸取西学，坚持旧式教学方式。这说明在中西文化磨合、冲突的背景下，人们会有多元的选择，这其中自然具有先进与守旧的区别，但也有着诚挚与欺诈的分界。只要忠实地遵守学术道德，在研治史学上可以宽容多样化取向的存在。

三、移植或转述西方史学的治史取向

近代史学的早期发展，曾经大量翻译、改编外国人的外国史著述，用作教材和普及知识读物，对外来史学理论书籍的翻译、改编或融合于自己著述之中，也是一种常见的现象。这些，前面已经有所叙述。从史家方面来看，梁启超曾有多种此类撰述，何炳松也曾以这种治史方式蜚声史界。除了前面介绍过的撰述之外，何炳松还撰有《外国史》，1934 年出版，作为中学教科书。此书内容覆盖面很广，包括埃及、印度、澳洲的历史，直接取材美国史书，属于转述性质。编译和撰写外国历史，在近代主要用于中学教学和普及知识，各个大学开设多种外国史课程，一般直接采用外来历史教材，翻译与改编出版者较少，但这些历史课程已经通过教学，将知识和观点移植到中国史学界肌体之内，潜在影响着近代史学的发展。

值得一提的是女历史学家陈衡哲的《西洋史》一书，叙述西方从上古到第一次世界大战爆发（1914）的历史，1924 年商务印书馆出版，为高中教科书，后被大学课程用作参考著述。内容取材于国外的撰述，但经过融会贯通，重新组织，具有极其优美的文笔、规范的结构、明晰的层次，其中不乏独得的历史见识，例如指出拿破仑以战争传布革命精神，让各国人民付出了血的代价。在整部《西洋史》中，贯穿着反对战争、揭露西方列强侵略性的思想。此书一面世就博得赞扬，多次再版，风行于世。正如胡适所赞扬的："陈衡哲女士的《西洋史》是一部带有创作的野心的著作。……确然做了一番精心结构的工夫。这部书可以说是中国治西史的学者给中国读者精心著述的第一部《西洋史》。"①

陈衡哲（1890—1976），生于江苏武进，1914 年留学于美国瓦萨学院，1917 年在美国发表白话文小说《一日》，早于鲁迅《狂人日记》一年，是第一位发表白话文小说的女作家。1920 年获硕士学位，回国任北京大学教授，后曾任东南大学、四川大学教授，为中国近代第一位女大学教授。先后共发表小说、诗歌、散文达 100 多万字，笔名"莎菲"，驰名文坛。1949 年后任上海政协委员，因病过退隐生活。历史著述除《西洋史》外，还有《欧洲文艺复兴史》（1930）等。她在中国文学史和史学史上皆占有相当重要的地位。

---

① 胡适．介绍几部新出的史学书．现代评论，1926，4（91/92）．

第六节 多样化的治史取向（下）

一、具有一定历史观的主导而仍作出认真研究的治史取向

近代史家因其教育背景、政治理念和社会阅历，可能形成比较稳固的历史观念，但仍然对历史素材予以认真的分析研讨，并非简单地套用先验的思想体系，形成既有主导思想，也能够从史料出发的治史风格。有考有论，见解鲜明，是这一类史家的特点。不过，既定的政治历史观，会对其研究结论产生很大影响，至于这种影响有怎样的正面或负面作用，则因人、因事而异，取决于尊重史实与既定理念之间的矛盾。

（1）梁启超的事迹，前已略述。他的历史见解变化较多，但史学思想的核心是历史进化论，其中也杂糅了多种西方史学流派的影响。至于历史进化的原因和方式，他的说法则前后不一，《新史学》主张研究历史是求得其“公理公例”，而在《中国历史研究法》及《补编》中则怀疑进而放弃关于“公理公例”的论述，甚至将历史变动原因归结为所谓的“心力”，强调中国历史上几个大人物的决定性作用。这是梁启超对历史不断地予以研究和思考，遇到困境无法解决，遂迷茫、动摇，变化说法，恰恰表明他不是将既定观念套入历史，而是从史事出发认真探讨，至于结论正误，则主要属于认识上的问题。梁启超的重要学术著作《清代学术概论》《中国近三百年学术史》等，都是对学术史的丰富史料予以认真归纳，同时又具备理论性概括，描述出学术发展的宏纲大线。

（2）胡适（1891—1962），字适之，安徽绩溪人。是对近代史学发展起过重大影响的又一学者，他于1917年在美国修完博士学业回国，任北京大学教授，倡导白话文学，成为中国新文化运动的领袖之一。胡适在讲授中国哲学史课程的基础上，1919年2月出版《中国哲学史大纲》上卷，立即广为传扬，对历史学整体的发展产生开先、示范的作用。第一，本书从老子、孔子的学说讲起，将远古传说的历史视为不可信从的传说。蔡元培称赞为“截断众流”，这在当时具有很大的震撼效应。第二，对中国哲学思想的发展，施行一种划分阶段的系统性评述，树立撰述专史的新模式。第三，运用西方的范畴、术语解析中国的思想史资料，不乏中外比较研究的尝试。第四，将孔子及儒学置于与诸子同等的地位，给墨家以更多的肯定性评价。这部书存在许多具体的史事失实、议论穿凿等讹谬，但总体的积极作用不可抹杀，顾颉刚自述从胡适的课程中获得莫大的启迪，成为发动古史辨运动的契机之一。

胡适坚持信从他的美国导师、哥伦比亚大学教授杜威的哲学思想，标榜“实验主义”，并且据此提出历史研究的方法论，这集中于“大胆的假设，小心的求证”命题上，自称是科学的方法。这个命题显示出提倡探索精神，又重视证据的治史态度，但命题表述得并不十分完善。胡适本人也未处处做到“小心的求证”，有时论断出现推测倾向，例如认为中国中古思想史上有个“印度化”阶段，夸大了佛教思想的地位和作用①。胡

---

① 胡适．中国中古思想小史：第1讲．手稿印本．台北：胡适纪念馆，1969.

适理念的核心是主张思想和学术的自由主义，他自己切实地实践了这种理念，对许多学界的论敌表现出极大的容忍甚至提供帮助，成为文化史上的佳话①。

（3）陶希圣（1899—1988），名汇曾，字希圣，湖北黄冈人。1922年从北京大学毕业，先后曾在商务印书馆、中央大学、北京大学任职。长期进行社会经济史的探讨，阅读大量马克思主义的著述和国家主义书籍。1929年之后兴起的中国社会史大论战，陶希圣为重要引发者和参与者，他阐述中国社会史问题，自行发挥、观点多变，且杂糅国外各类学者的说法，受到各派许多史家的批驳，也被胡适等自由主义学者所漠视。1934年年底，陶希圣创办《食货》半月刊，专门发表经济史的论文和资料，将理论性论战转移到务实的学术研究，且首先从史料的清理入手。《食货》发行量很大，影响广泛，培养了一批研究社会经济史的学者，对中国历代经济发展状况作出很多扎实的资料考证与研究。陶希圣本人经历复杂，卷入政界，后成为蒋介石政论作品的写手，但其历史研讨也颇有成绩，撰有《中国社会之史的分析》《中国封建社会史》《中国政治思想史》等多种著述。

（4）蒋廷黻（1895—1965），湖南邵阳人，美国哥伦比亚大学博士，1923年回国，为南开大学教授，后转清华大学教授。1935年从政，曾任国民党政府驻苏大使、驻联合国代表、驻美国大使。著述主要有《最近三百年东北外患史》、《近代中国外交史资料辑要》（上、中卷）、《中国近代史》等。其中《近代中国外交史资料辑要》是蒋氏搜集整理的第一部中国外交史料，表现了先进的历史文献学眼光。《中国近代史》撰于1938年，仅5万多字，在台湾再版时曾改书名为《中国近代史大纲》。

《中国近代史》是蒋廷黻的学术成名作，一出版即引起广泛关注，反响极其强烈。此书简洁扼要，视角独特，观点鲜明，例如赞扬琦善、奕䜣、李鸿章为杰出的外交人才，而对林则徐有所批评。对于中英《南京条约》等不平等条约的签订，蒋廷黻认为其意义是与西洋的关系更加密切了，这种关系可以是祸，也可以是福，关键是怎样对待和是否振作起来。对于义和团运动，蒋廷黻定性为“顽固势力的总动员”，予以坚决否定。诸如此类，书中俯拾皆是，见解与众不同。对于蒋廷黻的《中国近代史》，有的指斥是为帝国主义侵略罪行辩护的卖国主义，有的表彰为具备了现代的理性精神。其实蒋廷黻的历史思想，贯彻的是以“近代化”为准则的价值观，即对任何历史事件、历史人物，都考量其是否有利于中国的近代化。正如本书在《总论》中所说：“近百年的中华民族根本只有一个问题，那就是：中国人能近代化吗？……”他还认为研究中国近代史，就是“要注意帝国主义如何压迫我们，我们要仔细研究每一时期内的抵抗方案”，从而准确地总结教训。这种历史观点，并非政治上的“卖国主义”，只是在总结教训中淡化了反侵略的正义性。蒋廷黻看到外来资本主义侵入之后，高楼拔地、铁路畅通等诸多变化，似乎是促进了“近代化”，但却忽视中国民众经受的苦难，忽视整个中华民族受到的凌辱，其学术观点乃是片面的。

（5）萧一山（1902—1978），江苏徐州人。1921年考入北京大学政治系，而在1923年就撰成《清代通史》上卷出版，两年后出版中卷，因而轰动一时，得到李大钊、梁启

① 如胡适仍聘任论敌钱穆为北京大学教授，曾帮助晚期陷入困境的陈独秀，等等，均为佳话。

超等著名教授的赞扬，由此成名。毕业后曾在清华大学、北京大学、中央大学等高校任教，又利用至欧美考察机会，搜集国外所存太平天国资料，加之国内史料，编成《太平天国丛书》《太平天国诏谕》《太平天国书翰》《中国近代秘密社会史料》等书。1949 年至台湾，修订和续写《清代通史》，最后成书上中下三卷。萧一山以个人之力纂修系统的清代历史，治史勤、著书勇，而且颇具编纂特色，如按原文引录许多史料，记事之外发表鲜明的评论，文笔生动，条理规整等，皆为优点。但作者贯彻“民族革命史观”，对贬低、丑化清朝的野史、杂记、社会传闻，多所采录，不辨真伪，甚或明知叙述失实，也不割爱。有人主张要对这种“革命史观”作“同情的理解”①，乃是偏颇之见，尊重史实为史学最本质原则，任何借口也不能成为史书故意失实的辩解。

具备主导历史观念的史家，怎样摆正史实与史观的关系，是最首要的问题。上述各家，都曾进行史料、史实的一番认真研讨，即使萧一山也在整理、搜集清朝档案史料上投入很大精力。唯对记史求实原则的恪守或严或弛，则影响历史著述信史价值的高低。

二、构建先验性历史框架的治史取向

具有一定历史观的前提，而不再认真研究历史资料，径直走上按既定观念构建先验性认识体系的唯心路线，这在近代中国也曾出现。此处谨略述常乃悳“生物史观”与雷海宗等人“文化形态史观”，以示其例。

（1）常乃悳（1898—1947），山西榆次人，其家世为清代地方大户。1920 年毕业于北京高等师范学校（北京师范大学前身），一度在商务印书馆任职，又曾先后于燕京大学、山西大学、四川大学、华西大学任教，但始终从事政治活动，最后依附国民党政府。其历史学著述有《中国文化小史》《中国思想小史》《中国政治制度史》《西方文化史》《文艺复兴史》等，内容涉及面甚广，最重要的是《生物史观与社会》，印行于 1933 年。常乃悳的“生物史观”或称“社会有机体论”，是从斯宾塞学说以及社会达尔文主义推衍而来，主要特征是用生物学的进化论比附历史。他认为“社会有机体”是生物发展为“复个体”即群体的一种形式，社会的结构和关系比组成这种结构的物类更为重要，整个社会如同一个生物体，构成社会的中心是生物的血统关系。历史的动力来自“国民性”，而国民性首先是种族的遗传，其次才是自然与社会的影响，国民性一旦形成，就成为主导力量。这种历史观归结为鲜明的政治主张，即要求建立“国家至上”的价值观，认为应当“牺牲小我，服从大我，牺牲个人，服从社会”，中国的出路是外学德国，内兴法家，实际就是要求建立集权、独裁的政治体制。

（2）雷海宗（1902—1962），河北永清人。1927 年获美国哥伦比亚大学博士学位，回国先后任中央大学、武汉大学、清华大学教授，1952 年之后为南开大学教授。撰有《中国文化与中国的兵》以及文章多篇。雷海宗的“文化形态史观”，必须联系 20 世纪 40 年代的“战国策派”思想予以分析。

“战国策派”的核心人物是林同济、陈铨、雷海宗。抗日战争期间，他们于 1940 年

① 王家范. 萧一山与《清代通史》. 历史研究，2006（2）.

4月在昆明创办《战国策》半月刊，此刊1941年7月即告结束，但是年12月至1942年7月，又在重庆《大公报》设“战国副刊”，作为继续发表观点的阵地。“战国策派”存在时间不长，人数甚少，但涉及哲学、史学、文学领域，其主张也格外值得关注。林同济《战国时代的重演》[①]一文论调最为明晰，其理论依据正如林氏《形态历史观》[②]与陈铨《尼采的政治思想》[③]所申述，是德国斯宾格勒《西方的没落》一书的文化形态说，以及德国尼采的“权力意志决定论”。战国策派的主要主张是：第一，当时第二次世界大战时期的世界是“战国时代的重演”，强国吞并弱国，大国拼死决斗，最后可能是世界“大一统”，但也可能是两三个“大力国”主宰世界。第二，应当讲究“力”，而不能强调“德”，“有了力才可以谈一切”[④]。第三，一切以“战为中心”，而且“战成全体”，就是造成以打仗为中心的“全能国家”，国家之间不存在正义与非正义，应当“把整个国家的力量，组织到最高度的效率”以用于作战。至于国体和政体，什么社会主义，什么法西斯主义，什么罗斯福“新政”，都是“殊途同归”[⑤]。第四，根据德国尼采的哲学，历史的动力来自“超人”、领袖的意志，领袖应当不受任何约束来发挥天才，群众应当服从领袖，作出牺牲。民主制度、社会主义，都“使天才不得发展，领袖不得自由”[⑥]，应当推翻。第五，按照斯宾格勒的理念，一个“文化形态”必然经过几个阶段走向解体。林同济认为历史发展要经过封建时代、列国时代（如同春秋与战国的总和）、大一统时代三个阶段，反复循环。

林同济讲历史的三个阶段，没有说到文化形态的灭亡问题。雷海宗看法不同，他提出历史发展必经的五个阶段：封建时代、贵族国家时代、帝国主义时代、大一统时代、政治破裂与文化灭亡的末世。他对各个时代的特征作了一番解释，认为“传统的政治文化，最后总有完全毁灭的一天”。按照这个模式，套入埃及历史文化、希腊历史文化等作为“例证”。然后衡量中国历史，发觉仍无法归附为五个阶段，于是将中国以往的历史斩为两段，提出“独具二周的中国文化”，即中国按五个阶段走完全程后没有灭亡，进入了第二周期的循环。至抗日战争时期，处于“第二周”的末世，是否应当灭亡了呢？不一定，“既有第二周，也就可有第三周”，中国的努力方向是“建起第三周的文化”[⑦]。这种理念可以叫作“历史五阶段循环论”。雷海宗同样强调“兵”的文化，但认为应当文武兼备，反对“纯武德的暴躁与残忍”，这与林同济鼓吹“战为中心”有些微区别。

如果说斯宾格勒将世界划分若干“文化形态”而套入几个阶段，乃是削足适履，那么雷海宗的理念是“削足”的同时，也将“履”作些撕扯。他的历史五阶段循环论把中国历史分为两周，南北朝、隋唐是第二周的开始。但凡稍有历史知识者就知道：南北朝

---

① 战国策，1940年4月创刊号.

② 此文撰于1941年12月，收载于林同济等编《文化形态史观》一书，上海大东书局1946年出版.

③ 战国策，1940年8月第9期.

④ 见林同济《力》《柯伯尼宇宙观》，分别载《战国策》1940年5月第3期及《时代之波》（上海大东书局，1946）。

⑤ 林同济．战国时代的重演．战国策，1940年4月创刊号.

⑥ 陈铨．尼采的政治思想．战国策，1940年8月第9期.

⑦ 雷海宗．历史的形态与例证//文化形态史观．影印《民国丛书》本．上海：上海书店出版社，1989：43-44.

的社会与唐代大不相同，怎么可以算作一个阶段？他把秦、汉与晚明、盛清作为前后“两周”的第四阶段，且不要说秦与汉、晚明与盛清在“文化”上很不相同，单看其举出的根据是：汉代有“经学训诂”，清代则有“汉学考证”。用这样片面、皮相的比附来代表整个社会形态，真是“足”也削得血肉狼藉，“履”也撕得残破不堪！

雷海宗的说法发表之后，激发了常乃悳、朱谦之等惯于构建历史框架者的精神兴奋点，也都出来为中国历史划分周期，划分方法很不相同，却各自都讲出“例证”。然而，正如香港学者许冠三所说：“可惜总离不开笼统观念、含混语言和随意取样的手法”①，闹腾一时，烟消云散，丝毫无补于历史研究。

战国策派言论一发表，当时就受到许多学者的严厉驳斥，有的直接批判其为法西斯主义谬论。这种批判在当时并不过分，因为林同济、陈铨等人鼓吹尼采的哲学，正是希特勒大力提倡的思想，陈铨在《德国民族的性格和思想》② 一文夸耀德国的“好战”精神，“现在他们的领袖希特拉说：‘谁不愿意战争，谁就没有生存的权力’”。他得出结论说：“在希特拉的背后，有千万的德国青年战士，同希特拉是一样的性格。这一种思想的潮流，庞大的集合力量，下定摧毁征服的决心。其他的民族国家，如果还想保持自己的生命自由，不赶急于他们传统的习惯外另取一种新的态度，新的手段，新的精神，是决没有侥幸的。”这不就是公然鼓吹实行法西斯主义吗？

战国策派的议论，其实主要是讲现实的世界政治，论述历史只是从属性质。然而他们不懂整体政治制度与一场战役的指挥根本不同，以为既然一次战役需要首长决断，国家政治制度也应当元首独裁。第二次世界大战的性质是民主力量反对法西斯主义，即使中国也因增强国内民主化，才形成抗日的统一阵线。战国策派将第二次世界大战的各国，不分正义与否都视为“战国时代的重演”，不仅是错误的，而且是反动的。当然，事实上战国策派诸人都没有勾结国外法西斯势力，其错误和反动只限于思想层面。

从历史学的学术角度观察，即使思想守旧的史家，在具体的历史课题研究上，也可能取得很好的成果，唯独这种构建先验性历史框架而疏于认真研究史实的取向，应当摒弃。倘若其理念基础也是来自对他人学说的模仿，则只能留下一个思想史上跌入误区的教训。

三、立足于考据的治史取向

在近代的历史学界，一大批将治史立足于考据的史家，在时代赋予新观念、新视角、新资料的有利条件下，取得了杰出的史学成就。这些有成就的史家，思想、立场与历史观念区别很大，对每个人的学术成就以及其中的缺点不能毫无影响，但其研究成果均有学术价值，则是不争的事实。何以如此？原因就是史学的根基在于求真，而考据的目标也正是求真。

（1）王国维（1877—1927），字静安、伯隅，号观堂、永观，浙江海宁盐官镇人。1898 年在罗振玉创办的东文学社半工半读，得罗氏赏识，且因日本教师得知康德、叔本华的哲学，阅读日本人所撰史籍。随后在西方哲学和中国文学的研讨上，颇有著述。

① 许冠三. 新史学九十年. 长沙：岳麓书社，2003：363.

② 战国策，1940 年 6 月第 6 期.

辛亥革命爆发后，随罗振玉携家避居日本京都，长达五六年之久。他著有《殷卜辞中所见先公先王考》《古本竹书纪年辑校》《殷周制度论》《古史新证》以及大量考据文章。曾自编论文为《观堂集林》，今有《王国维全集》出版。其中《殷卜辞中所见先公先王考》及《续考》利用甲骨文史料考订殷商君主世系，为许多学人称道。1925年受聘为清华国学研究院导师，《古史新证》即据授课讲义刊出。1927年在北伐军逼近北京之际，投颐和园昆明湖自杀。

王国维历史考证的特点是运用甲骨文、金文、出土简牍等新发现的文字资料，获得引人注目的成果，因而具有极高的学术声望。但他治史的特长在于微观具体问题的考释，稍作宏观的论述，就会表现出守旧性，例如《殷周制度论》考察殷周之际礼仪制度、王位继承体制的变化，则从黄帝、少昊、颛顼、帝喾、尧、舜、禹一路说来，全不顾这些人物是否存在；引证资料则无论《尚书》各篇、《周礼》、《史记》、《春秋》经传，随便拈取，而不辨文献形成年代与记述真伪。其实王氏在日本居留多年，不可能不了解白鸟库吉等学者否定中国远古圣王的“尧舜禹抹杀论”，但其信古理念毫无松动，一如辛亥革命多年之后、连末代清帝溥仪也剪去辫子的情况下，他却是一条辫子依旧、至死不剪的顽固态度。

1925年，王国维在《古史新证》中高调提出“二重证据法”，即“吾辈生于今日，幸于纸上之材料外，更得地下之新材料……此二重证据法，惟在今日始得为之。虽古书之未得证明者，不能加以否定；而其已得证明者，不能不加以肯定，可断言也”[①]。他列出的“地下之新材料”，只是甲骨文和金文，实际都是文字资料。以新发现的文字资料结合已有的文献研究历史，中国自古如此，何须标榜“二重证据法”？这其实是为了反对顾颉刚发动的“古史辨”运动，给信古派提供一件舆论武器。王国维解说“二重证据法”曰：“虽古书之未得证明者，不能加以否定”，就是信古的偏见，他还说：“《史记》所述商一代世系，以卜辞证之，虽不免小有舛驳而大致不误，可知《史记》所据之《世本》全是实录。而由殷周世系之确实，因之推想夏后氏世系之确实，此又当然之事也。”[②] 这又是极其严重的、明显的逻辑错误，怎么能够因《史记》所记殷商世系有个旁证，就连带地断定“夏后氏世系之确实”呢？而断言“《史记》所据之《世本》全是实录”，更为不沾边的武断。这种具有严重逻辑错误的“二重证据法”，后更被滥用，形成一种将考古学的发现装入古籍记载框架的错误倾向，对历史学起到很大的负面作用，其一是充当了阻断“古史辨”史学革命途径的主要理念，其二是成为中国先秦史研究中许多谬误观点形成的枢纽。

王国维《殷卜辞中所见先公先王考》对殷商世系的考订，是“二重证据法”得以流行的重要依托，然而《殷卜辞中所见先公先王考》在历史考证上究竟达到怎样的学术水平？充其量也只是证明《史记》记载的殷商世系，可能具有源自殷商后期的资料依据。但是，甲骨卜辞既然是殷商后期的史料，就不能保证其中对前期几百年间“先公”“先王”叙述的真实性，许多甲骨学与先秦史专家都指出了王国维考证的局限性。例如著名

---

① 王国维. 古史新证：第一章：总论. 北京：清华大学出版社，1994：2-3.

② 王国维. 古史新证：第四章：商诸臣. 北京：清华大学出版社，1994：52-53.

甲骨学家丁山指出：商汤之前的“那群祖宗都是神祇，不是人物”[①]，殷人也是将其作为神来祭祀的。陈梦家根据甲骨学的考释和先秦祭祀规则的发现，指出“王国维以为上甲至示癸为先公的说法，已不能成立。上甲以前属于神话传说的时代，也可以得到证明”[②]。这就是说，商汤之前的所谓“先公”的世系是不可信从的，王国维《殷卜辞中所见先公先王考》的论断有体系性的错误。美国加州大学洛杉矶分校教授周鸿翔，也批评王国维是将殷商祭祀神话传说中的祖先，不加分析地认定为商之“先公”，指出：“静安之必欲强为之说者，以其时所见甲骨不多，未明卜辞神祇之夥杂。”[③] 但是，许多史家与论著无视甲骨学家的研讨，将王国维对殷商世系的考订夸大为定论，更借以鼓吹“二重证据法”，严重违背了实事求是的学术原则。

（2）顾颉刚主持的历史地理考据。顾颉刚及“古史辨派”的疑古考据，是一场史学革命运动，前已论述。顾颉刚的史学贡献，不仅仅在古史辨伪一项。1934 年 2 月，他组织了禹贡学会，随即创办《禹贡》半月刊，掀起颇具声势的历史地理学研究活动。这项研究活动，立足于考据，立意从地理沿革上揭示古史为“层累地造成”之一侧面。随后在民族危机感触下，觉察到考察古来边疆历史地理的重要性，逐渐具备了明显的经世宗旨和爱国主义情绪。但经世的宗旨并不冲击学术的准则，《禹贡》上时常刊出不同见解的讨论，也翻译国外特别是来自日本的学术文章。1931 年“九一八”事变之后，东北地区被日本侵占，当时许多学者充满了爱国、救国的激情，在顾颉刚、谭其骧合作的《禹贡》的发刊词中，也明确表达了在饱受帝国主义侵略的形势下，亟须研究中国的地理疆界和地理沿革史，借以寄托爱国的民族主义情愫。在这样深切的爱国主义思想基础下，禹贡学会曾经编辑了《边疆丛书》，《禹贡》半月刊第 6 卷第 3、4 期的“东北研究专号”，目的都是要使国人了解祖国历代的疆域与变迁，以抵抗帝国主义对中国领土的侵略和蚕食。

到 1937 年“七七”事变，在北京的禹贡学会与《禹贡》半月刊被迫停止，但其学术建树不可埋没。1938 年 3 月，顾颉刚、史念海合撰的《中国疆域沿革史》出版，吸收当时历史地理研究的成果，将中国历代疆域的沿革发展予以系统的清理，特别突出了汉代、唐代、清代强盛时期的广大疆域，单立一章叙述“鸦片战后疆土之丧失”。本书与禹贡学会所有的研究一样，虽具备明确的经世宗旨，但恪守考据求实的治史原则。

顾颉刚是禹贡学会的精神领袖，在他提倡集体合作、分工配合方针的指导下，有目标地进行多项专题研究与历史地理调查，取得巨大学术成就，内容涉及对历代地理书籍的整理和研讨，对东北、西北等边疆地理沿革的清理与研究，对边疆民族、人口迁徙以及宗教问题的研讨，对自然地理状况及其在历史上的变化予以探讨。通过各项专门研究，培养了大批一流学者，谭其骧曾是《禹贡》刊物实际负责编辑者，史念海、侯仁之、童书业、翁独健、冯承钧、冯家昇、顾廷龙、白寿彝、朱士嘉等，学术上都获益于参与《禹贡》刊物编纂和撰稿的实践，均具有务实求真、重于史料考释的治史风范。

---

① 丁山．中国古代宗教与神话考．上海：龙门联合书局，1961：549．按：丁山，山东大学教授，1952 年逝世。

② 陈梦家．殷墟卜辞综述．北京：科学出版社，1956：336．按：根据《史记·三代世表》与王国维之文，商汤的前一位君主即为示癸。

③ 周鸿翔．商殷帝王本纪．自印本．香港，1958：8．

（3）傅斯年（1896—1950），字孟真，山东聊城人。1916年入北京大学读本科，1918年与罗家伦等组织学生“新潮社”，办《新潮》月刊，成为学生领袖之一，积极组织了五四学生运动。1919年之后到德国、英国留学，1926年回国，任中山大学教授，1928年起任中央研究院历史语言研究所所长，抗战后一度代理北京大学校长。1949年至台湾为台湾大学校长，继续主持历史语言研究所工作，1950年12月逝世。

傅斯年主持历史语言研究所的工作，在《历史语言研究所工作之旨趣》中规定了研究工作的主旨，一是要正确地利用好现有的史料，二是扩充研究的资料，三是“扩张研究的工具”，即增多考释史料的知识与手段。他认为治学凡是“能直接研究材料，便进步……凡一种学问能扩张他研究的材料便进步，不能的便退步……凡一种学问能扩充他作研究时应用的工具的，则进步；不能的，则退步。”这种史料建设的旨趣，实际就是以史实考据为根本。20世纪初至20年代，敦煌文献、清内阁档案等新史料已有大的发现，而且安特生等外国学者主导的考古工作，已经深入中国境内，仰韶文化、龙山文化、北京猿人的发现，都是轰动世界的大事。傅斯年此时高呼扩张史料，“上穷碧落下黄泉，动手动脚找东西”①，实际是抓住了近代史学大发展的关键环节。至于他提出“近代的历史学只是史料学”，以史学理论衡量自然属于偏颇之言，学理上无可辩护，但不应据此划出一个“史料派”，也不应作为完全否定傅斯年史学思想的依据。事实上，傅斯年在《历史语言研究所工作之旨趣》中认为“历史学不是著史”，也反对做史学知识的普及工作，要求一切围绕史料的发现与考订，这只是在讲历史语言研究所的工作任务。在《史料与史学》一文中，他又强调“本所同人之治史学，不以空论为学问，亦不以‘史观’为急图，乃纯就史料以探史实也。史料有之，则可因钩稽有此知识。史料所无，则不敢臆测，亦不敢比附成式”②，明显具有立说针对“本所”的语境范围。傅斯年在“九一八”之后，撰写《东北史纲》一书，在名称上坚决采用了“东北”这一词语，论证东北地区自古属于中国，说明他实际上不是反对一切著史工作。

历史语言研究所在傅斯年的领导和组织下，对殷墟先后进行了15次科学的考古发掘，收获丰硕，业绩宏伟，使中国自己的考古学挺立于世界学术之林。还搜讨、收购居延汉简、敦煌文献、清内阁大库档案等大量历史资料，整理清代档案而出版《明清史料》多册，至今为历史研究者所珍视。《历史语言研究所集刊》发表很多高水平论文，总体上以资料丰富、立说新颖、论证牢靠而闻名于世，具有长久的学术价值。所有这些，对近代史学发展的贡献十分突出，不能不说是傅斯年指导工作的成效。他在《历史语言研究所工作之旨趣》中设定了“我们要科学的东方学之正统在中国”的豪迈目标，这在当时具有鼓舞人心的作用，以史料发现与考订作为实现这一目标的急务与关键，方针正确，但其中也有急功近利的意念，致使他放弃原先支持“古史辨派”的理念，促成信古学风的蔓延，负面作用相当明显。傅斯年在主管学术机构的掌权地位上，也颇有主观、专断和压制不同见解的“霸道”行为。

傅斯年本人的著述虽然较少，但具有典型的近代化治史方法以及立足于考据的特

---

① 历史语言研究所工作之旨趣．中央研究院历史语言研究所集刊：第1本第1分，1928年10月．

② 史料与史学．中央研究院历史语言研究所集刊：外编第二种，1945年11月．

点。例如《性命古训辨证》[1] 一书，将传统训诂学与西方语言学方法结合起来，搜集古文献和金文、甲骨文的大量资料，归纳、对比与条理，论证“性”与“生”、“命”与“令”由同义渐渐分开的演变，从而揭示出古代哲学思想的源流。《夷夏东西说》[2] 是一篇影响重大的论文，发挥顾颉刚“打破民族出于一元的观念”，受王国维《殷周制度论》的某些启示但摒弃了王氏的旧观念，引用丰富的资料，论述了中国上古东部和西部不同族属的对峙和战争，认为夏、周在西，夷、商在东，对诸夷、夏、商的活动地区及迁徙状况进行了详细的考述，纠正王国维把夏国说成起源于东部的见解，展示了夏与商并非同一种族的历史面目。此文按东西系统考察中国上古史，学术意义很大，哈佛大学教授、著名华裔考古学家张光直认为：“《夷夏东西说》一篇文章，奠定他的天才地位是有余的。这篇文章以前，中国古史毫无系统可言。……自傅先生夷夏东西说出现之后，新的考古资料全都是东西相对的……他的东西系统成为一个解释整个中国大陆古史的一把总钥匙。”[3] 总之，傅斯年不仅对中国近代史学的发展作出规划和建设，他自己也立足于历史考据，取得了重大的史学成果。

（4）董作宾（1895—1963），字彦堂，号平庐，河南南阳人。早年习篆刻、书法，28 岁方入北京大学国学门研习甲骨文，毕业后曾在广州大学任教，结识傅斯年而进入历史语言研究所。他建议对殷墟开展考古发掘，从而开启了中国考古学的新时代。董作宾深入研究甲骨学，获得极有影响的学术成果。1937 年，他将考古发掘所得部分甲骨文编为《殷虚文字甲编》，对学术研究有很大促进作用。学术著述的代表作有论文《甲骨文断代研究例》、巨著《殷历谱》。1948 年成为中央研究院第一届院士。1949 年之后，在台湾、香港又编辑《殷虚文字乙编》，撰著《中国年历总谱》等书。

《甲骨文断代研究例》是一篇重要论文，其中提出对甲骨文分为五期和分期的十项标准，这种思路，开拓了甲骨学系统化研究的新方向，在学术上比罗振玉、王国维时期提高到一个崭新的阶段。《殷历谱》是董作宾最重要的代表著作，撰写于抗日战争时期艰苦的条件下，1945 年出版，在殷商的年代学上提出十分重要的假说，虽具体结论尚须研讨，但其中对殷商“周祭”（有严格日程的祀典体制）等问题的研究，具有极高的学术价值。此书出版，傅斯年撰写序言予以热烈推崇，认为“孔子叹为文献无征者，经彦堂而有征焉。从此治殷商、西周史事者，界画之略已具，疑年之用盖寡，发乎勇、成乎智，质诸后人而无疑，俟诸续出史料而必合”[4]。

董作宾《殷历谱》出版不久，就受到复旦大学学者鲁实先等人的尖锐批评[5]。20 世纪 50 年代，鲁实先也辗转到了台湾，继续指摘《殷历谱》的错误，欲从根本上否定董作宾的研究结论，自创了完全不同的甲骨学研究方法[6]。其他学者如陈梦家等，也曾对《殷历谱》多所纠摘，是董氏书中确有将甲骨文与古籍牵强附会、互为弥缝之处，不应

---

① 中央研究院历史语言研究所 1936 年出版。

② 中央研究院历史语言研究所集刊：外编第一种：庆祝蔡元培先生六十五岁论文集，1933 年 1 月.

③ 王汎森，杜正胜．傅斯年文物资料选辑．台北：“中央研究院”历史语言研究所，1995：56.

④ 傅斯年．殷历谱：序．中央研究院历史语言研究所专刊，1945.

⑤ 鲁实先 1945 年前后撰成《殷历谱纠谚》，刊印情况不详，但已有流传，1954 年台中中央书局出版。

⑥ 鲁实先 1960 年起在台湾《幼狮杂志》连续刊载《殷契新诠》，后集结成书出版。

当绝对肯定与过度赞誉。

（5）陈寅恪（1890—1969），江西义宁（今江西修水）人。他早年接受中国传统教育，后到日本、德国、瑞士、法国、美国的多所大学留学，从而掌握多国的语言文字，特别是在美国哈佛大学与第二次到德国柏林大学留学，学习了多种东方古文字、中亚古文字，具备了阅读梵文、巴利文、波斯文、突厥文、西夏文、蒙古文、英文、法文、德文等的能力，尤以精通梵文和巴利文著称。他留学不谋文凭，只注重实际的学问和研究能力。1926年回国，没有取得学位，并且尚无著作面世，唯因学术界的推重，而受聘于清华国学研究院，为四大导师之一（其他三位是梁启超、王国维、赵元任）。此后，论著渐出，考证精确，论断深切，名声日益高涨。历任清华大学、西南联大、岭南大学、中山大学等大学教授。

陈寅恪的主要著述有《隋唐制度渊源略论稿》《唐代政治史述论稿》《元白诗笺证稿》及论文多篇，这些论著具有很高的学术水平，奠定了他在近代史学界的显要地位。1949年之后，陈寅恪又撰有《论再生缘》和巨著《柳如是别传》，二书是在基本失明的情况下，由助手协助完成的，这是史学界的一大奇迹。另外，其论文先后编成《寒柳堂集》《金明馆丛稿初编》《金明馆丛稿二编》等。在近代以来的中国史学界，陈寅恪是声誉极高的史学家，他知识渊博、识见坚毅，强烈主张学术的“独立之精神，自由之思想”，并且彻底地坚持了这种理念。

在历史研究上，陈寅恪具有突出的特点。第一，十分广博地引证史料，善于发掘资料之间的联系与深层蕴义。例如《隋唐制度渊源略论稿》引用各种常见史籍中的资料，通过各种史料的联系进行综合考释，揭示出隋唐礼仪、职官、兵制、财政等制度的渊源和演变，其史法的缜密，足为治史者引为典范。第二，充分利用东方古文字、古文学作品、语言学、宗教知识等资料来考究历史，开拓历史研究的宏阔视野。他的许多论文，采用了他人不知、不懂、不曾注意的各种史料，以考证史实，《元白诗笺证稿》更是“以诗证史”的经典著述。第三，以理清史实作为立论的基础，显现出坚实、深厚的功力。第四，善于揭示历史演化的枢机，探索历史现象的深层内涵，史学方法和思考理路具有博洽、透彻的品位。如论述“北朝胡汉之分，不在种族，而在文化”①，分析唐、宋之间政治文化的巨大转折等，极大地推进了历史研究的深化。陈寅恪的不少具体结论，例如他断言南朝裴松之《三国志注》的方法是得自佛学书籍的影响，并无确切实据；认为唐代的“牛李党争”属于科举出身官僚与士族出身官僚集团的斗争，实可商榷，不少唐史专家已经提出驳议。但他在具体考据基础上的宏观思路，因小见大的治史方式，具有很大的启发性和学术魅力。

陈寅恪历史观念的主旨，可以概括为“民族主义的文化史观”，他不反对汲取外来文化，但主张建立本民族的思想文化体系，认为“其真能于思想上自成系统，有所创获者，必须一方面吸收输入外来之学说，一方面不忘本来民族之地位”②。可以看出，陈寅恪是要以本国文化为根基，吸收外来学说，而“有所创获”地建立中国自成系统的文化体系。但是这种理想面对两大难题：第一，对于缤纷的外来学说，“吸收”时如何选

---

① 陈寅恪．隋唐制度渊源略论稿．北京：中华书局，1963：41.

② 陈寅恪．冯友兰中国哲学史下册审查报告//金明馆丛稿二编．上海：上海古籍出版社，1980：252.

择？第二，如果外来学说与本国文化发生冲突，将作何取舍？陈寅恪在这些问题上，实际是对中国本位文化有所偏重，总体上保守的价值观也就植入他的核心理念之中。

（6）陈垣（1880—1971），广东新会（今广东江门）人，他一生著述宏富，在元史、宗教史、历史辅助科学等诸多领域具有开拓之功，建树卓越。重要著作有《元也里可温教考》《二十史朔闰表》《开封一赐乐业教考》《元西域人华化考》《摩尼教入中国考》《南宋初河北新道教考》《明季滇黔佛教考》《清初僧诤记》《中国佛教史籍概论》《通鉴胡注表微》等。曾历任北京大学、北平师范大学、辅仁大学教授、校长，1952 年后任北京师范大学教授、校长。

陈垣以历史考据著作《元也里可温教考》一举成名，《元西域人华化考》又使之获得极高的学术声望，多项历史考据构成其学术成就的主体部分。而历史文献学则是陈垣治学的门径和基础，他自少年时期就以《书目答问》《四库全书总目》提供的线索来读书，后来撰写多种文献学、年代学的著述，其历史考据是建立在坚实、宽阔的文献学基础之上。陈垣在抗日战争时期的一些著述如《明季滇黔佛教考》《清初僧诤记》《南宋初河北新道教考》《通鉴胡注表微》等书，闪耀出爱国思想的光辉。但这些著作的撰述方式，依然是史事考证，每一论断，以缜密的考据为立足点，决不因为抒发思想感情而伤及客观史事的真实性。陈垣考据学的特点是选定一个历史课题，对有关史料竭泽而渔地搜罗清理，全方位地予以考述，《元也里可温教考》《元西域人华化考》等都是这种以“总括一题、考镜精微”为特征的考史著述。这是一种传统的考史风格，但在选取课题上，则具有超越古人的时代眼光。陈垣坚定地倡导“考证为史学方法之一，欲实事求是，非考证不可”[①]，至 1957 年在审查《论科学的考据与旧考据的不同》的书面意见中，还强调指出“旧考据有不科学的，但也有科学的，不能一笔抹杀。故此文题目只能说科学的考据与不科学的考据不同，不能说‘科学的考据与旧考据的不同’”[②]。1949 年之后，陈垣的年事已高，参政、议政且行政事务繁多，因而学术论著较少。他将参政活动与学术研究清晰地分开，一方面积极拥护政局，一方面在学术论著中仍然保持了原先的治学路径和精神，恪守学术上言必有据、不预设结论的实事求是理念。

在近代各种治史特色的史家中，立足于考据的治史取向获取的成果最为丰硕，而且学术价值长久。学术界有称之为“新考据派史学”者，实际这些史家乃以历史考据为根基，并非专治考据一端，顾颉刚、陈寅恪尤其具备宏观史识，称为“考据派”已不准确，况且历史考据主要是个体探研、独得独见，虽有师承授受，成就、风格亦不雷同，因此无须目之为“派”。

立足于考据的治史取向，人才旺盛，后起之秀亦不断涌现，例如朱希祖对南明文献的考释，冯家昇、姚从吾对辽史、元史的考论，余嘉锡的文献学功力，孟森、郑天挺对明清史的考析，劳榦之考释居延汉简，等等，皆名重于时。童书业、徐中舒、胡厚宣、王玉哲对于上古史的考订，向达、方豪对边疆史地与中西交通的考述，杨志玖之考定马可·波罗来华问题，等等，均有突出的学术贡献。这些日后的著名学者，都在 1949 年

① 陈垣．通鉴胡注表微：考证篇第六．沈阳：辽宁教育出版社，1997：76．
② 陈垣学术论文集：第二集．北京：中华书局，1982：471．

之前就以考据之学脱颖而出。在中国近现代史学发展进程中，这种默默耕耘而作出突出具体贡献的学者，不胜枚举。

上述五种治史取向，不是截然分开的，不同治史方式存在相互渗透与结合，构成复杂多样的史学现象。但重要的史家大都具有一种主导的治史方式，是其自立于学术界的基点。

第七节　近代史学的社会运行机制

历史学能够持续地存在和发展，需要具备在一定社会条件下的运行机制，这无论是在古代、近代，中国、西方，都不例外。中国传统史学能够得到历代社会的承认、接受、重视和传承，就是因为形成了较为系统和有效的运行方式。第一，中国史学起源上的特点，促成历代政权树立以史为鉴、以史资治、以史惩劝的理念。而史学求真和致用的一组矛盾，使史学作品的可信度与经世作用处于不断协调之中，构成史学与政治的互动关系，促使史学在古代中国取得不可或缺的政治文化地位，参与整个社会政治机制之中。第二，由于史学与政治的联系密切，中国形成繁荣的官方史学，官方史学与私家史学的互益互补又互相排抑，保证了传统史学的连续发展。第三，中国古代政治的理论指导，是儒学经典所体现的思想体系，而《尚书》《春秋》本身就是史籍，对儒学经典的解说更无法不依靠史学来进行，经学与史学的互动是中国历代学术的基本内容。

中国古代的史学就是在与政治的互动和依存中、在官方史学和私家史学的矛盾运动中、在史学与经学的联系中形成不断运行的社会机制。在这种运行机制中，有官方史学和官方学术的组织化、制度化的建置，有私家学者之间的相互联系，以及幕府、书院等带组织性修史活动对私家史学的补充，也有自宋代兴起、至明朝兴盛的书坊刻书业，是民间文化对史家史学、私家学术的一种支撑。总的看来，中国古代史学的社会运行机制，要比西方和周边各国都更为完善，但若与近现代相比则仍属简单，其基本点是史学立足于对政治社会的整体依附。

近代以来，特别是民国建立之后，国体、政体发生巨大变化，史学发展的运行机制也形成了全新的特点。清季从维新变法开始就在教育体制上作出了渐进性的变更，新式学堂在各地广泛举办，西学各科课程进入教学体系。清末实行“新政”，对学科体制的转变影响颇大，1902年清廷颁布的《钦定学堂章程》和次年的《奏定学堂章程》，尽管仍然保持很强的传统文化特征，但呈现出向西方学科体制靠近的发展趋势。例如《奏定学堂章程》规定大学堂文科的9门专科课程，“中国史学门”和“万国史学门”占据2门，反映出史学很受重视的状况。而中国史学门的7项主课，有“史学研究法”、《御批通鉴辑览》、“各种纪事

> 中国近代的学术机制，并未使中国史学的发展全盘西化，史学界在治史方式多样化潮流下，呈现出学术旨趣向两个端点凝结，一端是历史考据的研究成果最受推重，另一端是试图对中国历史作出系统性认识，这越来越成为更多史家追求的目标。

本末”、“中国历代地理沿革略”、“国朝事实”、“中国古今外交史”、“中国古今历代法制考”等①，很清晰地表现了传统史学与西方历史学科观念相结合的特征，这对民国建立之后的学术机制变革，起到了预热的作用。

辛亥革命之后，社会政治制度发生明显改变，政权建置和社会组织在形式上模仿西方资本主义国家，但经过一段时期的调整，历史学的社会运行机制发生更为贴近西方模式的转型，形成了许多与古代社会完全不同的新特点。

第一，大学历史学专业与专门的研究机构的设立，造就成相当规模的史学专业队伍。

古代朝廷虽有“史官”，但实际是以“官”为职，并非史学的专业人员。私家自然不乏终生治史者，但分散的个体行为难以归为专业队伍，且治史并非经济生活的来源，其社会身份各自另有所属。而民国之后大学历史学科的教师以及史学机构的研究人员，与聘任单位处于相互依存的关系，具有专职的社会身份，各成员在工作中也相互联系与配合，共同组成专业化的史学队伍。

学校历史教学与史学研究机构的普遍出现，以及由此而形成的专业队伍，对于史学社会运行机制的转变关系极大。这种专业人员有着一定的社会职责，其聘用的资格逐渐形成大体趋同的社会规范，其教学内容和研究成果需要实现于社会，而且必然接受学术界的共同检验。总之，史学界渐成为一个相对独立的社会系统，史学活动具备直接的社会实践性质，史学的持续运行具有业内的集体律动和向全社会发散的双重性能。

因为西方的影响、渗透和中国近代社会的特点，大学有公办、私立和西方教会主办等多种类型，研究机构也有隶属中央政府、地方建置、大学附设等不同状况。这带来的好处是学术机构和学术研究获得较大的自由度，官方不仅不能对教会学校、私立学校的日常教学过多干预，在教会学校的比照下，对公立大学的干涉也很受局限，加之大学校长和教授多具西方学术理念，无论机构的管理和学者的研究，社会环境皆相对宽松，例如北京大学虽为公办，但在蔡元培的主持下，贯彻学术思想“兼容并包”的方针，在近代学术史、政治史、思想史、教育史上都成为一大亮点。北京大学史学系之所以对近代史学发展贡献甚大，主要得自学术思想自由氛围的长期保持。

仿照西方模式开办近代的大学，对学术文化的发展起到关键作用，而多种大学和研究机构之间是相互独立的，学者整体上虽依存于学术机构，但可以在各种大学和研究机构之间流动，越是成就突出、见识独特的学者，越能获得多个大学的争相聘任，上文叙述过的史学名家大多都有几所大学任教的经历。这种体制有利于史学家维护独立的人格，坚持自己的治学路径。设立历史学科的大学和历史学研究机构，都兼具培养史学人才的功能，北京大学、燕京大学、清华大学、东南大学、中央大学、复旦大学、中山大学、南开大学等著名高校自20世纪20年代之后，均重视历史学科的建设，聘史学名师任教，并且多设立“大学院”（即进行专业学术研究和培育研究人才的机构），培育大批后继学者，1925年成立的清华国学研究院，虽然仅仅存在4年时间，却培育了多名史学才俊，在中国史学史上留下闪光的一页。史学的持续发展，离不开这种大学与研究机

① 中国近代教育史资料汇编：奏定学堂章程．上海：上海教育出版社，1991：349-350.

构之人才培育机制的运行。

国办的中央研究院，是大学之外最著名的学术研究机构，其中的历史语言研究所对近代史学的发展作出了巨大的贡献，在诸如考古发掘、整理档案史料、利用甲骨文及汉晋简牍资料研究历史等方面，学术成就均居于最前沿地位，前已述及。历史语言研究所属于政府机构，但在傅斯年等人的经营下，学术工作具有很大的独立性，但傅斯年个人的意见则起了主导的作用。

第二，近代各类学会的组建，推进了历史学学术发展的深化。

中国学会的设立，早从清朝季年即已萌动，而分解出专门的历史学的学会，则比较迟慢，虽清末已有出现，但进行有组织性的史学活动者，极其罕见。至新文化运动时期，北京高等师范学校与武昌高等师范学校内，学生各自建立了史地学会，频繁举行史学讲演与学术讨论会，是名副其实的有组织、有活动的学会。1919年南京高等师范学校创办史地研究会，以学生为主体，聘请著名教授为指导，不仅举办讲座、召开研讨会，还出版《史地学报》杂志，在史学界很有学术影响。20年代之后，历史学会迅速发展，除大学内多所设立之外，范围还渐次扩大，出现地方性、全国性的学会，例如1929年建立的中国南京史学会、1936年建立的吴越史地研究会、1943年在重庆由政府促成的中国史学会等①。

另一种历史学会不是上述那种依托于文教单位与社会区域所组成，而是以共同的专业研究方向为枢纽，例如顾颉刚组建的禹贡学会，具有明确的研讨历史地理学的单一方向；陶希圣建立的食货学会，是专作经济史的研究；容庚、徐中舒等人发起的考古学社，则专门以传世古籍之外的新开发史料来研讨历史问题。由具备共同专业兴趣、思想理念接近的学者自愿组织起来，不受政府和政治集团操控的学会，对学术事业能够作出很大的贡献。此三个学会以及所创办的《禹贡》《食货》《考古学社社刊》，在学科建设、学术成就、人才培养等方面，都有突出的贡献。至于大学内的历史学会，其实是老师与学生结合起来运作，如果互动得协调顺畅，则既有精到的学术指导，也具备青年人的求知热情，如燕京大学历史学会十分活跃，培养了不少杰出人才，主办的《史学年报》也声誉颇高。相反，大范围的地方性学会多因成员的专业方向不一或理念冲突，难以维持正常的学术活动，甚至内部产生矛盾。而官方干预下的学会，学术作用就更不能乐观。但地方名义的学会如中国南京史学会，实际仍是原南京高等师范学校史地研究会的柳诒徵、缪凤林、陈训慈、郑鹤声、张其昀等人组建，史学理念比较一致，并非整个南京历史学者的学会。而吴越史地研究会，则具有共同的研讨地方历史的方向。

各种历史学会虽然活动状况参差不一，但总的看来是古代未有的新现象，起到促进历史研究中学者相互合作、相互配合的积极作用，发挥了培养史学后续人才的扶助作用，浓化了学术空气，扩大了史学的影响，总之是改变史家封闭、孤立的治学倾向，将古来史家的“群体”部分地结合成为“团体”，增强了历史研究的社会性。历史学会之有成效的活动，是一种新的史学机制。这种机制的活力在于其专业学术化的性质和民间化的组成。一旦成为官府控制的附庸，或简直变成官僚化组织，就会成为似有似无的空

① 胡逢祥．现代中国史学专业学会的兴起与运作．史林，2007（3）．

洞招牌，失去学术意义。

第三，高效能的图书出版机制，襄助史学的繁荣发展。

中国自宋代已将雕版印刷术用于刻印大部帙的史籍，促进了历史学的发展、传播和普及。时至近代，自西方传入先进的印刷技术，导致新型出版社的创办，其效率、效益远远超过旧时的官府书局与私家书坊，文化意义重大，史学的发展亦从中获益。对于日本新式教科书和西方史学理论著述之传入中国，各种出版机构的贡献不可埋没，其中1897年即已建立的商务印书馆，对学术发展的促进作用历时最久，效能最强。在张元济、王云五两位出版家先后主持下，其推动学术事业的贡献有几个方面：(1) 出版系列性的学堂用书，其中包括新式历史教科书多种，推动了史学的近代转型。(2) 编纂多种大型资料性丛书，如《四部丛刊》《百衲本二十四史》《丛书集成》《万有文库》等，为历史研究的史料利用提供了方便条件。(3) 从20年代末期开始，商务印书馆向注重学术著作的出版方向转变，正与史学界形成的学术研究高潮相策应。商务印书馆除了出版许多著名史学家的力作之外，还特别印行《北京大学丛书》《东南大学丛书》等，使多所学术重镇的著述、讲义快速出版和传播，其中如胡适《中国哲学史大纲》一书，曾对史学界产生重大影响。更值得注意的是：商务印书馆还主动组织《大学丛书》《中国文化史丛书》的撰写，邀请全国著名学者执笔，直接推动学术研究的进展。(4) 自办期刊和支持大学期刊的出版，是其文化活动的组成部分。商务印书馆的《东方杂志》等刊物内容虽"杂"，但不乏高水平史学论文的发表。1919年蔡元培创办《北京大学月刊》，是由商务印书馆出资印行，如果亏损，发行人全部承担，如果盈利，北京大学获得十分之六，发行人得十分之四①。这无疑是对大学学术事业的优惠性支援。

此种襄助史学繁荣发展的出版机制，并非单单商务印书馆一家，中华书局、世界书局、开明书店、大东书局、正中书局、上海神州国光社等，都不同程度地起到促进学术发展的作用。有些出版社带有思想理念、政治观点的倾向性，但全国不可胜计的出版单位，总体的机制则是有力地推进学术的流派纷呈和自由竞争，形成兴旺发达的局面。

第四，近代的学术期刊，成为史学之社会运行的一大平台。

近代报刊是从西方引进的新生事物，首先是一些来华西方人在通商口岸创办了中文报刊，其信息快捷、内容丰富、宣传力甚强的特点，逐渐被中国士绅、学者所了解。待到变法维新运动勃兴，中国的报刊即如雨后春笋，四处萌发，并且报纸与期刊也分途而行，早期期刊多为综合性内容，故而也称"杂志"，随后职业化期刊也不断增多。1904年商务印书馆创办的《东方杂志》，内容广泛，发表过许多史学名家的论文。在辛亥革命之前，先后有《译书汇编》《普通学报》《教育杂志》《国粹学报》等多种期刊问世。民国建立，从法律上规定了言论、结社和出版的自由，使期刊的创办更为普遍，涉及史学的学术性期刊按经营状况主要有以下几种：

(1) 大学学报与学术文化机构主办的刊物。近代大学不仅培育专业人才，而且是主办学术期刊、推动学术发展的最重要机构。北京大学于1919年即创办《北京大学月刊》，作为教师与学生共同探讨学术、发挥见解的综合性期刊。20世纪20年代在蔡元

① 蔡元培.《北京大学月刊》出版合同//蔡元培全集：第3卷. 杭州：浙江教育出版社，1997.

培主导下，又着手组织几种专门学术科目的季刊。于是，1923年《国学季刊》创刊，胡适的《发刊宣言》对当时“整理国故”运动阐发了理论性指导意见。此后刊登多篇著名学者的重要史学论文，如陈垣《元西域人华化考》、钱玄同《重论经今古文学问题》等，洵为影响深远的学术力作。其他国内大学及其院系，也积极创办综合学报和文史类专刊，在史学方面影响较大的有《燕京学报》《清华学报》《辅仁学志》《金陵学报》等。

学术研究机构主办的期刊，在史学上影响最大者莫过于《中央研究院历史语言研究所集刊》，它依托于最高国办学术机构，有大批史学专家在学术前沿作深入考察和研讨，发表第一手的史料发现与研究成果，其优势地位十分明显。故宫文献馆是一个专门的文献整理与研究机构，编辑的《史料旬刊》、《文献丛编》（前身为《掌故丛编》），因以公布和研讨清朝档案史料为主要内容，受到史学界格外瞩目。另外，设于大学之内的研究所、学院、学系也办有不少期刊，如《中山大学文史研究所月刊》、厦门大学的《国学专刊》、东吴大学文理学院主办的《东吴学报》、浙江大学史地学系的《史地杂志》等。

（2）近代学者、学生在各地、各个大学组织的专业学会，创办了数量极多的学术期刊，虽然各刊持续的时间长短不一，但此起彼伏、波飞涛涌，总体发展十分壮观，对近代史学的繁荣促进颇大。例如南京中国史学会主办的《史学杂志》、燕京大学历史学会的《史学年报》、浙江大学史地学会的《史地杂志》、武汉大学历史学会的《历史学报》、南京高等师范学校史地研究会的《史地学报》、东南大学国学研究会的《国学丛刊》、济南历史学会的《历史与考古》、湖南大学学生自治会的《湖南大学季刊》等，都曾活跃于近代历史学学界。顾颉刚组织禹贡学会并且创办《禹贡》半月刊、陶希圣主办的食货学会的《食货》半月刊，更为著名。专业学会主办的学术期刊，发表论文的研讨范围比较集中，一般有著名学者主持或主导其事，因而总体上表现出一定的学术思想或文化倾向。这种专业期刊，可以成为联结一批专家的枢纽，共同研讨，相互启发，也互有辩论，具备繁荣学术事业、推进史学进步的机制。

（3）出版社以及其他文化机构主办的期刊，是近代学术期刊的又一支生力军。商务印书馆除了很早就创办《东方杂志》之外，还主办《同行月刊》《妇女杂志》《教育汇刊》等期刊，其中都发表了相当数量的历史学文稿。上海中华书局主办《大中华》杂志、文明书局主办《现代学术》、开明书店主办《开明月刊》、北京图书馆创办《北京图书馆月刊》、浙江省立图书馆主办《文澜学报》等，虽不是历史学专业期刊，但也经常刊载史学论文。一些新闻报纸也另行出版期刊性质的副刊，副刊与报纸互为补益，二者有相得益彰的效用。20年代胡适主持的《努力周报》，定期编辑《读书杂志》，曾成为顾颉刚等发起考辨古史学术运动的阵地，在中国史学史上影响巨大。北平《晨报》曾每月单行出版《晨报副镌》，曾于1923年同期发表梁启超《国学入门书及其读法》和胡适《一个最低限度的国学书目》，二人的主张区别较大，曾引起广泛关注和讨论，而从学术机制上看，不能忽视《晨报副镌》将之同时发表的编辑作用。

（4）民间独立建立的期刊杂志社，其中学术性较强者多为著名学者、知名人士个人或联手投入创办，如章太炎、刘师培、邓实等人合办的《国粹学报》，柳诒徵主办的《国风》半月刊等。此类刊物在近代史学运行进程中占有一席之地，有些期刊的经营也与有实力的出版机构、文化机构相联合，例如吴宓等人主办的《学衡》杂志，是由中华书局发行；20 世纪 30 年代初王礼锡主办《读书杂志》以推动中国社会史大论战，而《读书杂志》乃依托于上海神州国光社出版与发行。

学术期刊发表学术论著、传播学术信息的速度和效率，远过于专著的出版发行，可以被动地接受学者的来稿，可以主动地组织专题的研讨，可以展现杂志之“杂”的特色而广罗知识与见解，也能够发挥专业专刊之“专”的优势而作精深的求索，因此是近代史学发展中最具活力的机制。

第五，大学及学术研究机构、学会、出版机构、学术期刊等社会机制之外，还有多渠道的经费来源与之配合，通过规范化基金会的管理，资助了大学教学与重要学术活动的运转。经费来源除官方投入、社会各界的捐助之外，来自国外的资金也是重要的款项。特别是用美国、英国退还“庚子赔款”成立的中华教育文化基金会、中英庚款董事会（后改名“中英文教基金董事会”），发挥了重要作用。这些款项当然大部分不是用于历史学科，但史学活动也得到资助，就连顾颉刚主持的禹贡学会和《禹贡》半月刊，也得到中英庚款董事会之大额资金的支援[①]。而燕京大学以其教会大学的有利地位，与哈佛大学共办哈佛燕京学社，取得美国霍尔教育基金的大宗款项，投入东方文化研究，使燕京大学的图书馆、国学研究所、《燕京学报》资金丰厚，迅速发展壮大。还在著名学者洪业[②]的主持下，利用这项基金建立“引得编纂处”，聘用扎实肯干的学者编纂了 60 多种中国古籍的引得，即当今通称“索引”的工具书。其中如《四十七种宋代传记综合引得》、《三十三种清代传记综合引得》以及传统“正史”《食货志》与《艺文志》引得等，至今仍为常用的治史工具，对于历史学研究的辅助之功甚巨。

第六，在上述学术体制的综合作用下，形成历史教学的竞争与历史研究的论辩机制。

中学与大学设置历史学科的专业教学，对史学发展的意义很大，除了造就专业化史学队伍和培育后继人才之外，各个学校之间还存在着竞争的关系：一是师资人才的竞争，力求聘用学术精深的史家，推动学者刻苦研究以取得自己的专业特长；二是教科书的编纂，需要兼顾形式与内容，力求具备高明的学术创新。历史教学带动了史书编纂方式的转变，使章节体在近代成为史书的最主要体裁。章节体史书在中国本自教科书开始，这种体裁不像纪传体那样具有一定的内容模式，最为机动灵活，特别适于各个层次历史教科书的编写，且便于融入作者的历史观念。既有这样的优点，遂扩展为其他类型史书编撰。内容、形式皆非常灵活又便于表达历史见解的章节体的采用，促进了史学成果的日益丰富。

由于史学思想的多元化，多种学术刊物的各具旨趣，各个学会与史家的不同理念，历史研究常常伴随着学术商榷和观念论辩，促成史学发展的繁荣和深化。如关于“整理国故”的争论，对于“古史辨派”的支持和反对，“本土文化本位”与“西化”之争，关于“中国社会史”的论战等大的论辩，对近代史学的发展作用甚大，其余小的论辩与

---

① 顾潮．顾颉刚先生与《禹贡》半月刊．中国历史地理论丛，1997（3）．

② 洪业（1893—1980），名正继，字鹿岑，号煨莲，福建侯官人。留学于美国哥伦比亚大学，1923 年回国任燕京大学教授、历史系主任、教务长、图书馆馆长、哈佛燕京学社引得编辑处主任等职。撰有多种史学著述，对目录学、“索引”之学有深入研究，且主持编纂几十种中国古籍引得，颇有功于历史学界。

具体历史问题的讨论更随时发生。这些论辩基本没有权力机构的介入，具有相当大的学术自主性。中国近代史学的发展，颇得益于史学讨论和历史观念论辩的学术机制。

近代以来社会体制与学术机制的新变化，使一个相对独立的史学界渐次成为整个社会系统的组成部分。各类大学及研究机构的自主运营，各种历史学会不依赖于政府的活动，民营出版公司、学术期刊与学者著述的相互依存关系等，共同构建出历史学的新的社会生态，消减官方政权的控制机能，促进学术体制从政治体制中有所分离，使历史学具有摆脱附庸地位的可能，这体现着史学发展新时代的总方向。

中国近代的学术机制，并未使中国史学的发展全盘西化。由于中国近代的社会背景，经世的史学宗旨仍然强劲，史学与政治的关系远远没有厘清，许多史学派系、历史观念仍与政治派别纠缠一起，不同的治史理路也同时并存。于是，史学界在治史方式多样化潮流下，呈现出学术旨趣向两个端点凝结，一端是历史考据的研究成果最受推重，另一端是试图对中国历史作出系统性认识，这越来越成为更多史家追求的目标。第二种史学学理趋向有几种表现：其一是不仅外来的社会达尔文主义历史观、文化形态史观、唯物史观、实证主义史观等在中国均被接受和传播，而且一部分史家也在提出自己对历史的宏观论断；其二是对中西文化史的比较，进行了几次大的论辩，如关于整理国故的争论、关于文化本位的争论；其三是包括各种历史教科书在内的中国通史著述，不断涌现，许多史家是通过编纂一部通史来表达对中国历史的系统认识。夏曾佑《中国古代史》、李泰棻《中国史纲》、邓之诚《中华二千年史》、黄现璠和刘镛《中国通史纲要》、吕思勉《白话本国史》与《中国通史》、缪凤林《中国通史纲要》、章嵚《中华通史》、周谷城《中国通史》、钱穆《国史大纲》、翦伯赞《中国史纲》等，各有不同的历史认识体系，其中几部重要通史著述所发挥的社会影响相当广泛，不可小觑，这也是中国史学史研究中值得关注的现象。

追求对于历史的系统化认识，是人类对社会认识的合乎规律的进展方向，历史学界在近代始终具备这种研讨、探求，十分有利于马克思主义唯物史观的传播、发展和壮大。

思考题

1. 试论中国近代20世纪初的史学转型及其局限性。
2. 抗日战争之前中国对历史资料的重大发现有哪些？其学术意义是什么？
3. 请对近代史学大家顾颉刚与王国维作比较分析。
4. 请评述中国近代史家不同的治史取向。
5. 中国近代史学的社会运行机制有哪些不同于古代的新现象、新特点？

第九章

近代史学发展的新生面

中国近代的史学，是在西方政治文化与思想理论输入的状态下，结合中国国情与传统史学的厚重积淀而发展起来的。在西方业已形成和流传的任何历史观念，均可随机涌入中国，而不是依照在西方产生时的那种先后顺序。至于哪一种历史理论可以立足于中国，则是在与中国史学底蕴的冲突和磨合中决定，同时也受中国社会整体条件的制约。在多种多样的历史理论和史学实践并存的近代中国，马克思主义史学的传入具有别开生面的作用，由于各种因素的博弈与配合，其发展壮大呈现了一定的必然趋势。

第一节　马克思主义在中国的早期传播

一、社会主义思想与马克思主义的早期输入

马克思主义的历史观点开始传入中国，稍稍迟于进化论的社会学说，但并不晚于西方其他各派的史学思想，19 世纪末，已在中文报刊上出现了对马克思主义的简单介绍。1902 年，游学于日本的湖南学者赵必振，翻译了日本社会主义学者幸德秋水《二十世纪之怪物帝国主义》一书，由上海广智书局出版。次年，他又译成日本福井准造《近世社会主义》一书，仍在上海广智书局出版发行。此二书皆发挥马克思主义的社会政治观念，尤其是后一书，介绍了马克思的生平与思想，书后列出《共产党宣言》《资本论》等参考书。1902 年 12 月，《译书汇编》发表马君武撰《社会主义与进化论比较》一文，较详细地阐述了马克思主义的科学社会主义

学说，并且将之与进化论相比较，热情地赞扬“社会主义诚今世一大问题，最新之公理皆在其内，不可不研究也”，还向读者推荐《共产党宣言》《政治经济学批判》《资本论》等25种书籍。因此，正当梁启超等倡导“新史学”之际，马克思主义的社会学说已经进入中国，虽尚未引起史学研究者高度关注，但社会主义思想中包含很强的历史观念，其影响于中国史学界的进程已悄然肇始。

> 自从中国人学会了马克思列宁主义以后，中国人在精神上就由被动转入主动。从这时起，近代世界历史上那种看不起中国人，看不起中国文化的时代应当完结了。
>
> ——毛泽东《唯心历史观的破产》

此后的十几年间，对马克思主义以及各种社会主义学说的翻译和介绍仍在继续，参与者包括民主革命派人士、无政府主义知识分子等各色人物，如同盟会会员朱执信1906年撰有《德意志社会革命家小传》[①]，介绍了马克思、恩格斯的生平，还选译了《共产党宣言》中的一些论述。1908年刘师培主编的《天义报》，陆续译载了《共产党宣言》、恩格斯的《家庭、私有制和国家的起源》的部分内容，他还为《共产党宣言》译文撰序，称马克思主义的阶级斗争学说“对于史学发明之功甚巨”[②]。辛亥革命爆发后不久，江亢虎[③]组织社会主义研究会，继而建立中国社会党，其党所办报刊如《新世界》上常有译介马克思主义著述之文，江亢虎自己更撰写大量文章和著述，在当时产生了较大的影响。

1917年俄国十月革命之前，国内对马克思、恩格斯的原著尚缺乏完整的翻译，马克思主义学说的引进和传播还处于零碎与含混的状态，传播者的思想和身份十分复杂，对马克思主义的理解比较浮浅，尚不能与形形色色的社会主义流派、无政府主义思潮严格区分。就整个社会科学学说而言，马克思主义已经立足中国，取得一定的舆论基础；而就历史学而言，则马克思主义理论对中国史学的影响尚很微弱，虽个别人意识到《共产党宣言》的阶级斗争学说“对于史学发明之功甚巨”，但多数相关著述译介者还是将之视为一种政治理论、社会学观念。

二、俄国十月革命后马克思主义在中国的传播

1917年的俄国十月革命，无疑震动了整个世界，其影响力如冲击波般在中国和日本皆引起巨大的回响。日本的社会主义学者更加积极、有力地宣传马克思主义学说，中国学界也表现出对俄国革命、对马克思主义的空前关注和认真研习，而日本仍为向中国间接传播马克思主义的重要渠道之一。

---

① 连载于《民报》1906年第2、3号，署名“蛰伸”。

② 《天义报》第16至19卷合刊。

③ 江亢虎（1883—1954），原名江绍铨，江西弋阳人，祖籍安徽旌德县。曾于日本及欧美多国游学和旅居，通日、英、德、法语言，很早就阅读英文版马克思主义著述。辛亥革命爆发，随即组织了很有声势的中国社会党，进行过多种社会活动，曾得孙中山的赏识。俄国十月革命之后，再次高调宣传社会主义，一度得到苏联看重，邀请其参加共产国际大会。回国后攻击苏联，一面再组党派，一面创办南方大学，而暗中参与策划清朝复辟。其面目被揭露后，到美国、加拿大任大学教师。1940年，投靠汪精卫日伪政权为官，发表《国际的孔子与孔子的国际》等文章，为日本侵略者“大东亚共荣圈”助兴。抗战胜利后被判无期徒刑，1954年12月死于狱中。

对十月革命作出正面响应者，当以李大钊最为热情和响亮。他在1918年10月发行的《新青年》第5卷第5号上，发表《庶民的胜利》和《布尔什维主义的胜利》两篇文章，歌颂"1917年的俄国革命，是二十世纪中世界革命的先声"，指出十月革命是"马客士（马克思）的功业"，并且预言"试看将来的环球必是赤旗的世界"。公开同情和赞扬俄国的十月革命，这是李大钊等人思想与信仰转向马克思主义的契机。

李大钊（1889—1927），字守常，河北乐亭人。1907年夏至1913年夏，在天津北洋法政专门学校学习，1912年间与社会党人陈翼龙交往甚密，曾与江亢虎会见长谈，后加入中国社会党，任天津支部干事。在此期间，应当已经初步了解了社会主义学说，接触到马克思主义思想。1913年年底到日本留学，1916年回国，1917年年底入北京大学任图书馆主任，曾参与编辑《新青年》。1920年在北京组织了初期的共产主义活动，为中国共产党创建人之一。1927年4月，被当时占据北京的奉系军阀张作霖定以"俄奸"罪名而杀害。

李大钊主持编纂的《新青年》第6卷第5号（1919年9月发行），刊出李大钊的长文《我的马克思主义观》[①]，全面介绍马克思主义学说主要内容，详细讲述了唯物史观的基本理论、阶级斗争观点和《资本论》等著述的经济学说。按照李大钊的理解，马克思的社会主义理论大致可分为"历史论""现在的理论，就是他的经济论""政策论，也称社会主义运动论"，而在实际讲述中又是将"历史论""经济论"都归结于唯物史观之内。李大钊说：研究马克思，"离了他的特有的史观，去考他的社会主义，简直的是不可能。因为他根据他的史观，确定社会组织是由如何的根本原因变化而来的"。随后，李大钊发表《物质变动与道德变动》《由经济上解释中国近代思想变动的原因》，开始运用唯物史观探讨历史问题。

图9-1　《新青年》

1920年，又在北京大学等校开设"唯物史观""史学思想史"等课程，其中许多章节也曾作为论文发表。这都表明李大钊已经把关注与研究的重点置于历史观和史学理论方面，为后来马克思主义史学理论的创建打下了基础。

《我的马克思主义观》一文引述了日本社会主义者河上肇对马克思主义基本观点的解说，资料来源于陈溥贤据河上肇著述编译的《马克思的唯物史观》，该文1919年5月以"渊泉"为笔名刊载于北京《晨报副镌》。《新青年》第6卷第5号刊载李大钊《我的马克思主义观》的同时，转载了陈溥贤的《马克思的唯物史观》《马克思奋斗的生涯》等文。陈溥贤是在五四运动时期积极译介马克思主义的学者[②]，与李大钊同在日本留学、在同一个留日学生会的编辑组工作，回国后陈溥贤任《晨报》主笔，李大钊也曾为

---

① 此文分两部分在《新青年》第6卷第5号和第6卷第6号（1919年11月发行）连载。

② 陈溥贤（1891—1957），字博生，福建闽侯人。早年留学日本，随后到欧美游学，1916年回国在《晨报》工作，继而成为该报主笔，在社会主义和马克思主义的早期宣传上多有业绩。20世纪30年代，思想远离马克思主义，入南京国民党中央通讯社工作，后任主笔，又成为国民参政会议员、国民政府立法院立法委员。1957年逝世于台湾。

之供稿，二人联系密切。1919年6月至11月，陈溥贤翻译并连载《马氏〈资本论〉释义》，次年定名为《马克思经济学说》，在上海商务印书馆出版[①]。

对马克思主义早期的传播作出突出贡献者很多，除李大钊外，最重要的人物还有陈独秀、李汉俊、陈望道、李达等人。

陈独秀（1879—1942），字仲甫，安徽怀宁（今属安徽安庆）人。早年从事反清革命活动，后主办《新青年》杂志，鼓动新文化运动，名声大振。后来《新青年》杂志则是宣传马克思主义的最重要阵地。陈独秀是较早公开赞许俄国十月革命的学者之一，他在1919年4月刊出的《每周评论》第19号发表《二十世纪俄罗斯的革命》，指出："十八世纪法兰西的政治革命，二十世纪俄罗斯的社会革命，当时的人都对着他们极口痛骂，但是后来的历史家，都要把他们当作人类社会变动和进行的大关键。"1920年改了封面的《新青年》，完全成为传播马列主义和社会主义革命思想的阵地，这一期《新青年》载有陈独秀《谈政治》一文，申明了他已经接受列宁主义的无产阶级革命和无产阶级专政思想。随后，他发表《社会主义批评》《马克思学说》等文章，还委托恽代英翻译考茨基早期的一部著述，即1921年1月出版的《阶级争斗》，有力地推动了马克思主义思想的传播。1921年7月中国共产党建立，陈独秀为中央局书记。1927年中国大革命失败，他作为主要的责任承担者，被取消领导职务。此后思想和组织上渐与共产国际及中共中央疏离，成为托派，曾遭国民党政府逮捕，出狱后独立地进行中国社会问题研究，1942年5月在贫病交加中逝世于四川江津。

李汉俊（1890—1927），原名李书诗，湖北潜江人。早年留学日本，接受马克思主义学说，并且精通日、英、德、法语言。1918年回国，积极宣传马克思主义，在报刊上陆续发表上百篇文章，1920年译成且出版《马克思〈资本论〉入门》，成为传播甚广的著述。他是最早提出建立中国马克思主义政党的先进人物之一，1921年7月23日参加中国共产党第一次全国代表会议，后因与陈独秀等意见分歧，脱离共产党，但仍进行马克思主义研究与宣传活动。1927年被桂系军阀杀害。

陈望道（1891—1977），浙江义乌人。早年留学日本，接受马克思主义学说。1919年回国，次年与陈独秀在上海组织马克思主义研究会，参与《新青年》编辑工作。1919—1920年间，认真地进行《共产党宣言》全文翻译工作，1920年4月译成后，经陈独秀、李汉俊校阅于8月出版。这是中国第一部《共产党宣言》全译本，多次再版，在中国马克思主义传播中起到极大的作用。陈望道因不满陈独秀的专权独断，至1922年下半年遂从组织上脱党。此后，他任教于复旦大学，在语言学研究上取得卓著成就，发表多篇论文，出版《修辞学发凡》这一著名学术专著。1949年之后，历任复旦大学教授、校长，继续为教育事业和学术事业作出贡献。

李达（1890—1966），字鹤鸣，湖南永州人。曾留学日本，在日本期间接受马克思主义。回国后于1920年与陈独秀等在上海建立共产党早期组织，是年11月，主编这个组织的机关刊物《共产党》月刊，并且参与《新青年》的编辑。1920年，李达翻译和

---

① 1920年由上海商务印书馆出版，是《共学社丛书》之一种。陈溥贤据日本高畠素之《马克思〈资本论〉解说》翻译，其书原为考茨基所著《卡尔·马克思的经济学说》。

出版了荷兰郭泰的《唯物史观解说》，这是一部系统分析唯物史观基本观点的普及性著述，此书的翻译，既促进了历史唯物主义的传播，也为李达此后研究马克思主义哲学准备了条件。1921 年 7 月在中共一大上与陈独秀、张国焘组成中共中央局。1923 年，因与陈独秀意见分歧等原因脱离组织，此后辗转在湖南、上海、北平、湖北、广西等地大学任教，继续撰写和翻译马克思主义著述，成果十分突出。他论著宏富，其中《现代社会学》(1926)、《社会学大纲》(1937) 影响甚大，深入浅出地阐述了马克思主义的历史哲学。1949 年，李达重新入党，后历任湖南大学校长、武汉大学校长等职。1966 年在“文化大革命”中，因健康恶化得不到及时医治，于是年 8 月逝世。

马克思主义的历史观是与科学社会主义学说、政治经济学体系及革命思想结合于一起的，其中许多观点也容易被民主派人士不同程度地认可。孙中山多次公开表示赞同社会主义主张，如 1912 年 10 月的讲演中说：“德国麦克司（马克思）者出，苦心孤诣，研究资本问题，垂三十年之久，著为《资本论》一书，发阐真理，不遗余力……研究社会主义者，咸知所本。”①

五四运动时期，戴季陶、朱执信、廖仲恺等编辑的《星期评论》《建设》等刊物，遵孙中山之意大量地刊登介绍马克思主义的文章，数量不亚于同时期的《新青年》，连陈望道翻译《共产党宣言》，也缘起于戴季陶《星期评论》的约稿。说明马克思主义能够在近代中国立足与传播，有着比较深广的社会基础。

自 1920 年上海等多处出现早期马列主义的政治组织，马克思主义著述的传播就出现政治组织化的形式。1921 年中国共产党成立之后，这种宣传出版工作的政治组织化更为严密。中共中央创办了人民出版社，由李达负责、刘仁静协助，制定了翻译《马克思全书》15 种、《列宁全书》14 种与《康民尼斯特丛书》（即《共产主义丛书》）11 种的计划。虽然未能如期完成，但也成绩可观，三类丛书都出版了若干种，数量和速度均超越以往。为了保密，封面题为“广州人民出版社印行”。1927 年大革命失败之后，上海仍有许多中国共产党人宣传马克思主义，早年曾与张闻天（笔名刘云）合作翻译马克思《法兰西内战》的吴黎平②，1930 年翻译、出版了恩格斯的《反杜林论》，促进了中国共产党领导者对马克思主义的学习和掌握。此后在江西苏区、陕甘宁边区、陕北解放区，中国共产党都出版了大量马列主义著作和鼓动革命的著述，本国马克思主义理论家的著述呈增多趋势，吴黎平仍是延安中国共产党内理论著述的重要撰著人之一。陕北根据地的解放社和新华书店成为最得力的出版和发行机构，新华书店后来分设于各地，形成印行革命性书籍的一大体系。至于中国共产党机构开办的各种刊物，各个时期皆有多种，刊载文章不可胜计，整体上都处于宣传舆论的政治组织化系统之内。

---

① 孙中山全集：第二卷．北京：中华书局，1982：506.

② 吴黎平，实名吴亮平（1908—1986），浙江奉化人。中共早期理论家、活动家，1925 年在莫斯科中山大学学习，翻译恩格斯的《社会主义从空想到科学的发展》，还与张闻天合译了马克思的《法兰西内战》，1930 年首次将《反杜林论》全书译成中文。著有《社会主义史》《唯物史观》《论民族民主革命》等。1932 年到中央苏区，曾任中央苏维埃政府国民经济部部长，延安时期任中共中央宣传部副部长，曾为毛泽东与斯诺谈话的翻译，同时撰写多种理论著述。新中国成立后，曾任化工部副部长等职务。

与此同时，不少学者仍独立地进行马克思主义学说的翻译和写作，例如陈启修①在流亡期间仍致力于翻译《资本论》第1卷第1分册，后有潘冬舟②接续翻译了第2、3分册。曾留学德国、早期从事共产主义活动、后来成为托派的李季③，翻译《社会主义史》《通俗资本论》，撰写《马克思传》《胡适中国哲学史大纲批判》等多种书籍。另一个托派人物杜畏之④，也翻译恩格斯《自然辩证法》等多种马克思主义著述。其余散见的作品不胜枚举，即使李达的撰述，也是组织外的个人作为。这些书籍的印行面世，都扩大了马克思主义的影响。非中国共产党主办的出版社，也有许多热衷于马克思主义、社会主义图书的出版发行，其中神州国光社尤为突出。

总之，马克思主义著述的传播有着多种途径和形式，在传播者中，不必皆为坚定的马克思主义者，在传播著述中，不必是纯真的马克思主义学说，但总的方向和效果，是加强了马克思主义的影响力。特别是中国共产党长期进行的有组织、有计划的推动，为其他思想流派的传播所不具备。因此，五四运动后20余年间，马克思主义在全国虽未处于舆论的统治地位，但却比起任何单一种类的思想流派、哲学、社会学体系，都占有了明显的优势。马克思主义立足于中国，并且在传播上取得重大进展，是马克思主义史学在中国产生的基本条件。以下将从史学史角度出发，主要论述马克思主义史学在中国的产生、发展的主线，而马克思主义思想传播的一般状况，谨此从略。

第二节　中国马克思主义史学的建立与社会史论战

一、李大钊、蔡和森等人的理论探讨

在马克思主义的学说中，唯物史观占有十分显著的位置，但中国马克思主义史学的产生，并不等于唯物史观的传入。作为一种历史哲学的唯物史观，如果只是以其理念笼统地解说一个历史的框架，那么就会与具体的历史研究悬隔分离，不能构成持续发展的史学体系。因此，中国马克思主义史学的产生，一方面

> 一个民族要想登上科学的高峰，究竟是不能离开理论思维的。
>
> ——恩格斯《自然辩证法》

① 陈启修（1886—1960），四川中江人，笔名陈勺水、陈惺农。自少年学习法语，后入日本留学，通法、日、英、德等国语言。1919年任北大教授，讲授“马克思主义经济学概论”课程。后被派往苏联的东方大学学习，加入共产党。1927年流亡日本，易名陈豹隐，撰有多种经济学著述，且翻译《资本论》第1卷第1分册。20世纪40年代在重庆任大学教授，新中国成立后为四川财经学院经济学一级教授。

② 潘冬舟即潘文郁（1906—1935），号冬舟，曾用名有东周、问友、成文、文育，湖北襄阳人。早年即加入共产党，被派往苏联中山大学留学。回国后曾任中国共产党《红旗日报》编辑，投入中国社会性质的论战。后被派到北平从事地下活动，随后接续陈启修的译本翻译《资本论》。1934年成为张学良身边的机要秘书，继而积极为共产党做情报工作。次年因身份暴露，蒋介石亲自下令将之杀害。

③ 李季（1892—1967），湖南平江人。北京大学英文系毕业，后留学德国。早年进行马克思主义宣传和组织活动，曾到苏联东方大学学习，后成为托派，曾积极参与社会史大论战，后专从事写作和翻译。新中国成立后，在国家出版总署任特约翻译。

④ 杜畏之（？—1992），河南永城人，原名屠庆祺，“杜畏之”乃是笔名。1925年加入共青团，随后到莫斯科中山大学学习，从而精通俄语、英语、德语和法语，转为中共党员后却接受了托洛茨基的思想。1930年被开除出党，次年加入托派组织。曾任安徽大学教授，做了大量翻译工作。新中国成立后被判刑，1972年释放。

需要在唯物史观主导下，结合中国的史实作出史学理论的探讨，扩大和深入对中国历史的研究；另一方面需要取得实实在在的历史研究成果，而不是仅仅将解释历史作为进行革命的依据。1924年出版了两本理论性著述值得注意和予以比较，一是李大钊的《史学要论》，二是蔡和森的《社会进化史》。

李大钊《史学要论》一书，是作者在北京大学等高校历年讲授“唯物史观”“史学思想史”等课程的基础上撰成的，1924年5月由商务印书馆出版，署名李守常。作为中国共产党创始人之一的李大钊，其传播马克思主义学说，一向具有立足于个人理解与发挥、因而作出自我论述的特点，有别于翻译原著和讲解国外著述的方式。《史学要论》虽然篇幅不大，但却是运用马克思主义思维方法探析史学基本理论的创新之作。全书分六个部分：（1）什么是历史，（2）什么是历史学，（3）历史学的系统，（4）史学在科学中的地位，（5）史学与其相关学问的关系，（6）现代史学的研究及于人生态度的影响。很明显，此书主线是讲史学的理论而不是历史的理论，这在国内外马克思主义史学著述中具有首创性。而在此前，非马克思主义的史学理论著述如浮田和民的《史学通论》，已翻译且流传于中国，但为日本学者所撰而未与中国史学状况相结合。梁启超《新史学》以及类似的响应之作，均包含国外传入的史学观念，对于中国史学的主张是以批判“君史”、倡导“民史”为核心，政治色彩浓厚是其突出的特点。1910年曹佐熙《史学通论》出版，但此书杂糅了外来史学和传统史学的观念，思想上颇具保守倾向。1922年梁启超出版的《中国历史研究法》，着重讲治史技能，在史学理论上反而逊色于10年前的《新史学》。总之，当时中国学界的史学理论研讨还是十分薄弱的，而李大钊独辟蹊径地树立马克思主义的史学理论旗帜，客观上是一种在史学理论上抢占先机的作为，在史学史、思想史上都具有重要意义。

《史学要论》的思想基础，是建立在对马克思主义唯物史观的理解和掌握之上的，书中用很大的篇幅讲述了唯物史观的根本原理，认为“马克思所以主张以经济为中心考察社会的变革的原故，因为经济关系能如自然科学发见因果律。这样子遂把历史学提到科学的地位”。根据唯物史观的基本原理，李大钊论述史学并不采用那种判别“君史”“民史”的概念，而是将“历史”与“社会”两个概念联结起来，“历史就是社会的变革”，马克思“一方面把历史与社会打成一气……与吾人以一个整个的活泼泼的历史的观念，是吾人不能不感谢马克思的”①。

然而《史学要论》的主旨是要申述史学的理论问题，其第一和第二部分，首先从理论上、概念上将“历史”与“历史学”清晰地区别开来，他强调历史“是人类生活的行程，是人类生活的联续，是人类生活的变迁，是人类生活的传演”，而所有的历史著述、历史文献，“只能说是历史的纪录，是研究历史必要的材料”②。即指出了“历史”乃是客观存在过的人类生活和人类社会发展的状况，而历史学是对于客观历史的研究，“历史学就是研究社会的变革的学问，即是研究在不断的变革中的人生及为其产物的文化的

---

① 李大钊．史学要论//李大钊史学论集．石家庄：河北人民出版社，1984：201.

② 同①197-198.

学问”[①]。这种区分“历史”与“历史学”的论断，是史学理论中最基本也是最正确的原则，按照这个基本原则，必然导出史学应以求真为最高宗旨，“凡学都所以求真，而历史为尤然”[②]，又必然认可史学能够成为一门科学。李大钊这个从唯物史观发挥出的认识，在根本原则上区别于一切主观主义、唯心主义的史学。

李大钊强调：“于已有的记述历史以外，建立历史的一般理论。严正一点说，就是建立历史科学。”[③] 他认为史学要义有三项，一是要以发展的观念考察社会“发达进化的状态”，避免静止地看待历史；二是“就实际发生的事件，一一寻究其证据，以明人事发展进化的真相”；三是整体地研究历史，“于全般的历史事实的中间，寻求一个普遍的理法”[④]。这些认识十分深刻，勾画了史学研究的总体方向。

在《史学要论》中还明确提出：“历史理论家欲图历史理论的构成，必须抱着为构成历史理论的准备的目的，自己另下一番功夫去作特殊事实的研究。这样子研究的结果，才能作历史理论的基础。”历史理论家必须作具体历史事实的研究——这个要求可以永远作为对史学界空谈理论框架、教条主义、公式主义倾向的拨正。更值得注意的是：李大钊认为“严正的历史科学”，“实际上今尚未能完成其整齐的系统”，号召“真挚的史学者，幸共奋勉以肩负此责任！”[⑤]《史学要论》谈到历史的系统包括的六大部分，其中“人类经历论”是总体性的社会发展经历，而“非到人类史的系统完成后，不能着手研究”[⑥]，是应当放在最后解决的历史理论问题，故李大钊没有谈论社会形态的发展程序和规律。

《史学要论》的撰写，是要鼓动和吸引大量历史学者依据唯物史观最基本的原理，进行一系列的历史研究工作，书中用很大篇幅讲历史理论系统的组成，又讲历史学的系统且列表展示史学学科的构成结构，就是要指引历史研究在各个组成部分开展起来。《史学要论》全书对非马克思主义的史学理念也有所吸纳，具有开放和包容的特点，其中第六部分谈现代史学的功能，只论述了治史求真的态度可以造成凡事认真的习性、科学的态度、脚踏实地和乐天努进的人生观，而没有讲到唯物史观具有进行社会革命的经世作用，这明显表现了本书的历史学学术宗旨，并不是出于对当前革命任务的政治宣传。

蔡和森（1895—1931），祖籍湖南湘乡永丰镇（今属湖南双峰）人，曾在湖南省立第一师范学校学习，与毛泽东结为挚友。后到法国巴黎勤工俭学，学习和接受马克思主义，积极进行共产主义活动。回国后加入中国共产党，在中共二大上当选中央委员，从此做了大量重要的革命工作。1931年被叛徒顾顺章率敌抓捕，8月牺牲于广州。他的《社会进化史》一书，1924年8月于上海民智书局出版。此书约15万字，是依据恩格斯《家庭、私有制和国家的起源》，吸取和补充法国马克思主义者保尔·拉法格《财产及其起源》的观点，部分地结合了中国的历史知识而撰成。

---

① 李大钊．史学要论//李大钊史学论集．石家庄：河北人民出版社，1984：206．
② 同①244．
③ 同①208．
④ 同①210．
⑤ 同①208，213．
⑥ 同①218．

全书除绪论外，正文分为三篇，即“家族之起源与进化”“财产之起源与进化”“国家之起源与进化”，每篇又分作若干章。从结构上看，本书不是按照社会发展阶段来叙述，而是参照恩格斯之书的题目分三项专题而论述，但每一个专题都是叙述从原始时代到现代的演变历程，并且指出未来社会阶段的状况。例如第一篇转述了恩格斯著述的大量内容，但主旨在于说明生产方式决定婚姻制度，在现代资本主义社会，“两性间家庭劳动与社会生产劳动的分工已为大工业所冲破，而贬谪数千年的妇女至此才渐有恢复原始时代的重要地位而趋于解放之可能”①。第二篇的宗旨是讲清从原始共产制转变为氏族私有制、封建私有制以及资产阶级财产制度的过程，最后指出资本主义财产制度的破灭，“于是人类的历史又朝着共产主义的方向进行了”②。第三篇讲述了从没有国家制度的原始社会到产生国家的几种历程，列举了奴隶制、封建制以及近世代议制的国家体制。但这一篇实际是综合论述生产力与生产关系的演变、氏族体制向国家制度的转变、阶级斗争和国家的本质、国家随阶级消灭而消亡、政治状态与经济状态的关系等，按历史发展程序描述和明确提出已有过的“四期”社会，即顺次为原始共产时代、奴隶制时代、封建时代、近世资本主义时代③。最后从社会生产、经济危机、国际关系、阶级分析和阶级斗争等方面详细论述了资本主义制度的必然崩溃。

李大钊与蔡和森都是坚定的马克思主义者、英勇不屈的红色烈士，都进行了大量的革命理论宣传工作，都对中国共产党的革命事业作出了重大贡献。但《史学要论》与《社会进化史》这两种几乎同时出现的马克思主义史学著述，则表现了两种不同的风格、不同的理路，二者具有很大的区别：其一，《史学要论》论述的是史学理论，而《社会进化史》以申述历史理论为基础；其二，《史学要论》倡导以马克思主义最基本原理作各个专题的历史研究，最后达到共同构建“人类经历论”的历史理论，《社会进化史》则欲申明历史发展总规律以指导具体的历史认识和现实斗争；其三，《史学要论》着眼于引导整个史学界的学术研究向马克思主义方向转化，而《社会进化史》的宗旨是要宣传无产阶级斗争和共产主义革命必将胜利的前途。

马克思主义史学在此后的发展，主要是在蔡和森《社会进化史》所显示出的理路上推进，李大钊《史学要论》的意旨则没有得到充分的光大。1925 年张伯简编写了《社会进化简史》，被毛泽东领导的广州农民运动讲习所推荐为理论读物。周恩来任职黄埔军校政治部主任后，增设了“社会进化史”等课程，1927 年出版的廖划平④之《社会进化史》一书，即为当时的教本，此书与张伯简之书均依据苏联学者波格丹诺夫《经济学简明教程》编撰，已经直接按照从原始社会到共产主义社会的各个阶段顺次论述。随后截至 30 年代，“社会进化”历程问题成为热门话题，萨可夫斯基编、高希圣译《社会进化之铁则》(1928)，马哲民《社会进化史》(1929)，黄菩生《社会进化史》(1930)，王子云《社会进化史》(1930)，陆一远《社会进化史大纲》(1930)，库斯聂著、高素明译

---

① 蔡和森. 社会进化史. 北京：东方出版社，1996：52.

② 同①105.

③ 同①198-199.

④ 廖划平，原名廖维忠，曾在法国勤工俭学，接触共产主义思想，1921 年回国加入中国共产党，历任黄埔军校政治教官、中共四川省委常委、中共中央北方局军委书记等。1931 年在北平被捕叛变，成为军统特务。

《社会形式发展史大纲》(1930)，邓初民《社会进化史纲》(1931)，刘莹《人类社会发展史》(1932)，臧进巧《社会进化简史》(1932)，李达《社会进化史》(1936) 等接踵出版，而且各书多曾再版。这些撰述皆以唯物史观的历史发展阶段论为内容，与关于社会史的大论战的著述相互辉映，蔚成壮观。40 年代之后，邓初民又撰《社会史简明教程》，华岗撰《社会发展史纲》，均于 1946 年出版。此后，延安解放社集体编纂《社会发展简史》，在各个解放区新华书店大量印行，成为"干部必读"书目。

继《史学要论》之后的马克思主义史学理论著述，十分冷清。1930 年上海世界书局出版刘剑横的《历史学 ABC》一书，略具史学理论意旨。作者强调历史研究在于探查历史规律，因此历史学属于科学，可以指导人们的实践。书中还讲述史学的分类以及史料的收集和批判，但较多篇幅论述马克思主义历史哲学和社会发展的几种社会形态，并未在历史与史学的区别、史学的求真和学术问题上发挥《史学要论》的理念。至 40 年代有蔡尚思《中国历史新研究法》(中华书局，1940)，亦强调唯物史观和社会形态的发展，且讲述一些研究方法问题。吴泽《中国历史研究法》(峨嵋出版社，1942) 是集结多人论文并且作统一整理，除讲述中国历史发展的社会阶段和治史方法外，更具有批判非马克思主义史学的内容。而非马克思主义的史学理论著述，自 1924 年 7 月美国鲁滨逊《新史学》翻译出版，无论译著还是国内学者专著，迅速增多，产生广泛影响而居于史学理论著述的上风。

为何当时的马克思主义史学重于社会形态发展规律的论断？为何《史学要论》这样的理论著述未能充分发展？原因在于：(1) 当时共产党人与大多数马克思主义者，主要关注社会现实的变革、革命思想的宣传，在历史学上强调直接的政治功用，而全面性的学术研究不可能作为急务。(2) 论述社会形态的发展规律，有国外马克思主义经典著作和许多著述提供启发和参照，又能够与历史唯物主义的原理方便地结合在一起，易于著述成型，构成体系。实际上历史哲学特征的历史唯物论著述与社会发展史著述虽篇章结构有别，内容上则常常相类似，李达的《现代社会学》和《社会学大纲》、翦伯赞《历史哲学教程》等，无不将社会形态各阶段有顺序发展的历史规律，作为其论述的主要内容。前述各种"社会进化史"一类撰述，也都以唯物史观的讲述作为理论基础。(3) 社会形态逐次阶段性转变的规律，对学术界、文化界的历史知识提供一个系统整合的"范式"，达成对历史认识的理性圆满的感觉，可以直接运用于具体史事的解释。对于实际从事革命的人士，社会发展的共产主义前景成为信仰的一个源泉，可以提高革命活动的必胜信念与正义感。这种历史认识范式的圆满感和革命正义感常常结合起来发挥作用，具有很大的魅力。

一种新型史学的建立，需要两个条件：一是形成新的史学理论，二是具有依照新理论撰成的历史著作。但马克思主义史学理论的建立与 20 世纪之初近代"新史学"理论的建立不能同样看待。梁启超《中国史叙论》《新史学》明确提出了新的史学理论，更直接作为编纂新型史书的规划和指导。这种理念立即引起广泛响应，作出通史编纂规划和撰写新型通史者接踵而出，夏曾佑《中国古代史》贯彻、细化和发展了新史学观念，二书在时间上、理念上都是紧密联结的。因此，可以将梁启超的《新史学》作为近代史学理论建立的标志。

李大钊《史学要论》是指导历史研究的马克思主义史学理论著述，但此后马克思主义史学，并非按照《史学要论》的理念来建立，而是将马列主义的历史发展规律观念运用于中国历史的分析。“社会进化史”一类著述虽接连不断出现，但主要用于革命运动的宣传和教育，不是直接指导中国历史的重新编纂，而且这类著述大多属于对马列主义经典著作和国外著述的转述，缺乏一部在学理上、影响上可以独担中国史学理论创建的典型作品。因此，马克思主义史学理论的准备，是在长期进行唯物史观的宣传中完成的，是与中国共产党的革命活动交织在一起的。

> 必须重新研究全部历史，必须详细研究各种社会形态存在的条件，然后设法从这些条件中找出相应的政治、私法、美学、哲学、宗教等等的观点。
>
> ——恩格斯《致康拉德·施米特》（1890年8月5日）

二、中国社会史论战及其争论的焦点

1927年，第一次国共合作破裂。4月，蒋介石在上海大肆镇压和屠杀中国共产党人；7月，武汉以汪精卫为首的国民党政权也与共产党决裂，革命运动遭受极其严重的挫折。这引起苏联和共产国际高层在中国问题上已有的意见分歧更加尖锐化、公开化。这种意见分歧主要是斯大林与托洛茨基两派的争论，争论集中于对中国当时社会性质的判断，因为这将决定革命的对象与革命的方针，也涉及大革命失败的教训与责任的总结。

简言之，托洛茨基派认为中国已是资本主义占主导地位的社会，帝国主义是与地主阶级、资产阶级勾结在一起的，中共的革命斗争应当既反对帝国主义也打倒资产阶级，这实际上等于否定共产国际指导下中国共产党曾与国民党合作的方针。斯大林坚持主张中国处于半殖民地和半封建状况，帝国主义支持下的军阀、官僚等封建势力，仍是国内主要的压迫者，革命的宗旨是反对帝国主义和封建势力。

发生在苏联的争论很快传入中国，身历大革命和关注中国前途的学者亦为1927年的巨大事变所困惑，于是产生关于中国社会性质的一场论战。论战参加者大致可以分为四个群体。一是陶希圣、梅思平①等最初在《新生命》月刊发表论文者，被称为“新生命派”。二是以《新思潮》杂志为主要阵地，被称为“新思潮派”，王学文②、潘东周、吴黎平等为重要撰稿人。三是曾主办过《动力》杂志的“动力派”，主要有严灵峰③、任曙④等

---

① 梅思平（1896—1946），名祖芬，字思平，浙江永嘉人。在北京大学求学期间，是五四运动中的带头学生。后任商务印书馆编辑、中央大学教授等。政治上一向追随汪精卫，日本侵华时期加入汪精卫伪政权，任多种要职，抗战胜利后被判处死刑。

② 王学文（1895—1985），江苏徐州人，原名王守椿，笔名有恩云、王昂等。早年在日本留学，京都大学毕业。在日本加入中国共青团，回国后转为共产党员，曾任中国社会科学家联盟领导人、《新思潮》杂志编辑。延安时期任中央马列学院副院长，新中国成立后为中国科学院哲学社会科学学部委员。著述有《社会问题概论》《政治经济学研究大纲》等。

③ 严灵峰（1903—1999），原名严明杰，号若令，福建连江人。大革命时期加入中国共产党，1927年至苏联莫斯科东方大学学习，其间成为托洛茨基派成员。1934年年初在福建被捕，随即叛变而充当军统特务。1949年之后在台湾继续为官，后于辅仁大学、台湾大学任教授，潜心研究老庄之学和整理古典子部文献，著述宏富，1990年曾来大陆讲学。

④ 任曙，又名任映沧、任旭，四川南充人。大革命时期加入共产党，后思想和立场转向托派。抗日战争时在四川进行了一些社会调查工作，撰有《大小凉山开发概论》《大小凉山倮族通考》等书，均由西康西南夷务丛书社1947年出版。1949年之后到台湾，著有《中国远古史述要》《历代中兴复国史述要》等。

人。“新生命派”具有国民党改组派的政治背景，也可称为“改组派”，尤其是《新生命》杂志停刊之后。但此派各人发表的见解很不一致，并没有组织性的舆论约束。“新思潮派”实际由中共中央宣传部下属组织策动和掌控，主要负责人为中共中央文化工作委员会书记朱镜我，他不仅是《新思潮》的主编，而且还以“谷荫”“张焕明”等笔名撰写论战文章[①]。《新思潮》载文所主张的见解，均基本同于斯大林的观点，故又称“共产国际派”“中共干部派”“斯大林派”。《新思潮》杂志1930年即已停刊，此派就其政治背景而言，称作“中共干部派”最为妥当。“动力派”的主张近于托洛茨基的见解，其中严灵峰等也确与托洛茨基派有密切的组织关系，故又称“托派”。《动力》杂志极其短命，仅出两期即停，故此派宜称为“托派”。除上述三派之外，还有以个人独立地位参与论战的群体，尤其是在社会史论战之中为多。

为解决当前的社会性质，必然要追溯社会的历史，中国社会性质的论战很快延伸到社会史的大论战。郭沫若和陶希圣的著述，对于社会史论战起到了激发的作用。

郭沫若（1892—1978），原名郭开贞，字鼎堂，号尚武，四川乐山人。笔名有沫若、麦克昂、易坎人、石沱、蒙其生等50个左右。近现代著名学者、文学家、历史学家。曾在日本留学，接受马克思主义学说。1926年回国，在广东大学任教，随即参加北伐战争，为革命军总政治部中将副主任。此期间已经完成许多著名的文学创作和译作。1927年参加八一南昌起义，1928年避居日本，进行中国古代史研究及文学活动。短短几年，取得重大史学成就，在金文学、甲骨学上也成为学术大家。著有《中国古代社会研究》《甲骨文字研究》《殷周青铜器铭文研究》《卜辞通纂》《两周金文辞大系考释》等及创作、翻译多种作品和著述，成就显著，名声雷动。

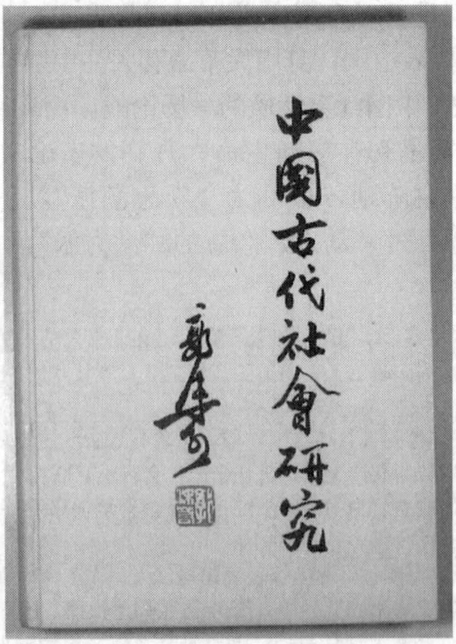

图9-2 《中国古代社会研究》

---

① 王慕民. 关于“新思潮派”的几点思考. 历史教学，2000（8）. 按：朱镜我于1938年到新四军政治部工作，1941年1月在皖南事变中牺牲。

《中国古代社会研究》由《导论：中国社会之历史的发展阶段》和四篇专题论述即《周易时代的社会生活》、《诗书时代的社会变革与其思想上之反映》、《卜辞中的古代社会》、《周代彝铭中的社会史观》以及附录《追论和补遗》组成。附录撰于1930年，前几篇为1928年、1929年完成，有的篇目曾在期刊上发表，全书出版于1930年，当年就出现多种版本，传播广泛。本书明确的宗旨是以马列主义的社会发展规律学说“清算中国的社会”，自称是“恩格斯的《家庭、私有制和国家的起源》的续篇”[①]。《导论：中国社会之历史的发展阶段》开宗明义地说明世界历史是原始社会、奴隶制社会、封建制社会、资本制社会的顺次发展，中国也不例外，概括地划分了中国的各个历史阶段，即主张殷代是原始社会，西周是奴隶制社会，东周即春秋时期进入封建制社会。其后各篇就分别利用和解读《周易》、《诗经》、《尚书》、甲骨卜辞、铜器铭文以及一些考古资料，论证中国上古社会的状况和性质，成为以唯物史观研究中国上古史的创始之作，开辟了中国历史研究的新天地。作者在为中国社会发展规律和各时段社会性质提供证据时，对古籍的解读和对甲骨文、金文的解析，都取得大量的发前人所未发的创见，考订新颖、论断犀利，思想与学术水平皆高踞当时历史学的制高点。偏重“实证”的旧史家往往将马克思主义历史理论视为缺乏“实学”功底的“玄学”，他们以掌握史料的考订能力而自感优越，对甲骨文、金文的解析与利用极其推重。但《中国古代社会研究》的著成，雄辩地证明了马克思主义思想方法对包括历史考据在内的历史研究，具有高效能的指导作用。毋庸讳言，《中国古代社会研究》确实存在史料解读的牵强之处，有“公式主义”倾向，甚至出现有违史实的“硬伤”，但并不能因此而贬低本书的总体成就，书中通过归纳文献史料、甲骨卜辞资料、金文资料等，将殷代、周代的渔猎、畜牧、农业、工艺、贸易、家族关系、社会组织、社会意识、阶级分化等，一一勾画出基本轮廓，予以定性分析，这样新颖的理路、新颖的立说充满书中，无论其中有多少可以商榷之处，都是极大的创树。

陶希圣于1927年大革命失败后，政治上归依于汪精卫、陈公博、顾孟余为代表的国民党改组派，改组派是因对蒋介石政治行径不满，声称要将国民党“改组”为符合孙中山思想原则的政党，其中多有原来的国民党左派人士，也不乏部分地接受社会主义思想和唯物史观的从政学者，陶希圣是这种学者的代表性人物。1929年，陶希圣将其此前发表过的论文结集出版，成《中国社会之史的分析》与《中国社会与中国革命》二书，印数多而销量大，次年他又出版《中国封建社会史》一书。陶希圣在社会史上的见解前后多变，论点游移，但却提出一系列值得关注的问题，如中国历史上有没有奴隶制阶段？封建社会何时结束？有没有“前资本主义”社会？当今中国的社会性质是什么？在这些重大问题上陶氏不断改变说法，每次改变都有一套思辨，这正好为他人提供议论的契机、批判的口实，于是议论纷起，争辩不断。因此，陶希圣的著述是社会史论战的直接导发因素。

社会史论战的进程，紧接中国社会性质的论战而与之交叉，参与者明显扩大，构成一幅错综复杂的画面。如果仅以中国范围观察，大致可以从陶希圣、郭沫若分别发表论

---

① 郭沫若．中国古代社会研究：卷首：自序．北京：人民出版社，1977：10.

文并且结集出书的1929年至1930年算起，同时出现的还有熊得山《中国社会史研究》一书。这个阶段，中国社会性质的论战已经进行，许多文章也涉及历史，陶希圣、郭沫若等人的著述面世后，陶希圣的主张除得到一些支持外，梅思平、梁园东等发表了反对和批评的意见①，是社会史论战的初起阶段。自1931年4月《读书杂志》面世，论战进入新的阶段，从此《读书杂志》成为各派观点发表的重要载体，杂志的主持者王礼锡②主动征求和组织关于中国社会史论战的稿件，除散见于各期的文章外，更在1931年8月至1933年4月间出版了4个中国社会史论战的专辑，引起国内外的广泛注意，推动社会史论战形成高潮。1933年9月，《读书杂志》被迫停刊，有关争论仍在进行，直至1937年抗战的全面爆发而消退。但此阶段的文章发表分散，已经缺少专门的刊物，热烈争论的气氛趋于冷静，不少参与论战者云飞星散，一批学人转入社会经济史的学术探索，但同时对这场论战的总结性研究开始出现亮点。

关于论战的主要内容，以往的学术界已经归纳，可以大略分为三个焦点问题：第一，“亚细亚生产方式”以及历史发展是否有一定顺序的问题；第二，中国是否有过奴隶制社会；第三，中国封建社会的各种问题，如起讫时间、特点，以及接续其后的社会性质，即是否有“商业资本主义社会”这一历史阶段。

第一，“亚细亚生产方式”问题源于对马克思一段论述的解读，即《〈政治经济学批判〉序言》中的“大体说来，亚细亚的、古希腊罗马的、封建的和现代资产阶级的生产方式可以看做是经济的社会形态演进的几个时代”③。而列宁在1919年《论国家》④ 中，就反复申明了历史发展一般规律，即从原始社会、奴隶制社会、农奴制社会、资本主义制度，然后经过革命进入社会主义社会。这样，对“亚细亚生产方式”的解说，是否纳入列宁论断的历史发展规律，就成为一个很大的理论问题，而且关系到将东方和中国整个历史之特殊性描述到何种程度的问题。因此，在苏联、日本和中国马克思主义理论界，同时成为争论的焦点。

郭沫若的《中国古代社会研究》，将“亚细亚生产方式”直接解释为“是指古代的原始公社社会”⑤，这种见解受到托派李季等人的抨击。李季认为“亚细亚生产方式”是完全不同于西方的一个独特的社会历史阶段，既不是奴隶制也不是封建制，中国自从殷商后期就进入了这种社会形态，至西周结束而成为封建时代。同为托派的杜畏之，不承认“亚细亚生产方式”的存在，同时更认为社会形态的发展不具有一定的先后顺序，例

---

① 1928年陶希圣发表《中国社会到底是甚么社会》的论文，梅思平当年即发表《中国社会变迁的概略》，提出不同见解。梁园东于1930年发表《中国社会的基础》，对陶、梅二人都有批评。梁园东（1901—1968），山西忻州人，原名佩衷，字公宇。新中国成立后曾任山西大学历史系教授、山西师范学院院长。

② 王礼锡（1901—1939），字庶三，笔名有搏今、爻义等，江西安福人。社会活动家、爱国诗人。大革命中参加国民党，而思想上趋向于马克思主义。1930年时任广东省主席的陈铭枢，接收上海神州国光社，委托王礼锡经理，自此神州国光社出版大量马克思主义一类著述。王礼锡又在夫人陆晶清协助下，经办《读书杂志》，推动社会史论战。抗日战争初期，王礼锡曾被迫出国，后毅然回国从事抗战活动。1939年8月，在带领“作家战地访问团”出行期间病逝。

③ 马克思恩格斯选集：第2卷. 3版. 北京：人民出版社，2012：3.

④ 列宁选集：第4卷. 3版修订版. 北京：人民出版社，2012：24-40.

⑤ 郭沫若. 中国古代社会研究：第二篇. 北京：人民出版社，1977：133.

如奴隶制社会，可能在封建时代、资本主义时代之后发生，也可能不在某个地区和民族出现，这实际是否定了历史的发展规律。中共干部派的学者后来对此予以总结性探讨，汲取国外马克思主义学者的最新成果，将之对应于奴隶制社会形态，修订了郭沫若的说法。

第二，关于中国是否经过奴隶制社会，争议很大，且与“亚细亚生产方式”问题相联结。中共干部派无一不主张中国有过奴隶制社会，但在起讫时间上意见有所不同，这是枝节问题。托派的多数否认中国经过奴隶制社会，例如李季的观点，已如上述。改组派和个人独立参论者也大多不同意中国经历过奴隶制社会，如胡秋原、李立中、丁迪豪、陈邦国、王伯平等。许多论者认为中国历史上虽有大量奴隶，但多为家内奴隶，并不构成奴隶制社会。但改组派主将陶希圣，最终不再否认中国经历奴隶制阶段；托派重要学者王宜昌，始终坚持中国历史上存在过长期的奴隶制社会。因此，讨论奴隶制的有无，其学术意味较浓，不能作为政治立场、思想分野的标准。

第三，关于中国封建制社会的问题，论战各方大多不否认中国存在过封建社会，但对其特征的描述很不相同，在起止时间上更聚讼纷纭，争论激烈。关于封建社会起始的时代，中共干部派内意见也不一致，不过皆认为是接续奴隶制而产生。而1840年的鸦片战争使中国逐渐转变为半殖民地半封建社会，世界上根本不存在“商业资本主义社会”阶段，则是中共干部派的共识。这个结论，是经过了共产国际与中国马克思主义者的长期探索，才形成准确而系统性的论述。

托派和改组派人士大多强调中国封建社会很早就已崩坏，然后在封建制度之后安插一个特殊的社会阶段。而且他们对“封建社会”的理解，有时混淆于西周出现的诸侯分封制度。托派的李季认为中国上古及夏殷两代是亚细亚生产方式，只有周代属于封建社会，自秦朝到1840年鸦片战争前乃是“前资本主义时代”，这是个过渡性的社会，鸦片战争之后，中国进入资本主义时代。资本主义兴起，但还有此前生产方式的残余。托派的共同特点在于将现实的中国社会说成资本主义性质的社会，而在上溯历史演化进程时则各有主张，如王宜昌就提出中国古代有长期的奴隶制和封建制社会，西周至西晋是奴隶制社会，东晋至清朝为封建社会，至清末向资本主义过渡。

陶希圣曾认为中国从来没有标准的封建社会，后来又说战国时期封建制度崩坏，从而进入了“先资本主义”时代，商业资本主义起到重大社会作用。但因为中国有长期掌权的“士大夫阶级”，这一种封建势力形成了官僚政治，造成商业资本主义长期不能发展为西方的资本主义。梅思平则断言中国已经完全成为商业资本主义社会。这种观点虽遭受许多人的批驳，但影响甚大，出现不少衍生的论点，如胡秋原认为自秦朝之后，封建势力与商业资本既联合又斗争，取得一个均衡，构成了“专制主义社会”。李麦麦、王礼锡、王亚南都有类似的论述，主张中国历史有一个长期的专制主义或官僚制度的社会，商业资本在其中起很大作用，并不属于封建社会，这其实是陶希圣“士大夫”官僚政治之说的发挥和变种①。

---

① 以上所引各个参与论战者的观点，因琐碎而未一一注明出处，可参见：温乐群，黄冬娅．二三十年代中国社会性质和社会史论战．南昌：百花洲文艺出版社，2004；李洪岩．20世纪30年代关于奴隶社会的论争//中国社会科学院近代史研究所青年学术论坛2002年卷．北京：社会科学文献出版社，2004；等等。

上述内容远不能囊括整个论战所涉及的问题，前期出现的是中国社会性质的论战，到后期又延伸出关于中国农村社会性质的争议，二者均属于与社会史相联系的现实问题。仅就历史内容而言，社会史论战也牵涉许多连带的议题，如对中国长期处于封建社会原因的解释、中国地理环境对于历史作用的估量、古代“商业资本”与专制主义政治的关系等，这里不能一一详述。

三、关于中国社会史论战的几点分析

中国社会史的论战，参与人数众多、文章繁复，不胜枚举，在列举几项相互论辩的主要观点之后，还应当作出几点概括和分析，提纲挈领地掌握基本事实，以便评论这场运动在中国史学史上的作用。

（1）这场论战的参与者，多数都曾打出唯物史观的旗号，所争议的主要问题，似乎也都是唯物史观框架内产生的问题。因此，论战高潮的推动者王礼锡在《中国社会史论战序幕》中认为：“在中国社会史的论战里，都是唯物论的内部争斗，没有唯心论者插足的余地，各方都是以唯物的辩证法做武器。”① 但这种认识是十分幼稚的，判断人的思想是否属于唯物史观、是否合乎唯物辩证法，不能根据他的自称，也不能只看口头上使用的一些词句或概念，应当深入而整体性地剖析其思想上的精神实质。唯物史观或称为历史唯物主义，是马克思主义理论的重要组成部分，决不能将之从马克思主义理论体系中分割开来，唯物史观本身也具备理论的系统性和完整性，不能切割分离，舍去其中的重要构成部分。其理论基点和底线，是指出社会发展内在的基本矛盾，即生产力与生产关系、经济基础与上层建筑的矛盾。这种基本矛盾在存在一部分人剥削另一部分人的社会中，必定体现为阶级斗争，而阶级斗争是社会革命的直接动因。社会的发展，必将走向社会主义和共产主义。否认上述几个要点的任何一个，都不能算作唯物史观。例如社会史论战中的改组派，即使先前属于国民党左派，接触和阅读过一些马克思主义著述，但无一不反对阶级斗争学说，仅凭此一点，就不能归于唯物史观的思想范围之内。陶希圣、胡秋原等国民党人士，概莫能外。

陶希圣从论战的开始就没有遵从唯物史观，他的《中国社会之史的分析》罗列了“士大夫阶级”“官僚制度”“知识阶级”“宗法势力”“男系制度”等概念，把中国社会描述成一幅官僚士大夫与外国资本相结合、大封建系统崩坏而小军事封建系统林立、宗法制度崩溃而宗法势力仍然存在的杂乱景象。这与马克思主义关于生产力与生产关系、经济基础与上层建筑矛盾运动推动社会发展的学说，很难联系在一起。他本人也声明：“我们决不取‘无产阶级的领导地位’的一阶级论”②，论战后期，陶希圣在经营《食货》杂志期间，更加疏离了历史唯物论。胡秋原后来追忆自己当初参与社会史论战的动机时称：虽然“使用马克思主义语言”，其实是“与第三国际和中共对立”、是“非共反共”③。

---

① 王礼锡．中国社会史论战序幕．读书杂志，1931（4/5）．

② 陶希圣．中国社会之史的分析．上海：新生命书局，1930：81-82．

③ 胡秋原．古代中国文化与中国知识分子．台北：学术出版社，1978：4版序言//林甘泉．二十世纪的中国历史学（续）．历史研究，1996（2）；吴泽．大革命失败后中国社会性质革命性质及社会史问题论战研究（续）．社会科学辑刊，1990（2）．按：胡秋原此书2010年于北京中华书局印行时，第四版《序言》已被删节，失去原貌。

将参与论战的各方的思想和见解都一股脑儿归入唯物史观范围之内，这既曲解了唯物史观，又混淆了思想斗争的不同阵线。

（2）在论战中的改组派、托派、中共干部派具有不同的政治背景，而大量的以个人独立地位参与论战者，研究者应当引为重视。这些独立参与者来源复杂，有从未加入任何政党的学者，如王亚南；也有从政治组织脱离出来的人员，如朱其华。此外还有虽然身为政党党员却仍采取独立参与论战的立场，《读书杂志》主编王礼锡就是这种人物，他本为国民党员，但不是改组派成员。论战的独立参与者，以自己的思想、个人的判断发表见解，看法有时会类似于其他派别的论断，这带来区分派系的难点，特别是与改组派的界限最难判别。

在论战中，中共干部派既有很严格的组织性，又在论点上遵从社会发展有顺序历经五个历史阶段的规律性。托派参与论战者，都有其政治组织的身份背景，在中国社会性质上恪守托洛茨基的理论，即主张中国已是资本主义占主导地位的社会，由此而影响对中国社会史的见解。除这个共同点之外，其他历史见解各有不同，甚至互相攻击。改组派在政治上是个十分松散的组织，且真正存在的时间很短，而在社会史论战中，此派内部一开始就存在意见分歧，其共同点在于对社会史研讨中排斥阶级斗争的观点。

有人将在《新生命》杂志发表文章、在新生命书局出版著述者都归入改组派，则过于绝对化，即使党派背景和思想倾向性很强的杂志和书局，也会具有一定的宽容度，况且独立学者的认识也可能与其他政派的观点相似。周谷城虽然在新生命书局出版三部著述：《中国社会之结构》《中国社会之变化》《中国社会之现状》，但回避了任何社会性质的问题，并无参与论战之意①。另一显例，是朱其华曾化名在《新生命》上发表多篇论文，也在新生命书局出版著述，但其历史见解大多与郭沫若的观点一致，以致有些研究者将之归于"新生命派"、有些研究者认定他为"新思潮派"。这说明按发表文章的刊物和论点判别派系，都是不可靠的，使用杂志的名称来称呼所谓"新思潮派""新生命派""动力派"，也是不妥当的。

朱其华（1907—1945），本名朱雅林，字其华，浙江海宁人。后来使用朱新繁、朱佩我等多种笔名撰写论著，其人其事，至今充满未解之谜。但从各种资料来看，他是早期中国共产党人，在黄埔军校郭沫若属下任政治教官，1927 年参加南昌起义。1928 年即已避居上海，基本脱离革命运动。1929 年违抗中共中央任其为红十四军首长的指令，仍在上海，则完全脱离了共产党。他在 1929 年之后大量发表文章和出版著述，具有撰著成名和以文谋生的双重目的，不少论点接近中共干部派，但时有反复，甚至否认自己发表过的文章，实际上是社会史论战的独立参与者。

总之，判别社会史论战时中共干部派、托派、改组派的归属，只能以政治组织上的身份背景为标准，没有和已经脱离这种背景者，都应视为独立参与者。拥有数量较大的独立参与者，是社会史论战之学术性增强的重要因素。王亚南、熊得山等人，都是独立参与论战，从而取得很高学术成果的学者。

---

① 周谷城在《中国社会之结构》第 1 章第 2 节"政治制度"中说："我们若多费气力去争：中国社会是某种某种社会，或不是某种某种社会，都不值得。"（上海：新生命书局，1930：45）

（3）中共干部派对社会史论战的“后发”参与，是应当特别提示的问题。自郭沫若《中国古代社会研究》在时任中共中央宣传部文化工作委员会委员李一氓的策动和帮助下出版发行[①]，到《读书杂志》推动社会史论战进入高潮的1931年4月至1933年9月，郭著受到李季、陈邦国、李麦麦等多人的批评和抨击，中共干部派学者却无一人加入这一论战。在《读书杂志》及社会史论战专辑内，只有中共干部派刘梦云（张闻天）、刘苏华各一篇文章，批驳托派严灵峰、任曙关于中国当前社会性质问题的观点。在其他刊物，也有中共干部派发表关于中国社会性质（包括农村社会性质）的论辩，而唯独未见有加入中国社会史论战者。

这个史实说明了什么呢？其一是中共更加注重对现实社会性质的论战，因为这是直接打击托洛茨基派的斗争，也符合共产国际和斯大林的指示。其二是中共干部派一时未从史料和理论上做好中国社会通史研究的准备，郭沫若《中国古代社会研究》存在很多讹误，不能再仓促地发表不大成熟的论断。同时，苏联的史学界也缺少可供参照的研究成果。其三是表明中共干部派参加论战，有相当严格的纪律性，并非个人可以随意、随时采取行动。这样，即使才高八斗、十分好辩的郭沫若，面对论敌的抨击也暂不作声。

经过了历史研究的充分准备，中共干部派1934年后才投入对中国社会史的清算，在论战气氛总体上趋于冷静的情况下，中共干部派申述论点并且对论战的焦点问题进行研讨，则自成高潮。其具体详情，且留待下一节介绍。

（4）郭沫若《中国古代社会研究》是一个创树，但也不应独当中国马克思主义史学建立的标志。因为同时出现的著述及其作者，如果说陶希圣乃是半心半意运用唯物史观的概念，并且夹杂德国奥本海默《国家论》的思想的话，那么1929年出版的熊得山《中国社会史研究》一书，则不能不归于马克思主义的史著。

熊得山（1891—1939），字子奇，湖北江陵人。早年到日本明治大学留学，回国后积极从事革命活动，五四运动中接受马克思主义，撰写不少宣传社会主义革命的论著，首次翻译马克思的《哥达纲领批判》。曾经加入中国共产党，但在第一次国共合作之初，与李达等人一起反对共产党员以个人身份加入国民党，李达因此从组织上脱党，熊得山也有可能因此脱党[②]。1927年他著有《社会问题》一书，1928年与李达、邓初民合作在上海设立昆仑书店，次年出版《中国社会史研究》《社会思想》二书，随后加入了中共中央宣传部发起、领导的左派组织“中国社会科学家联盟”，这个组织的纲领就包括“以马克思主义的观点，分析中国及国际的政治经济，促进中国革命”[③]，而且特别强调向托洛茨基主义作斗争。1931年以无组织的独立身份参与社会史论战，1932年任广西大学教授，1939年2月病逝。

从熊得山一生信仰马克思主义及其出版的背景来看，《中国社会史研究》纯属按照唯物史观撰写的著述，出版略早于郭沫若之书。此书虽然没有划定中国的奴隶制社会阶段，但这不等于违反马克思主义，是理论理解和历史认识的问题。后来他再撰《中国社

① 郭沫若. 中国古代社会研究：卷首：1929年9月21日《解题》第7条. 北京：人民出版社，1977：11.

② 熊得山1927年后再没有参加共产党组织活动的记载，但他的脱党因由，现今亦未见确切资料。

③ 中国社会科学家联盟纲领. 新地月刊（即《萌芽》），1930，1（6）.

会史论》①，已经明确将殷商时代定为奴隶制社会，增加大量用考古资料、甲骨文、金文史料来分析上古历史的内容。熊得山著述的影响，远不能与郭沫若相比，但《中国社会史研究》等书的出版，说明以唯物史观研讨中国历史，在大革命失败之后已经成为必然发生的史学现象。中国马克思主义的史学，是伴随中国社会性质的论战和社会史论战而建立和发展的，这其中既有郭沫若的突出贡献，有熊得山及《新思潮》撰稿诸人的努力，更有中共文化宣传组织的工作，也不能排除其他派别参与论战造成的推动效果。

第三节　中国马克思主义“革命史学”体系的构建

中国社会史论战，结束于1937年抗日战争全面展开之际。在论战的过程中，就有参与者进行着总结与综合述评。而论战结束之后至于当今，对其从政治上总结评论和从学术上考察研究者络绎不绝，国内外史学界发表的论文已不胜统计，出版的专著数量很多，充分表明其重要的历史地位。但从史学史的角度探讨社会史论战的归宿与影响，是一个仍需加强的研究方向。

一、社会史论战的归宿

社会史论战在以《读书杂志》为主要阵地的高潮时期，参与者众多，文章数量剧增，不同观点的对攻十分激烈，争辩之间不乏意气用事的相互谩骂。在论战的高潮期间，中共干部派虽然没有发表论著参加辩论，但时刻关注论战中的各种观点与相互交锋，并且进行着中国社会史的研究与思考。以现知的资料，不能确定中共干部派是否有过以及何时投入社会史论战的组织性安排，但发表论述、反驳论敌则是迟早都必然会进行的理论工作，而1934年吕振羽的文章和著述的面世，或许是徐徐地拉开了序幕。陈伯达、何干之、翦伯赞、侯外庐、邓拓等接踵出阵，开始发表关于社会史论战所涉及各种问题的研究成果，对不同派别的观点予以系统批驳，形成很强的声势。

吕振羽（1900—1980），湖南省武冈（今属湖南邵阳）人。1925年加入共产主义青年团，随后参加北伐战争。1928年到北平，参与中共地下党主办的《新东方》杂志，后因李达推荐任教于北平中国大学。当时，在中国大学内有一批信奉马克思主义和倾向于共产党主张的“红色教授”，如李达、黄松龄、吕振羽、范文澜等，吕振羽是在李达的启发和指导下步步深入地将马克思主义理论运用于中国历史研究的。1934年春，吕振羽在新创刊的《文史》杂志发表《中国经济之史的发展阶段》，将中国上古至鸦片战争的社会发展阶段作了整个轮廓的勾画，完全按照原始社会、奴隶制社会、封建社会的顺序，提出殷代为奴隶制的社会、西周进入封建社会的见解，认为秦代最后完成从领主

① 此书至2007年方由上海书店出版社出版，已非全稿。书前有李达撰写的代序。

制经济到地主制经济的转变，这是“变种的封建社会”，一直延续到鸦片战争之前[①]。这篇文章主要叙述自己的历史见解，辩论的姿态尚不浓重，同年7月发表的《殷代奴隶制度研究》则已具有辩论的形式，但重点在于辩驳郭沫若关于殷代属于原始氏族社会的说法。行文中对郭沫若的思路和成就是尊重的，对托派等人的观点是蔑视的，但只点到李季一人的姓名。可见吕振羽的立场是中共干部派的，而文章出发点是个人的学术立论，不似政派之间的论战。在亚细亚生产方式问题上，尚因袭自1931年以来苏联占领导地位的哥德斯学派的观点，将亚细亚生产方式对应于封建社会。这是认识尚未成熟之处。也正是1934年，苏联科瓦列夫发表论著，认为亚细亚生产方式是东方“奴隶制度的变种”。次年莱哈尔德（又译为雷哈德）出版的《前资本主义社会史论》一书又有所发展，认为亚细亚生产方式是变态的、不完全性的奴隶制，实际是向古典奴隶制过渡的形态。这样，就促使吕振羽后来还要调整对这个问题的认识。

吕振羽第一篇文章发表后，接着是左派学生齐震（齐燕铭）于《文史》第2期发表《中国社会史研究方法的商榷》，而陈伯达则因认为齐震的文章仍有“公式主义”倾向，遂撰写《研究中国社会史方法论的几个先决问题》，发表于1934年8月的《文史》第3期。文章尖锐批评“大多数的中国社会史论战的参加者”未能做到搜集大量资料以分析社会生产力与生产关系的矛盾来研究中国古代社会史，对陶希圣、李季皆予以讥讽，特别是尽力驳斥李季的观点，斥之为“唯心史观的奴仆”，“在李季‘丰富的篇幅’里面，是很难寻出唯物史观的痕迹的”。此文之值得注意的观点，一是在纠正公式主义的理念下，强调中国历史有特殊性，不能说与西方没有什么不同；二是主张以生产力与生产关系的分析作为判断社会性质的标准，提出需要纠正以“剥削关系”作为标准的说法。而前者是纠正郭沫若等人的说法，后者是修订中国社会性质论战中《新思潮》上的观点。同年陈伯达还发表《中国社会停滞状态的基础》[②]，引据大量资料论述中国封建社会问题，猛烈抨击陶希圣、李季等人的观点。陈伯达与吕振羽、齐震不同，早是正式的共产党员，其文章的发表体现了中共干部派正式投入对中国社会史论战的批驳。

中共干部派对社会史论战深入的总结和批驳，是从1935年之后开始，国外马克思主义学者如苏联的科瓦列夫、莱哈尔德以及日本早川二郎、相川春喜等人的社会史研究新见解传入中国[③]，起到了可资参考和启迪讨论的作用。不仅论文数量增多，而且吕振羽、翦伯赞等人的研究深度也显然更为可观。特别是吕振羽1936年发表的《社会发展进程中之“亚细亚生产方式”问题》，改变了1934年的见解，认为：“所谓‘亚细亚生产方式’的社会构成，为相当于希腊罗马奴隶制阶段，亦即希腊罗马而外世界史的奴隶制度阶段的社会构成。”[④] 即亚细亚生产方式在世界各国奴隶制时期的埃及、中亚、中国、印度、日本、俄罗斯等是一种普遍存在的形态。这个论断的得出，是在汲取苏联学者莱哈尔德以及日本学者的研究成果的基础上，经过认真探讨而获得的新观点。

---

① 吕振羽. 中国经济之史的发展阶段. 文史，1934年4月创刊号；后收入《吕振羽史论选集》，上海人民出版社，1981.

② 文史，1934（4）.

③ 何干之. 亚细亚生产方法问题在日本. 时代论坛，1936，1（8）.

④ 吕振羽. 社会发展进程中之“亚细亚生产方式”问题. 中苏文化，1936，1（6）.

对社会史论战进行全面总结的学者是何干之，他除了发表多篇论文之外，还撰写《中国的过去现在与未来》《中国社会性质问题论战》《中国社会史问题论战》等专著，均于1936年至1937年出版。何干之（1906—1969），广东台山人，原名谭毓均，学名谭秀峰，后以笔名“何干之”行世。早年留学日本，回国后宣传马克思主义。1934年于上海加入中国共产党，1937年下半年到延安，著述很多，为共产党的理论建设与革命宣传作出重要贡献。他以马克思主义观点反思1930年以来的社会史论战，梳理出清晰的脉络，对各种观点予以审视和批评，得出自己对中国社会史的见解。翦伯赞是又一关注社会史论战的马克思主义史家，他在加入共产党之前的1930年就发表文章，以马克思主义观点论述中国农村的社会历史。1935年后，他更积极投入对中国社会史论战的清理和研讨，1936年至1938年写成的《历史哲学教程》，以很大篇幅总结社会史的论战，批判非中共干部派的各种观点。

1934年之后的中共干部派学者在中国社会史研究上，不仅与苏联学者有许多具体观点的不同，各人之间也多有分歧，而且公开讨论、争辩，例如侯外庐《社会史导论》①等文在中国奴隶制社会问题上提出与众不同的看法，即氏族贵族与家族奴隶相对立的亚细亚形态。何干之批评吕振羽忽视中国与西方在奴隶制社会阶段的不同特点②，邓拓（邓云特）则与何干之辩论中国封建制度长期停滞的原因问题③，反映了这一阶段论战的学术探讨已经重于政治派系的斗争。

非中共干部派的学者，1934年之后大多离开了论战与中国社会史的研究，但原托派李季、王宜昌仍对社会史进行总结和研讨，其基本观点没有多大改变。独立参与论战的王亚南、熊得山各自进行社会史的研究，并且取得较大的成就。陶希圣将重点转向中国历代经济史资料的研究，且于1934年12月出版《食货》半月刊，成立“食货学会”，聚集了一批研讨中国经济史的学者，在钩稽、整理和考释经济史史料、译介国外经济史研究成果等方面做了不少有益的学术工作。虽然《食货》仍对社会史论战的问题有所关注，时而发表李季等人的相关文章，但总的趋势是偏于历史资料的梳理，对中国历史发展规律等宏观问题逐渐疏离。这样，唯有中共干部派从中国社会史论战的正反两方面议论中收获了理论成果，这是马克思主义史学发展的一大胜利。现在，可以将社会史论战的归宿与影响分条列举如下：

（1）《读书杂志》停刊之后，参与社会史论战的人们开始分流、改组，一些人疏离或放弃对唯物史观的遵从，除“食货派”学者钟情于经济史资料之外，托派由于政治上的失败和组织上的困境，也多飘零散匿。而论战留下的大量书籍文献，成为引用历史理论用于历史资料分析的范本，见解的分歧多样且针锋相对，更能使后来的研究者在对比中获得启发。因此，1933年之后迅速成长起来一批中国社会史研究的新秀，壮大了马克思主义史学的学术队伍。

（2）中国社会史的论战继起于中国当前社会性质的论战，又延伸出对于中国农村社

① 侯外庐此文据说撰于1933年，但发表于《中苏文化》第4卷第2期，1939年9月。
② 何干之．中国社会史问题论战：第四章第3节：奴隶社会的肯定论．上海：生活书店，1937．
③ 邓云特．论中国封建制的停滞问题．时代论坛，1936，1（8）．

会状态的争辩，是真正通贯古今的研讨范围。这有力地凸现了撰史应当通古今、成体系的史学理念，中国通史撰写的增多和水平的提高，是得益于论战的必然结果。

(3) 一般认为1937年7月之后抗日战争的全面开展，使中国社会史的论战结束。实际上在此之前，中共干部派各学者的论述，已经增多了内部不同见解的辩论，待何干之、翦伯赞等人的著作对以往社会史论战作出总结性批评之后，中共干部派内部的辩论仍在延续。

(4) 这场论战争辩的是历史，而直接联系着中国向何处去的这个最大的现实问题，论战的出发点、立足点及其影响，都更加强化了在中国传统史学和近代史学中已经十分强烈的经世致用观念。

二、马克思主义史学的发展与“革命史学”体系的构建

中国社会史论战，在某种意义上乃是一场以唯物史观解析中国历史发展的大型演练。在对非中共干部派的论战基本结束即1937年之后，中国马克思主义史学的学理水平显著地提高，出现了许多重要的历史著作。与此同时，以毛泽东为主导、以延安为中心的具有组织化特色的史学建设，也逐步展开，马克思主义史学的发展进入一个新的阶段。

> 我们所要的理论家是什么样的人呢？是要这样的理论家，他们能够依据马克思列宁主义的立场、观点和方法，正确地解释历史中和革命中所发生的实际问题，能够在中国的经济、政治、军事、文化种种问题上给予科学的解释，给予理论的说明。
>
> ——毛泽东《整顿党的作风》

1. 1937年之后马克思主义历史著述概况

1937年“七七”事变至1949年中华人民共和国建立，在历史时期上分为抗日战争与解放战争两个阶段，但史学的发展不必如此划分阶段。在12年期间，马克思主义史学最具有重要史学史意义的标志，是1940年毛泽东《中国革命与中国共产党》一书的正式出版发行，其他著述相对而言，都是铺垫性、阐释性或外围性质的作品，这并非贬低诸多历史名著的学术水平，而是从马克思主义史学之居于统领地位的中心体系作出的考察。

诸多史家的马克思主义历史著述，据其内容范围可以略分如下几类：

第一，中国社会史的撰著。有郭沫若的《青铜时代》、吕振羽的《中国社会史诸问题》、李达的《中国社会发展迟滞的原因》、吴泽的《中国原始社会史》及《中国社会简史》、尹达的《中国原始社会》、侯外庐的《中国古代社会史》等，乃是对社会史论战问题予以学术研讨的延续。各个学者在社会形态发展框架基本一致的前提下，具体观点仍有分歧，其中吴泽、尹达将研究的触角伸展到中国的原始社会阶段，特别是尹达重于考古资料的运用和解析，具有一定的开拓性意义。

第二，关于思想文化史及其他专史的撰述。吕振羽在抗战之前就出版了《中国政治思想史》，用以抗衡陶希圣的同名著述，实际是社会史论战的延伸。而1937年之后，思想史、文化史的研究，成为马克思主义史家的关注点，杜国庠《先秦诸子思想概要》、郭沫若《十批判书》、范文澜的《中国经学史的演变》先后面世，而何干之的《近代中

国启蒙运动史》则从近代新思潮几次兴起的视角作完整的考述，是30年代至抗战初期“新启蒙运动”激发出来的史学成果。侯外庐的《中国古代思想学说史》、《中国近世思想学说史》（上、下卷）出版①，构成马克思主义指导下的第一套系统的中国思想通史，具有很高的学术价值。随后，他又主持撰写《中国思想通史》，内容更为详细，且于1947年完成第一卷。

第三，中国通史的编纂是这一时期马克思主义史学的重要成就，唯物史观对于历史发展进程提供了理论的范式，社会史论战提供了把握中国历代社会形态演化的宏纲大线。吕振羽的《简明中国通史》、翦伯赞的《中国史纲》、范文澜的《中国通史简编》，均为名作。特别是范文澜的《中国通史简编》，加之他所撰写的《中国近代史》，则组成很有系统性的通史著述，传播甚广，影响颇大。另外，杨松、邓力群编辑的《中国近代史参考资料》一书，为研究者提供了方便条件。

除了专著之外，马克思主义史家发表的学术论文也数量丰硕，研讨的范围相当广泛，大多都具有结合政治斗争形势的特点，并且往往借历史作为革命主张的隐喻。值得注意的是，社会史论战遗留的问题，仍然激起辩论的余波，例如1940年5月范文澜发表《关于上古历史阶段的商榷》②，主张殷商为奴隶社会，西周时期进入封建社会，批评郭沫若《中国古代社会研究》的观点。9月，尹达即发表文章反驳范文澜③，认为以考古资料为依据，可以判断殷代处于氏族社会的末期。次年，郭沫若发文表示承认殷代应为奴隶社会，后于1944年发表《古代研究的自我批判》④，反思和纠正《中国古代社会研究》中的讹误，但仍坚持西周处于奴隶社会的说法。这类辩论还有一些，皆为共同思想基础上具体见解的分歧，纯为学术性探讨，不再是政派之间的论争。

2. 革命化的史学建设方向

马克思主义史学自其产生，就带有为革命斗争服务的指向，这在史学宗旨的理路上可与传统史学经世致用的观念达到共振的效应，社会史论战则进一步强化了这种理念。1937年中共中央机关进驻延安之后，逐步开展包括文化工作在内的政权建设。在抗战期间，全国文化、学术界进步人士与共产党学者陆续汇聚到延安，其中如范文澜、陈伯达、何干之、吕振羽、尹达等都具有很高的史学造诣，他们与中共中央原有的学者一起，将自己的治史活动纳入共产党领导的民族解放和革命斗争之中，使马克思主义史学在新的环境下呈现出新的起色，中共为此提供了相应的导向机制与社会条件。

在延安，建立了多所干部院校，如抗日军政大学、陕北公学、马列学院、女子大学等。这些院校以培训革命干部为宗旨，马克思主义唯物史观、中国革命史、中共党史、社会发展史等，均为教学的重要内容。其中1938年创建的马列学院，1941年8月改名为中央研究院，这个院校设中国历史研究室，与历史学的发展有密切关系。1940年1月范文澜到达延安后，被任命为历史研究室主任，研究室人数最多曾达近20人，设计过许多研讨与撰写著述的计划。由于条件所限，多数计划未得施行，但范文澜等在毛泽

① 1944年、1945年于重庆三友书店出版。
② 中国文化，1940，1（3）.
③ 尹达．关于殷商社会性制争论中的几个问题．中国文化，1940，2（1）.
④ 群众，1944，9（20）.

东亲自关注和鼓舞下撰成《中国通史简编》《中国近代史》，则是突出的成就。用于教学而编纂的教材也值得注意，如张闻天的《中国现代革命运动史》、陈昌浩的《近代世界革命史》等。

延安的报刊也给历史学的研讨提供了发表和传播的条件，党报《解放日报》、党刊《解放》都时时发表历史论文，1940年至1941年还开办了专门的学术性期刊《中国文化》，范文澜与尹达的学术辩论即刊载于此，范文澜撰写《中国通史简编》，也首先在此刊物上连载。在抗战期间，延安的报刊与驻重庆的周恩来等共产党人主持的《新华日报》、《群众》杂志遥相呼应，互相转载包括史学论文在内的文章，扩大了传播和影响。另外，共产党人在国统区主办的《中苏文化》，也是登载马克思主义史学论文的重要杂志。

在延安的思想理论建设和学术文化工作中，毛泽东的指导作用日益加强。1938年苏联《联共（布）党史简明教程》出版，次年就译成中文本，受到毛泽东的格外重视，在提倡研读此书的同时，也加速开展中国革命史、中共党史的教学与研究，带动中国通史等历史书籍的编纂。

1939年年底，毛泽东主持编写《中国革命与中国共产党》一书，1940年年初就在党内刊物《共产党人》上连载。此书的宗旨是简述中国革命史和中共党史，从而总结经验加强党的建设，但第一章“中国社会”提纲挈领地论述了中国自古以来的历史发展，遂成为一篇中国通史纲要，在中国马克思主义史学发展进程中起到十分重大的作用。《中国革命与中国共产党》共写成两章，第一章“中国社会”由其他人起草①，经毛泽东修改定稿，第二章“中国革命”，由毛泽东亲自撰写。最初曾作为秘密学习文件，后公开并大量印发，版本甚多。1949年新中国成立之后，毛泽东又重新修订，书名改为《中国革命和中国共产党》，收于人民出版社的《毛泽东选集》第2卷，另印行了单行本。

第一，该书认可列宁曾明确指出并经斯大林清晰概述的人类历史必经五种社会阶段的规律，认为中国经过了原始社会、奴隶社会、封建社会，现代处于殖民地、半殖民地和半封建的社会②。这一方面符合当时唯物史观关于社会发展史的理论框架，另一方面汲取了中国社会性质、中国社会史论战的成果，申明了中国近现代历史的特点。

第二，在对中国历史的评述中赞扬了中国悠久、发达的文明，强调中华民族的优良传统，特别指出中华民族是“富于革命传统的民族”。在对封建时代的分析中，列举许多农民的反抗运动，“都是农民的革命战争”，“只有这种农民的阶级斗争、农民的起义和农民的战争，才是历史发展的动力”，即以革命名义肯定历史上社会下层的暴力运动。“中国革命”一章，更是专门论述现代的中国革命问题，对社会各个阶级的分析，都是立足于一个阶级会对革命采取什么态度。

因此，《中国革命与中国共产党》的历史观念是马克思主义框架内的“革命史观”，所构建的历史学说是“革命史学”体系，“革命史观”与“革命史学”体系的特点在于完全站在革命的立场、以革命斗争为需要的宗旨论断历史、撰述历史，以革命的眼光看

① 关于“中国社会”一章的起草人，至今尚有很不同的说法，有待考证。

② 中国马克思主义者认为：中国社会自鸦片战争以后为半殖民地半封建社会，这里加上“殖民地”一语，是因为抗战的特殊时期有大块领土沦陷。

待一切史事。与《中国革命与中国共产党》基本同时撰成的《新民主主义论》，在论述“新民主主义的文化”时，反复强调“文化革命”，提出“革命文化”是革命的有力武器①。这里虽然没有说到史学，但广义的文化当然是包括历史学在内的。延安各个干部院校以中国革命史作为教学的必备课程，张闻天、陈昌浩等都积极编写开拓性教材，均为贯彻革命史观的体现。《中国革命与中国共产党》的编撰以及延安的历史教学，不仅是马克思主义史学发展的新探索，而且具有官方史学的特征，影响力很大，培育出一批新一代的具备革命史观的历史研究者。至于中共党史的教学和宣讲，更切近于政治，关键处由党中央的决议来解决。

当然，《中国革命与中国共产党》对历史的论述是十分简要的，毛泽东不可能自己动手撰写一部贯彻革命史观的中国通史，于是鼓励和指导范文澜主持编纂，最初也是中国历史研究室集体合作，后改为范文澜一人独立承担。延安时期出版的《中国通史简编》，“强调反封建，所以对帝王一再贬斥，不提进步作用”②，甚至在叙述历史中影射蒋介石，表明“革命史学”体系的构建已经落实到各个学者的历史著述。这种史学体系的产生有其相应的历史背景和具体条件的限制，也起到积极的历史作用，但往往会将述史求真的史学原则置于第二位，甚或淡化，则成为不利于史学学术性发展的潜在因素。

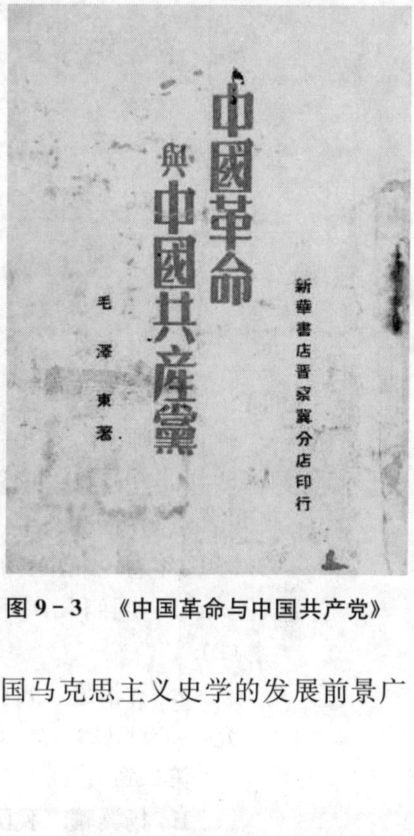

图 9－3　《中国革命与中国共产党》

马克思主义学说和革命思想经过几十年的广泛传播，到抗日战争、解放战争时期，已经获得“中国化”的巨大进展和伟大胜利，中国共产党内的革命家对中国的前途充满了信心和斗志。与此相应，唯物史观与中国历史研究的结合也取得可观的成就，中国马克思主义史学的发展前景广阔，呈蒸蒸日上趋势。

思考题

1. 马克思主义唯物史观在中国传播的有利条件是什么？
2. 扼要评述 20 世纪 30 年代中国社会史论战的内容和影响。
3. 简要叙述延安时期中国马克思主义史学的发展状况。

---

① 毛泽东．新民主主义论//毛泽东选集：第 2 卷．2 版．北京：人民出版社，1991.

② 杨翼骧．中国史学史讲义．天津：天津古籍出版社，2006：174．按：范文澜于 1949 年之后，对《中国通史简编》进行了很大的修改，上述偏颇之论已经更正。

课下参考文献举要

第一章

1. 师宁. 有关中国史学史研究的一些问题. 文史哲，1963（6）.

2. 仓修良. 谈谈中国古代史学史分期问题. 史学史研究，1983（2）.

3. 乔治忠. 论中国史学史的学术体系//史学理论与史学史学刊：2002年卷. 北京：社会科学文献出版社，2003.

4. 姜胜利. 中国史学史学科的发展与存在的问题. 南开学报，2004（2）.

5. 乔治忠. 古代中国官方修史视角下的中外史学比较. 史学理论研究，2009（2）.

第二章

1. 杨翼骧. 我国史学的起源与奴隶社会的史学. 天津日报，1961-12-06，后收入学忍堂文集. 北京：中华书局，2002.

2. 王和. 孔子不修《春秋》辨. 史学理论研究，1993（2）.

3. 徐中舒.《左传》的作者及其成书年代. 历史教学，1962（11）.

4. 乔治忠. 中国先秦时期的史学观念//文史论集：二集. 天津：天津社会科学院出版社，2001.

5. 乔治忠. 中国史学起源问题新论. 史学史研究，2011（3）.

第三章

1. 白寿彝. 说秦汉时期的史学. 北京师范大学学报，1986（5）.

2. 乔治忠. 两汉时期中国古代传统史学基础的奠定//史学理论与史学史学刊：2010年卷. 北京：社会科学文献出版社，2010.

3. 卢南桥．论司马迁及其历史编纂学．文史哲，1955（11）．
4. 许殿才．《汉书》的成就及史学地位．文献，1991（3）．
5. 刘隆有．试论《汉纪》的史学价值．求是学刊，1990（3）．
6. 吴树平．《东观汉记》初探（上、下篇）//文史：第 28 辑、29 辑．北京：中华书局，1987—1988．

第四章

1. 黎子耀．魏晋南北朝时期的历史编纂学．杭州大学学报（哲学社会科学版），1981（1）．
2. 周一良．魏晋南北朝史学与王朝禅代．北京大学学报（哲学社会科学版），1987（2）．
3. 李颖科．魏晋南北朝史学发达原因新探．人文杂志，1994（4）．
4. 张承宗．南朝史官制度述论．扬州大学学报（人文社会科学版），2004（2）．
5. 乔治忠，等．十六国、北朝政权的史学及其历史意义．齐鲁学刊，2004（4）．

第五章

1. 瞿林东．论盛唐史学．内蒙古民族师院学报，1987（1）．
2. 葛兆光．杜佑与中唐史学．史学史研究，1981（1）．
3. 杨翼骧．刘知幾与《史通》．历史教学，1963（7/8）．
4. 谢保成．关于唐代史学地位的几个问题．中国社会科学院研究生院学报，1989（4）．
5. 吕谦举．五代暨两宋的史学．人生（台北），1968，32（12）．
6. 蒙文通．宋代史学．华文月刊，1943，2（2-5）．
7. 崔文印．金代在史学上的成就．史学史研究，1983（3）．

第六章

1. 穆德全．论元代的史学成就．史学月刊，1984（4）．
2. 江湄．元代“正统”之辨与史学思潮．中国史研究，1996（3）．
3. 周少川．元代史学思想的时代特征．光明日报，2000-10-20．
4. 姜胜利．明代野史述论．南开学报，1987（2）．
5. 乔治忠．明代史学发展的普及性潮流//中国社会历史评论：第 4 辑．北京：商务印书馆，2002．
6. 乔治忠．中国传统史学对日本的宏观影响．南国学术，2015（4）．

第七章

1. 郑鹤声．清儒之史学说与其事业．史地学报，1924，2（8）．
2. 罗炳良．18 世纪中国史家的史学批评方法论．史学理论研究，1999（3）．
3. 暴鸿昌．清代史学经世致用思潮的演变．中国社会科学院研究生院学报，1991（1）．
4. 乔治忠．论清高宗的史学思想．中国史研究，1992（1）．
5. 乔治忠．清代国史馆考述//文史：第 39 辑．北京：中华书局，1994．

第八章

1. 齐思和．近百年来中国史学的发展．燕京社会科学，1949（2）．

2. 白寿彝. 谈谈近代中国的史学. 史学月刊，1981（1).
3. 吴怀祺. 西学与中国近代史学. 光明日报，1987-06-117.
4. 侯云灏. 20世纪前期中国史学流派略论. 史学理论研究，1999（2).
5. 张越. 20世纪中国史学方法的发展和演变. 学术研究，2001（12).
6. 张广智. 论民国时期中西史学交流的特点. 史学月刊，2004（11).
7. 乔治忠. 中国近代史学研究值得反思的一个问题. 河北学刊，2019（5).

第九章

1. 白寿彝，瞿林东. 马克思主义史学在中国的传播和发展. 史学史研究，1983（1).
2. 叶桂生，刘茂林. 中国社会史的论战与马克思主义历史学的形成. 中国史研究，1983（1).
3. 陈宗海. 中国马克思主义史学的奠基者们. 社会科学，1983（3).
4. 王学典，陈峰. 20世纪唯物史观派史学的学术史意义. 东岳论丛，2002（2).
5. 谢保成. 学术史视野下的社会史论战. 学术研究，2010（1).
6. 李红岩. 论中国马克思主义史学的建立与形成. 国学网·中国经济史论坛.
7. 乔治忠. 20世纪30年代中国社会史论战问题探实. 天津社会科学，2014（5).

附录

史学吟

中华古国始夏商，文明状况犹未详。
夏占殷卜习为故，千年蒙昧如浓雾。
武王挥师指牧野，杀声骤起城垣裂。
周人旗帜遍殷都，四处顽民抗未休。
手握权杖仍忧思，传宗守业欲何之？
寻思往昔出观念，集约一语曰“殷鉴”。
千顷云天鸣雷电，东方破晓曙光现。
理性思维自此生，引古筹今为式范。
疑天“敬德”又“保民”，人间理路一连串。
三千年名儒与名臣，议政章疏上万卷。
检视立论何所据，考史拟古居太半。
“殷鉴”理念势既成，典诰自在整编中。
《尚书》开卷存古训，《春秋》书事定华风。
“君举必书”悬金镜，“书法不隐”镌铁铭。
东周五百二十载，史权欲比神权行。

战国策士游各地，诸子争鸣如蜂起。
说辞论道时称史，摇唇鼓舌随己意。
孟子开口出奇语，《春秋》孔子两相系。
推崇儒宗功无比，标榜微言与大义。
大儒哓哓成一子，小儒默默撰书史。

原典文献纳箧中，《左传》《国语》相继成。
百家哲人各立说，唯有儒者得六经。

忽有竹书写纪年，述史另辟半片天。
囿于魏宫未广传，随葬王陵没九泉。
孔门后生喜开颜，指点史坛已独占：
往古兮一揽入吾囊，未来兮何愁不风光！

长空星陨降石雨，大海波凝潮不举。
钟崩磬裂琴弦脱，箫管流出呜咽曲。
祖龙焚坑行苛政，刀斧劈碎怀旧梦。
大泽狐鸣起风雷，秦宫纵火化烟灰。
萧何簿册皆陈账，七雄史册无孑遗。
汉帝下马欲观书，朝堂《新语》惹欢呼。
官场添设博士位，轺车四派访宿儒。
飘零经传渐凑出，郡县封国建学塾。
董氏对策显良能，沟通天人气概雄。
公羊《春秋》言三世，纵观上下古今通。
武帝经国谋大略，内外军政见豪情。
司马相如撰大赋，类聚万事骋笔锋。
呜呼大时代兮大视野，马迁《史记》应运生。
钩稽千古创史体，包吞百代势恢宏。
究天人之际兮神思勇，通古今之变兮识见明。
成一家之言兮树个性，见盛观衰兮信有征。
自古云飞天而雨漫地，云天雨地人迷蒙，
太史公辟开一隅晴，光彩绚丽展霓旌。

续写《史记》不乏人，多仿其形讦其心。
指摘其言违圣教，扬雄班彪议论频。
班固发凡欲尊汉，西京一代作断限。
起止分明人称便，断代为书成规范。
《东观汉记》又开新，官私修纂互依存。
荀悦说史议“五志”，名教道义定本根。
鉴戒教化兼惩劝，撰述宗旨继先秦。
史学回归旧伦理，个性神思即沉沦。

魏晋史职设专官，记史修史列朝班。
政权机制拉长链，史官建置扣一环。

人生倏忽若旋踵，一时富贵乃云烟。
得有史册存事略，声名流传可万年。
北方胡族迭兴起，十六国各立政权。
烧杀劫掠无忌惮，铁骑冲腾舞戚干。
乘尔晋室乱，嗤你汉人孱。
唯有记史与修史，青册留名堪仰攀。
仿作官修史，必染中夏历史观。
民族融和孰关键？文化认同史为先。

三国两晋南北朝，撰史多方作探讨。
编年纪传齐兴旺，杂史别传颇繁浩。
百类专书纷沓出，史注史评兼史考。
太半飘散留余迹，断编残简存参照。
《竹书纪年》出汲冢，轩然一时渐渺杳。
史家多未惜珍稀，束之高阁音波小。
学界异动兴玄谈，蔑礼弃教任自然。
奇思怪举生联翩，纵情放诞无拘牵。
名士风度人间闹，乙部风格仍儒教。
洒脱旷达诚有味，国计民生何功效？
编年纪传具本然，征实入世轻佛老。
巧言异趣终小道，史林难于栖玄鸟。

大唐立国重书史，设官分馆定建置。
前代纪传成八部，本朝实录树一帜。
君臣交口讲史鉴，官私修撰求经世。
继起名著曰《通典》，典章沿革详编次。
分门别类统筹观，历代制度得通识。
后启郑樵马端临，合称“三通”声名炽。

官私双轨紧密联，修史体制开新端。
千年史道须条理，肩承此任刘子玄。
《史通》横空映天光，乙部义例定维纲。
讥弹众书无避忌，批驳群贤现锋芒。
《疑古》《惑经》抒特见，《直书》《曲笔》理义彰。
篇章组合成体系，洋洋洒洒语琳琅。
横扫百代若狂狷，恰似电闪破迷茫。
编修应具才学识，史苑花木可丰穰。

五代末世人伦凉，诗词文史均未僵。
北宋史才接踵起，纂辑稽考俱隆昌。
欧阳笔法《春秋》义，吴缜指责若严霜。
政争未妨编纂事，朝野共助司马光。
《通鉴》一成声鹊起，编年书事显优长。
撰述繁简皆有策，“节要”略而“长编”详。
纪事又创本末体，明道犹待《纲目》匡。
两宋官史极繁复，床上架床屋上屋。
册籍动辄逾千卷，衙署纷立多门目。
起居注稿先御览，史权沦落如奴仆。
人言宋室史兴隆，兴隆内里实烦黩。

元朝修得三史成，《宋史》芜滥受讥评。
却将辽金另分立，昔遭攻诋今赞称。
明祖仿宋试行难，修纂无奈效蒙元。
惩戒之史含威慑，辅翼皇权路向偏。
诸般记述断续废，仅有实录历朝连。
官方修史无起色，普及史学满民间。
书坊刊印互抄纂，买卖风行广流传。
商机利益为驱动，粗编滥写自率然。
芜杂有若草丛草，特色却成山外山。
榛狉漫野休厌恶，力加垦拓即良田。

闯王策马踏京师，烽烟大起来八旗。
刀云箭雾自号“清”，罡风吹得斗柄垂。
长空彗孛亘南北，天崩地坼河川溃。
雷声激荡震江山，时代精神重砺淬。
亭林船山及梨洲，三地学术暗相俦。
放言不类湘竹泪，更非越女对吴钩。
忧世金丝系万里，论史铁剑贯千秋。
学界再开新生面，严谨求实探微幽。
学术风气交替变，空言性理极则反。
乾嘉考据靡一世，实学俊乂满史苑。
史文校订真讹辨，史事追纠真实显。
锱铢不遗细稽查，末流支离亦不免。
莫言考订唯饾饤，文化总结充先遣。

清廷修史何所仿？宋繁明陋均无状。

探索斟酌定格局，官方史学渐兴旺。
实录国史终不废，会典方略各有例。
新纂“六通”大而精，千般书史难胜计。
章学诚、乾隆帝，史学论说多理义，
尽心名教能翻新，一私一官成匹对。
丰硕论说传至今，正与考据相补益。
官修私考汇一泓，史学总结呈伟绩。
谁言清代史学衰？民国眼光有障翳。

汉雨洒三韩，唐风吹大倭。
中华史学播域外，东亚邻邦祖述多。
日本纂修常变例，朝鲜仿真求无讹。
言史莫囿江海岸，眼界应脱老旧窠。
东南海面起西风，毒烟散处炮声隆。
千载外夷常内犯，而今来者迥不同。
军兵民器制作巧，论世说人理义丰。
天朝方知大地广，新学渐次开童蒙。
世纪交接风云涌，海外书史浪涛冲。
梁任公高唱“新史学”，饮冰喷火势熊熊。
西人论史亦百家，蜂拥而至众声哗。
激荡更添治史热，纷争正可识瑜瑕。
中西融会成沃土，万木逢春绿无涯。
敦煌卷、甲骨片，更兼清宫故档案。
史学大师并世出，有赖史料大发现。
独秀欲独十月秀，守常不守五伦常。
振臂高呼学马列，唯物史观得激扬。
近代学派多元化，多元相竞争短长。
各家治史成果多，真讹且待再评量。

经世宗旨成传统，政治与史形携影。
乙部繁荣赖此因，坦途时或变逆境。
反看前古与近代，史狱横生逞苛猛。
南史不惜一腔血，太史公死因犹费解。
崔浩触祸头断落，魏收难逃身后厄。
南浔大案冤魂众，戴名世坐史死非命。
专制威权诚暴虐，直笔呼声从未歇。
蘸墨写实一字字，青册辉光一页页。
千秋是非何由明？史坛直道悬日月。

长枪大剑无足诩，毛锥子才有真功烈。

溥天之下皆王土，四海之内无二主。
人君得志即专制，一统观念由来古。
无奈鼎革频频发，群雄割地历历睹。
历史品评欲归一，正统之论作弥补。
政权分立建国时，史册帝位属阿谁？
公婆争理舌相抵，聚讼纷纭多悬疑。
习凿齿，破喉囔，玄风之内缺回响。
欧阳修，发宏论，司马《通鉴》未首肯。
朱子《纲目》列统绪，夸诩声中成绳矩。
明人说统大发挥，正闰争辩入细微。
论“正”严执纲常理，言“统”极力贬狄夷。
高谈未竟天崩析，榆关揖迎薙发师。
清廷面对华夷辨，雍正皇帝发论断。
忠君位居纲常首，“夷”“夏”仅因地域判。
乾隆皇帝审众史，《通鉴辑览》亲批点。
忠节正统细分说，御定评史新章宪。

近世史学欲转型，仍与政治连体生。
影射宣传求实用，外似新颜内陈病。
未来发展孰为重？强化史学学术性。
权利休攀附，旧说不苟循。
独立思考尊理性，求真求是更求新。
回顾风烟滚滚，展望万象森森。
今日史林摘硕果，应念自古植林人。
学史不知史学史，识见难言浅与深。
纵览千年载笔事，信口翻作史学吟。
吟罢方觉拉杂甚，博雅君子幸莫嗔。

原作于2005年年底
2010年4月修订于南开大学上思斋

初版后记

中国史学史的教学与研究，乃我之本业，经营多年，渐有心得，遂欲动手撰一既具研究新见又适于历史学本科教学的教材。而正当条理思路之际，恰中国人民大学出版社谭徐锋先生来电，约请编撰这一教科书，世间竟有如此凑巧之事，岂得不乐而为之！今全书稿成，谨聊赘数语：

一、史学史学科，是对以往一切史家、史著的审视，是历史学的反思与再认识。因此，中国史学史著述和教材，必须经过作者的认真研究，决不能不加考核地接受以往史家的现成说法。本书有考有论，特见颇多，欲力纠学界流行的人云亦云讹误，以启发青年学子之思辨。

二、书中所申己见，多已发表于报刊，历经检验，故颇自信。有未遑撰文刊布者，则亦举出主要证据，立言成理。而详细申论，稍待来日。

三、书稿多有注释，用作教材时可根据课时多寡，选讲或忽略。然所有注释内容，不仅有裨教师研讨，亦可备答学生提问，非画蛇添足者也。

四、书稿撰写中，得到扬州大学王嘉川教授、南开大学朱洪斌博士、中国社科院历史所杨艳秋博士、廊坊师范学院时培磊博士、在学博士生刘文英及孔永红等诸君协助，商榷行文、校订文字，各自花费不少的时间和精力。诸君均曾在我名下攻读中国史学史专业，今则提出不少精到的建议，可见学识皆有大进，令我备感欣慰。南开大学历史学院陈絜教授，对本书先秦史学部分商榷、指点，裨益实多。撰写书稿的一年间，内子杨克婴女士尽心照顾饮食起居，是为莫大襄助。

中国人民大学出版社谭徐锋、许微微等编辑，从本书的立项到印行，付出难以估量的辛劳与心血，特别是对作者的信任、勉励和宽容，代表出版社执行了文化与学术的呵护者角色，令人由衷的感动！

忆昔初到南开大学历史系学习，两次聆听业师杨翼骧先生的中国史学史本科课程，遂决计投先生门下，攻读硕士、博士学位。业师是享誉全国的史学史专家，道德学问，高山仰止。小子有幸，得侍函丈，20年间承蒙指授，教泽宏深，若治史之些许业绩，皆为渊源有自，今值书稿底成，对先师油然而生起无限的追思和感念！

乔治忠

2011年3月18日

图书在版编目（CIP）数据

中国史学史/乔治忠著. --2版. --北京：中国人民大学出版社，2021.1
新编21世纪史学系列教材
ISBN 978-7-300-28884-0

Ⅰ. ①中… Ⅱ. ①乔… Ⅲ. ①史学史-中国-高等学校-教材 Ⅳ. ①K092

中国版本图书馆CIP数据核字（2021）第002508号

新编21世纪史学系列教材
中国史学史（第2版）
乔治忠 著
Zhongguo Shixue Shi

出版发行	中国人民大学出版社		
社　　址	北京中关村大街31号	邮政编码	100080
电　　话	010－62511242（总编室）		010－62511770（质管部）
	010－82501766（邮购部）		010－62514148（门市部）
	010－62515195（发行公司）		010－62515275（盗版举报）
网　　址	http://www.crup.com.cn		
经　　销	新华书店		
印　　刷	北京鑫丰华彩印有限公司	版　　次	2011年10月第1版
规　　格	185 mm×260 mm　16开本		2021年1月第2版
印　　张	23.25	印　　次	2021年1月第1次印刷
字　　数	523 000	定　　价	59.00元